Y SUS NACIONALIDADES

Madrid
★
ESPAÑA   ISLAS
BALEARES

Ceuta

Melilla

ISLAS
CANARIAS

Malabo

**GUINEA
ECUATORIAL**

Países:	Nacionalidades:
Argentina	argentino/a
Bolivia	boliviano/a
Chile	chileno/a
Colombia	colombiano/a
Costa Rica	costarricense
Cuba	cubano/a
Ecuador	ecuatoriano/a
El Salvador	salvadoreño/a
España	español/a
Guatemala	guatemalteco/a
Guinea Ecuatorial	guineano/a
Honduras	hondureño/a
México	mexicano/a
Nicaragua	nicaragüense
Panamá	panameño/a
Paraguay	paraguayo/a
Perú	peruano/a
Puerto Rico	puertorriqueño/a
República Dominicana	dominicano/a
Uruguay	uruguayo/a
Venezuela	venezolano/a
Estados Unidos	estadounidense

Expresiones útiles en clase

¿Qué dicen los profesores?

Abre la puerta/ la ventana.	*Open (to one person) the door/window.*
Abran el libro en la página...	*Open (to more than one person) your book to page . . .*
Lee/Lean* las instrucciones del ejercicio...	*Read the instructions/directions for exercise . . .*
Lee/Lean en voz alta.	*Read aloud.*
Cierra/Cierren el libro/ el cuaderno.	*Close your book/notebook.*
Escucha/Escuchen.	*Listen.*
Repite/Repitan (la palabra...)	*Repeat the word . . .*
Traduce/Traduzcan (la palabra...)	*Translate the word . . .*
Ve/Vayan a la pizarra, por favor.	*Go to the chalkboard, please.*
Escribe/Escriban la siguiente oración: ...	*Write the following sentence: . . .*
Contesta/Contesten esta pregunta: ...	*Answer this question: . . .*
Estudia/Estudien los verbos.	*Study the verbs.*
Siéntate/Siéntense, por favor.	*Please sit down.*
Trabaja/Trabajen con un/a compañero/a.	*Work with a classmate.*
Trabaja/Trabajen en grupos de cuatro.	*Work in groups of four.*

¿Qué dicen los estudiantes?

Profesor/a, tengo una pregunta.	*Professor, I have a question.*
¿Cómo se dice... en español/ inglés?	*How do you say . . . in Spanish/in English?*
¿Qué significa (la palabra)?	*What does (the word) . . . mean?*
Perdón, repita la palabra/ la oración/ la pregunta/ la respuesta, por favor.	*Pardon me, please repeat the word/sentence/question/answer.*
Perdón, ¿en qué página/ ejercicio/ lección/ capítulo estamos?	*Pardon me, what page/exercise/ lesson/chapter are we on?*
¿Cómo se escribe... ?	*How do you spell . . .?*
Más despacio, por favor.	*More slowly, please.*

---

*The two verb forms correspond to a command to one single person (tú) and more than one person (ustedes): Lee (tú)/Lean (ustedes.)

Dicho y hecho

BRIEF EDITION

Beginning Spanish

Kim Potowski
University of Illinois at Chicago

Silvia Sobral
Brown University

Laila M. Dawson
Professor Emerita, University of Richmond

WILEY

John Wiley & Sons, Inc.

VICE PRESIDENT AND EXECUTIVE PUBLISHER	Jay O'Callaghan
DIRECTOR, WORLD LANGUAGES	Magali Iglesias
SENIOR DEVELOPMENTAL EDITOR	Elena Herrero
PROJECT EDITOR	Glenn A. Wilson
ASSOCIATE EDITOR	Maruja Malavé
ASSISTANT EDITOR	Lisha Perez
PROJECT ASSISTANT	Alejandra Barciela
ASSOCIATE DIRECTOR OF MARKETING	Jeffrey Rucker
MARKETING MANAGER	Tiziana Aime
SENIOR MARKETING ASSISTANT	Susan Matulewicz
MARKET SPECIALIST	Elena Casillas
SENIOR PRODUCTION EDITOR	William A. Murray
SENIOR MEDIA EDITOR	Lynn Pearlman
MEDIA PROJECT MANAGER	Margarita Valdez
SENIOR PHOTO EDITOR	Elle Wagner
DIRECTOR, CREATIVE SERVICES	Harry Nolan
ILLUSTRATION STUDIO	Escletxa, Barcelona, Spain
COVER DESIGN	Maureen Eide
FRONT COVER IMAGE	Cosmo/Condina/SuperStock
BACK COVER IMAGE	Aflo Relax/Masterfile

This book was set in ITC Highlander Book by Curriculum Concepts International and printed and bound by R.R. Donnelley.

This book is printed on acid-free paper. ∞

Founded in 1807, John Wiley & Sons, Inc. has been a valued source of knowledge and understanding for more than 200 years, helping people around the world meet their needs and fulfill their aspirations. Our company is built on a foundation of principles that include responsibility to the communities we serve and where we live and work. In 2008, we launched a Corporate Citizenship Initiative, a global effort to address the environmental, social, economic, and ethical challenges we face in our business. Among the issues we are addressing are carbon impact, paper specifications and procurement, ethical conduct within our business and among our vendors, and community and charitable support. For more information, please visit our website: www.wiley.com/go/citizenship.

ISBN: 978-0-470-90688-0
BRV ISBN: 978-0-470-94234-5
AIE ISBN: 978-0-470-92226-2

Printed in the United States of America

10 9 8 7 6 5 4 3 2 1

Kim Potowski

I was raised on Long Island, New York, which is now wonderfully much more Spanish-speaking than before. I completed a Ph.D. in Hispanic linguistics and Second Language Acquisition at the University of Illinois at Urbana-Champaign despite a two-year hiatus teaching English in Mexico City and learning to talk *chilango*. I have been at the University of Illinois at Chicago since 1999 and work with heritage Spanish-speaking populations in K-12 and university contexts.

Much love to Cliff Meece and to Gayle and Tom Meece Sr. for all of your support.

Soon after becoming *Licenciada* in English Philology in Spain, I arrived at the University of Illinois at Urbana-Champaign to pursue a M.A. in Teaching English as a Second Language. A few weeks later, I first faced a classroom believing that my job consisted in explaining grammar rules and their exceptions, giving examples, correcting mistakes. My academic work in Applied Linguistics and experience teaching English and Spanish have proved to me that language learning and teaching are much more complex and exciting processes. **Dicho y hecho** brings together my experience and that of my co-authors for a text that we hope will facilitate teaching and learning while making it a meaningful, enjoyable endeavor.

Dedico este trabajo a mis profesores, estudiantes y colegas, de quienes sigo aprendiendo, y especialmente a mis padres, Eusebio y María de los Ángeles, por enseñarme, inspirarme y apoyarme siempre.

Silvia Sobral

Laila Dawson

Dicho y hecho's first edition had its beginnings during an 11,000-mile road trip through Mexico in the late 1970's. Since that time *Dicho* has been an integral part of my life journey, with inspiration drawn from my passion for teaching and my love for Hispanic countries and their cultures. I was born in Buenos Aires, Argentina, and attended bilingual schools there and in Mexico City. This foundation eventually led me to graduate studies at the University of Wisconsin and a teaching career, first at Virginia Union University, and then at the University of Richmond, where I helped develop and directed the Intensive Spanish Program. I also accompanied students on study-abroad programs in Spain, Venezuela, Ecuador, and Costa Rica, and on service-learning projects in Honduras. In my retirement, I work on community integration projects in the bilingual and bicultural town of Leadville, Colorado, teach ESL to immigrant women, and continue to travel extensively.

It is with great joy that I now pass the **Dicho y hecho** torch on to two extraordinary teachers and authors, Kim and Silvia, and dedicate this book to my beloved newest grandchild, Emmanuelle Soledad.

	Así se dice	Así se forma

Cultura	Dicho y hecho	Así se practica

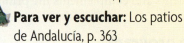

Preface

Dicho y hecho offers a straight-forward, user-friendly approach to beginning Spanish. Over 30 years of research in second language acquisition indicate that numerous and varied input activities are required *before* asking students to produce output using a new structure or new vocabulary.

Dicho y hecho provides students with abundant input of new forms and structures before moving them smoothly through guided practice to output. This empirically proven language teaching methodology informs activity sequences throughout the entire program. The easy-to-implement, lively approach so characteristic of *Dicho y hecho* makes learning Spanish an attainable goal, and offers students and instructors alike a truly enjoyable experience. Watch language bloom in your classroom as you begin using *Dicho y hecho.*

Dicho y hecho is flexible enough to fit the increasing variety of course formats, contact-hours, and determinations of scope for beginning level courses. For the first time ever, the program is available in its traditional 15-chapter format, and in this briefer 12-chapter format, each of which is thoroughly supported by *WileyPLUS,* an innovative, research-based, online environment for effective teaching and learning that supplements and complements the printed content.

Hallmarks of the *Dicho y hecho* program

A complete program. With nearly 400,000 satisfied users and counting, *Dicho y hecho* offers a complete program designed to support you and your students as you create and carry out your course. Each chapter, integrating vocabulary, grammar, and cultural content into a cohesive unit, has been carefully developed to follow a consistent sequence of linguistic and cultural presentations, practice activities, and skill-building tasks both in print and online.

ACTFL Standards. From its first edition, *Dicho y hecho* has provided a framework for the development of all four language skills (listening, speaking, reading, and writing) in activities that focus on meaningful and achievable communication. In recent editions, including this one, ACTFL's five Cs (communication, culture, connections, comparisons, and communities) have been woven into explanations, activities, culture notes, and cultural essays, strengthening the fabric of the entire program.

Flexible and easy-to-adapt. While it focuses on the essentials that students need to master beginner level language and cultural awareness, *Dicho y hecho* is flexible enough to adapt to any kind of course in the curriculum. Whether used on its own or, supplemented with online or printed materials, it maintains a clear direction for students, and solidly grounds them in the basics of the language.

Diverse and engaging activities. *Dicho y hecho* combines a broad array of class-tested and innovative activities that involve all language skills (listening, speaking, reading, and writing) and range from input processing to guided and structured output and opportunities for spontaneous and open-ended expression. Whole-class activities are interwoven with individual, paired, and small group exercises, all of which are sequenced to provide a varied pace and rhythm to every class meeting.

Grammar as a means for communication. Grammar is presented with precise, simple explanations, clear charts, and abundant example sentences that draw immediate connections between forms and their communicative use. Carefully sequenced activities take students from input comprehension to effective self expression.

High-frequency vocabulary and active use. Thematic units in each chapter present a selection of varied, practical, and high-frequency vocabulary in visual and written contexts. Activities range from identification in the chapter-opening art scenes and input-based exercises to personal expression and situational conversations that use the new vocabulary, resulting in effective acquisition of new words.

Integrated and interesting cultural information throughout. Through an appealing combination of readings, maps, photos, and realia in the *Cultura* section, and *Notas culturales* that appear frequently throughout each chapter, **Dicho y hecho** introduces students to the geography, politics, arts, history, and both traditional and contemporary cultural aspects of the countries and peoples that make up the Spanish-speaking world.

Features of the Brief Edition

Dicho y hecho, **Brief Edition** focuses on authentic, purposeful communication in activities driven by input processing principles that move students comfortably and naturally from input to output, and ultimately to the negotiation of meaning.

- Each activity set in the brief edition ensures that there is additional structured practice of new forms seamlessly woven into the communicative fabric. Activity directions are in Spanish beginning in *Capítulo 6*.

- *Dicho y hecho* sections at the end of the chapter bring a consistent, balanced, and process-based approach to the development of the four basic language skills. Most notably, we have included a wide variety of strategies specific to the development of each skill. *Para leer* includes high-interest, authentic readings with activities that develop students' reading comprehension skills and invite critical response and personal reaction to each selection. *Para conversar* develops conversational skills with the application of strategies and an awareness of context and register. *Para escribir* provides steps for writing as a process for each writing task, and includes strategies for developing good writing skills. And *Para ver y escuchar* is driven by video input, where the visual and aural senses are simultaneously engaged, making for more realistic listening practice.

- *Nota cultural* culture notes throughout each chapter present current and interesting information on a range of topics from customs to day-to-day life to important artists, writers, and other historical figures, many with lively photos. The first *Cultura* section in each chapter explores the geography and cultures of the Spanish-speaking world, highlighting a particular country or group of countries, while the second sharpens focus on an aspect of the chapter theme from a Hispanic perspective. Pre-reading activities (*Antes de leer*) tap into background knowledge and create curiosity, while post-reading (*Después de leer*) activities reinforce comprehension and invite critical, personal, and comparative response.

- Two fully integrated strands of video, one situational, the other cultural. Lively situational dialogs that use chapter vocabulary and structures in the *VideoEscenas* section, and topical documentary segments in the *Dicho y hecho* section are presented with straight-forward strategies and carefully crafted activities to develop solid listening skills through a process-based approach.

- Design enhances the straight-forward, user-friendly nature of the program. Lexical and structural information is well identified, transitions from presentation to practice are obvious, and association of art, photos, realia, side-bar material to particular activities is very clear.

- *Así se pronuncia* and *Escenas* listening section from the previous edition are now integrated into the lab manual portion of the Activites Manual.

Visual Walkthrough

Overview

Chapter openers establish the theme and communicative goals and set the cultural focus, listing all of the chapter's vocabulary, grammar, and culture sections, as well as the topics around which skills will be developed in the *Dicho y hecho* section.

CAPÍTULO 4 PLUS **¡A la mesa!**

Así se dice

¡A la mesa!
Las comidas y las bebidas
¿Cuál es tu preferencia?
Tengo hambre

Así se forma

1. The verb *gustar*
2. Stem-changing verbs
3. Counting from 100 and indicating the year
4. Interrogative words (A summary)

Cultura

• México
• Las comidas en el mundo hispano

Dicho y hecho

Para leer:
Pedro y la fábrica de chocolate
Para conversar:
¿Qué comemos?
Para escribir:
Comer en la universidad
Para ver y escuchar:
La comida hispana

By the end of this chapter you will be able to:

• Buy and talk about food in a market, restaurant, etc.
• Express likes and dislikes. Talk about actions, desires, and preferences in the present
• Express large quantities, prices, and dates
• Ask for specific information

ENTRANDO AL TEMA

1. Which factors do you think most strongly influence your eating habits in general: cost, time, flavor, health, family, etc?
2. What Hispanic foods or dishes have you tried? Have you heard of any that you would like to try?

100 cien   Capítulo 4   ¡A la mesa!   ciento uno 101

Entrando al tema

Two or three thought-provoking questions spark thinking about the chapter theme and cultural topics.

Así se dice

Active vocabulary is presented in illustrations with labels and speech bubbles, or in highly contextualized comprehensible texts. English translations are provided for items that may be particularly difficult to understand solely through visual or textual context. *WileyPLUS* provides audio for each of the vocabulary words in *Así se dice* section.

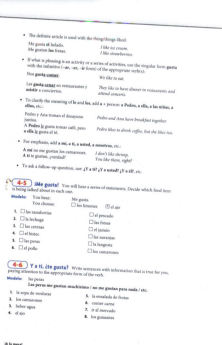

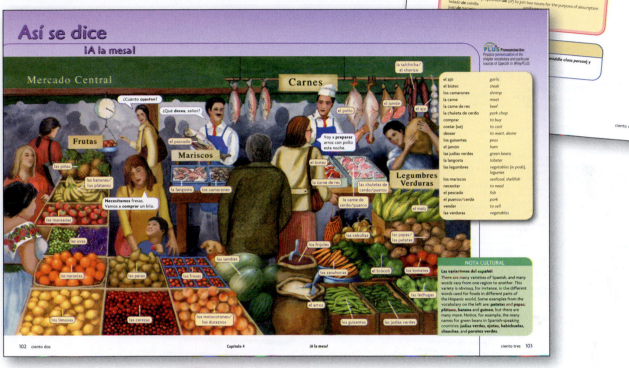

Así se forma

Grammar information is presented in functional, clear, and concise language, usually accompanied by an illustration showing use of the particular structure. Explanations feature example sentences using the chapter context and vocabulary. *WileyPLUS* offers *Animated Grammar Tutorial* for each of the grammar points, and *Verb Conjugator* where needed.

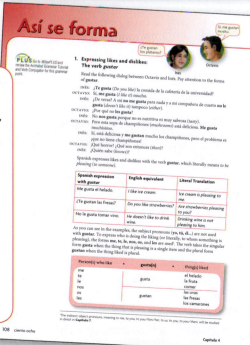

Actividades

Vocabulary and grammar presentations are followed by a series of communicative activities moving from input/comprehension and guided output/production activities in which form-meaning connections are made to activities that invite original and spontaneous use of the vocabulary and structures for personal expression and meaningful communication with classmates. A portion of the in-text activities are also available online in *WileyPLUS*.

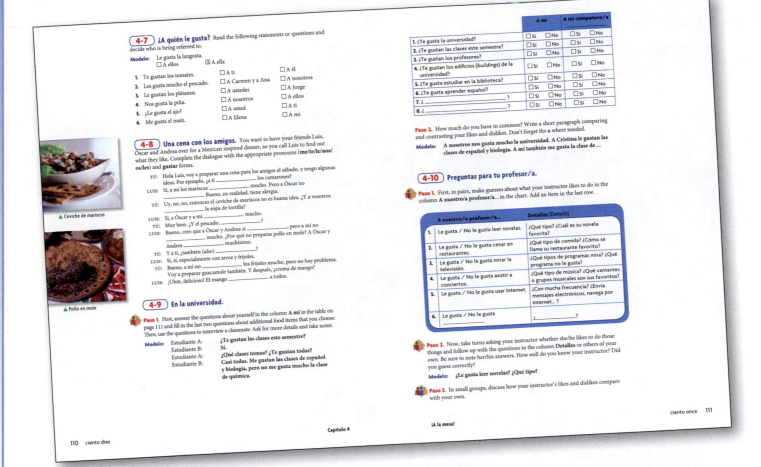

Nota de lengua

Short notes throughout each chapter provide additional grammatical and usage information relevant to the vocabulary and major structures presented as well as practiced in the activities.

NOTA DE LENGUA

- **Mucho** and **poco** do not change in gender and number when they modify verbs.
  Comemos **mucho/poco**. We eat a lot/little.

  When they modify nouns, **mucho** and **poco** do change in gender and number to agree with the noun.

  Comemos **muchas** verduras y **poca** carne.

- Spanish uses the preposition **de** (*of*) to join two nouns for the purpose of description.
  helado **de** vainilla *vanilla ice cream*
  jugo **de** naranja *orange juice*

  How many combinations can you come up with?

Cultura

The first *Cultura* section in each chapter focuses on a particular country or group of countries and offers an eclectic mix of brief readings, captioned photographs, and realia that bring to life the histories and cultures of Spanish-speakers around the world. The second *Cultura* section explores an aspect of the chapter theme from a Hispanic perspective. Questions in *Antes de leer* pique curiosity and tap into background knowledge, and *Después de leer* follow-up questions check comprehension, then invite critical response through comparison and personal expression. Videos for Cultura sections are hosted in *WileyPLUS*. Also *Map Quizzes* can be found online to help students with their geography skills.

NOTA CULTURAL

La comida mexicana vs. la comida Tex-Mex

Tex-Mex is a term given to food, music, and other cultural products based on the combined cultures of Texas and Mexico. Many ingredients of Tex-Mex cooking are common in Mexican cuisine, although other ingredients are unknown in Mexico. Tex-Mex food encompasses a wide variety of dishes such as burritos, chimichangas, nachos, fajitas, tortilla chips with salsa, and chili con carne, all of which are usually not found in Mexico.

Nota cultural

These notes on the products, practices, and important people of the country or countries featured in the chapter's *Cultura* section, as well as notes about cultural phenomena common to Spanish speakers across national boundaries, appear throughout each chapter, and appeal to a wide array of interests.

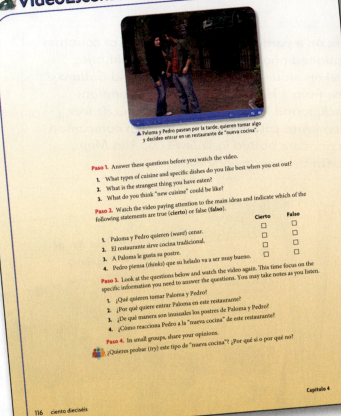

VideoEscenas: ¿La nueva cocina?

▲ Paloma y Pedro pasean por la tarde, quieren tomar algo
y deciden entrar en un restaurante de "nueva cocina".

Paso 1. Answer these questions before you watch the video.

1. What types of cuisine and specific dishes do you like best when you eat out?
2. What is the strangest thing you have eaten?
3. What do you think "new cuisine" could be like?

Paso 2. Watch the video paying attention to the main ideas and indicate which of the following statements are true (**cierto**) or false (**falso**).

	Cierto	Falso
1. Paloma y Pedro quieren (*want*) cenar.	☐	☐
2. El restaurante sirve cocina tradicional.	☐	☐
3. A Paloma le gusta su postre.	☐	☐
4. Pedro piensa (*thinks*) que su helado va a ser muy bueno.	☐	☐

Paso 3. Look at the questions below and watch the video again. This time focus on the specific information you need to answer the questions. You may take notes as you listen.

1. ¿Qué quieren tomar Paloma y Pedro?
2. ¿Por qué quiere entrar Paloma en este restaurante?
3. ¿De qué manera son inusuales los postres de Paloma y Pedro?
4. ¿Cómo reacciona Pedro a la "nueva cocina" de este restaurante?

Paso 4. In small groups, share your opinions.

¿Quieres probar (*try*) este tipo de "nueva cocina"? ¿Por qué sí o por qué no?

Capítulo 4

116 ciento dieciséis

VideoEscenas

Activities based on a short, situational video segment develop listening practice. Each video segment uses the chapter's vocabulary and grammar in a concise, practical, and natural context. Activities that follow move from pre-viewing questions establishing the general context and triggering recall of vocabulary, comprehension questions checking for understanding, and expansion questions inviting personal or critical response. Video for *Videoescenas* can be found in *WileyPLUS*.

SITUACIONES

In pairs or groups of three, you and your friend(s) are going out for dinner tonight but each one of you wants to go to a different restaurant. Try to persuade your friends to go to your favorite restaurant by telling them what type of food they serve, describing the dish(es) you think they would really like, what they have for dessert, etc. Make a decision and be ready to share it with the class.

Situaciones

These role-play activities present interactive, often humorous problem-solving situations that must be worked out using the language presented and practiced in the chapter.

Investig@ en Internet

These boxes prompt exploration of authentic Spanish-language Internet sources with specific goals for finding, bringing back, and sharing information.

INVESTIG@ EN INTERNET

Busca en Internet el sitio de Chef Merito. ¿Qué producto es nuevo para ti (*for you*)? ¿Qué producto deseas probar (*try*)?

Dichos

Each chapter has one or two *Dichos* boxes with sayings from the Spanish-speaking countries along with a thought-provoking question.

DICHOS

Querer es poder.

¿Puedes explicar este dicho en español?

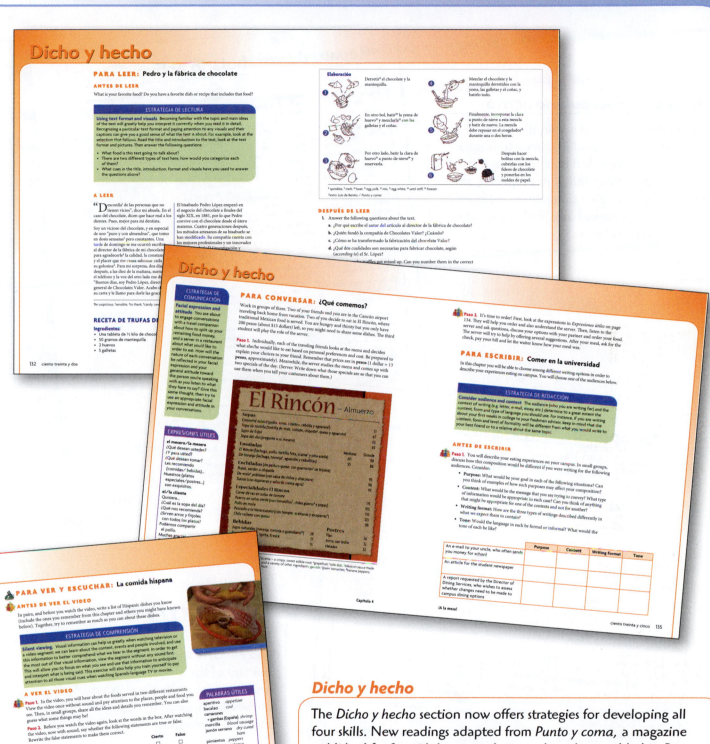

Dicho y hecho

The *Dicho y hecho* section now offers strategies for developing all four skills. New readings adapted from *Punto y coma,* a magazine published for Spanish language learners, have been added in *Para leer.* Process writing has become the focus of the *Para escribir* section, *Para conversar* develops interpersonal communication skills, and a new *Para ver y escuchar* section now also develops listening skills around documentary-style videos that explore cultural topics.

Repaso de vocabulario activo

Vocabulary presented within the chapter's *Así se dice* sections and practiced throughout in activities is collected here, organized into thematic groupings and parts of speech, and provided with English translations. All Spanish words are hyperlinked in *WileyPLUS* to listen to their pronunciation.

Repaso de vocabulario activo · WILEY PLUS

Adjetivos y expresiones adjetivales
al horno *baked*
a la parrilla *grilled*
caliente *hot*
frío/a *cold*
frito/a *fried*
mucho/a/os/as *as much, a lot, many*
otro/a/os/as *another/ other*
poco/a/os/as *little (quantity), few*

Adverbios
más/menos *more/less*
mucho/poco *a lot/a little*
también *also*
todavía *still*

Conjunciones
cuando *when*
lo que *what (that which)*
porque *because*
que *that, which, who*

Palabras interrogativas
¿Adónde? *(To) where?*
¿Cómo? *How?*
¿Cuál/es? *Which (one/s)?*
¿Cuándo? *When?*
¿Cuánto/a/os/as? *How much?/How many?*
¿De dónde? *From where?*
¿De quién? *Whose?*
¿Dónde? *Where?*
¿Por qué? *Why?*
¿Qué? *What? Which?*
¿Quién/es? *Who?*

el desayuno *breakfast*

Las legumbres y las verduras *Legumes and vegetables*
el brócoli *broccoli*
la cebolla *onion*
los frijoles *beans*
los guisantes *peas*
las judías verdes *green beans*
la lechuga *lettuce*
el maíz *corn*
la papa/la patata *potato*
las papas fritas *French fries*
el tomate *tomato*
la zanahoria *carrot*

Las frutas *Fruits*
la banana/el plátano *banana*
la cereza *cherry*
la fresa *strawberry*
el limón *lemon*
la manzana *apple*
el melocotón/el durazno *peach*
la naranja *orange*
la pera *pear*
la piña *pineapple*
la sandía *watermelon*
la uva *grape*

Las carnes, los pescados y los mariscos *Meat, fish, and seafood*
el bistec *steak*
el camarón/la gamba *shrimp*
la carne de cerdo/ puerco *pork*
la carne de res *beef*
la chuleta de cerdo/ puerco *pork chop*
la hamburguesa *hamburger*
el jamón *ham*
la langosta *lobster*
el pescado *fish*

el pollo *chicken*
la salchicha/el chorizo *sausage*
la tocineta/el tocino *bacon*

Las bebidas *Beverages*
el agua *water*
el café *coffee*
la cerveza *beer*
el jugo/el zumo *juice*
la leche *milk*
el refresco *soda drink*
el té *tea*
el vino *wine*

Los postres *Desserts*
la galleta *cookie*
el helado *ice cream*
el pastel *pie, pastry*
la torta *cake*

Otras comidas y condimentos *Other foods and condiments*
el aceite *oil*
la aceituna *olive*
el ajo *garlic*
el arroz *rice*
el azúcar *sugar*
el cereal *cereal*
la crema *cream*
la ensalada *salad*
el hielo *ice*
el huevo *egg*
los huevos revueltos/fritos *scrambled/fried eggs*
la mantequilla *butter*
la mermelada *jam*
el pan *bread*
el pan tostado *toast*
la pimienta *pepper*
el queso *cheese*
la sal *salt*
el sándwich/el bocadillo *sandwich*
la sopa *soup*
el vinagre *vinegar*

Verbos y expresiones verbales
almorzar (ue) *to have lunch*
cocinar *to cook*
comprar *to buy*
costar (ue) *to cost*
desear *to want, to wish*
dormir (ue) *to sleep*
entender (ie) *to understand*
gustar *to like*
necesitar *to need*
pedir (i) *to ask for, to order*
pensar (ie) *to think*
poder (ue) *to be able, can*
preferir (ie) *to prefer*
preparar *to prepare*
querer (ie) *to want, to love*
servir (i) *to serve*
tomar *to take, to drink*
vender *to sell*
volver (ue) *to return, to go back*
quisiera *I would like*
tener (irreg.) (mucha) hambre *to be (very) hungry*
tener (mucha) sed *to be (very) thirsty*

Autoprueba y repaso

I. The verb gustar. Write questions according to the model and then answer them. Use the correct form of **gustar** and the appropriate corresponding pronoun.

> Modelo: ¿A tu hermano / las legumbres?
> **¿A tu hermano le gustan las legumbres?**
> **Sí, le gustan las legumbres.** O, **No, no le gustan...**

1. ¿A tus padres / tomar café?
2. ¿A ustedes / la comida italiana?
3. ¿A ustedes / desayunar temprano?
4. ¿A tu abuela / los postres?
5. ¿A ti / los frijoles negros?

II. Stem-changing verbs. Write questions to your friends using the **ustedes** form of the verb. Then write answers to the questions using the **nosotros** form.

> Modelo: entender el ejercicio
> **¿Entienden el ejercicio?**
> **Sí, entendemos el ejercicio.** O, **No, no entendemos el ejercicio.**

1. poder cocinar
2. querer ir al supermercado
3. almorzar a las doce todos los días
4. preferir cenar en un restaurante o en la cafetería
5. normalmente pedir postres en los restaurantes

III. Counting from 100 and indicating the year.

A. Mr. Trompa, a very wealthy man, is going to buy everything his two daughters need to start college. How much money does he need to buy two of each of the following items? Follow the model and write out the numbers.

> Modelo: Un libro de psicología cuesta $90.
> **Dos cuestan ciento ochenta dólares.**

1. Un libro de arte cuesta $125.
2. Una buena calculadora cuesta $170.
3. Una impresora cuesta $450.
4. Una computadora con teclado y monitor cuesta $1,400.
5. Un televisor para el cuarto cuesta $750.
6. Un coche nuevo cuesta $25,000.

B. Write out the following famous years.
1. Colón llega a las Américas: 1492
2. La creación de la Armada Invencible de España: 1588
3. La Declaración de Independencia de EE.UU.: 1776
4. La caída (*fall*) del Muro de Berlín: 1989
5. La caída de las Torres Gemelas: 2001

IV. Interrogative words. Use various interrogative words to obtain more information.

> Modelo: Ana no come en la cafetería.
> **¿Dónde come?** O, **¿Por qué no come en la cafetería?**

1. Ana no bebe vino.
2. La sandía no es su fruta favorita.
3. No trabaja por la mañana.
4. No es de Buenos Aires.
5. No tiene veinte años.
6. No vive en la residencia estudiantil.
7. No va a la librería ahora.
8. No está enferma hoy.

V. General review. Answer the following questions about yourself and your friends. Use complete sentences.

1. ¿Qué comes en el desayuno?
2. ¿Cuál es tu postre favorito?
3. ¿Qué frutas te gustan más?
4. ¿Dónde quieres cenar esta noche?
5. ¿Cuántas horas duermes (generalmente) por la noche?
6. Tú y tus amigos, ¿pueden estudiar toda la noche sin dormir?

VI. Cultura.
1. Name two or three differences between Hispanic cultures and your culture with regards to diet and eating habits.
2. Describe the difference between a **tortilla** made in México and a **tortilla** made in Spain.
3. What are some of the largest contributors to México's economy?

Answers to the *Autoprueba y repaso* are found in **Apéndice 2.**

¡A la mesa!

Autoprueba y repaso

This end-of-chapter review is a handy and effective tool for checking basic mastery of the chapter concepts and preparing for quizzes and exams. An answer key appears in Appendix 2 for easy self-correction.

The Complete Program

The Complete Program

To receive a review or desk copy of any of these program components, please contact your local Wiley sales representative, call our Sales Office at 1.800.237.2665, or contact us online at www.wiley.com/college/potowski.

Student Textbook

978-0-470-90688-0

The textbook includes 12 thematically-based chapters, an access code to download accompanying video and the audio from our Companion Sites at www.wiley.com/college/potowski.

Annotated Instructor's Edition

978-0-470-90701-6

The Annotated Instructor's Edition contains side notes with suggestions for teaching, meaningful structural exercises, suggestions for varying or expanding communicative activities, and transcripts of audio input for listening activities. These annotations are especially helpful for first-time instructors.

Activities Manual

978-0-470-93791-4

The Activities Manual is available in print or online and contains two components:

- A Workbook that links reading and writing, builds vocabulary, practices grammar, and helps students develop personal expression and composition skills. Some activities are self correcting and the answer key appears at the end of the Activities Manual.
- A Lab Manual to be used with the Lab Manual Audio files available digitally on *WileyPLUS* and on the Instructor and Student Companion Sites (access codes are required). The Lab Manual includes a variety of contextualized listening comprehension activities, followed by the *Escenas,* at the end of each chapter, and the *Así se pronuncia* in chapters 1 to 8. The Answer Key to the written responses in the *Lab Manual* and the audio scripts are available as an electronic file on the **Dicho y hecho** Instructor Companion Website at www.wiley.com/college/potowski and in *WileyPLUS* as an Instructor Resource.

Dicho y hecho Video

www.wileyplus.com

The **Dicho y hecho** Video presents situational and topical video segments designed to work with activities in the corresponding chapters of the text. Each video segment features interactions between native speakers of Spanish in the U.S. and abroad, in professional or social settings, and models language usage or explores cultural topics. Video segments are available digitally in *WileyPLUS* and on the Instructor and Student Companion Sites. Please contact your Wiley Representative as the video can also be delivered as a DVD.

 **WILEYFLEX**

Students have more options than the traditional textbook. Consider an eBook, loose-leaf binder version or a custom publication. Learn more about our flexible pricing, flexible formats and flexible content at www.wiley.com/college/wileyflex.

WILEYPLUS

www.wileyplus.com

WileyPLUS is an innovative, research-based, online teaching and learning environment that integrates relevant resources, including the entire digital textbook, in an easy-to-navigate framework that helps students study more effectively. Online Activities Manual available with our Premium version.

WileyPLUS builds students' confidence because it takes the guesswork out of studying by providing a clear roadmap to academic success. With *WileyPLUS*, instructors and students receive 24/7 access to resources that promote positive learning outcomes. Throughout each study session, students can assess their progress and gain immediate feedback on their strengths and weaknesses so they can be confident they are spending their time effectively.

What do students receive with *WileyPLUS*?

A Research-based Design. *WileyPLUS* provides an online environment that integrates relevant resources, including the entire digital textbook with audio and video hyperlinks, in an easy-to-navigate framework that helps students study more effectively.

- *WileyPLUS* adds structure by organizing textbook into a more manageable content.
- Related supplemental material reinforce the learning objectives.
- Innovative features such as self-evaluation tools improve time management and strengthen areas of weakness.

One-on-one Engagement. With *WileyPLUS* for **Dicho y hecho,** **Ninth Edition**, students receive 24/7 access to resources that promote positive learning outcomes. Students engage with related activities (in various media) and sample practice items, including:

- Wimba Voice Response Questions and Wimba Voiceboards
- Animated Grammar Tutorials
- Videos with Activities
- Listening Activities for vocabulary
- Audio Flashcards
- Verb Conjugator
- Map Quizzes
- Self-tests for Additional Practice
- English Grammar Checkpoints
- *Panoramas culturales:* a website with a wealth of activities and information on the 21 Spanish-speaking countries of the world
- Practice Handbook
- La pronunciación

Measurable Outcomes. Throughout each study session, students can assess their progress and gain immediate feedback. *WileyPLUS* provides precise reporting of strengths and weaknesses, as well as individualized quizzes, so that students are confident they are spending their time on the right things. With *WileyPLUS*, students always know the exact outcome of their efforts.

What do instructors receive with *WileyPLUS*?

WileyPLUS provides reliable, customizable resources that reinforce course goals inside and outside of the classroom as well as visibility into individual student progress. Pre-created materials and activities help instructors optimize their time:

– Syllabi
– Media enriched PowerPoint Slides
– Image Gallery
– Gradable Reading Assignment Questions (embedded with online text)
– Question Assignments
– Testbank
– Video activities with answer key and video scripts in Spanish and English
– Exams with anser key, audio files, and scripts

Gradebook: *WileyPLUS* provides access to reports on trends in class performance, student use of course materials and progress towards learning objectives, helping inform decisions and drive classroom discussions.

WileyPLUS. Learn More. www.wileyplus.com

Powered by proven technology and built on a foundation of cognitive research, *WileyPLUS* has enriched the education of millions of students, in over 20 countries around the world.

If you are interested in a version that includes the electronic Activities Manual, please contact your sales representative for information about *WileyPLUS Premium*.

Student Companion Site

www.wiley.com/college/potowski/

The Student Companion Site contains electronic Activities Manual, complimentary Self-tests, the *Panoramas culturales* section, audio flashcards, Verb Conjugator accompanying audio for the textbook and the Lab Manual, and videos.

Instructor Companion Site

www.wiley.com/college/potowski/

The Instructor Companion Site includes the student resources above plus exams and digital Test Bank and test audio files. It also includes the image gallery, answer keys for the exams and the Lab Manual, audio and video scripts, and PowerPoint presentations.

Acknowledgments

No project of the scope and complexity of *Dicho y hecho* could have materialized without the collaboration of numerous people. The author team gratefully acknowledges the contributions of the many individuals who were instrumental in the development of this work.

The professionalism, dedication, and expertise of the John Wiley & Sons, Inc. staff who worked with us have been both indispensable and inspirational. To Jay O'Callaghan, Vice President and Executive Publisher, who oversaw the administrative aspects of the entire project, bore the ultimate responsibility for its completion, and never failed to be approachable, we are very grateful. We also thank Magali Iglesias, Director of World Languages, for the vast expertise she brings to the project. We are also very grateful to William A. Murray, Senior Production Editor, for his expertise, flexibility, creativity, inordinate patience, and dedication to the project. We extend our thanks and appreciation to Elle Wagner, Photo Editor, for facilitating the photo selections that enhance the text. Nor can we neglect to thank the Marketing team lead by Jeffrey Rucker, Associate Director of Marketing, with Tiziana Aime, Marketing Manager, and Elena Casillas, Market Specialist, for creating a brilliant advertising program that will position *Dicho y hecho* favorably in the marketplace, and for their enthusiasm, creativity, and dedication in meeting Spanish instructors around the country.

We thank Lynn Pearlman, Senior Media Editor, for her creativity in coordinating the outstanding media ancillaries that supplement the text. We would also like to acknowledge everyone at Curriculum Concepts International. Our Project Editor Glenn Wilson did an absolutely outstanding job reading text, making insightful suggestions, and keeping the project on task and organized.

Most of all, we offer heartfelt appreciation and most profound gratitude to our wonderful Senior Developmental Editor, Elena Herrero, for her unfaltering devotion to *Dicho y hecho*, her tireless hands-on involvement with us, her talent, expertise, and diligence in turning a manuscript into a book, her kind flexibility with our demanding schedules, and—most importantly—her friendship and confidence in us as authors.

We are grateful to the loyal users of *Dicho y hecho*, who over the years have continued to provide valuable insights and suggestions. And finally, for their candid observations, their critically important scrutiny, and their creative ideas, we wish to thank the following reviewers and contributors for this edition from across the nation:

Amy Adrian, *Ivy Tech Community College;* Ana Afzali, *Citrus College;* Sandra Barboza, *Trident Technical College;* J. Raúl Basulto, *Montgomery College;* Anne Becher, *Colorado University-Boulder;* María Beláustegui, *University of Missouri, Kansas City;* Mara-Lee Bierman, *SUNY Rockland Community College;* Virgilio Blanco, *Howard Community College;* Ana Boone, *Baton Rouge Community College;* Maryann Brady, *Rivier College;* Catalina Castillón, *Lamar University;* Daria Cohen, *Rider University;* Rifka Cook, *Northwestern University;* Mayra Cortes-Torres, *Pima Community College;* Debra Davis, *Sauk Valley Community College;* Patricia Davis, *Darton College, Main Campus;* William Deaver, Jr., *Armstrong Atlantic State University;* Aurea Diab, *Dillard University;* Carolyn Dunlap, *Gulf Coast Community College;* Linda Elliott-Nelson, *Arizona Western College;* Luz Escobar, *Southeastern Louisiana University;* Jill Felten, *Northwestern University;*

María Ángeles Fernandez, *University of North Florida;* Leah Fonder-Solano, *University of Southern Mississippi;* Sarah Fritz, *Madison Area Technical College;* Jennifer Garson, *Pasadena City College;* Thomas Gilles, *Montana State University;* Andrew Gordon, *Mesa State College;* Dennis Harrod, *Syracuse University;* Candy Henry, *Westmoreland County Community College;* Lorena Hidalgo, *University of Missouri, Kansas City;* Laurie Huffman, *Los Medanos College;* Martha Hughes, *Georgia Southern University;* Jessica E. Hyde-Cadogan, *University of New Haven;* Nuria Ibáñez, *University of North Florida;* Mary Lou Ippolito, *Trident Technical College;* Shelley Jones, *Montgomery College;* Karl Keller, *University of Alabama in Huntsville;* Mary Jane Kelley, *Ohio University;* Isidoro Kessel, *Old Dominion University;* Sharyn Kuusisto, *City College of San Francisco;* Deborah Lemon, *Ohlone College;* Leticia P. López, *San Diego Mesa College;* José López-Marrón, *CUNY Bronx Community College;* Joanne Lozano, *Dillard University;* Dora Y. Marrón Romero, *Broward College;* Kara McBride, *St. Louis University, Frost Campus;* Nelly A. McRae, *Hampton University;* Elaine Miller, *Christopher Newport University;* Nancy Mínguez, *Old Dominion University;* María Eugenia Moratto, *University of North Carolina, Greenboro;* María Yazmina Moreno-Florido, *Chicago State University;* Asha Nagaraj, *Northwestern University;* Sandy Oakley, *Palm Beach Community College;* María de los Santos Onofre-Madrid, *Angelo State University;* Sue Pechter, *Northwestern University;* Rose Pichón, *Delgado Community College;* Kay Raymond, *Sam Houston State University;* Deborah Rosenberg, *Northwestern University;* Laura Ruiz-Scott, *Scottsdale Community College;* Clinia Saffi, *Presbyterian College;* Phillip Santiago, *Buffalo State College;* Román Santillán, *Medgar Evers College, CUNY;* Karyn Schell, *University of San Francisco;* William Schott, *University of Missouri, Kansas City;* Luis Silva-Villar, *Mesa State College;* E. Esperanza Simien, *Baton Rouge Community College;* Roger Simpson, *Clemson University;* Dawn Slack, *Kutztown University of Pennsylvania;* Victor Slesinger, *Palm Beach Community College;* Nori Sogomonian, *San Bernardino Valley College;* Benay Stein, *Northwestern University;* Roy Tanner, *Truman State University;* Sara Tucker, *Howard Community College;* Mayela Vallejos-Ramírez, *Mesa State College;* Michael Vermy, *SUNY Buffalo State College;* Kathleen Wheatley, *University of Wisconsin-Milwaukee;* U. Theresa Zmurkewycz, *St. Joseph's University.*

Kim Potowski

Silvia Sobral

Laila Dawson

CAPÍTULO 1

Nuevos encuentros

Así se dice

Nuevos encuentros
   Las presentaciones
   Saludos y despedidas
   Expresiones de cortesía
Los números del 0 al 99
El alfabeto
Los días de la semana y los
   meses del año
   ¿Qué día es hoy?
   ¿Cuál es la fecha de
     hoy?/¿Qué fecha es hoy?
Decir la hora

Así se forma

1. Identifying and describing
people: Subject pronouns
and the verb *ser*
   Los cognados

Cultura

- Greetings
- Hispanic nationalities

By the end of this chapter you will be able to:

- Meet and greet each other
- State where you are from and learn the origins of others
- Describe yourself and others
- Exchange phone numbers, e-mail addresses, and birthdays
- Tell time

ENTRANDO AL TEMA

1. What are these people probably saying to each other?

¡Hola!   **Gracias.**   **Hasta mañana.**

2. Is there anyone that you kiss on the cheek when you greet them? Would you kiss someone on the cheek whom you just met?

We will explore these questions in this chapter.

La sección *Entrando al tema* cumple varios propósitos:
- presentar el tema/los temas del capítulo.
- animar a los estudiantes a explorar sus conocimientos previos sobre el mundo hispano.
- incitar la curiosidad del estudiante y motivarlo.

Así se dice

Use *PowerPoint Slides* para presentar el vocabulario y las expresiones que abren el capítulo.

Nuevos encuentros

WILEY PLUS **Pronunciación:** Practice pronunciation of the chapter vocabulary and particular sounds of Spanish in *WileyPLUS*.

El *Capítulo 1* introduce el formato general de cada capítulo, aunque no incluye algunas de las secciones que aparecen de forma regular más adelante (*VideoEscenas, y Dicho y hecho*). Por otro lado, se comienza a presentar información lingüística (*vocabulario y gramática*) de forma gradual y manteniendo al mínimo las explicaciones gramaticales explícitas. De este modo, los estudiantes se familiarizan con conceptos y estructuras lingüísticas en un contexto comunicativo antes de llegar a una explicación más detallada.

¿Cómo te llamas?	
¿Cómo se llama?	*What's your name?*
Me llamo...	*My name is . . .*
Buenos días	*Good morning*
Te/Le presento a...	*I want to introduce you to . . .*
Encantado/a	*It's nice to meet you*
Mucho gusto	*I'm pleased to meet you*
¿De dónde eres?	*Where are you from?*
Soy de...	*I'm from . . .*

Sugerencias:

- Es importante crear un ambiente de cooperación que facilite la comunicación. Si es posible, haga que los estudiantes se sienten en un semicírculo (o varios concéntricos) para que puedan verse y comunicarse de forma más personal.

- Si quiere que los estudiantes practiquen estos diálogos, conviene que lo hagan primero en grupo (divida la clase en grupos grandes, de modo que cada grupo represente un personaje) y después trabajando en parejas. De esta manera se evita la ansiedad que puede crear el leer en voz alta solo/a delante de toda la clase.

Las presentaciones (*Introductions*)

In Spanish, there are two ways of addressing someone and, therefore, there are two equivalents of the English *you*: **tú** and **usted**. In general, use **tú** with classmates, relatives, friends, and others in a first-name basis relationship; use **usted** with professors and other adults in a last-name basis relationship.

Informal (with classmates)
Hola, me llamo...,
¿Cómo te llamas (tú)?

Formal (with instructor)
Buenos días, me llamo...
¿Cómo se llama (usted)?

- To say you are pleased to meet someone, you can say:

Mucho gusto.
Encantado. (*said by males*)/**Encantada.** (*said by females*)

- To ask where someone is from, say:

Informal
¿De dónde eres?

Formal
¿De dónde es usted?

- To say where you are from, say: **Soy de...**

Saludos y despedidas (*Greetings and expressions of farewell*)

Observe and compare the following conversations. The first introduces some formal greetings (**los saludos**) and the second presents their informal equivalents, as well as expressions of farewell (**las despedidas**).

Formal

PROF. RUIZ:	**Buenos días, señorita.**	*Good morning, Miss.*
	(Buenas tardes, señora.)	*(Good afternoon, Ma'am.)*
	(Buenas noches, señor.)	*(Good evening, Sir.)*
SUSANA:	**Buenos días.**	*Good morning. How are you?*
	¿Cómo está usted?	
PROF. RUIZ:	**Muy bien, gracias.**	*Very well, thanks. And you?*
	¿Y usted?	
SUSANA:	**Bien, gracias.**	*Fine, thanks.*

NOTA DE LENGUA

- There is no Spanish equivalent for *Ms.* Use **señora** or **señorita** as appropriate.

- In many Spanish-speaking countries, **tarde** is used while there is still daylight.

- **Buenos días** and **Buenas tardes/noches** are also used in informal settings, especially the first time you see people during a given day, and may also be used as a farewell.

Informal

LUIS:	¡Hola!	Hello!/Hi!
OLGA:	¡Hola! ¿Cómo estás?	How are you?
	(¿Qué tal?)	(How's it going?)
LUIS:	Fenomenal. ¿Y tú?	Terrific. And you?
OLGA:	Regular.	OK./So-so.
LUIS:	¿Qué pasa?	What's happening?
	(¿Qué hay de nuevo?)	(What's new?)
OLGA:	Pues nada. Voy a clase.	Not much. I'm going to class.
LUIS:	Bueno (Pues), hasta luego.	Well, see you later.
	(Hasta mañana.)	(See you tomorrow.)
	(Hasta pronto.)	(See you soon.)
	(Chao.)	(Bye./So long.)
OLGA:	Adiós.	Good-bye.

NOTA DE LENGUA

You may have noticed that Spanish has two verbs expressing *to be*:

ser   **Soy** de México.
estar   ¿Cómo **está** usted?

You will study **estar** and the differences between **ser** and **estar** in later chapters.

NOTA DE LENGUA

Spanish uses an upside-down question mark at the beginning of a question and an upside-down exclamation point at the beginning of an exclamation.

¿? = **signos de interrogación**
¡! = **signos de exclamación**

1-1 ¿Quién... ? (*Who . . . ?*) Refer back to pages 4 and 5 to see who . . .

1. are greeting informally?
   (a.) Carmen y Alfonso   **b.** Inés y la profesora Falcón

2. is introducing one person to another informally?
   (a.) Javier   **b.** Inés

3. are introducing themselves?
   a. Linda y Manuel   **(b.)** Alfonso y Carmen

4. is introducing one person to another formally?
   a. Javier   **(b.)** Inés

5. is asking about someone's origin informally?
   (a.) Pepita   **b.** Octavio

Sugerencia: Puede mencionar otras expresiones comunes (**¿Cómo te va?, ¿Y a ti?**). Conviene que los estudiantes tengan varias oportunidades de practicar. Primero, puede dividirse la clase en dos grupos de modo que cada grupo "interprete" un papel. Así, se familiarizan con el texto y la pronunciación antes de tener que hacerlo de forma individual. Después, en parejas, pueden leer de nuevo, cambiando los papeles mientras el instructor circula por la clase y los escucha.

Nota. Como guía al instructor, las letras **I** (*input*, comprensión) y **O** (*output*, producción) indican "el aspecto del acto comunicativo que trabaja cada ejercicio" y señalan la organización de las actividades dentro del principio de "comprensión antes de producción".

1–1. Nota. Para completar esta actividad, el estudiante ha de comprender las diferencias entre las distintas formas de dirigirse a una persona (en este caso, las que comunican un trato formal o informal). Este tipo de ejercicio es comunicativo y no mecánico (en estos no es necesario comprender el mensaje para poder completar el ejercicio correctamente). Para más detalles sobre el concepto de trabajo comunicativo, vea el *Prólogo*.

Sugerencia: Puede hacer este ejercicio con toda la clase. Pida a los estudiantes que se fijen en las diferencias entre la conversación en la que participa un profesor y las conversaciones entre estudiantes, y que justifiquen sus respuestas en el texto, por ejemplo: la respuesta para 1 es *a*, porque Alfonso usa las formas *tú* y *te*, pero Inés usa la forma *le*.

1–2. Audio:

1. —Buenas tardes, señora Beltrán.
   —Buenas tardes, señorita Vargas, ¿cómo está usted?
   —Muy bien, gracias.

2. —Hola, Jorge, ¿qué tal?
   —Andrés, ¿todo bien?
   —Sí, muy bien.
   —Bueno, hasta luego.

3. —¡Hola Pedro!
   —Marta, ¿qué hay de nuevo?
   —No mucho, y tú ¿cómo estás?
   —Bien.
   —Bueno, voy a la clase de cálculo.
   —Sí, yo voy a una clase también. Hasta luego.
   —Chao.

4. —Buenos días, señor López.
   —¿Cómo está usted, señora Soler?
   —Bien, bien, ¿y usted?
   —Excelente, gracias.

1–3. Audio:

1. ¡Hola!
2. ¿Cómo estás?
3. ¿De dónde eres?
4. ¿Qué pasa?
5. Hasta mañana.

1–4. Note que este es el primer ejercicio en el que los estudiantes tienen que producir un mensaje. La producción (*output*) ayuda a consolidar lo aprendido en la etapa de comprensión (*input*) y dar un nuevo paso comunicativo: el uso original y creativo de la lengua.

Los ejercicios en los que los estudiantes circulan por la clase ofrecen una oportunidad de comunicación con interlocutores diferentes y suelen ser los primeros en los que los estudiantes se atreven a usar la lengua de forma expresiva y creativa.

Sugerencias: Anime a los estudiantes a saludarse dándose la mano, o con besos en la mejilla, según sea apropiado. Únase a la actividad para que los estudiantes tengan la oportunidad de practicar las expresiones formales. Conviene dar un límite de tiempo para este tipo de ejercicio y cumplirlo. Cierre la actividad con un: *¡Siéntense, por favor!* acompañado de gestos.

1-2 **¿Formal o informal?** Listen to the following people as they greet each other and indicate whether they are addressing each other in a formal or informal manner.

	Formal	Informal
1.	☒	☐
2.	☐	☒
3.	☐	☒
4.	☒	☐

1-3 **¿Cómo estás?** Listen and choose the appropriate response to each greeting or question.

1. **a.** Me llamo Juan. **(b.)** Hola, ¿qué tal? **c.** Soy de Estados Unidos.
2. **(a.)** Muy bien, ¿y tú? **b.** Pues nada. **c.** Gracias.
3. **a.** Fenomenal. **(b.)** Soy de México, ¿y tú? **c.** Hasta pronto.
4. **a.** Muy bien, gracias. **(b.)** Pues nada. **c.** Bueno, pues, hasta luego.
5. **a.** ¿Qué pasa? **b.** Buenas tardes. **(c.)** Chao.

1-4 **Las presentaciones.**

Paso 1. Move around the classroom and talk to at least five of your classmates and your instructor. Take notes in a chart like the one below.

- Greet them (remember to greet your instructor with formal forms!).
- Introduce yourself and learn their names.
- Find out where they are from.
- Say good-bye.

Modelo:
Estudiante A: **Hola, me llamo Antonio. Y tú, ¿cómo te llamas?**
Estudiante B: **Me llamo Raquel. ¿Cómo estás?**
Estudiante A: **Muy bien, gracias. ¿De dónde eres?**

Nombre	Es de...

Paso 2. Find one of the classmates you met earlier. Move around the classroom together and take turns introducing each other to other classmates and the instructor. Each person should respond to the introduction appropriately.

Modelo: **Roberto, te presento a mi amiga Raquel. Raquel es de...**
Profesor/a, le presento a...

Expresiones de cortesía (*Expressions of courtesy*)

Con permiso.	*Pardon me./Excuse me. (to seek permission to pass by someone or to leave)*
Perdón./Disculpe.	*Pardon me./Excuse me. (to get someone's attention or to seek forgiveness)*
Lo siento (mucho).	*I'm (so/very) sorry.*
Por favor.	*Please.*
(Muchas) Gracias.	*Thank you (very much).*
De nada.	*You're welcome.*

DICHOS

Cortesía y bien hablar (*talk*), cien puertas (*doors*) nos abrirán (*will open*).

¿Qué significa el dicho?

1-5 **¡Son muy corteses!** Write an appropriate expression from the box below under each drawing on pages 9 and 10.

> Disculpe   Muchas gracias   Lo siento mucho
>
> De nada   Con permiso

1–5. Use *PowerPoint Slides* para completar este ejercicio.

Extensión: Puede pedir a varios estudiantes que representen para la clase situaciones como las de los dibujos. La clase debe escoger la expresión de cortesía apropiada.

1. El profesor Marín-Vivar a Natalia y Alfonso

Prof. Marín-Vivar is going to pass by Natalia and Alfonso. What does he say?

Con permiso.

2. Rubén a Camila

Rubén wants to speak to Camila, but she is talking with Carmen. What does Rubén say?

Disculpe.

3. Esteban a Inés y Pepita

4. Linda a Manuel
5. Manuel a Linda

Esteban drops his tray on Inés and Pepita!

Lo siento mucho.

Manuel gives Linda a gift. What does she say?

Muchas gracias.

What does Manuel say to Linda?

De nada.

1–6. Extensión. Pida a los estudiantes que se levanten y caminen por el aula realizando las acciones descritas en las oraciones del ejercicio y usando las expresiones que escribieron. Insista en que los estudiantes cambien el orden de las acciones para que no hagan todos lo mismo a la vez.

0 **1-6** **Somos muy corteses también.** Look at the situations below and write what you would say in each case. Pretend you do not know any of these people, so you need to use formal forms.

1. You excuse yourself before you walk in front of someone.

   _____

2. You lightly bump into someone and seek her/his forgiveness.

   _____

3. You get someone's attention and ask the person her/his name and where she/he is from.

   _____

4. You give someone something of yours, saying **Para usted** (*For you*). Expect a thank you and respond appropriately.

   _____

Cultura: Greetings

Use *PowerPoint Slides* para presentar esta sección de cultura.

In Spanish-speaking countries, women on a first-name basis will greet each other, and will also greet male friends, with a single light kiss on the right cheek, sometimes accompanied by a handshake. In Spain and some other countries, they will kiss once on each cheek. Men sometimes greet male friends and family with a short hug in addition to a handshake.

When the two people are in a last-name basis relationship, they will use a handshake only.

When people take leave of each other, they tend to repeat the same gestures as when they greeted each other.

How would the following Spanish-speakers probably greet and take leave from each other?

Susana and Antonio, Perú	**One kiss**	Two kisses	Handshake only
Juan and Alfonso, México	One kiss	Two kisses	**Handshake only**
Mr. González and Mrs. Burgos, Chile	One kiss	Two kisses	**Handshake only**
Elena and Linda, Spain	One kiss	**Two kisses**	Handshake only

Así se forma

WILEY PLUS Go to *WileyPLUS* and review the Animated Grammar Tutorial and Verb Conjugator for this grammar point.

Use *PowerPoint Slides* para presentar y practicar esta gramática.

Puede mencionar que el uso de *tú* y *usted* varía regionalmente. Por ejemplo, en algunos países, como España, al igual que en la región del Caribe se usa la forma *tú* con frecuencia, mientras que en otros lugares (Colombia, Costa Rica) es mucho más frecuente el uso de *usted,* incluso entre padres e hijos y entre esposos.

Puede mencionar también que en español no existe un pronombre de sujeto equivalente a *it*. Generalmente, cuando se usa *it* en inglés como sujeto, no es necesario expresarlo en español.

   Es un gato.   Es un carro.

Indique que el pronombre de sujeto *vos* se usa en lugar de *tú* en Argentina, en Uruguay y en partes de Centroamérica. La forma verbal correspondiente a *vos* es diferente a la de *tú.* En este libro de texto no van a aprender esta forma.

Me llamo Pepita. Soy dinámica, atlética y extrovertida. Ah... y soy muy puntual.

Me llamo Natalia. Soy estudiante y soy de Nuevo México. Soy responsable, generosa y muy independiente.

Natalia y yo somos amigas.

1. Identifying and describing people: Subject pronouns and the verb *ser*

In the previous section you used some subject pronouns to address people (**usted, tú**) and forms of the verb **ser** (*to be*): **¿De dónde *es* usted? ¿De dónde *eres*?** *Soy* de... Here are some more subject pronouns and forms of **ser**.

Subject pronouns	Ser
yo (*I*)	**soy** estudiante
tú (*you, singular informal*)	**eres** inteligente
usted (Ud.) (*you, singular formal*)	**es** de Bolivia
él (*he*)/**ella** (*she*)	**es** profesor/profesora
nosotros/as (*we*)	**somos** estudiantes
vosotros/as (*you, plural informal*)	**sois** inteligentes
ustedes (Uds.) (*you, plural*)	**son** de Panamá
ellos (*they, masc.*)/**ellas** (*they, fem.*)	**son** profesores/profesoras

- **Vosotros/as** is used only in Spain. **Ustedes** is formal in Spain but both formal and informal in Hispanic America.

- Use subject pronouns only *to emphasize*, *to contrast*, or *to clarify*. Avoid them otherwise, since Spanish verb endings already indicate who the subject is.

  Yo soy de Cuba y **él** es de Chile.   *I am from Cuba and **he** is from Chile.*

  Soy de Cuba.   *I am from Cuba.*
  Somos estudiantes.   *We are students.*

- Use the verb **ser** to tell who a person is, where a person is from, and what a person is like.

  Natalia **es** estudiante.   *Natalia is a student.*
  Es de Nuevo México.   *She is from New Mexico.*
  Es muy independiente.   *She is very independent.*

Los cognados (*Cognates*)

Cognates are words that are identical or similar in two languages and have the same meaning. Cognates may be any type of word such as a noun, verb, adjective, etc. Below you have a list of adjectives (words we use to describe people and things) that are cognates. These adjectives are commonly used with **ser** to describe people.

Note that some adjectives may be used to describe males or females.

admirable	flexible	materialista	rebelde
arrogante	independiente	optimista	responsable
conformista	inteligente	paciente	sentimental
eficiente	irresponsable	pesimista	terrible
egoísta	liberal	puntual	tolerante

But other adjectives change **-o** to **-a** when referring to a female.

ambicioso/a	dinámico/a	introvertido/a	religioso/a
atlético/a	extrovertido/a	modesto/a	romántico/a
cómico/a	generoso/a	organizado/a	serio/a
creativo/a	impulsivo/a	práctico/a	tranquilo/a

To describe more than one person, add **–s** to adjectives that end in a vowel and **–es** to those ending in a consonant.

admirable → admirable**s**
sentimental → sentimental**es**

Since recognizing cognates is an important skill when learning a second language, new vocabulary consisting of cognates of English words will not be introduced with translation (but you can always find translations in the **Repaso de vocabulario** section at the end of each chapter).

NOTA DE LENGUA

To make a negative statement, place **no** before the verb.

No soy estudiante.   I am not a student.

In answering *yes/no* questions, repeat the **no**.

¿Eres pesimista?   Are you a pessimist?

¡**No, no** soy pesimista!   No, I'm not a pessimist!

Nota. El estudio de estos cognados ofrece un primer acercamiento al concepto de concordancia de género (masculino/femenino) en los adjetivos antes de llegar a su estudio formal en el *Capítulo 3*.

Advierta sobre la existencia de falsos cognados, por ejemplo: embarazada = *pregnant*, no *embarrassed*.

Sugerencia: Suele resultar más difícil para los estudiantes reconocer los cognados cuando los escuchan que cuando los leen. Para ayudarlos, puede leer algunos cognados de las listas (u otros) y pedir a los estudiantes que los identifiquen. Como práctica adicional, los estudiantes pueden hacer este mismo ejercicio en parejas: turnándose, un estudiante escoge y lee uno de los cognados y el otro lo identifica.

Pida a los estudiantes que estudien las *Notas de lengua* fuera de clase. Estas notas suelen presentar información importante relacionada con la gramática o con las estructuras que se presentan en el capítulo. Comente en clase las notas que considere más relevantes.

1–7. Haga un modelo con uno de los adjetivos. Varíe de género para ilustrar la concordancia entre el género del nombre y el adjetivo.

1-7 ¿Similares o diferentes? Can you figure out what the title of this activity is? The words are cognates!

Paso 1. Read the following sentences and mark whether they are true (**cierto**) or false (**falso**) for you. Then add one more sentence using a different cognate from the box above.

		Cierto	Falso
1.	Soy optimista.	☐	☐
2.	Soy creativo/a.	☐	☐
3.	Soy serio/a.	☐	☐
4.	Soy responsable.	☐	☐
5.	Soy extrovertido/a.	☐	☐
6.	Soy paciente.	☐	☐
7.	_____	☐	☐

Paso 2. Work with a partner and compare your answers orally. Then write sentences about your differences.

Modelo: **Soy optimista, pero Kate no es optimista.**
Soy optimista y Kate es optimista también (*as well*).
No soy optimista y Kate no es optimista tampoco (*either*).

1–8. Audio:

1. Son atléticas. 2. Es tranquilo.
3. Son artísticos. 4. Es creativa.
5. Es extrovertida. 6. Son ambiciosas.
7. Son generosos. 8. Es práctico.

1–8. A pesar de su sencillez, este ejercicio no es mecánico sino comunicativo, ya que involucra uno de los aspectos del acto comunicativo (la comprensión del principio de concordancia entre el sujeto y el verbo y entre el nombre y el adjetivo) y tiene un propósito claro (identificar la persona descrita). Observe que en casi todas las oraciones, las cualidades expresadas podrían referirse a cualquier persona, de modo que los estudiantes deben basar su identificación en la información gramatical de cada oración.

Extensión: Puede ampliar este ejercicio de comprensión añadiendo oraciones con diferentes adjetivos.

PALABRAS ÚTILES (*Useful Words*)

también	*also*
tampoco	*neither/not either*

1-8 ¿Cómo son? Write the number of each sentence you hear next to the photo of the person/people it describes. You will hear two descriptions for each photo.

Jóvenes muralistas en Nueva York

_3_ y _7_

Hombre indígena ecuatoriano

_2_ y _8_

La novelista Isabel Allende

_4_ y _5_

Chicas futbolistas

_1_ y _6_

1-9 **Personas famosas.** Using adjectives from the following list, plus others that you can come up with, and the clues given in parentheses, tell a classmate about the following famous people and two more of your choice. Say what they do, where they are from, and use one or two adjectives to describe them.

Modelo: Penélope Cruz (actriz/España)
Penélope Cruz _es_ actriz y _es_ de España. Es muy bell_a_ y dinámic_a_.

atlético/a	creativo/a	famoso/a	popular	bello/a (_beautiful_)
dinámico/a	fuerte (_strong_)	romántico/a	serio/a	rebelde(s)

1. Javier Bardem (actor/España)

2. Shakira (cantante/ Colombia)

3. Alberto Pujols (jugador de béisbol/ República Dominicana)

4. Jessica Alba (actriz/California)

5. ¿ … ? **6.** ¿ … ?

1-10 **Mi personalidad.**

Paso 1. In pairs, greet and introduce yourselves and talk about your origins. Then ask each other _yes/no_ questions to determine your personality traits. Take notes, as you will need some of this information later.

Modelo: Estudiante A: ¿_Eres_ (muy) extrovertid_o/a_?
Estudiante B: Sí, _soy_ muy extrovertid_o/a_. / No, no soy (muy) extrovertid_o/a_. ¿Y tú?

Paso 2. Walking around the classroom, introduce your classmate to three other students. Tell her/his name, origin, and two personality traits.

Modelo: **Mi amigo/a se llama…** O, **Te presento a mi amigo/a…**
Es de…
Es… y…

Paso 3. Tell the class one difference between you and your classmate and two things you have in common. Remember to add **-s** or **-es** to the adjective to form the plural.

Modelo: (_Partner's name_) **es… y yo soy…**
Él/Ella y yo somos… y…

1–9. Este ejercicio presenta de forma indirecta el uso del verbo _ser_ para identificar, describir y hablar del origen de la persona, al mismo tiempo que se comienza a practicar la concordancia entre el nombre y el adjetivo en la fase de producción (_output_).

Extensión: Pida a los estudiantes que, en grupos, lean las descripciones de las personas famosas que añadieron a su lista sin mencionar sus nombres, para que sus compañeros intenten adivinar quiénes son.

Modelo: Esta persona es actriz y es de México. Es muy bella y dinámica. ¿Quién es?

Indique a los estudiantes que forman cada pareja que deben prestar atención al uso correcto de las formas masculinas o femeninas de los adjetivos.

1–10. Este ejercicio recicla los saludos y las presentaciones mientras se práctica el verbo _ser_ + adjetivos. Recuerde a los estudiantes que la forma de algunos adjetivos varía en género y, en este caso, depende de si se refieren a un hombre o a una mujer.

Para escribir: Es conveniente que los estudiantes tengan oportunidades de escribir en clase aunque sea en actividades breves. Esto les ayuda a consolidar tanto el nuevo vocabulario como las estructuras, al usarlos de forma original. Por ejemplo, puede dar estas instrucciones para una actividad que puede desarrollarse en clase o asignarse como tarea: _Write a dialog that takes place between yourself and a person you met for the first time and you want to get to know. Begin with a greeting and end with good-bye._

Así se dice

Los números del 0 al 99

0 **cero**	10 **diez**	20 **veinte**	30 **treinta**
1 **uno**	11 **once**	21 **veintiuno**	31 **treinta y uno**
2 **dos**	12 **doce**	22 **veintidós**	32 **treinta y dos**
3 **tres**	13 **trece**	23 **veintitrés**	...
4 **cuatro**	14 **catorce**	24 **veinticuatro**	40 **cuarenta**
5 **cinco**	15 **quince**	25 **veinticinco**	50 **cincuenta**
6 **seis**	16 **dieciséis**	26 **veintiséis**	60 **sesenta**
7 **siete**	17 **diecisiete**	27 **veintisiete**	70 **setenta**
8 **ocho**	18 **dieciocho**	28 **veintiocho**	80 **ochenta**
9 **nueve**	19 **diecinueve**	29 **veintinueve**	90 **noventa**

- **Uno** is used for counting, but before a noun we use the indefinite article **un** (masculine)/**una** (feminine). The same holds true for **veintiuno**, **treinta y uno**, and so on.

  Un profesor, **una** profesora y **veintiún** estudiantes son de Texas.
  One (male) professor, one (female) professor, and twenty-one students are from Texas.

- The numbers from 16 to 29 are usually written as one word: **diecisiete**, **veinticuatro**. Those from 31 on are written as three words: **treinta y tres**; **cincuenta y seis**.

- Note the numbers that carry accent marks: **dieciséis**, **veintidós**, **veintitrés**, **veintiséis**.

1-11 ¿Correcto o incorrecto?

Paso 1. Listen to some math problems and decide whether the answer is correct (**correcto**) or incorrect (**incorrecto**).

	Correcto	Incorrecto
1.	X	
2.		X
3.	X	
4.		X
5.		X

Paso 2. Now listen to a few more math problems. This time you have to provide the answers. Write them out in words in your notebook or on a sheet of paper.

1-12 Más matemáticas.
Write five simple math problems like the ones you just heard. In pairs, take turns reading your problems to your partner and writing out answers to hers/his. Then, check each other's answers.

Modelo: Estudiante A: **Diez y ocho son…**
Estudiante B: **Dieciocho.**

1-13 Números de teléfono.
In Spanish, the digits of phone numbers are usually given in pairs and the article **el** (*the*) precedes the phone number: "**Es el 4-86-05-72.**"

Paso 1. Listen as your instructor reads telephone numbers from the phone list on page 18. Raise your hand when you know whose number was read and tell whose number it is.

Modelo: **Es el número de Juan Millán.**

PALABRAS ÚTILES

C/ → Calle	*Street*	
Avda. → Avenida	*Avenue*	
Pl. → Plaza	*Square*	

Paso 2. Now, in pairs, take turns reading phone numbers and identifying the person whose number it is.

1–11 *Paso 1.* Audio:
1. Cuatro y cuatro son ocho.
2. Dos y tres son seis.
3. Nueve menos dos son siete.
4. Ochenta menos cuarenta son veinte.
5. Treinta más treinta son setenta.

1–11 *Paso 2.* Audio:

1. Veintiséis menos doce son… (*catorce*)
2. Cuarenta menos veintiuno son… (*diecinueve*)
3. Setenta y dos y dieciséis son… (*ochenta y ocho*)
4. Trece y cinco son… (*dieciocho*)
5. Sesenta y seis y treinta y tres son… (*noventa y nueve*)

1–11. Sugerencia: Insista en que los estudiantes levanten la mano antes de hablar. Así se evita que los estudiantes más rápidos monopolicen las respuestas y los que necesitan más tiempo se frustren y, en el futuro, no intenten responder. Cuando varios estudiantes estén listos para contestar, pídale a uno que responda.

1–12. Sugerencia: Otra actividad que puede realizarse para practicar los números (excelente como actividad de calentamiento al comienzo de otra clase) es un juego de *bingo*. Pida a los estudiantes que dibujen un cuadro de 3 líneas x 3 columnas y que escriban números del 1 al 30 sin repetir ninguno. Usted debe escribir una lista con todos los números. Escriba en la pizarra las palabras *línea* y *bingo*. Diga números de la lista en voz alta (táchelos en la lista para saber qué números ya ha mencionado), los estudiantes escuchan y marcan los números que tienen, diciendo *línea* o *bingo* cuando corresponda.

1–13 *Paso 1.* Lea dos o tres números de teléfono de la lista.

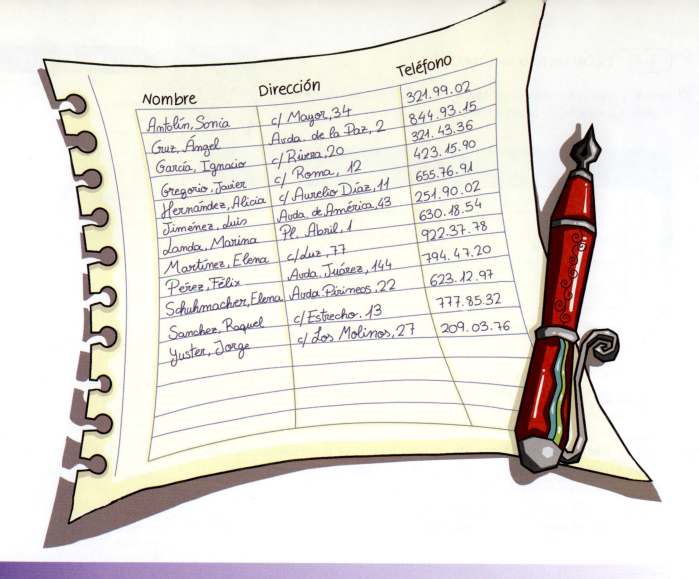

Nombre	Dirección	Teléfono
		321.99.02
Antolín, Sonia	c/ Mayor, 34	844.93.15
Cruz, Ángel	Avda. de la Paz, 2	321.43.36
García, Ignacio	c/ Rivera, 20	423.15.90
Gregorio, Javier	c/ Roma, 12	655.76.91
Hernández, Alicia	c/ Aurelio Díaz, 11	251.90.02
Jiménez, Luis	Avda. de América, 43	630.18.54
Landa, Marina	Pl. Abril, 1	922.37.78
Martínez, Elena	c/ Luz, 77	794.47.20
Pérez, Félix	Avda. Juárez, 144	623.12.97
Schuhmacher, Elena	Avda. Pirineos, 22	777.85.32
Sánchez, Raquel	c/ Estrecho, 13	209.03.76
Yuster, Jorge	c/ Los Molinos, 27	

Así se dice

Use *PowerPoint Slides* para presentar este vocabulario.

El alfabeto

The letters of the alphabet (**alfabeto** or **abecedario**) and their names follow. Listen and repeat.

El alfabeto. Las combinaciones **ch** (**che**), como por ejemplo en **Ch**ile; **ll** (**elle**), como por ejemplo en Mede**ll**ín; y **rr** (**erre**), como por ejemplo en Monte**rr**ey, se consideraban antes letras en sí. Señale a los estudiantes que así las encontrarán en diccionarios viejos.

Este puede ser un buen momento para trabajar la pronunciación con la sección *Así se pronuncia*, ubicada en el *Activities Manual*. Note que en este capítulo se presenta solamente la pronunciación de las vocales para no sobrecargar a los estudiantes. Mencione que la pronunciación de las consonantes se estudiará en los *Capítulos 2–6*.

a (a)	**A**rgentina	**j** (jota)	**J**uárez	**r** (ere)	Puerto **R**ico
b (be)	**B**olivia	**k** (ka)	Nueva Yor**k**	**s** (ese)	**S**an **S**alvador
c (ce)	**C**uba, **C**iudad Real	**l** (ele)	**L**aredo	**t** (te)	**T**egucigalpa
d (de)	**D**allas	**m** (eme)	**M**anagua	**u** (u)	**U**ruguay
e (e)	**E**cuador	**n** (ene)	**N**icaragua	**v** (ve, uve)	**V**enezuela
f (efe)	**F**lorida	**ñ** (eñe)	Espa**ñ**a	**w** (doble ve, doble uve, uve doble)	**W**ashington
g (ge)	**G**uatemala, **G**erona	**o** (o)	**O**axaca	**x** (equis)	e**x**amen, Mé**x**ico
h (hache)	**H**onduras	**p** (pe)	**P**anamá	**y** (i griega)	**Y**ucatán
i (i)	**I**quitos	**q** (cu)	**Q**uito	**z** (zeta)	**Z**acatecas, Cuzco

1-14 ¿Cómo se escribe? (*How do you spell it?*)

Paso 1. Listen to the spelling of the names of some Hispanic cities and write them down.

1. _____   4. _____

2. _____   5. _____

3. _____   6. _____

Paso 2. Choose three cities where Spanish is spoken (check the maps at the end of your textbook) and write them down. Now work with a partner. Taking turns, spell the names of your cities for your partner and write down the names of the cities she/he spells for you.

1-15 Mi nombre y mi número de teléfono.
In groups, ask for and give each other your names, phone numbers, and e-mail addresses, spelling things out in Spanish. Write the information accurately, as it will be used later for a Class Directory.

Modelo:	Estudiante A:	**¿Cómo te llamas?**
	Estudiante B:	**Me llamo Mónica Smith: M–o–n...**
	Estudiante C:	**¿Cuál es tu número de teléfono?**
	Estudiante B:	**Es el cuatro ochenta y seis, cero, cinco, setenta y dos.**
	Estudiante D:	**¿Cuál es tu correo electrónico?**
	Estudiante B:	**Es monica3@dicho.com: d–i–c–h...**

PALABRAS ÚTILES

número de teléfono	*phone number*
correo electrónico	*e-mail address*
arroba	*@*
punto	*dot*

INVESTIG@ EN INTERNET

Look for an e-card to send to one of the classmates whose e-mail address you wrote down. Use a search engine to find free e-cards in Spanish!

1–14. Audio:
1. Barranquilla
2. Arequipa
3. Veracruz
4. Bogotá
5. Santiago
6. Querétaro

Sugerencia: Cuando terminen la actividad, pida a los estudiantes que les muestren a sus compañeros las ciudades que escogieron en los mapas del libro.

1–15. Pida a un voluntario de cada grupo que compile el directorio, y a sus compañeros que le envíen un correo electrónico con la información de su grupo.

Así se dice

Los días de la semana y los meses del año

Days of the week and months of the year

¿Qué día es hoy?

¡Ay, es lunes!

septiembre

lunes	martes	miércoles	jueves	viernes	sábado	domingo
					1	2
3	4	5	6	7	8	9
10	11	12	13	14	15	16
17	18	19	20	21	22	23
24	25	26	27	28	29	30

└ el **día** ┘   └────── la **semana** ──────┘   └ el **fin de semana** ┘

NOTA CULTURAL

Cinco de Mayo

September 16th is when Mexicans celebrate their independence from Spain in 1821. **Cinco de Mayo**, which is popular in the United States, is the celebration of an important victory against French invaders in Puebla, Mexico, in 1862.

- In Hispanic calendars, the week usually begins on Monday.

- The days of the week are not capitalized in Spanish.

- With the day of the week, the definite article **el** (singular) or **los** (plural) is used to indicate *on*.
  El sábado vamos a una gran fiesta. *On Saturday we are going to a big party.*
  Los miércoles vamos al gimnasio. *On Wednesdays we go to the gym.*

- The plural of **el sábado** and **el domingo** is **los sábados** and **los domingos**. The other days use the same form in the singular and in the plural:
  el lunes → los lunes.

1-16 El mes de septiembre.

Listen to statements about what days of the week certain dates fall on, and mark whether the statements are true (**cierto**) or false (**falso**) based on the calendar on page 20.

	Cierto	Falso
1.	X	
2.		X
3.		X
4.	X	
5.	X	

1–16. Audio:

1. El día 11 de septiembre es martes.
2. El 26 de septiembre es lunes.
3. El día 8 de septiembre es domingo.
4. Los días 22 y 23 de septiembre son fin de semana.
5. El 15 de septiembre no es viernes.

1-16. Extensión: Puede pedir a los estudiantes que creen oraciones similares a la que han escuchado y que, en parejas, continúen la actividad.

1-17 ¿Qué día es?

In pairs, one of you will choose a day in the month of September from the calendar on page 20 and the other will indicate on what day of the week it falls. Take turns.

Modelo: Estudiante A: **¿Qué día es el catorce de septiembre?**
Estudiante B: **Es viernes.**

1–17. Alternativa: Puesto que la estructura para dar fechas no se ha presentado antes, es importante que usted lea el modelo con la clase y comience el ejercicio con dos o tres ejemplos para que toda la clase responda, a modo de ensayo.

1-18 ¿Qué opinas? (*What do you think?*)

Complete the statements with the appropriate day(s). Then in groups, share your answers with your classmates. Are your opinions similar?

1. Mi día de la semana favorito es _____.
2. El peor (*worst*) día de la semana es _____.
3. Tengo (*I have*) muchas clases _____.
4. No tengo muchas clases _____.
5. Un día malo (*bad*) para exámenes es _____.
6. Un día bueno (*good*) para hacer fiestas es _____.

1–18. Sugerencia: Enfatice el uso del artículo en la expresión equivalente a *on + days of the week*: *el lunes* (*on Monday*); *los lunes* (*on Mondays*).

En general, en actividades en las que los estudiantes tengan que compartir información que han escrito, insista en que compartan o comparen sus respuestas leyendo las oraciones completas y escuchándose en vez de mirar el libro del compañero/a.

NOTA CULTURAL

El español en el mundo

Spanish is one of the five most spoken languages in the world and is the primary language in twenty countries: Argentina, Bolivia, Chile, Colombia, Costa Rica, Cuba, Dominican Republic, Ecuador, El Salvador, Guatemala, Honduras, Mexico, Nicaragua, Panama, Paraguay, Peru, Puerto Rico, Spain, Uruguay, Venezuela.

Spanish is widely spoken in the U.S., with large communities of Spanish speakers in and around New York, Miami, Los Angeles, and Chicago, and cities throughout the Southwest.

Spanish is also an official language in the African country of Equatorial Guinea and was an official language in the Philippines from the 16th century to 1987, although neither country is culturally Hispanic.

¿Cuál es la fecha de hoy?/ ¿Qué fecha es hoy?

What's today's date?

Pero Alfonso, mi cumpleaños es el 13 de agosto.

- To express what day of the month it is, use cardinal numbers (**dos, tres, cuatro, ...**). In Latin America, the first of the month is always expressed with **el primero**. In Spain, **el uno** is used.

  Hoy es (el)[1] cuatro de abril.
  Mañana es (el) primero de abril. (Latin America)
  Mañana es el uno de abril. (Spain)

- To express the month in a date, use **de** before the month. Months are not generally capitalized in Spanish.

  el 25 **de** diciembre   el diez **de** mayo

- When dates are given in numbers, the day precedes the month.

  4/7 = **el cuatro de julio**

Note the names of the months in this calendar.

Extensión: Para practicar los meses, escriba cada mes en una hoja de papel. Pida a 12 estudiantes que se levanten y se pongan de frente a la clase con una hoja de papel cada uno (distribuya las hojas al azar). El resto de la clase tiene que ponerlos en orden cronológico (pida que cierren sus libros).

Después, pida las hojas a los estudiantes, saque cuatro meses y redistribuya el resto al azar. La clase tiene que decir qué meses faltan.

2011

enero

L	M	M	J	V	S	D
					1	2
3	4	5	6	7	8	9
10	11	12	13	14	15	16
17	18	19	20	21	22	23
24	25	26	27	28	29	30
31						

febrero

L	M	M	J	V	S	D
	1	2	3	4	5	6
7	8	9	10	11	12	13
14	15	16	17	18	19	20
21	22	23	24	25	26	27
28						

marzo

L	M	M	J	V	S	D
	1	2	3	4	5	6
7	8	9	10	11	12	13
14	15	16	17	18	19	20
21	22	23	24	25	26	27
28	29	30	31			

abril

L	M	M	J	V	S	D
				1	2	3
4	5	6	7	8	9	10
11	12	13	14	15	16	17
18	19	20	21	22	23	24
25	26	27	28	29	30	

mayo

L	M	M	J	V	S	D
						1
2	3	4	5	6	7	8
9	10	11	12	13	14	15
16	17	18	19	20	21	22
23	24	25	26	27	28	29
30	31					

junio

L	M	M	J	V	S	D
		1	2	3	4	5
6	7	8	9	10	11	12
13	14	15	16	17	18	19
20	21	22	23	24	25	26
27	28	29	30			

julio

L	M	M	J	V	S	D
				1	2	3
4	5	6	7	8	9	10
11	12	13	14	15	16	17
18	19	20	21	22	23	24
25	26	27	28	29	30	31

agosto

L	M	M	J	V	S	D
1	2	3	4	5	6	7
8	9	10	11	12	13	14
15	16	17	18	19	20	21
22	23	24	25	26	27	28
29	30	31				

septiembre

L	M	M	J	V	S	D
			1	2	3	4
5	6	7	8	9	10	11
12	13	14	15	16	17	18
19	20	21	22	23	24	25
26	27	28	29	30		

octubre

L	M	M	J	V	S	D
					1	2
3	4	5	6	7	8	9
10	11	12	13	14	15	16
17	18	19	20	21	22	23
24	25	26	27	28	29	30
31						

noviembre

L	M	M	J	V	S	D
	1	2	3	4	5	6
7	8	9	10	11	12	13
14	15	16	17	18	19	20
21	22	23	24	25	26	27
28	29	30				

diciembre

L	M	M	J	V	S	D
			1	2	3	4
5	6	7	8	9	10	11
12	13	14	15	16	17	18
19	20	21	22	23	24	25
26	27	28	29	30	31	

[1]A word in parentheses ( ) indicates that it is optional.

Los días feriados

Not all holidays are celebrated equally or on the same dates in different Hispanic countries. For example, Father's Day is celebrated on March 19 in Spain, but on the second Sunday in June in other countries. Also, Mother's Day is always on May 10 in México and May 27 in Bolivia. Three Kings Day, or **el Día de los Reyes Magos** (*Wise Kings*), is the celebration of the Epiphany, honoring the arrival of the Three Wise Men to Jerusalem: Melchior, Balthazar, and Caspar. It is celebrated twelve days after Christmas (the "twelfth day of Christmas" in the famous Christmas carol). In the Hispanic world, the Three Kings bring gifts to children on this day, although **Santa Clos/San Nicolás** is gaining in popularity in many areas. Children often leave clumps of grass or hay for the Kings' camels to eat after their long journey.

▲ Los Reyes Magos

Find out what a **Rosca de Reyes** is and what surprise is baked inside of it!

1-19 **Días feriados.** Match each of the following celebrations with the month when they are celebrated in the United States. For how many of them can you give the date as well, according to the calendar on page 22?

Modelo: **El Día de Navidad es en diciembre. Es el veinticinco de diciembre.**

1. La Nochebuena (*Christmas Eve*)
2. El Día de Acción de Gracias (*Thanksgiving Day*)
3. El Día de los Reyes Magos
4. El Día de los Enamorados (*Valentine's Day*)
5. El Día de las Madres (*Mother's Day*)
6. El Día de los Padres (*Father's Day*)
7. El Día de la Independencia
8. El Día del Trabajo (*Labor Day*)

a. enero
b. febrero
c. mayo
d. junio
e. julio
f. septiembre
g. noviembre
h. diciembre

1–19. Respuestas:
1. h, el 24 de diciembre
2. g, el 25 de noviembre (cuarto jueves de noviembre)
3. a, el 6 de enero
4. b, el 14 de febrero
5. c, el 8 de mayo (segundo domingo de mayo)
6. d, el 19 de junio (tercer domingo de junio)
7. e, el 4 de julio
8. f, el 2 de septiembre
Enfatice que, para las fiestas con fechas variables, las respuestas se basan en el calendario que se puede encontrar en la sección de presentación de vocabulario de la página 22.

Extensión: En parejas, un estudiante lee una de las fechas y el otro identifica la celebración.

DICHOS

En abril, aguas (*water*) mil.

¿Qué significa el dicho?

1–20. Sugerencia: Diviértanse practicando los meses y los cumpleaños. Forme dos equipos. Cada equipo debe organizarse según las fechas de sus cumpleaños (día y mes solamente) preguntando: *¿Cuándo es tu cumpleaños?* y poniéndose en una fila, en orden según la fecha de sus cumpleaños. El primer equipo que se ponga en orden, gana la competencia. Pida a los estudiantes del equipo ganador que digan las fechas de sus cumpleaños para confirmar que están en el orden correcto.

Extensión: Puede llevar a cabo un pequeño sondeo para averiguar cuántos cumpleaños hay en cada mes.

Use *PowerPoint Slides* del calendario anual que aparece en la página 22 y pida a los estudiantes que se turnen diciendo las fechas de sus cumpleaños. Un secretario puede marcar las fechas mencionadas. Después puede hacer preguntas a la clase como: *¿Cuántos cumpleaños hay en enero? ¿Uno, tres... ?*

I/O  **1-20** **Los cumpleaños (*Birthdays*).**

Paso 1. Write the date of your birthday on a small piece of paper using numbers (**día/mes**) and give it to your instructor.

 Paso 2. Your instructor will now give each student one of the pieces of paper. Move around the class to find the person whose birthday is written on it.

Modelo: Estudiante A: **¿Cuándo es tu cumpleaños?**
            Estudiante B: **Mi cumpleaños es el ocho de octubre.**

 Paso 3. Tell the class the name of the student whose birthday information you have and when her/his birthday is.

Modelo: **El cumpleaños de Roberta es el ocho de octubre.**

NOTA CULTURAL

El día del santo

In most Hispanic countries, it is common to celebrate your birthday and also your saint's day (based on the Catholic tradition). If your parents named you after the saint honored on the day of your birth, then your birthday and your saint's day are the same. If they named you after a saint honored on a different day of the year, you have two celebrations! Observe the names of the saints on the January calendar.

ENERO

LUNES	MARTES	MIÉRCOLES	JUEVES	VIERNES	SÁBADO	DOMINGO
◯ LUNA LLENA DIA 1 - 31	☾ C. MENGUANTE DIA 9	◯ LUNA NUEVA DIA 17	☽ C. CRECIENTE DIA 24	**1** LA CIRCUNCISIÓN	**2** SAN BASILIO M.	**3** SAN ANTERO PAPA
4 SAN PRISCO	**5** S.TELESFORO	**6** LOS S. REYES EPIFANÍA	**7** SAN RAYMUNDO	**8** SAN APOLINAR	**9** SAN MARCELINO	**10** SAN GONZALO
11 S. HIGINIO PAPA	**12** S. ARCADIO M.	**13** S. HILARIO OB.	**14** SAN FÉLIX M.	**15** SAN MAURO ABAD	**16** SAN MARCELO	**17** SAN ANTONIO ABAD
18 STA. PRISCA V.	**19** SAN MARIO	**20** SAN FABIÁN	**21** SAN FRUCTUOSO	**22** SAN VICENTE M.	**23** SAN ALBERTO	**24** SAN FRANCISCO DE S.
25 STA. ELVIRA V.	**26** S. TIMOTEO OB.	**27** STA. ÁNGELA V.	**28** STO. TOMÁS DE A.	**29** SAN VALERIO	**30** STA MARTINA	**31** SAN JUAN BOSCO

1–21. Respuestas:
1. El santo de Elvira es el 25 de enero.
2. El santo de Gonzalo es el 10 de enero.
3. El santo de Martina es el 30 de enero.
4. El santo de Tomás es el 28 de enero.
5. El santo de Félix es el 14 de enero.

O **1-21** **El día del santo.** Look at the calendar page above and find what days these people are celebrating their saints' day. Can you find a saint's day for someone you know?

Modelo: Ángela
            El santo de Ángela es el 27 de enero.

1. Elvira
2. Gonzalo
3. Martina
4. Tomás
5. Félix

Así se dice

Decir la hora

Telling time

In Spanish, trends in telling time have been affected by the popularity of digital watches and clocks. This presentation on telling time reflects these changes.

- When you want to know what time it is, ask **¿Qué hora es?** For telling time on the hour, use **es** for *one o'clock* only. Use **son** for all other times.

Es la una.

Son las ocho.[1]

Use *PowerPoint Slides* para presentar este vocabulario.

Sugerencia: El uso de un reloj grande, real (de pared) o hecho con un plato de papel o cartón, es muy efectivo para ilustrar cómo se dice la hora.

Puede mencionar la variación *Faltan veinte para las tres* como equivalente a *Son las tres menos veinte.*

- To state the number of minutes past the hour, say the name of that hour plus (**y**) the number of minutes.

Es la una **y** diez.

Son las cuatro **y** cuarto.
Son las cuatro **y** quince.

Son las diez **y** media.
Son las diez **y** treinta.

Son las once **y** cuarenta.

- To state the number of minutes before the coming hour, give the next hour less (**menos**) the number of minutes to go before that hour.

Es la una **menos** diez.

Son las nueve **menos** veinticinco.

- To differentiate between hours in the morning, afternoon, and evening, use the following expressions.

Son las seis **de la mañana.**

Son las seis **de la tarde.**[2]

Son las diez **de la noche.**

Es **mediodía.**

Es **medianoche.**

- To ask at *what time* a class or event takes place, use **¿A qué hora... ?**
  —**¿A qué hora** es la clase?
  —Es **a las 8:15** de la mañana.

---

[1]Note that this digital clock uses a 24-hour system. To convert from the 24-hour clock to a 12-hour clock, subtract 12. For example: 14:00 minus 12 equals 2:00 p.m. All a.m. times are the same in both systems.

[2]In most Spanish-speaking countries, **tarde** is used while there is still daylight, and thus may extend until 7:00 P.M. or even 8:00 P.M.

NOTA DE LENGUA

Speakers of Spanish rarely use A.M. and P.M., which are restricted to writing (although they are becoming more widely used in spoken Spanish in the United States). When speaking, one would say:

las seis **de la mañana**

las seis **de la tarde**

Use *PowerPoint Slides* para completar este ejercicio.

1–22. Audio:

Son las siete y cuarto de la mañana. (*Reloj 2*)

Es la una y diez de la tarde. (*Reloj 5*)

Son las diez menos cuarto de la mañana.   (*Reloj 4*)

Es mediodía.   (*Reloj 8*)

Son las once menos diez de la noche. (*Reloj 7*)

Son las ocho y media de la mañana. (*Reloj 3*)

Son las seis de la tarde. (*Reloj 1*)

Son las tres y veinticinco de la tarde. (*Reloj 6*)

1-22 **¿Qué hora es?**

Paso 1. Listen to the times given and identify the clock (**reloj**) that tells each time.

Modelo: You hear: Son las ocho y media de la mañana.

You say: **Reloj 3.**

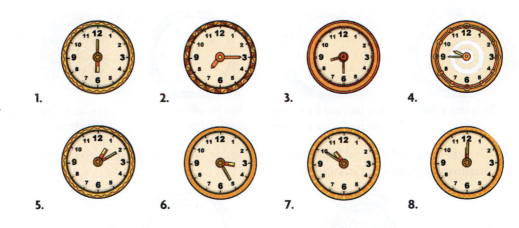

1.   2.   3.   4.

5.   6.   7.   8.

Paso 2. With a classmate, one of you chooses a clock and tells the time on it. Then the other identifies the clock that tells that time.

Modelo: Estudiante A: **Son las once y cinco de la mañana.**

Estudiante B: **Reloj 3.**

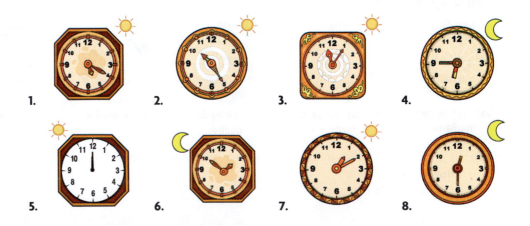

1.   2.   3.   4.

5.   6.   7.   8.

1-23 **¿A qué hora?** (*At what time?*) In pairs, each student looks at one of the following TV guides. Ask each other at what time the programs indicated are featured.

Modelo: Estudiante A: **¿A qué hora es *NX clusiva?***
Estudiante B: **A las ocho de la noche.**

Estudiante A
Horario Univisión (Hora del este)
En la mañana

7:00am - 10:00am	Despierta América
10:00am - 11:00pm	Casos de familia
11:00am - 12:00pm	¿Quién tiene la razón?
En la tarde	
12:00pm - 1:00pm	Sueño con tu amor
1:00pm - 2:00pm	Mi vida eres tú
2:00pm - 3:00pm	El amor no tiene precio
3:00pm - 4:00pm	Rebelde
4:00pm - 5:00pm	El Gordo y la Flaca
5:00pm - 6:00pm	Primer impacto
6:00pm - 6:30pm	¡Qué locura!
6:30pm - 7:00pm	Noticiero Univisión
En la noche	
7:00pm - 8:00pm	Heridas de amor
8:00pm - 9:00pm	La fea más bella
9:00pm - 10:00pm	Mundo de fieras
10:00pm - 11:00pm	Historias para contar
11:00pm - 11:30pm	Primer impacto extra
11:30pm - 12:00am	Noticiero Univisión - Última hora

Estudiante B	
Horario Galavisión (Hora del este)	
En la mañana	
7:00 - 10:00	Primero noticias
9:00 - 12:00	Hoy
En la tarde	
12:00 - 13:30	Tiempo en casa
13:30 - 14:30	Al sabor del Chef
14:30 - 15:30	Vida salvaje
15:30 - 17:00	Noticiero con Lolita Ayala
17:00 - 18:00	¿Qué nos pasa?
18:00 - 20:00	NX clusiva
En la noche	
20:00 - 21:00	El rastro de un crimen
21:00 - 21:30	Diarios de un crimen
21:30 - 22:30	Las noticias por Adela
22:30 - 24:30	Noticiero con Joaquín López Dóriga

Estudiante A

Ask about Galavision´s schedule:

1. Vida salvaje
2. Hoy
3. ¿Qué nos pasa?
4. Diarios de un crimen
5. Noticiero con Joaquín López Doriga

Estudiante B

Ask about Univision's schedule:

1. Noticiero Univisión - Última hora
2. Historias para contar
3. Casos de familia
4. Mi vida eres tú
5. Despierta América

Sugerencia: En esta actividad, los estudiantes no entenderán los títulos de los programas, pero pueden aprovechar esta ocasión para concentrarse en las preguntas y respuestas sobre las horas y la pronunciación. Si sus estudiantes insisten en tener traducciones de los títulos, puede darles unos minutos para identificar cognados e imaginar qué significan estos títulos. Luego, puede darles las traducciones reales.

1-24 **El mundo hispano (*The Hispanic world*).** Times on the map below are given according to the 24-hour clock. Tell what time it is in the following cities according to the information on the map. What do these cities have in common?

Modelo: ¿Qué hora es en San Salvador, El Salvador?
Son las 7:30. O, **Son las 7 y media de la mañana.**

1. ¿Qué hora es en Lima?
2. ¿Qué hora es en Buenos Aires?
3. ¿Qué hora es en Los Ángeles?
4. ¿Qué hora es en Nueva York?
5. ¿Qué hora es en Madrid?
6. ¿Qué hora es en Chicago?
7. ¿Qué hora es en Manila?
8. ¿Qué hora es en Malabo?

1-25 **Las nacionalidades.** Work in pairs. Read to your partner the sentences on your list of nationalities of famous people. Your partner has to decide (or guess!) whether the statement is true (**cierto**) or false (**falso**). Then switch roles. Don't look at your partner's list.

Modelo: Estudiante A: **La artista Frida Kahlo es mexicana.**
              Estudiante B: **Es cierto.**

Estudiante A:

1. El cantante (*singer*) Marc Anthony es puertorriqueño. Cierto.
2. Óscar Arias, Premio Nobel de la Paz, es costarricense. Cierto.
3. La cantante Shakira es ecuatoriana. Falso, es colombiana.
4. La actriz Jennifer López es estadounidense. Cierto. (Su mamá es puertorriqueña.)
5. La ex presidenta Michelle Bachelet es chilena. Cierto.

Estudiante B:

6. La actriz Penélope Cruz es española. Cierto.
7. La autora Isabel Allende es hondureña. Falso, es chilena.
8. El escritor Gabriel García Márquez es colombiano. Cierto.
9. Los jugadores de básquetbol Pau y Marc Gasol son españoles. Cierto.
10. El jugador de béisbol Johan Santana es nicaragüense. Falso, es venezolano.

Use *PowerPoint Slides* para presentar las nacionalidades.

¿DE DÓNDE SON LOS HISPANOS?

When you travel to a Hispanic country, you will frequently be asked: **¿De dónde eres?** or **¿De dónde es usted?** If you are from the United States, your response would be: **Soy de Estados Unidos** or **Soy estadounidense.** Although we sometimes hear people from the U.S. referred to as **"americanos,"** in fact, **americano/a** can refer to anyone in North, Central, or South America.

Note that, as with some of the cognates above, several nationalities have two different forms: those ending in **-o** refer to a male, and those ending in **-a**, to a female, such as **mexicano** and **mexicana.** Other nationalities end in a consonant in the masculine form and **-a** in the female form, such as **español** and **española.** Others have only one form, **-e**, such as **estadounidense**.

Turn to the map of the Hispanic world on the back inside cover of your textbook, and become familiar with the names of the countries and their corresponding nationalities. Note that this includes the United States, where soon about 20 percent of the population will be of Hispanic origin![1]

Soy mexicana.

Soy español.

Soy cubano.

Soy estadounidense.

Nota. Puesto que las nacionalidades no son parte del vocabulario activo aún, el ejercicio no requiere producción.

Sugerencia: Traiga fotos de hispanos famosos (puede encontrarlas en Internet) o, como alternativa, pida a sus estudiantes que lo hagan ellos como tarea. En este último caso puede pedirles también que traigan un poco de información sobre estas personas. Muestren las fotos en clase, para que los estudiantes identifiquen a las personas; usted puede informar sobre sus nacionalidades.

[1]*For a complete listing of nationalities from around the world, see* **Apéndice 3**, *page A-15.*

Repaso de vocabulario activo

Saludos y expresiones comunes *Greetings and common expressions*

Buenos días, señorita/señora/señor. *Good morning, Miss/Ma'am/Sir.*

Buenas tardes. *Good afternoon.*

Buenas noches. *Good evening.*

¡Hola! *Hello!/Hi!*

¿Cómo está usted? ¿Cómo estás? *How are you?*

¿Qué tal? *How is it going?*

Muy bien, gracias. *Very well, thanks.*

Fenomenal. *Great.*

Regular. *OK./So-so.*

¿Qué pasa? *What's happening?*

¿Qué hay de nuevo? *What's new?*

Pues nada. *Not much.*

Le presento a... (formal) *I would like to introduce you to . . .*

Te presento a... (informal) *I want to introduce you to . . .*

Mucho gusto. *Nice meeting you.*

Encantado/a. *Pleased to meet you.*

Igualmente. *Nice meeting you too.*

El gusto es mío. *The pleasure is mine.*

¿Cómo se llama usted? ¿Cómo te llamas? *What's your name?*

Me llamo... *My name is . . .*

¿De dónde es usted? ¿De dónde eres? *Where are you from?*

Soy de... *I am from . . .*

Perdón./Disculpe. *Pardon me. Excuse me. (≠ Con permiso.)*

Lo siento (mucho). *I am (very) sorry.*

Con permiso. *Pardon me. Excuse me. (≠ Perdón./Disculpe.)*

Por favor. *Please.*

(Muchas) gracias. *Thank you (very much.)*

De nada. *You're welcome.*

Adiós. *Good-bye.*

Hasta luego. *See you later.*

Hasta pronto. *See you soon.*

Hasta mañana. *See you tomorrow.*

Chao. *Bye./So-long.*

Verbo

ser *to be*

Los días de la semana *The days of the week*

lunes *Monday*

martes *Tuesday*

miércoles *Wednesday*

jueves *Thursday*

viernes *Friday*

sábado *Saturday*

domingo *Sunday*

¿Qué día es hoy? *What day is it?*

el día *day*

la semana *week*

el fin de semana *weekend*

Los meses *Months*

enero *January*

febrero *February*

marzo *March*

abril *April*

mayo *May*

junio *June*

julio *July*

agosto *August*

septiembre *September*

octubre *October*

noviembre *November*

diciembre *December*

¿Cuál es la fecha de hoy?/¿Qué fecha es hoy? *What's the date today?*

¿Qué hora es? *What time is it?*

la hora *time/hour*

y/menos *and/less*

cuarto/media *quarter/half*

de la mañana/tarde/noche *in the morning/afternoon/evening*

Es mediodía/medianoche. *It's noon./midnight.*

Ya que no se ofrecen traducciones del nuevo vocabulario al presentarlo, sí se incluyen en esta sección.

Recuerde a los estudiantes que el *Repaso de vocabulario activo* está grabado como parte del programa de audio de **Dicho y hecho.**

Autoprueba y repaso

I. Meeting and greeting each other. Complete the conversations. In some cases, there is more than one possible answer.

1. Profesora: Buenos días. ¿Cómo estás?

    Pepita: _____. ¿Y usted?

    Profesora: _____.

2. Profesora: ¿_____?

    Pepita: Me llamo Pepita.

3. Carmen: ¡Hola, Pepita! ¿_____?

    Pepita: Regular. ¿Y tú?

    Carmen: _____.

4. Pepita: Profesora, le presento a Carmen Martínez.

    Profesora: _____.

    Carmen: _____.

5. Pepita: ¿Cómo te llamas?

    Manuel: _____. ¿Y tú?

    Pepita: _____.

    Manuel: Encantado, Pepita.

    Pepita: _____.

6. Carmen: ¿_____?

    Pepita: Son las 9:30.

    Carmen: Pues, tengo una clase ahora. Hasta luego.

    Pepita: _____.

II. Subject pronouns and the verb *ser*. Tell where the people are from. Write sentences using the correct form of the verb **ser**.

Modelo: yo / de México; ella / de Panamá
Yo soy de México pero (*but*) **ella es de Panamá.**

1. ellos / de Chile; nosotras / de México

2. tú / de Colombia; ustedes / de España

3. Luis / de El Salvador; Juan y Elena / de Honduras

III. Counting from 0 to 99. Tell how much each item costs. Write out the numbers ($ = **dólar/dólares**).

1. los jeans - $35.00

2. el suéter - $57.00

3. la chaqueta - $72.00

4. el sombrero - $26.00

5. el video - $15.00

6. el CD - $9.00

IV. Indicating dates. Write the dates in Spanish. Include only the day and the month.

Modelo: 2/1/08 (día/mes/año)
Es el dos de enero.

1. 14/2/11

2. 1/4/11

3. 4/7/12

4. 23/11/12

5. 25/12/10

V. Telling time. What time is it? Give both possible answers when it is a quarter after the hour, such as **Es la una y cuarto.** Or, **Es la una y quince.**

Modelo: 1:10 P.M.
Es la una y diez de la tarde.

1. 1:15 P.M.

2. 9:30 P.M.

3. 5:50 P.M.

4. 11:40 P.M.

5. 12:00 P.M.

VI. General review. Answer the questions in complete sentences.

1. ¿Cómo te llamas?

2. ¿Cómo estás?

3. ¿Eres inflexible y arrogante? ¿Eres responsable y generoso/a?

4. ¿De dónde eres?

5. ¿Cuál es la fecha de tu cumpleaños?

6. ¿Qué día es hoy?

7. ¿Qué hora es?

8. ¿A qué hora es la clase de español?

VII. Cultura. Answer the following questions.

1. How would a male and a female student greet each other in Argentina? And in Spain?

2. What is the Día de los Reyes Magos and when is it celebrated?

3. What is a person's Día del santo?

Answers to the *Autoprueba y repaso* are found in **Apéndice 2**.

La vida universitaria

Así se dice

La vida universitaria
   En el laboratorio
   En la clase
El campus universitario

Cultura

- Puerto Rico
- La vida universitaria en el mundo hispano

Así se forma

1. Nouns and articles
2. *Ir + a +* destination
   ¿Cuándo vamos?
   ¿Por cuánto tiempo?
   ¿Con qué frecuencia?
   ¿Tarde o temprano?
3. The present tense of regular *–ar* verbs
   Las actividades en la universidad
4. The present tense of regular *–er* and *–ir* verbs; *hacer* and *salir*
   Más actividades en la universidad

Dicho y hecho

Para leer: Salamanca: Un clásico

Para conversar: El fin de semana

Para escribir: ¿Soy un/a estudiante típico/a?

Para ver y escuchar: Una visita a la UNAM

By the end of this chapter you will be able to:

- Talk about computers, the language lab, and the classroom
- Talk about where you are going on campus
- Talk about your class schedule
- Talk about activities related to university life

ENTRANDO AL TEMA

1. Approximately what percent of students at your school live in campus dormitories?
2. **¿Cierto o falso?**
   a. Puerto Ricans are United States citizens.
   b. Salsa music originated in Puerto Rico.

If you are not sure about the answers to these questions, you will find out in this chapter.

No es necesario ofrecer las respuestas correctas a los estudiantes en este momento. El objetivo de esta sección es despertar la curiosidad del estudiante. En cualquier caso, aquí las tiene: (a) Cierto. (b) Falso. Se originó en la Ciudad de Nueva York, pero tiene raíces en Puerto Rico y el resto del Caribe.

Así se dice

Use *PowerPoint Slides* para presentar y practicar este vocabulario.

Sugerencia: Señale que el vocabulario de las secciones *Así se dice* es vocabulario activo, es decir, para estudiar.

La vida universitaria

En el laboratorio

la impresora

imprimir

el trabajo escrito

el papel/una hoja de papel

la papelera

los audífonos

la pantalla

escuchar

el disco compacto/el CD

navegar por la red

buscar información

la página web/ el sitio web

el ratón

En la clase

el reloj

el aula

el televisor

la puerta

la pizarra

Tarea:
Literatura Chilena
págs.: 80-89
Prueba el viernes

el borrador

la tiza

la profesora

el (reproductor de) DVD/el video

el libro

el escritorio

el examen/la prueba

el estudiante/ el alumno

B+

Inés

Manuel

Linda

la nota

la estudiante/la alumna

Camila

el bolígrafo/la pluma

el lápiz

WILEY **PLUS** **Pronunciación:**
Practice pronunciation of the
chapter vocabulary and particular
sounds of Spanish in *WileyPLUS*.

el correo
electrónico

usar

la computadora

el teclado

enviar/mandar un
mensaje electrónico

el mapa

la ventana

Esteban

el diccionario

la calculadora

la mesa

la silla

la mochila

el cuaderno

el aula	the classroom
buscar	to look for
enviar/mandar	to send
navegar por la red	to surf the Web
la pantalla	screen (in tv, computer, movies)
el papel (una hoja de papel)	paper (a sheet of paper)
la tarea	homework
el trabajo (escrito)	an academic paper/essay

New vocabulary is better learned when you
make the connection between the thing
or concept and the Spanish word directly,
without an English translation. Therefore, we
only include translations for new words when
illustrations or context are not enough to figure
out their meaning. All new words are translated
in the section **Repaso de vocabulario activo** at
the end of each chapter.

Preguntas. Refiérase a las
Preguntas de comprensión
impresas en azul al final de este
libro de profesor/a para encontrar
preguntas que puede usar para
presentar este vocabulario.

Sugerencia: Pida a los
estudiantes que estudien el
vocabulario antes de clase y haga
preguntas de comprensión en
las que los estudiantes puedan
demostrar que entienden las
palabras, sin necesidad de
recordarlas todavía.

Sugerencia: Para el vocabulario
que no aparece traducido aquí,
ayude a sus estudiantes
preguntando qué
palabras son cognados
del inglés, pidiendo
que se fijen en las
ilustraciones o
animándoles a usar
el contexto. Señale
también que las palabras
que tienen artículos
son nombres y las que
terminan en *–ar, –er, –ir*
suelen ser verbos.

NOTA DE LENGUA

Hay means *there is* or *there are* in a statement, and *is there or are
there* in a question. It is used with singular and plural forms.

Hay una ventana en el aula.	**There is** a window in the classroom.
Hay treinta pupitres.	**There are** thirty desks.
¿**Hay** mucha tarea?	**Is there** a lot of homework?

Nota: Puede introducir de modo informal **hay** y **¿cuántos/cuántas?** a través de ejemplos y preguntas: *En el laboratorio hay computadoras, hay una impresora; ¿Cuántas ventanas hay en el aula?*

2-1 ¿Cuántos hay?

Paso 1. Work with a partner. Look at the following chart and fill in how many of each item there are (**hay**) in your classroom. Fill in the last line of the chart with an item that you feel is important for a classroom to have.

En el aula hay...	(Número)
sillas	
ventanas	
televisores	
computadoras	
diccionarios	
pizarras	

Paso 2. Now decide how well-equipped (**equipada**) your classroom is. You can probably figure out the meanings of the cognates in two of the three options below.

☐ El aula está **muy bien** equipada.

☐ El aula está **adecuadamente** equipada.

☐ El aula está **insuficientemente** equipada.

I/O ## 2-2 Asociación de palabras. Indicate which word does not fit with the others, then add one that does.

2–2. Extensión: Pida que, individualmente, escriban una lista similar de palabras, en la que una no pertenezca al grupo. En grupos de 4 ó 5 personas, cada estudiante lee sus palabras al grupo, el cual debe identificar la palabra que no pertenece.

1. la impresora   el ratón   la computadora   (la tiza)   _____
2. el bolígrafo   el lápiz   la pluma   (el cuaderno)   _____
3. (el alumno)   la mesa   la ventana   la puerta   _____
4. el reloj   el mapa   el borrador   (la mochila)   _____
5. (los audífonos)   el papel   el cuaderno   el diccionario   _____
6. navegar por la red   escuchar   (la calculadora)   imprimir   _____

NOTA CULTURAL

El coquí

There is a tiny tree frog in Puerto Rico called the **coquí**; its name is similar to the sound that it makes at night. The sound of **coquíes**, often very loud in the countryside, is dearly missed by many Puerto Ricans who are away from the island since the **coquí** is a beloved symbol of Puerto Rico. **Coquíes** brought to the mainland United States usually do not survive, although they have flourished in the state of Hawaii due to the tropical climate.

Así se forma

1. Identifying gender and number: Nouns and articles

All nouns in Spanish have two important grammatical features: gender (masculine and feminine) and number (singular and plural). Note that, although gender may reflect a biological distinction in some nouns referring to persons and animals, it is merely a grammatical feature in nouns that refer to nonliving things.

Masculine and Feminine Nouns

Los estudiantes están en clase. **Un** alumno escribe en el cuaderno. Dos alumnos escriben en la pizarra. **La** profesora conversa con **unas** alumnas.

Masculino	Femenino
• Most nouns referring to a male **el** estudiante **el** profesor **el** señor	• Most nouns referring to a female **la** estudiante **la** profesora **la** señora
• Most nouns that end in **–o** **el** escritori**o** **el** diccionari**o**	• Most nouns that end in –a[1] **la** impresor**a** **la** puert**a**
• Most nouns that end in **–r** or **–l** **el** televiso**r** **el** borrado**r** **el** pape**l**	• Almost all nouns ending in **–ón** and **–d** la informa**ción** la ora**ción** la actitu**d**
• BUT some nouns that end in **-a** are masculine. **el** map**a** **el** dí**a** **el** problem**a** **el** program**a**	• BUT some nouns that end in **–o** are feminine. **la** man**o** **la** radi**o**

Finally, some nouns ending in **–e** and **–ista** can be either masculine or feminine
el estudiante **el** turista **la** estudiante **la** turista

WILEY PLUS Go to *WileyPLUS* and review the Animated Grammar Tutorial for this grammar point.

Use *PowerPoint Slides* para presentar y practicar esta gramática.

la estudiante   el estudiante

Number

- Singular nouns ending in a vowel form the plural by adding –**s**.
  un estudiante → dos estudiante**s**

- Nouns ending in a consonant add –**es**.
  un reloj → dos reloj**es**

- But nouns ending in –**z** change to –**ces**.
  un lápiz → dos lápi**ces**[2]

---

[1]**Aula** is feminine even though it uses the article **el**. The plural form is **las aulas**.
[2]Spanish-spelling rules disallow the combination **z + e**. Instead change the **z** to a **c**.

Definite and indefinite articles

The articles that accompany nouns must agree with respect to gender and number. Therefore, articles have masculine and feminine forms as well as singular and plural forms.

	Artículos definidos		Artículos indefinidos	
	the		*a/an; some*	
	singular	plural	singular	plural
masculino	**el** alumno	**los** alumnos	**un** alumno	**unos** alumnos
femenino	**la** alumna	**las** alumnas	**una** alumna	**unas** alumnas

- In general, definite articles indicate that the noun is specific or known.

  El libro de historia es fantástico.　　**The** history book is fantastic.
  La puerta de **la** oficina está cerrada.　　**The** office door is closed.

- Indefinite articles are used to refer to new information, and indicate that the noun is unspecified or unknown.

  Hay **un** libro en la mesa.　　There is **a** book on the table.
  ¿Buscas **un** diccionario?　　Are you looking for **a** dictionary?

2-3. Este ejercicio recicla expresiones con *hay* mientras se practica el nuevo vocabulario y los artículos indefinidos.

NOTA DE LENGUA

Note that when talking about a group that includes both masculine and feminine nouns, we use the masculine plural.

　　dos chicos y tres chicas → un**os** chic**os**

2-3　**Vamos a comparar (*Let's compare*) mochilas.**

Paso 1. What is this student from the University of Puerto Rico putting in her backpack today? Mark the correct option in each sentence. Then in the second column, indicate whether you usually have these same items in your backpack.

Modelo:　　hay un　　☑ cuaderno　　☐ pluma

En la mochila de la estudiante de la Universidad de Puerto Rico...　　**¿Hay eso en mi mochila también (*also*)?**

1.	hay unos	☑ lápices	☐ diccionario	Sí	No
2.	hay una	☐ cuaderno	☑ pluma	Sí	No
3.	hay unas	☑ hojas de papel	☐ trabajos escritos	Sí	No
4.	hay un	☐ calculadora	☑ disco compacto	Sí	No
5.	hay una	☑ pluma	☐ bolígrafo	Sí	No
6.	hay unos	☐ calculadoras	☑ libros	Sí	No

Paso 2. Now work with a partner. Write down your guesses about the contents of your partner's backpack using the indefinite articles **un, unos, una, unas,** the vocabulary above, and some of the following words.

Modelo: **En la mochila de Karen hay unos discos compactos, una pluma, unos libros y unos cuadernos.**

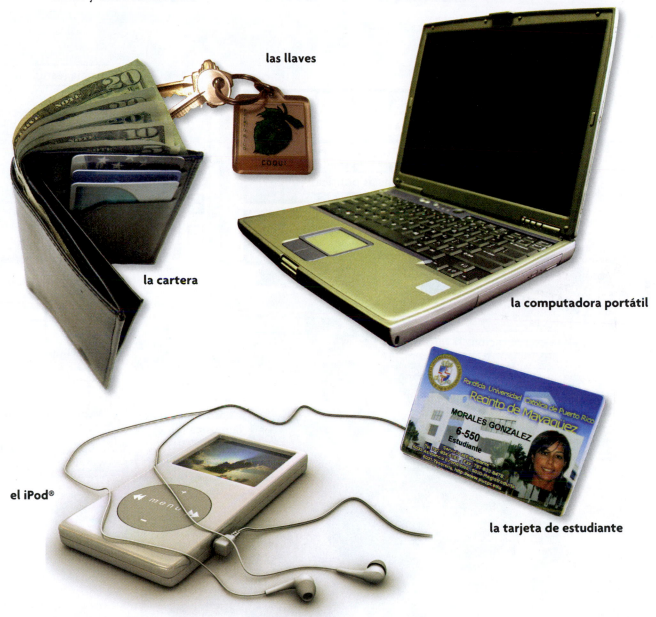

las llaves

la cartera

la computadora portátil

el iPod®

la tarjeta de estudiante

Paso 3. Now read your guesses to each other and respond.

Modelo: [Karen may respond to the example above:]
Sí, en mi mochila hay una pluma y hay unos libros, pero no hay discos compactos o cuadernos.

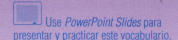
Use *PowerPoint Slides* para presentar y practicar este vocabulario.

El campus universitario

la residencia (estudiantil)

el apartamento

RESIDENCIA ESTUDIANTIL

la psicología

la sociología

las ciencias políticas

la casa

FACULTAD DE

FACULTAD DE CIENCIAS SOCIALES Y POLÍTICAS

el cuarto

la biblioteca

MATEMÁTICAS Y COMPUTACIÓN

CENTRO ESTUDIANTIL

la computación/la informática

el álgebra

el cálculo

el gimnasio

el arte

la música

FACULTAD DE ARTES

CAFETERÍA

WILEY **PLUS** Pronunciación:
Practice pronunciation of the
chapter vocabulary and particular
sounds of Spanish on *WileyPLUS.*

FACULTAD
DE
CIENCIAS
ECONÓMICAS

la economía

las finanzas

la contabilidad

el alemán	*German*
la contabilidad	*accounting*
la facultad[1]	*school, department*
la informática	*computer science*
la química	*chemistry*

AD DE IDIOMAS

la biología

la física

la química

FACULTAD DE HUMANIDADES

la literatura

la religión

la filosofía

la historia

FACULTAD DE CIENCIAS

la oficina del profesor/
de la profesora

el español

el inglés

el francés

el alemán

LIBRERÍA

[1]Note that **la facultad** refers to a *school* or *department* as an administrative
division within a university. It does not refer to the professors. To talk about
the *faculty,* use **el profesorado.**

La vida universitaria

2–4. Audio:
1. Es la clase de biología.
2. Es la clase de historia.
3. Es la clase de música.
4. Es la clase de química.
5. Es la clase de sociología.
6. Es la clase de literatura.

I/O **2-4** **¿Es lógico?**

Paso 1. Listen to the statements and indicate whether they are logical or illogical, based on what the following individuals are using.

Modelo: You see: **Carmen usa un libro de español.**
You hear: **Es la clase de francés.**
You choose: **Ilógico.**

	Lógico	Ilógico
1. Marta y Alberto usan unos microscopios.	☑	☐
2. Alfonso usa un programa de cálculo para la computadora.	☐	☑
3. Inés usa un violín.	☑	☐
4. Yo uso un tubo con ácido sulfúrico.	☑	☐
5. Tú usas un libro sobre Picasso.	☐	☑
6. Natalia y Linda usan una copia de *Hamlet*.	☑	☐

Paso 2. Now, write sentences guessing where the following students are.

Modelo: Manuel usa una calculadora.
Es la clase de matemáticas.

1. Camila y Linda usan un libro sobre (*about*) Abraham Lincoln. historia
2. Nosotros usamos libros sobre Sigmund Freud. psicología
3. Ustedes usan un libro sobre la Biblia y el Corán. religión
4. Tú necesitas un libro sobre el gobierno de Estados Unidos. ciencias políticas, historia
5. Yo necesito un libro sobre finanzas. economía, finanzas

0 **2-5** **¿Qué clase es...?**

Paso 1. Write down the name of the class that, in your opinion, best fits each description.

1. Es muy interesante, pero difícil.
2. Es fascinante.
3. Es muy fácil (*easy*).
4. Es muy popular.
5. Es muy importante.

Paso 2. Now, in small groups, compare your answers. Do you agree in your opinions?

I **2-6** **¿Dónde?** Indicate in which of these places you could find the following things, people and activities. Answers can include more than one place.

el gimnasio	la oficina del profesor	la residencia
la biblioteca	la cafetería	el centro estudiantil

1. Hay estudiantes. Duermen. (*They are sleeping*) la residencia
2. Hay estudiantes. Estudian. la biblioteca/el centro estudiantil
3. Hay profesores. la oficina del profesor
4. Hay estudiantes. Comen. (*They're eating*) la cafetería
5. Hay máquinas de ejercicio. el gimnasio

Así se forma

¿No vas a la biblioteca esta noche?

No, voy a una fiesta.

2. The present tense and talking about going places: *Ir + a +* destination

To state where you are going, use the verb **ir** (*to go*) + **a** (*to*) + destination.

ir *to go*		
(yo)	**voy**	**Voy** a clase todos los días (*every day*).
(tú)	**vas**	¿**Vas** al teatro con frecuencia?
(usted, él, ella)	**va**	Ella **va** a la universidad.
(nosotros/as)	**vamos**	**Vamos** al restaurante.
(vosotros/as)	**vais**	¿**Vais** al café?
(ustedes, ellos/as)	**van**	Ellas **van** al gimnasio.

WILEY PLUS Go to *WileyPLUS* and review the Verb Conjugator for this grammar point.

Use *PowerPoint Slides* para presentar y practicar esta gramática.

Observe the uses of the present tense as illustrated with examples of **ir** + **a** + destination. The Spanish present tense can be used to:

- talk about actions that occur in the present.
  Voy al gimnasio ahora.   *I'm going to the gym now.*

- talk about recurring or habitual actions.
  Voy al gimnasio todos los días.   *I go to the gym every day.*
  ¿**Vas** con frecuencia?   *Do you go frequently?*

- talk about actions in the near future when accompanied by phrases indicating the future.
  María **va** a una fiesta esta noche.   *María will go/is going to a party tonight.*

NOTA DE LENGUA

a (*to*) + **el** (*the*) = **al**	Vamos **al** cuarto de Anita.
a + **la, los, las** = *no change*	Vamos **a la** biblioteca.
de (*from, about, of*) + **el** = **del**	Vamos a la oficina **del** profesor.
de + **la, los, las** = *no change*	Vamos a la oficina **de la** profesora.

¿Cuándo vamos?

When do we go?

ahora	*now*
antes de/después de (clase)	*before/after* (class)
esta mañana/tarde/noche	*this morning/this afternoon/tonight*
más tarde	*later*
por/en la mañana/la tarde/la noche	*In the morning/afternoon/night*
todas la mañanas	*every morning*
todas las tardes	*every afternoon*
todos los días	*every day*
todos los fines de semana	*every weekend*

¿Por cuánto tiempo?

For how long?

toda la mañana	*all morning*
toda la tarde	*all afternoon*
todo el día	*all day*
todo el fin de semana	*all weekend*

¿Con qué frecuencia?

How often?

siempre   casi (*almost*) siempre   con frecuencia   a veces   casi nunca   nunca

¿Tarde o temprano?

Late or early?

Natalia llega **temprano**.

Pepita llega **a tiempo**.

Esteban llega **tarde**.

2-7 **¿Cuándo?** Read the sentences below and indicate whether they are referring to a current moment present (**ahora**) action, to habitual/recurrent (**habitual**) actions, or to an action in the near future (**futuro**).

		ahora	habitual	futuro
1.	¡Juan, espera (*wait*)! ¿Adónde vas?	☑	☐	☐
2.	A veces voy al gimnasio.	☐	☑	☐
3.	El sábado voy a una fiesta.	☐	☐	☑
4.	Ahora voy a la clase de inglés...	☑	☐	☐
5.	...y esta tarde voy a clase de historia.	☐	☐	☑
6.	Ustedes siempre van tarde a clase.	☐	☑	☐

I/O 2-8 La vida universitaria.

Paso 1. Indicate how often you go to the following places.

		(casi) todos los días	con frecuencia	a veces	casi nunca
1.	Voy a la biblioteca.	☐	☐	☐	☐
2.	Voy al laboratorio de computadoras.	☐	☐	☐	☐
3.	Voy a las horas de oficina de un profesor.	☐	☐	☐	☐
4.	Voy al centro estudiantil.	☐	☐	☐	☐
5.	Voy al gimnasio.	☐	☐	☐	☐
6.	Voy a la cafetería de la universidad.	☐	☐	☐	☐
7.	Voy a un restaurante.	☐	☐	☐	☐
8.	Voy a fiestas.	☐	☐	☐	☐

Paso 2. Now work with a classmate. Take turns restating the statements above as questions, remembering to use the **tú** form. Listen and note your partner's answers.

Modelo: Estudiante A: **¿Cuándo vas a la biblioteca?**
Estudiante B: **Voy a la biblioteca a veces. / No voy casi nunca.**

Paso 3. Now tell your classmates what you and your partner have in common. Remember to use the **nosotros** form.

Modelo: **Pablo y yo casi nunca vamos...**

2–8. Insista en que los estudiantes comparen sus respuestas oralmente y no miren las notas de sus compañeros para que la comunicación oral sea necesaria.

Alternativas: El Paso 3 puede hacerse en grupos o con toda la clase. Puede ampliar la actividad preguntando a la clase si hay tendencias similares para practicar la forma de **ustedes:** *¿Cuántos de ustedes van a fiestas con frecuencia?*

DICHOS

La vida es la mejor (*best*) escuela.

¿Qué significa el dicho?

I/O

2-9 **El horario (***Schedule***).** Work with a classmate (write her/his name in the chart below).

Paso 1. Give your classmate a list of your classes. Then, take turns asking each other the days and times of your classes and write them in the chart (use the last row for any classes or labs after 5:00 p.m.).

Modelo: Estudiante A: **¿Cúando vas a la clase de química?**
             Estudiante B: **Voy los martes y los jueves.**
             Estudiante A: **¿A qué hora vas?**

El horario de _____

	lunes	martes	miércoles	jueves	viernes
8:00 a.m.					
9:00 a.m.					
10:00 a.m.					
11:00 a.m.					
1:00 p.m.					
2:00 p.m.					
3:00 p.m.					
4:00 p.m.					
5:00 p.m.					

Paso 2. Now, compare your schedules. Are they similar or different? Write a short report and prepare to share it with the class.

Modelo: **Nuestros horarios son similares/diferentes: por las mañanas yo voy… y/pero Jason va…/Jason y yo vamos…**

NOTA CULTURAL

Phosphorescent bay

There is a small island off the east coast of Puerto Rico called Vieques, which contains a mangrove swamp with special inhabitants: millions of tiny glowing organisms called *dinoflagellattes* (measuring 1/500 of an inch) that react to the slightest disturbance in the water. A fish, boat, or a hand causes them to emanate a blue-green light that traces the moving object. Tourists who take nighttime tours there are allowed to swim in the water. Few places in the world have such a high concentration of dinoflagellates. Go to *www. biobay.com* to see more pictures of the phosphorescent bays in Vieques.

I/O (2-10) **¿Adónde vas después de las clases?**

2–10. Extensión: Haga preguntas a grupos o estudiantes específicos: *¿Quién tiene una tarde interesante en su grupo? ¿Quién tiene una noche tranquila? ¿Quién va a la biblioteca en su grupo?*

Paso 1. In your notebook, complete the following sentences with information that is true for you. You can write more than one place for each sentence.

1. Por la mañana temprano, voy a…

2. Antes de esta clase voy a… y después de esta clase voy a…

3. Casi siempre voy a comer (*eat*) en…

4. Después de las clases casi siempre voy a… pero a veces voy a…

5. Esta tarde voy a…

Paso 2. Now in small groups, compare your activities.

Modelo:	Estudiante A:	**Mike, ¿adónde vas después de las clases?**
	Estudiante B:	**Voy a la cafetería, ¿y ustedes?**
	Estudiante C:	**Yo voy a…**

O/I (2-11) **¿Estudiantes típicos?**

2–11. Extensión: Ponga las ideas de los grupos en común. ¿Están de acuerdo en general? También puede pedir que, como tarea, escriban un breve párrafo describiendo en qué cosas son estudiantes típicos o no.

Paso 1. Complete the left column indicating when or how frequently you think most students at your college do these things.

Los estudiantes típicos de esta universidad…

Mi opinión	La opinión del grupo
Modelo: Van a clase por <u>la mañana.</u>	… la mañana y por la tarde temprano.
Casi siempre van a clase (¿temprano, a tiempo…?) _____.	
Van a la oficina del profesor _____.	
Van a la biblioteca _____.	
Estudian (*study*) en su cuarto _____.	
Trabajan (*work*) _____.	
Escuchan música _____.	
Navegan por la red _____.	
Mandan mensajes electrónicos _____.	
Van a fiestas _____.	

Paso 2. In groups, compare your sentences and try to agree on statements that describe what typical students do. Write those in the right column.

1. - Cafetería Centro Universitario/
   Kiosko del Complejo Deportivo/
   Carpa de merenderos
   - Librería (Centro Universitario).
   - Museo.
   - Centro Universitario.
   - Servicios Médicos.
   - Decanato de Estudiantes.
   - Estacionamiento para estudiantes.
   - Biblioteca general.

2. Hay un estacionamiento y doce facultades.
3. A la Facultad de Educación y a la Facultad de Biología respectivamente
4. Las respuestas variarán.
5. Sí, hay dos.

I/O **2-12** **La Universidad de Puerto Rico.** Imagine that you are studying abroad at the Río Piedras campus of the University of Puerto Rico (UPR). Using the campus map as a guide, answer the following questions.

1. ¿Adónde van los estudiantes para…

   comer (*to eat*)?
   comprar (*to buy*) libros?
   ver arte?
   obtener una fotografía para
      su tarjeta de identificación (*ID*)?

   visitar al médico?
   hablar con el decano (*dean*)?
   estacionar el auto?
   buscar libros?

2. ¿Cuántos (*how many*) estacionamientos hay? ¿Cuántas facultades?

3. ¿A qué facultad van los estudiantes para una clase de educación? ¿Y para una clase de biología?

4. En la UPR, ¿hay departamentos, facultades, etc. que no hay en tu universidad? ¿Cuáles? Da ejemplos.

5. ¿Hay residencias estudiantiles en la UPR?

Mapa del Recinto de Río Piedras de la Universidad de Puerto Rico

PALABRAS ÚTILES

Facultad de…	*School of…*
estacionamiento	*parking lot*

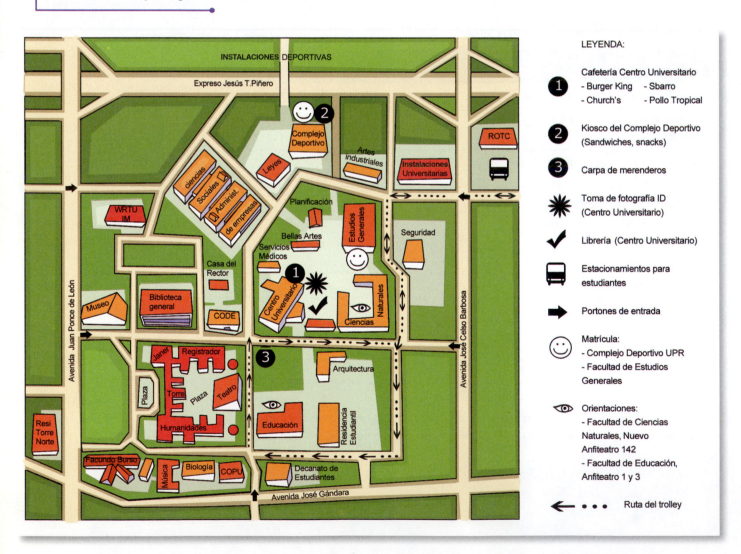

WILEYPLUS Cultura: Puerto Rico

Use *PowerPoint Slides* para presentar esta sección de cultura.

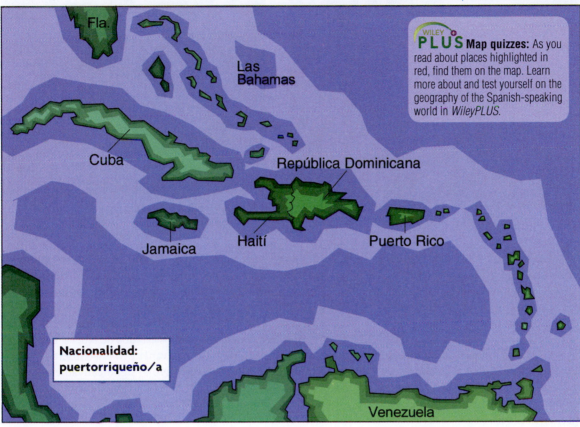

WILEYPLUS Map quizzes: As you read about places highlighted in red, find them on the map. Learn more about and test yourself on the geography of the Spanish-speaking world in *WileyPLUS*.

Fla.

Las Bahamas

Cuba

República Dominicana

Jamaica

Haití

Puerto Rico

Nacionalidad: puertorriqueño/a

Venezuela

Antes de leer

1. Locate the following countries on the map:
   Puerto Rico, Cuba, Jamaica, the Dominican Republic, Haiti

2. Puerto Rico is part of the archipelago known as las Antillas Mayores. What U.S. state is also an archipelago? Hawaii

Puerto Rico es una isla relativamente pequeña (*small*) (de aproximadamente 100 millas de largo y 40 millas de ancho), pero con una historia rica. Sus primeros habitantes, los taínos, llaman a la isla *Borinquén* o *Tierra* (*Land*) *de los Grandes Señores.* Hoy, la palabra **boricua** designa a la gente de Puerto Rico.

LA HISTORIA

Cristóbal Colón desembarca en **Puerto Rico** en 1493, durante su segundo (*second*) viaje desde España, y la isla se incorpora al Imperio español. La población taína disminuye rápidamente, pero muchas palabras taínas pasan al idioma español. Por ejemplo:

hamaca	*hammock*
maracas	*maracas*
canoa	*canoe*
barbacoa	*barbecue*

▲ Un bohío (*hut*) taíno

▲ Pintura del **Paseo Boricua** (*Puerto Rican Promenade*) en Chicago.

▲ En 2008, eligen a Luis Fortuño gobernador del Estado Libre Asociado de Puerto Rico.

En 1898, después de la Guerra Hispano-Estadounidense, Puerto Rico se incorpora a Estados Unidos, y en 1917, los puertorriqueños reciben la nacionalidad estadounidense. En 1952, Puerto Rico se convierte en estado libre asociado (*Commonwealth*) con su propio (*own*) gobierno. Las leyes (*laws*) federales de Estados Unidos se aplican en Puerto Rico. No forma parte del territorio nacional estadounidense y no hay representante con derecho a voto en el Congreso. La isla tiene dos idiomas oficiales: español e inglés; pero el 70% de sus habitantes hablan principalmente español. Los 3.9 millones de residentes en la isla no votan en las elecciones estadounidenses, pero los 3.8 millones de puertorriqueños que viven en el resto del país sí pueden votar. La comunidad puertorriqueña representa el grupo hispano más grande de Estados Unidos continental, después de la población mexicana. Los puertorriqueños del continente viven principalmente en el este, en los estados de Nueva York, Florida, Nueva Jersey, Pennsylvania y Massachusetts. En los últimos (*last*) 30 años crecen (*grow*) significativamente las comunidades de puertorriqueños en Connecticut, Illinois, California, Ohio y Texas.

Posibles respuestas. 1. Chipmunk, husky, moccasin, moose, pecan, skunk, 2. Hawaii (inglés y hawaiiano) y Luisiana (inglés y francés)

El Viejo San Juan, distrito colonial de la capital de Puerto Rico. ▼

Después de leer

1. Many indigenous Taíno words made their way into Spanish. Do you know of any Native American words that made their way into U.S. English?

2. Like Puerto Rico, there are two U.S. states that have two legally recognized languages. Which are they?

3. Although Puerto Rican cooking is somewhat similar to that of Spain and some other Hispanic cuisines, it is a unique blend of influences. Look up *arroz con habichuelas* and *tostones*, two very popular items. If one or both appear appetizing to you, explain why.

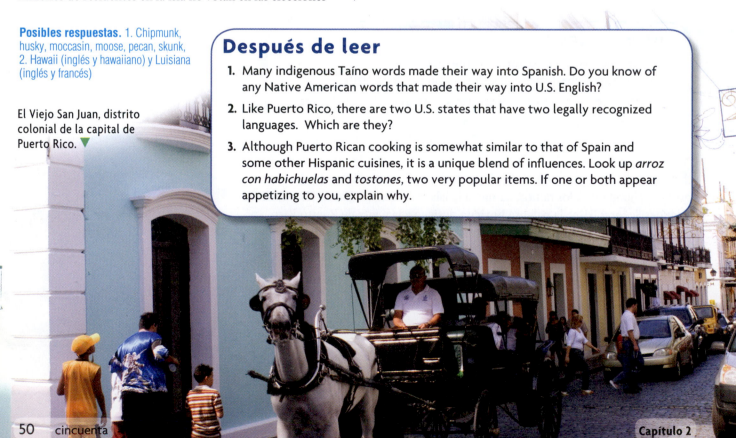

Así se forma

Alfonso, ¿estudias todas las noches?

¡Sí!

3. Talking about actions in the present: Regular -ar verbs

When you look up a Spanish verb in the dictionary, you will find the infinitive form, which in Spanish always ends in either –ar, –er, or –ir. It is important to notice which of these endings the infinitive has, because each type is conjugated in a different way.

In this section you will learn about regular –ar verbs.

Observe what happens when we use **hablar** to talk about the present (*I speak, he speaks, etc.*). Note that you drop the –ar from the infinitive and replace it with the endings indicated. The endings correspond to the subject of the verb.

WILEY **PLUS** Go to *WileyPLUS* and review the Animated Grammar Tutorial and Verb Conjugator for this grammar point.

Use *PowerPoint Slides* para presentar y practicar esta gramática.

hablar *to speak* hablar → habl-	
(yo)	habl**o**[1]
(tú)	habl**as**
(usted, él/ella)	habl**a**
(nosotros/as)	habl**amos**
(vosotros/as)	habl**áis**
(ustedes, ellos/as)	habl**an**

Camila

Natalia

Read about what Natalia and her friend Camila do.

Las actividades en la universidad

Natalia y Camila **llegan** a la universidad a las ocho de la mañana. Natalia **desayuna** en la cafetería de la universidad, pero Camila nunca **desayuna,** sólo (*only*) **compra** un té. Primero (*First*) van a la clase de psicología. Ahí (*There*) escuchan al profesor y **toman apuntes**. Luego van a la clase de español donde **practican**, **hablan** y **estudian** con los compañeros de clase. Por la tarde van a la biblioteca para **estudiar** y **preparar** sus lecciones. Son excelentes estudiantes. Generalmente **sacan** buenas notas en las pruebas y en los exámenes. Después de **cenar**, Camila **trabaja** tres horas en la biblioteca de la universidad. Natalia **regresa** temprano a su casa, **prepara** su trabajo para la clase de historia, **navega** por la red y **envía** mensajes electrónicos a sus amigos.

cenar	*to have dinner*	**regresar**	*to return, go back*
comprar	*to buy*	**sacar ... notas**	*to get . . . grades*
desayunar	*to have breakfast*	**tomar apuntes**	*to take notes*
llegar	*to arrive*	**trabajar**	*to work*

Sugerencia: Señale que las palabras en negrita de los textos forman parte del vocabulario activo (para estudiar) del capítulo.

Si quiere que los estudiantes practiquen pronunciación y lectura, puede pedir a la clase que lea el párrafo. Después de que se hayan familiarizado con el material, puede pedirles que lean oraciones o partes del texto de forma individual. A los estudiantes más tímidos es preferible escucharlos cuando leen o trabajan en parejas o grupos en lugar de ponerlos en una situación que les pueda producir ansiedad.

[1]Unlike nouns, Spanish verbs do not have gender: Both males and females say **hablo** (*I speak*).

2–13. Extensión. Pida a los estudiantes que, como clase, definan al "estudiante de español ideal". Otra alternativa es que lo hagan individualmente, por escrito, como tarea.

I/O **2-13** **Un día típico en la clase de español.**

Paso 1. Read the statements below about Spanish class, and indicate whether they are true (**Sí**) or false (**No**) for you.

Yo	Sí/No	Mis compañeros de clase	Sí/No
Casi siempre llego a tiempo a clase.	Y	Casi siempre llegan a tiempo a clase.	Y
Tomo apuntes en todas las clases.	Y	Toman apuntes en todas las clases.	Y
Pregunto con frecuencia en clase.	Y	Preguntan con frecuencia en clase.	Y
Casi nunca hablo inglés en la clase.	N	Casi nunca hablan inglés en la clase.	N
Practico en el laboratorio o en la computadora casi todos los días.	Y	Practican en el laboratorio o en la computadora casi todos los días.	Y
Preparo la lección siempre.		Preparan la lección siempre.	Y
Estudio y completo la tarea de español después de la clase.	Y	Estudian y completan la tarea de español después de la clase.	

 Paso 2. In groups of 5 or 6 students, share your answers and write the number of students who answered **Sí** in the right column. Then, answer the questions below.

Modelo: ¿Casi siempre llegan a tiempo a clase?

Respondan a las siguientes preguntas: En general, ¿son sus hábitos de estudio de español similares o diferentes? ¿Son ustedes estudiantes "ideales"?

I/O **2-14** **Imagina.**

Paso 1. In pairs, select one person from the class to guess about. Write down five guesses about what you think that person does. Use verbs you have learned so far or from the **Palabras útiles** box.

Modelo: You select: Tina
     You write: **Después de las clases, va a la biblioteca y estudia.**
        Envía muchos mensajes electrónicos a sus amigos.
        Después, mira la televisión en su cuarto. Baila todas las noches y regresa a su cuarto muy tarde…

Paso 2. Now, share some of your sentences with the class. The selected person will indicate whether your guesses are true (**cierto**) or false (**falso**).

Paso 3. Now, think about what a good student and a not-so-good student does during a typical week. Write at least four activities for each student.

Un estudiante bueno…
Un estudiante no tan bueno…

PALABRAS ÚTILES

bailar	*to dance*
mirar	*to watch*
cocinar	*to cook*
descansar	*to rest*
viajar	*to travel*
limpiar	*to clean*
visitar	*to visit*

Nota. El vocabulario de *Palabras útiles* no es para estudiar, simplemente ofrece alternativas para enriquecer algunas actividades comunicativas. Además anticipa vocabulario que será estudiado más adelante, lo que facilita después su aprendizaje.

Las actividades de otras (*other*) personas.

Paso 1. Describe some daily activities of the following people. Form sentences using verbs you have learned so far or from the **Palabras útiles** box on page 52.

1. Mi compañero/a de cuarto/casa...
2. Mis amigos y yo...
3. Mi padre/madre...
4. Los estudiantes universitarios de Puerto Rico... (¡Usa tu imaginación!)

Paso 2. Share your descriptions in small groups. Are your descriptions of these peoples' daily activities mostly similar or different?

Opción: Si algún estudiante vive solo puede hablar de un vecino/a.

Extensión: Ésta puede ser una buena oportunidad para reciclar y ampliar nociones sobre la vida de los estudiantes universitarios en países hispanos, así como para confrontar estereotipos y contrastar sus experiencias.

NOTA CULTURAL

Los vejigantes

The **vejigante** is a character, full of energy and color, which is part of Puerto Rican carnivals. Each of the two main carnivals in Puerto Rico has a unique **vejigante** character. The most celebrated carnival in the northern coastal town of Loíza uses masks made from coconut shells with bright colors and carefully crafted horns, where as the carnival in the southern coastal town of Ponce uses masks made of paper mache. The **vejigante** masks are a classical example of the fusion of African, Spanish, and Caribbean cultures in Puerto Rico.

▲ A group of vejigantes in Puerto Rican carnival.

◀ Vejigante masks

La vida universitaria

cincuenta y tres **53**

Cultura: La vida universitaria en el mundo hispano

Use *PowerPoint Slides* para presentar esta sección de cultura.

Antes de leer

What are some of your favorite aspects about college so far?

- Ability to take a wide range of courses
- Sports
- Living in a dorm
- Other: _____

While reading the following, take note of aspects that are similar and different from what you've noted above.

La mayoría de las universidades hispanas son instituciones públicas. En muchos países (*countries*) hispanos, el gobierno (*government*) financia el costo de la educación en la universidad; los estudiantes sólo compran los libros. Sin embargo (*however*), también existen universidades privadas. Los estudiantes universitarios normalmente viven con sus padres porque es más económico y porque, por lo general, no hay residencias estudiantiles.

Las clases son muy especializadas y los programas son muy rígidos. Un estudiante de medicina, por ejemplo, sólo toma cursos de medicina, no toma cursos en otras áreas. Por eso (*for this reason*) los estudiantes hispanos seleccionan una carrera (*major*) antes de comenzar sus estudios.

A diferencia de las universidades estadounidenses, no hay tantos equipos deportivos (*sports teams*) ni tampoco organizaciones como las fraternidades.

▲ Universidad de Puerto Rico en San Juan

▲ Biblioteca de la Universidad del País Vasco, España

Después de leer

1. Are the following common in universities in Latin America?

   a. Las residencias estudiantiles — ☐ Son comunes. ☑ No son comunes.

   b. Los equipos deportivos — ☐ Son comunes. ☑ No son comunes.

   c. Programas de estudio estructurados — ☑ Son comunes. ☐ No son comunes.

2. Write two or three main differences between your college or university and Hispanic universities.

VideoEscenas: ¿Estudiamos o no?

▲ Jaime y Ana are meeting at the library to study together, but Ana is late.

Opción: Si prefiere que los estudiantes puedan escuchar y leer el texto al mismo tiempo, puede encontrar transcripciones de los diálogos para dar a sus estudiantes en *WileyPLUS*. También puede mostrar o pedir a sus estudiantes que vean los videos con subtítulos (escogiendo esta opción en la parte derecha del panel de video) en *WileyPLUS*.

Paso 1. Answer these questions before you watch the video.

1. Where do you usually study, in your room, at the library or in some other place?
2. Do you prefer to study on your own or with a friend?
3. When you go to class or other scheduled activities, are you punctual? How about when you are meeting friends?

Opción: Si hace esta actividad en clase, puede pedir que completen esta sección en parejas.

Paso 2. Watch the video paying attention to the main ideas. Then choose the statement that best describes Ana.

☐ Ana es una excelente estudiante, saca buenas notas y es muy responsable.
☐ Ana es buena estudiante, pero hoy está cansada (*tired*).
☑ Ana no es buena estudiante y no es muy responsable.

Paso 3. Look at the statements below and watch the video again. This time focus on the specific information you need to complete each statement logically.

En la sección *VideoEscenas*, los estudiantes tienen la oportunidad de desarrollar su capacidad de comprensión auditiva a través de videos cortos, sencillos y que ilustran el uso de parte del vocabulario y la gramática del capítulo. La secuencia de pasos incluye actividades de preparación antes de ver el video y de comprensión de ideas generales primero, y detalles más específicos después.

1. Ana llega (*arrives*)…	☐ temprano	☐ a tiempo	☑ tarde
2. Ana necesita (*needs*)…	☐ música	☐ una computadora	☑ café
3. A las once y media Jaime va…	☐ a la clase de álgebra	☐ al laboratorio	☑ a la biblioteca
4. Ana se va porque (*because*)…	☐ trabaja en la biblioteca	☑ llega tarde a la clase de matemáticas	☐ no tiene (*does not have*) el libro

Así se forma

Vivo para comer.

Como para vivir.

4. Talking about actions in the present: Regular –er and –ir verbs; *hacer* and *salir*

Regular –er and –ir verbs

Observe the forms for **comer** and **vivir** in the present tense. Note that you drop the –**er**/–**ir** from the infinitive and replace it with endings to agree with the subject of the verb. Note, also, that –**er** and –**ir** verbs have identical endings except in the **nosotros** and **vosotros** forms.

	comer *to eat* comer → com-	**vivir** *to live* vivir → viv-
(yo)	com**o**	viv**o**
(tú)	com**es**	viv**es**
(usted, él/ella)	com**e**	viv**e**
(nosotros/as)	com**emos**	viv**imos**
(vosotros/as)	com**éis**	viv**ís**
(ustedes, ellos/ellas)	com**en**	viv**en**

Hacer and *salir*

The verbs **hacer** (*to do, make*) and **salir** (*to leave, go out*) are irregular only in the **yo** form.

hacer: **hago**, haces, hace, hacemos, hacéis, hacen
salir: **salgo**, sales, sale, salimos, salís, salen

Hago la tarea todas las noches.   *I do homework every night.*
Salgo con mis amigos los fines de semana.   *I go out with my friends on weekends.*

Más actividades en la universidad

Read what Octavio has to say about his university life.

Soy de Mendoza, Argentina, y **asisto** a la Universidad Politécnica de California. **Vivo** en la residencia estudiantil. Tomo cursos de informática, de ciencias políticas y de literatura latinoamericana. En mis clases de ciencias políticas y literatura **leemos** y **escribimos** mucho y yo participo con frecuencia en las discusiones. En la clase de informática analizamos sistemas de computadoras y **aprendemos** a usar *software*. A veces no **comprendo** todo, pero mis compañeros de clase me explican los conceptos difíciles. Me gustan (*I like*) mucho mis clases. Al mediodía voy con mis compañeros a la cafetería de la universidad. Ahí **comemos**, **bebemos** y conversamos de mil cosas (*a thousand things*). La comida de la cafetería no es excelente pero tampoco (*neither*) es terrible. Los sábados por la mañana voy al gimnasio y por la noche **salgo** con mis amigos. No **hago** mucho los domingos.

aprender	*to learn*		**comprender**	*to understand*
asistir a	*to attend*		**escribir**	*to write*
beber	*to drink*		**leer**	*to read*

I/O **2-16** **¿En qué clase?**

2–16. Opción: El Paso 3 puede ser asignado como tarea para la casa.

Paso 1. Indicate what classes you have this semester and mark which statements are true for each.

En mi clase de...	español	_____	_____	_____
1. aprendo cosas muy interesantes.				
2. hago mucha tarea.				
3. hablo y participo en clase.				
4. comprendo todo o casi todo.				
5. asisto a clase muchas horas por semana.				
6. miro películas (*films*).				
7. hago muchos exámenes.				
9. investigo (*I research*) en Internet.				
10. escribo muchos trabajos.				

Paso 2. In small groups, share your responses and listen to your classmates.

Paso 3. Of the classes you just heard about, which one would you like to take? Write briefly about why you would like to take that class.

Modelo: Quiero (*I want to*) tomar la clase de _____ porque los estudiantes aprenden cosas interesantes.

O **2-17** **¿Qué hacen los estudiantes en Puerto Rico?** As we saw in *Cultura* on page 54, there are several differences in university life between Latin America and the United States. From the list of phrases below, create sentences that describe what typical students in Puerto Rico do (and don't do).

1. asistir a eventos deportivos del campus
2. vivir en una residencia
3. aprender inglés
4. salir con amigos
5. unirse (*join*) a una fraternidad o hermandad (*sorority*)
6. hacer la tarea

SITUACIONES

Work in pairs. Both of you have a part-time job in the mornings, where you work together, and go to classes in the evenings. Your boss needs someone to cover for another employee on Thursday from 3:00 P.M. until 9:00 P.M. but both of you have extra-curricular activities or other plans for Thursday evening. Discuss your situation, explaining to each other why you cannot work on Thursday and trying to arrive to a solution.

PALABRAS ÚTILES

el bar	*bar*
el cine	*movie theater*
el teatro	*theatre*
la discoteca	*night club*
un partido deportivo	*sporting match, game*

0/I **2-18** ¿Qué hacemos en... ?

Paso 1. Write two or three activities that you do in the places below. Add one more place on campus you usually go to.

Modelo: En la biblioteca.
Voy a la biblioteca todos los días después de la clase de español; hago la tarea de cálculo y estudio filosofía. A veces leo o investigo para un trabajo escrito...

1. En la biblioteca...
2. En mi cuarto...
3. En la residencia/el laboratorio/el centro estudiantil...

Paso 2. Interview a classmate about her/his activities in the places above. Take turns asking questions about the activities she/he does there, when she/he goes, etc.

Modelo: **¿Cuándo vas a la biblioteca?**
¿Estudias allí (*there*)?
¿Haces la tarea allí?

Now take a vote: Which is the class' favorite place (**el lugar favorito**)?

I/O **2-19** **Sondeo (*Survey*): El tiempo libre (*Leisure time*).**

Paso 1. Complete the first column in the chart below with what you like to do in your time off. Add one more activity of your choice at the end.

Paso 2. Walk around the classroom to find out who shares your preferences. Transform your statements into questions (see the example in parentheses) to ask your classmates. When someone answers affirmatively, write her/his name in the second column. How many affirmative answers can you get in ten minutes? Your professor may ask you to share your results with the class.

Actividades de tiempo libre		¿Quién?
Modelo: Asistir a . . .	**Asisto a los conciertos de rock.** (**¿Asistes a los conciertos de rock?**)	**Megan**
1. Asistir a...		
2. Ir a...		
3. Salir a... con...		
4. Hablar con...		
5. Comer... en...		
6. Mirar...		
7. Leer...		
8. ¿ ... ?		

O **2-20** **El profesor.** You have talked a lot about what you and other students do. What do you think your teachers do? Write a short paragraph describing what you imagine is a typical day for your Spanish teacher. Try to add details and be creative!

Nota. Bajo el título *Situaciones* cada capítulo ofrece una actividad para hacer en parejas que presenta una situación o problema que los estudiantes han de representar o resolver a través del uso creativo, informal e incluso humorístico de la lengua. En este tipo de actividades se debe tolerar en mayor medida los posibles errores gramaticales, puesto que el objetivo fundamental es la comunicación efectiva. Si se producen errores que pueden interferir con el mensaje, puede comentarlos con la clase cuando todos hayan terminado. Recuerde dar un límite de tiempo para estas actividades (por ejemplo tres minutos en este caso aunque, puede aumentar el tiempo a lo largo del curso, cuando los estudiantes tengan más recursos para mantener una conversación).

2–19. Sugerencia: Cuando se cumplan los diez minutos haga que los estudiantes tomen asiento. Pida a algunos voluntarios que compartan con la clase qué hacen en su tiempo libre y pregunte a la clase quién hace lo mismo.

Dicho y hecho

PARA LEER: Salamanca: Un clásico

ANTES DE LEER

If you were planning to spend a semester abroad, what criteria would be important to you, both in terms of the institution and the location?

ESTRATEGIA DE LECTURA

Skimming A common pitfall for students reading a text in Spanish is trying to understand every single word encountered. Skimming the text first, that is looking over it quickly to get a sense of the topic and main ideas, will help you focus on what is relevant when you read in more detail. When skimming, also pay attention to the title, introduction, and subtitles, since these often point at the key ideas.

A LEER

1. Skim over the text quickly and write down in a sentence or two what you think this text is about.

2. Now, read the text. Try to focus on the words you know and recognize and on getting the main ideas. Do not worry if you do not know some words or cannot understand every detail.

Segura, adaptable y cultural, Salamanca es una ciudad[1] ideal para los estudiantes de español. Sólo en 2007, recibió unos 26,000 estudiantes de español.

Una ciudad ideal Salamanca tiene 180,000 habitantes, incluyendo 35,000 estudiantes españoles universitarios. Su universidad, fundada en 1218, es una de las más antiguas de Europa y la responsable académica de los prestigiosos exámenes DELE (Diploma de Español como Lengua Extranjera[2]). Además, la Universidad Pontificia y numerosas escuelas privadas también ofrecen clases de español. Por tanto, hay opciones para todas las necesidades.

Una ciudad joven[3] Como ciudad, Salamanca es perfecta para estudiantes. Es pequeña[4] y manejable, con muchas actividades culturales y un ambiente muy joven. Muchos estudiantes de español prefieren Salamanca por su calidad de vida. Los estudiantes gastan[5] entre 500 y 700 euros al mes, algo que en Madrid, por ejemplo, es casi imposible. Los estudiantes que hacen un curso intensivo de seis semanas gastan aproximadamente 1,000 euros en total, con el curso y el alojamiento[6] incluidos. Además, el hecho de que muchos estudiantes españoles decidan estudiar su carrera[7] allí facilita la integración de los estudiantes foráneos, porque hay muchos apartamentos mixtos de españoles y extranjeros. Estina, una estudiante noruega, nos dice: "Es una ciudad muy viva[8], hay muchos estudiantes, se puede andar por todas partes[9]… Sí, me gusta[10] la gente[11] de aquí".

Texto y fotografía: Clara de la Flor / *Punto y coma*

---

[1] city, [2] foreign, [3] young, [4] small, [5] spend, [6] lodging, [7] university studies, [8] lively, [9] **se…** one can walk everywhere, [10] **me…** I like, [11] people

Nota. Las secciones de *Dicho y hecho* recogen y reciclan lo aprendido a lo largo del capítulo aunque se centran en el desarrollo de las habilidades comunicativas orales, de comprensión auditiva, lectura y escritura.

Sugerencia: Recuerde a sus estudiantes que, como vieron en el *Capítulo 1*, existe un gran número de cognados en inglés y español, que pueden ayudarles en la lectura. El uso de esta estrategia se desarrollará en la sección *Para leer* del *Capítulo 3*. Ayude a los estudiantes con los números, dándoles las palabras **cientos, mil, quinientos,** etc.

Si hace la actividad de leer por encima (*skimming*) en clase, conviene dar un límite de tiempo (por ejemplo, 1 minuto) para forzar a los estudiantes a dar un vistazo rápido al texto en vez de leer palabra por palabra.

Opción: Si quiere que los estudiantes lean el texto en casa, como tarea, es buena idea explorar la pregunta en *Antes de leer* y presentar la *Estrategia de lectura* en la clase anterior, de manera que los estudiantes estén mejor preparados para interpretar el texto correctamente y usar las estrategias presentadas.

Dicho y hecho

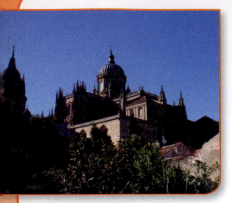

▲ Vista de la Catedral Nueva de Salamanca

DESPUÉS DE LEER

1. Select the statement that best summarizes the text.

   ☐ Salamanca is an ideal city for students of Spanish because there are many young people and bars, so it is lively and fun.

   ☑ Salamanca is an ideal city for students of Spanish because there are many different Spanish programs, many Spanish and international students and a high quality of life.

2. Indicate which words are applicable for each statement, according to the text

a. En Salamanca hay muchos/as…

   ☑ estudiantes   ☐ residencias   ☐ bibliotecas   ☑ escuelas de español   ☐ bares

b. Es una ciudad…

   ☐ moderna   ☐ tradicional   ☑ antigua   ☐ cara (expensive)   ☑ viva

c. Hay estudiantes…

   ☑ universitarios españoles   ☑ universitarios extranjeros   ☑ de español

3. In small groups discuss whether you would like to study abroad. If so, share where you would like to go and why.

PARA CONVERSAR: El fin de semana

Talk with a classmate about what she/he typically does on campus or in town on weekends. Where does she/he go? What does she/he do there? Determine whether or not you are likely to run into each other over the weekend.

PALABRAS ÚTILES	
el cine	the movie theater
el bar	the bar
la discoteca	the club
el centro comercial	the mall
el supermercado	the supermarket
mirar la televisión/una película	to watch TV/a movie
descansar	to rest
hacer ejercicio	to exercise, work out
jugar al tenis/baloncesto/fútbol americano/béisbol	to play tennis/basketball/ football/baseball

ESTRATEGIA DE COMUNICACIÓN

Simplifying your expression As you begin sharing ideas in Spanish, you may feel you have a lot more you want to say than you can actually express. Avoid trying to translate complex sentences from English to Spanish, and instead try to formulate your ideas more simply in Spanish, using the vocabulary and structures you have learned. For example, instead of translating *I attend a regularly scheduled study group for my organic chemistry class on alternating Sunday afternoons*, you can say **A veces estudio con mis compañeros de la clase de química los domingos.**

Sugerencia: Puede comentar con sus estudiantes que en realidad casi todas las respuestas son ciertas, aunque no todas las mencione el texto.

Alternativa: Pida a los estudiantes que busquen en Internet información sobre los cursos de español en al menos dos escuelas (ej. Universidad de Salamanca, Universidad Pontificia de Salamanca, Enforex, Don Quijote, Berceo) y escojan uno. Deben decidir a qué programa van a asistir, cuando, qué tipo de alojamiento prefieren, etc.

Nota. *Para conversar* es una actividad comunicativa que ofrece la oportunidad de usar el vocabulario, estructuras y conocimientos adquiridos en el capítulo. Dé unos cinco minutos para completar la conversación y haga preguntas después enfatizando lo que puede ser interesante o relevante para los estudiantes.

Sugerencia: Presente algunas expresiones útiles antes de comenzar la actividad, señalando que deben usar formas de tú para dirigirse a su compañero/a. Por ejemplo:
No entiendo.
Perdón, ¿puedes repetir?
Más despacio, por favor.
¿Cómo se dice…?

PARA ESCRIBIR: ¿Soy un/a estudiante típico/a?

In this composition, you will describe your campus activities and argue either that you are a typical student or that you are an atypical student on your campus. The audience for this composition is a friend of yours who goes to a different school.

ESTRATEGIA DE REDACCIÓN

Generating ideas: Brainstorming The first stage of the writing process consists in generating ideas. A very effective way to do that is by brainstorming, jotting down any and all ideas that come to mind when thinking about your topic. The goal is to explore the topic, so do not worry about how those ideas connect, which would be better for your composition, grammar, spelling, etc. As much as possible, try to brainstorm in Spanish, recalling words you have already learned.

ANTES DE ESCRIBIR

Paso 1. Think about "typical" students on your campus. What do they do during an average school week? Jot down any ideas that come to mind in your notebook. You may refer to the paragraphs about Natalia and Camila (p. 51) and Octavio (p. 56) for ideas.

Durante la semana, los estudiantes típicos de mi campus….

Paso 2. Now, think about what *you* do during a typical school week. Write down your ideas in your notebook.

Durante la semana, yo…

Paso 3. Compare the activities you wrote for the **estudiante típico** in **Paso 1** to the ones you wrote for yourself in **Paso 2.** Are you a typical student, an atypical student, or a bit of both?

☐ Soy un/a estudiante totalmente típico/a.

☐ Soy un/a estudiante totalmente atípico/a.

☐ Bueno (*well*), soy un/a estudiante un poco típico/a pero un poco diferente también.

A ESCRIBIR

Write a composition in which you summarize this information. The following outline can help you organize your composition.

Párrafo (*paragraph*) 1: En esta composición, voy a (*I am going to*) comparar las actividades de los estudiantes típicos con mis actividades, para (*in order to*) determinar si soy típico/a o no.

Párrafo 2: Las actividades de los estudiantes típicos…

Párrafo 3: Mis actividades…

Párrafo 4: En conclusión…

NOTE TO THE STUDENT: Writing is an important means of communication and many of us write every day: leaving a note for a roommate, sending e-mails to friends, completing academic papers, etc. To help you develop your Spanish writing abilities, each chapter will guide you through some of the key aspects involved in the process of writing (*Estrategia de redacción.*) To start, here are some general recommendations:

- Try to come up with simple ways to express your ideas in Spanish, making the most of the language you already know. Thinking in English and then trying to translate will have you seeking for structures and vocabulary you have not learned yet, ending up in frustration and a poorly written text.

- Remember that writing is a multi-step process and requires one or more revisions.

- Focus on the ideas you want to convey first, and worry about the right grammar and correct spelling later.

- Do not use an English-Spanish dictionary until you learn how to do it well.

PALABRAS ÚTILES

las mismas (*same*) actividades
actividades similares
actividades muy diferentes

Dicho y hecho

DESPUÉS DE ESCRIBIR

Revisar y editar: El contenido. Once you have generated a first draft of your composition, set it aside for at least one day. Return to it and review the content, that is, the ideas you included and whether they adequately address the topic. You may want to ask yourself questions such as:

- ☐ Are the main topic and purpose of my composition clear?
- ☐ Does it describe 4 or 5 activities that "typical" students do during the week?
- ☐ Does it describe 4 or 5 activities that I do during the week?
- ☐ Does it explain whether I consider myself a typical student or not?
- ☐ Are the ideas relevant and sufficiently developed for the purpose of the text?
- ☐ Will the intended reader understand what I am describing, or should I provide greater detail?

PARA VER Y ESCUCHAR: Una visita a la UNAM

ANTES DE VER EL VIDEO

Paso 1. In pairs, and before you watch the video, write a list of what you think would be important factors in choosing a location to study Spanish abroad. You may consider the following characteristics:

- class size
- city or small town
- opportunities to interact with other students
- cultural activities
- highly qualified teachers
- other _____

Paso 2. In the video segment, you will learn about classes for international students who wish to improve their Spanish at the National Autonomous University of Mexico (**Universidad Nacional Autónoma de México, or UNAM**). Several students will state their names and what countries they are from. Take a guess which countries will be mentioned from the following list:

☐ Haití	☐ Rusia	☐ Francia	☐ Estados Unidos
☐ Corea	☐ Japón	☐ Indonesia	☐ Brasil
☐ China	☐ Australia	☐ Marruecos	☐ Italia

A VER EL VIDEO

Paso 1. View the video the first time without subtitles, and see how much you comprehend. Try not to get stuck on words that you don't immediately understand. In small groups, share what you understood.

Paso 2. Before you watch the video a second time, look at the statements below. After watching, state whether they are true or false. Rewrite the false statements to make them correct.

		Cierto	Falso
1.	Las clases son muy grandes.	☐	☑
	_____		
2.	Los estudiantes trabajan mucho en grupos pequeños.	☐	☐
	_____		
3.	Es una universidad muy ordenada.	☑	☐
	_____		
4.	Los profesores no están muy motivados.	☐	☑
	_____		
5.	No hay muchas oportunidades para practicar el español.	☐	☑
	_____		

Paso 3. According to the young man from the United States, why is it important to study Spanish? Do you agree with him?

DESPUÉS DE VER EL VIDEO

At the end of the video, the viewer is asked, **¿Es la UNAM la universidad para ti?** In groups, tell your classmates whether you would answer "**Sí**" or "**No**" and why.

Repaso de vocabulario activo

Adverbios y expresiones adverbiales

ahora/más tarde *now/ later*

a tiempo/temprano/ tarde *on time/early/ late*

a veces *sometimes*

antes de/después de (clase) *before/after (class)*

casi nunca *rarely*

esta mañana/tarde/ noche *this morning/ afternoon/evening*

el fin de semana *weekend*

con frecuencia *frequently*

nunca *never*

por/en la mañana/tarde/ noche *in the morning/ afternoon/evening*

siempre *always*

toda(s) la(s) mañana(s)/ tarde(s)/noche(s) *every morning/afternoon/ evening*

todos los días *every day*

Sustantivos *Nouns*

En la clase

el alumno/el estudiante *student (male)*

la alumna/la estudiante *student (female)*

los apuntes *notes*

el bolígrafo/la pluma *pen*

el borrador *eraser*

la calculadora *calculator*

el cuaderno *notebook*

el diccionario *dictionary*

el (reproductor de) DVD *DVD, DVD player*

el escritorio *desk*

el examen *exam*

la hoja de papel *sheet of paper*

el lápiz *pencil*

el libro *book*

el mapa *map*

la mesa *table*

la mochila *backpack*

la nota *grade*

la papelera *wastebasket*

la pizarra *blackboard*

el profesor *teacher/ professor (male)*

la profesora *teacher/ professor (female)*

la puerta *door*

el reloj *clock*

la silla *chair*

la tarea *homework*

la tiza *chalk*

el trabajo escrito *academic paper, essay*

la ventana *window*

En el laboratorio

los audífonos *headphones*

la computadora *computer*

el correo electrónico *e-mail address*

el disco compacto/el CD *compact disc*

la impresora *printer*

el mensaje electrónico *e-mail (message)*

la página web *Web page*

la pantalla *screen*

el ratón *mouse*

el sitio web *website*

el teclado *keyboard*

el televisor *television set*

La clase de...

alemán *German*

álgebra *algebra*

arte *art*

biología *biology*

cálculo *calculus*

ciencias políticas *political science*

computación/ informática *computer science*

contabilidad *accounting*

economía *economy*

español *Spanish*

filosofía *philosophy*

finanzas *finances*

física *physics*

francés *French*

historia *history*

inglés *English*

literatura *literature*

matemáticas *mathematics*

música *music*

psicología *psychology*

química *chemistry*

religión *religion*

sociología *sociology*

Lugares *Places*

la casa *home/house*

el apartamento *apartment*

la biblioteca *library*

la cafetería *cafeteria*

el centro estudiantil *student center*

el cuarto *room*

la casa *home/house*

la facultad *school or department within a university*

el gimnasio *gymnasium*

la librería *bookstore*

la oficina *office*

la residencia estudiantil *student dorm*

el restaurante *restaurant*

la universidad *university*

Verbos y expresiones verbales

aprender *to learn*

asistir a *to attend*

beber *to drink*

buscar *to look for*

cenar *to have dinner*

comer *to eat, have lunch*

comprar *to buy*

desayunar *to have breakfast*

comprender *to understand*

enviar *to send*

escribir *to write*

escuchar *to listen to*

estudiar *to study*

hablar *to talk*

hacer *to do, make*

hay *there is, there are*

imprimir *to print*

ir *to go*

leer *to read*

llegar *to arrive*

mandar *to send*

navegar por la red *to surf the Web*

practicar *to practice*

preparar *to prepare*

regresar *to return, to go back*

salir *to go out*

ser *to be*

tomar (apuntes) *to take (notes)*

trabajar *to work*

usar *to use*

vivir *to live*

sacar una nota *to get a grade*

Palabras interrogativas

¿Cuándo? *When?*

¿Adónde? *Where to?*

Autoprueba y repaso

I. Nouns and definite and indefinite articles.

A. Professor B is more demanding than Professor A, and she always gives more homework. Complete each professor's assignment with the appropriate definite article (**el, la, los, las**). Change nouns to the plural when necessary.

Modelo: PROFESOR A: Contesten _____la_____ pregunta n° 1.
PROFESOR B: Contesten _las preguntas_ 1 a 10.

1. PROF. A: Escriban _____ ejercicio A.
PROF. B: Escriban _____ A y B.

2. PROF. A: Estudien _____ lección 1.
PROF. B: Estudien _____ 1 y 2.

3. PROF. A: Lean_____ página 40.
PROF. B: Lean _____ 40 y 41.

4. PROF. A: Completen _____ Capítulo 3.
PROF. B: Completen _____ 3 y 4.

B. Describe your school by completing the sentences with **un, una, unos,** or **unas**.

En la universidad hay _____ centro estudiantil con _____ librería grande. Tenemos _____ laboratorio con _____ impresora y _____ computadoras nuevas. Hay _____ biblioteca grande con _____ libros muy antiguos e interesantes.

II. Ir + a + destination.
Tell where the following people go to carry out the indicated activities. Avoid subject pronouns.

Modelo: Esteban /estudiar
Va a la biblioteca.

1. yo / desayunar
2. nosotros / trabajar en la computadora
3. mis amigos y yo / hacer ejercicio
4. los estudiantes / hablar con el profesor
5. tú / comprar libros y cuadernos
6. Susana / tomar una siesta

III. The present tense of regular –ar verbs.
Indicate or ask questions about what college students do. Change the verbs to correspond to the subjects given in parentheses. Avoid the use of subject pronouns.

Modelo: navegar por la red con frecuencia (yo)
Navego por la red con frecuencia.

1. comprar libros y cuadernos en la librería (yo)
2. llegar a clase a tiempo (todos los estudiantes)
3. ¿estudiar en la biblioteca por la tarde (tú)?
4. ¿trabajar por la noche (usted)?
5. usar el correo electrónico todos los días (nosotros)
6. escuchar música clásica por la noche (Ana)

IV. The present tense of regular –er and –ir verbs; hacer and salir.
Indicate or ask questions about what college students do. Change the verbs to correspond to the subjects given in parentheses. Avoid the use of subject pronouns.

Modelo: hacer muchos exámenes y escribir muchas composiciones (ella)
Hace muchos exámenes y escribe muchas composiciones.

1. asistir a una universidad buena y aprender mucho (nosotros)
2. vivir en la residencia y estudiar en la biblioteca (yo)
3. comer en la cafetería y tomar café en el centro estudiantil (los estudiantes)
4. leer libros interesantes y escribir muchas composiciones (nosotros)
5. imprimir los trabajos y usar las computadoras en el laboratorio (tú)
6. hacer la tarea y después salir con mis amigos/as (yo)

V. General review.

1. ¿Vas a clase todos los días?
2. ¿A qué hora es tu primera (*your first*) clase?
3. ¿Cuántos estudiantes hay en la clase de español?
4. ¿Hay tarea todas las noches? ¿Mucha tarea?
5. ¿Escriben ustedes en el Cuaderno de ejercicios todas las noches?
6. ¿Adónde vas para comprar libros interesantes? ¿Y para usar las computadoras?
7. ¿Adónde vas a conversar con tus amigos?
8. ¿A qué hora cenas?
9. ¿Dónde comes normalmente?

VI. Cultura.

1. What are some of the principal differences between universities in the Spanish-speaking world vs. the United States?
2. What is the **coquí**?

Answers to the *Autoprueba y repaso* and are found in **Apéndice 2.**

Así es mi familia

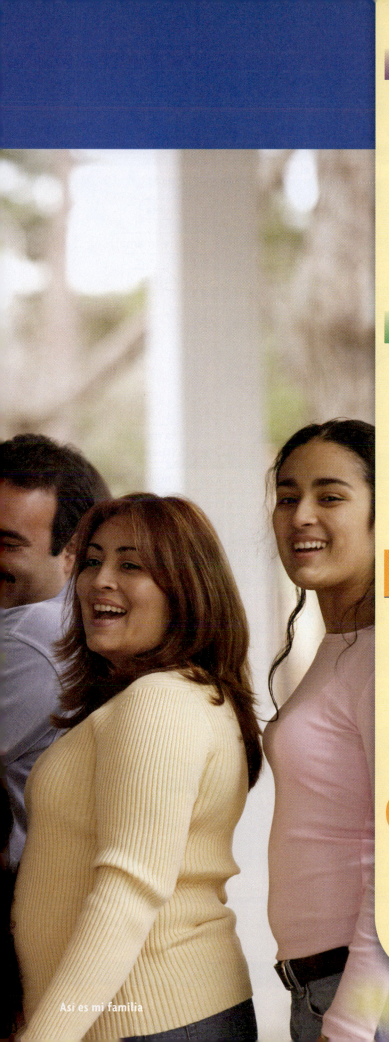

Así se dice

Así es mi familia
La familia, los parientes y los amigos
Relaciones personales

Así se forma

1. *Tener* and *tener... años*
2. Descriptive adjectives
   Adjetivos descriptivos con *ser*. Los opuestos
3. Possessive adjectives and possession with *de*
4. *Estar* + location and condition
   ¿Dónde están?/¿Cómo están?

Cultura

- Los hispanos en Estados Unidos
- La familia hispana

Dicho y hecho

Para leer:
Enciclopedia del español en los Estados Unidos

Para conversar:
Las personas especiales

Para escribir:
Retrato de familia

Para ver y escuchar:
Todo en familia

By the end of this chapter you will be able to:

- Talk about the family
- Tell age
- Indicate possession
- Describe people and things
- Indicate location
- Describe mental and physical conditions

ENTRANDO AL TEMA

1. How many relatives are there in your family? How about your extended family?

2. How many people of Hispanic origin live in your town/city (or the place where you are from)? Do you know what their countries of origin or heritage are?

Así se dice

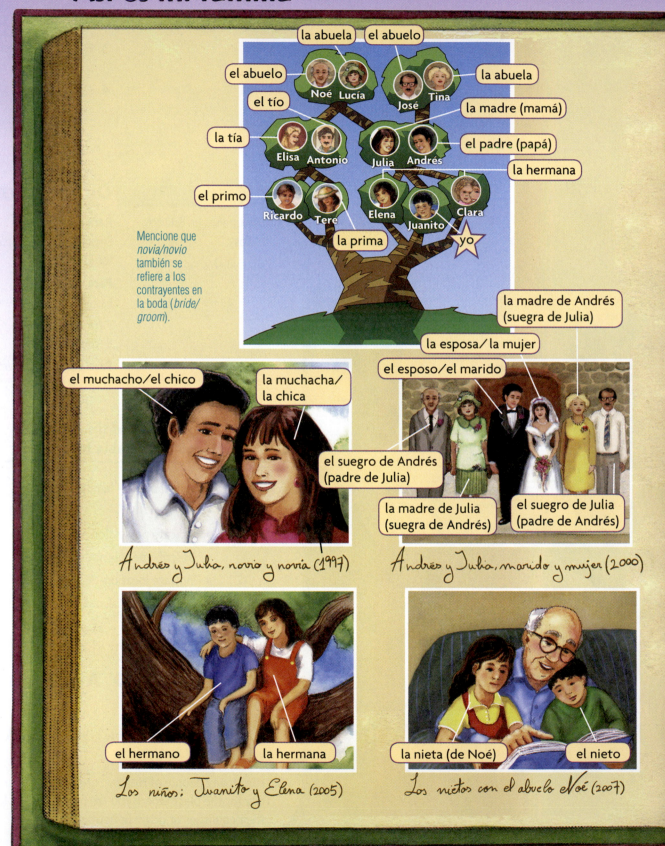

Use *PowerPoint Slides* para presentar y practicar este vocabulario.
Sugerencia: Refiérase a las *Preguntas de comprensión* impresas en azul al final de este libro de profesor/a para encontrar preguntas que puede usar para presentar este vocabulario.

Así es mi familia

la abuela   el abuelo

el abuelo

Noé   Lucía

el tío

la abuela

José   Tina

la madre (mamá)

la tía

Elisa   Antonio

Julia   Andrés

el padre (papá)

la hermana

el primo

Ricardo   Tere

Elena   Juanito

Clara

yo

la prima

Mencione que *novia/novio* también se refiere a los contrayentes en la boda (*bride/groom*).

la madre de Andrés (suegra de Julia)

la esposa/ la mujer

el esposo/el marido

el muchacho/el chico

la muchacha/ la chica

el suegro de Andrés (padre de Julia)

la madre de Julia (suegra de Andrés)

el suegro de Julia (padre de Andrés)

Andrés y Julia, novio y novia (1997)

Andrés y Julia, marido y mujer (2000)

el hermano   la hermana

la nieta (de Noé)   el nieto

Los niños: Juanito y Elena (2005)

Los nietos con el abuelo Noé (2007)

WILEY PLUS **Pronunciación:**
Practice pronunciation of the
chapter vocabulary and particular
sounds of Spanish in *WileyPLUS*.

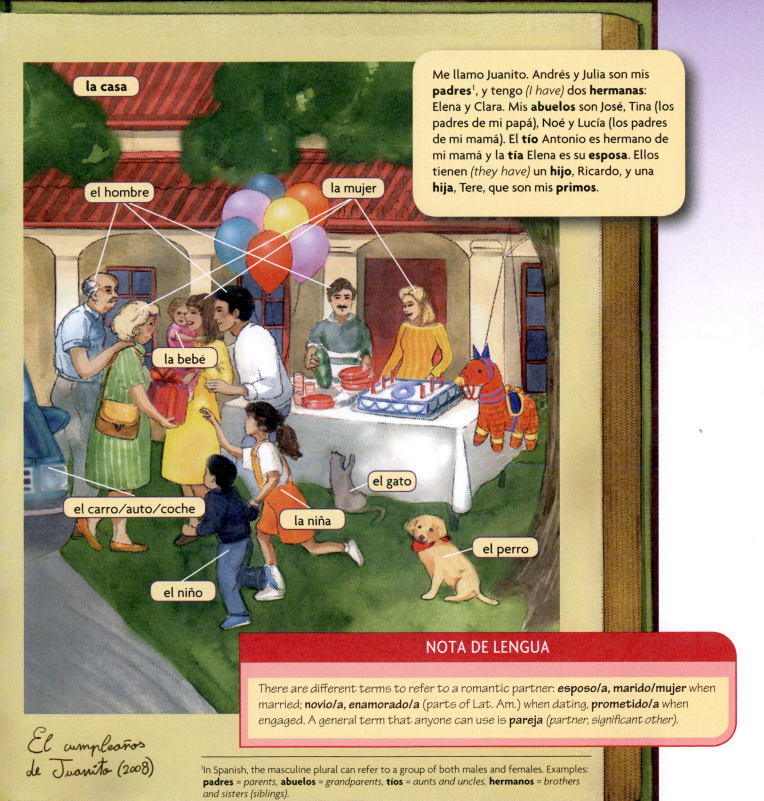

la casa

el hombre

la mujer

la bebé

el carro/auto/coche

el gato

la niña

el niño

el perro

Me llamo Juanito. Andrés y Julia son mis **padres**[1], y tengo *(I have)* dos **hermanas**: Elena y Clara. Mis **abuelos** son José, Tina (los padres de mi papá), Noé y Lucía (los padres de mi mamá). El **tío** Antonio es hermano de mi mamá y la **tía** Elena es su **esposa**. Ellos tienen *(they have)* un **hijo**, Ricardo, y una **hija**, Tere, que son mis **primos**.

El cumpleaños de Juanito (2008)

NOTA DE LENGUA

There are different terms to refer to a romantic partner: **esposo/a, marido/mujer** when married; **novio/a, enamorado/a** (parts of Lat. Am.) when dating, **prometido/a** when engaged. A general term that anyone can use is **pareja** *(partner, significant other)*.

[1]In Spanish, the masculine plural can refer to a group of both males and females. Examples: **padres** = *parents*, **abuelos** = *grandparents*, **tíos** = *aunts and uncles*, **hermanos** = *brothers and sisters (siblings)*.

3-1. Lea las oraciones usted o pida a un/a estudiante diferente que lea cada una, repitiéndola usted para corregir errores de pronunciación.

Extensión: Haga un sondeo rápido para averiguar quién tiene más hermanos y hermanas, cuántos estudiantes tienen a todos sus abuelos, etc.

I/O **3-1** **La familia: ¿cierto o falso?** **Paso 1.** Listen as your instructor or a classmate reads the sentences below. Decide whether they are true (**cierto**) or false (**falso**).

Modelo: El hijo de mis padres es mi hermano. ☑ Cierto ☐ Falso

		Cierto	Falso
1.	La abuela de mi hermana es mi abuela.	☑	☐
2.	La hermana de mi madre es mi tía.	☑	☐
3.	Los hijos de mis tíos son mis nietos.	☐	☐
4.	El padre de mi madre es mi tío.	☐	☑
5.	Mi hermana es la hija de mi padre y mi madre.	☐	☐
6.	El padre de mi padre es el suegro de mi madre.	☑	☐
7.	Yo soy el nieto/la nieta de mis primos.	☐	☑

3-2 **¿Quién es?** Take turns with a classmate explaining and guessing who various family members are until you have each explained and guessed five different family members.

Modelo: Estudiante A: **Son los hijos de mi tía.**
Estudiante B: **tus primos**

La familia, los parientes y los amigos

Camila tells us about her family, relatives, and friends.

INÉS: Camila, eres de la República Dominicana, ¿verdad?

CAMILA: Sí, pero mi familia y yo vivimos (*live*) en Nueva York. Mi familia es interesante porque mis padres son divorciados y ahora mi madre tiene (*has*) otro esposo: mi **padrastro**.

INÉS: Y, ¿**cuántos** hermanos tienes?

CAMILA: Bueno, aquí en Nueva York mi padrastro tiene dos hijos: mi **hermanastro** Pablo y mi **hermanastra** Mónica. Mi madre y su esposo no tienen hijos, por eso (*therefore*) no tengo (*have*) **medios hermanos**. Pero sí tengo un hermano **mayor**, Raúl, y una hermana **menor**, Paula.

INÉS: ¿**Dónde** están?

CAMILA: Están en Santo Domingo, y también mi **cuñada** Marta, la esposa de mi hermano, y sus hijos, mis **sobrinos** Pablo y Martita.

INÉS: ¿**Quién** más de tu familia está en Santo Domingo?

CAMILA: Están allá mi padre, mis cuatro abuelos, mi **bisabuela** (abuela de mi padre) y otros **parientes**. Mi **mejor amiga**, Pilar, es de Santo Domingo también. Sin embargo (*however*), ya (*already*) tengo excelentes amigos aquí en Estados Unidos.

el bisabuelo/la bisabuela	*great-grandfather/great-grandmother*
el hermanastro/la hermanastra	*stepbrother/stepsister*
el medio hermano/la medio hermana	*half-brother/half-sister*
mayor	*older*
el mejor amigo/la mejor amiga	*best friend (male/female)*
menor	*younger*
los parientes	*relatives*
¿Cuántos/Cuántas?	*How many?*
¿Quién/Quiénes?	*Who?*
¿Dónde?	*Where?*

Sugerencia: Señale que *la familia* es un nombre singular y, por tanto, requiere una forma verbal singular, por ejemplo: La familia es interesante.

DICHOS

De tal palo (*stick*), tal astilla (*splinter*). De tal padre, tal hijo.

¿Cuál es el dicho equivalente en inglés? ¿Se aplica a tu familia? ¿Eres tú como (*like*) tu madre o como tu padre?

Nota: Las secciones de *Así se dice* presentan nuevo vocabulario en contexto, con traducciones sólo en los casos en que el contexto no sea suficiente para deducir el significado de la palabra. Recuerde a los estudiantes que las palabras en negrita son palabras que deben estudiar. Pueden encontrar una lista completa de vocabulario activo al final del capítulo.

3-3   La familia de Camila. Based on what you know about Camila´s family, indicate the correct answers below.

1. ¿De dónde es Camila? ☐ de Nueva York ☑ de Santo Domingo
2. ¿Dónde vive (*lives*) Camila? ☑ en Nueva York ☐ en Santo Domingo
3. ¿Quién es su padrastro? ☐ el padre de su madre ☑ el esposo de su madre
4. ¿Es Raúl mayor que (*than*) Paula? ☑ Sí, Raúl es mayor. ☐ No, Raúl es menor.
5. ¿Quién se llama Marta? ☑ la cuñada de Camila ☐ la sobrina de Camila

Relaciones personales

See what an important role Carmen's family plays in her very busy lifestyle.

Carmen trabaja, estudia y es madre soltera (*single*). Sus hijas gemelas (*twins*), Tina y Mari, tienen tres años. Carmen **ama a** sus hijas con todo el corazón (*heart*). Cuando va al trabajo o a la universidad, su tía o la niñera (*babysitter*) **cuida a** las niñas. Todas las mañanas, al salir de la casa, Carmen **besa** y **abraza *a*** Tina y *a* Mari. Con frecuencia **llama *a*** sus padres y abuelos, que viven en Ponce, Puerto Rico. Ellos **visitan *a*** Carmen y *a* las nietas dos veces al año.

abrazar	to hug	besar	to kiss	llamar	to call
amar	to love	cuidar	to take care of	visitar	to visit

Nota: La *a* **personal** aparece en negrita porque se considera parte del vocabulario activo para estudiar.

3-4   Tú y tu familia.

Paso 1. In the table below, answer the questions about you and your family (both immediate and extended) in the column "**Yo**".

Paso 2. Then ask the questions to a classmate and write down her/his answers in the column "**Mi compañero/a**". Can you find any similarities?

		Yo	Mi compañero/a
1.	¿A quién en tu familia amas mucho (*a lot*)?		
2.	¿A quién abrazas con frecuencia?		
3.	¿A quién besas?		
4.	¿A quién llamas por teléfono con frecuencia?		
5.	¿A qué parientes visitas con más frecuencia?		

Así se forma

¡Tengo ochenta y un años!

Abuelo, ¿cuántos años tienes?

WILEY **PLUS** Go to *WileyPLUS* and review the Verb Conjugator for this grammar point.

Use *PowerPoint Slides* para presentar y practicar esta gramática.

Extensión: Como práctica adicional con el verbo *tener*, ahora o más adelante, puede proponer un juego. Pida a los estudiantes que adivinen las cosas que tiene en su bolsa. Prepare la bolsa antes y ponga cinco objetos que los estudiantes ya conozcan (lápiz, bolígrafo, diccionario... puede poner también algunas "sorpresas" como un mapa). Agite su bolsa para darles una pista sobre lo que puede haber.

Pregunte: **¿Qué tengo en la bolsa? Tengo cinco cosas...** Y escriba en la pizarra un modelo: **Tiene un/una...**

Sugerencia: A veces es útil para los estudiantes conocer las traducciones literales de expresiones que son diferentes en inglés y español. Puede mencionar que la traducción literal es *"to have . . . years"*.

1. Indicating possession and telling age: The verb *tener* and *tener ... años*

The verb *tener*

You have already informally used **tener** (*to have*) to express possession, as in **tengo dos hermanos**. Now observe the following forms (note that **tener** is irregular in the present).

Tener (irreg.)		
(yo)	**tengo**	**Tengo** un hermano.
(tú)	**tienes**	¿**Tienes** bisabuelos?
(usted, él/ella)	**tiene**	Mi madre **tiene** cuatro hermanas.
(nosotros/as)	**tenemos**	Mi hermano y yo **tenemos** un perro.
(vosotros/as)	**tenéis**	¿**Tenéis** coche?
(ustedes, ellos/ellas)	**tienen**	Mis tíos **tienen** una casa nueva.

Tener ... años *(To be . . . years old)*

Whereas English uses *to be . . .* to tell age (*She is eighteen years old.*), Spanish uses **tener ... años.** To inquire about age, the question **¿Cuántos años... ?** (*How many years . . . ?*) is used with **tener**.

—**¿Cuántos años tiene él?**	*How old is he?*
—**Tiene veintiún años.**	*He is twenty-one years old.*

3-5 **¿Quién dice (*says*) esto?** Based on the family pictures on p. 68, who is saying the following?

1. Tenemos dos primos.
   - ☐ Ricardo y Tere
   - ☒ Elena y Juanito
   - ☐ Andrés y Julia

2. Tengo tres sobrinitos.
   - ☐ Julia
   - ☒ Elisa
   - ☐ Tina

3. Mi hijo tiene dos hermanas.
   - ☒ Andrés
   - ☐ José
   - ☐ Antonio

4. Mi suegro tiene dos nietos.
   - ☒ Elisa
   - ☐ Tina
   - ☐ Julia

5. Tenemos cinco nietos.
   - ☐ José y Tina
   - ☒ Noé y Lucía
   - ☐ Julia y Andrés

6. En este cumpleaños tengo seis años.
   - ☐ Noé
   - ☐ Ricardo
   - ☒ Juanito

3-6 ¿Y tu (*your*) familia?

Paso 1. You are going to interview a classmate about her/his family using the following questions, but first you need to complete them with the correct form of **tener**.

Modelo: ¿**Tienes** primos? ¿Cuántos años **tienen** tus primos?

1. ¿Cuántos años _____ (tú)?
2. ¿_____ (tú) hermanos o hermanas mayores? ¿Cómo se llaman y cuántos años _____?
3. ¿_____ (tú) hermanos o hermanas menores? ¿Cómo se llaman y cuántos años _____?
4. ¿Sabes (*do you know*) cuántos años _____ tus padres aproximadamente?
5. ¿_____ (tú) abuelos? ¿Cuántos años _____ tus abuelos?
6. ¿_____ (tú) bisabuelos? ¿Cuántos años _____ tu bisabuelo o tu bisabuela?

Paso 2. Work with a partner and find out about her/his family members using the questions above. Jot down the answers.

Paso 3. Now write a short report, which you might be asked to share with the class. What do your families have in common, and what is different?

Modelo: **Ricardo tiene un hermano y yo tengo una hermana. Mi hermana tiene veinte años, pero el hermano de Ricardo tiene dieciocho años…**

3-7 Mi árbol genealógico (*My family tree*).
First, draw your family tree in your notebook. Then write a description of your family with additional details. You may be asked to share it with a classmate.

Modelo: **Tengo una tía y dos tíos. Mi tía se llama… y tiene… años. Es divorciada, pero vive con su novio en…**

3–6. Este ejercicio recicla los numerales.

Recuerde a los estudiantes que los sujetos suelen aparecer después del verbo en las preguntas. Deberán tener esto en cuenta para usar las formas apropiadas del verbo *tener*. Si cree que esto les puede resultar difícil, puede ayudarlos a identificar los sujetos como un paso preliminar.

3–7. Puede asignar el árbol genealógico como tarea o dar un límite de tiempo estricto si lo hacen en la clase. Si escoge esta última opción, dibuje su propio árbol en la pizarra mientras los estudiantes dibujan los suyos. Este les servirá de modelo y despertará su interés (¡a los estudiantes les encanta saber cosas sobre sus instructores!).

Use *PowerPoint Slides* para ver el árbol genealógico. Los estudiantes pueden descargarlo, llenarlo, imprimirlo y traerlo a clase. Esta actividad recicla las estructuras de llamarse y hablar de origen.

NOTA CULTURAL

Los hispanos en las grandes ciudades (*cities*)
Look at the following table with data from the 2000 Census about the Latino populations in some large U.S. cities. How large is the Latino community where you live?

	Number of Latinos	Percent of the city's population that is Latino	Majority Latino group(s)
New York City	2,160,554	27%	Puerto Rican, Dominican
Los Ángeles	1,719,073	47%	Mexican
Chicago	753,644	26%	Mexican, Puerto Rican
El Paso	431,875	77%	Mexican
Miami	238,351	66%	Cuban

Los Ángeles

Miami

Use *PowerPoint Slides* para presentar esta sección de cultura.

PLUS Map quizzes: As you read about places highlighted in red, find them on the map. Learn more about and test yourself on the geography of the Spanish-speaking world in *WileyPLUS*.

Estados que tienen más del 15.1% de población hispana

Estados que tienen 5.1-15.1% de población hispana

Estados que tienen 2-5% de población hispana

★ Ciudades indicadas tienen más de 100.000 hispanos

Población hispana total en los Estados Unidos según el censo de 2000 = aproximadamente 35.3 millones

Antes de leer

1. Do you know (or can you guess) what percentage of the U.S. population is Hispanic?

2. Looking at the map above, is there anything you did not expect?

¿CUÁNTOS HISPANOS HAY?

¿Sabes que los hispanos representan aproximadamente el 15% (por ciento) de la población de Estados Unidos (EE.UU.)? La comunidad hispana es una de las más importantes del país. Aproximadamente el 70% de la población hispana se concentra en cuatro estados: California, **Texas,** Nueva York y Florida. Gran parte de esta población vive en ciudades como Los Ángeles, la Ciudad de Nueva York, Miami, Chicago, Washington, D.C. y **San Antonio.**

¿DE DÓNDE SON?

La mayoría de los hispanos en EE.UU. son de México (60+ %), Puerto Rico (10+ %) y Cuba (5+ %). Gran parte de los nuevos inmigrantes hispanos de los últimos (*last*) treinta años son de Centroamérica — salvadoreños, nicaragüenses, hondureños y guatemaltecos— y también de la República Dominicana.

◀ La amistad (*friendship*) entre México y Estados Unidos se representa en la escultura *Torch of Friendship* en San Antonio, Texas. El escultor Sebastián es un famoso artista mexicano.

LA INFLUENCIA HISPANA

En algunas partes del país, como el suroeste y Florida, la presencia de la población hispana es anterior a la llegada (*arrival*) de la población angloparlante (*English-speaking*). Los **nombres** de varias ciudades y estados son la evidencia más notable de la presencia hispana en la historia del país. Por ejemplo, la ciudad más antigua en el territorio continental de EE.UU. tiene un nombre hispano—San Agustín, FL.

La **vida diaria** (*daily*) de EE.UU. integra numerosos elementos de las artes, la comida (*food*) y el idioma de la cultura hispana. Por ejemplo, hay muchísimos restaurantes y tiendas con productos hispanos y se puede escuchar el español en muchas partes.

Los hispanos también hacen contribuciones muy valiosas (*valuable*) a la **política**, **las ciencias** y **las artes** del país. Ellen Ochoa fue la primera mujer hispana astronauta en navegar en el espacio; Henry Cisneros sirvió en el gabinete del presidente Bill Clinton; Ana Castillo es una escritora muy famosa; y Sonia Sotomayor es juez de la Corte Suprema. La **economía** de los hispanos también es notable—el mercado hispano se estima en (*is estimated at*) un billón (*a trillion*)[1] de dólares.

▲ A partir de 1959, como resultado de la Revolución cubana, muchos cubanos inmigraron al sureste de EE.UU., especialmente a Florida. Hoy, medio millón de cubanos y cubanoamericanos viven en Miami.

---

[1] **Un billón** is the Spanish equivalent of *a trillion*. To say *a billion* in Spanish, use **mil millones.**

INVESTIG@ EN INTERNET

Learn about a prominent U.S. Hispanic in the areas of politics, business, science, journalism, or the arts. Be prepared to share your findings with the class.

Chicago

Después de leer

1. Based on what you read, match these ideas.

   _b_ El 60% de los hispanos en los EE.UU. son...   **a.** comida hispana.

   _d_ La mayoría de los hispanos en la Florida son...   **b.** mexicanos.

   _e_ Colorado, San Francisco, Nevada y Arizona son... **c.** Nueva York.

   _c_ Hay muchos puertorriqueños y dominicanos en...   **d.** cubanos.

   _a_ Las enchiladas, las empanadas y los tacos son... **e.** nombres hispanos.

2. Is there a Hispanic community or influence where you live?

3. Can you name any influential Hispanics in the U.S. such as actors/actresses, singers, politicians, or athletes?

Hoy hay más de un millón de puertorriqueños en la ciudad de Nueva York. La comunidad dominicana más grande del país también reside en esta ciudad.

Así se forma

Use *PowerPoint Slides* para presentar y practicar esta gramática.

Soy muy artística, ¿no?

2. Describing people and things: Descriptive adjectives

Adjectives are words that modify nouns. Descriptive adjectives describe and express characteristics of nouns (*tall, funny, interesting* . . .). You have already learned some adjectives of nationality (**mexicano/a**) and some that are cognates (**romántico/a**).

Formation of adjectives

Adjectives in Spanish agree in gender (masculine or feminine) and number (singular or plural) with the nouns or pronouns they modify.

- Adjectives that end in **-o** have four possible forms (masculine/feminine, singular/plural) to indicate agreement.

	Singular	**Plural**
masculine	Él es honest**o**.	Ellos son honest**os**.
feminine	Ella es honest**a**.	Ellas son honest**as**.

- Adjectives ending in **-e** or **-ista**, and most that end in a consonant, have only two possible forms: singular or plural. (Adjectives of nationality that end in a consonant are one exception. See page 29.)

Singular	**Plural**
Él/Ella es inteligent**e**.	Ellos/Ellas son inteligent**es**.
. . . idea**lista**.	. . . idea**listas**.
. . . sentiment**al**.	. . . sentiment**ales**.

- Adjectives ending in **-dor** add **-a** to agree with a feminine singular noun:
  trabajador → trabajador**a**   conservador → conservador**a**

- To make a singular adjective plural, add **-s** to the vowel or **-es** to the consonant, as is done with nouns.
  american**o** → american**os**   españo**l** → españo**les**

Sugerencia: Escriba *él, ella, ellos* y *ellas* en una columna en la pizarra o dibuje figuras para representar cada categoría. Demuestre las variaciones posibles en adjetivos como *honesto, romántico, inteligente, excelente* y *sentimental,* según se refieran a unos pronombres/figuras u otros.

Adjective position

- In contrast to English, Spanish descriptive adjectives usually follow the noun they describe.
  Marta es una **estudiante responsable**.   *Marta is a responsible student.*

- Adjectives of quantity (such as numbers) precede the noun, as in English.
  Tres estudiantes son de Nuevo México.
  Muchos estudiantes van al concierto.

- **Bueno/a** and **malo/a** may be placed either before or after a noun. When placed before a masculine singular noun, **bueno** becomes **buen**, and **malo** becomes **mal**.

Es un estudiante **bueno/malo**. Or, Es un **buen/mal** estudiante.
Es una profesora **buena/mala**. Or, Es una **buena/mala** profesora.

3-8 **¿Quién es?** Listen to Juanito talk about his family and decide whether each statement refers to his mother, father, sisters, or cousins. Note that some adjectives could refer to more than one category.

	la mamá	el papá	las hermanas	los primos
1.	X			
2.		X		
3.				X
4.			X	
5.	X	X		
6.			X	X
7.		X		
8.				X

3–8. Audio:
1. morena y muy guapa
2. fuerte y alto
3. divertidos
4. generalmente buenas, pero a veces muy malas
5. inteligente
6. jóvenes
7. trabajador y responsable
8. muy simpáticos

Este ejercicio ofrece a los estudiantes una oportunidad de familiarizarse con el concepto de concordancia y practicarlo en el ámbito de la comprensión antes de tener que producirlo.

Adjetivos descriptivos con *ser*
Los opuestos

Observe how Pepita describes her cousins Luis and Alberto.

Tengo dos primos que **son** completamente **diferentes**. Luis **es moreno**, bajo, con unos kilos de más. Alberto **es rubio**, alto, delgado y guapo. Luis **es muy amable**; tiene un carácter agradable. **Es divertido** y **simpático**. Alberto no habla mucho; **es serio, un poco egoísta** y algo (*somewhat*) **aburrido**. La verdad es que a veces **es antipático**. Los dos son mis primos, ¡**pero** qué contraste!

aburrido/a	*boring*	**muy**	*very*
amable	*friendly, kind*	**pero**	*but*
antipático/a	*unpleasant, disagreeable*	**un poco**	*a bit, somewhat*
divertido/a	*amusing, fun, funny*		
moreno/a	*brunette, dark-skinned*		
rubio/a	*blond/e*		
simpático/a	*nice, likeable*		

Lo ideal es que los estudiantes estudien el vocabulario antes de clase. En clase, use *PowerPoint Slides* para comprobar su comprensión y revisar. Haga preguntas de comprensión como: **¿Quién es alto? ¿Es Pepita alta?,** etc.

Sugerencia: Pida a los estudiantes que escriban dos columnas encabezadas por *Luis y Alberto*. Pida que escriban los adjetivos que describen a cada uno en la columna apropiada. Cuando terminen, deben unir los adjetivos opuestos con líneas.

Extensión: Pida a los estudiantes que vuelvan a escribir el texto imaginando que se trata de dos primas: Lupe y Lola.

Sugerencias: Traiga fotografías de personas muy diferentes (ancianos, personas "exóticas", etc.) y pida a los estudiantes que las describan no sólo en cuanto a sus características físicas, sino también imaginando cómo es su personalidad. También pueden ampliar imaginando cómo es su familia.

Los opuestos

ser + adjective agreeing with noun in gender and number

The following descriptive adjectives are most commonly used with the verb **ser** to indicate characteristics or qualities that are considered inherent or natural to the person or thing described. They indicate what the person or thing is *like*. Observe the following pairs of opposites.

alto/a ≠ bajo/a

fuerte ≠ débil

joven ≠ mayor[1]

tonto/a ≠ inteligente

perezoso(a)/irresponsable ≠ trabajador(a)/responsable/

difícil ≠ fácil

pobre ≠ rico(a)

bonito(a)/ hermoso(a)/ guapo(a) ≠ feo(a)

flaco(a)/ delgado(a) ≠ gordo(a)

malo(a) ≠ bueno(a)

pequeño(a) ≠ grande　　　　**viejo(a) ≠ nuevo(a)**

---

[1]The plural of **joven** is **jóvenes.** Although the most common Spanish word for *old* is **viejo,** it is not polite to use it to describe people. Use **mayor** instead.

3–9. Extensión: Pregunte a la clase si había algunas respuestas repetidas y/u originales.

Paso 1. Answer the following questions with the names of famous people or fictional characters.

Modelo: ¿Quién es tonto?

   Homer Simpson es tonto.

1. ¿Quién es feo?
2. ¿Quién es muy mala?
3. ¿Quién es rico?
4. ¿Quién es joven?
5. ¿Quiénes son guapas?

6. ¿Quién es divertido?
7. ¿Quién es simpática?
8. ¿Quiénes son muy inteligentes?
9. ¿Quién es antipático?
10. ¿Quién es un poco aburrido?

Paso 2. Now, write four sentences describing famous people or fictional characters. Then, in groups, you will read your sentences to your classmates, without mentioning who the person or character is. They will try to guess who you are talking about.

Modelo: Estudiante 1:   **Es tonto, pero también es buen padre. Tiene un hijo y dos hijas. (Homer Simpson)**

   Estudiante 2:   **¿Es Homer Simpson?**

   Estudiante 1:   **Sí./No.**

NOTA DE LENGUA

You often use more than one adjective when describing a person. In doing so, note the following:

y (and) becomes **e** before words beginning with **i** or **hi**.
Mi madre es bonita **e** inteligente.

o (or) becomes **u** before words beginning with **o** or **ho**.
¿El presidente es deshonesto **u** honesto?

NOTA CULTURAL

El español en Estados Unidos

There are about 35 million Spanish speakers in the U.S., making it the country with the fifth largest Spanish-speaking population in the world. There are many Spanish language newspapers and television stations. In fact, in Miami and Los Angeles, the majority of people get their news in Spanish.

U.S. Spanish has some peculiar features brought about by its contact with English. For instance, many U.S. Spanish speakers adapt English vocabulary: they may say **aplicar** meaning to *apply*, while in Latin America and Spain, the word typically used is **solicitar.** It is also common to alternate in the use of English and Spanish. Contrary to popular belief, such alternation of languages is not random; it follows certain grammatical rules.

   José: ¿Me das diez dólares *so I can buy lunch?* Se me olvidó la cartera.
   Marta: Ahora no traigo dinero. *I'll give you some later.*

Paso 1. Read the personal ads and decide who would make a good couple.

1. Soy una señorita enérgica, honesta y práctica. Tengo veintidós años y deseo conocer a un caballero romántico. En el futuro, quiero tener muchos hijos.

2. ¿Buscas a un hombre maduro y optimista? Tengo cuarenta y dos años, soy viudo (*widower*) y tengo una hija.

3. Persona trabajadora y responsable busca a una persona caribeña (*Caribbean*) tradicional y seria.

4. Busco a una persona exótica y joven. Tengo veinticinco años y soy muy trabajador.

5. Señorita dominicana de treinta años busca a un hombre inteligente y divertido. Soy muy religiosa.

6. Tengo veinte años y trabajo en un estudio de tatuajes (*tattoos*). Busco a un hombre rico y guapo.

7. Soy una madre divorciada. Tengo cuarenta años y tengo dos hijas. Quiero encontrar a un señor amable y responsable.

8. Tengo treinta años y busco a una mujer enérgica y liberal. Soy muy romántico y tengo una familia grande.

3–11. Extensión: En grupos o con toda la clase, cada estudiante lee la hoja que recibió e intenta adivinar quién es su autor. Una vez identificado éste, le devuelve su descripción y le da el anuncio personal de la pareja perfecta para esta persona. Después, se puede pedir a algunos estudiantes que lean las descripciones de sus parejas perfectas a la clase y expliquen si realmente ésta sería una pareja ideal o no.

 Paso 2. Share your matchmaking decisions with a partner. You might want to use these terms:

Modelo: Creo que la mujer (...) hace / no hace buena pareja (*makes a good couple*) con el hombre (...) porque... Tienen mucho en común / No tienen nada en común. Por ejemplo...

PALABRAS ÚTILES

Here are some more opposites and physical descriptions:

amable (*kind*)	grosero (*rude*)
honesto/a	deshonesto/a
conservador/a	liberal
moral	inmoral
egoísta	generoso/a
optimista	pesimista
enérgico/a	tranquilo/a
paciente	impaciente
exótico/a	ordinario/a
práctico	idealista
extrovertido/a	introvertido/a
serio/a	cómico/a
tolerante	intolerante

Tener pelo (*hair*) negro (*black*)/canoso (*grey*).
Ser pelirrojo (*redhead*).
Tener ojos (*eyes*) azules (*blue*)/verdes (*green*)/negros/café (*brown*).

O **3-11** **Mi anuncio personal.**

Paso 1. On a sheet of paper, write a short list of the traits that best describe you, both physically and in terms of personality.

(No) Soy...   (No) Tengo ...

Paso 2. Now, write a description of yourself based on the list you wrote in **Paso 1,** and add other relevant details. Feel free to be either truthful or inventive. Write your name on the back and give it to your instructor, who will redistribute the descriptions.

Paso 3. Read the description you receive (but not the name of the student who wrote it) and write a personal ad that describes the perfect mate for your classmate. Do it on a piece of paper you can later give to her/him.

3-12 **Similares y diferentes.** In most families there are some people that are similar in some ways but very different in other ways. Can you think of two people in your family like this (you and a sibling, your parents, two grandparents, etc.)?

O/I

_____ **y** _____

Paso 1. First, write three sentences describing the similarities between the two family members.

Modelo: **Mi mamá y mi hermana son...** Or,

   Mi papá y yo somos...

1. _____
2. _____
3. _____

Now write three sentences describing their differences.

Modelo: **Mi mamá es... pero mi hermana es...** Or,

   Mi papá es... pero yo soy...

1. _____
2. _____
3. _____

Paso 2. Now, you and a classmate share what you've written. Ask each other additional questions.

3-13 **Adivinanzas (_Guessing game_).** One student will assume the role of a well-known celebrity but will not divulge her/his identity. The other students will ask questions to discover her/his identity. Use the adjectives you have studied in this chapter and from _Palabras útiles_ on p. 80. The mystery celebrity may respond only with **Sí** or **No.**

O/I

Modelo: **¿Eres actor? ¿Eres joven/mayor? ¿Eres cómico/a?**

3-14 **Amor y... menos amor (_Love and . . . less love_).** In pairs, take turns interviewing each other about each other's favorite person or least favorite person. Below are some questions to help you, but try to ask other questions for details. Pay attention and/or take notes on your partner's answers, as you may need this information later.

O/I

1. **¿Quién es tu persona favorita/menos favorita?**
2. **¿Cómo es?**
3. **¿Por qué (_Why_) es tu persona favorita/menos favorita?**

3–12. Sugerencia: Anime a los estudiantes a no leer palabra por palabra del libro, sino a conversar.

3–13. Sugerencia: Escriba las siguientes categorías posibles en la pizarra: político/a, actor/actriz, cantante

Recuerde a los estudiantes que los adjetivos terminados en **-ista** tienen la misma forma para masculino y femenino.

Ponga un límite, ya sea en el número de preguntas que se pueden hacer a cada personaje, o bien en el tiempo que pueden usar para descubrir quién es (por ejemplo, cuatro minutos).

3–14. Extensión: Pida a algunos voluntarios que cuenten a la clase lo que averiguaron sobre sus compañeros. Para ampliar, pídales que escriban un artículo sobre su entrevista para el periódico de la universidad.

Sugerencia: Situaciones. Si la clase es grande puede dividirla en dos grupos. Controle el tiempo y grite **"¡Tiempo!"** para que los estudiantes cambien de pareja. Cuando termine la actividad pregunte a algunos estudiantes qué persona es interesante para ellos y por qué. Después, pida que descubran su identidad. ¡Esta parte puede ser muy divertida! (Si la clase es grande, puede dividirla en dos grupos.)

Puede preparar tarjetas con nombres de personajes famosos, reales (_Shakira_) o ficticios (_Homer Simpson_) que den lugar a situaciones divertidas. De esta forma también puede asegurar que haya el mismo número de personajes masculinos y femeninos y que no haya personajes repetidos.

SITUACIONES

Imagine you are a famous person (write the name on a piece of paper) and you have been unlucky in love lately, so you go to a speed-dating event in town. You have three minutes to talk to each eligible single, tell them about yourself and ask about them, but do not tell them who you are! Then, see if the classmates you spoke with can guess your identity.

Cultura: La familia hispana

Use *PowerPoint Slides* para presentar esta sección de cultura.

Antes de leer

1. What family members live in a typical U.S. household? Do U.S. families tend to be nuclear or extended?

2. Think about events celebrated by many U.S. teenagers: Sweet 16, debutantes, bar/bat mitzvahs, etc. Describe who celebrates them and how.

Para la mayoría de los hispanos, la familia es una pequeña comunidad unida por la solidaridad y el cariño (*affection*). El concepto hispano de la familia incluye a los parientes más inmediatos (madre, padre, hijos, hermanos) y también a los abuelos, tíos, primos y numerosos otros parientes. En la familia tradicional, especialmente en las zonas rurales, es común tener muchos hijos. Esta tabla demuestra (*shows*) el tamaño promedio (*average*) de las familias de varios grupos en Estados Unidos.

Tamaño promedio de las familias (Censo de EE.UU. 2000)	
Hispanos	3.87
Asiáticos	3.80
Afroamericanos	3.00
Blancos	2.58

En los países hispanos, los padres, los hijos y los abuelos viven con frecuencia en la misma (*same*) casa. Los abuelos son muy importantes en la crianza (*raising*) de sus nietos y, por lo general, los cuidan cuando los padres salen. Tradicionalmente, el padre trabaja y la madre cuida de la casa y de los niños. Por lo general, los hijos solteros viven en la casa de sus padres mientras (*while*) asisten a la universidad o trabajan.

Sin embargo, hoy en día el concepto de la familia hispana está cambiando (*changing*). Dos de los cambios más notables son que la familia es más pequeña y que muchas mujeres trabajan fuera de (*outside*) casa.

Por lo general, la familia, ya sea tradicional o moderna, es el centro de la vida social. Abuelos, nietos, padres, tíos, padrinos (*godparents*) y primos se reúnen con frecuencia para celebrar los cumpleaños, bautizos (*baptisms*), quinceañeras, comuniones y otras fiestas. Las relaciones familiares ocupan un lugar (*place*) esencial en la sociedad hispana.

◀ Una celebración hispana que es común en Estados Unidos es la fiesta de los quince años, que se llama **la quinceañera.** Por lo general, solamente las chicas celebran una quinceañera. Muchas veces hay una misa (*mass*) y después, una comida y baile. La quinceañera se viste de manera muy formal.

Después de leer

1. Fill in the diagram below with typical characteristics of Hispanic and U.S. families. Think about the following concepts:

   –Number of children

   –Who lives in the family household

   –Roles of the family members

Traditional Hispanic families

Both

Typical U.S. Families

2. How does the **quinceañera** celebration compare with a celebration typical of other U.S. teenagers that you're familiar with?

   Some good movies about Hispanic families are *Mi familia* (1995), *Real Women Have Curves* (2002), and *Under the Same Moon* (2008).

Así se forma

WILEY PLUS Go to *WileyPLUS* and review the Animated Grammar Tutorial for this grammar point.

Use *PowerPoint Slides* para presentar y practicar esta gramática.

Puede ilustrar la expresión de la posesión en español escogiendo objetos de los estudiantes (libro, lápiz, bolígrafo, cuaderno, mochila, etc.) e identificando a quién pertenecen: **El lápiz es de Ricardo.** Después pregunte a la clase: *¿De quién es el lápiz?* Ellos responden con oraciones como: *Es de Ricardo.*

3. Indicating possession: Possessive adjectives and possession with *de*

Possessive adjectives

In addition to the verb **tener,** possession may also be expressed with possessive adjectives, which you have previously seen: **Mis abuelos viven en España.** Possessive adjectives also show ownership (*my house*) or a relationship between people (*my boyfriend*).

Ricardo y Tere son mis primos.

Los adjetivos posesivos		
Singular	Plural	
mi tío	**mis** tíos	*my*
tu[1] hermana	**tus** hermanas	*your (sing. informal)*
su abuelo	**sus** abuelos	*your (sing. formal), his, her, its*
nuestro/a amigo/a	**nuestros/as** amigos/as	*our*
vuestro/a primo/a	**vuestros/as** primos/as	*your (pl. informal, Spain)*
su abuelo	**sus** abuelos	*your (pl.), their*

The choice of pronoun (**mi** vs. **tu**) depends on the possessor. Note that the possessive adjective agrees in number (**mi** vs. **mis**) and sometimes gender (**nuestro** vs. **nuestra**) with the thing possessed or person related (not with the possessor).

Susana tiene **nuestros libros.**   *Susana has **our books.***
Mis padres y yo vivimos en **nuestra casa.**   ***My parents and I** live in **our house.***

Susana is a feminine singular noun, but **nuestros** (masc. pl.) agrees with **libro.**
Mis padres y yo is masculine plural, but **nuestra** (fem. sing.) agrees with **casa.**

3-15   **Tu álbum de fotos.** You are preparing labels to put in your new family photo album, but the computer ruined your formatting. Match items in the left column with those in the right column to reconstruct your labels.

1. Esta foto es de mis   c   a. coche.
2. Mi mamá y sus   f   b. casa.
3. Aquí está mi hermana con su   e   c. abuelos maternos.
4. Esta es nuestra   b   d. gato.
5. Y este es nuestro   a   e. novio.
6. El animal de la casa: nuestro   d   f. hermanas (mis tías).

---

[1]**Tú** (with written accent) = *you;* **tu** (without written accent) = *your.* **Tú** tienes **tu** libro, ¿verdad? (*You have your book, right?*)

Possession with *de*

Whereas English uses *'s* (or *s'*) + noun to indicate possession, Spanish uses **de** + noun.

Es la casa **de** mi abuela.	*It's my grandmother's house.*
Es la casa **de** mis abuelos.	*It's my grandparents' house.*
Las hijas **de** Carmen son simpáticas.	*Carmen's daughters are nice.*
Las fotos **del** señor Soto son interesantes.	*Mr. Soto's photos are interesting.*

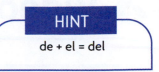

HINT

de + el = del

- When ownership referred to by **su/sus** is not clear from the context, you may use this alternate form for clarity: **de** + pronoun or **de** + name.

Es **su carro.**	Or,	Es el carro **de él/ella/usted/ellos/ellas/ustedes.**
		Es el carro de **Elena.**

- To express the equivalent of the English *Whose?*, Spanish uses **¿De quién?**

— **¿De quién** es el álbum? *Whose album is it?*
— **Es de** Susana. *It's Susana's.*

Sugerencia: Pida a los estudiantes que cierren los ojos y tome objetos de varios estudiantes (libros, cuadernos, lápices, etc.). Póngalos junto a algunas de sus propias cosas en su escritorio. Diga a los estudiantes que abran los ojos y pregunte de quién es cada objeto. Los estudiantes tienen que responder con *Es de…/Son de…*, adivinando a quién pertenece cada objeto.

O/I **3-16** **Nuestras fotos.**

Paso 1. Write on a piece of paper what photos/posters you have in your room or on your computer. To get started, think about the following:

padres	hermano/a	actor/actriz	mejor amigo/a	perro/gato
parientes	casa	cantante/grupo favorito		lugar

Modelo: **Tengo una/s foto/s de mis padres.**
Tengo...

Paso 2. Now work in pairs and guess what photos your classmate has. Take notes and respond to her/him as well. Your instructor may ask you about your partner.

Modelo: Estudiante A: **¿Tienes una foto de tus padres?**

Estudiante B: **Sí, tengo una foto de mis padres en mi cuarto/mi computadora.** O, **No, no tengo fotos de mis padres.**

Estudiante A escribe: **Sandra tiene una foto de sus padres en...**

3-17 **Mis parientes favoritos.** Describe to your classmate three of your favorite relatives. Define the family relationship.

Modelo: **Mi abuelo favorito se llama... Tiene... años. Es de... Es muy inteligente... Es el padre de mi madre.**

You may be called upon to share information about your classmate with the class:

El abuelo favorito de (*classmate's name*) se llama...

3-17. Sugerencia: Dé unos minutos a los estudiantes para que puedan pensar y anotar la información.

VideoEscenas: Mi cuñado favorito

▲ Ernesto receives a message from an online dating service he has signed up for.

Paso 2: Si hace esta actividad en clase, puede pedir que completen esta sección en parejas.

Paso 3: Puede mostrar el video más de una vez. Si decide hacerlo, anúncielo a la clase antes de empezar este Paso. Eso reducirá la ansiedad. También puede mostrarlo haciendo pausas si le parece que las exigencias cognitivas de ver el video y tomar notas son demasiado grandes.

Extensión: Pida a la clase que escriba un diálogo entre dos amigas similar al que han visto en el video, incluyendo también una sorpresa final. Después, pueden representarlo en clase.

Paso 4: Si completan esta actividad en clase, pueden hacerlo oralmente en grupos. Como alternativa pueden escribir sus respuestas en clase o en casa, como tarea.

Paso 1. Answer these questions before you watch the video.

1. Do you use social networking sites (e.g. Facebook)? What do you like or dislike about them?
2. Have you ever met a friend or boyfriend/girlfriend online?
3. What would you like to know about a person you meet online?

Paso 2. Watch the video paying attention to the main ideas. Then, indicate whether the following statements are true (**cierto**) or false (**falso**). Correct the statements that are false to make them true.

	Cierto	Falso
1. Románticos.com manda información a Ernesto sobre una chica. Sobre dos chicas.	☐	☑
2. La primera (*first*) chica no es una buena candidata para Ernesto.	☑	☐
3. La segunda (*second*) chica sí es buena candidata para Ernesto.	☑	☐

Paso 3. Look at the questions below and the options offered. You will have to mark all the options that apply. Then, watch the video again. This time focus on the specific information you need to answer the questions.

1. ¿Cómo es la primera chica?
   ☐ fea   ☑ guapa   ☐ perezosa
   ☐ baja   ☑ alta   ☑ trabajadora

2. ¿Por qué no es una buena candidata para Ernesto?
   ☐ es de Colombia
   ☑ es muy alta
   ☐ es perezosa

3. ¿Cómo es la segunda chica?
   ☐ fea   ☑ guapa   ☑ morena   ☐ rubia
   ☐ alta   ☑ baja   ☐ mayor   ☑ joven

4. ¿Qué le sorprende (*surprises*) a Javier, el amigo de Ernesto, de la segunda chica?
   ☐ es independiente
   ☐ es su cuñada
   ☑ es su hermana

Paso 4. Answer the following questions:

¿Te parece buena idea salir con el/la hermano/a de un amigo, o con un amigo de tu hermano/a? ¿Por qué?

Así se forma

4. Indicating location and describing conditions: The verb *estar*

Indicating location of people, places, and things

You have used the two Spanish verbs that mean *to be*: **ser** and **estar**. So far, you have used **ser** to tell origin, to indicate days of the week, dates, and time, and to describe inherent personality and physical characteristics. You have used **estar** with the expressions **¿Cómo está usted?** and **¿Cómo estás?** When **estar** is used with the preposition **en** (*in, at*), it indicates the location of people, places, or objects.

Study the forms of the present tense of the verb **estar** (*to be*), as well as the sample sentences.

estar (irreg.)		
(*yo*)	**estoy**	**Estoy** en la universidad.
(*tú*)	**estás**	**¿Estás** en casa?
(*usted, él/ella*)	**está**	Acapulco **está** en México.
(*nosotros/as*)	**estamos**	**Estamos** en clase.
(*vosotros/as*)	**estáis**	**¿Estáis** en el apartamento de Beatriz?
(*ustedes, ellos/ellas*)	**están**	Mis amigas **están** en clase.

¿Dónde están?

estar + en (*at*) + *location*	
el campo	*country*
la ciudad	*city*
el colegio	*school* (*high school*)
la escuela	*school* (*elementary school*)
la montaña	*mountain*
la playa	*beach*
el trabajo	*work, workplace*

estar +	
allí	*there*
aquí	*here*

WILEY PLUS Go to *WileyPLUS* and review the Animated Grammar Tutorial and Verb Conjugator for this grammar point.

Use *PowerPoint Slides* para presentar y practicar esta gramática.

Sugerencia: Señale la diferencia entre **hay** *y* **estar,** contrastando los conceptos de **existencia** vs. **localización.**

Hay 30 estudiantes en la clase. vs. Los estudiantes están en la clase.

Puede señalar, como información relacionada con el tema cultural de este capítulo, que tanto *Colorado* como *Los Ángeles* son topónimos españoles y que en ambos lugares hay una gran concentración de población hispana.

▲ Mi prima Susana está en el colegio¹.

◀ Mi hermano
Ricardo está
en la escuela.

◀ Mi prima Anita está en
el trabajo.

Mis tíos están en ▶
su casa.

▲ Mi primo y yo estamos en la playa.

▲ Estamos en la ciudad de Los Ángeles.
¡Hay mucho tráfico allí!

▲ Aquí estoy en las
montañas de Colorado.

Estamos en el campo. ▶

¹**El colegio, el liceo,** and **la preparatoria** (Mexico) are words to refer to primary
or secondary school (varies by region). Use **universidad** for university or college.

3-18 ¿Dónde están?

Paso 1. Guess where the following people are according to the information given.

Modelo: Juanito está en clase con su maestra. Tiene seis años.
Está en la escuela.

1. Sandra toma varias clases. Tiene muchos maestros.
2. Tenemos varios profesores. Somos adultos. Las clases son difíciles.
3. Trabajamos desde las 9:00 de la mañana hasta las 5:00 de la tarde.
4. Tomo una siesta. Miro la televisión. Hablo por teléfono.
5. Estás de vacaciones. El océano es muy bonito.
6. Estás de vacaciones. Usas tus suéteres y tus esquís.
7. Los González dicen (*say*) que hay mucho tráfico allí.
8. Los Martínez dicen que hay animales, flores y mucha tranquilidad allí.

 Paso 2. Now tell a classmate where some of the important people in your life are right now.

Modelo: **Mi pareja/Mi mejor amigo/a...**

3–18. Al tener las formas de **estar,** los estudiantes pueden concentrarse en el nuevo vocabulario.

Respuestas: 1. Está en el colegio. 2. Estamos en la universidad. 3. Estamos en el trabajo. 4. Estoy en casa. 5. Estás en la playa. 6. Estás en las montañas. 7. Están en la ciudad. 8. Están en el campo.

3-19 ¿Dónde estás?

Paso 1 Complete the **"Yo"** column in the table below, writing where you are at the indicated times. Then, walk around the classroom asking your classmates where they normally are on these days and times. When someone is at the same place as you, write her/his name in the column labeled **"Mis compañeros"**.

Paso 2. Report back to the class about what you found. Do you and your classmates have similar schedules?

Modelo: **Por lo general, ¿dónde estás los lunes a las ocho de la mañana?**

3–19. Este ejercicio recicla horas, días de la semana y lugares.

	Yo	Mis compañeros
lunes – 8:00 a.m.		
martes – 9:30 a.m.		
miércoles – 10:45 a.m.		
jueves – 1:30 p.m.		
viernes – 3:00 p.m.		
sábado – 10:00 p.m.		
domingo – 8:00 a.m.		

Describing conditions

Estar can also be used with descriptive words to indicate the mental, emotional, or physical condition in which the subject is found at a given time.

Estoy cansado/a.   *I'm tired.* (physical)
¿Estás preocupado?   *Are you worried?* (mental/emotional)
¡Carlos **está** furioso!   *Carlos is furious!* (emotional).

¿Cómo están?

Rubén está **aburrido.**

Camila está **enojada.**

Octavio está muy **cansado.**

¡Pobre Alfonso! Está **enfermo.**

Linda está **contenta** y **bien.** Pero Manuel está **mal** y **triste**.

Natalia está **ocupada.**

Carmen está **nerviosa, preocupada** y **estresada.**

La puerta y el libro están **cerrados.** La ventana y el cuaderno están **abiertos.**

aburrido/a	*bored*	**mal**	*bad, badly, sick*
bien	*well*	**ocupado/a**	*busy*
contento/a	*happy*	**preocupado/a**	*worried*
enojado/a	*angry*	**triste**	*sad*

NOTA DE LENGUA

Bien and **mal** are adverbs and do not change in gender (masculine/feminine) or number (singular/plural) as adjectives do. **Bien** and **mal** are often used with **estar**. Note the difference between these examples:

Mis padres **están** muy **bien.**   *My parents are very well.*

Mis padres **son** muy **buenos.**   *My parents are very good (people).*

3-20 **Condiciones.** Read the descriptions below and indicate who they describe from the illustrations on page 90. Then comment on that person's current state.

Modelo: Está en una clase que no le gusta. No quiere prestar atención.
Es Rubén. Está aburrido.

1. Está en la cama. Tiene una temperatura de 102 grados.
2. Está en la oficina, habla por teléfono y toma notas.
3. Está en el gimnasio, juega al básquetbol.
4. Está en la universidad. Tiene un examen muy difícil.
5. Está en su casa. ¡Su novio llega una hora tarde!

3-21 **¿Qué o cuál?**

Choose three of the adjectives you just learned in this section and think of a situation in which you would feel each one. Read your situations to a partner. Your partner will try to guess the appropriate adjective.

Modelo: Enojado
Mis amigos no me llaman en mi cumpleaños.

3-22 **Nuestro amigo Javier.** In small groups, describe what Javier is like (**ser** + *characteristics*) and/or imagine how he is feeling (**estar** + *condition*) according to the circumstances. Use the adjectives provided and others you think of.

cansado	contento	enfermo	estresado	fuerte
inteligente	ocupado	preocupado	trabajador	

Modelo: Javier juega al tenis toda la mañana.
No es perezoso, pero está muy cansado...

1. Saca buenas notas.
2. Va al gimnasio y levanta pesas.
3. Hoy está en la clínica.
4. Toma cinco clases, es voluntario y trabaja en el laboratorio por la noche.
5. Tiene dos exámenes mañana.
6. ¡Marlena, su mejor amiga, llega este fin de semana!

3-23 **Así es mi familia.** Imagine that a student from Mexico is going to spend a week with your family as part of a student exchange program. Write a letter to him describing your family. Include the family tree you did in Activity 3–7 and complete the information you wrote with more details to describe your family: what your parents, siblings, grandparents, and other relatives are like (**ser** + *characteristics*), as well as origin and nationality, profession, age, physical and personality traits, and any other interesting details. Talk about where they are now and how they are feeling (**estar** + *location/condition*). Conclude by writing about yourself. You might want to add some family photos. Your professor may ask for volunteers to present their work to the class.

3–20. Lo ideal es que los estudiantes hagan la actividad sin mirar el vocabulario en el libro, para ello pídales que cierren el libro y use las *PowerPoint Slides*.

3-20. Respuestas:
1. Es Alfonso. Está enfermo/mal. 2. Es Natalia. Está ocupada. 3. Es Octavio. Está (muy) cansado. 4. Es Carmen. Está nerviosa/ preocupada/estresada. 5. Es Camila. Está enojada.

Los ejercicios **3–22** y **3–23** reciclan y contrastan *ser y estar*. En el Capítulo 5 encontrarán una descripción formal.

HINT

To describe deceased relatives, use **era** (*she/he was*) or **eran** (*they were*). Refer to *Apéndice 3* for a listing of nationalities and professions.

Dicho y hecho

PARA LEER: Enciclopedia del español en los Estados Unidos

ANTES DE LEER

1. De los 45 millones de latinos en Estados Unidos, unos 34,500,000 hablan el español (*American Community Survey*, Censo 2007). Mira la lista a continuación y determina el número en la lista que ocupa Estados Unidos.

Poblaciones más grandes, países hispanohablantes:	
País	**Población**
México	103,263,388
España	45,989,016
Colombia	42,888,592
Argentina	40,134,425
Perú	28,220,764
Venezuela	26,814,843

En este momento, Estados Unidos es el país hispanohablante número __5__ en el mundo.

2. Este artículo menciona unas predicciones para el futuro de la población hispanohablante en Estados Unidos. En tu opinión, en el futuro el número de hispanohablantes en este país…

☐ …va a ser **más grande**.

☐ …se va a **reducir**.

ESTRATEGIA DE LECTURA

Cognates are words that look very similar in English and Spanish and have the same meaning. For example, in this reading you will see cognates such as **ciencia** (*science*) and **extinción** (*extinction*). These words can help you significantly in understanding the meaning of the Spanish sentences in which they appear.

However, you have to watch out for false cognates (words that share a similar spelling but which actually mean different things). For example, **actual** in Spanish means *current* in English. Context will help you identify and sort out useful cognates from false cognates.

As you read the following article, circle the cognates you find to see how the English word's meaning can help you understand the Spanish.

A LEER

No es ciencia ficción ni un guión[1] del director Stanley Kubrick: si las predicciones son correctas, en el año 2050 Estados Unidos será el país con mayor número de hispanohablantes con cerca de 132 millones, aún más que el populoso México. En realidad, este país tiene ya un 15% de población latina (cerca de 45 millones) y un crecimiento[2] exponencial por la alta natalidad[3] y la llegada continua de inmigrantes.

Ante esta realidad, el Instituto Cervantes está haciendo un gran esfuerzo para comprender este fenómeno y sus repercusiones sociales y lingüísticas. Por ello[4], Carmen Cafarell, Directora del Instituto Cervantes, presentó en Nueva York la *Enciclopedia del español en los Estados Unidos,* un libro de más de 1,200 páginas.

La Sra. Carafell explicó que este trabajo no representa una oposición al inglés, es simplemente una herramienta[5] para comprender un fenómeno lingüístico apasionante de hoy: la expansión imparable[6] del español en este país[7].

El libro está dividido en 16 capítulos y contiene más de 80 artículos escritos[8] por cerca de 40 prestigiosos expertos. Explora el español en los Estados Unidos desde varias perspectivas: demográfica, legal y política, socio-lingüística, artística y comercial. Un capítulo interesante, por ejemplo, analiza los medios de comunicación, la producción cultural en español y el crecimiento de las compañías hispanas. Otros temas de especial relevancia son el fenómeno del *spanglish* y la existencia de una cultura latina propia de[9] los Estados Unidos – algunos estudiosos[10] consideran Nueva York como la capital cultural de Latinoamérica.

Texto: José Ángel Gonzalo / *Punto y coma*
Foto: Cortesía de Santillana

---

[1] screenplay, [2] growth, [3] birthrate, [4] Thus, [5] tool, [6] unstoppable, [7] country, [8] written, [9] particular to, [10] **algunos...:** some scholars

DESPUÉS DE LEER

1. Say whether the following statements about the *Enciclopedia del Español en los Estados Unidos* are **cierto** or **falso.**

		Cierto	Falso
a.	No se opone al inglés.	☑	☐
b.	Carmen Cafarell es la directora del libro.	☐	☑
c.	Tiene contribuciones de aproximadamente 40 autores.	☑	☐
d.	No menciona el *spanglish*.	☐	☑
e.	Dice que Nueva York es la capital de Latinoamérica.	☐	☑

2. Match each of the perspectives from which the *Enciclopedia* looks at Spanish in the U.S. with the appropriate example of the type of topic an article might explore.

Perspectivas

- _c_ Demográfica
- _e_ Socio-lingüística
- _d_ Legal y política
- _a_ Artística
- _b_ Comercial

Temas

a. Las novelas escritas en español.

b. Las compañías quieren contratar (*hire*) a personas bilingües.

c. El número de hispanos en zonas urbanas vs. rurales.

d. Nuevo México tiene dos lenguas oficiales: el inglés y el español.

e. Las diferencias del español en México y Puerto Rico, por ejemplo.

3. Work with a partner. Choose two or three of the five *Perspectivas* in question 2, and come up with an interesting topic you would choose to explore from each of those perspectives if hired as the writing team for an article in the next edition of the *Enciclopedia*.

Dicho y hecho

PARA CONVERSAR: Las personas especiales

In pairs, you will share two (2) photos of family members, your partner, or friends, describe the people in them, and report to the class about one of your partner's photos.

Paso 1. Write two or three statements about each of your photos, in preparation for your partner's possible questions.

Paso 2. Exchange your two photos with your partner. Study the photos and think of two or three questions you'd like to ask your partner about each photo. You may jot down quick notes about what you'd like to ask. Then, ask each other your questions, jotting down notes about the answers.

Paso 3. Now present one of your partner's photos to the rest of the class.

Sugerencias: Traiga un par de fotos adicionales en caso de que se le olvide a algún estudiante traer fotos.

ESTRATEGIA DE COMUNICACIÓN

Predicting the type of information you will exchange How does the type of information you would expect to hear vary according to the topic of conversation? Before looking at your classmate's photos, think about how your questions will vary according to whether the photos are of family members, a partner, or friends. If your classmate shows you a photo of siblings, for example, you might want to know how old they are, whereas if your classmate shows you a photo of her/his partner, you might want to know how long they've been together. Based on the photos you are going to share, what questions do you think you can expect from your classmate?

PARA ESCRIBIR: Retrato de familia (*family portrait*)

In this writing assignment, you will produce a description of your family and family life for a distant relative who is doing a genealogy project and documenting your family tree.

ESTRATEGIA DE REDACCIÓN

Organizing: Idea maps Idea maps are also good ways to help you generate ideas and to start organizing your writing. Start by identifying the central topic or idea and placing it in the center of your page. Then, diagram related ideas in connected clusters. You can map out your ideas further by adding more clusters, indicating relationships between them, etc.

Mi familia

amable, divertido — Papá

siempre está en su oficina ...

Mamá

ANTES DE ESCRIBIR

Start your own idea map, in Spanish, with **Mi familia** in the center of the page. Add clusters for your direct relatives. You can also add other relatives you would like to talk about, or a pet. Extend your idea map adding something to say about each member of the family: age, physical descriptions, personality features, where they are, activities they do or you do with them, etc.

A ESCRIBIR

Decide what you would like to say about your family in this written portrait. In this composition, use your idea map as a source for ideas and organization. Try to make it personal and interesting, rather than a mere collection of facts about them. You might want to follow an outline similar to this:

Primer (*first*) párrafo: Introduce the topic by describing your family in one sentence, for instance:

Mi familia es … / Tengo una familia…

Párrafos centrales: Describe your relatives in one or more cohesive paragraphs, for instance:

Mis padres… Mi papá… Y mi mamá…

También tengo ＿＿＿ hermano/a/os…

Y, para mí, es muy importante mi… porque…

Párrafo final: End your composition with a final thought that sums up who your family is, your feelings about them, etc. Recall that the purpose is to help a distant relative who is doing a genealogy project understand your family. You might begin with:

Por eso, mi familia…

> **Para escribir mejor:**
>
> Here are two connectors that will help you express relationships between ideas in your writing.
>
> **porque**   *because* — expresses cause
> Estoy estresado porque tengo dos exámenes hoy.
>
> **por eso**   *for that reason, that's why, so* — expresses consequence
> Hoy tengo dos exámenes, por eso estoy estresado.

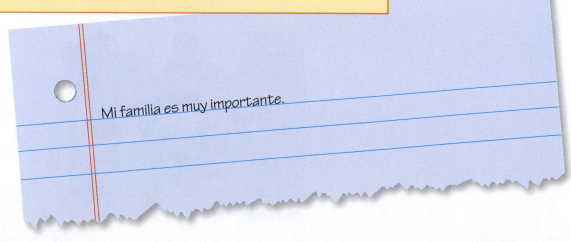

Mi familia es muy importante.

Dicho y hecho

DESPUÉS DE ESCRIBIR:

Revisar y editar: La organización. Even if the ideas in your composition are interesting and well developed, you have to make sure you convey them clearly and your reader can follow what you are saying. In revising the organization of your composition, ask yourself these questions:

- ☐ Is my composition easy to read? Is there a logical sequence?

- ☐ Are the ideas well organized into paragraphs? Is there an appealing introduction? Does it have an effective conclusion?

- ☐ Do ideas flow easily within each paragraph? Are they well connected? Are there any ideas that should be linked with connecting words?

El contenido y la gramática. Revise your composition for content as well as for general organization. Pay some attention to the grammar you have learned already as well, especially, agreement between nouns, articles and adjectives, and between subjects and verbs, and the use of **ser** and **estar**.

PARA VER Y ESCUCHAR: Todo en familia

ANTES DE VER EL VIDEO

This clip explains the importance of the family in Latino communities, and shows Rocío and Rogelio watching their wedding video with Rocío´s parents. Before you watch it, think about the following questions and try to recall all the relevant vocabulary you know in Spanish.

- Do you spend time with your family? Do you plan family events? What kind of activities do you do together as a family? Who is usually present in those events or activities?

- What do you know about weddings in general? Who celebrates a wedding? Who is usually present in the celebration?

ESTRATEGIA DE COMPRENSIÓN

Using background knowledge to anticipate and interpret Most of the times that you listen to a conversation, lecture, watch TV, etc., you already know something about the topics mentioned and the context of the conversation. Consider what you know about a topic before listening, as well as while you are listening, in order to anticipate what might be mentioned, so that you can better interpret what you hear.

A VER EL VIDEO

Paso 1. Watch the video once, for now, focus on getting the gist of it. How many of the ideas you anticipated did you see or hear mentioned?

Paso 2 Before you watch the clip again, look at the following questions. If you can answer any now, do so. Then watch the clip checking your answers and completing them as needed.

1. ¿Cuántos hijos tienen ahora Rocío y Rogelio? Tienen una hija.
2. ¿Cómo se sienten los suegros de Rocío? Están muy contentos.
3. ¿De dónde son los tíos de Rogelio? Son de Guadalajara.
4. ¿Cuántos nietos tiene la abuela de Rocío? ¿Y cuántos bisnietos tiene? Tiene veintisiete nietos y diez bisnietos.
5. ¿Cuántos hijos tiene la tía Graciela? Tiene dos hijos.

DESPUÉS DE VER EL VIDEO

 In small groups, write a list of the Hispanic celebrations you have learned about in this course as well as others you may know. Do they all have an equivalent in your culture(s)? For those that do, how are they similar or different in each culture?

NOTA CULTURAL

Los hispanos "mixtos"

Mixed Hispanics are common in Latino communities. Someone may have, for instance, a Mexican father and an Ecuadorian mother; a Dominican father and a Colombian mother; or an African American father and a Cuban mother. In Chicago and New York City, there are many *MexiRicans,* who typically have features from both Mexican and Puerto Rican cultures.

La bandera puertorriqueña y la mexicana.

Repaso de vocabulario activo

Adjetivos

abierto/a   *open*
(estar) aburrido/a   *to be bored*
alto/a   *tall*
amable   *friendly, kind*
antipático/a   *unpleasant*
bajo/a   *short*
bonito/a   *good looking, pretty/handsome*
bueno/a   *good*
cansado/a   *tired*
cerrado/a   *closed*
contento/a   *happy*
débil   *weak*
delgado/a   *thin*
difícil   *difficult*
divertido/a   *amusing, fun*
enfermo/a   *sick*
enojado/a   *angry*
estresado/a   *stressed*
fácil   *easy*
feo/a   *ugly*
flaco/a   *skinny*
fuerte   *strong*
gordo/a   *fat*
grande   *big*
guapo/a   *good looking, pretty/handsome*
hermoso/a   *good looking, pretty/handsome*
inteligente   *intelligent*
joven   *young*
malo/a   *bad*
mayor   *old/older*
menor   *younger*
moreno/a   *dark skinned*
nervioso/a   *nervous*
nuevo/a   *new*
ocupado/a   *busy*
pequeño/a   *small*
perezoso/a   *lazy*
pobre   *poor*
preocupado/a   *worried*
responsable   *responsible*
rico/a   *rich*

rubio/a   *blond/e*
simpático/a   *nice*
serio/a   *serious*
tonto/a   *dumb, silly*
trabajador/a   *hardworking*
triste   *sad*
viejo/a   *old*

Adverbios

allí   *there*
aquí   *here*
bien   *well*
mal   *badly*
muy   *very*
un poco   *a little*

Conjunciones

o/u   *or*
pero   *but*
y/e   *and*

Sustantivos

La familia

el abuelo/la abuela   *grandfather/grandmother*
los abuelos   *grandparents*
el bisabuelo/la bisabuela   *great-grandfather/great-grandmother*
el cuñado/la cuñada   *brother-in-law/sister-in-law*
el esposo, el marido/la esposa   *husband/wife*
el hermano/la hermana   *brother/sister*
el hermanastro/la hermanastra   *stepbrother/stepsister*
el hijo/la hija   *son/daughter*
la madrastra   *stepmother*
la madre (mamá)   *mother (mom)*
el medio hermano/la media hermana   *half-brother/half-sister*

el nieto/la nieta   *grandson/granddaughter*
el padrastro   *stepfather*
el padre (papá)   *father (dad)*
los padres   *parents*
el/la pariente   *relative*
el primo/la prima   *cousin (male/female)*
el sobrino/la sobrina   *nephew/niece*
el suegro/la suegra   *father-in-law/mother-in-law*
el tío/la tía   *uncle/aunt*

Otras personas

el amigo/la amiga   *friend (male/female)*
mi mejor amigo/a   *my best friend*
el/la bebé   *baby*
el chico/la chica   *boy/girl*
el hombre   *man*
el muchacho/la muchacha   *boy/girl*
la mujer   *woman*
el niño/la niña   *boy/girl*
el novio/la novia   *boyfriend/girlfriend*
mi pareja   *my partner, significant other*

Las mascotas   *Pets*

el gato   *cat*
el perro   *dog*

Las cosas y los lugares   *Things and places*

el auto   *car*
el campo   *country, countryside*
el carro   *car*
la ciudad   *city*
el coche   *car*
el colegio   *school*
la escuela   *school*
la montaña   *mountain*
la playa   *beach*
el trabajo   *work*

Verbos y expresiones verbales

abrazar   *to hug*
amar   *to love*
besar   *to kiss*
cuidar   *to take care of*
estar (irreg.)   *to be*
llamar   *to call*
tener (irreg.)   *to have*
tener... años   *to be . . . years old*
¿Cuántos años tienes?   *How old are you?*
visitar   *to visit*

Palabras interrogativas

¿Cuántos/as?   *How many?*
¿Dónde?   *Where?*
¿Quién/es?   *Who?*

Autoprueba y repaso

I. The verb *tener*. Use the correct form of **tener**.

1. Yo _____ tres hermanos.
2. Mi hermano mayor _____ 21 años.
3. Mis padres _____ 55 años.
4. Mi hermano menor y yo _____ un perro.
5. ¿Cuántos años _____ tú?

II. Possessive adjectives. Use possessive adjectives to explain what each person has.

> **Modelo:** mi hermano / cuadernos
> **Tiene sus cuadernos.**

1. yo / fotos
2. ¿tú / libros?
3. José / diccionario
4. mi hermano y yo / televisor
5. ¿ustedes / calculadoras?

III. Possession with *de*. Indicate to whom each object belongs.

> **Modelo:** la mochila / Juan
> **Es la mochila de Juan.**

1. la foto / Marta
2. los cuadernos / José
3. los exámenes / los estudiantes

IV. Descriptive adjectives. Complete the first sentence in each item with the correct form of the verb **ser**. Then complete the second sentence with the correct form of **ser** and the adjective of opposite meaning.

> **Modelo:** Mi tío Paco **es** un poco gordo. Por el contrario, mi tía Lisa **es delgada.**

1. Yo ____ trabajador/a. Por el contrario, algunos de mis amigos ____.
2. Mis padres ____ muy altos. Por el contrario, mi hermano ____.
3. Nosotros no ____ antipáticos. Por el contrario, ____ muy ____.
4. Nuestra clase de español ____ fácil. Por el contrario, nuestras clases de ciencias ____.

V. *Estar* to indicate location. Tell where on campus the students are located according to the activity.

> **Modelo:** Juana estudia mucho
> **Está en la biblioteca.**

1. Linda y Mónica compran lápices, bolígrafos y sus libros de texto.
2. Octavio y yo hacemos ejercicio.
3. Hablo con mis amigos y compro comida.
4. Mi amiga habla con la profesora Falcón. No están en el aula.

VI. *Estar* to indicate condition. React to the statements with forms of **estar** and appropriate adjectives.

> **Modelo:** Tenemos un problema.
> **Estamos preocupados.**

1. Tengo un examen mañana.
2. Mis amigos tienen mucha tarea.
3. Sancho tiene apendicitis.
4. ¡Tenemos un día sin (*without*) preocupaciones! ¡No hay clases!

VII. General review. Answer the following questions.

1. ¿Cuántos años tienes?
2. ¿Cómo es tu madre/padre?
3. ¿Cómo son tus amigos/as?
4. ¿Cómo están tus amigos/as?
5. ¿Están tú y tus amigos preocupados por sus notas? ¿En qué materias (*subjects*)?
6. ¿Qué días tienen ustedes clases?
7. ¿Cómo son sus clases?

VIII. *Cultura.*

1. ¿Cuáles son algunas características de la familia tradicional hispana?
2. ¿Qué porcentaje de la población de Estados Unidos es de origen hispano? ¿En qué zonas vive la mayoría de ellos?

Answers to the *Autoprueba y repaso* are found in **Apéndice 2.**

4

WILEY
PLUS+

¡A la mesa!

Así se dice

¡A la mesa!
Las comidas y las bebidas
    ¿Cuál es tu preferencia?
    Tengo hambre

Así se forma

1. The verb *gustar*
2. Stem-changing verbs
3. Counting from 100 and indicating the year
4. Interrogative words (A summary)

Cultura

- México
- Las comidas en el mundo hispano

Dicho y hecho

Para leer:
Pedro y la fábrica de chocolate

Para conversar:
¿Qué comemos?

Para escribir:
Comer en la universidad

Para ver y escuchar:
La comida hispana

By the end of this chapter you will be able to:

- Buy and talk about food in a market, restaurant, etc.
- Express likes and dislikes. Talk about actions, desires, and preferences in the present
- Express large quantities, prices, and dates
- Ask for specific information

ENTRANDO AL TEMA

1. Which factors do you think most strongly influence your eating habits in general: cost, time, flavor, health, family, etc?

2. What Hispanic foods or dishes have you tried? Have you heard of any that you would like to try?

¡A la mesa!

Así se dice

¡A la mesa!

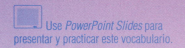

Mercado Central

¿Cuánto **cuestan**?

¿Qué **desea**, señor?

Frutas

el pescado

Mariscos

las piñas

las bananas/ los plátanos

Necesitamos fresas. Vamos a **comprar** un kilo.

la langosta   los camarones

las manzanas

las uvas

las sandías

las naranjas   las peras   las fresas

los limones   las cerezas   los melocotones/ los duraznos

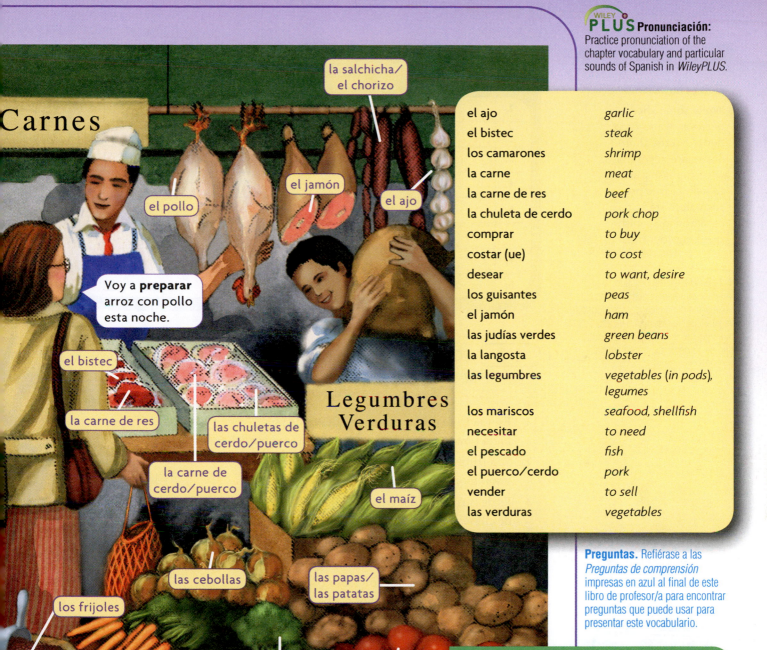

WILEY PLUS **Pronunciación:** Practice pronunciation of the chapter vocabulary and particular sounds of Spanish in *WileyPLUS*.

el ajo	garlic
el bistec	steak
los camarones	shrimp
la carne	meat
la carne de res	beef
la chuleta de cerdo	pork chop
comprar	to buy
costar (ue)	to cost
desear	to want, desire
los guisantes	peas
el jamón	ham
las judías verdes	green beans
la langosta	lobster
las legumbres	vegetables (in pods), legumes
los mariscos	seafood, shellfish
necesitar	to need
el pescado	fish
el puerco/cerdo	pork
vender	to sell
las verduras	vegetables

Preguntas. Refiérase a las *Preguntas de comprensión* impresas en azul al final de este libro de profesor/a para encontrar preguntas que puede usar para presentar este vocabulario.

NOTA CULTURAL

Las variaciones del español

There are many varieties of Spanish, and many words vary from one region to another. This variety is obvious, for instance, in the different words used for foods in different parts of the Hispanic world. Some examples from the vocabulary on the left are: **patatas** and **papas**; **plátano, banana** and **guineo**, but there are many more. Notice, for example, the many names for green beans in Spanish-speaking countries: **judías verdes, ejotes, habichuelas, chauchas**, and **porotos verdes**.

4-1 Audio: 1. las papas/las patatas;
2. las manzanas; 3. las chuletas
de cerdo; 4. el ajo; 5. el pollo; 6.
la salchicha; 7. las naranjas; 8. el
pescado

NOTA CULTURAL

El vegetarianismo

While somewhere
between 4 and 7% of
people in the United
States are vegetarians,
with increasing access
to animal-free products,
such diets are not as
common in Spanish-
speaking countries.

4-1. En el caso del pescado
algunos estudiantes pueden tener
respuestas diferentes, ya que algunos
vegetarianos consumen pescado
mientras otros no consumen ningún
tipo de alimento de origen animal.

4-1 **¿Vegetariano o no?** Listen to the following food items and decide
whether a vegetarian person would eat them or not. Write the names of the foods in
the appropriate column.

	Sí, una persona vegetariana come esto.	No, una persona vegetariana no come esto.
1.	X	☐
2.	X	☐
3.	☐	X
4.	X	☐
5.	☐	X
6.	☐	X
7.	X	☐
8.	X	X

4-2 **¿Cómo se dice?** Read these descriptions and identify the food they
are referring to. Then indicate whether you like each one or not.

		Sí	No
1.	Es una fruta ovalada muy grande, verde por fuera (*green outside*) y roja por dentro (*red inside*). sandía	☐	☐
2.	Son frutas pequeñas. Vienen en racimos (*bunches*) y son moradas (*purple*) o verdes. uvas	☐	☐
3.	Es de carne molida (*ground*) y tiene forma de cilindro. salchicha	☐	☐
4.	Es una verdura de granos pequeños, generalmente amarillos (*yellow*) o blancos (*white*) y tiernos (*tender*). maíz	☐	☐
5.	Es una verdura blanca con sabor (*flavor*) muy fuerte que se usa para sazonar muchos platos. ajo	☐	☐
6.	Es un animal marino con tenazas (*pincers*). Su carne es cara. langosta	☐	☐
7.	Son granos pequeños y blancos. Son perfectos con frijoles. arroz	☐	☐
8.	Es una fruta cítrica pequeña, amarilla y ácida. limón	☐	☐

Ingredientes:
duraznos
judías verdes
pollo
fresas
uvas
cerezas
frijoles
zanahorias
pescado
carne de res
papas
peras
cebolla

4-3 **Una cena en casa.** You and your friend are going to a potluck party,
and you need to prepare the following dishes. Decide who is going to prepare each one.

Una sopa de pollo   Una ensalada de frutas

Paso 1. Individually, write the ingredients you need for your dish. Then, read your
list to your partner, who might offer other ideas. Use ingredients from the list on the
left and any others you wih to add.

Una sopa de pollo

Una ensalada de frutas

Paso 2. Each of you has some ingredients at home, as described below. Underline any ingredients you can use for your dish.

Estudiante A: Tienes en casa cebolla, ajo, duraznos y cerezas.

Estudiante B: Tienes en casa fresas, uvas, pasta y papas.

Then write the ingredients you still need in the left column of the table. Finally, ask your friend whether s/he has them.

Modelo: Estudiante A: **¿Tienes zanahorias?**
Estudiante B: **No, no tengo zanahorias.**

Otros ingredientes que necesito	¿Mi amigo tiene este ingrediente?
	☐ Sí ☐ No
	☐ Sí ☐ No
	☐ Sí ☐ No

Are there any ingredients you need that neither you or your friend have? Write a shopping list of what you need to buy at the store.

Chef Merito.

Paso 1. Look at the image on page 107.

1. Based on its format and visuals, it probably is…
   - ☐ a scientific article.
   - ☐ a brochure.
   - ☑ an ad.
   - ☐ an excerpt from a novel.

2. It is probably about…
   - ☐ a restaurant.
   - ☐ healthy eating.
   - ☑ a brand of spices.
   - ☐ a supermarket.

Paso 2. Look for cognates in the text and write them down:

_____

Paso 3. Skim for general content focusing on cognates and other words you understand, and write a sentence to summarize the main idea in this ad.

Paso 4. Look at the tasks below and read the ad again. Then, write your answers where appropriate.

1. Identifica las carnes y las legumbres del anuncio.

2. Indica las cualidades de los productos de Chef Merito, según el anuncio (*according to the ad*).
   - ☐ Son baratos (*cheap*).
   - ☑ Son fáciles (*easy*) de usar.
   - ☑ Tienen garantía de calidad.
   - ☑ Son variados.
   - ☐ Son orgánicos.
   - ☑ Son auténticos.

Paso 5. ¿Y ustedes?

1. ¿Usan ustedes salsa picante? ¿En qué comidas?

2. ¿Qué sazonadores (*seasonings*) usan ustedes para preparar sus comidas favoritas? ¿Qué sazonadores del Chef Merito desean comprar?

INVESTIG@ EN INTERNET

Busca en Internet el sitio de Chef Merito. ¿Qué producto es nuevo para ti (*for you*)? ¿Qué producto deseas probar (*try*)?

El pollo, la carne, o el pescado más exquisito, Usted lo prepara con Chef Merito...

Con los productos **Chef Merito**, Usted no tiene que saber cocinar. Con recetas en cada frasco, **Chef Merito** le ayuda a preparar cualquier platillo. **Chef Merito** tiene un Sazonador para cada ocasión y la **mejor _auténtica Salsa Picante_**. Todos los productos **Chef Merito** tienen sellos protectores y fechas de expiración para garantizar el buen sabor y calidad. Recuerde...**con Chef Merito en la sartén, cualquiera cocina bien**.

Pídalo en su tienda favorita o llame al **800-MERITO-1** o visítenos en www.chefmerito.com.

▲ *CHEF MERITO INC. & CHEF MERITO* are Trademark owned by Chef Merito, Inc., a California Corp.

Así se forma

¿Te gustan los plátanos?

Sí, me gustan mucho.

Octavio

Inés

WILEY PLUS Go to *WileyPLUS* and review the Animated Grammar Tutorial and Verb Conjugator for this grammar point.

Use *PowerPoint Slides* para presentar y practicar esta gramática.

Para introducir la estructura de *gustar*, escriba dos ejemplos en la pizarra: ***Me gusta*** y ***Me gustan.*** Personalice los ejemplos caminando por la clase y señalando los objetos de los estudiantes que le gustan (plumas, cuadernos, mochilas...) y diciendo ***Me gusta tu suéter, Me gustan tus lápices,*** etc.

Alternativa: Pida a un estudiante que se ponga de pie frente a la clase. Dele dos hojas de papel, una con ***Nos gusta*** y otra con ***Nos gustan*** en letras grandes que la clase pueda leer. A continuación, nombre cosas (el arroz, las uvas, las fiestas, los exámenes) y pida a la clase que responda con nos gusta o nos gustan (o en forma negativa), mientras el estudiante con las hojas de papel levanta la hoja correspondiente. Nota: Este mismo ejercicio se puede hacer sin las hojas de papel, simplemente escribiendo ***Nos gusta*** y ***Nos gustan*** en la pizarra como ayuda visual.

1. Expressing likes and dislikes: The verb *gustar*

Read the following dialog between Octavio and Inés. Pay attention to the forms of **gustar**.

INÉS: ¿**Te gusta** (*Do you like*) la comida de la cafetería de la universidad?

OCTAVIO: Sí, **me gusta** (*I like it*) mucho.

INÉS: ¿De veras? A mí **no me gusta** para nada y a mi compañera de cuarto **no le gusta** (*doesn't like it*) tampoco (*either*).

OCTAVIO: ¿Por qué no **les gusta**?

INÉS: No **nos gusta** porque no es nutritiva ni muy sabrosa (*tasty*).

OCTAVIO: Pero esta sopa de champiñones (*mushrooms*) está deliciosa. **Me gusta** muchísimo.

INÉS: Sí, está deliciosa y **me gustan** mucho los champiñones, pero el problema es ¡que no tiene champiñones!

OCTAVIO: ¡Qué horror! ¿Qué son entonces (*then*)?

INÉS: ¿Quién sabe (*knows*)?

Spanish expresses likes and dislikes with the verb **gustar**, which literally means *to be pleasing* (*to someone*).

Spanish expression with *gustar*	English equivalent	Literal Translation
Me gusta el helado.	*I like ice cream.*	*Ice cream is pleasing to me.*
¿Te gustan las fresas?	*Do you like strawberries?*	*Are strawberries pleasing to you?*
No le gusta tomar vino.	*He doesn't like to drink wine.*	*Drinking wine is not pleasing to him.*

As you can see in the examples, the subject pronouns (**yo, tú, él...**) are not used with **gustar**. To express who is doing the liking (or literally, to whom something is pleasing), the forms **me, te, le, nos, os,** and **les** are used[1]. The verb takes the singular form **gusta** when the thing that is pleasing is a single item and the plural form **gustan** when the thing liked is plural.

Person(s) who like	+	gusta(n)	+	thing(s) liked
me				el helado
te		gusta		la fruta
le				comer
nos				las uvas
os		gustan		las fresas
les				los camarones

---

[1]The indirect-object pronouns, meaning *to me, to you, to you/him/her, to us, to you, to you/them,* will be studied in detail in **Capítulo 7**.

- The definite article is used with the thing/things liked:

Me gusta **el** helado.	*I like ice cream.*
Me gustan **las** fresas.	*I like strawberries.*

- If what is pleasing is an activity or a series of activities, use the singular form **gusta** with the infinitive (**–ar, –er, –ir** form) of the appropriate verb(s):

Nos gust<u>a</u> <u>comer</u>.	*We like to eat.*
Les **gust<u>a</u>** <u>cenar</u> en restaurantes y **asistir** a conciertos.	*They like to have dinner in restaurants and attend concerts.*

- To clarify the meaning of **le** and **les**, add **a** + person: **a Pedro, a ella, a las niñas, a ellos,** etc.:

Pedro y Ana toman el desayuno juntos.	*Pedro and Ana have breakfast together.*
A **Pedro** <u>le</u> gusta tomar café, pero **a ella** <u>le</u> gusta el té.	*Pedro likes to drink coffee, but she likes tea.*

- For emphasis, add **a mí, a ti, a usted, a nosotros,** etc.:

A mí no me gustan los camarones.	*I don't like shrimp.*
A ti te gustan, ¿verdad?	*You like them, right?*

- To ask a follow-up question, use: **¿Y a ti? ¿Y a usted? ¿Y a él?**, etc.

4-5 **¡Me gusta!** You will hear a series of statements. Decide which food item is being talked about in each one.

Modelo: You hear: Me gusta.

You choose: ☐ los limones ☒ el ajo

1. ☒ las zanahorias   ☐ el pescado
2. ☐ la lechuga   ☒ las fresas
3. ☐ las cerezas   ☒ el jamón
4. ☒ el bistec   ☐ las naranjas
5. ☐ las peras   ☒ la langosta
6. ☒ el pollo   ☐ los camarones

4-5 Audio:
1. Me gustan; 2. Me gustan; 3. No me gusta; 4. Me gusta mucho; 5. No me gusta para nada; 6. Me gusta.

4-5 El ejercicio trabaja el aspecto de comprensión del acto comunicativo, ya que es necesario entender la diferencia entre las formas para comprender el mensaje. Al mismo tiempo, permite al instructor comprobar si los estudiantes entienden la estructura antes de tener que producirla.

4-6 **Y a ti, ¿te gusta?** Write sentences with information that is true for you, paying attention to the appropriate form of the verb.

Modelo: las peras

Las peras me gustan muchísimo / no me gustan para nada / etc.

1. la sopa de verduras
2. los camarones
3. beber agua
4. el ajo
5. la ensalada de frutas
6. comer carne
7. ir al mercado
8. los guisantes

4-6 Extensión: En parejas, los estudiantes pueden comparar sus respuestas. Convendría escribir un ejemplo rápido en la pizarra del uso de *también* y *tampoco*.

4-7 **¿A quién le gusta?** Read the following statements or questions and decide who is being referred to.

Modelo: Le gusta la langosta.
☐ A ellos ☒ A ella

1. Te gustan los tomates. ☒ A ti ☐ A él
2. Les gusta mucho el pescado. ☒ A Carmen y a Ana ☐ A nosotros
3. Le gustan los plátanos. ☐ A ustedes ☒ A Jorge
4. Nos gusta la piña. ☒ A nosotros ☐ A ellos
5. ¿Le gusta el ajo? ☒ A usted ☐ A ti
6. Me gusta el maíz. ☐ A Elena ☒ A mí

4-8 **Una cena con los amigos.** You want to have your friends Luis, Óscar and Andrea over for a Mexican inspired dinner, so you call Luis to find out what they like. Complete the dialogue with the appropriate pronouns (**me/te/le/nos/os/les**) and **gustar** forms.

TÚ: Hola Luis, voy a preparar una cena para los amigos el sábado, y tengo algunas ideas. Por ejemplo, ¿a ti ___te gustan___ los camarones?

LUIS: Sí, a mí los mariscos ___me gustan___ mucho. Pero a Óscar no ___le gustan___. Bueno, en realidad, tiene alergia.

TÚ: Uy, no, no, entonces el ceviche de mariscos no es buena idea. ¿Y a vosotros ___os gusta___ la sopa de tortilla?

LUIS: Sí, a Óscar y a mí ___nos gusta___ mucho.

TÚ: Muy bien. ¿Y el pescado, ___os gusta___?

LUIS: Bueno, creo que a Óscar y Andrea sí ___les gusta___, pero a mí no ___me gusta___ mucho. ¿Por qué no preparas pollo en mole? A Óscar y Andrea ___les gusta___ muchísimo.

TÚ: Y a ti, ¿también (also) ___te gusta___?

LUIS: Sí, sí, especialmente con arroz y frijoles.

TÚ: Bueno, a mí no ___me gustan___ los frijoles mucho, pero no hay problema. Voy a preparar guacamole también. Y después, ¿crema de mango?

LUIS: ¡Uhm, delicioso! El mango ___nos/les gusta___ a todos.

▲ Ceviche de mariscos

▲ Pollo en mole

4-9 **En la universidad.**

Paso 1. First, answer the questions about yourself in the column **A mí** in the table on page 111 and fill in the last two questions about additional food items that you choose. Then, use the questions to interview a classmate. Ask for more details and take notes.

Modelo: Estudiante A: **¿Te gustan las clases este semestre?**
Estudiante B: **Sí.**
Estudiante A: **¿Qué clases tomas? ¿Te gustan todas?**
Estudiante B: **Casi todas. Me gustan las clases de español y biología, pero no me gusta mucho la clase de química.**

	A mí		A mi compañero/a _____	
1. ¿Te gusta la universidad?	☐ Sí	☐ No	☐ Sí	☐ No
2. ¿Te gustan las clases este semestre?	☐ Sí	☐ No	☐ Sí	☐ No
3. ¿Te gustan los profesores?	☐ Sí	☐ No	☐ Sí	☐ No
4. ¿Te gustan los edificios (*buildings*) de la universidad?	☐ Sí	☐ No	☐ Sí	☐ No
5. ¿Te gusta estudiar en la biblioteca?	☐ Sí	☐ No	☐ Sí	☐ No
6. ¿Te gusta aprender español?	☐ Sí	☐ No	☐ Sí	☐ No
7. ¿ _____ ?	☐ Sí	☐ No	☐ Sí	☐ No
8. ¿ _____ ?	☐ Sí	☐ No	☐ Sí	☐ No

Paso 2. How much do you have in common? Write a short paragraph comparing and contrasting your likes and dislikes. Don't forget the **a** where needed.

Modelo: **A nosotros nos gusta mucho la universidad. A Cristina le gustan las clases de español y biología. A mí también me gusta la clase de…**

I/O **(4-10)** **Preguntas para tu profesor/a.**

 Paso 1. First, in pairs, make guesses about what your instructor likes to do in the column **A nuestro/a profesor/a…** in the chart. Add an item in the last row.

4-10 Extensión: Pida a la clase que le haga recomendaciones de restaurantes, programas de televisión, etc. basadas en lo que saben ahora sobre usted.

	A nuestro/a profesor/a…	Detalles (*Details*)
1.	Le gusta / No le gusta leer novelas.	¿Qué tipo? ¿Cuál es su novela favorita?
2.	Le gusta / No le gusta cenar en restaurantes.	¿Qué tipo de comida? ¿Cómo se llama su restaurante favorito?
3.	Le gusta / No le gusta mirar la televisión.	¿Qué tipos de programas mira? ¿Qué programa no le gusta?
4.	Le gusta / No le gusta asistir a conciertos.	¿Qué tipo de música? ¿Qué cantantes o grupos musicales son sus favoritos?
5.	Le gusta / No le gusta usar Internet.	¿Con mucha frecuencia? ¿Envía mensajes electrónicos, navega por Internet… ?
6.	Le gusta / No le gusta _____ .	¿_____ ?

 Paso 2. Now, take turns asking your instructor whether she/he likes to do those things and follow up with the questions in the column **Detalles** or others of your own. Be sure to note her/his answers. How well do you know your instructor? Did you guess correctly?

Modelo: **¿Le gusta leer novelas? ¿Qué tipo?**

Paso 3. In small groups, discuss how your instructor's likes and dislikes compare with your own.

Cultura: México

Principales tipos de clima de México

Tijuana · Mexicali · Ciudad Juárez · Hermosillo · Chihuahua · Torreón · Monterrey · Culiacán · La Paz · Durango · MÉXICO · Ciudad Victoria · Mazatlán · Aguascalientes · San Luis Potosí · Tampico · Cancún · Guadalajara · Mérida · México · Veracruz · Morelia · Netzahualcoyotl · Puebla · Villahermosa · Acapulco · Oaxaca

Océano Pacifico

Golfo Mexicano

Clima:
- Cálido húmedo
- Cálido subhúmedo
- Seco
- Muy seco
- Templado subhúmedo
- Templado húmedo

Nacionalidad: mexicano/a

Use *PowerPoint Slides* para presentar esta sección de cultura.

Antes de leer

1. Which indigenous people lived in Mexico before the Spanish arrived?

   ☐ Mayans ☐ Aztecs ☐ Olmecs ☑ All of these, plus many others

2. How many languages are spoken in Mexico today?

   ☐ One ☐ Approximately 20 ☑ Approximately 60

3. True or false: Mexico's climate is very hot all year round.

   ☐ True ☑ False

WILEY PLUS Map quizzes: As you read about places highlighted in red, find them on the map. Learn more about and test yourself on the geography of the Spanish-speaking world in *WileyPLUS*.

UN TERRITORIO DIVERSO

México es un país (*country*) muy diverso. En el norte del país, incluyendo a **Monterrey**, **Chihuahua** y **Hermosillo**, hace frío (*it's cold*) en invierno. El centro del país, que incluye **Aguascalientes**, **San Luís Potosí**, **Puebla** y **la Ciudad de México**, es una vasta región de valles, donde el clima no es muy frío (*cold*) ni muy caluroso (*warm*). La región centro-oeste, incluyendo **Guadalajara** y **Mazatlán**, es una zona muy fértil con mucha agricultura y ganadería (*cattle ranching*). En el sureste, por ejemplo en **Cancún**, hay mucho turismo.

Ciudad	enero Máx	enero Min	abril Máx	abril Min	julio Máx	julio Min	octubre Máx	octubre Min
Acapulco	87	72	87	73	89	77	89	77
México, D.F.	66	42	77	51	73	53	70	50

Máx = temperatura máxima; Min = temperatura mínima.

LA HISTORIA

México tiene una de las poblaciones indígenas más numerosas de Latinoamérica. En el pasado, existían muchos grupos diversos como los olmecas, los totonacos, los mayas y los aztecas. Cada grupo hablaba un idioma diferente. Hoy, todavía (*still*) existen unos 60 de estos idiomas en el territorio mexicano.

Cuando llegaron los conquistadores españoles, los aztecas eran el grupo dominante. Controlaban 371 grupos indígenas diferentes en 33 provincias y todos hablaban la lengua náhuatl. La capital azteca, Tenochtitlán, era una ciudad de puentes (*bridges*) y canales en medio de un lago (*lake*). Tenía una población de 300,000 personas y era uno de los centros urbanos más grandes del mundo.

Cuando el español Hernán Cortés llegó a Tenochtitlán en 1519, el emperador era Moctezuma. Cortés era muy blanco y tenía barba (*beard*) y algunos historiadores imaginan que los aztecas identificaron a Cortés con el dios (*god*) llamado Quetzalcóatl, y le dieron una gran bienvenida (*welcome*). Pero Cortés conquistó a los aztecas en 1521 con la importante ayuda de La Malinche, quien sirvió de intérprete entre los españoles y los varios grupos indígenas.

En el año 1500, las poblaciones aproximadas de estas ciudades eran:	
Beijing	600,000
El Cairo	400,000
Tenochtitlán	**300,000**
Constantinopla	200,000
París	200,000
Venecia	115,000
Londres	50,000

◀ Moctezuma y Cortés

▲ La Malinche, intérprete y esposa de Cortés. Es considerada "la Madre del México moderno" porque sus hijos con Cortés representan la primera mezcla de españoles con indígenas.

Ciudad flotante de Tenochtitlán

Quetzalcóatl

Busque en *YouTube.com* Ciudad de México, DF, 1 de 4. Hay un video de 9 minutos 28 segundos. Si piensa mostrarlo en clase, recuerde a los estudiantes que no es importante comprender todo para apreciar las imágenes.

LA CAPITAL

Hoy, el antiguo Tenochtitlán es todavía la capital del país, pero se llama la Ciudad de México, el Distrito Federal, el D.F., o simplemente México. Actualmente (*currently*) el D.F. tiene una población de 21 millones de personas y es la tercera (*third*) ciudad del mundo (*world*) en número de personas después de Tokio y Mumbai. La cultura indígena es visible en los murales que decoran la capital y en las caras (*faces*) de muchos de los habitantes. En las avenidas del centro de la ciudad hay tiendas (*stores*), restaurantes, teatros y hoteles elegantes.

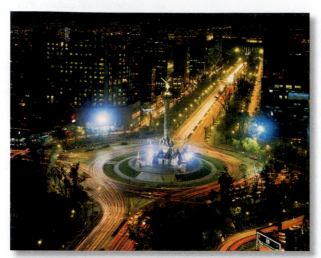

▲ Paseo de la Reforma con vistas al Angel de la Independencia por la noche

Mural en el Palacio ▶ Nacional de la Ciudad de México, México – Tenochtitlán, capital azteca

EL TURISMO

México tiene muchos lugares interesantes para visitar. Los pueblos coloniales como Taxco, Guanajuato y Cuernavaca conservan hermosos edificios del siglo XVI. También hay playas famosas como Cancún y Puerto Vallarta, y otras playas (*beaches*) espectaculares como Playa del Carmen, Ixtapa/Zihuatanejo y Huatulco.

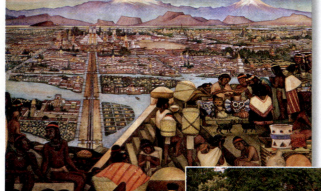

▲ Antes, Tenochtitlán

Ahora, la Ciudad de México ▶

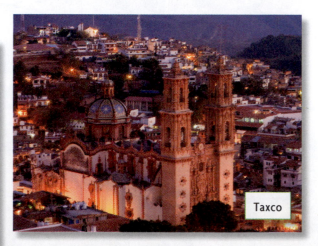

Taxco

LA ECONOMÍA

México es la tercera economía más importante de América, después de Estados Unidos y Brasil. El petróleo es la industria principal de México. El turismo es la segunda industria del país y la tercera fuente de ingresos (*income*) son las remesas: el dinero que envían (*send*) a México los mexicanos y mexicano-americanos que viven y trabajan en los Estados Unidos. En el año 2005, el total de las remesas fue de unos 18,000 millones[1] (*eighteen billion*) de dólares.

Con el Tratado de Libre Comercio entre Estados Unidos, México y Canadá (*NAFTA, 1994*), la frontera entre Tijuana y Matamoros es una región cada vez más (*increasingly*) fundamental para el comercio y la industria. Muchas fábricas maquiladoras (*assembly plants*) en las ciudades fronterizas con México emplean a un millón de mexicanos y millones de individuos vienen a buscar empleo en Estados Unidos. Mexicanos y estadounidenses cruzan los puentes fronterizos constantemente para ir de compras (*shopping*).

[1] **Mil millones** is *one billion* in Spanish.

▲ Paso entre Tijuana y San Diego

Después de leer

1. Go back to the questions in **Antes de leer**. Do you want to change any of your answers?

2. Put the following industries in the order of economic importance in Mexico today.

   __2__ tourism
   __3__ remittances from abroad
   __1__ oil

3. Take a close look at the flag of Mexico. What animal does it contain that is also an important national symbol in the United States? eagle

4. Consider the role of La Malinche (look up further details on the Internet if you wish). Do you know of an indigenous woman in United States history who also played an important role as a language interpreter? Pocahontas

La "Riviera maya"

VideoEscenas: ¿La nueva cocina?

Si hace esta actividad en clase, puede pedir que completen esta sección en parejas.

▲ Paloma y Pedro pasean por la tarde, quieren tomar algo y deciden entrar en un restaurante de "nueva cocina".

Paso 1. Answer these questions before you watch the video.

1. What types of cuisine and specific dishes do you like best when you eat out?
2. What is the strangest thing you have eaten?
3. What do you think "new cuisine" could be like?

Paso 2. Watch the video paying attention to the main ideas and indicate which of the following statements are true (**cierto**) or false (**falso**).

	Cierto	Falso
1. Paloma y Pedro quieren (*want*) cenar.	☐	☑
2. El restaurante sirve cocina tradicional.	☐	☑
3. A Paloma le gusta su postre.	☑	☐
4. Pedro piensa (*thinks*) que su helado va a ser muy bueno.	☐	☑

Paso 3. Look at the questions below and watch the video again. This time focus on the specific information you need to answer the questions. You may take notes as you listen.

1. ¿Qué quieren tomar Paloma y Pedro? Quieren tomar un postre y café.
2. ¿Por qué quiere entrar Paloma en este restaurante? Porque sirve comida de la nueva cocina.
3. ¿De qué manera son inusuales los postres de Paloma y Pedro?
4. ¿Cómo reacciona Pedro a la "nueva cocina" de este restaurante? Porque mezclan sabores dulces y salados. Pedro está muy sorprendido.

Paso 4. In small groups, share your opinions.

 ¿Quieres probar (*try*) este tipo de "nueva cocina"? ¿Por qué sí o por qué no?

Así se forma

2. Talking about actions, desires, and preferences in the present: Stem-changing verbs

Stem-changing (irregular) verbs have the same endings as regular –**ar**, –**er**, and –**ir** verbs. They differ from regular verbs in that a change occurs in the stem vowel (**e→ie, o→ue,** or **e→i**) in all persons except **nosotros** and **vosotros**. The stem is the part of the verb that remains after the –**ar**, –**er**, or –**ir** ending is removed.

Study the pattern of change in the following model verbs. Note that anytime a stem-changing verb is presented, the stem change will be listed in the entry in parenthesis, as in the examples below:

Rubén, ¿quieres cenar en un restaurante con nosotras esta noche?

Prefiero cenar solo, gracias.

¡Ay, ay, ay!

Use *PowerPoint Slides* para presentar y practicar esta gramática.

e → ie

querer *to want, to love* quer- → quier-	
quiero	queremos
quieres	queréis
quiere	quieren

querer (ie)	*to want, to love*	No **quiero** comer ahora.
preferir (ie)	*to prefer*	**Prefiero** comer más tarde.
entender (ie)	*to understand*	¿**Entienden** el problema?
pensar[1] (ie)	*to think*	¿**Piensas** que hay un problema?

WILEY PLUS Go to *WileyPLUS* and review the Animated Grammar Tutorial and Verb Conjugator for this grammar point.

o → ue

dormir *to sleep* dorm- → duerm-	
duermo	dormimos
duermes	dormís
duerme	duermen

dormir (ue)	*to sleep*	¿**Duermes** bien?
almorzar (ue)	*to have lunch*	¿A qué hora **almuerzas**?
poder (ue)	*to be able*	¿**Puedes** cenar a las 7:00?
volver (ue)	*to return, go back*	¿A qué hora **vuelves** a la casa?

e → i

pedir *to ask for* ped- → pid-	
pido	pedimos
pides	pedís
pide	piden

pedir (i)	*to ask for, request, order*	Ella siempre **pide** pizza.
servir (i)	*to serve, to be good (for something)*	¿**Sirven** langosta aquí? Esta cebolla **sirve** para la sopa.

[1]When seeking an opinion, ask **¿Qué piensas de... ?** (*What do you think about . . . ?*). When giving your opinion, say **Pienso que...** (*I think that . . .*).

4-11. Sugerencia: Cuando revise las respuestas de los estudiantes al Paso 2, pídales que corrijan las oraciones que no eran correctas, por ejemplo: *1. Esteban prefiere un desayuno tradicional.*

4-11 **La confesión de Esteban.**

Paso 1. Read the following paragraph, paying special attention to the stem-changing verbs.

Sí, es verdad. Soy un poco glotón —bueno, muy glotón. Muchos estudiantes comen cereales por la mañana, pero yo pref**ie**ro tomar un desayuno más... tradicional, con huevos (*eggs*) y tocino (*bacon*). Por la tarde alm**ue**rzo una hamburguesa con papas y un refresco. Después v**ue**lvo a mi cuarto y d**ue**rmo la siesta. Antes de hacer la tarea, tomo café y unas galletas (*cookies*) para estar más despierto. No p**ue**do estudiar cuando no tomo un café, p**ie**nso que necesito tomar cafeína. Generalmente, ceno en la cafetería de la universidad. La comida no es muy variada pero siempre s**ir**ven pizza, pollo frito y p**ue**do comer todo lo que qu**ie**ro. Verdaderamente p**ie**nso que no está mal. No ent**ie**ndo a esas personas que siempre hacen dietas y p**ie**nsan en la nutrición todo el día y ¡no qu**ie**ren comer estas cosas tan buenas!

¿Cierto o falso? Cover the paragraph and decide whether the following statements are true or false. If they are false, correct them.

		Cierto	Falso
1.	Esteban pref**ie**re un desayuno ligero (*light*).	☐	☒
2.	Esteban alm**ue**rza comida rápida (*fast food*).	☒	☐
3.	Después de almorzar, v**ue**lve a la universidad.	☐	☒
4.	Esteban nunca d**ue**rme la siesta.	☐	☒
5.	P**ie**nsa que la cafeína es buena para él.	☒	☐

Paso 2. Complete what Esteban says using appropriate forms of the verbs provided. Use all the verbs at least once. You will have to use some verbs more than once.

almorzar	poder	preferir	servir
entender	pensar	volver	querer

Me gusta mucho comer y _____pienso_____ en comer todo el tiempo (*all the time*). ¿Qué _____puedo_____ hacer? Todos (nosotros) _____preferimos_____ la comida de nuestras madres, claro, pero a muchos estudiantes no les gusta la comida de la cafetería y no _____quieren_____ comer allí. (Ellos) _____Piensan_____ que en la cafetería no _____sirven_____ muchas verduras y frutas frescas. No _____entiendo_____ el problema, la pizza tiene tomate, ¿no? Y las hamburguesas también tienen tomate y lechuga y cebolla... Además, hay otras opciones diferentes. Por ejemplo, muchos estudiantes ___almorzamos/almuerzan___ en restaurantes de comida rápida. Si (tú) _____quieres_____, _____puedes_____ comer en uno diferente todos los días de la semana. En mi opinión, la comida en la universidad no está mal. Pero, la verdad, cuando _____vuelvo_____ a mi casa, la comida me gusta mucho más.

Paso 3. Write a short paragraph comparing yourself to Esteban. Be careful to make the stem changes in the **yo** and **él** (Esteban) forms, but to keep the original vowel in the **nosotros** forms.

Modelo: Esteban y yo somos (muy) similares/diferentes. Nosotros preferimos tomar un desayuno... / Él almuerza comida rápida y yo almuerzo en mi casa....

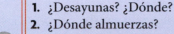 **4-12** **Sondeo alimentario.**

Paso 1. Answer the questions below about yourself.

1. ¿Desayunas? ¿Dónde?
2. ¿Dónde almuerzas?
3. ¿Dónde prefieres cenar durante la semana?
4. ¿Qué piensas de las cafeterías y los restaurantes universitarios?
   a. son buenos
   b. son malos
   c. son mediocres
5. En general, ¿qué piensas de la "comida rápida" en el campus?
   a. es mala
   b. es buena
   c. es mediocre
6. ¿Qué restaurante prefieres para una comida rápida en el campus?
7. ¿Puedes cocinar (*cook*) en tu cuarto/apartamento?
8. ¿Qué platillos (*dishes*) sabes preparar?
9. Cuando vuelves a casa para visitar a tu familia, ¿qué comida pides?

 Paso 2. Now, in groups of four, share your answers and take notes of the group's answers as well. Be ready to report back to the class.

4-12. Sugerencia: Mientras los estudiantes trabajan, escriba los números de las preguntas en la pizarra, dejando espacio para escribir los resultados. Pida a un estudiante de cada grupo que escriba los resultados de su grupo en la pizarra y coméntelos después con la clase.

Opción: Esta actividad puede ser un buen punto de partida para una práctica escrita. Pida que los estudiantes que escriban un pequeño informe sobre los hábitos alimentarios de los estudiantes en general. El informe puede hacerse en clase o ser asignado como tarea.

○ **4-13** **La comida de la universidad.** A student from Mexico is coming to your university next semester and he e-mails you asking about the university's food. Answer his questions.

Asunto : Recomendaciones para comer en el campus

¡Hola!

Voy a estudiar en tu universidad el próximo semestre y me gustaría saber un poco sobre la comida. Por lo general, ¿cómo es la comida que sirven en la universidad? ¿Sirven carne, pescado o mariscos con frecuencia? ¿Qué tipo de platillos hay? ¿Sirven ensalada y sopa todos los días? ¿Qué tipo? ¿Qué frutas sirven? ¿Hay frutas todos los días?

¿Qué otras opciones hay para comer? ¿Prefieren ustedes la comida de la universidad o la comida rápida?

Muchas gracias. Un saludo atento,
Pablo Morales

Así se dice

Use *PowerPoint Slides* para presentar y practicar este vocabulario.

WILEY PLUS Pronunciación: Practice pronunciation of the chapter vocabulary and particular sounds of Spanish in *WileyPLUS*.

Las comidas y las bebidas

la leche
la pimienta
la sal
CEREALES
el cereal
el pan (tostado)
la mermelada
los huevos
la mantequilla
el tocino, la tocineta

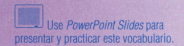

el jugo, el zumo (España)
el azúcar
el té
el café

el refresco
el sándwich, el bocadillo (España)
la hamburguesa
las papas fritas

el aceite   el vinagre
las aceitunas
la ensalada
la sopa

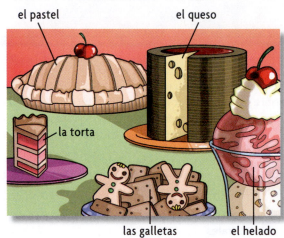

el pastel
el queso
la torta
las galletas
el helado

el vino
la cerveza
el agua
el hielo

Sugerencia: Señale diferencias dialectales, por ejemplo, que **pastel** puede referirse a *cake, pie* o *pastry* dependiendo de la región.

el aceite	*oil*	**la mermelada**	*jam*
la aceituna	*olive*	**el refresco**	*soft drink*

¿Cuál es tu preferencia?

Imagine that you are studying abroad in Mexico and staying with a Spanish-speaking family. Shortly after your arrival, your host mother (a great cook) has many questions for you. She aims to please!

Puedes tomar tres **comidas** en casa con nosotros: tomamos el **desayuno** a las ocho de la mañana, el **almuerzo** a las dos de la tarde y la **cena** a las ocho de la noche. En la mañana, ¿prefieres **tomar** una **bebida fría**, por ejemplo jugo, o una bebida **caliente** como café o té? ¿Prefieres jugo de naranja o jugo de piña? ¿Tomas el café **con** azúcar o **sin** azúcar? ¿Prefieres los huevos **fritos** o **revueltos**? Esta noche voy a preparar sopa, ensalada y pollo con papas fritas. ¿Prefieres el pollo **a la parrilla**, **frito** o **al horno**? ¿Comes **mucha** o **poca** carne? ¿Cuál es tu **postre** favorito? ¿Te gusta el pastel de tres leches? Como ves, ¡me gusta **cocinar**!

al horno	*baked*	**postre**	*dessert*
a la parrilla	*grilled*	**revuelto/a**	*scrambled*
cocinar	*to cook*	**mucho/a/os/as**	*much, a lot, many*
la comida	*food, meal, main meal*	**poco/a/os/as**	*little (quantity), few*
la bebida	*drink, beverage*	**con**	*with*
frito/a	*fried*	**sin**	*without*

Sugerencia: Anime a los estudiantes a inventar combinaciones: *helado de…, jugo de…, pastel de…*

NOTA DE LENGUA

- **Mucho** and **poco** do not change in gender and number when they modify verbs.

  Comemos **mucho/poco**.   *We eat a lot/little.*

  When they modify nouns, **mucho** and **poco** do change in gender and number to agree with the noun.

  Comemos **muchas** verduras y **poca** carne.

- Spanish uses the preposition **de** (*of*) to join two nouns for the purpose of description.

  helado **de** vainilla   *vanilla ice cream*

  jugo **de** naranja   *orange juice*

  How many combinations can you come up with?

DICHOS

Desayuna como un rey (*king*), almuerza como un burgués (*middle class person*) y cena como un mendigo (*beggar*).

¿Cómo puedes explicar este dicho?

4-14 Extensión: Puede ampliar esta actividad y trabajar la comprensión auditiva mencionando otros platos que los estudiantes añadirán a la columna apropiada.

4-14 **El menú.** You work at a café and the cook has just given you a list of the dishes available today. Post each item in the section it belongs to on the menu board. Some items could go into more than one section.

El desayuno	El almuerzo	La merienda¹	La cena	El postre

¹A late afternoon snack, usually consisting of a light sandwich or pastries.

1. pan tostado con mantequilla y mermelada
2. sopa y ensalada
3. pastel de manzana con helado de vainilla
4. un cóctel de camarones
5. huevos revueltos con tocino
6. jugo/zumo de naranja
7. unas galletas y leche
8. un sándwich/bocadillo de jamón y queso
9. arroz con pollo, pan y vino
10. café caliente con crema y azúcar
11. una hamburguesa con papas fritas
12. bistec a la parrilla con papas al horno y ensalada mixta

4-15 Extensión: Puede ampliar o reciclar esta actividad en otro momento, pidiendo a los estudiantes que escojan otras palabras del vocabulario del capítulo y escriban listas de palabras.

 4-15 **Asociaciones.**

Paso 1. **Estudiante A** and **Estudiante B** write a list of ideas that each associates with the words given on her/his list.

Modelo: el té
   caliente, desayuno, mi mamá, bebida, azúcar

Estudiante A
1. las chuletas
3. el pan
5. el hielo

Estudiante B
2. los huevos
4. el postre
6. la sopa

Paso 2. Read your lists to your partner, who will try to identify the original words.

Modelo: Estudiante A: **Mi lista es: caliente, desayuno, mi mamá, bebida, azúcar.**

   Estudiante B: **¿Piensas en el té?**

4-16 **Tu comida ideal.**

Paso 1. What would make an ideal day in terms of food for you? Include everything that you would like (beverages, sides, desserts, etc.) in a chart like this in your notebook.

Desayuno	Almuerzo	Merienda	Cena

 Paso 2. In small groups, compare your ideal meals.

Modelo: **Mi desayuno perfecto son dos huevos fritos, tostadas con mantequilla...**

4-17 **Consejos (*Advice*) de los nutricionistas.** Medical studies show that certain foods are beneficial and reduce the risk of cancer and other diseases. In pairs, compile two lists of foods for incoming first-year students: those they should consume a lot of (**mucho(s)/mucha(s)**) and those they should consume less of (**poco(s)/poca(s)**) to maintain optimum health.

¡Tengo hambre!

Pepita jogs every morning and leads a very active life. She also has a big appetite! Read the conversation between Pepita and the waiter at a local café.

MESERO: ¿Qué desea usted, señorita?

PEPITA: **¡Tengo mucha hambre! Quisiera** un sándwich de jamón y queso y **también** una ensalada.

MESERO: ¿Y para tomar?

PEPITA: Una limonada grande, por favor. **Tengo** mucha **sed.**

MESERO: A la orden (*at your service*), señorita.

(Pepita se lo come todo y decide que **todavía** tiene hambre. Pide **más** comida.)

MESERO: ¿Desea usted algo más?

PEPITA: Sí, **otro** sándwich, por favor, y otra limonada, pero con **menos** hielo.

MESERO: Con mucho gusto, señorita.

tener (mucha) hambre	*to be (very) hungry*
tener (mucha) sed	*to be (very) thirsty*
más/menos	*more/less, fewer*
quisiera	*I would like (polite)*
otro/a	*another*
también	*also*
todavía	*still, yet*

NOTA DE LENGUA

In Spanish, the verb **tener** has many uses. In **Capítulo 3** you learned the expression **tener... años** (*to be . . . years old*). **Tener hambre** and **tener sed** follow the same pattern.

¡Tengo mucha hambre!	*I am very hungry.*

Also note that **otro/a** does not use the indefinite article **un/una**.

Quisiera otra limonada, por favor.	*I would like another lemonade, please.*

4-18 **¡Qué hambre tenemos!** Work in groups of three. Two of you have just run a marathon and you are famished and extremely thirsty. You are now at a restaurant where the third student is the waiter. Work together on a dialogue using the words and expressions in the box below. Be ready to act it out for the class.

tener hambre	otro/a	quisiera
tener sed	más	menos

4-17. Sugerencia: Pida ejemplos de las listas de cada grupo para compilar una lista general en la pizarra. Estas listas pueden ser un punto de partida para una conversación general sobre los hábitos alimentarios de los estudiantes.

Sugerencia: Ponga atención especial a las construcciones *tener (mucha) hambre y tener (mucha) sed.*

Use *PowerPoint Slides* para presentar este vocabulario.

Cultura: Las comidas en el mundo hispano

Use *PowerPoint Slides* para presentar esta sección de cultura.

Antes de leer

1. At what time are breakfast, lunch, and dinner typically eaten in the United States? Which is usually the heaviest meal of the day?

2. Are you familiar with dishes consisting of a flour crust and meat filling, either fried or baked?

3. If you've tried both types, do you prefer corn or flour tortillas? Have you seen other types of tortillas, such as whole wheat?

▲ Una máquina para hacer tortillas

◄ ¿Quieres un pan dulce (*sweet*) de esta pastelería mexicana?

El desayuno hispano es normalmente entre las 6 y las 9 de la mañana. Comparado con el desayuno tradicional estadounidense, el desayuno hispano es muy ligero (*light*). Muchos españoles e hispanoamericanos desayunan una taza de café con leche y pan con mantequilla o mermelada o pan dulce.

El almuerzo, generalmente es entre la 1 y las 2 de la tarde y es la comida más fuerte (*largest*) del día. El almuerzo puede incluir una ensalada, sopa, arroz o verduras, carne o pescado y postre. En algunos países, a las 4 o a las 5 de la tarde es común comer la merienda, que consiste en café o té, leche, galletas, pastel o un bocadillo.

Generalmente los hispanos cenan más tarde que los estadounidenses, pero es una comida más ligera. La cena hispana típicamente es entre las 8 y las 9 de la noche, y en España puede ser incluso más tarde, entre las 10 y las 12 de la noche.

Una parte importante de la comida es **la sobremesa**. Este término se refiere a la charla (*chat, conversation*) después de la comida. Es cuando se toma el café, a veces seguido de (*followed by*) un licor, y se conversa de diferentes asuntos (*issues*).

ALGUNOS PLATOS (*DISHES*) TÍPICOS DEL MUNDO HISPANO

◀ La **empanada**: masa de harina rellena generalmente con carne, cebolla, huevo y aceituna, frita o al horno.

La **paella** (España): plato de arroz con pollo, mariscos y guisantes, sazonado con azafrán (*saffron*). ▼

▲ Las **quesadillas** (México): tortillas de maíz, fritas, con queso, pollo, champiñones y otros ingredientes al gusto. En el desayuno típico de la foto se sirven con frijoles, papaya, jugo de naranja y café con leche.

Los **churros**: una masa de ▶ harina cilíndrica y frita. Frecuentemente se sirven con café con leche o con chocolate caliente.

▲ Las **tortillas** que se comen en México y otras partes de Latinoamérica generalmente son de maíz o de harina. Son redondas y planas (*round and flat*).

La **tortilla española** está hecha de huevos, papas ▶ y cebolla. Se sirve con frecuencia a la hora de la merienda en los bares de España. También se come en casa para la cena.

▲ El **flan**: un postre hecho de huevos, leche, azúcar y vainilla, cocido en un molde al horno con almíbar (*syrup*) de caramelo.

Después de leer

1. Based on the text you have just read, determine whether the following meals are typical of the U.S., a Hispanic country, or both.
   a. desayuno con pan y café con leche
   b. almuerzo con sopa, carne, arroz y postre
   c. desayuno con cereales, huevos y tocino
   d. cena a la medianoche
   e. cena con una pizza y refresco
   f. merienda con leche y galletas
   g. almuerzo con un sándwich

2. Name two differences between *when* people eat in Hispanic countries and in the U.S.

3. What dishes mentioned in the text would you like to try? Which would you prefer not to try, and why?

4. If you were writing a textbook for students learning English, what foods would you include as "typical" of the United States?

Así se forma

ochocientos noventa y uno...

3. Counting from 100 and indicating the year

In *Capítulo 1*, you learned numbers up to 99. Here are the numbers over 100.

cien	100	ochocientos/as	800
ciento uno/a	101	novecientos/as	900
doscientos/as	200	mil	1,000
trescientos/as	300	dos mil	2,000
cuatrocientos/as	400	cien mil	100,000
quinientos/as	500	doscientos mil	200,000
seiscientos/as	600	un millón (de + *noun*)[1]	1,000,000
setecientos/as	700	dos millones (de + *noun*)	2,000,000

- **Cien** is used before a noun or as the number 100 when counting. **Ciento** is used with numbers 101 to 199.

  Hay **cien** estudiantes en la clase.   **Cien, ciento uno...**
  Sólo tengo **cien** pesos.   La torta cuesta **ciento un** pesos.

- In Spanish, there is no **y** between hundreds and a smaller number, although *and* is often used in English.

  205 (*two hundred and five*) = **doscientos cinco**
  ~~doscientos y cinco~~

- When the numbers 200–900 modify a noun, they agree in gender.

  trescient**os** alumnos y quinient**as** alumnas

- Years above 1000 are not broken into two-digit groups as they are in English.

  1971 (*nineteen seventy one*) = **mil novecientos setenta y uno**
  ~~diecinueve setenta y uno~~

NOTA DE LENGUA

Marking thousands and decimals

Traditionally, Spanish and other romance languages use a dot (.) to mark thousands, and a comma (,) to mark decimals. Most Spanish speakers in the U.S. follow the English convention of marking thousands with a comma and decimals with a dot (or "point," or "period"). Usage varies in Spanish-speaking countries, but it is increasingly becoming commonplace to use the comma for thousands and the dot for decimals.

Las Américas
$121,250.50

Europa
$121.250,50

---

[1] When **millón/millones** is immediately followed by a noun, the word **de** must be used: **un millón de pesos, dos millones de euros**; but **un millón doscientos mil quetzales**.

4-19 Audio:
1. mil novecientos ochenta y siete;
2. ciento uno; 3. setecientos cuatro;
4. cuatro mil quinientos dos;
5. trescientos mil; 6. dos mil

4-19 **Los números.** Indicate which numbers you hear.

____ **a.** 101   ____ **d.** 704

____ **b.** 300,000   ____ **e.** 4,502

____ **c.** 1987   ____ **f.** 2,000

4-20 **Datos sobre México.** Listen to the following numbers and write them down as numerals.

4-20 Audio:
1. ciento once millones; 2. mil novecientos sesenta y nueve;
3. mil ochocientos veintiuno; 4. un millón quinientos mil; 5. setecientos veintitrés; 6. mil novecientos cuarenta y tres

1. ___111,000,000___ la población aproximada de México (en 2010)
2. ___1,969___ la frontera entre Estados Unidos y México, en millas (*miles*)
3. ___1821___ el año de la Independencia de México
4. ___1,500,000___ el número aproximado de hablantes de la lengua indígena Nahúatl
5. ___723___ el número de especies de reptiles que hay en México
6. ___1943___ el año de nacimiento (*birth*) del volcán Paricutín, el más joven del mundo (*world*)

4-21 **¿En qué año?** Here is a list of some well-known restaurants with a long history. Listen and fill in the last column with the date that it opened.

¿Cuál es el restaurante más antiguo (*oldest*) de esta lista? ¿Sabes (*do you know*) cuál es el restaurante más antiguo de tu ciudad?

Nombre del restaurante	Año
La Diligencia, un antiguo hostal (*old guesthouse*) de Tarragona, España	
El Faro, primer restaurante español en Nueva York	
Hostería de Santo Domingo, primer restaurante de la Ciudad de México	
Venta de Aires, famoso por sus platos tradicionales, en Toledo, España	
Café Richmond, un elegante restaurante de Buenos Aires, Argentina	
Casa Botín, ¡el restaurante más antiguo del mundo![1](Madrid, España)	
Paladar La Guarida, famoso restaurante familiar, La Habana, Cuba	

NOTA: Los paladares son restaurantes familiares que el gobierno de Cuba permite abrir en una casa privada.

[1]According to the Guinness Book of Records.

Casa Botín ▶

4-22 **Más números.** In pairs, **Estudiante A** reads her/his numbers first, while **Estudiante B** determines which number was read. Then **Estudiante B** reads numbers while **Estudiante A** determines which was read.

Estudiante A lee	Estudiante A responde	
1. Doscientos mil	5. ☐ 400	☑ 104
2. Novecientos cuatro	6. ☑ 8,510	☐ 810
3. Tres mil ciento uno	7. ☑ 1,300,600	☐ 1,030,600
4. Mil ochocientos setenta y siete	8. ☐ 4,091	☑ 491

Estudiante B lee	Estudiante B responde	
5. Ciento cuatro	1. ☑ 200,000	☐ 2,000
6. Ocho mil quinientos diez	2. ☐ 94	☑ 904
7. Un millón trescientos mil seiscientos	3. ☑ 3,101	☐ 3,011
8. Cuatrocientos noventa y uno	4. ☐ 877	☑ 1,877

4-23 **¿Cuándo?** In pairs, determine in what year the following events took place, then write out the year in words, following the model.

Modelo: Estudiante A lee: El desastre del Challenger
Estudiante B dice: **1986**   **Mil novecientos ochenta y seis**

1. __c__ Los ataques terroristas en Nueva York
2. __d__ Los Juegos Olímpicos en México
3. __b__ Bomba atómica en Hiroshima
4. __a__ La caída del Muro (*wall*) de Berlín
5. __e__ Murió (*died*) Coretta Scott King.

a. 1989   Mil novecientos ochenta y nueve
b. 1945   Mil novecientos cuarenta y cinco
c. 2001   Dos mil uno
d. 1968   Mil novecientos sesenta y ocho
e. 2006   Dos mil seis

4-24 **Vamos a cambiar (*exchange*) dólares.** In pairs, one of you is a teller (**cajero/a**) at a money exchange booth at the Miami International airport and the other is a client travelling to Hispanic countries. Listen to the amount of dollars your client wants to exchange and tell her/him how much money that is in the currency of the countries she/he will be visiting. Use the exchange rates in the chart below.

País	1 dólar de EE.UU. son	
Bolivia	7	bolivianos
Colombia	1,982	pesos colombianos
Costa Rica	557	colones
Guatemala	8	quetzales
Honduras	19	lempiras
México	13	pesos mexicanos
Perú	3	nuevos soles
Venezuela	2	bolívares

Follow the model and use the information on page 129, each taking a turn as **cajero/a** and **cliente/a**.

Modelo: Cliente/a: **Buenos días, quiero cambiar doscientos dólares a pesos mexicanos, por favor.**

Cajero/a: **Aquí tiene, dos mil seiscientos pesos.**

Estudiante A: Eres el cliente, vas a visitar estos países. Cambia los dólares indicados y anota el dinero local recibido.

México	725 dólares	Son _____9,425_____	pesos mexicanos.
Guatemala	425 dólares	Son _____3,400_____	quetzales.
Honduras	350 dólares	Son _____6,650_____	lempiras.
Costa Rica	600 dólares	Son ____334,200____	colones.

Estudiante B: Eres el cliente, vas a visitar estos países. Cambia los dólares indicados y anota el dinero local recibido.

Colombia	425 dólares	Son ____842,350____	pesos colombianos.
Venezuela	350 dólares	Son _____700_____	bolívares.
Perú	600 dólares	Son _____1,800_____	soles.
Bolivia	725 dólares	Son _____5,075_____	bolivianos.

(4-25) El precio justo. Today you are playing *The Price is Right!* In small groups, guess the price of each of the following items and write it down. A secretary will list your answers on the board to compare them with the correct price previously determined. The group that comes closest to the correct price for the most items, without going over, wins. Remember: In this activity, the teacher is always right!

1. una cena elegante para dos en un restaurante de cinco estrellas (*stars*) en la Ciudad de Nueva York
2. una mansión en Beverly Hills, California
3. un televisor plasma de 37 pulgadas (*inches*)
4. una computadora portátil
5. una cámara digital de 14.1 MP (megapíxeles)
7. la matrícula de un año en la universidad
8. un carro híbrido nuevo

4-25 Sugerencia: Antes de clase, prepare ocho hojas de papel con un número en cada una, del 1 al 8 (correspondientes a cada producto de la actividad) y el precio que puede costar (ej. número 3 - $2.000). En clase, divida la clase en grupos y pídales que calculen un precio aproximado para cada producto. Dibuje una tabla en la pizarra (columnas: Grupo 1, Grupo 2, Grupo 3, etc.; filas: 1, 2... 8), y un secretario para cada grupo llena los espacios con los precios que su grupo haya determinado. Después muestre los precios que usted escribió. Comparen los precios entre grupos y con los de usted.

4-25 Alternativa: Para una versión más auténtica del concurso, prepare su propia lista con artículos específicos (puede incluir detalles y fotografías) y precios exactos con los que jugar.

NOTA CULTURAL

La comida mexicana vs. la comida Tex-Mex

Tex-Mex is a term given to food, music, and other cultural products based on the combined cultures of Texas and Mexico. Many ingredients of Tex-Mex cooking are common in Mexican cuisine, although other ingredients are unknown in Mexico. Tex-Mex food encompasses a wide variety of dishes such as burritos, chimichangas, nachos, fajitas, tortilla chips with salsa, and chili con carne, all of which are usually not found in Mexico.

Así se forma

Vi a Octavio con una chica muy...

¿Con quién? ¿Cuándo? ¿Dónde?

WILEY PLUS Go to *WileyPLUS* and review the Animated Grammar Tutorial for this grammar point.

Use *PowerPoint Slides* para presentar y practicar esta gramática.

4. Asking for specific information: Interrogative words (A summary)

You have used some interrogative words to ask questions: **¿Cómo estás? ¿Qué pasa? ¿De dónde eres? ¿Adónde vas después de la clase? ¿Cuántos años tienes? ¿Cuánto cuesta?** Following are the most commonly used interrogative words in Spanish.

¿Qué?	*What?*	**¿Qué** frutas tienen hoy?
		¿Qué quiere usted?
¿Cómo?	*How?*	**¿Cómo** están las fresas hoy?
¿Cuándo?	*When?*	**¿Cuándo** llegan las piñas?
¿Por qué?	*Why?*	**¿Por qué** no hay cerezas?
¿Quién/Quiénes?	*Who?*	**¿Quién** vende/**Quiénes** venden mariscos?
¿De quién?	*Whose?*	**¿De quién** es?
¿Cuál/Cuáles?	*Which (one/ones)?*	**¿Cuál/Cuáles** prefieres?
¿Cuánto?	*How much?*	**¿Cuánto** es en total?
¿Cuántos/Cuántas?	*How many?*	**¿Cuántos** tomates/**Cuántas** peras quiere?
¿Dónde?	*Where?*	**¿Dónde** está el vendedor?
¿Adónde?	*(To) where?*	**¿Adónde** va?
¿De dónde?	*From where?*	**¿De dónde** es?

Sugerencia: Puede señalar que en México y otros lugares, es común usar *cuál* antes de sustantivos, ej. *¿Cuál postre deseas?*

Sugerencia: Aunque también existen casos en los que se puede usar *qué* en preguntas de selección (ej. *¿Qué prefieres, café o té?*), nos parece conveniente dejar de lado estos casos a favor de una explicación más sencilla.

- Note the difference between **¿qué?** and **¿cuál?**:

  <u>**¿Qué + noun?**</u> When followed by a noun, use **qué**.

  ¿Qué postre deseas?   *What (Which) dessert do you want?*

  <u>**¿Qué/Cuál + ser?**</u> When followed by the verb **ser,** use **qué** to ask for a definition or explanation; use **cuál** to ask for specific data or a piece of information.

  ¿Qué es una dirección?   *What is an address?*

  An appropriate answer (definition) would be: It is the information about where a place is located or where somebody lives.

  ¿Cuál es tu dirección?   *What is your address?*
  An appropriate (specific information) answer would be: It is 34 Longwood Avenue.

  <u>**¿Qué/Cuál + verb?**</u> When followed by a verb other than **ser,** use **qué** to ask about a general choice; use **cuál** to ask about a choice among given options.

  ¿Qué quieres comprar?   *What do you want to buy?*

  ¿Cuál quieres, el rojo o el azul?   *Which one do you want, the red one or the blue one?*

- Note that all the interrogative words above have written accents. When they appear without it, they connect two separate thoughts within a statement rather than ask a question.

que	*that, which, who*	En el mercado **que** está en la plaza se venden mariscos.
lo que	*what, that which*	Compro **lo que** necesito.
cuando	*when*	**Cuando** tengo hambre, voy a la cafetería.
porque	*because*	Quiero una pizza grande **porque** tengo mucha hambre.

4-26 ¿Qué palabra interrogativa?

Imagine that one classmate interviewed another for a class assignment. Match the questions with the appropriate answers.

1. ¿Cómo estás?
2. ¿A qué hora es tu primera clase?
3. ¿Dónde prefieres estudiar?
4. ¿Cuándo vas a dormir?
5. ¿Cuál es tu clase favorita?
6. ¿Qué clases tienes?
7. ¿Cuánto cuestan tus libros?
8. ¿A quién pides ayuda con los problemas?
9. ¿Cuántas horas estudias cada día?
10. ¿Cómo es la comida en la cafetería?
11. ¿Qué haces después de las clases?

a. _9_ Tres o cuatro.
b. _11_ Voy al gimnasio o a la biblioteca.
c. _7_ Quinientos dólares más o menos.
d. _1_ Muy bien, gracias.
e. _6_ Español, historia y biología.
f. _2_ A las 9 de la mañana.
g. _10_ Buena... a mí me gusta.
h. _4_ Normalmente, a medianoche. *of course*
i. _5_ ¡Español, claro!
j. _8_ A mi consejero (*advisor*).
k. _3_ En mi cuarto.

4-27 ¿Qué o cuál?

Mark the correct interrogative word keeping in mind the given answers.

1. — ¿☐ Qué ☒ Cuál es tu dirección de correo electrónico?
   — Es mar2@mail.com.

2. — ¿☒ Qué ☐ Cuál es una manzana?
   — Es una fruta.

3. — ¿☒ Qué ☐ Cuál estudias?
   — Estudio economía y finanzas.

4. — ¿☒ Qué ☐ Cuál postre desea usted?
   — Quisiera un helado.

5. — ¿☐ Qué ☒ Cuál prefiere, el helado de chocolate o el de vainilla?
   — El de chocolate.

4-28 Vamos a ser honestos.

You and your classmate have been friends for a while, but have not always been honest with each other. Finally you decide to come clean. Take turns telling each other about your secrets and ask for the truth. Add one more secret of your own.

Modelo: Estudiante A: **La verdad (*truth*) es que tus raviolis no son mi plato favorito.**
Estudiante B: **¿No? ¿Cuál es tu plato favorito?**
Estudiante A: **Los tamales.**

Estudiante A
1. No me llamo...
2. No tengo... años.
3. No estudio...
4. Mi cantante (*singer*) favorito/a no es...
5. ...

Estudiante B
1. No soy de...
2. No vivo en una residencia estudiantil.
3. Después de las clases no voy a la biblioteca.
4. Mi película favorita no es...
5. ...

Dicho y hecho

PARA LEER: Pedro y la fábrica de chocolate

ANTES DE LEER

What is your favorite food? Do you have a favorite dish or recipe that includes that food?

ESTRATEGIA DE LECTURA

Using text format and visuals Becoming familiar with the topic and main ideas of the text will greatly help you interpret it correctly when you read it in detail. Recognizing a particular text format and paying attention to any visuals and their captions can give you a good sense of what the text is about. For example, look at the selection that follows. Read the title and introduction to the text, look at the text format and pictures. Then answer the following questions:

- What food is this text going to talk about?
- There are two different types of text here, how would you categorize each of them?
- What cues in the title, introduction, format and visuals have you used to answer the questions above?

A LEER

"Desconfía[1] de las personas que no tienen vicios", dice mi abuela. En el caso del chocolate, dicen que hace mal a los dientes. Pues, mejor para mi dentista.

Soy un vicioso del chocolate, y en especial de uno "puro y con almendras", que tomo en dosis sensatas[2] pero constantes. Una tarde de domingo se me ocurrió escribir al director de la fábrica de mi chocolate, para agradecerle[3] la calidad, la constancia y el placer que me causa saborear cada día su golosina[4]. Para mi sorpresa, dos días después, a las diez de la mañana, suena el teléfono y la voz del otro lado me dice: "Buenos días, soy Pedro López, director general de Chocolates Valor. Acabo de leer su carta y le llamo para darle las gracias".

El bisabuelo Pedro López empezó en el negocio del chocolate a finales del siglo XIX, en 1881, por lo que Pedro convive con el chocolate desde el útero materno. Cuatro generaciones después, los métodos artesanos de su bisabuelo se han modificado. Su compañía cuenta con los mejores profesionales y un innovador laboratorio de I+D (investigación y desarrollo[5]). Pero para fabricar chocolate "es necesaria la calidez[6] y la frialdad". La calidez y la ilusión de un niño, y la cabeza fría del profesional. Pedro afirma también: "El chocolate es bonito de por sí y el estar en chocolate de alta gama, pues más todavía[7]".

[1]Be suspicious, [2]sensible, [3]to thank, [4]candy, sweet, [5]research and development, [6] warmth, [7]even more

RECETA DE TRUFAS DE CHOCOLATE

Ingredientes:
- Una tableta de ½ kilo de chocolate puro
- 50 gramos de mantequilla
- 2 huevos
- 5 galletas
- Una copita de coñac
- Fideos[8] de chocolate
- Moldes de papel para trufas

Elaboración

1 Derretir[9] el chocolate y la mantequilla.

2 En otro bol, batir[10] la yema de huevo[11] y mezclarla[12] con las galletas y el coñac.

3 Por otro lado, batir la clara de huevo[13] a punto de nieve[14] y reservarla.

4 Mezclar el chocolate y la mantequilla derretidos con la yema, las galletas y el coñac, y batirlo todo.

5 Finalmente, incorporar la clara a punto de nieve a esta mezcla y batir de nuevo. La mezcla debe reposar en el congelador[15] durante una o dos horas.

6 Después hacer bolitas con la mezcla, cubrirlas con los fideos de chocolate y ponerlas en los moldes de papel.

[8] sprinkles, [9] melt, [10] beat, [11] egg yolk, [12] mix, [13] egg white, [14] until stiff, [15] freezer

Texto: Luis de Benito / *Punto y coma*

Extensión: Puede pedir a los estudiantes que visiten el sitio de Chocolates Valor (www.valor.es) para ver cómo se produce el chocolate y escoger la variedad de chocolate que más les gustaría probar.

DESPUÉS DE LEER

1. Answer the following questions about the text.

a. ¿Por qué escribe el autor del artículo al director de la fábrica de chocolate?
Porque quiere agradecerle la calidad, la constancia y el placer que le causa cada día su chocolate.

b. ¿Quién fundó la compañía de Chocolates Valor? ¿Cuándo?
Pedro López. A finales del siglo XIX.

c. ¿Cómo se ha transformado la fabricación del chocolate Valor?
Ahora cuenta con los mejores profesionales y un innovador laboratorio de I+D.

d. ¿Qué dos cualidades son necesarias para fabricar chocolate, según (*according to*) el Sr. López? La calidez y la frialdad.

2. The steps to make truffles got mixed up. Can you number them in the correct order below?

1	Derretir chocolate y mantequilla
7	Enfriar.
2	Batir yema de huevo.
9	Bañar las bolitas con fideos de chocolate.
5	Batir la mezcla de chocolate (*chocolate mix*) y la mezcla de galletas.
3	Mezclar yema, galletas y coñac.
6	Incorporar la clara batida a la mezcla de chocolate.
8	Formar bolitas de chocolate.
4	Batir clara de huevo.

3. Are you a good cook or is microwave popcorn your highest achievement in the kitchen? In small groups, share the recipe for your specialty, in Spanish, using vocabulary you have learned in *Capítulo 4* and from reading the article above.

Dicho y hecho

ESTRATEGIA DE COMUNICACIÓN

Facial expression and attitude You are about to engage conversations with a travel companion about how to split up your remaining food money, and a server in a restaurant about what you'd like to order to eat. How will the nature of each conversation be reflected in your facial expression and your general attitude toward the person you're speaking with as you listen to what they have to say? Give this some thought, then try to use an appropriate facial expression and attitude in your conversations.

EXPRESIONES ÚTILES

el mesero/la mesera
¿Qué desean ustedes?
¿Y para usted?
¿Qué desean tomar?
Les recomiendo
  (comidas/ bebidas)...
Nuestros (platos
  especiales/postres...)
  son exquisitos.

el/la cliente
Quisiera...
¿Cuál es la sopa del día?
¿Qué nos recomienda?
¿Sirven arroz y frijoles
  con todos los platos?
Podemos compartir
  el pollo.
Muchas gracias.
¡La cuenta (*check*) por
  favor!

PARA CONVERSAR: ¿Qué comemos?

Work in groups of three. Two of your friends and you are in the Cancún airport traveling back home from vacation. Two of you decide to eat in El Rincón, where traditional Mexican food is served. You are hungry and thirsty but you only have 200 pesos (about $15 dollars) left, so you might need to share some dishes. The third student will play the role of the server.

Paso 1. Individually, each of the traveling friends looks at the menu and decides what she/he would like to eat based on personal preferences and cost. Be prepared to explain your choices to your friend. Remember that prices are in **pesos** (1 dollar = 13 **pesos**, approximately). Meanwhile, the server studies the menu and comes up with two specials of the day. (Server: Write down what those specials are so that you can use them when you tell your customers about them.)

El Rincón – Almuerzo

Sopas
Consomé azteca (pollo, arroz, cilantro, cebolla y aguacate[1])	71
Sopa de tortilla (tortilla de maíz, tomate, chipotle[2], queso y aguacate)	67
Sopa de frijol	65
Sopa del día (pregunte a su mesero)	65

Ensaladas
	Mediana	Grande
El Rincón (lechuga, pollo, tortilla frita, jícama[3] y piña asada)	60	98
De toronja (lechuga, toronja[4], aguacate y cebollitas)	55	88

Enchiladas (de pollo o queso, con guarnición[5] de frijoles)
Rojas, verdes o chipotle	95
De mole[6] poblano (con salsa de chiles y chocolate)	98
Suizas (con espinacas y salsa de crema agria)	95

Especialidades El Rincón
Carne de res en salsa de tomate	115
Puerco en salsa verde (con tomatillos[7], chiles güeros[8] y papas)	105
Pollo en mole	110
Pescado a la Veracruzana (con tomate, aceitunas y alcaparras[9])	125
Chile relleno con queso	98

Bebidas / Postres
Bebidas		Postres	
Jugos naturales (naranja, toronja o guanábana[10])	28	Flan	36
Coca-Cola, Fanta, Sprite, Fresca	17	Arroz con leche	32
Agua mineral	15	Helados	32

[1]avocado; [2]smoke-dried chili; [3]jicama – a crispy, sweet edible root; [4]grapefruit; [5]side dish, [6]Mexican sauce made with chili peppers, chocolate, and a variety of other ingredients; garnish; [7]green tomatoes; [8]banana peppers; [9]capers; [10]soursop – a tropical fruit.

Paso 2. It's time to order! First, look at the expressions in *Expresiones útiles* on page 134. They will help you order and also understand the server. Then, listen to the server and ask questions, discuss your options with your partner and order your food. The server will try to help by offering several suggestions. After your meal, ask for the check, pay your bill and let the waiter know how your meal was.

PARA ESCRIBIR: Comer en la universidad

In this chapter you will be able to choose among different writing options in order to describe your experiences eating on campus. You will choose one of the audiences below.

ANTES DE ESCRIBIR

 Paso 1. You will describe your eating experiences on your campus. In small groups, discuss how this composition would be different if you were writing for the following audiences. Consider:

- **Purpose:** What would be your goal in each of the following situations? Can you think of examples of how such purposes may affect your composition?

- **Content:** What would be the message that you are trying to convey? What type of information would be appropriate in each case? Can you think of anything that might be appropriate for one of the contexts and not for another?

- **Writing format:** How are the three types of writings described differently in what we expect them to contain?

- **Tone:** Would the language in each be formal or informal? What would the tone of each be like?

	Purpose	Content	Writing format	Tone
An e-mail to your uncle, who often sends you money for school				
An article for the student newspaper				
A report requested by the Director of Dining Services, who wishes to assess whether changes need to be made to campus dining options				

Dicho y hecho

Alternativa: El instructor puede asignar situaciones diferentes a los estudiantes para asegurar variedad en las composiciones.

Paso 2. Choose one of the three options described in **Paso 1** (the e-mail to your uncle, the article for the student newspaper or the report for the Director of Dining Services). Start planning your writing by brainstorming for a few minutes, writing down everything that comes to mind, or developing an idea map with sub-topics and clusters of ideas. Now, choose the three or four most important ideas that you want to develop in your composition. Each idea should form the topic sentence of a paragraph.

A ESCRIBIR

Write the letter of your choice from **Paso 1** making an effort to convey relevant, well-developed ideas in a logical, easy to follow sequence. Remember to write appropriately for your purpose and reader.

Para escribir mejor: How to use a bilingual dictionary

In general, you should try to generate your compositions entirely in Spanish, using the words and structures that you already know. However, you will probably want to use a dictionary occasionally to stretch your communicative abilities. Be aware that we often cannot generate word-for-word translations from one language into another.

When you look up a word in the dictionary, be sure to note whether it is a noun or a verb. Using the example "I can fly to New York", look up *can* and *fly* in the online dictionary www.wordreference.com, using the "English to Spanish" section, and write what you find:

can   noun = _____

         verb = _____

fly   noun = _____

         verb = _____

What is the correct translation of "I can fly to New York"?

_____

DESPUÉS DE ESCRIBIR

Opciones: Puede pedir a los estudiantes que ayuden a un compañero/a a revisar y corregir su trabajo en esta parte de la actividad. Puede darles una copia de su rúbrica de evaluación para guiarlos en su trabajo de revisión.

Puede organizar a los estudiantes en grupos en los que cada estudiante haya escogido una opción diferente para que, después de escribir y revisar sus composiciones, las comparen y observen las diferencias de contenido y forma.

Revisar y editar: El contenido y la organización. Revise your composition for content and organization. Specifically ask yourself these questions:

☐   Does each paragraph contain one main idea? Is all of the other information in the paragraph related to that main idea?

☐   Is the tone appropriate for the type of audience I have selected? (uncle, newspaper, or Director of Dining Services)

☐   Have I provided enough details? Are there a few more details I could include?

PARA VER Y ESCUCHAR: La comida hispana

ANTES DE VER EL VIDEO

In pairs, and before you watch the video, write a list of Hispanic dishes you know (include the ones you remember from this chapter and others you might have known before). Together, try to remember as much as you can about these dishes.

A VER EL VIDEO

Paso 1. In the video, you will hear about the foods served in two different restaurants. View the video once without sound and pay attention to the places, people and food you see. Then, in small groups, share all the ideas and details you remember. You can also guess what some things may be!

Paso 2. Before you watch the video again, look at the words in the box. After watching the video, now with sound, say whether the following statements are true or false. Rewrite the false statements to make them correct.

PALABRAS ÚTILES

aperitivo	*appetizer*
bacalao	*cod*
camarones	
= gambas (España)	*shrimp*
morcilla	*blood sausage*
jamón serrano	*dry cured ham*
pimientos	*peppers*
pulpo	*octopus*

	Cierto	Falso
1. El restaurante Macitas sirve comida cubana.	☐	☑
2. Macitas sólo sirve cenas.	☐	☑
3. Macitas también vende comida para llevar a casa.	☑	☐
4. El restaurante Botín se especializa en tapas.	☐	☑
5. Los españoles salen de tapas con su familia.	☑	☐

Paso 2. Respuestas: 1. Sirve comida colombiana; 2. Sirve desayunos, almuerzos y cenas; 4. Se especializa en asado, cochinillo y cordero.

Ayude a sus estudiantes con preguntas sobre los lugares *¿Reconocen las ciudades? ¿Qué tipos de restaurantes son: modernos, tradicionalos, familiares? ¿Qué platos o ingredientes reconocen?* Puede también guiarlos para que hablen de elementos culturales que les hayan llamado la atención, en el caso de este video, el hecho de que haya mesas de restaurantes en la calle, que se comparta la comida, el concepto de tapas, etc.

Paso 3. You are going to choose some dishes to try from each of these restaurants later, so you have to pay attention to their offerings. Complete the following sentences with any information you might remember. Then, watch the video again to check and complete your answers.

1. En el restaurante Macitas el calentado es un desayuno típico, que consiste en

   _____.

2. En la panadería de Macitas venden _____.
3. Las empanadas de Macitas son de _____.
4. Se sirven con una salsa de _____.
5. La especialidad de Botín son las carnes asadas, pero también sirven distintas tapas. Algunas tapas populares en España son _____.

DESPUÉS DE VER EL VIDEO

In groups, tell your classmates which food or dish you would like to try in Macitas and in Botín (assume they serve all the tapas mentioned in the video.)

¡A la mesa!

Repaso de vocabulario activo

Adjetivos y expresiones adjetivales

al horno *baked*
a la parrilla *grilled*
caliente *hot*
frío/a *cold*
frito/a *fried*
mucho/a/os/as *much, a lot, many*
otro/a/os/as *another/ other*
poco/a/os/as *little (quantity), few*

Adverbios

más/menos *more/less*
mucho/poco *a lot/a little*
también *also*
todavía *still*

Conjunciones

cuando *when*
lo que *what (that which)*
porque *because*
que *that, which, who*

Palabras interrogativas

¿Adónde? *(To) where?*
¿Cómo? *How?*
¿Cuál/es? *Which (one/s)?*
¿Cuándo? *When?*
¿Cuánto/a/os/as? *How much?/How many?*
¿De dónde? *From where?*
¿De quién? *Whose?*
¿Dónde? *Where?*
¿Por qué? *Why?*
¿Qué? *What? Which?*
¿Quién/es? *Who?*

Preposiciones

con *with*
sin *without*

Sustantivos
Las comidas del día *Meals*

el almuerzo *lunch*
la cena *dinner*

el desayuno *breakfast*

Las legumbres y las verduras *Legumes and vegetables*

el brócoli *broccoli*
la cebolla *onion*
los frijoles *beans*
los guisantes *peas*
las judías verdes *green beans*
la lechuga *lettuce*
el maíz *corn*
la papa/la patata *potato*
las papas fritas *French fries*
el tomate *tomato*
la zanahoria *carrot*

Las frutas *Fruits*

la banana/el plátano *banana*
la cereza *cherry*
la fresa *strawberry*
el limón *lemon*
la manzana *apple*
el melocotón/el durazno *peach*
la naranja *orange*
la pera *pear*
la piña *pineapple*
la sandía *watermelon*
la uva *grape*

Las carnes, los pescados y los mariscos *Meat, fish, and seafood*

el bistec *steak*
el camarón/la gamba *shrimp*
la carne de cerdo/ puerco *pork*
la carne de res *beef*
la chuleta de cerdo/ puerco *pork chop*
la hamburguesa *hamburger*
el jamón *ham*
la langosta *lobster*
el pescado *fish*

el pollo *chicken*
la salchicha/el chorizo *sausage*
la tocineta/el tocino *bacon*

Las bebidas *Beverages*

el agua *water*
el café *coffee*
la cerveza *beer*
el jugo/el zumo *juice*
la leche *milk*
el refresco *soda drink*
el té *tea*
el vino *wine*

Los postres *Desserts*

la galleta *cookie*
el helado *ice cream*
el pastel *pie, pastry*
la torta *cake*

Otras comidas y condimentos *Other foods and condiments*

el aceite *oil*
la aceituna *olive*
el ajo *garlic*
el arroz *rice*
el azúcar *sugar*
el cereal *cereal*
la crema *cream*
la ensalada *salad*
el hielo *ice*
el huevo *egg*
los huevos revueltos/fritos *scrambled/fried eggs*
la mantequilla *butter*
la mermelada *jam*
el pan *bread*
el pan tostado *toast*
la pimienta *pepper*
el queso *cheese*
la sal *salt*
el sándwich/el bocadillo *sandwich*
la sopa *soup*
el vinagre *vinegar*

Verbos y expresiones verbales

almorzar (ue) *to have lunch*
cocinar *to cook*
comprar *to buy*
costar (ue) *to cost*
desear *to want, to wish*
dormir (ue) *to sleep*
entender (ie) *to understand*
gustar *to like*
necesitar *to need*
pedir (i) *to ask for, to order*
pensar (ie) *to think*
poder (ue) *to be able, can*
preferir (ie) *to prefer*
preparar *to prepare*
querer (ie) *to want, to love*
servir (i) *to serve*
tomar *to take, to drink*
vender *to sell*
volver (ue) *to return, to go back*
quisiera *I would like*
tener (irreg.) (mucha) hambre *to be (very) hungry*
tener (mucha) sed *to be (very) thirsty*

Autoprueba y repaso

I. **The verb** *gustar.* Write questions according to the model and then answer them. Use the correct form of **gustar** and the appropriate corresponding pronoun.

Modelo: ¿A tu hermano / las legumbres?
¿A tu hermano le gustan las legumbres?
Sí, le gustan las legumbres. O, No, no le gustan...

1. ¿A tus padres / tomar café?
2. ¿A ustedes / la comida italiana?
3. ¿A ustedes / desayunar temprano?
4. ¿A tu abuela / los postres?
5. ¿A ti / los frijoles negros?

II. **Stem-changing verbs.** Write questions to your friends using the **ustedes** form of the verb. Then write answers to the questions using the **nosotros** form.

Modelo: entender el ejercicio
¿Entienden el ejercicio?
Sí, entendemos el ejercicio. O, No, no entendemos el ejercicio.

1. poder cocinar
2. querer ir al supermercado
3. almorzar a las doce todos los días
4. preferir cenar en un restaurante o en la cafetería
5. normalmente pedir postres en los restaurantes

III. **Counting from 100 and indicating the year.**

A. Mr. Trompa, a very wealthy man, is going to buy everything his two daughters need to start college. How much money does he need to buy two of each of the following items? Follow the model and write out the numbers.

Modelo: Un libro de psicología cuesta $90.
Dos cuestan ciento ochenta dólares.

1. Un libro de arte cuesta $125.
2. Una buena calculadora cuesta $170.
3. Una impresora cuesta $450.
4. Una computadora con teclado y monitor cuesta $1,400.
5. Un televisor para el cuarto cuesta $750.
6. Un coche nuevo cuesta $25,000.

B. Write out the following famous years.

1. Colón llega a las Américas: 1492
2. La creación de la Armada Invencible de España: 1588
3. La Declaración de Independencia de EE.UU.: 1776
4. La caída (*fall*) del Muro de Berlín: 1989
5. La caída de las Torres Gemelas: 2001

IV. **Interrogative words.** Use various interrogative words to obtain more information.

Modelo: Ana no come en la cafetería.
¿Dónde come? O, ¿Por qué no come en la cafetería?

1. Ana no bebe vino.
2. La sandía no es su fruta favorita.
3. No trabaja por la mañana.
4. No es de Buenos Aires.
5. No tiene veinte años.
6. No vive en la residencia estudiantil.
7. No va a la librería ahora.
8. No está enferma hoy.

V. **General review.** Answer the following questions about yourself and your friends. Use complete sentences.

1. ¿Qué comes en el desayuno?
2. ¿Cuál es tu postre favorito?
3. ¿Qué frutas te gustan más?
4. ¿Dónde quieres cenar esta noche?
5. ¿Cuántas horas duermes (generalmente) por la noche?
6. Tú y tus amigos, ¿pueden estudiar toda la noche sin dormir?

VI. *Cultura.*

1. Name two or three differences between Hispanic cultures and your culture with regards to diet and eating habits.
2. Describe the difference between a **tortilla** made in México and a **tortilla** made in Spain.
3. What are some of the largest contributors to México's economy?

Answers to the *Autoprueba y repaso* are found in **Apéndice 2.**

Así se dice

Recreaciones y pasatiempos
  Los colores
  Más actividades y
  deportes
Preferencias, obligaciones
  e intenciones
El tiempo y las estaciones

Así se forma

1. Additional *yo*-irregular verbs; *saber* and *conocer*
2. *Ir + a* + infinitive
3. The present progressive
4. *Ser* and *estar* (A summary)

Cultura

- Cuba y la República Dominicana
- El fútbol: Rey de los deportes

Dicho y hecho

Para leer:
La realidad virtual

Para conversar:
Un día sin clases

Para escribir:
Tu tiempo libre en la universidad

Para ver y escuchar:
¡Feliz fin de semana!

By the end of this chapter you will be able to:

- Talk about hobbies, pastimes, and activities
- Talk about the weather and the seasons
- Express future actions
- Describe an action in progress

ENTRANDO AL TEMA

1. What is the most popular sport in the Spanish-speaking world—that is, the one with the greatest number of players and fans? fútbol

2. Can you name three Spanish-speaking countries located in the Caribbean? Cuba, la República Dominicana y Puerto Rico

Así se dice

Use *PowerPoint Slides* para presentar y practicar este vocabulario.

Recreaciones y pasatiempos

el lago

esquiar

las hojas

Juanito

el árbol

nadar

jugar (ue) al voleibol

la pelota

tomar el sol

Natalia

Inés

tocar (la guitarra)

cantar

pintar (un cuadro)

Rubén

Camila

caminar (por el parque)

dar un paseo

Linda

Manuel

las flores

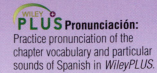**PLUS** **Pronunciación:**
Practice pronunciation of the
chapter vocabulary and particular
sounds of Spanish in *WileyPLUS*.

cantar	to sing
dar un paseo	to take a walk, stroll
descansar	to rest
ganar	to win
hacer ejercicio	to exercise
el lago	lake
el partido	game, match
perder (ie)	to lose
practicar	to practice
tomar el sol	to sunbathe

Javier

jugar (ue) al tenis

el partido (de tenis)

jugar (ue) al
básquetbol/
baloncesto

Esteban

Alfonso

levantar pesas

Octavio

hacer ejercicio

correr

fumar

Pepita

montar en bicicleta

Elena

descansar

Héctor

Preguntas. Refiérase a las
Preguntas de comprensión
impresas en azul al final de este
libro de profesor/a para encontrar
preguntas que puede usar para
presentar este vocabulario.
Recuerde a los estudiantes estas
expresiones adverbiales que
aprendieron en el *Capítulo 2:*

a veces	*sometimes*
(casi) siempre	*(almost) always*
nunca	*never*

Remember that the letters in
parenthesis following a verb, for
example, **perder (ie)**, **jugar (ue)**,
indicate a stem change in the
present tense.

Recreaciones y pasatiempos

I/O

5-1. Esta actividad recicla expresiones de frecuencia.

Extensión: Puede pedir a la clase que comparta sus respuestas y hacer un gráfico en la pizarra con los resultados del grupo.

5-1 ¿Somos sedentarios o activos?

Paso 1. Put the following activities into the correct column based on whether they are sedentary or active.

nadar	tomar el sol	jugar al voleibol	levantar pesas
esquiar	cantar	pintar un cuadro	tocar la guitarra
fumar	descansar	montar en bicicleta	jugar al tenis
correr	caminar	jugar al baloncesto	hacer ejercicio

Actividades sedentarias	Actividades físicas
fumar, tomar el sol, descansar, cantar, pintar un cuadro, tocar la guitarra	nadar, esquiar, correr, caminar, jugar al voleibol, montar en bicicleta, jugar al baloncesto, levantar pesas, jugar al tenis, hacer ejercicio

Paso 2. Now write sentences that say how often you do each activity, using the following terms of frequency.

| con frecuencia | a veces | casi nunca | nunca |

Modelo: **Nado con frecuencia.**
No monto en bicicleta nunca.

Paso 3. Now, share your answers in small groups and together discuss the following question: **En general, ¿son ustedes sedentarios o activos?**

5-2 ¿Qué me recomiendas?
In pairs, take turns telling your partner what you want to accomplish and suggesting appropriate actitivities to each other. Can you recommend more than one activity? Be prepared to tell the class whether you agree with your partner's suggestions.

Modelo: Estudiante A reads: Me gustan las actividades rápidas (*fast*).
Estudiante B suggests: **Te recomiendo jugar al baloncesto y correr.**

Estudiante A:

1. Quiero expresarme artísticamente.
2. Quiero practicar un deporte con otra persona.
3. Quiero estar al aire libre (*outdoors*), pero no puedo correr.
4. Me gusta mucho el agua.

Estudiante B:

1. Quiero estar más fuerte.
2. Quiero reducir el estrés.
3. Quiero hacer actividades con mi perro.
4. Soy muy competitivo/a.

5-3 **¿Qué te gusta hacer?**

5-3. Esta actividad recicla *gustar*.

Paso 1. You and a classmate will interview each other in depth about activities that you engage in frequently. Be sure to ask follow-up questions to get more details.

Modelo: Estudiante A   **¿Qué te gusta hacer en tu tiempo libre *(leisure time)*?**
Estudiante B: **Me gusta nadar.**
Estudiante A   **¿Nadas con frecuencia? ¿Prefieres nadar en un lago, una piscina *(pool)* o en el océano?**

PALABRAS ÚTILES

jugar al ajedrez	*to play chess*
jugar al golf	*to play golf*
jugar a los videojuegos	*to play videogames*
patinar (sobre ruedas)	*to skate (rollerblade)*
practicar yoga	*to practice yoga*

Sugerencia: Pida a los estudiantes que den ejemplos de actividades de ocio y, si ellos no las mencionan, sugiera actividades estudiadas en otros capítulos: *leer, tomar café, salir con los amigos...* También puede pedir a la clase que dé ejemplos de los tipos de preguntas que pueden hacer en la entrevista. Algunos ejemplos son: *¿Cuántos días por semana? ¿Dónde? ¿Haces esto con amigos, solo/a?,* etc.

Paso 2. Write a short paragraph describing your classmate's activity.

Modelo: **A Ana le gusta nadar. Ella nada con frecuencia. Prefiere nadar en una piscina.**

Los colores

Camila enjoys painting in the park. Observe the colors on her palette.

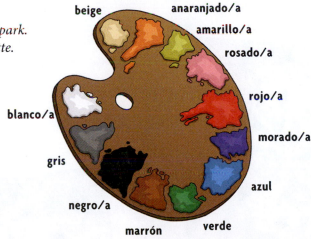

beige
anaranjado/a
amarillo/a
rosado/a
rojo/a
blanco/a
morado/a
gris
azul
negro/a
verde
marrón

Use *PowerPoint Slides* para presentar y practicar este vocabulario.

**PLUS Pronunciación:** Practice pronunciation of the chapter vocabulary and particular sounds of Spanish in *WileyPLUS*.

NOTA DE LENGUA

All of the colors shown are adjectives. Those that end in **–o** change to reflect both gender and number: **blanco, blanca, blancos, blancas.** Those that end in **–e** (**verde**) or a consonant (**gris, marrón, azul**) have two forms: singular and plural (**verde, verdes**).

Las flores son azules y amarillas.

1. La camiseta del Real Betis es blanca con rayas verdes.

2. La camiseta del Boca Juniors es azul con una raya amarilla.

3. La camiseta del Peñarol es negra con rayas amarillas.

4. La camiseta del River Plate es blanca con una raya diagonal roja.

5. La camiseta del Club América es amarilla con un poco de azul.

I/O **5-4** **¿Cuáles son tus colores?** Sports teams' uniforms and their colors are important symbols for a team. Sports commentators even refer to teams by the colors of their jerseys: **"los blancos ganan el partido"** (*the white team wins the game*).

Paso 1. Listen to the descriptions of the jerseys of five popular soccer teams. Identify the jersey that corresponds to the description and write its letter by the team name.

PALABRAS ÚTILES

béisbol	*baseball*
camiseta	*t-shirt, jersey*
fútbol	*soccer*
fútbol americano	*football*
raya	*stripe*

__d__ Real Betis   __a__ Peñarol   __c__ Club América

__b__ Boca Juniors   __e__ River Plate

Paso 2. Now in small groups, describe the colors of a well-known sports team to your classmates. If they have trouble guessing, help by telling them which sport they play.

Modelo: **Su camiseta (*t-shirt*) es… Juegan baloncesto/béisbol…**

NOTA CULTURAL

El fútbol

Soccer, called **fútbol** in Spanish, is by far the most popular sport in the Spanish-speaking world. You will read more about **el fútbol** in this chapter. However, baseball is the preferred sport in several Caribbean countries, including Puerto Rico, the Dominican Republic, Venezuela, and Cuba. Can you name famous baseball players from these places?

What is called football in the United States is **fútbol americano** in Spanish.

INVESTIG@ EN INTERNET

Find out which cities and countries are home to the teams mentioned in Exercise 5-4. Then choose one of those teams (or a different one you have heard about) and learn more about it. Your instructor may ask you to share your findings in class.

Más actividades y deportes

Manuel and Linda have been dating for a while, although they seem to have somewhat different interests. Here are some of their answers to a compatibility survey.

¡Quiero ver el fútbol!

¡Pues yo prefiero la telenovela!

Cuestionario de compatibilidad

	Nombre: Linda	**Nombre:** Manuel
1. ¿Qué le gusta hacer en su tiempo libre (*leisure time*)?	Me **encanta**[1] pasear y salir con mis amigos, y me gusta **bailar** merengue.	Me gusta ir a fiestas o a la discoteca y bailar con Linda.
2. ¿Le gusta **ver la televisión**? ¿Qué tipo de programas ve?	Sí, veo partidos de tenis; también me gustan las telenovelas (*soap operas*).	Me gusta ver la tele, especialmente los deportes: **fútbol**, **béisbol**, torneos de **golf**...
3. ¿Qué hace los fines de semana?	Generalmente **limpio** mi cuarto y **voy de compras**. A veces cocino para mis amigos.	Me encanta **manejar**[2] mi carro nuevo y casi siempre llevo a Linda cuando va de compras.
4. ¿Practica algún **deporte** con regularidad?	Mi deporte favorito es el **fútbol americano**, pero juego al tenis.	Sí, juego al baloncesto. Mi deporte favorito es el fútbol, pero en Estados Unidos no es muy popular...
5. ¿Cuál es su equipo favorito?	Mi equipo son los Celtas.	Mi equipo favorito son los Padres.
6. ¿Escucha música? ¿De qué tipo?	Sí, en casa casi siempre escucho música y me gusta toda la música.	Sí, siempre escucho música en casa, en el carro, con mi iPod. Me gusta el rock latino: Maná, Los Jaguares y Café Tacuba.
7. ¿Qué hace para relajarse?	Casi siempre doy un paseo y, a veces, leo un libro.	¿Relajarme? No tengo tiempo para eso.
8. ¿Le gusta **viajar**? ¿Adónde?	Me encantan los viajes a lugares exóticos, pero casi nunca hago viajes porque no tengo dinero.	No, nunca viajo si no es necesario. En las vacaciones prefiero descansar en casa.

bailar	*to dance*	**limpiar**	*to clean*
encantar	*to love*	**manejar**	*to drive*
equipo	*team*	**ver la tele**	*to watch TV*
ir de compras	*to go shopping*	**viajar**	*to travel*

---

[1]Note that **encantar** has a similar structure to that of **gustar**:
Me *gusta* bailar/ Me *encanta* bailar. Me *gustan* los deportes/ Me *encantan* los deportes.

[2]**Manejar** = **conducir** in Spain. Present tense: **conduzco, conduces, conduce, conducimos, conducís, conducen.**

5-5 Compatibilidad.

Paso 1. Listen to the following statements and decide whether they refer to Linda, Manuel, or both (in which case, mark both columns).

Paso 2. Now work in small groups to answer the following questions.

¿Tienen Linda y Manuel muchos intereses y hábitos en común? ¿Son muy similares o diferentes? ¿Piensas que son compatibles?

	Manuel	Linda
1.	☑	☑
2.	☐	☑
3.	☑	☐
4.	☑	☑
5.	☐	☑
6.	☑	☑
7.	☑	☐
8.	☑	☑

5–5. Audio:
1. Ve deportes en la tele.
2. Limpia su cuarto frecuentemente.
3. Maneja casi siempre.
4. Le gusta bailar.
5. A veces va de compras.
6. Escucha música.
7. Nunca se relaja con un libro.
8. Hace deporte.

5–5. Sugerencia: Puede ampliar la actividad pidiendo a los estudiantes que piensen si ellos son compatibles con Manuel o Linda (como pareja o como compañeros de cuarto). Puede ser una actividad oral (por ejemplo, en parejas) o escrita (en clase o como tarea).

5-6 Mis hábitos.
In pairs, talk about how often you do the following activities, using terms of frequency. (Review *Capítulo 2* if needed.) Then, determine whether you could be compatible as roommates. You may not agree! Be ready to explain your decision to the class.

Modelo: Estudiante A: **Nunca manejo para ir a clase.**
Estudiante B: **Yo tampoco, pero a veces monto en bicicleta para ir a clase.**
(...)
Estudiante A: **Cristina y yo (no) somos compatibles como compañeras de cuarto/apartamento porque...**

1. Manejar para ir a clase.
2. Bailar en fiestas o en una discoteca (*club*).
3. Ver telenovelas o programas *reality* como Gran Hermano (*Big Brother*) o Sobrevivientes (*Survivor*).
4. Ver partidos de fútbol/básquetbol/tenis/béisbol en la tele.
5. Hacer ejercicio por la mañana/tarde/noche.
6. Ir de compras los fines de semana.
7. Limpiar mi cuarto/apartamento.
8. Escuchar música rock/pop/country a un volumen alto en mi cuarto.
9. Fumar.

5–6. Sugerencia: Anime a los estudiantes a que pregunten por los detalles de estas actividades relevantes para su evaluación de compatibilidad (ej. *¿Haces ejercicio en casa? ¿A qué hora?*, etc.).

5-7 Mis pasatiempos favoritos.

Paso 1. Individually, make a list of your favorite pastimes, adding details such as how often you do each activity, when, where, etc.

Paso 2. In groups, share your lists and ask for more details regarding pastimes you find interesting. Take notes.

Paso 3. Select a pastime from your classmates' lists that you want to try or you think is interesting. Be prepared to report back to the class.

Modelo: **Quiero tocar la guitarra, como (*like*) Roberto, porque...** Or,
Roberto toca la guitarra. Es interesante porque...

5–7. Sugerencia: Puede ayudar a sus estudiantes mencionando su pasatiempo favorito y pidiendo a la clase que le haga preguntas. Escriba estas preguntas en la pizarra y sugiera otras que puedan ser útiles.

Cultura: Cuba y la República Dominicana

Use *PowerPoint Slides* para presentar esta cultura.

Nacionalidades:
cubano/a
dominicano/a

Antes de leer

1. Notice which of the islands in the Greater Antilles is closest to Florida. Do you know how many miles away it is? Cuba, 90 millas.
2. Do you know anyone, famous or otherwise, from Cuba or the Dominican Republic?

PLUS Map quizzes: As you read about places highlighted in red, find them on the map. Learn more about and test yourself on the geography of the Spanish-speaking world in *WileyPLUS*.

Las **Antillas Mayores,** situadas entre el océano Atlántico y el mar Caribe, incluyen tres países de habla hispana: **Cuba, Puerto Rico** y **la República Dominicana.** La República Dominicana ocupa gran parte de la isla La Española, nombrada así por Cristóbal Colón en su primera visita a las Américas. Las Antillas son territorios muy importantes por su posición como "puerta" al continente americano.

La caña de azúcar, el tabaco, las frutas tropicales y el ron (*rum*) han sido (*have been*) las principales industrias de estas islas durante siglos (*centuries*). Hoy, por su clima y belleza natural, estas islas atraen un gran número de turistas.

La música y las danzas de estas islas son una expresión cultural importante de sus habitantes. Los bailes como la salsa, el mambo, el bolero y el merengue tienen influencia española en sus melodías, pero en los ritmos es evidente la influencia africana. De hecho, la herencia africana está muy presente hoy en los rasgos (*traits*) físicos de los habitantes del Caribe.

El deporte nacional de Cuba, Puerto Rico y la República Dominicana es el béisbol, o como se dice en estos países, la pelota. Hay muchos peloteros talentosos en estos países y ¡muchos juegan en equipos de Estados Unidos!

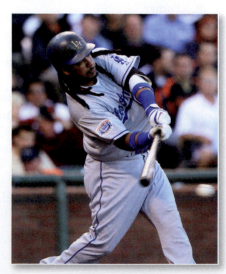

▲ Manny Ramírez

CUBA

Cuba fue una colonia de España desde principios del siglo XVI hasta 1898. Después de la guerra entre Estados Unidos y España, Cuba pasó a ser un protectorado de EE.UU. Cuba se independizó en 1902, pero su economía siguió dependiendo de EE.UU. La revolución de 1959 instituyó una dictadura marxista y, bajo (*under*) Fidel Castro, Cuba empezó a depender económicamente de la Unión Soviética.

El embargo de Estados Unidos (1962) y la disolución de la Unión Soviética (1991) contribuyeron a la crisis económica en Cuba. A consecuencia de graves problemas de salud, Fidel instaló a su hermano Raúl como jefe del gobierno en 2006. Parte del plan de recuperación económica consiste en la construcción y restauración de hoteles para atraer el turismo.

▲ Playa Varadero, un ejemplo de un lugar turístico que ofrece playas magníficas y otras atracciones naturales.

▲ **Celia Cruz** (1924–2003) fue la cantante cubana más famosa del mundo. Más de 20 de sus discos ganaron premios de oro con canciones de rumba, salsa, boleros y otros géneros. Su frase famosa, que decía con frecuencia en sus canciones, era "¡Azúcar!" (*Sugar*)

LA REPÚBLICA DOMINICANA

En 1496, los españoles fundaron **Santo Domingo,** la primera ciudad de origen europeo en América. Los franceses establecieron una colonia, Haití, al oeste de la colonia española, en la misma isla. Después de años de guerra —¡contra los españoles, los franceses y los haitianos!— la República Dominicana se independizó en 1865.

En 1927, después de una ocupación estadounidense, el general Rafael Trujillo tomó el poder. Su dictadura fue totalitaria y terminó con su asesinato en 1961. Un libro famoso sobre esta época, de Julia Álvarez, se titula *En el tiempo de las mariposas* (*butterflies*). Hoy la República Dominicana es una democracia.

La República Dominicana tiene las construcciones coloniales más antiguas del continente, como la catedral de Santo Domingo, la primera de las Américas. También tiene 300 millas de playas que atraen el turismo.

▲ **Julia Álvarez** es una autora dominicana prolífica. ¿A qué crees que se refiere el título de su libro *En el tiempo de las mariposas*? a) A unas mariposas que migran cada año a la República Dominicana; b) A tres hermanas que organizaron una resistencia a la dictadura de Trujillo.

Después de leer

1. To which country of the Greater Antilles does each of the following statements pertain?

Cuba	República Dominicana	
☐	☑	a. Comparte La Española con otra nación.
☑	☐	b. Es la isla más grande de las Antillas.
☑	☐	c. Su gobierno no es democrático.
☐	☑	d. La primera catedral de las Américas está situada en su capital.

2. Look for the video of any Celia Cruz song by visiting *YouTube.com* or another source. Describe the song, the year it was from, and Celia's outfit. Did she shout "**¡Azúcar!**" during the song? Does she remind you of any other singers you know?

3. Refer back to what you learned in *Capítulo 2*. What do Cuba and the Dominican Republic have in common with their neighbor Puerto Rico? How are they different? All of them are islands located in the Caribbean Sea and former Spanish colonies. However, Puerto Rico is a Commonwealth, an unincorporated territory of the United States, and Cuba and the Dominican Republic are fully independent nations.

Así se forma

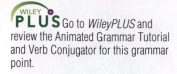

Conozco a María, el amor de mi vida, pero ella ni sabe mi nombre...

WILEY PLUS Go to *WileyPLUS* and review the Animated Grammar Tutorial and Verb Conjugator for this grammar point.

Use *PowerPoint Slides* para presentar y practicar esta gramática.

1. Talking about activities in the present: Additional *yo*-irregular verbs

Saber and *conocer*

These verbs both mean *to know*, but have very different uses. First, observe their forms and note the irregular **yo** form in their conjugations.

saber	
sé	sabemos
sabes	sabéis
sabe	saben

conocer	
conozco	conocemos
conoces	conocéis
conoce	conocen

- **Saber** means *to know* facts, information, and *to know how to* do things. That is, it describes the kind of knowledge that one learns, such as a piece of information, and skills that can be demonstrated.

  Sé dónde vive Inés.   *I **know** where Inés lives.*
  Ella **sabe** tocar el piano.   *She **knows** how to play the piano.*

  Notice that when **saber** means *to know how to* it is followed by an infinitive.

  Sé bailar salsa.   *I **know how to dance** salsa.*

- **Conocer** means *to know* in the sense of being acquainted or familiar with persons, places, or things. It also means *to meet* for the first time.

  Conozco a Carmen.   *I **know** Carmen.*
  Ella **conoce** bien la ciudad de Ponce.   *She **knows** the city of Ponce well.*
  Quiero **conocer** a Marta Uribe.   *I want **to meet** Marta Uribe.*
  ¿**Conoce** usted la poesía de Guillén?   ***Are you familiar** with Guillén's poetry?*

  Notice that when **conocer** means *to know* a person, it is followed by "***a** personal*".

  Conozco a la profesora Ruiz.   *I **know** Professor Ruiz.*

Notice the difference between these two sentences:

Sé quién es el profesor Velasco.   *I **know** who Professor Velasco is.*
Conozco al profesor Velasco.   *I **know** Professor Velasco.*

5–8. Puede pedir algunos ejemplos de preguntas sobre estas actividades a la clase y escribirlas en la pizarra como modelos.

¿Qué deporte practicas?

¿Montas en bicicleta con frecuencia?

¿Qué plato sabes cocinar? ...

PALABRAS ÚTILES

Instrumentos musicales: el piano, el violín, la guitarra, la trompeta, el saxofón, el clarinete.
Idiomas: italiano, francés, ruso, japonés, alemán.

5-8 **¿Qué sabemos hacer?** Moving about the classroom, find out who knows how to do each of the things in the chart on page 153. If she/he says "**Sí**", jot down her/his name by the activity and ask a follow-up question. Be prepared to report back to the class. Take notes.

Modelo: Estudiante A: **¿Sabes esquiar?**
             Estudiante B: **Sí, sé esquiar.**
             Estudiante A: **¿Esquías con frecuencia? ¿Dónde esquías?**

	Nombre	Detalles
1. esquiar	*no*	*no*
2. jugar un deporte	*swim*	*bball*
3. montar en bicicleta	*sí*	*sí*
4. cocinar	*sí*	
5. tocar un instrumento musical	*no*	*no*
6. hablar otro idioma	*no*	*sí*

5-9 **Deportistas famosos.** Work in pairs. Ask each other if you know who these athletes are. Use the categories in the box.

Modelo: Mia Hamm

Estudiante A: **¿Sabes quién es Mia Hamm?**

Estudiante B: **Sí, sé quién es. Ella jugaba fútbol.** Or, **No, no sé quién es.**

¿Sabes quién es... ?

1. Tiger Woods
2. Albert Pujols
3. Rafael Nadal
4. David Beckham
5. Pau Gasol
6. Lance Armstrong

PALABRAS ÚTILES

ciclista
futbolista
jugador de básquetbol/
         béisbol/golf
tenista

5–9. Respuestas: 1. jugador de golf de Estados Unidos; 2. jugador de béisbol de la República Dominicana; 3. jugador de tenis de España; 4. futbolista de Gran Bretaña; 5. jugador de básquetbol de España; 6. ciclista de Estados Unidos

▲ Pau Gasol

▲ Rafael Nadal

5-10 **¿Quieres conocerlos?** In small groups, imagine you have won a Spanish spelling contest and your prize is to meet the famous people of your choice, with whom you will share a day in a city of your choice where you have never been before. But you all have to agree in order to get the prize.

Use the pronouns **lo** (to refer to males, like *him*) and **la** (to refer to females, like *her*) as in the *Modelo*. (You will learn more about these pronouns in *Capítulo 6*). If you don't know who the person is, just say: **No sé quién es.**

Modelo: Estudiante A: **Yo quiero conocer La Habana / a Jennifer López porque...**

Estudiante B: **Sí, la quiero conocer también / No, no la quiero conocer porque...**

5–10. Recuerde a los estudiantes que deben usar la *a personal* con personas, pero no con lugares o cosas.

5-11 **¿Saber o conocer?** Celia has questions for Antonio about a restaurant near his house. Complete their conversation with the correct forms of **saber** or **conocer**, according to context.

CELIA: Antonio, ¿___sabes___ cómo se llama el restaurante cubano de tu calle?

ANTONIO: Sí, claro que lo ___sé___: se llama Café Oriental. Además, lo ___conozco___ muy bien. Comemos allí frecuentemente porque mis padres ___conocen___ a los dueños (*owners*).

CELIA: Y ¿___sabes___ qué platos típicos sirven?

ANTONIO: Tienen *moros y cristianos,* y también sirven un *ajiaco* buenísimo.

CELIA: ¿Ajiaco? No lo ___conozco___. ¿Qué es?

ANTONIO: Bueno, es una sopa de carne y verdura, pero no ___sé___ todos los ingredientes.

5–12. Sugerencia: Pida a los estudiantes que comparen sus respuestas en parejas y/o revise con toda la clase.

0 **5-12** **¿Lo/La conoces bien?**

Paso 1. Individually, fill in the blanks for *Estudiante A* in the conversation that follows with **sabes** or **conoces**, as appropriate.

Paso 2. In pairs, interview your partner about one of your other classmates using the conversation as a guide. Then reverse roles to ask about a different classmate.

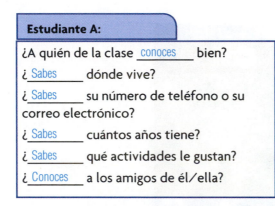

Estudiante A:

¿A quién de la clase ___conoces___ bien?

¿ _Sabes_ dónde vive?

¿ _Sabes_ su número de teléfono o su correo electrónico?

¿ _Sabes_ cuántos años tiene?

¿ _Sabes_ qué actividades le gustan?

¿ _Conoces_ a los amigos de él/ella?

Estudiante B:

Conozco _____ bien a _____.

Sí, vive en.../No lo sé.

...

...

...

Sí, los/No, no los conozco _____.

NOTA CULTURAL

Buena Vista Social Club

The Buena Vista Social Club in Havana, Cuba, held dances and concerts during the 1940s. In the 1990s, it inspired a recording made by Cuban musician Juan de Marcos González and American guitarist Ry Cooder, using some of the original 1940s musicians. The recording, titled *Buena Vista Social Club,* became an international success, and Wim Wenders's documentary of the same name won numerous accolades. The success of both the album and film sparked a revival of international interest in traditional Cuban music and Latin American music in general.

◀ Buena Vista Social Club

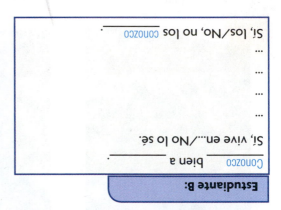

Additional **verbs with an irregular** *yo* **form**

In *Capítulo 2* you learned two verbs with an irregular **yo** form: **salir** and **hacer.** Review them, and then observe the verbs that follow.

Use *PowerPoint Slides* para presentar y practicar esta gramática.

salir (de) *to leave, go out*	**hacer** *to do, make*	**traer** *to bring*	**poner** *to put, place*	**oír** *to hear*	**ver** *to see*	**dar** *to give*
salgo	**hago**	**traigo**	**pongo**	**oigo**	**veo**	**doy**
sales	haces	traes	pones	**oyes**	ves	das
sale	hace	trae	pone	**oye**	ve	da
salimos	hacemos	traemos	ponemos	oímos	vemos	damos
salís	hacéis	traéis	ponéis	oís	veis[1]	dais[1]
salen	hacen	traen	ponen	**oyen**	ven	dan

HINT

Think of the following verbs as the "**yo-go** verbs"—verbs whose **yo** forms end in **–go**: **salir, hacer, traer, poner, oír, tener, venir, and decir.**

- **Salir** is followed by **de** when the subject is leaving a stated place.

  Salen del gimnasio.   vs.   Salen con sus amigos.

- When **hacer** is used in a question, it does not necessarily require a form of **hacer** in the answer. This is also true in English of the verb *to do.*

  — ¿Qué haces normalmente por la tarde?   *What do you usually do in the afternoon?*

  — Voy a la biblioteca, hago la tarea y después, trabajo en la librería.   *I go to the library, I do my homework and later, I work at a book store.*

Like **tener,** which you learned in *Capítulo 3,* the verbs **venir** and **decir** have irregular **yo** forms in addition to stem changes.

Sugerencia: Presente las formas irregulares de la primera persona singular con oraciones sobre usted. Puede anotar las formas en la pizarra y después pedir a la clase que den las correspondientes formas de infinitivo.

tener (ie) *to have*	**venir (ie)** *to come*	**decir (i)** *to say, tell*
tengo	**vengo**	**digo**
tienes	**vienes**	**dices**
tiene	**viene**	**dice**
tenemos	venimos	decimos
tenéis	venís	decís
tienen	**vienen**	**dicen**

---

[1]Note there is no accent on **veis** or **dais.**

5–13. Ofrezca a su clase las respuestas correctas y dé algunos detalles más, aprovechando para ofrecer más ejemplos de las formas verbales que se practican aquí. Por ejemplo: *No, no salgo de mi casa a las 6:00 de la mañana. Salgo a las 7 y cuarto.*

5–14. Extensión: Pida a algunos estudiantes que compartan sus respuestas con la clase. También puede pedir que escriban un párrafo que describa un día típico de sus estudiantes, basándose en lo que ha averiguado en esta actividad y lo que sabe sobre otros estudiantes. Pida que usen formas de *nosotros*: Ejemplo: *Por lo general, los estudiantes oímos el despertador muy temprano...*

Opción: Puede encontrar una actividad similar en *PowerPoint Slides*.

5-13 ¿Qué hace tu profesor/a?

Paso 1. Read the following sentences about your instructor and decide whether they are true (cierto) or false (falso).

Cierto	Falso	
☐	☐	**1.** Salgo de mi casa a las 6 de la mañana.
☐	☐	**2.** Oigo las noticias (*news*) en el carro.
☐	☐	**3.** Traigo comida a la clase de español.
☐	☐	**4.** Digo "Buenos días" cuando entro a la clase.
☐	☐	**5.** Doy mucha tarea de español los viernes.
☐	☐	**6.** Tengo cinco hijos.

Paso 2. Now ask your professor whether she/he does the things you marked **cierto**. Who guessed most accurately? Who knows the professor best?

5-14 ¿Qué hace Pepita?

Paso 1. Look at what Pepita does on a typical weekday. Can you put the illustrations in chronological order, numbering them from 1–8, and use the verbs below to describe what she does?

decir	hacer	llegar	llevar	oír	ver	salir

6, hace la terra

7, hace ejercicio

1, oye el despertador

4, dice: ¡Hola!

| 5, sale de clase | 2, sale de casa | 8, ve la tele | 3, llega a clase |

 Paso 2. Now, with a partner, interview each other about your typical day. You may use Pepita's activities from *Paso 1* as a guide.

Modelo: Estudiante A: **¿A qué hora oyes el despertador por las mañanas?**

Estudiante B: **Por las mañanas, oigo el despertador a las siete y media. ¿A qué hora oyes tú el despertador?**

Las actividades **5-14** y **5-15** reciclan verbos regulares e irregulares.

0 **(5-15)** **¿Lo hago o no?**

Paso 1. Create six sentences about yourself using the verbs below. Three sentences should be true and three should be false.

| poner | ver | oír | hacer | decir | dar |

5–15. Para ahorrar tiempo de clase, puede asignar el Paso 1 como tarea el día anterior y hacer el Paso 2 en clase.

Paso 2. In groups of three, read each statement to your partners, who will guess whether it is true or not.

0 **(5-16)** **¿Qué hacemos los sábados?**

Paso 1. In three minutes, write a list as long as you can of the things you do yourself on Saturdays.

Modelo: **Los sábados yo tomo el desayuno tarde, llamo a mis padres, me baño, salgo…**

5–16. Anuncie un límite de tiempo para este ejercicio y sea estricto.

Extensión: Cuando terminen sus listas, puede poner a los estudiantes en grupos para que comparen sus actividades. Después, con toda la clase, pueden comentar sus respuestas.

 Paso 2. Work in small groups and compare your list with your classmates' lists. Write another list of the things most or all of you have in common using the **nosotros** form. The class will then share lists to see which group's members have the most in common.

Modelo: **Los sábados nosotros tomamos el desayuno tarde, nos bañamos…**

DICHOS

Decir y hacer son dos cosas, y la segunda es la dificultosa.
¿Puedes explicar este dicho?

Así se dice

Esteban   Alfonso

Use *PowerPoint Slides* para presentar este vocabulario.

Sugerencia: Cerciórese de que los estudiantes entienden los significados de estas expresiones correctamente antes de comenzar las actividades de práctica. Recuérdeles también que pueden encontrar traducciones para todas estas expresiones en *Repaso de vocabulario*, al final del capítulo.

Preferencias, obligaciones e intenciones

Read the conversation between Esteban and Alfonso to find out about their preferences, obligations, and intentions.

ESTEBAN: Esta noche voy con mis amigos a la discoteca. Y tú, ¿tienes planes para esta noche? ¿Qué **piensas hacer**?

ALFONSO: Tengo un examen de química mañana, **tengo que estudiar** mucho.

ESTEBAN: ¡Qué aburrido! ¿No quieres salir conmigo? ¿No **tienes ganas de venir** con nosotros a la discoteca?

ALFONSO: No puedo, **debo estudiar** química. Además, ¡a mí no me gusta bailar!

Note the meaning of these expressions in the chart below. What other verbs and expressions do you already know that you can add to the table?

Preferencia, deseo (*desire*)	Obligación	Intención, planes
tener ganas de + *infinitivo* preferir querer desear	tener que + *infinitivo* deber + *infinitivo*	pensar + *infinitivo*

NOTA DE LENGUA

The expression *to need to* is often used to express obligation in English, but in Spanish, **necesitar** is generally not used with this meaning. The preferred forms to express obligation are **tener que** or **deber**.

Tengo que/Debo estudiar esta noche.   *I **need** to study tonight.*

Use *PowerPoint Slides* para realizar esta actividad.

5-17 **¿Preferencias u obligaciones?** Tell whether the characters have to do or feel like doing the activities depicted in the drawings on page 159.

Modelo: Esteban

Creo que Esteban tiene ganas de/ tiene que...

1. Esteban

2. Inés

3. Javier

4. Camila

5. Natalia

6. Rubén

7. Pepita

8. Octavio

0 (5-18) Obligaciones, preferencias y planes.

Paso 1. In groups of four, read the statements and decide on at least two activities that you have to do, feel like doing, or plan/intend to do in response to each circumstance. Appoint a secretary to record the information. For item 5, the group should invent a new circumstance.

> tener que...   deber...   tener ganas de...   pensar...

Modelo: Estamos muy preocupados/as porque tenemos examen mañana.
Tenemos que estudiar mucho esta noche; no debemos ver la tele...

1. Estamos muy ocupados/as esta semana.
2. Estamos aburridos/as con la vida social de la universidad.
3. Estamos un poco estresados/as porque tenemos una presentación mañana.
4. ¡No tenemos que estudiar ni hacer tarea este fin de semana!
5. _____

Paso 2. The group secretary reads two activities aloud and the rest of the class must decide whether the circumstances are **una obligación, una preferencia,** or **un plan**.

5–18. Extensión: Reorganice a los estudiantes de modo que cada nuevo grupo tenga estudiantes de los diferentes grupos anteriores. Pida que compartan sus respuestas y que el resto del grupo les dé algunas ideas o recomendaciones adicionales.

5–18. Esta actividad recicla *estar* **+ condición.**

SITUACIONES

Estudiante A: Tu compañero/a de cuarto te invita a una fiesta con sus amigos, pero sus amigos no te gustan mucho y no tienes ganas de ir con ellos. Inventa excusas.
Estudiante B: Vas a una fiesta con tus amigos. Invitas a tu compañero/a de cuarto pero es tímido/a y piensas que no quiere ir porque tiene vergüenza (*is embarrassed*). Insiste.

EXPRESIONES ÚTILES

¿Sabes?	*You know, . . . ?*
¡Vamos!	*Come on!*
(Verás), es que . . .	*(You see/ Well), the thing is . . .*

Así se forma

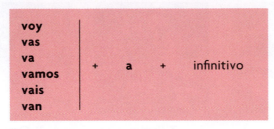

Voy a impresionar a Pepita con mis músculos.

WILEY PLUS Go to *WileyPLUS* and review the Animated Grammar Tutorial and Verb Conjugator for this grammar point.

Use *PowerPoint Slides* para presentar y practicar esta gramática.

Aclare que *ir* + *a* + **infinitivo** es una forma de expresar futuro, pero hay otras. Señale que estudiarán el tiempo futuro en el *Capítulo 11*.

2. Making future plans: *Ir* + *a* + infinitive

To talk about plans and actions yet to occur, use
ir + **a** + infinitive

voy vas va vamos vais van	+ a + infinitivo

Vamos a jugar al básquetbol.
Inés **va a tocar** el piano esta noche.
Y tú, ¿qué **vas a hacer** mañana por la tarde?

We are going to play basketball.
Inés *is going to play* the piano tonight.
*And you, what **are you going to do** tomorrow afternoon?*

The following expressions are useful to talk about the future.

En el futuro	
el mes/año/verano que viene	*next month/year/summer*
el próximo mes/año/verano	*next month/year/summer*

I/O 5-19 ¿Qué voy a hacer?

Paso 1. Read the statements below and describe the circumstances in which you would say them.

Modelo: "Voy a dormir".
Son las dos de la mañana. Tengo sueño (*I'm sleepy*).

1. "Voy a correr en el parque." Debo hacer deporte…

2. "Voy a llamar a mi mamá." Tengo ganas de hablar con ella…

3. "Voy a comer un sándwich." Tengo hambre…

4. "Voy a ver la tele." Quiero ver una película…

5. "Voy a tomar un vaso de agua." Tengo sed…

6. "Voy a comprar tortillas." Tengo ganas de cocinar…

7. "Voy a ir a la biblioteca." Tengo que estudiar…

8. "Voy a estudiar." Tengo un examen…

Paso 2. In the column **Yo**, write what you are going to do in response to the following situations. When you finish writing, ask a classmate and fill in her/his answers in the column **Mi compañero/a.** Are they similar or different? Be ready to share with the class.

5–19. Esta actividad recicla *tener hambre/sed.*

Modelo: El día está bonito.

Estudiante A: **¿Qué vas a hacer?**

Estudiante B: **Voy a dar un paseo.**

	Yo	Mi compañero/a
¡Tengo un billete de lotería premiado (*a winning lottery ticket*)!	Voy a...	Va a...
Mis padres vienen de visita este fin de semana.		
Tenemos un mes de vacaciones.		
Necesito dinero.		

5-20 El grupo de estudio. You have formed a study group with three or four classmates to prepare for a Spanish test.

Paso 1. Fill in the agenda schedule pages below with your activities for today (**hoy**) and tomorrow (**mañana**).

 Paso 2. Now, talk with your classmates and try to find a 1–2 hour slot when you can meet at the library. Use the model below to structure your answers about what you will be doing.

Modelo: Estudiante A: **¿Pueden ir a la biblioteca esta tarde a las 2?**

Estudiante B: **No, voy a estar en mi clase de química.**

Estudiante C: **Y yo voy a jugar al fútbol de 1:30 a 3.**

Hoy	Mañana
8:00 A.M.	8:00 A.M.
9:00 A.M.	9:00 A.M.
10:00 A.M.	10:00 A.M.
11:00 A.M.	11:00 A.M.
12:00 P.M.	12:00 P.M.
1:00 P.M.	1:00 P.M.
2:00 P.M.	2:00 P.M.
3:00 P.M.	3:00 P.M.
4:00 P.M.	4:00 P.M.
5:00 P.M.	5:00 P.M.
6:00 P.M.	6:00 P.M.
7:00 P.M.	7:00 P.M.
8:00 P.M.	8:00 P.M.

VideoEscenas: Un fin de semana en Sevilla

▲ Rocío y Carmen se encuentran (*run into each other*) en el Parque del Retiro, en Madrid (España).

 Paso 1. Make a list of activities that would make an ideal weekend, and then share it with a classmate.

Paso 2. Watch the video once and select the statement that best describes the main idea.

☐ Rocío y Carmen hacen planes para el fin de semana.
☑ Rocío y Carmen hablan sobre sus planes para el fin de semana.

Paso 3. Watch the video again, this time pay attention to the details and mark all the options that are true for each statement. Look at the statements and options now so you know what you need to watch and listen for.

1. Rocío va a…

☐ ver la tele.
☐ salir con su novio.
☑ ver un partido de fútbol.

☐ jugar un partido de fútbol.
☑ ir de compras.

2. Carmen va a…

☑ visitar a su prima.
☐ ir a todos los parques.

☑ pasear por Sevilla.
☐ montar en bicicleta.

3. Rocío piensa que Carmen…

☑ tiene que ir al Parque María Luisa.
☐ debe ir a Sevilla en primavera.
☐ tiene que montar en bicicleta.

 Paso 4. In small groups, imagine that Carmen is coming to town for the weekend, what would you suggest she does?

Modelo: Tiene que visitar… Puede ir a …

Así se dice

El tiempo y las estaciones (*The weather and the seasons*)

Use *PowerPoint Slides* para ilustrar diferentes condiciones meteorológicas y estaciones del año. Añada expresiones relevantes para la zona en la que se encuentran. Por ejemplo: **Hay mucha humedad, etc.**

Hace buen tiempo. Hace fresco y **está nublado** (hay **nubes**). **Es primavera.**

Llueve todas las tardes. Ahora también **está lloviendo**. Dicen que después de **la lluvia** sale **el sol**.

Hace sol y **hace** (mucho) **calor**. Octavio **tiene calor**. Es **verano.**

Hace mal tiempo. Hace viento. Es **otoño.**

Hace frío. Esteban **tiene frío.** Es **invierno.**

Aquí, en el invierno, **nieva** casi todos los días. **Está nevando** ahora. ¡Me encanta **la nieve!**

Sugerencias: Dibuje o interprete con mímica (o pida a los estudiantes que lo hagan) varias expresiones para hablar del tiempo. Por ejemplo, puede dibujar un círculo con rayos o mirar hacia arriba mientras se protege los ojos con la mano mientras dice: *Hace sol.*

Recicle los meses cuando presente las estaciones. Por ejemplo, escriba en la pizarra: *¿Primavera, verano, otoño o invierno?* y pregunte: *¿Qué estación asocian a estos meses? Febrero, agosto, marzo, noviembre... ¿Qué estación asocian a estos fenómenos? La nieve, el viento, el calor, el huracán...*

El tiempo		Las estaciones	Las personas
hace	(muy) buen/mal tiempo	primavera	tener calor/frío
	sol	verano	
	fresco	otoño	
	(mucho) calor	invierno	
	(mucho) frío		
	(mucho) viento		
llover (ue) →	la lluvia		
nevar (ie) →	la nieve		

To ask what the weather is like, say: **¿Qué tiempo hace?**

clima	*climate*	**nublado**	*cloudy*
fresco	*cool*	**el sol**	*sun*
la nube	*cloud*	**el viento**	*wind*

5–21. Use *PowerPoint Slides* para completar este ejercicio e ilustrar la belleza y variedad del mundo hispano.

Opción: Presente una expresión meteorológica y pida a la clase que identifique la ubicación geográfica.

NOTA DE LENGUA

Notice that **el tiempo** can either refer to time or weather (context will help you interpret it correctly):

—**¿Qué hora es?**
—Son las 4:00. ¿Tienes tiempo para tomar café?

—*What time is it?*
—*It's 4 o'clock. Do you have time for coffee?*

—**¿Qué tiempo hace?**
—Hace frío.

—*What´s the weather like?*
—*It's cold.*

I/O **5-21** **Por aquí y por allá**

Paso 1. **Por aquí.** Fill in the following chart with details about each month where you live.

Mes	Tiempo
enero	
abril	
julio	
octubre	

 Paso 2. **Por el mundo hispano.** In pairs and taking turns, one of you will select one of the photos below, describe what the weather is like and identify the season of the year. The other identifies the location being described.

Modelo: Estudiante A: **Hace frío y hay mucha nieve. Es invierno.**[1]
Estudiante B: **Es el Parque Nacional Los Glaciares, Argentina.**

▲ Parque Nacional Los Glaciares, Argentina

▲ Huracán Georges, Puerto Rico

▲ Playa Manuel Antonio, Costa Rica

[1]The seasons of the year are reversed in the northern and southern hemispheres; for example, when it is winter in Argentina, it is summer in the United States and Canada.

▲ Resort de esquí, Chile

▲ Maestrazgo, España

▲ Tres Piedras, Nuevo México

5-22 El clima y las estaciones.

Paso 1. A prospective student from the Dominican Republic wants to come to the United States for a semester and she wants to know a bit more about the weather in the places she is considering and what people do in different seasons. Read her e-mail and talk about her questions with a classmate.

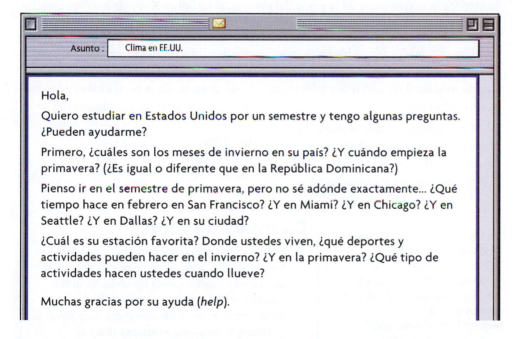

Asunto: Clima en EE.UU.

Hola,

Quiero estudiar en Estados Unidos por un semestre y tengo algunas preguntas. ¿Pueden ayudarme?

Primero, ¿cuáles son los meses de invierno en su país? ¿Y cuándo empieza la primavera? (¿Es igual o diferente que en la República Dominicana?)

Pienso ir en el semestre de primavera, pero no sé adónde exactamente... ¿Qué tiempo hace en febrero en San Francisco? ¿Y en Miami? ¿Y en Chicago? ¿Y en Seattle? ¿Y en Dallas? ¿Y en su ciudad?

¿Cuál es su estación favorita? Donde ustedes viven, ¿qué deportes y actividades pueden hacer en el invierno? ¿Y en la primavera? ¿Qué tipo de actividades hacen ustedes cuando llueve?

Muchas gracias por su ayuda (*help*).

Paso 2. Now, reply to her message. Be sure to answer all of her questions, and offer your recommendation on which city you think she should choose, and why.

5–22. Puede asignar el Paso 2 del ejercicio para hacer en clase de forma individual o con las mismas parejas. También puede ser asignado como tarea.

Sugerencia: Pida a los estudiantes que traigan, para el próximo día de clase, el pronóstico meteorológico de Santo Domingo (u otra ciudad) y que lo comparen con el de la ciudad donde viven. Esta actividad también puede ser asignada para completar por escrito como tarea.

DICHOS

A mal tiempo, buena cara (*face*).
¿Qué significa el dicho?

Cultura: El fútbol:
Rey de los deportes

Use *PowerPoint Slides* para presentar esta sección de cultura.

Antes de leer

1. Are you a sports fan? Of which sport(s)?
2. What do "average" and "extreme" fans do to support their teams?
3. Do you know where the latest World Cup soccer event took place? South Africa

▶ Muchos jóvenes aspiran a ser futbolistas famosos.

▲ En 2010, España ganó la Copa Mundial.

▲ Carlos Bocanegra, capitán del equipo nacional de Estados Unidos en la Copa Mundial de 2010.

Para los dominicanos, los puertorriqueños, los cubanos y los venezolanos, el béisbol es el deporte más importante. Sin embargo, para gran parte del mundo hispano, y la mayor parte de la gente del planeta, el fútbol es el rey de los deportes. En muchos países hispanos, el fútbol es más que un deporte. ¡Es una forma de vida!

Los aficionados (*fans*) hacen de este deporte casi una religión. Ver un partido importante, en el estadio o por televisión, es una obligación.

La pasión por el fútbol aumenta al máximo cada cuatro años con la celebración de la Copa Mundial. Durante la competencia, los aficionados no se pierden (*don't miss*) ni un solo partido. El fútbol no respeta horarios (*schedules*) ni lugares: en muchos países los empleados ponen televisores en sus lugares de trabajo para ver jugar a sus equipos favoritos. Los futbolistas talentosos son auténticos héroes nacionales y mundiales.

Brandy Chastain cuando Estados Unidos derrotó (*defeated*) a China en la Copa Mundial Femenina en 1991. Esta Copa se creó en 1991 y hoy el equipo de Estados Unidos es uno de los mejores (*best*) del mundo. ▼

▲ Lionel Messi (Argentina)

INVESTIG@ EN INTERNET

¿Cuándo empieza (*begin*) y termina (*end*) la Liga de Fútbol en España? ¿Y en Argentina? ¿Sabes por qué?

Después de leer

1. Although the U.S. launched Major League Soccer in 1996 and soccer is one of the most commonly played sports by children in the country, which sports are generally the most popular here? Do you think they have as strong a following as soccer does in Latin America?

2. How much do you know about how soccer is played? If you don't know the following terms, look up what they refer to:
   yellow & red card   assist   charge   wall

A yellow card indicates that the player has committed a flagrant foul. A red card indicates that the player is being ejected from the game. Assist: A pass or two passes immediately before a goal is scored. Charge: A legal move, executed from the front or side of the ball carrier, where a player runs into an opponent. It is illegal if committed against a player without the ball or from behind. Wall: A call for defenders to make a wall in front of the goal, when a free kick is to be made.

Así se forma

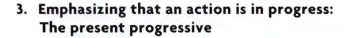

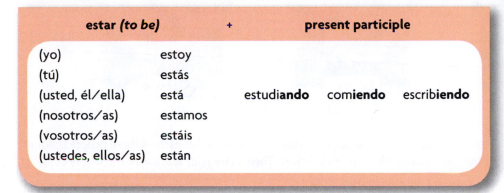

¿Qué estás pintando, Camila?

¿No es obvio?

3. Emphasizing that an action is in progress: The present progressive

To indicate and emphasize that an action is in progress, Spanish uses **estar** + *present participle* (**–ndo**) (the present progressive). The present participle always ends in **–ndo**: It does not change to agree with the subject. **Estar,** however, always changes to agree with the subject.

estar *(to be)*		+		present participle	
(yo)	estoy				
(tú)	estás				
(usted, él/ella)	está	estudi**ando**	com**iendo**	escrib**iendo**	
(nosotros/as)	estamos				
(vosotros/as)	estáis				
(ustedes, ellos/as)	están				

Elena **está estudiando** para un examen.
Nosotros **estamos comiendo** galletas.

*Elena **is studying** for an exam.*
*We **are eating** cookies.*

Note how the present participle is formed.

	stem	+	ending	=	present participle
–ar verbs	**estudi**ar		**–ando**		**estudiando**
–er verbs	**com**er		**–iendo**		**comiendo**
–ir verbs	**escrib**ir		**–iendo**		**escribiendo**

All –ir verbs with a stem change, also have stem changes in the present participle, sometimes that stem change is the same as in the simple present tense, but other times it is different:

pedir (i, i[1])	**p**i**diendo**	preferir (ie, i)	**prefiriendo**
dormir (ue, u)	**d**u**rmiendo**		

A few other present participle forms are irregular. You will have to learn these individually.

leer (irreg.)	**leyendo**	oír (irreg.)	**oyendo**

Unlike in English, the present progressive in Spanish emphasizes that the action is in progress at the moment. It is generally not used to talk about habitual and repeated actions, nor is it used to talk about the future.

¿Ustedes todavía **están comiendo**?

Are you still eating?

Salgo en una hora.
~~Estoy saliendo en una hora.~~

I am leaving in an hour.

---

[1] Lists and glossary entries of stem changing verbs will show the stem changes in parentheses. When two changes are shown, the second is the present participle change, for example: pensar (ie) p**ie**nso, pensando; dormir (ue, u) d**ue**rmo, d**u**rmiendo.

Use *PowerPoint Slides* para presentar y practicar esta gramática.

WILEY PLUS Go to *WileyPLUS* and review the Verb Conjugator for this grammar point.

Extensión: Escriba ejemplos del presente progresivo en la pizarra e interprételos con mímica: *Estoy cantando/hablando/comiendo/escribiendo.*

Después de presentar la formación del presente progresivo, practique con verbos de este capítulo y los anteriores.

NOTA DE LENGUA

Note that there are important differences between Spanish and English regarding the use of the present participle. Remember, for instance, that we use the infinitive and not the present participle with **gustar**. (See *Capítulo 4*.)
No me gusta **correr** en el parque.
I don't like running in the park.
~~No me gusta corriendo en el parque.~~

I/O **5-23** ¿Qué están haciendo?

Paso 1. As you listen, write the number of each sentence underneath its corresponding drawing.

Javier — 1

Manuel / Linda — 3

Esteban — 4

Alfonso — 5

Manuel — 6

Inés — 7

Octavio — 2

5–23. Use *PowerPoint Slides* para completar este ejercicio.

Paso 2. With a partner, add two additional activities that each of these people is doing at the same time as the activities shown. Then share your ideas with the whole class.

Modelo: Javier está estudiando.
Está leyendo un libro de química y está pensando en su examen de mañana.

5-24 **Probablemente.** Work with a partner. First, in the **Yo** column, write two things you would probably be doing in each situation or location. Then, in the **Tú** column, write two things your partner would probably be doing in each situation or location. Finally, ask each other and see if you guessed correctly. How much do you have in common?

Modelo: En un concierto de salsa
Estudiante 1: **En un concierto de salsa, ¿estás bailando y cantando?**
Estudiante 2: **Sí, estoy bailando, pero no estoy cantando.**

	Yo	Tú
En el gimnasio	1. Estoy… 2. Estoy…	1. Estás… 2. Estás…
En la Playa Varadero	1. 2.	1. 2.
En un restaurante cubano	1. 2.	1. 2.
En tu cuarto	1. 2.	1. 2.

5-25 **Actores y actrices.** Eight volunteers dramatize an activity in front of the class. The rest of the class indicates what each actor is doing. Close your textbooks!

Modelo: Profesor/a: ¿Qué está haciendo José?
Estudiantes: **Está caminando por el salón.**

Así se forma

Lisa, ¿quieres conocer a Martín?

Pues, ¿cómo es? ¿De dónde es?

4. Describing people, places, and things: *Ser* and *estar* (A summary)

To indicate that an action is in progress (present progressive), Spanish uses **estar** + *present participle* (**–ndo**). The present participle always ends in **–ndo**: It does not change to agree with the subject. **Estar,** however, always changes to agree with the subject.

Use *ser*	Use *estar*
• to identify *who* or *what the subject is* (vocation, profession, religion, etc.)	• to indicate *the physical location* of *a person, thing or place.*
Ese chico **es mi hermano**. Alex **es estudiante** de la Universidad de Texas.	Su familia **está en Puerto Rico** y Alex los visita en las vacaciones.
• to indicate *origin* (where the subject is from) and *nationality*	• to indicate an *action in progress* (present progressive): **estar + -ando/-iendo**
Es de Puerto Rico. Es puertorriqueño.	**Está jugando** al tenis **ahora**.
• To express *day, date, season*:	
Es el ocho de abril. **Es lunes.** **Es primavera.**	
• To tell *time*:	
Son las nueve de la mañana.	
• To indicate *possession*:	
—**¿Es de Susana** la raqueta? —No, **es mi** raqueta.	

Ser + adjectives	Estar + adjectives
• to indicate *what the subject is like* —inherent or essential traits or qualities, both physical and in personality.	• to indicate *physical* or *emotional state, condition* or *traits not inherent* to the thing or person —often a change from the usual.
Es alto, simpático y **muy inteligente**. Alex **es nervioso**. La nieve **es fría**. Adela **es muy guapa** (*is very pretty*).	Ahora **está un poco enfermo**. Alex **está nervioso** porque tiene un examen. Esta sopa **está fría**. Adela **está muy guapa** (*looks very pretty*) hoy.
Therefore, **ser** is the only option with adjectives that can only express inherent qualities.	**Estar**, on the other hand, is the only option with adjectives that can only express states.
Santiago **es inteligente** y **trabajador**. ~~Santiago está inteligente y trabajador.~~	Santiago **está bien/mal/cansado** (*tired*). ~~Santiago es bien/mal/cansado.~~

WILEY **PLUS** Go to *WileyPLUS* and review the Animated Grammar Tutorial and Verb Conjugator for this grammar point.

Use *PowerPoint Slides* para presentar y practicar esta gramática.

Puede señalar a la clase ejemplos anteriores con *ser aburrido* (p. 77) y *estar aburrido* (p. 90).

Recicle los usos de *ser* y *estar*. Escriba cada concepto o categoría en la pizarra (origen/nacionalidad, condición, etc.) y presente oraciones "personalizadas" para la clase. Pida a los estudiantes que identifiquen el concepto al que corresponde cada oración.

Señale e ilustre la diferencia entre *Camila es/está delgada*. Después, pida a los estudiantes que expliquen las diferencias entre *Paco es/está nervioso*, *¿Cómo es/está Pepe?*

Some adjectives are used with either **ser** or **estar**, and express a different meaning according to which verb they are used with. Sometimes the difference in meaning is just a nuance, other times it is more significant.

With *ser*		With *estar*	
ser bonito/a Ana **es** muy **bonita.** *Ana is very pretty.*	to be handsome/pretty	**estar bonito/a** Ana **está** muy **bonita.** *Ana looks very pretty.*	to look handsome/pretty
ser aburrido Esa clase **es aburrida.** *That class is boring.*	to be boring	**estar aburrido** Siempre **estoy aburrido** en esa clase. *I am always bored in that class.*	to be bored
ser cansado Correr **es cansado.** *Running is tiring.*	to be tiring	**estar cansado** Hoy **estoy muy cansado.** *Today I am very tired.*	to be tired

5-26. Extensión: Puede personalizar esta actividad. Pida a los estudiantes que piensen en algún amigo o amiga para quien les gustaría arreglar una cita a ciegas y que estén preparados para describir a esa persona. Luego, dígales que circulen por la clase hablando los unos con los otros sobre sus amigos hasta encontrar a un/a compañero/a cuyo/a amigo/a sea compatible con el/la suyo/a.

5-26 **¿Quieres salir con él/ella?** Work with a classmate. One of you wants to arrange a blind date for the other. Complete the conversation with forms of **ser** or **estar**.

ESTUDIANTE A: ¿Cómo se llama tu amigo/a?

ESTUDIANTE B: _____. ____Es____ de la Ciudad de Nueva York.

ESTUDIANTE A: ¿ ____Es____ estudiante?

ESTUDIANTE B: Sí, de esta (*this*) universidad. Y también ____es____ atleta. Le gusta jugar al tenis y al básquetbol, montar en bicicleta, levantar pesas...

ESTUDIANTE A: Pues, ¿cómo ____es____? Descríbemelo/la.

ESTUDIANTE B: ____Es____ una persona muy buena, muy amable.

ESTUDIANTE A: ¿____Es____ guapo/a?

ESTUDIANTE B: Sí, ____es____ muy guapo/a y muy divertido/a (*fun*). ¿Quieres conocerlo/la?

ESTUDIANTE A: Sí, ¡por supuesto (*of course*)! ¿Dónde ____está____ ahora?

ESTUDIANTE B: Creo que ____está____ en el laboratorio de biología. Seguro que ____está____ trabajando ahora porque ____es____ asistente del profesor.

ESTUDIANTE A: No importa. ¡Vamos al laboratorio!

PALABRAS ÚTILES

callado/a	*quiet*
enojado/a	*angry*
grosero/a	*rude*
impaciente	*impatient*
tranquilo/a	*calm*

5-27. Sugerencia: Recuerde a los estudiantes que revisen los adjetivos descriptivos de emoción del Capítulo 3.

5-27 **Sugerencias (*Suggestions*).** Make a three-column chart with the names of three or four people that you know in the left column. In the middle column, write what each person is *normally* (**Generalmente es...**) like. In the left column, indicate a *change* (**Ahora está...**) in her/his disposition. Take turns sharing your concerns with your partner, who will ask the reason for the change. After you respond, she/he will offer a suggestion about what she/he should do. Be ready to report to the class and explain whether you agree with the advice or not.

Modelo: Estudiante 1: **Generalmente, mi hermano es muy enérgico, pero ahora está cansado porque está en el equipo de fútbol y practica todos los días.**

Estudiante 2: **Debe/Tiene que descansar los domingos.**

Dicho y hecho

PARA LEER: La realidad virtual

ANTES DE LEER

1. What are the most popular channels in the U.S. on which to watch sports games? Do you prefer some of these channels over others? Why?

2. Which sports channels and events are televised for free, and which do you have to pay for? Do you expect more from sports events that you pay to watch?

Sugerencia: Pida a los estudiantes que comparen sus apuntes sobre la idea principal de cada párrafo en grupos de tres o cuatro y que cada grupo trabaje para articular esa idea en español.

ESTRATEGIA DE LECTURA

Reading to identify the main idea

Particularly as readings become more difficult, it's important not to get hung up on deciphering every single idea a text develops. Instead, try to identify and follow the main idea of each paragraph. Often, the main idea is expressed in the first sentence, but sometimes it can be embedded deeper in the paragraph. As you read the selection that follows, pause after each paragraph and jot down what you understood as its main idea before continuing to the next paragraph. For example, read the first paragraph and determine which of these is the main idea:

☐ In Argentina, there are two channels that televise soccer games in very different ways.

☐ In Argentina, many soccer fans become hypnotized while watching games on television.

Jot down the main idea of the other paragraphs in your notebook. Read through your notes in sequence to get a sense of the article's overall message.

A LEER

Durante un reciente viaje a Argentina me llamó la atención algo curioso. Los grandes partidos de fútbol se televisan de dos maneras: en una se ve el partido, y en la otra no. En un canal (*TyC Sports*) las cámaras enfocan la cancha[1], y en el otro canal (*Fox*) sólo enfocan las gradas[2]. En el primero pagas[3] por ver a los jugadores, y en el segundo te conformas[4] mirando a los aficionados[5]. Lo sorprendente es que muchas personas se quedan hipnotizadas en los bares, imaginando el partido en las caras de los aficionados de su equipo. Se puede decir entonces que los aficionados argentinos han logrado algo impensable[6]: sustituir al espectáculo al que asisten, proyectando un partido virtual.

Un domingo de abril, noté en un bar la perplejidad[7] de unos turistas extranjeros, que miraban fijamente el televisor esperando que en algún momento las cámaras mostraran ese partido que rugía[8], cantaba y corría fuera de la pantalla. Durante una hora y media vi pasar por las mesas a franceses, mexicanos y japoneses. Todos entraban atraídos por el ruido[9] del estadio, se sentaban interesadísimos, pedían una bebida y después de unos minutos comenzaban a mirar a su alrededor, incómodos[10]. Miraban las caras de los otros parroquianos[11], tratando de leer en sus caras qué demonios[12] era lo que miraban con tanta atención. A mí me pareció un momento de tremendo gozo[13]: yo contemplaba divertido a los turistas extranjeros, ellos observaban cada vez más confundidos a los parroquianos del bar, estos miraban la pantalla, y en la pantalla miles de caras desconocidas miraban el partido que nosotros no podíamos ver. Ustedes que leen esta escena continúan la historia.

Esta manera absurda de seguir partidos invisibles por la tele me hace pensar seriamente en la vida moderna. Somos cada vez más[14] espectadores de la realidad por la televisión. Y, en tiempos de elecciones, los políticos nos tratan como consumidores de promesas, compradores de programas. Pero toda realidad es virtual mientras no se demuestre lo contrario[15]. Y muy pocas veces el control remoto está en nuestras manos.

Texto: Andrés Neuman / *Punto y coma*
Fotografía: Por cortesía de FC Barcelona

---

[1] playing field, [2] stands, bleachers, [3] you pay, [4] you settle for, [5] fans, [6] unthinkable , [7] perplexity, bewilderment, [8] was roaring, [9] noise, [10] uncomfortable, [11] regular customer, local patron, [12] what the devil, [13] enjoyment, [14] more and more, [15] until proven otherwise

Dicho y hecho

Respuestas:

1. By watching the faces of the fans present at the game.

2. Because they couldn't see the actual game being played.

3. Según el/la estudiante.

Después de leer

1. Compare your notes about the main ideas of the text with a classmate, are they similar? If not, try to work together to determine the main point or points the article makes.

2. Answer the following questions about the text.

   a. Cuando el canal Fox en Argentina televisa un partido de fútbol, ¿cómo saben los espectadores qué ocurre?

   b. ¿Por qué están perplejos los turistas que el autor del artículo encuentra en el bar?

3. If you were a soccer fan in Argentina, would you watch games on *Fox,* or would you pay to watch them on *TyC Sports*? Discuss your answers in Spanish, in small groups.

PARA CONVERSAR: Un día sin clases

 Imagine that it is early in the morning on a day with no classes. You are going to spend your free day with a couple of classmates. Plan an outing or day trip. Talk about:

- el tiempo (para determinar el destino/las actividades/etc.)

- lo que tienen ganas de hacer y adónde tienen ganas de ir

- lo que piensan comer, a qué hora y dónde

ESTRATEGIA DE COMUNICACIÓN

Begin prepared to compromise You and your classmates may have very different ideas about what makes for an enjoyable outing, where you'd like to stop and get something to eat, etc. Before engaging in conversation to make your plans, think of a couple of possibilities for something to do in the morning, a couple of possible places to stop for lunch, and a couple of potential afternoon activities. This way you will have alternatives to suggest to each other and more readily plan an outing you'll all enjoy.

DICHOS

El ocio es la madre de todos los vicios.

¿Qué significa este dicho? ¿Estás de acuerdo?

PARA ESCRIBIR: Tu tiempo libre en la universidad

You will write a brochure that your college wants to include in the informational packets for prospective students and their parents. This brochure should present the town or area where your campus is located, focusing on local recreational and cultural activities.

ANTES DE ESCRIBIR

Paso 1. Start by having a very clear idea of the purpose and audience for this piece of writing. In your notebook, answer these questions: What is the purpose of this brochure? Who is its intended audience?

ESTRATEGIA DE REDACCIÓN

Generating details *Capítulo 3* discussed how to use idea maps to generate and start organizing ideas in clusters. Now we will consider how to generate greater details for each of your ideas. For example, if one of your ideas is **"Deportes"**, you may wish to talk about your school's football team. But instead of simply mentioning them, you could look up their win-loss record for the past three years and include this detail.

Paso 2. Now, complete an idea map like the one below with activities of interest to prospective students that are available in your area. You can also add more categories.

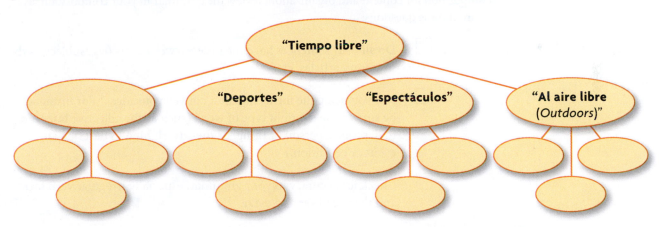

Paso 3. Generate at least two specific details for each idea in your brochure. These could describe the place or event, what one can do there, etc.

Main idea:	Two specific details:
	1. 2.
	1. 2.
	1. 2.

After you have decided what your plans are, share them with another pair of students.

Dicho y hecho

A ESCRIBIR

Now, write your brochure describing the main attractions in the area. Since your purpose is to attract students and their families, be sure to use positive adjectives and an upbeat tone. You may also want to use **ir a**+ *infinitive* when describing activities, to make them more vivid.

Modelo: **En el Centro Deportivo, vas a poder jugar al baloncesto, nadar, tomar clases de yoga…**

> **Para escribir mejor:** As you are writing, you might want to give examples or explain what you mean. These connectors will be useful:
>
> **por ejemplo**   *for example, for instance*
> Hay muchos parques para pasear o descansar. **Por ejemplo,** el Parque Lincoln está cerca del campus, pero es muy tranquilo.
>
> **como**   *as, such as*
> Hay importantes eventos culturales durante el otoño, **como** el Festival de Cine Latinoamericano.

DESPUÉS DE ESCRIBIR

Revisar y editar: Formas correctas.   A good use of grammar in writing consists in using the forms and structures that best convey your ideas. After revising your composition for content and organization, review the grammar in your composition, ask yourself these questions:

☐   Do all your sentences have the necessary elements (e.g. subject, verb, necessary articles, etc.)?

☐   Are you using the forms that best convey your ideas? For instance, be sure to use the right type of word (such as the adjective **bueno/a** to describe a person or thing, or the adverb **bien** to describe an event or condition.)

☐   Check for accuracy in your grammar, especially irregular verb forms and the use of **ser** and **estar**.

 ## PARA VER Y ESCUCHAR: ¡Feliz fin de semana!

ANTES DE VER EL VIDEO

 In pairs or small groups, think about activities people do on the weekends within each of these categories: **Solo/a** (*Alone*), **Con amigos, Con la familia.** Make a chart with your group's conclusions.

ESTRATEGIA DE COMPRENSIÓN

Listening for the main idea When you listen to Spanish, you might want to understand everything that is said. However, the main objective when you watch a video segment should be getting the gist or main ideas. Concentrating on the words that you know and ignoring those that you don't will help you focus on the essence of what is being said.

Sugerencia: Puede mostrar el video sin sonido primero, como se sugería en el *Capítulo 3*, y pedir a los estudiantes que hagan una lista de las actividades y lugares que han observado. Esto les facilitará la comprensión más adelante.

A VER EL VIDEO

Paso 1. Watch the video segment once and complete the following sentences summing up what you heard.

En los fines de semana los hispanos _juegan al fútbol, van al cine, ect_____.

Casi siempre hacen estas actividades con _su familia_____.

Paso 2. Before you watch the video again, complete the table with any activities mentioned that you might remember for each category. Then, watch to check and complete your answers.

Deportes	Juegos (*Games*)	Entretenimiento (*Entertainment*)	Otras
Fútbol Golf Natación	Monopolio Parchís Ajedrez	Ir al cine Ir a comer Ver (una película) en la televisión Ir a fiestas	Ir a misa Visitar a la familia Pintar

DESPUÉS DE VER EL VIDEO

 In groups, answer the following questions.

1. ¿Qué actividades mencionadas en el video haces los fines de semana? ¿Con quién?
2. ¿Qué actividades haces con tu familia en tu tiempo libre?

Extensión: Puede pedir a sus estudiantes que escriban un pequeño párrafo describiendo las semejanzas y diferencias entre las actividades que llevan a cabo durante el fin de semana los hispanos y los estadounidenses.

Repaso de vocabulario activo

Adjetivos

amarillo/a   *yellow*
anaranjado/a   *orange*
azul   *blue*
beige   *beige*
blanco/a   *white*
gris   *grey*
marrón   *brown*
morado/a   *purple*
negro/a   *black*
rojo/a   *red*
rosado/a   *pink*
verde   *green*

Adverbios y expresiones adverbiales

el mes/año/verano que viene   *next month/year/summer*
el próximo mes/año/verano   *next month/year/summer*

Las estaciones   *The seasons*

el invierno   *winter*
el otoño   *fall*
la primavera   *spring*
el verano   *summer*

El tiempo   *The weather*

Está (muy) nublado.   *It's (very) cloudy.*
Hace buen/mal tiempo.   *The weather is nice/bad.*
Hace (mucho) calor.   *It's (very) hot.*
Hace fresco.   *It's cool.*
Hace (mucho) frío.   *It's (very) cold.*
Hace sol.   *It's sunny.*
Hace viento.   *It's windy.*
Llueve./Está lloviendo.   *It's raining.*
la lluvia   *rain*
Nieva./Está nevando.   *It's snowing.*
la nieve   *snow*
las nubes   *clouds*
¿Qué tiempo hace?   *What's the weather like?*

Sustantivos
Los deportes   *Sports*

el baloncesto/el básquetbol   *basketball*
el béisbol   *baseball*
el ejercicio   *exercise*
el equipo   *team*
el fútbol   *soccer*
el fútbol americano   *football*
el golf   *golf*
el partido   *game, match*
la pelota   *ball*
el tenis   *tennis*
el voleibol   *volleyball*

En el parque   *At the park*

el árbol   *tree*
la flor   *flower*
la hoja   *leaf*
el lago   *lake*

Verbos y expresiones verbales

bailar   *to dance*
caminar   *to walk*
cantar   *to sing*
conocer (irreg.)   *to meet, know*
correr   *to run*
dar (irreg.)   *to give*
dar un paseo   *to take a walk, stroll*
deber + infinitivo   *should + verb*
decir (irreg.)   *to say*
descansar   *to rest*
encantar   *to delight*
esquiar   *to ski*
fumar   *to smoke*
ganar   *to win*
hacer (irreg.) ejercicio   *to exercise*
ir de compras   *to go shopping*
jugar (ue)   *to play*
  jugar al...   *to play a sport*
levantar pesas   *to lift weights*
limpiar   *to clean*
llover (ue)   *to rain*
manejar   *to drive*
me encanta(n)   *I really like it (them)*
montar en bicicleta   *to ride a bicycle*
nadar   *to swim*
nevar (ie)   *to snow*
oír (irreg.)   *to hear*

pensar (ie) + infinitivo   *to think about doing something*
perder (ie)   *to lose*
pintar   *to paint*
poner   *to put*
practicar   *to practice*
saber   *to know*
salir (irreg.) (de)   *to leave*
tener (irreg.) calor   *to be hot*
tener frío   *to be cold*
tener ganas de + infinitivo   *to feel like + infinitive*
tener que + infinitivo   *to have to + infinitive*
tocar   *to touch*
tocar (instrumento musical)   *to play an instrument*
tomar el sol   *to sunbathe*
traer (irreg.)   *to bring*
venir (irreg.)   *to come*
ver   *to see*
ver la tele(visión)   *to watch TV*
viajar   *to travel*

Autoprueba y repaso

I. *Saber* and *conocer*. Complete the dialogue with the correct form of the appropriate verb.

Marta: ¿_____ (tú) tocar la guitarra? Necesito encontrar un guitarrista para nuestra fiesta.

Pablo: No _____ tocar la guitarra, pero (yo) _____ a una persona que sabe tocarla muy bien.

Marta: ¿_____ (tú) dónde vive?

Pablo: No _____. Pero podemos buscar su dirección (*address*) y número de teléfono en la guía telefónica y llamarlo. Podemos ir en mi coche a su casa. (Yo) _____ bien la ciudad y puedo acompañarte.

Marta: ¡Gracias!

II. Additional *yo*-irregular verbs. What do perfect students do?

Modelo: tener interés en la clase (Juan, yo)
Juan tiene interés en la clase.
Yo tengo interés en la clase también.

1. venir a clase todos los días (tú, yo)
2. decir *hola* a los estudiantes al entrar en la clase (nosotros, yo)
3. traer la tarea a clase (ellas, yo)
4. poner la tarea en el escritorio del profesor (Ana, yo)
5. saber todo el vocabulario (nosotros, yo)
6. hacer preguntas en clase (ustedes, yo)
7. no salir de clase temprano (ella, yo)

III. *Ir + a +* infinitive. What is happening tomorrow?

Modelo: Lisa / estudiar
Lisa va a estudiar.

1. Marta / jugar al tenis
2. Luisa y Alberto / montar en bicicleta
3. (yo) / ver un partido de fútbol
4. (tú) / preparar una paella
5. nosotros / ir a la playa

IV. The present progressive. What is happening right now?

Modelo: Llueve.
Está lloviendo.

1. Nieva.
2. El niño duerme.
3. Leo una novela.
4. Vemos la tele.
5. Mis hermanos preparan la cena.

V. *Ser* and *estar*. What is happening right now?

Luisa Pereira _____ mexicana. _____ de la ciudad de México, pero ahora _____ en Guadalajara. _____ abogada y _____ una mujer inteligente y dinámica. Hoy _____ preocupada porque tiene un caso importante en la corte municipal.

VI. General review. Answer with complete sentences.

1. ¿Qué estás haciendo en este momento?
2. ¿Qué vas a hacer esta noche?
3. ¿Qué haces los fines de semana?
4. ¿Qué tienes que hacer mañana?
5. ¿Qué tienes ganas de hacer ahora?
6. ¿A quién conoces muy bien en la clase de español?
7. ¿Qué traes a la clase?
8. ¿Cuál es tu estación favorita? ¿Por qué?
9. ¿Qué tiempo hace hoy?

VII. *Cultura.*

1. Regarding sports, in what way are the Spanish-speaking nations of the Caribbean different from other Hispanic nations?
2. What is the novel *En el tiempo de las mariposas* about?
3. How is the African influence in the Dominican Republic and Cuba present today?

Answers to the *Autoprueba y repaso* are found in **Apéndice 2.**

By the end of this chapter you will be able to:

- Talk about daily routines
- Describe how actions take place
- Talk about actions in the past
- Talk about job-related issues

ENTRANDO AL TEMA

1. Do you know the name of the currency used in Spain? *Hint:* It is the same as in the rest of the EEC (European Economic Community). El euro

2. Which group lived in Spain for almost 800 years and exerted tremendous cultural influence?

   ☑ Arabs   ☐ Germans   ☐ Chinese

Así se dice

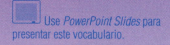
Use *PowerPoint Slides* para presentar este vocabulario.

La vida diaria

Por la mañana

Camila

despertarse (ie)

Celia

la cama

el reloj despertador

sonar (ue)

vestirse (i, i)

Alex

Tomás

ponerse (los zapatos, la ropa, etc.) (irreg.)

lavarse (la cara, las manos, etc.)

Cristina

bañarse

Rosa

secarse

cortarse (el pelo, las uñas, etc.)

el secador de pelo

Natalia

las tijeras

Sonia

cepillarse el pelo/el cabello

maquillarse

el cepillo

peinarse

Lupe

Pepita

el maquillaje

el peine

Inés

Alfonso

Pedro

el champú

el gel

ducharse

el jabón

la toalla

el papel higiénico

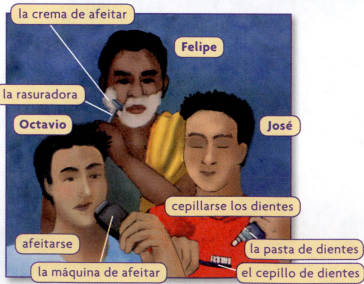

la crema de afeitar

Felipe

la rasuradora

Octavio

José

afeitarse

cepillarse los dientes

la máquina de afeitar

la pasta de dientes

el cepillo de dientes

Preguntas. Refiérase a las *Preguntas de comprensión* impresas en azul al final de este libro de profesor/a para encontrar preguntas que puede usar para presentar este vocabulario.

Sugerencia: Recuerde a los estudiantes el sistema para indicar cambios en la raíz de los verbos, que aparecen entre paréntesis: la primera, y a veces única letra, indica un cambio en el presente. La segunda letra indica un cambio en el participio de presente (también en la 3a persona sing. del pretérito, pero esta información no es relevante ahora.)

Por la noche

dormirse (ue)
Pepe
Esteban
CALCULO II

la compañera de cuarto
Alicia
tener sueño
Luisa
acostarse (ue)
quitarse (la ropa, los zapatos, etc.)

Leo
Ariel
relajarse

el profesor Marín-Vivar
Carmen
Divertirse (ie, i)

Javier
Marlena
Rubén

Linda
Manuel

acostarse (ue)	*to go to bed*
despertarse (ie)	*to wake up*
divertirse (ie, i)	*to have a good time*
dormirse (ue, u)	*to fall asleep, to go to sleep*
el compañero/la compañera de cuarto	*roommate*
levantarse	*to get up, arise*
quitarse (la ropa)	*to take off (one's clothes, etc.)*
secarse (el pelo, las manos, etc.)	*to dry (one's hair, hands, etc.)*
sonar (ue)	*to ring, sound*
tener sueño	*to be sleepy*
vestirse (i, i)	*to get dressed*

6-1. Sugerencia: Escriba cada actividad en una hoja de papel. Luego, distribuya los papeles entre los estudiantes (use una cantidad mayor o menor de actividades según el número de estudiantes; en una clase grande, se pueden hacer varios grupos, por ejemplo a un grupo pueden tocarle actividades que se realizan por la mañana y a otro, actividades nocturnas). Sin mostrarse los papeles, los estudiantes de un mismo grupo tienen que trabajar juntos para determinar el orden cronológico de las actividades y colocarse en fila según este orden. Algunas actividades pueden tner más de un número si las realizan en diferentes momentos del día.

6-1 La rutina diaria.

Paso 1. Organiza estas actividades en orden cronológico, según (*according to*) tu rutina diaria personal. Numéralas del 1 al 15.

_____ acostarse

_____ bañarse/ducharse

_____ cenar

_____ cepillarse los dientes

_____ desayunar

_____ despertarse

_____ dormirse

_____ ir a clase

_____ estudiar

_____ levantarse

_____ peinarse

_____ quitarse la ropa

_____ secarse

_____ vestirse/ponerse la ropa

_____ ver la tele

Paso 2. Ahora compara tu lista con la lista de un/a compañero/a (*classmate*). ¿Son sus rutinas similares o diferentes?

6-2. Respuestas: Es posible que algunos estudiantes piensen en otras.
1. vestirse/ponerse/quitarse;
2. lavarse el pelo; 3. peinarse/cepillarse/cortarse/lavarse/secarse; 4. cortarse; 5. peinarse; 6. cepillarse los dientes; 7. maquillarse; 8. lavarse/ducharse/bañarse; 9. ponerse; 10. dormir/dormirse; 11. secarse; 12. cepillarse.

I/O ## 6-2 Nuestras actividades diarias. ¿Qué actividades asocias con los siguientes objetos? Intenta (*try*) pensar en el mayor (*largest*) número posible.

Modelo: el reloj despertador
despertarse, levantarse, sonar . . .

1. la ropa
2. el champú
3. el pelo
4. las tijeras
5. el peine
6. la pasta de dientes
7. el maquillaje
8. el jabón
9. el desodorante
10. la cama
11. la toalla
12. el cepillo

6-2. Sugerencia: Traiga varios objetos de higiene personal (un peine, jabón, etc.) y muéstrelos a la clase. Pida a los estudiantes que nombren cada objeto u ofrezca dos o tres alternativas para que identifiquen la correcta.

6-3. Respuestas: 1. el gel; 2. el cepillo de dientes; 3. el reloj despertador; 4. afeitarse; 5. secarse; 6. las tijeras; 7. el jabón; 8. acostarse; 9. el maquillaje; 10. el champú.

Sugerencia: Lluvia de ideas: escriba en la pizarra 4 ó 5 palabras nuevas (*levantarse, lavarse…*) y pídale a la clase que, en parejas o grupos pequeños, escriban palabras relacionadas en un tiempo limitado (ej. 1 minuto) para que la actividad sea dinámica. En clases con poca motivación, se puede presentar como una competencia entre grupos.

6-3 ¡Adivina! (*Guess!*) En parejas, uno de ustedes va a leer las descripciones 1–5 mientras (*while*) el otro escucha (¡con el libro cerrado!) e intenta adivinar (*tries to guess*) las actividades o cosas descritas. Después, el Estudiante B lee las descripciones 6-10 y el Estudiante A adivina. ¿Quién puede identificar más cosas o acciones?

Estudiante A:
1. Un líquido para lavarse en la ducha.
2. Un objeto para cepillarse los dientes. Pones la pasta de dientes en él.
3. Una máquina para despertarse por la mañana. Suena mucho.
4. La acción de quitarse pelo con una rasuradora o con una máquina.
5. Después de la ducha o después de lavarse. Se hace con una toalla.

Estudiante B:
6. Un objeto para cortarse el pelo o las uñas, para cortar papel, etc.
7. Un producto para lavarse la cara, las manos.
8. Ir a la cama para dormir.
9. Las chicas usan esto para estar guapas.
10. Un producto para lavarse el pelo.

6-4 **Colgate Total.**

Paso 1. Mira el anuncio (*ad*) de abajo. ¿Qué está anunciando?

a. un cepillo de dientes   **b.** un desodorante   **c.** una pasta de dientes

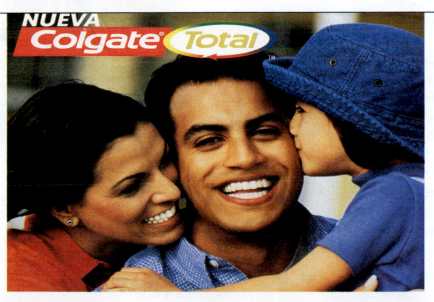

Protege tu boca aún cuando no te estás cepillando.

¡La nueva **COLGATE TOTAL**, con su avanzada fórmula de acción prolongada sigue trabajando después de cepillarte y te ayuda a proteger tu boca contra las caries, el sarro, la placa, la gingivitis y el mal aliento, hasta por doce horas! Colgate Total es una pasta tan avanzada que sigue trabajando entre cepilladas mientras te diviertes, mientras trabajas y hasta cuando duermes. ¡Hora tras hora tras hora!

Visite nuestro website: http://www.colgate.com

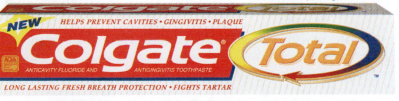

NEW **Colgate** *Total*
HELPS PREVENT CAVITIES · GINGIVITIS · PLAQUE
ANTICAVITY FLUORIDE AND   ANTIGINGIVITIS TOOTHPASTE
LONG LASTING FRESH BREATH PROTECTION · FIGHTS TARTAR

La cepillada tan avanzada que trabaja entre cepilladas.

Paso 2. Lee las preguntas de abajo (*below*). Después lee el anuncio otra vez (*again*) y contesta las preguntas.

1. ¿Contra qué protege Colgate?   Contra la placa, las caries, el sarro, la gingivitis y el mal aliento.

2. ¿Cuándo sigue (*does it continue*) trabajando?   Entre cepilladas, mientras trabajas, te diviertes y duermes.

Paso 3. En grupos pequeños, comenten las siguientes (*following*) preguntas sobre sus preferencias respecto a los productos de higiene personal.

1. ¿Qué marca (*brand*) de pasta de dientes usas?

2. Respecto a productos de higiene personal, ¿tienes marcas preferidas? ¿Hay marcas que no te gustan para nada (*at all*)?

3. ¿Qué factor es más importante cuando compras estos productos? ¿Cuánto cuestan? ¿El olor (*scent*) o el sabor (*taste*)? ¿Prefieres los productos clásicos o los nuevos?

6-4. Sugerencia: Haga una encuesta con algunas preguntas sobre productos de higiene que sus estudiantes usan/prefieren/odian, etc. (Prepare una transparencia o escriba en la pizarra.) Por ejemplo: *¿Qué champú usas? ¿Qué prefieres para ducharte, jabón o gel de ducha? ¿Qué pasta de dientes odias?*

PALABRAS ÚTILES

las caries	*cavities*
el sarro	*tartar*
el mal aliento	*bad breath*

NOTA DE LENGUA

Many name brands in Hispanic countries are the same as in the United States, but with a Spanish pronunciation. How do you think Spanish-speakers pronounce these brands?

Colgate
Palmolive
Vicks VapoRub
Avon
Oral-B

Así se forma

Pero mamá, no quiero bañarme. Quiero jugar.

WILEY PLUS Go to *WileyPLUS* and review the Animated Grammar Tutorial and Verb Conjugator for this grammar point.

Use *PowerPoint Slides* para presentar y practicar esta gramática.

1. Talking about daily routines: Reflexive verbs

These verbs combine with reflexive pronouns (**me, te, se, nos, os, se**) to show that the person is doing the action to herself/himself. Note the differences in form and meaning in the following examples.

Carlos **baña** a su hermanito.	*Carlos **bathes** his little brother.* (nonreflexive)
Carlos **se baña**.	*Carlos **bathes himself**.* (reflexive)
Vamos a **vestir** a los niños.	*We're going **to dress** the children.* (nonreflexive)
Vamos a **vestirnos**.	*We're going **to get dressed**.* (reflexive)

Some verbs have a reflexive form but do not have a reflexive meaning:

Nunca **me duermo** en clase.	*I never **fall asleep** in class.*
Mis amigos **se divierten**.	*My friends **have fun**.*

Formation of reflexive verbs

There are a few important things to consider:

1. Which reflexive pronoun to chose? The reflexive pronoun and the subject of the verb refer to the same person, so they agree with each other.

Para ilustrar la diferencia entre verbos reflexivos y no reflexivos, traiga a la clase un par de tijeras, un jabón y un peine. Demuestre las diferencias entre cortar un papel/cortarse el pelo; lavar a un estudiante/lavarse; peinar a un estudiante/peinarse, etc.

Para contrastar los diferentes tipos de pronombres, escriba en la pizarra tres columnas (vea el ejemplo). Escriba las formas de **yo,** como en el ejemplo, y pida a la clase que complete las columnas.

Pronombre de sujeto	Pronombre refexivo	Verbo
yo	me	visto

Para ilustrar la posición de los pronombres reflexivos en una oración o frase, escriba cada una de las siguientes palabras en una hoja de papel: **quiero, bañar, me, estoy, bañando** y **bañé.** Dé la hoja con la palabra *bañé* a un estudiante y la hoja con la palabra **me** a otro. Pídales que se coloquen en el orden correcto. Después, distribuya el resto de las hojas y pida a sus estudiantes que piensen en las combinaciones posibles y que las digan en voz alta. Los estudiantes que tienen los papeles con las palabras pueden ponerse en el orden necesario para formar estas oraciones.

vestirse			
(yo)	**me** vist**o**	(nosotros/as)	**nos** vest**imos**
(tú)	**te** vist**es**	(vosotros/as)	**os** vest**ís**
(usted, él/ella)	**se** vist**e**	(ustedes, ellos/ellas)	**se** vist**en**

2. Where to place the reflexive pronoun? This depends on the sentence structure:

- Immediately before a conjugated verb.

Me despierto a las seis.	*I wake up at six.*
No **nos** acostamos tarde.	*We don't go to bed late.*

- If a conjugated verb is followed by an infinitive or present participle (**–ando/ –iendo** form), place the reflexive pronoun either *immediately before the conjugated verb* or *after and attached to the infinitive or present participle.*

Me tengo que levantar temprano.	*I have to get up early.*
Tengo que levantar**me** temprano.	

Linda **se** está divirtiendo.	*Linda is having a good time.*
Linda está divirtiéndo**se**.	

- Note that when the reflexive pronoun is attached to a present participle, we need to add a written accent on the vowel that carries the emphasis.

Linda esta divirti**é**ndose.
Estoy bañ**á**ndome.

6-5 La rutina de Camila e Inés.

Paso 1. Escucha estos enunciados (*statements*) que describen la rutina matutina (*morning*) de Camila e Inés y escribe el número apropiado debajo de cada ilustración.

Camila   Inés

9:30   3   7:00   1

              9   8

              7   4

              10   11

              12   2

              5   6

6-5. Audio:
1. Se levanta temprano. 2. Sale de casa a las nueve menos cuarto de la mañana. 3. Se despierta tarde. 4. Se seca el pelo. 5. Llega a su primera clase tarde. 6. Llega a su primera clase puntual. 7. Se viste. 8. Se cepilla los dientes. 9. Se baña. 10. Se peina. 11. Se maquilla. 12. Sale de la casa a las once.

6-5. Extensión: Pida a los estudiantes que, en parejas o en grupos pequeños, comenten la siguiente pregunta: *¿Eres más similar a Camila o a Inés? ¿Por qué?* Otra alternativa es que escriban un pequeño párrafo respondiendo la misma pregunta.

Sugerencia: Las respuestas pueden variar para este ejercicio. Especialmente, para el punto 6. Anime a los estudiantes a comentar sus respuestas y a razonarlas.

Paso 2. Ahora indica quién crees que hace estas actividades. Para el número 8, añade (*add*) una actividad que, en tu opinión, hacen las dos chicas.

		Camila	Inés
1.	Se quita la ropa y la pone en el piso (*on the floor*).	X	☐
2.	Se acuesta a las 2:00 de la mañana.	X	☐
3.	Se corta el pelo[1] en un salón de belleza (*beauty shop*) muy elegante.	☐	X
4.	Nunca se pone camisas o pantalones de vestir (*dressy*).	X	☐
5.	Se despierta temprano los sábados.	☐	X
6.	Se divierte viendo una película extranjera (*foreign movie*).	☐	☐
7.	Se duerme mientras estudia.	X	☐
8.	...	X	X

6-6. Si lo considera oportuno, deje que los estudiantes escuchen el texto dos veces antes de revisar las respuestas.

I/O 6-6 La rutina de Pepe. Pepe, un estudiante español, va a describir su rutina en el *Colegio Mayor* (una residencia de estudiantes).

Paso 1. Observa la tabla y complétala con las actividades del cuadro, indicando si piensas que Pepe las hace por la mañana, por la noche o en las dos (*both*). Después escucha a Pepe hablar de su rutina y comprueba (*check*) tus respuestas en el cuadro (*chart*).

Audio:
Creo que mi rutina en el Colegio Mayor es bastante normal. El despertador suena a las 7 de la mañana y me levanto unos quince minutos más tarde. Entonces me ducho, me afeito, me peino y me visto. Después desayuno con mis compañeros y vuelvo a mi cuarto para cepillarme los dientes y ponerme el abrigo. Tomo mi mochila y voy a clase. Por la tarde vuelvo a mi cuarto para estudiar, me quito los zapatos, me pongo ropa de casa y estudio toda la tarde. Después de cenar, me cepillo los dientes, me lavo la cara y me peino. Me visto y me pongo zapatos otra vez para salir con mis amigos. Todas las noches salimos y nos divertimos mucho. Cuando vuelvo a casa, me quito los zapatos y miro la televisión. Generalmente me duermo viendo la tele y cuando me despierto ya es muy tarde. Entonces me acuesto en la cama.

Sugerencia: Esta actividad ofrece una buena oportunidad para hacer una breve práctica de escritura. Pida a los estudiantes que escriban un párrafo, en clase o como tarea, resumiendo la rutina de Pepe y comentando si es típica o no.

levantarse	peinarse	divertirse	cepillarse los dientes	lavarse la cara
dormirse	despertarse	ducharse	acostarse afeitarse	vestirse

Por la mañana	Por la noche	Las dos
se levanta	se duerme	se viste
se ducha	se acuesta	se lava la cara
se afeita		se cepilla los dientes
		se peina
		se despierta

Paso 2. Con un/a compañero/a, comenten la rutina de Pepe y si (*if*), en su opinión, es común o no.

Modelo: Pepe se cepilla los dientes...
Pienso que es/no es común.

---

[1]**Cortarse el pelo** is a peculiar reflexive verb in that it does not necessarily mean that one cuts her/his own hair. Often, it means: *to get/have a haircut.*

I/O 6-7 ¿Y cuál es tu rutina diaria?

Paso 1. Lee las siguientes (*following*) preguntas sobre actividades diarias. En la columna *Tú*, decide si las oraciones son ciertas (**sí**) o falsas (**no**) para ti.

	Tú		Tu compañero/a	
Por las mañanas...	**Sí**	**No**	**Sí**	**No**
¿te despiertas con un reloj despertador?	☐	☐	☐	☐
¿te levantas antes de las 8 de la mañana?	☐	☐	☐	☐
¿te duchas en 5 minutos o menos (*less*)?	☐	☐	☐	☐
¿te cepillas los dientes antes de desayunar?	☐	☐	☐	☐
¿te afeitas o te maquillas?	☐	☐	☐	☐

	Tú		Tu compañero/a	
Por las noches...	**Sí**	**No**	**Sí**	**No**
¿te diviertes con tus amigos?	☐	☐	☐	☐
¿te duermes cuando ves la televisión?	☐	☐	☐	☐
¿te bañas para relajarte?	☐	☐	☐	☐
¿te peinas o cepillas el pelo?	☐	☐	☐	☐
¿te acuestas después de las 12 de la noche?	☐	☐	☐	☐

 Paso 2. Ahora, en parejas, entrevisten (*interview*) a su compañero/a con las preguntas del Paso 1. Pidan (*ask for*) y ofrezcan más detalles. Tomen nota de las respuestas de su compañero/a en la columna correspondiente. Después, expliquen a la clase si sus rutinas son similares o diferentes, dando ejemplos.

Modelo: Estudiante A: **Por las mañanas, ¿te despiertas con un despertador?**
Estudiante B: **No, no necesito un despertador porque mi compañero de cuarto siempre pone la televisión.**

O 6-8 ¿Qué prefieres?

Ahora vas a averiguar (*find out*) algunos detalles sobre la rutina de tu compañero/a.

Paso 1. Escoge (*Select*) tus preferencias entre las opciones de abajo (*below*). Después escribe oraciones (*sentences*) imaginando las preferencias de tu compañero/a. Inventa una nueva actividad para el número 5.

Modelo: **Yo me ducho, pero creo que Pedro se baña.**
Yo me ducho y creo que Pedro se ducha también.

1. ducharse vs. bañarse
2. ducharse/bañarse por la mañana vs. por la noche
3. usar gel (de ducha) vs. jabón
4. secarse el pelo con secador vs. con toalla
5. ¿ ... ?

 Paso 2. Túrnense (*take turns*) para hablar de sus preferencias y sus hipótesis del Paso 1. Añadan detalles si es posible.

Modelo: Estudiante A: **Yo me ducho, pero creo que tú te bañas.**
Estudiante B: **No, yo me ducho también.**
Estudiante A: **¿Usas gel o jabón?/¿Qué marca de champú usas?**

6-7. Sugerencias:

• **Todas las mañanas.** Pida a sus estudiantes que formen un círculo (si tiene más de 20 estudiantes, haga varios grupos de 10 o más). El Estudiante A comienza la actividad diciendo y gesticulando lo primero que hace por la mañana. El Estudiante B repite lo que el primero dijo e hizo y añade otra actividad. El Estudiante C repite las dos primeras y añade otra, etc.

Modelo:
Estudiante A: (*bostezando*) *Me despierto a las 7:00.*

Estudiante B: (*bostezando*) *Me despierto a las 7:00 y* (*haciendo como si estuviera duchándose*) *me ducho.*

Estudiante C: *Me despierto a las 7:00, me ducho y me lavo el pelo.*

Este proceso facilita la retención de las formas. Si "se rompe la cadena", puede pedirles que empiecen de nuevo.

• **Actrices y actores.** Escriba en varias tarjetas actividades que se realicen a diario. Divida a los estudiantes en grupos de 5 ó 6 personas. Cada estudiante recibe una tarjeta y representa esta actividad con mímica, pero sin hablar. El resto del grupo debe adivinar de qué actividad se trata y expresarla con el presente progresivo (*Tina está bañándose. O, Tina se está bañando*). Cuando terminen, los miembros del grupo se ponen de pie y se colocan según el orden cronológico en que se realizan estas actividades. Las actividades que puede escribir en las tarjetas son: vestirse; despertarse; peinarse; cepillarse los dientes; secarse; lavarse el pelo.

6-8. Si han hecho la Actividad 6-7, conviene mantener las mismas parejas para que esta actividad complemente y amplíe la anterior.

NOTA DE LENGUA

Los adverbios

Adverbs are words that tell *how, how much, how often, when, why,* or *where* an action takes place. You know some already: **bien, mal, ahora, hoy, mañana, a veces, nunca, tarde, aquí, allí,** and **siempre.** Other adverbs are formed by adding **–mente** (equivalent to the English *–ly*) to an adjective.

- Add **–mente** to adjectives ending in **–e** or a consonant.

  posible   →   **posiblemente**

  general   →   **generalmente**

- Add **–mente** to the feminine singular form of adjectives ending in **–o/–a.**

  rápido   →   rápida   →   **rápidamente**

  tranquilo   →   tranquila   →   **tranquilamente**

- Adjectives with written accents maintain the written accent in the adverbial form.

  rápido   →   **rápidamente**

  fácil   →   **fácilmente**

Sugerencia: Escriba adjetivos como *posible, personal* y *rápido* en la pizarra e ilustre de forma gráfica cómo se forman los adverbios que terminan en *–mente.* Pida a los estudiantes que identifiquen los adjetivos que dan lugar a los adverbios de la lista anterior.

6-9. Puede aprovechar este ejercicio para hablar de algunas diferencias entre los estudiantes universitarios de Estados Unidos y los estudiantes universitarios de los países hispanos.

I/O **6-9** **Los estudiantes en general.**

Paso 1. Decide cuáles (*which*) de las siguientes afirmaciones probablemente son ciertas para la mayoría (*most*) de los estudiantes universitarios. Inventa tres afirmaciones más.

		Cierto	Falso
1.	Normalmente nos levantamos muy temprano.	☐	☐
2.	Desayunamos todos los días.	☐	☐
3.	Generalmente nos vestimos de manera muy informal.	☐	☐
4.	Nos afeitamos o nos maquillamos para ir a clase frecuentemente.	☐	☐
5.	A veces no nos quitamos el pijama para ir a clase.	☐	☐
6.	Nos divertimos mucho en la clase de español.	☐	☐
7.	Usualmente nos acostamos después de las 12:00 de la noche.	☐	☐
8.	...	☐	☐
9.	...	☐	☐
10.	...	☐	☐

 Paso 2. En grupos, compartan (*share*) sus respuestas. ¿Están de acuerdo (*do you agree*) en la mayoría de los casos? Deben estar listos (*ready*) para compartir sus ideas con el resto de la clase más tarde.

NOTA CULTURAL

Tú y usted

In Spain, the form **usted** is generally used less than in Latin America, but teachers and professors expect their students to use **usted.** Does your Spanish instructor prefer that students use **tú** or **usted** when addressing her/him?

I/O **6-10**) **Los instructores.**

Paso 1. Piensa ahora sobre (*about*) tus profesores. Escoge la opción que, en tu opinión, describe mejor a la mayoría de ellos. Inventa dos afirmaciones más.

1. Se levantan	☐ antes de las 7 de la mañana.	☐ entre las 7 y las 8 de la mañana.	☐ después de las 8 de la mañana.
2. Se afeitan (ellos) o se maquillan (ellas)	☐ todos los días.	☐ con frecuencia.	☐ a veces.
3. Se visten de manera	☐ informal.	☐ formal.	☐ muy formal.
4. Van a la universidad	☐ a pie (*by foot*) o en bicicleta.	☐ en coche.	☐ en autobús.
5. Se divierten en clase	☐ siempre.	☐ con frecuencia.	☐ a veces.
6. Se acuestan	☐ antes de las 12 de la medianoche.	☐ entre las 12 y la 1 de la mañana.	☐ después de la 1 de la mañana.
7. ...			
8. ...			

 Paso 2. En parejas, comparen sus respuestas. Después, pregunten a su instructor sobre algunas de sus actividades.

Modelo: **¿A qué hora se levanta usted?**

6-10. Puede pedir a los estudiantes que escriban un párrafo breve comparando la rutina de usted con la de ellos. Puede ofrecer algún ejemplo en la pizarra, pero evite usar comparativos:

Mi instructor y yo tenemos rutinas (muy) similares, pero obviamente también hay diferencias. Los dos/ Yo... pero él/ella...

O **6-11**) **En la escuela secundaria y en la universidad.** ¿Es la vida universitaria muy diferente de la vida durante la escuela secundaria?

 Paso 1. Con un compañero/a, escribe dos actividades habituales para estudiantes universitarios, dos actividades habituales para estudiantes de escuela secundaria y tres que son habituales para los dos grupos de estudiantes.

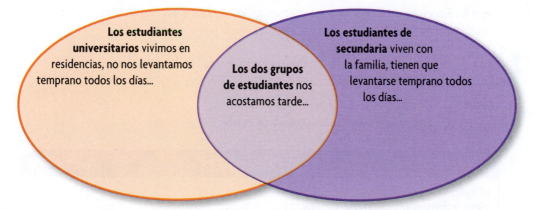

Los estudiantes universitarios vivimos en residencias, no nos levantamos temprano todos los días...

Los dos grupos de estudiantes nos acostamos tarde...

Los estudiantes de secundaria viven con la familia, tienen que levantarse temprano todos los días...

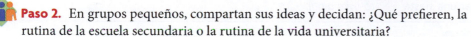 **Paso 2.** En grupos pequeños, compartan sus ideas y decidan: ¿Qué prefieren, la rutina de la escuela secundaria o la rutina de la vida universitaria?

6-12. **Sugerencia:** Prepare una tabla (puede hacerla en la pizarra, mientras los estudiantes trabajan en la actividad) para anotar las respuestas a las preguntas 1–7. Haga un sondeo de las respuestas y cierre la actividad con una breve conversación sobre los hábitos de vida de la clase y de los estudiantes universitarios en general.

6-12. **Extensión:** Pida a los estudiantes que escriban algunas recomendaciones para mejorar los hábitos y bienestar de la clase: *Tenemos que…, Debemos…, Podemos…*

I/O **6-12** **Hábitos diarios.** Muchos estudiantes universitarios se quejan (*complain*) de sentirse (*feel*) cansados y de enfermarse (*get sick*) con frecuencia. El Departamento de Salud (*health*) de tu universidad quiere investigar la causa de este problema y tú vas a colaborar en este estudio.

Paso 1. Responde a las preguntas 1–7. Después, anota otros datos relevantes sobre tu estilo de vida, por ejemplo, ejercicio físico, hábitos alimenticios (*eating habits*), etc.

Departamento de Salud
Estudio: Hábitos de vida

1. ¿Tienes sueño ahora? ☐ Sí   ☐ Un poco   ☐ No

2. ¿A qué hora te levantas los días de clase? _____

3. ¿A qué hora te acuestas normalmente? _____

4. ¿Te duermes cuando estudias o ves la televisión?   ☐ Siempre   ☐ A veces   ☐ Nunca

5. ¿Necesitas un reloj despertador para despertarte?   ☐ Siempre   ☐ A veces   ☐ Nunca

6. ¿Cuántas tazas de café o té tomas cada día? _____

7. ¿Desayunas antes de ir a clase?   ☐ Siempre   ☐ A veces   ☐ Nunca

Otra información: _____
_____
_____
_____

 Paso 2. En grupos de tres o cuatro personas, compartan sus respuestas y tomen notas.

 Paso 3. Compartan las respuestas de su grupo con la clase. ¿Pueden hacer alguna generalización sobre los hábitos de la clase?

Modelo: **Dos de nosotros tenemos sueño ahora.**
Todos nosotros nos acostamos tarde.

PALABRAS ÚTILES	
el estrés	*stress*
estar estresado/a	*to be stressed*
tomar una siesta	*to take a nap*

6-13 **Consejos (Advice).** Tu compañero/a y tú quieren ayudar a otros estudiantes a tener un estilo de vida más saludable (*healthy*). Por eso quieren ser voluntarios en la campaña (*campaign*) del Departamento de Salud. Como parte de su entrenamiento (*training*), van a participar en algunas dramatizaciones (*role-plays*).

6-13. La Actividad 6-13 refuerza el uso del **reflexivo** + *infinitivo* y recicla las construcciones de doble verbo (*deber + infinitivo*).

Sugerencia: Para cerrar la actividad, pregunte a algunos estudiantes si están de acuerdo con los consejos que han recibido.

Paso 1. Tomen turnos para indicar qué tipo de problema tienen y escuchen los consejos (*advice*) de su compañero/a.

Modelo: Estudiante A: **Siempre tengo sueño.**
Estudiante B: **Debes acostarte/tomar una siesta** (*take a nap*).

Estudiante A:
1. Siempre llego tarde a clase.
2. Siempre estoy débil.
3. Estoy estresado porque trabajo y estudio mucho todos los días.

Estudiante B:
1. Me canso mucho (*I get very tired*) cuando camino a mis clases.
2. No puedo levantarme por la mañana.
3. Me duermo en la clase de Contabilidad.

Paso 2. Ustedes quieren colaborar en la creación del folleto (*brochure*) del Departamento de Salud. Piensen y escriban juntos (*together*) los tres consejos más importantes que tienen para los estudiantes universitarios.

NOTA CULTURAL

En la universidad

There are some significant differences between higher education in Spain and the United States. In Spain, it is typical for college students to go to universities in their own cities or nearby, and live with their parents while they attend college. When studying in a different city, it is much more common to rent apartments than to stay in a dorm.

In terms of academics, Spaniard college students choose their field of specialization (*carrera*) before they begin their studies, and follow a 3 or 5 year program of courses designed specifically for that major, with no required courses in unrelated areas. Many college courses are extremely demanding, and it is not uncommon to receive a failing grade. When students fail a course required for their specialization, they have to retake it until they pass, so it is not uncommon for students to drop out of college or graduate in their late 20s.

Until recently, many academic institutions in the U.S. considered the degree awarded after a typical five-year course of study in Spain as the equivalent of a master's degree rather than as the equivalent of a bachelor's degree.

INVESTIG@ EN INTERNET

Una de las universidades más antiguas de España (¡y del mundo!) es la **Universidad de Alcalá de Henares.** Imagina que quieres estudiar allí el próximo año. Visita su página web www.uah.es, busca un curso que quieras estudiar (**Departamentos → Asignaturas**), y escribe en un papel la información que encuentres (**profesorado, bibliografía, evaluación,** etc.).

Nacionalidad: español/a

Antes de leer

1. ¿Cuáles de estas personas son de España?

☐ Penélope Cruz, actress

☐ Antonio Banderas, actor

☐ Miguel de Cervantes, author of the book *Don Quijote de la Mancha*

☐ Pedro Almodóvar, film director

☐ Pablo Picasso, painter

2. ¿Cuáles de estas cosas se encuentran en España?

☐ olive oil
☐ flamenco music and dance
☐ a Guggenheim museum

Respuestas: 1. Todas. 2. Todas.

PLUS Map quizzes: As you read about places highlighted in red, find them on the map. Learn more about and test yourself on the geography of the Spanish-speaking world in *WileyPLUS.*

LA HERENCIA (*HERITAGE*)

Por toda España se observa la herencia de varias culturas y civilizaciones, una de las cuales es la árabe. Los árabes vivieron en España durante casi 800 años (711–1492). La Alhambra, gran palacio y fortaleza situada en **Granada,** es un exquisito ejemplo de la belleza arquitectónica de esta cultura. Algunas de las múltiples atracciones de su decoración interior son el uso de diseños geométricos y el uso de azulejos (*ceramic tiles*) de colores vivos. ¿Qué contraste ves entre el interior y el exterior de la Alhambra?

▲ Patio de los Leones en la Alhambra.

El exterior de la Alhambra. ▶

▲ El Rey Juan Carlos de España y su esposa, la Reina Doña Sofía.

▲ El Príncipe Felipe y su esposa, Doña Letizia.

LA FAMILIA REAL

¡En España hay reyes, príncipes y princesas! Sí, la familia real es muy querida por los españoles. El Rey Don Juan Carlos de Borbón tuvo un importante papel en la transición que llevó la democracia a España después de las 40 años de dictadura militar del General Francisco Franco. Ahora su papel es simbólico.

Un aspecto interesante sobre la familia real es su relación con los deportes: varios miembros de la familia real han participado en competiciones deportivas internacionales, incluyendo los Juegos Olímpicos en campeonatos de vela (*sailing*).

INVESTIG@ EN INTERNET

¿Qué sabes sobre la familia real española? Busca los nombres del rey y la reina, sus hijos/as y sus nietos/as, y cualquier (*any*) otra información de interés que puedas averiguar (*find out*) sobre ellos. Además, descubre quién será el sucesor del trono.

- Lope de Vega, un escritor español del siglo XVII, escribió más de 1,500 obras de teatro.
- Miguel de Cervantes, el autor del famoso libro *Don Quijote de la Mancha*, murió exactamente el mismo día que William Shakespeare—el 23 de abril de 1616.

◄ España tiene la cuarta universidad más antigua de Europa, en Salamanca. Fue fundada en el año 1218.

La vida diaria

El euro

LA MODERNIDAD

En España podemos visitar el pasado y vivir las innovaciones del presente al mismo tiempo. España es parte de la Unión Europea, un conjunto (*group*) de organizaciones creadas entre (*among*) la mayoría de los países de la Europa Occidental.

La Unión tiene el objetivo de articular la cooperación económica, política y social entre los países participantes. En el año 2002 entró en circulación en España el euro, la moneda usada en toda la Unión Europea.

Las playas, las montañas y los numerosos lugares históricos hacen de España uno de los destinos turísticos más populares de Europa. Por ejemplo, se puede esquiar en **los Pirineos,** y las playas de **las Islas Baleares** son muy famosas. **Madrid,** la capital del país, ofrece muchos museos internacionalmente famosos y **Barcelona** es conocida por las grandes obras de arquitectura de la ciudad, entre ellas la Sagrada Familia, del arquitecto Antoni Gaudí.

▲ La Unión Europea

Madrid

◀ Pedro Almodóvar es un famoso director de cine español. ¿Has visto alguna de sus películas?

La piel que habito (2011)
Los abrazos rotos (2009)
Volver (2006)
La mala educación (2004)
Hable con ella (2002)
Todo sobre mi madre (1999)
Átame (1990)
Mujeres al borde de un ataque de nervios (1989)

Hay un musical de Broadway basado en una de ellas. ¿Sabes cuál es? Mujeres al borde de un ataque de nervios.

Barcelona

Las varias regiones de España constituyen diferentes zonas culturales con sus propios bailes, comidas, vestidos (*attire*) típicos, música, etc. El baile flamenco es típico de Andalucía, región del sur de España donde se encuentra Sevilla. ¿Hay bailes típicos en la región donde vives tú?

Las aceitunas, el aceite de oliva y las naranjas de Valencia son famosos en todo el mundo. ▼

España tiene cuatro idiomas oficiales: el castellano (variedad del español hablado en el centro de la península ibérica), el catalán, el gallego y el vasco. Mira las diferencias entre estos cuatro idiomas.

inglés	Madrid castellano (español)	Barcelona catalán	La Coruña gallego	Bilbao vasco
dog	perro	gos	can	txakurra
water	agua	aigua	auga	ur
sister	hermana	germana	irma	arreba

En la España contemporánea, se crea una vigorosa cultura que combina la herencia de un pasado brillante con las nuevas posibilidades del futuro. La arquitectura futurista del Museo Guggenheim en Bilbao refleja la vitalidad de la vida cultural de España.

◀ El Museo Guggenheim, Bilbao

▲ Hay diferentes recetas para la paella, pero todas usan arroz y casi todas, azafrán (*saffron*) y mariscos.

Después de leer

1. En tu opinión, ¿cuáles pueden ser dos buenos símbolos de la herencia y la modernidad de España?

2. Compara el número de años de diferencia.

Estados Unidos	España	Hay _____ años de diferencia
Mi universidad se fundó en el año _____.	La Universidad de Salamanca se fundó en el año _____.	
Estados Unidos ha existido (*has existed*) por _____ años.	Los moros (árabes) vivieron en España durante _____ años.	

3. Vuelve a mirar las fotos de la Alhambra y del Museo Guggenheim. ¿Qué arquitectura te interesa más? ¿Por qué?

Así se forma

Use *Powerpoint Slides* para presentar esta gramática.

Extensión: Presente la construcción recíproca con ejemplos escritos en la pizarra o en *Power Point Slides*. Dibuje las caras de un hombre y de una mujer e invente oraciones sobre ellos: *Se quieren mucho, se besan,* etc.

WILEY PLUS Go to *WileyPLUS* and review the Animated Grammar Tutorial for this grammar point.

2. Talking about each other: Reciprocal constructions

English uses the phrases *each other* and *one another* to express reciprocal actions: *They love each other/one another.* Spanish uses the pronouns **nos** and **se**, accompanied by the corresponding verb forms, to express reciprocal or mutual actions.

Siempre nos ayudamos con la tarea.

Linda y Manuel **se** llaman mucho.   *Linda and Manuel call **each other** a lot.*
Claudia, Juana y yo **nos** conocemos bien.   *Claudia, Juana, and I know **one another** well.*

6-14 **¿Amigos o colegas?** Lee los siguientes enunciados y decide si probablemente lo dicen los amigos, los colegas o los dos.

	Amigos	Colegas	Los dos
1. Nos ayudamos con la tarea.	☐	☐	☐
2. Nos consultamos en los negocios importantes.	☐	☐	☐
3. Nos abrazamos frecuentemente.	☐	☐	☐
4. Casi todos los días nos llamamos.	☐	☐	☐
5. A veces nos prestamos (*lend*) ropa.	☐	☐	☐
6. Nos encontramos los fines de semana.	☐	☐	☐

6-15. Extensión: Puede pedir a los estudiantes que, en parejas, escriban otras acciones recíprocas que hacen los amigos.

6-15 **Un/a buen/a amigo/a.**

Paso 1. Piensa en un/a amigo/a y contesta las siguientes preguntas sobre ese/a amigo/a y tú.

Modelo: ¿Se llaman por teléfono todos los días?
           Sí, nos llamamos una o dos veces (*times*) todos los días.

1. ¿Cómo se comunican? ¿Se llaman por teléfono? ¿Se mandan correos electrónicos o mensajes de texto por teléfono?
2. ¿Se encuentran frecuentemente? ¿Dónde?
3. ¿Se cuentan (*tell*) sus problemas? ¿Se cuentan secretos?
4. ¿Se ayudan con los estudios?
5. ¿Qué cosas se prestan? ¿Dinero, ropa, CD...?
6. ¿Se hacen reír (*make each other laugh*)?
7. ¿Se enojan (*get upset*) a veces también?

 Paso 2. Comparte con un/a compañero/a tus respuestas sobre tu amigo/a y tú. Pídele (*ask her/him*) más detalles sobre sus respuestas y elabora tus respuestas también.

Modelo: Estudiante A: **Mi amigo Dan y yo no nos llamamos todos los días, pero nos mandamos correos electrónicos.**

             Estudiante B: **Mi amiga Julia y yo nos escribimos en Facebook, ¿ustedes también?**

Cultura: Los días festivos

Antes de leer

¿Hay celebraciones donde vives tú que no se celebran en otras partes del país? ¿Cuáles son y cómo se celebran?

Use *PowerPoint Slides* para presentar esta sección.

Sugerencia: Pregunte a los estudiantes si conocen otras fiestas hispanas y pida que compartan lo que saben con la clase. A muchos estudiantes les gusta compartir sus experiencias personales o familiares, o lo que conocen a través de amigos, etc. Además, se enfatiza la idea de la clase como una comunidad donde todos colaboran en la construcción y ampliación de conocimientos, en vez de un lugar donde el texto y el instructor son las únicas fuentes.

Los días festivos marcan un cambio en la rutina diaria hispana. Usualmente, estas festividades son de dos tipos: religiosas o cívicas. Las fiestas religiosas celebran las tradiciones de la religión católica y las cívicas, los hechos (*events*) históricos. Cada país tiene sus propias (*their own*) fiestas, pero hay muchas que todos los hispanos conmemoran.

◄ Semana Santa en Sevilla, España

La celebración religiosa hispana más popular es la Semana Santa (*Holy Week*). Muchos participan en procesiones por las calles, llevando imágenes de Cristo o de la Virgen María, y se hacen representaciones de escenas bíblicas. Las actividades culminan el sábado y el domingo con bailes y fuegos artificiales (*fireworks*), para celebrar la resurrección de Cristo.

Las festividades nacionales son especialmente populares en Latinoamérica. El Día de la Independencia es una de las fechas más importantes. Generalmente, esta celebración consiste en grandes desfiles (*parades*). En algunas comunidades participan las fuerzas armadas y los estudiantes de las escuelas. Un gran número de banderas decoran las ciudades y la gente se divierte hasta muy tarde en la noche en las ferias y los bailes.

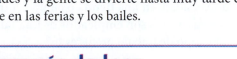

Otras festividades religiosas honran al santo patrón de una ciudad o de un país. Durante la fiesta de San Fermín, en Pamplona, España, ¡sueltan (*set free*) toros por algunas calles (*streets*)! Los habitantes de la ciudad y una enorme cantidad de turistas se visten de blanco con pañuelos (*kerchiefs*) y cinturones (*sashes*) rojos y corren detrás (*behind*) o delante (*in front of*) de los toros. La fiesta atrae a 1.5 millones de turistas todos los años.

Después de leer

1. ¿Hay celebraciones en Estados Unidos que se consideran peligrosas, como los San Fermines en Pamplona?
2. Completa el cuadro siguiente con algunos ejemplos específicos.

	Fiestas cívicas	Fiestas religiosas
España/Latinoamérica		
Estados Unidos		

La vida diaria

Así se dice

Use *PowerPoint Slides* para presentar y practicar este vocabulario.

Algunas profesiones

el señor Vega

el **abogado**/la **abogada**

la señora Vega

el **señora Vega**

la **mujer de negocios**/
el **hombre de negocios**

el Dr. López

el **médico**/la **médica**
el **doctor**/la **doctora**

la señorita Rojas

la **enfermera**/
el **enfermero**

la señora Ruiz

la **programadora de computadoras**/
el **programador de computadoras**

el señor Gómez

el **contador**/
la **contadora**

la señorita Cortés

la **maestra**/el **maestro**

la señora Casona

el **ama de casa**/
el **amo de casa**/

El trabajo

El **trabajo** es una de las actividades más importantes de nuestra vida. Muchos adultos tienen un trabajo **a tiempo completo** y trabajan todo el día, pero otros, por ejemplo muchos estudiantes, tienen trabajos **a tiempo parcial** y trabajan menos horas. No todos los trabajos compensan igual: los doctores, los abogados y otros, generalmente **ganan** mucho **dinero**, pero los maestros y las secretarias normalmente ganan poco. Algunas personas prefieren trabajar para una **compañía** grande, como una multinacional; otras personas prefieren **empresas** pequeñas o familiares. Hay personas que trabajan en una oficina, otras en una escuela o en una universidad, en una **tienda** o en un centro comercial, o por toda la ciudad, como los policías. Otros son **empleados** de una **fábrica**, de un restaurante o de un supermercado. ¿Qué tipo de trabajo prefieres tú?

Carmen es **secretaria**
y **recepcionista**.

Linda es **dependienta**
en una tienda de
ropa.

Alfonso es **mesero** en un restaurante y Natalia es **cajera**.

Octavio es **periodista**. Escribe para el periódico (*newspaper*) de la universidad.

el/la amo/ama de casa	*home maker*
el/la cajero/a	*cashier*
el/la dependiente/a	*salesclerk*
la compañía	*company*
el/la contador/a	*accountant*
el dinero	*money*
la tienda	*store*

el/la empleado/a	*employee*
la empresa	*firm*
la fábrica	*factory*
ganar	*to earn (money); to win*
el/la periodista	*journalist*
a tiempo completo/parcial	*full-time/ part-time*

Extensión: Para consolidar el nuevo vocabulario, haga preguntas sobre estas profesiones: qué objetos/ herramientas se usan, a qué horas trabajan, etc. Por ejemplo: *¿Qué cosas necesita Carmen para su trabajo? ¿Necesita una computadora?; ¿Linda trabaja durante el día, o en la noche? ¿Creen que trabaja los sábados?*

NOTA DE LENGUA

Many feminine nouns that start with a stressed **a** require the article **el** in the singular. It is easier to link **el** to the noun than **la**. However, in the plural, **las** is used rather than **los**.

el **a**ma de casa	BUT	**las** amas de casa
el **a**ula	BUT	**las** aulas

NOTA DE LENGUA

When stating a person's profession or vocation without further qualifiers or description, the indefinite article **un** or **una** is not used. When an adjective is added, the indefinite article is used.

Mi madre es **abogada**.	BUT	Mi madre es **una abogada** excelente.
~~Mi madre es **una** abogada.~~		

6-16 **¿Sí o no?** Escucha los siguientes enunciados y decide si son lógicos (**sí**) o ilógicos (**no**).

6-16. Audio:
1. Juan vende coches; es recepcionista. 2. Ernesto es mesero; trabaja en un restaurante. 3. Ana tiene un trabajo de jornada completa; trabaja todo el día. 4. Yo soy mesero; cocino muchas pizzas en el restaurante. 5. Tú eres dependienta; trabajas en una oficina. 6. En el supermercado hay muchas cajeras.

1. ☐ Sí	☑ No	**3.** ☑ Sí	☐ No	**5.** ☐ Sí	☑ No
2. ☑ Sí	☐ No	**4.** ☐ Sí	☑ No	**6.** ☑ Sí	☐ No

0

6-17. Extensión: Pida a los estudiantes que hablen, en grupos, sobre las personas que conocen que tengan alguna de estas profesiones y que compartan lo que saben sobre su trabajo. Puede finalizar la actividad preguntando a la clase sobre sus empleos o sobre el tipo de trabajo que les gustaría tener: *¿Quién tiene un trabajo ahora?; ¿Dónde trabajan?; ¿Trabajan a tiempo completo o a tiempo parcial?; ¿Qué tipo de trabajo prefieren?*

NOTA DE LENGUA

Some countries, like Spain, use the word **camarero/a** to refer to a waiter, while Mexico and other countries use **mesero/a** (which is related to the word **mesa**).

6-17 **¿Quién es? ¿Y cuál es su profesión?** Identifica a cada (*each*) persona y su profesión en las páginas 198–199. En la última columna, si conoces a alguien (*someone*) con esa profesión o una profesión similar, escribe su nombre.

Actividad	Persona	Profesión	También tiene esta profesión o una similar
Modelo: Trabaja con computadoras.	**Es la señora Ruiz.**	**Es programadora.**	**Mi tío Ernesto es programador.**
1. Trabaja en un hospital y cuida a los pacientes día y noche.	Es la Srta. Rojas.	Es enfermera.	
2. Escribe informes sobre la situación económica de una compañía.	Es el Sr. Gómez.	Es contador.	
3. Vende ropa y complementos en el centro comercial.	Es Linda.	Es dependienta.	
4. Trabaja para una compañía grande, recibe visitas, contesta el teléfono, etc.	Es Carmen.	Es secretaria.	
5. Defiende a los inocentes.	Es el Sr. Vega.	Es abogado.	
6. Pasa el día en la sala de clase de una escuela primaria. Tiene muchos alumnos.	Es la Srta. Cortés.	Es maestra.	
7. Trabaja en una clínica o en el hospital. Diagnostica y cura a muchos pacientes.	Es el Dr. López.	Es médico/doctor.	
8. Sirve comida en un restaurante.	Es Alfonso.	Es mesero.	
9. Trabaja en casa.	Es la Sra. Casona.	Es ama de casa.	
10. Informa sobre las noticias y hace entrevistas.	Es Octavio.	Es periodista.	

0 **6-18** **La vida profesional.**

Paso 1. Elige (*choose*) una de las profesiones nombradas anteriormente y escribe un párrafo corto sobre un día en la vida de una persona con esa profesión.

Modelo: Cada mañana esta persona se levanta a las...

 Paso 2. En grupos, compartan sus descripciones y adivinen (*guess*) a qué profesión se refiere cada descripción.

SITUACIONES

One of you will play the role of a career advisor and the other will be herself / himself seeking advice to plan for a professional career. Decide now who is going to play each role.

Career advisor:
1. You are going to interview the student, asking the questions below and two more questions that you think will be relevant. (Write them now.) Listen and take notes.
2. Based on your partner's answers, suggest a profession that would be good for her/him and explain why she/he would like it.

Student: Close your book for this part. In this conversation you are going to:
1. Listen to the questions the career advisor is going to ask you and respond truthfully and with as many details as you can.
2. Listen to the suggestion of the career advisor, tell her/him whether you agree with her/his choice or not, explaining why.

Sugerencias: Si hay suficiente tiempo, se puede repetir con parejas diferentes, de modo que todos los estudiantes cambien de papel. Por ejemplo, se puede pedir que todos los consejeros se levanten e intercambien asientos con otros consejeros. Una vez que hayan cambiado de pareja, explique que quienes antes eran consejeros ahora son estudiantes y viceversa. Cuando hayan terminado, puede pedir a las parejas que hablen sobre las cualidades necesarias para la profesión elegida y que escriban una lista con las cinco más importantes.

Cuestionario de orientación profesional. **Nombre:** _____

1. ¿Trabajas? (Si respondes "No", salta (*skip*) al número 5.) _____

2. ¿Qué tipo de trabajo tienes? _____

3. ¿Qué aspectos de tu trabajo te gustan? _____

4. ¿Qué aspectos no te gustan? _____

5. ¿Qué estudias? _____

6. ¿Cuáles son tus clases favoritas? _____

7. ¿Dónde quieres trabajar? En una oficina, en un hospital... _____

8. ¿Es importante para ti ganar mucho dinero? _____

9. ¿ ...? _____

10. ¿ ...? _____

La vida diaria

Así se forma

Use *PowerPoint Slides* para presentar y practicar esta gramática.

Sugerencia: Para presentar el pretérito, prepare una transparencia o escriba en la pizarra tres modelos de conjugaciones (*estudiar, volver* y *salir*, como en el libro). Contraste las formas verbales del presente y del pretérito de forma contextualizada. Puede empezar por contar su rutina (presente) y contrastarla con lo que hizo ayer (pretérito). Puede escribir TODOS LOS DÍAS y AYER en la transparencia o en la pizarra y escribir los verbos que va mencionando. Intente incluir formas de *ser, ir* y algunos verbos reflexivos.

Mi rutina es siempre igual: Todos los días me levanto a las 8 de la mañana, tomo un café y como cereal...

Pero ayer fue un día diferente: Ayer me levanté a las 8 y media, tomé jugo de naranja y comí pan tostado...

Después, pregunte a los estudiantes qué hicieron ayer. Use sólo preguntas que los estudiantes puedan contestar sin tener que producir la forma: *Y tú, ¿ayer te levantaste temprano o tarde?*

En la siguiente clase, haga una actividad del método *total physical response* (los estudiantes responden con acciones físicas a las instrucciones del profesor). Dé a algunos estudiantes tarjetas con verbos (reflexivos y no reflexivos) para que los escenifiquen, por ejemplo: *bañarse, comer, cepillarse los dientes, salir, bailar, tocar la guitarra*, etc. Primero pida a la clase que identifique lo que cada estudiante *está haciendo* (para reciclar el presente progresivo). Después, cuando todos los estudiantes hayan terminado, pregunte a la clase quién hizo cada acción, para practicar el pretérito: *¿Quién se bañó?*

Practique los cambios ortográficos a través del dictado. Dicte expresiones como: *jugué al tenis, jugó al voleibol,* etc.

3. Talking about actions in the past: The preterit of regular verbs and *ser/ir*

The preterit tense is used to talk about *actions in the past we view/perceive as complete*, or *past actions with a specific beginning, end, or both.*

Me levanté a las ocho y **desayuné**.	*I got up* at eight and *had breakfast*.
—¿Cuándo volviste?	—*When did* you *return*?
—**Volví** a la una.	—*I returned* at one.
Estudié en la biblioteca por dos horas.	*I studied* at the library for two hours.
Comencé a estudiar a las tres.	*I began* to study at three.
Terminé a las cinco.	*I finished* at five.

Preterit form of regular verbs

	estudiar	**volver** (*to return*)	**salir** (*to leave*)
(yo)	estud**ié**	volv**í**	sal**í**
(tú)	estud**iaste**	volv**iste**	sal**iste**
(usted, él/ella)	estud**ió**	volv**ió**	sal**ió**
(nosotros/as)	estud**iamos**[1]	volv**imos**	sal**imos**
(vosotros/as)	estud**iasteis**	volv**isteis**	sal**isteis**
(ustedes, ellos/ellas)	estud**iaron**	volv**ieron**	sal**ieron**

- Note that **–er/–ir** preterit verb endings are identical.

- In the preterit tense, **–ar** and **–er** verbs never change their stems[2]. (See **volver** above.)

Other preterit forms

- **Ser** and **ir** have identical irregular preterit endings; the context clarifies which verb is used.

  ser/ir   **fui, fuiste, fue, fuimos, fuisteis, fueron**

  (ir)   **Fueron** a la playa ayer.   *They went* to the beach yesterday.
  (ser)   **Fue** un día extraordinario.   *It was* an extraordinary day.

- There are other irregular forms. Form example, **leer** (*to read*) and **oír** (*to hear*) change the **i** of the third-person singular and plural endings to **y** (**–ió → –yo; –ieron → –yeron**).

  leer   leí, leíste, **leyó**, leímos, leísteis, **leyeron**
  ser/ir   oí, oíste, **oyó**, oímos, oísteis, **oyeron**

---

[1] The **nosotros** form of **-ar** and **-ir** verbs in the preterit are the same as their respective present-tense forms. [2] You will learn about preterit forms of **–ir** stem-changing verbs in *Capítulo 7.*

Note that verbs ending in **–gar**, **–car**, and **–zar** have spelling changes in the preterit in order to maintain their pronunciation in the **yo** form.

–gar g → gu	jugar	yo **jugué**, tú jugaste,...
	llegar	yo **llegué**, tú llegaste,...
–car c → qu	tocar	yo **toqué**, tú tocaste,...
	buscar	yo **busqué**, tú buscaste,...
–zar z → c	abrazar	yo **abracé**, tú abrazaste,...
	almorzar	yo **almorcé**, tú almorzaste,...

Here are some adverbs and other expressions commonly used with the preterit.

anteayer	**ayer**	**hoy**	
12 lunes	13 martes	14 miércoles	15 jueves
Tarea de español	9:00 a.m. – Examen de química	¡Descansar!	
	anoche		
	8:00 p.m. – Trabajar en el restaurante		

primero	*first*
después	*afterwards*
la semana/el mes/el año pasado/a, etc.	*last week/month/year, etc.*
entonces	*then*
luego	*then, later*
ya	*already*

I/O **6-19** **¿Cómo fue tu día ayer?**

Paso 1. Lee las siguientes oraciones y, si son ciertas para ti, escribe *Sí*. Si no, reescríbelas para que sean (*are*) ciertas para ti.

1. _____ Me levanté temprano.
2. _____ Fui al gimnasio.
3. _____ Desayuné en la cafetería de la universidad.
4. _____ Llegué temprano a mis clases.
5. _____ Mis amigos y yo comimos juntos.
6. _____ Estudié en la biblioteca.
7. _____ Mi amigo/a y yo fuimos a cenar a un restaurante.
8. _____ Leí una novela en mi cuarto.
9. _____ Me acosté a las 11 de la noche.

Paso 2. Ahora, usa las oraciones del Paso 1 y añade más detalles sobre lo que hiciste ayer. Usa por lo menos (*at least*) tres de las siguientes expresiones:

primero	después	entonces	luego

Los calendarios

In many Spanish-speaking countries, calendars begin with Monday, not Sunday. And the "bad luck" day is Tuesday the 13th, not Friday the 13th.

DICHOS

El martes trece, ni te cases, ni te embarques.

¿Qué significa este dicho? Y tú, ¿eres supersticioso?

6-19. **Alternativa:** Puede asignar el Paso 2 como tarea.

6-20. Extensión: Pida a los estudiantes que escriban un breve párrafo sobre otras cosas interesantes que hicieron el año pasado.

0 **6-20** **Actividades del pasado.**

Paso 1. En la columna izquierda (*left*), escribe preguntas para tus compañeros de clase sobre si hicieron estas actividades en el pasado o no. Después añade una actividad original.

Modelo: comprar un coche nuevo
¿Compraste un coche nuevo?

	El año pasado	Firma
1. viajar a un lugar exótico	¿_____Viajaste…_____? ¿Dónde?	
2. ver una película extranjera (*foreign*)	¿_____Viste…_____? ¿Cuál?	
3. hablar con alguien famoso	¿_____Hablaste…_____? ¿Quién?	
4. probar (*to try*) una comida nueva	¿_____Probaste…_____? ¿Cuál?	
5. ir con tus amigos a un sitio peligroso (*dangerous*)	¿_____Fuiste…_____? ¿Dónde?	
6. leer un libro escandaloso	¿_____Leíste…_____? ¿Cuál?	
7. estudiar algo nuevo	¿_____Estudiaste…_____? ¿Qué?	
8. ¿…?	¿_____?	

 Paso 2. Ahora, hazles las preguntas a tus compañeros. Cuando un/a compañero/a responda "Sí," pídele que firme (*sign*) en la columna *Firma*, y pídele también más detalles, usando las preguntas del cuadro.

 Paso 3. Comenten lo que descubrieron. ¿Quién tuvo el año más interesante?

6-21. Audio:
1. Enseña español. 2. Fue al cine con sus estudiantes. 3. Lee su correo electrónico. 4. Va a un restaurante con sus amigos. 5. Enseñó muchas clases. 6. Leyó ciento veinte composiciones. 7. Ayuda a sus estudiantes. 8. Almorzó con sus colegas. 9. Tocó una canción con su guitarra. 10. Es muy simpática.

6-21 **La semana de la profesora Rodríguez.** Tu amiga está hablando sobre su profesora de español. Algunas de las oraciones se refieren a cosas que siempre hace y otras se refieren a cosas que hizo específicamente la semana pasada. ¿Puedes distinguir entre las dos? Vas a escuchar cada oración dos veces.

	Siempre	La semana pasada		Siempre	La semana pasada
1.	☑	☐	**6.**	☐	☑
2.	☐	☑	**7.**	☑	☐
3.	☑	☐	**8.**	☐	☑
4.	☑	☐	**9.**	☐	☑
5.	☐	☑	**10.**	☑	☐

PALABRAS ÚTILES

enseñar	*to teach*
ayudar	*to help*

6-21. Extensión. Pida a la clase que, en grupos pequeños, imaginen y escriban la historia de lo que usted hizo ayer después de sus clases. Anímeles a escribir una historia imaginativa y divertida.

Paso 2. Ahora que sabes un poco más sobre las actividades de la profesora Rodríguez la semana pasada, escribe cuatro oraciones más sobre otras actividades que probablemente hizo. Usa los verbos del cuadro.

salir	cenar	acostarse	ver

6-22 **El sábado pasado.** Escucha varias oraciones sobre lo que Javier y su hermano menor, Samuel, hicieron el sábado. Escribe el número de cada oración al lado del dibujo apropiado.

4   3   2

1   5   6

6-22. Audio:
1. Por la mañana, Javier y Samuel jugaron al tenis. 2. Luego, comieron pizza. 3. Por la tarde, fueron al cine. 4. En el cine, tomaron un refresco. 5. Después de la película, cenaron. 6. Por fin, llegaron a casa a las diez de la noche.

6-22. Alternativa: Puede pedir a sus estudiantes que escuchen las oraciones y que las escriban debajo del dibujo apropiado, a modo de dictado.

6-22. Extensión: Pida a la clase que, en parejas, elijan una pareja famosa (Homer y Marge Simpson, Bill y Melinda Gates, etc.) y que escriban cinco oraciones sobre lo que hicieron ayer. Después leen sus oraciones a otros estudiantes, que intentan identificar quién es la pareja famosa.

6-23 **Un día normal.** Lee el mensaje que Natalia le envió a su hermana ayer y completa los espacios con la forma apropiada de cada verbo.

6-23. Use *PowerPoint Slides* para esta actividad.

6-23. Nota: Esta actividad require el uso de formas de varias personas frente a los ejercicios anteriores, enfocados en una o dos formas solamente.

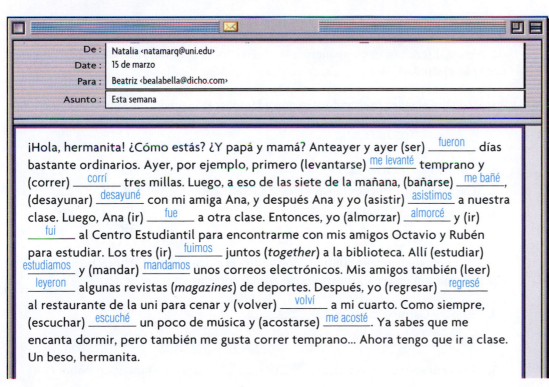

De : Natalia ‹natamarq@uni.edu›
Date : 15 de marzo
Para : Beatriz ‹bealabella@dicho.com›
Asunto : Esta semana

¡Hola, hermanita! ¿Cómo estás? ¿Y papá y mamá? Anteayer y ayer (ser) __fueron__ días bastante ordinarios. Ayer, por ejemplo, primero (levantarse) __me levanté__ temprano y (correr) __corrí__ tres millas. Luego, a eso de las siete de la mañana, (bañarse) __me bañé__, (desayunar) __desayuné__ con mi amiga Ana, y después Ana y yo (asistir) __asistimos__ a nuestra clase. Luego, Ana (ir) __fue__ a otra clase. Entonces, yo (almorzar) __almorcé__ y (ir) __fui__ al Centro Estudiantil para encontrarme con mis amigos Octavio y Rubén para estudiar. Los tres (ir) __fuimos__ juntos (*together*) a la biblioteca. Allí (estudiar) __estudiamos__ y (mandar) __mandamos__ unos correos electrónicos. Mis amigos también (leer) __leyeron__ algunas revistas (*magazines*) de deportes. Después, yo (regresar) __regresé__ al restaurante de la uni para cenar y (volver) __volví__ a mi cuarto. Como siempre, (escuchar) __escuché__ un poco de música y (acostarse) __me acosté__. Ya sabes que me encanta dormir, pero también me gusta correr temprano... Ahora tengo que ir a clase. Un beso, hermanita.

6-24 **Un fin de semana interesante.**

6-24. Puede pedir a los estudiantes que lean algunas de las narraciones en voz alta para que toda la clase intente adivinar quiénes las escribieron.

Paso 1. Escribe un párrafo con muchos detalles sobre lo que hiciste el sábado pasado. No escribas tu nombre en el papel.

Paso 2. Cuando toda la clase haya acabado (*has finished*), el instructor va a repartir (*distribute*) todas las historias. Lee la historia que te da y adivina quién la escribió.

VideoEscenas: La rosa sevillana

▲ En el Capítulo 5 Rocío y Carmen hablaron de sus planes para el fin de semana. Carmen fue a visitar a una amiga en Sevilla. Ahora ya está en Madrid y habla con Rocío otra vez.

Opción: Si hace esta actividad en clase, puede pedir que completen esta sección en parejas.

 Paso 1. Antes de (*before*) ver el video, di (*tell*) a un/a compañero/a dónde fuiste este fin de semana. Escucha a tu compañero/a también y toma apuntes. ¿Fueron a algún lugar (*any place*) similar?

Paso 2. Mira el video prestando atención a las ideas principales. Después, indica si estas afirmaciones son ciertas o falsas.

		Cierto	Falso
1.	Carmen no fue a Sevilla.	☐	☑
2.	Carmen visitó muchos lugares (*places*) interesantes.	☑	☐
3.	Carmen bailó flamenco.	☐	☑
4.	Un chico le regaló una rosa a Carmen.	☑	☐

Paso 3. Lee las oraciones a continuación y mira el video otra vez. Ahora, presta atención a la información específica que necesitas para completar estas oraciones.

1. Anoche Carmen _____volvió de Sevilla_____.

2. Carmen _____fue_____ a un parque, un museo y una catedral.

3. Por la noche Carmen _____vio/conoció_____ a un chico fantástico y ahora está enamorada (*in love*).

Así se forma

> Felipe, mi amiga Rosa quiere conocerte.
>
> ¿Rosa? La vi ayer en la cafetería.
>
> La conozco. ¡Es muy simpática!

4. Direct object pronouns

A **direct object** is the person or thing that directly receives the action of the verb. It answers the question *Who/Whom?* or *What?*

(What?)	Compré **el carro**.	→	**Lo** compré.
	I bought **the car.**		*I bought* **it.**
(Who/Whom?)	Vi **a Laurie**.	→	**La** vi.
	I saw **Laurie.**		*I saw* **her.**

In the examples above, *the car* and *Laurie* are <u>direct object nouns</u>. When a direct object has been previously mentioned and we want to avoid redundancy we use <u>direct object pronouns</u>. In the sentences above; *it* and *her* are the direct object (DO) pronouns. **Important!** When the direct object noun is a person, it requires the personal **a** (observe the contrast in the examples above).

PLUS Go to *WileyPLUS* and review the Animated Grammar Tutorial for this grammar point.

Use *PowerPoint Slides* para presentar y practicar esta gramática.

Pronombres de objeto directo

me	Carlos no **me** llamó.	*Carlos did not call* **me.**
te	¿**Te** llamó Carlos?	*Did Carlos call* **you?**
lo	No **lo** conozco. (a Juan/a usted, *m.*) No **lo** tengo. (el libro)	*I don't know* **him/you** (*m.*). *I don't have* **it** (*m.*).
la	Juan **la** conoce. (a Lola/a usted, *f.*) Juan **la** come. (la fruta)	*Juan knows* **her/you** (*f.*). *Juan eats* **it** (*f.*).
nos	Laurie **nos** visitó anoche.	*Laurie visited* **us** *last night.*
os	¿Quién **os** visitó?	*Who visited* **you** (*pl.*)?
los	Voy a llamar**los**. (a ellos/a ustedes, *m.*) Voy a preparar**los**. (los cafés)	*I am going to call* **them/you** (*m.*). *I am going to prepare* **them** (*m.*).
las	Pedro **las** admira. (a ellas/a ustedes, *f.*) Pedro **las** va a preparar. (las bebidas)	*Pedro admires* **them/you** (*f.*). *Carlos is going to prepare* **them** (*f.*).

Sugerencia: Escriba los pronombres de objeto directo en una transparencia o en la pizarra. Presente ejemplos con afirmaciones y preguntas (use nombres de estudiantes): *Pedro me llamó, ¿Te llamó?, Pedro lo llamó* (señale a un estudiante masc.), *Pedro la llamó* (señale a una estudiante fem.), etc. Use estos ejemplos para ilustrar el uso del pronombre para reemplazar un nombre con función de objeto directo. Por ejemplo: *Pedro conoce a Marta.* → *Pedro la conoce.*

- Direct object pronouns must agree with the nouns they replace or refer to.

—¿Compraste **la pasta de dientes**?	*Did you buy* **the toothpaste?**
—Sí, **la** compré.	*Yes, I bought* **it.**
—¿Usaste **el nuevo jabón**?	*Did you use* **the new soap?**
—Sí, **lo** usé.	*Yes, I used* **it.**

NOTA DE LENGUA

Note that the pronoun *it* can only be translated as **lo/la** when *it* functions as a direct object. The English *it* subject pronoun is usually omitted in Spanish.

I ate it.	→	**Lo comí.**	*We didn't write it.* →	**No lo escribimos.**

BUT

It is expensive.	→	**Es caro.**	*It opens at 8 A.M.* →	**Abre a las 8 de la mañana.**

Sugerencia: Para ilustrar la posición del pronombre de objeto directo, escriba cada una de las siguientes palabras en una hoja de papel: *no, te, llamo, quiero, llamar, estoy* y *llamando.* Pida a tres estudiantes que se pongan frente a la clase, en pie, y deles las hojas con las palabras *llamo, te* y *no.* Pida a la clase que les ayude a ponerse en el orden necesario para que la frase sea correcta. Sustituya la palabra *llamo* con *quiero* y dé a otro estudiante *llamar.* De nuevo, la clase debe pensar en las dos opciones correctas: *No te quiero llamar. / No quiero llamarte.* Complete esta demostración dando las palabras *estoy* y *llamando* a otros dos estudiantes.

6-28. Audio:
1. ¿Vas a comprar jabones para lavarnos las manos? 2. ¿Y tienes el gel de ducha? 3. ¿Buscaste mi pasta de dientes favorita? 4. ¿Tienes el dinero? 5. ¿Tienes tu tarjeta de crédito? 6. Entonces, ¿puedes comprar esas cosas o no?

6-29 Use *PowerPoint Slides* para revisar las respuestas.

Position of direct object pronouns

- The direct object pronoun is placed immediately before a conjugated verb.

Lo compré. / *I bought **it**.*

- If a conjugated verb is followed by an infinitive or present participle (**-ando/-iendo** form), place the direct object pronoun either immediately before the conjugated verb or after and attached to the infinitive or present participle[1]. It cannot be placed between both forms.

Voy a invitar**la**.   *o*   **La** voy a invitar.   *I am going to invite **her**.*
Estoy llamándo**la**.   *o*   **La** estoy llamando.   *I am calling **her**.*

6-28 **De compras.** Estás en la farmacia para comprar algunas cosas que necesitan tú y tu compañera de cuarto. Eres un poco despistada (*absent-minded*) así que tu compañera te llama para asegurarse (*make sure*) de que no olvidas nada. Escucha y elige la respuesta correcta.

1.	☐ Sí, lo voy a comprar.	☐ Sí, la voy a comprar.	☑ Sí, los voy a comprar.	☐ Sí, las voy a comprar.
2.	☑ Sí, lo tengo.	☐ Sí, la tengo.	☐ Sí, los tengo.	☐ Sí, las tengo.
3.	☐ Sí, lo busqué.	☑ Sí, la busqué.	☐ Sí, los busqué.	☐ Sí, las busqué.
4.	☑ No, no lo tengo.	☐ No, no la tengo.	☐ No, no los tengo.	☐ No, no las tengo.
5.	☐ No, no lo tengo.	☑ No, no la tengo.	☐ No, no los tengo.	☐ No, no las tengo.
6.	☐ No, no lo puedo comprar.	☐ No, no los puedo comprar.	☐ No, no la puedo comprar.	☑ No, no las puedo comprar.

6-29 **¿Quién tiene mis tijeras?** Los estudiantes frecuentemente se prestan cosas. En parejas, imaginen que viven en la residencia de las páginas 180–181 y no encuentran algunas cosas. Primero, el Estudiante A le pregunta al Estudiante B sobre las cosas que no encuentra (1–5) y el Estudiante B explica *quién* tiene cada cosa y *para qué* la están usando, según la ilustración. Luego, el Estudiante B pregunta sobre sus cosas (6–10) y el Estudiante A contesta.

Modelo: tijeras
Estudiante A: **¿Quién tiene mis tijeras?**
Estudiante B: **Natalia *las* tiene. *Las* está usando para cortarse el pelo.**

Cosas del Estudiante A:
1. secador de pelo
2. peine
3. cepillo
4. maquillaje
5. champú

Cosas del Estudiante B:
6. máquina de afeitar
7. pasta de dientes
8. despertador
9. desodorante
10. guitarra

---

[1]In other instances, you must attach the pronoun to the infinitive or the **-ando/-iendo** form.
Voy al laboratorio para ver**lo**.
Aprendo los verbos practicándo**los**.

6-30 Cosas (*Things*) para vender.

En grupos pequeños, imaginen que son estudiantes universitarios en España. Necesitan dinero y quieren vender algunas cosas que ya no usan.

Paso 1. Individualmente, selecciona cuatro cosas de la lista que quieres vender. Decide en qué condición está cada cosa (**nuevo, casi nuevo, usado, muy usado**) y escribe el precio en euros que quieres por cada cosa. ¡No dejes que tus compañeros lo vean!

Modelo: ☑ un refrigerador pequeño   *casi nuevo*   € _39_

☐ una máquina de afeitar _____ € _____
☐ un radio-despertador _____ € _____
☐ un teléfono celular _____ € _____
☐ unos libros de psicología _____ € _____
☐ una impresora a color _____ € _____
☐ un sofá _____ € _____
☐ un televisor muy grande _____ € _____
☐ una computadora portátil _____ € _____
☐ unos CDs de música clásica _____ € _____

Paso 2. Tomen turnos para vender sus cosas. Es posible que tengan que negociar los precios. Toma nota de todo el dinero que ganas (*earn*). Si quieres rechazar algo, piensa en una excusa. Si a una persona no le interesa uno de tus objetos, intenta vendérselo a otra persona. ¿Cuánto dinero ganaste?

Modelo:
Estudiante A: **Tengo un refrigerador pequeño para vender. Está casi nuevo.**
Estudiante B: **¿Cuánto cuesta?**
Estudiante A: **Cuesta treinta y nueve euros. ¿Quieres comprarlo?**
Estudiante B: **Sí, lo compro./ No gracias. Es un poco caro (*expensive*)...**

6-30. El instructor debe decir a los estudiantes cuál es el cambio ese día (euro vs. dólar).

6-30. Sugerencia: Una alternativa es que los estudiantes escriban sus propias listas con cuatro objetos que quieran vender en una hoja de papel y que incluyan el estado y el precio que piden (el instructor puede mostrar un ejemplo en una transparencia). Los estudiantes circulan por la clase entre 7 y 8 minutos intentando vender sus objetos. Después, cada estudiante calcula lo que ganó. Al final comparten sus resultados con la clase. ¿Quién el/la la mejor hombre/ mujer de negocios?

Esta actividad recicla los números y *estar + adjetivos de estado*.

INVESTIG@ EN INTERNET

Desde que España es miembro de la Unión Europea, ha adoptado el euro (€) en lugar de (*instead of*) su divisa (*currency*) tradicional, la **peseta**. ¿Recuerdas las divisas de otros países hispanos?

6-31 La telenovela *Un día de la vida.*

Van a hacer una prueba (*audition*) para los papeles de Aurora y Anselmo, dos personajes de una telenovela cursi (*cheesy*): *Un día de la vida.* Primero, completen el diálogo con los objetos directos **me, te** o **lo.** Después, léanlo muy dramáticamente. ¡Realmente quieren obtener los papeles!

Anselmo: Mi amor, estás muy triste. ¿Qué pasa?... _Me_ amas, ¿verdad?

Aurora: _Te_ amo con todo mi corazón, pero tengo que ser muy franca. También adoro a Rafael y sé que él _me_ adora a mí.

Anselmo: Pero yo también _te_ adoro. Eres el amor de mi vida. _Me_ necesitas, ¿verdad?

Aurora: Claro que _te_ necesito, pero no puedo imaginar mi vida sin Rafael. También _lo_ necesito a él. _Lo_ extraño (*miss*) mucho.

Anselmo: Mi cielo, tú sabes muy bien que no va a volver, y tú sabes que yo estoy aquí y que _te_ quiero.

Aurora: (*Ella solloza* [sobs].) Pero él es único. Yo no _te_ quiero a ti como _lo_ quiero a él.

Anselmo: (*También solloza.*) Tengo que reconocer (*admit*) que también _lo_ quiero. Yo también _lo_ extraño.

Aurora: Nunca vamos a encontrar otro perro como él.

6-31. Opción: Usted es el/la director/a de la telenovela. Explique que está buscando actores y actrices para estos papeles y pida parejas voluntarias para hacer una prueba. El resto de la clase puede votar por quién merece obtener el trabajo.

Dicho y hecho

PARA LEER: Vivir a la española

ANTES DE LEER

1. Lee el título del texto, observa su formato y escoge (*select*) una de estas descripciones.

   ☐ Un informe sobre los hábitos de los españoles.
   ☐ Un artículo de opinión comparando España con otros países.
   ☑ Entrevistas (*interviews*) sobre la vida diaria en España.

2. ¿Qué ideas asocias con la vida en España? Piensa en costumbres, hábitos, tradiciones, cultura, etc.

ESTRATEGIA DE LECTURA

Activate your background knowledge After you get an idea of the topic and main ideas in a text by looking at the title, headings and visuals, and skimming over it, it is a good idea to think about what you know about the topic before you start to read. Applying that knowledge, you'll be better able to interpret the text. Keep the ideas you came up with in question 2 above, and anything else you may have learned about Spain in mind as you read the selection that follows.

A LEER

El tópico[1] relaciona a España con los toros[2], el flamenco, la juerga[3] y el sol. Cierto o no, entrevistamos a dos jóvenes extranjeros[4] que viven aquí y les preguntamos sobre su vida en nuestro país.

ALBERTA ARVALLI 25 años, Padua (Italia)

No es la primera vez[5] que Alberta vive en España. En esta segunda etapa vive en Madrid y trabaja como arquitecto.

¿Por qué decidiste volver?

Porque, bueno, España me encanta por la manera que tienen los españoles de vivir y Madrid es una ciudad preciosa que ya conocía y, nada, porque encontré al final trabajo aquí.

¿Crees que hay diferencia entre la gente[6] española y la gente italiana?

Yo creo que la gente del sur de España es más parecida[7] a la gente del sur de Italia. La gente del norte de España, más parecida a la del norte de Italia. La cultura (es) un poco diferente, pero yo creo que en Europa, ahora mismo, la gente es muy similar.

Has mencionado la cultura española, ¿qué piensas de ella?

A mí me encanta. A mí me encanta leer y creo que hay muchos libros, mucha literatura española que la gente tiene que leer porque España tiene una cultura muy amplia.

PHILLIP STARK 28 años, Toledo (Ohio)

Llegó a Bilbao hace seis años y desde entonces vive en España. Empezó trabajando como profesor de inglés y hoy en día dirige una revista[8], tiene un negocio en Internet y realiza documentales.

¿Por qué decidiste venir a España?

Pues… yo había visto un folleto[9] para estudiar español en el extranjero y me parecía muy interesante Bilbao. Entonces, pues nada, fui a Bilbao y lo pasé genial[10], y me dije "yo me quedo aquí para siempre".

¿Para ti qué es lo mejor que tiene España?

A ver… lo mejor que tiene España… España, no sé, es otra cultura, una cultura muy tranquila, gente tranquila, las cosas van un poco más, no sé, lentas. Me gusta la comida, me gusta Madrid porque es como vivir en Nueva York pero sin tanta locura.

Y ahora que vives en Madrid, ¿para ti cómo es un día ideal en esta ciudad?

¿En Madrid? Pues un día ideal es irme a un bar de viejos, hablar con el camarero un poquito, tomarme una cañita[11] y una tapa y ya está, no me hace falta más.

Texto: Elena Giménez / *Punto y coma*

---

[1] cliché, [2] bullfighting, [3] partying, [4] foreign, [5] time, occasion, [6] people, [7] similar, [8] magazine, [9] brochure, [10] I had a great time, [11] draft beer

DESPUÉS DE LEER

1. ¿Menciona el texto algunas ideas que tú y tus compañeros tenían sobre la vida en España antes de leer el texto? ¿Cuáles?

2. Escoge la opción más apropiada de acuerdo con las opiniones de los entrevistados.

   a. Los españoles <u>son parecidos a</u>/ diferentes de/ más lentos que otros europeos.

   b. La literatura española es muy famosa / excesiva / <u>extensa</u>.

   c. Madrid es similar a Nueva York porque es una ciudad tranquila/ es una ciudad loca/ <u>ofrece variedad de eventos culturales</u>.

3. Imagina que eres el periodista que entrevistó a Alberta y Phillip. ¿Qué otras preguntas tienes para ellos?

PARA CONVERSAR: ¿Somos compatibles?

Tres amigos/as y tú están pensando en alquilar (*to rent*) un apartamento juntos, pero sólo hay dos dormitorios (*bedrooms*) y un cuarto de baño (*bathroom*).

Paso 1. Descríbeles a tus compañeros/as tus actividades en un día normal. En particular, incluye las cosas que haces en casa y cuándo. También debes escuchar las descripciones de ellos/ellas y hacer preguntas.

Paso 2. Decidan como grupo si son compatibles o no. Deben decidir si son compatibles para compartir el apartamento, quiénes van a compartir dormitorio y cómo van a organizar el uso del baño y la cocina.

ESTRATEGIA DE COMUNICACIÓN

Establishing timeframe and sequence Giving structure to your description of the events of a regular day will make your message easier for your listener to understand. Organize the events into morning events **(Por la mañana...)**, and afternoon events **(Por la tarde...)**, and within each timeframe, use expressions to mark sequence such as the following.

Primero...	*First...*	Después...	*Afterwards...*
Luego...	*Then...; Later...*	Finalmente...	*Finally..., Lastly...*

PARA ESCRIBIR: Un día inolvidable (*unforgettable*)

Vas a describir un día que fue inolvidable por alguna razón, usando verbos en el pretérito. Tu lector/a (*reader*) es una persona que va a escribir una biografía sobre tu vida.

ANTES DE ESCRIBIR

Paso 1. ¿Qué día quieres describir?

- ☐ el mejor (*best*) día de mi vida
- ☐ el día más feliz de mi vida
- ☐ _____

- ☐ el día más triste de mi vida
- ☐ el día más extraño de mi vida

Dicho y hecho

ESTRATEGIA DE REDACCIÓN

Topic sentences While you're learning to write in Spanish, it's a good idea to stick with clear, simple organization. Each paragraph should begin with a topic sentence that tells the reader what the rest of the paragraph is going to discuss. You shouldn't try to include information in a paragraph that isn't directly related to the topic sentence.

> Es muy común ver a la gente correr en las calles en Estados Unidos. Sin embargo, en Latinoamérica, la gente típicamente va a un gimnasio o a una pista para correr. Una vez, en México, salí a la calle a correr, y un vecino (*neighbor*) me preguntó: "¿Cuál es la emergencia? ¿Te pasó algo? ¿Adónde vas?"

Here's a short paragraph in Spanish. After reading, decide which of the two options that follow would be the best topic sentence to begin this paragraph.

- ☐ Es un poco raro (*strange*) correr en público en Latinoamérica.
- ☒ Hay diferencias entre Estados Unidos y Latinoamérica respecto a la práctica de algunos deportes.

Paso 2. **¿Qué pasó ese día?** Ahora piensa en por lo menos cuatro eventos que ocurrieron ese día. Escríbelos en tu cuaderno usando los verbos en el pretérito.

Modelo: El despertador no **funcionó** y **me desperté** tarde. **Perdí** (*I missed*) el tren. **Llegué** tarde al trabajo…

A ESCRIBIR

Escribe un primer borrador (*draft*) que describa este día en tu vida. Usa los eventos que mencionaste en el Paso 2 de *Antes de escribir* como las oraciones temáticas de tus párrafos.

Para escribir mejor: Estas palabras de conexión probablemente te pueden ayudar a escribir mejor al igual que en la conversación.

primero	*first*	**finalmente**	*finally*
segundo	*second*	**por último**	*lastly*
después	*next/then*	**además**	*in addition*

En tu conclusión, puedes usar frases como estas:

No quiero tener otro día como este nunca.
Este día fue realmente fantástico.

DESPUÉS DE ESCRIBIR

Revisar y editar: Después de escribir el primer borrador de tu composición, déjalo a un lado (*put it aside*) por un mínimo de un día sin leerlo. Cuando vuelvas *(you return)* a leerlo, corrige la organización, el contenido, la gramática y el vocabulario. Hazte (*ask yourself*) estas preguntas:

- ☐ ¿Tiene cada párrafo una oración temática?
- ☐ ¿Tiene cada idea, en cada párrafo, relación con la oración temática?
- ☐ ¿Describí los cuatro eventos con suficientes detalles?
- ☐ ¿Usé palabras de conexión entre los eventos?
- ☐ Subraya (*underline*) cada verbo. ¿Usé correctamente el pretérito?
- ☐ ¿Usé correctamente los pronombres de objeto directo?

PARA VER Y ESCUCHAR: La feria de San Isidro

ANTES DE VER EL VIDEO

Piensa en las celebraciones típicas de Estados Unidos. ¿Cómo se festejan (*are they celebrated*)?

La gente...	Celebraciones
... se pone ropa especial.	
...come algo en particular.	
...toca música.	
...va a un servicio religioso.	

A VER EL VIDEO

1. Mira el video concentrándote en las ideas generales. Puedes tomar notas breves de ideas o palabras clave. Después, escribe un resumen de las ideas principales del video.

   La Feria de San Isidro es…
   Algunas actividades típicas durante la feria son…

2. Lee las siguientes preguntas. Después mira el video otra vez y toma nota de los detalles relevantes para responder a las preguntas.

   a. ¿Cuándo y dónde se celebra el día de San Isidro? El 15 de mayo. En Madrid, España.

   b. ¿Qué hace la gente en la iglesia de San Isidro? Beben el agua de la fuente del Santo. Piden un deseo.

   c. Después van a la Plaza Mayor, ¿qué hacen allí? Bailar, cantar y comer.

   d. ¿Cuántos tipos de rosquillas hay? ¿Cómo son diferentes? Tres: con azúcar, sin azúcar y con crema.

   e. ¿Qué tipos de música y baile se escuchan y ven durante esta fiesta? Escuchan música típica española y bailan bailes tradicionales.

DESPUÉS DE VER EL VIDEO

¿Tiene algo en común la Feria de San Isidro con alguna celebración que conoces en Estados Unidos?

Repaso de vocabulario activo

Adverbios y expresiones adverbiales

el (año/mes/verano, etc.) pasado *last (year/month/summer)*
anoche   *last night*
anteayer   *the day before yesterday*
ayer   *yesterday*
después   *later*
entonces   *then*
el fin de semana pasado   *last weekend*
luego   *later, then*
más tarde   *later*
primero   *first*
la semana pasada   *last week*
ya   *already*

Sustantivos
La rutina diaria   *Daily routine*

la cama   *bed*
el cepillo (de dientes)   *(tooth)brush*
el champú   *shampoo*
la crema de afeitar   *shaving cream*
el desodorante   *deodorant*
el gel (de ducha)   *(shower) gel*
el jabón   *soap*
el maquillaje   *makeup*
la máquina de afeitar   *electric shaver*
el papel higiénico   *toilet paper*
la pasta de dientes   *toothpaste*
el peine   *comb*
la rasuradora   *razor*
el reloj despertador   *alarm clock*
el secador de pelo   *hair dryer*
las tijeras   *scissors*
la toalla   *towel*

El trabajo   *Work*

la compañía   *company*
el dinero   *money*
la empresa   *a business, company*
la fábrica   *factory*
la tienda   *store, shop*
  de ropa   *clothing store*

el trabajo   *work*
  a tiempo completo/parcial   *full-time/part-time*

Más personas y profesiones

el/la abogado/a   *lawyer*
el/la amo/a de casa   *homemaker*
el/la cajero/a   *cashier*
el/la compañero/a de cuarto   *roommate*
el/la contador/a   *accountant*
el/la dependiente/a   *salesclerk*
el/la empleado/a   *employee*
el/la enfermero/a   *nurse*
el hombre/la mujer de negocios   *businessperson*
el/la maestro/a   *teacher*
el/la médico/a   *doctor*
el/la mesero/a   *waiter/waitress*
el/la periodista   *journalist*
el/la programador/a de computadoras   *computer programmer*
el/la recepcionista   *receptionist*
el/la secretario/a   *secretary*

Verbos y expresiones verbales

acostarse (ue)   *to go to bed*
afeitarse   *to shave*
bañarse   *to take a bath*
cepillarse los dientes/el pelo   *to brush one's teeth/hair*
cortarse el pelo/las uñas/el dedo   *to cut one's hair/nails/a finger*
despertarse (ie)   *to wake up*
divertirse (ie, i)   *to have fun*
dormirse (ue, u)   *to sleep*
ducharse   *to take a shower*
ganar   *to earn, make (money)*
lavarse las manos/la cara, etc.   *to wash one's hands/face, etc.*
levantarse   *to get up*
maquillarse   *to put on makeup*
peinarse   *to comb one's hair*
ponerse los zapatos/la ropa, etc. (irreg.)   *to put on one's shoes/clothes, etc.*

quitarse (la ropa)   *to take off (one's clothes)*
relajarse   *to relax*
secarse   *to dry (oneself)*
tener (irreg.) sueño   *to be sleepy, tired*
trabajar para...   *to work for*
sonar (ue)   *to ring, sound*
vestirse (i, i)   *to get dressed*

Autoprueba y repaso

I. Reflexive verbs. Son las ocho de la mañana en la residencia estudiantil. Indica qué pasa.

> **Modelo:** Alfonso / levantarse
> **Alfonso se levanta.**

1. mi compañero/a de cuarto / despertarse
2. yo / levantarse
3. tú / bañarse
4. Pepita / cepillarse los dientes
5. nosotros / ponerse suéteres porque hace frío
6. Octavio y Manuel / vestirse

II. Reciprocal constructions. Imagina que estás contando cómo se conocieron tus papás. Usa el pretérito o el presente de acuerdo a la situación.

> **Modelo:** conocerse en la universidad.
> **Mis padres se conocieron en la universidad.**

1. gustarse inmediatamente
2. darse los números de teléfono ese mismo día
3. verse todos los días
4. aún hoy, después de veinticinco años, quererse mucho

III. The preterit of regular verbs and *ser/ir*.

A. Indica qué pasó esta mañana antes del trabajo.

> **Modelo:** yo / levantarse temprano
> **Me levanté temprano.**

1. yo / ducharse
2. Pepita / peinarse
3. tú / lavarse la cara
4. nosotros / afeitarse
5. ellos / cepillarse los dientes

B. Indica qué pasó durante la jornada laboral.

> **Modelo:** yo / desayunar en Starbucks
> **Desayuné en Starbucks.**

1. yo / llegar al trabajo a las nueve
2. dos colegas / leer las noticias (*news*) del día
3. mi colega y yo / mandar un correo electrónico al presidente de la compañía
4. tú / escribir un memo muy importante
5. nosotros / ir a un restaurante chino para almorzar
6. en la tarde, mi colega / llamar a varios de nuestros clientes
7. ella / resolver un problema serio
8. nosotros / salir del trabajo a las cinco de la tarde

IV. Direct object pronouns.

A. Camilia va a invitar a su fiesta a todos los que deseen ir.

> **Modelo:** Elena quiere ir a la fiesta.
> **Pues, Camila va a invitarla.**

1. Yo quiero ir.
2. Nosotros queremos ir.
3. Ustedes quieren ir.
4. Mis hermanas quieren ir.
5. Mis hermanos quieren ir.
6. Pepita quiere ir.
7. Tú quieres ir.

B. Contesta la pregunta con el pronombre de objeto directo apropiado.

> **Modelo:** ¿Quieres conocer al presidente de la universidad?
> **Sí, quiero conocerlo./Sí, lo quiero conocer.** O,
> **No, no quiero conocerlo./No, no lo quiero conocer.**

1. ¿Quieres ver a tus amigos/as hoy?
2. ¿Vas a llamar a tus padres esta noche?
3. ¿Estás haciendo la tarea para la clase de español ahora?
4. ¿Completaste todos los ejercicios del Capítulo 6?
5. ¿Vas a estudiar todo el vocabulario?

V. *Repaso general.* Contesta cada pregunta con tantas actividades como sea posible.

1. ¿Qué haces por la mañana después de levantarte?
2. ¿Qué haces antes de acostarte?
3. ¿Adónde fuiste ayer? ¿Qué más ocurrió ayer?
4. ¿Qué pasó el fin de semana pasado?
5. ¿Llamaste a tu mejor amigo/a la semana pasada? ¿De qué hablaron?

VI. *Cultura.*

1. Nombra dos cosas que has aprendido sobre la historia de España.
2. Nombra dos cosas que has aprendido sobre la España moderna.
3. Explica qué son los **azulejos** y cómo llegaron a España.

Las respuestas de *Autoprueba y repaso* se pueden encontrar en el **Apéndice 2.**

Así se dice

Por la ciudad
En el centro de la ciudad

En correos y en el banco
En la oficina de correos
El dinero y los bancos

Así se forma

1. Prepositions
2. Demonstrative adjectives and pronouns
3. The preterit of *hacer* and stem-changing verbs
4. Indirect object pronouns

Cultura

- Argentina y Chile
- La plaza en el mundo hispano

Dicho y hecho

Para leer:
El Tortoni: Café con historia

Para conversar:
¿Qué compramos?

Para escribir:
Tres días en Santiago o en Buenos Aires

Para ver y escuchar:
La plaza: Corazón de la ciudad

By the end of this chapter you will be able to:

- Talk about places and things in the city
- Carry out transactions at the post office and the bank
- Talk about actions in the past
- Talk about to whom or for whom something is done

ENTRANDO AL TEMA

1. La ciudad de esta foto es la capital de Chile. ¿Sabes cómo se llama? Santiago

2. ¿Sabes cuál es la ciudad más austral (*southernmost*) del planeta? Ushuaia, Argentina

3. Chile y Argentina forman parte de América del Sur. Otro nombre para esta zona es:
   ☐ El Medio Oeste   ☑ El Cono Sur   ☐ Tierra Caliente

Así se dice

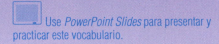

Use *PowerPoint Slides* para presentar y practicar este vocabulario.

Por la ciudad

el rascacielos

el edificio

el banco (*bank*)

ALMACÉN TORRES

el almacén

el centro comercial

Banco Central

la pastelería

EL MESÓN

la pizzería

Pastelería Colón

la joyería

la película

Pizzeria Roma

CALLE 3

Zapateria Colón

La Perla

EL HOM ARAÑA

la calle

la zapatería

el restaurante/el café

el autobús

AVE. COLÓN

PARADA

el taxi

la avenida

la estatua

la parada de autobús

la plaza

el metro

METRO Plaza Colón

Cristóbal Colón

Capítulo 7

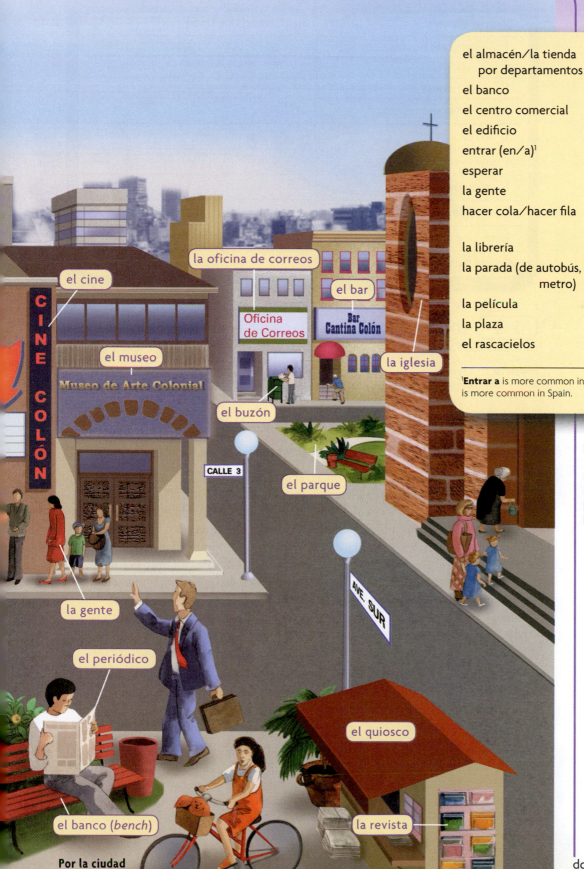

el cine

el museo

Museo de Arte Colonial

CINE COLÓN

la oficina de correos

Oficina de Correos

el bar

Bar Cantina Colón

la iglesia

el buzón

CALLE 3

el parque

AVE. SUR

la gente

el periódico

el quiosco

el banco (*bench*)

la revista

Por la ciudad

el almacén/la tienda por departamentos	*department store*
el banco	*bank; bench*
el centro comercial	*shopping center, mall*
el edificio	*building*
entrar (en/a)[1]	*to enter, go in*
esperar	*to wait for*
la gente	*people*
hacer cola/hacer fila	*to get/stand/wait in line*
la librería	*bookstore*
la parada (de autobús, metro)	*(bus, subway) stop*
la película	*film, movie*
la plaza	*town square*
el rascacielos	*skyscraper*

[1]**Entrar a** is more common in Latin America, while **entrar en** is more common in Spain.

Preguntas. Refiérase a las *Preguntas de comprensión* impresas en azul al final de este libro de profesor/a para encontrar preguntas que puede usar en la presentación de este vocabulario.

7-1 En mi ciudad.
Indica si la comunidad donde vives tiene estos lugares. Si respondes *Sí,* escribe el nombre de uno específico.

Sugerencia: Para reciclar vocabulario sobre la ciudad otro día, pida a los estudiantes al llegar a clase que dibujen en la pizarra algo que pueden encontrar en la ciudad. Después, en grupos o parejas, los estudiantes pueden describir esta ciudad que se acaba de formar. También se pueden añadir personas y animales al dibujo para que los estudiantes describan lo que pasa o inventen una historia. Puede pedir a grupos o parejas de voluntarios que lean sus descripciones a la clase.

	Sí, (escribe el nombre de uno)	No
Modelo: un banco	Sí, el American Trust	
1. un parque		
2. un café		
3. una zapatería		
4. una estatua		
5. un rascacielos		
6. una avenida		
7. un quiosco		
8. una iglesia		
9. un cine		
10. una parada de metro		

7-2 ¿Dónde?
Escucha varias actividades que vas a hacer. ¿Dónde haces cada actividad?

7-2. Audio:
1. Quieres comprar una joya con diamantes.
2. Te gustaría ver una película.
3. Tienes que tomar el autobús.
4. Piensas comprar una revista o un periódico.
5. Estás en la calle, pero quieres descansar o leer el periódico.
6. Quieres tomar una cerveza con tus amigos.
7. Necesitas dinero.
8. Vas a comprar una torta de chocolate.

7-2. Respuestas: 1. la joyería; 2. el cine; 3. la parada de autobús; 4. el quiosco; 5. la plaza; 6. el bar; 7. el banco; 8. la pastelería.

Modelo: Oyes: Quieres comprar una pizza.
Escribes: **Voy a una pizzería.**

En el centro de la ciudad

Mi amigo y yo vamos a **pasar** el día en el centro porque allí encontramos los **lugares** más interesantes de la ciudad. Primero tenemos que saber a qué hora **abren** las tiendas y los museos, y a qué hora **cierran**. También queremos preguntar dónde podemos comprar **entradas** para una **obra de teatro**, y a qué hora **empieza** la representación. Por la mañana, queremos ir de compras en las tiendas pequeñas y también en el centro comercial. Después podemos visitar un museo, tomar algo y luego pasar la tarde en un parque o dar un paseo en un jardín botánico o el zoológico. El **mejor** restaurante también está en el centro y quiero **invitar**[1] a mi amigo a cenar allí. Después de ir al **teatro** y **terminar** las actividades de un largo día, podemos regresar a casa tomando el metro o un taxi.

abrir	*to open*	**el/la mejor**	*the best*
cerrar (ie)	*to close*	**la obra (de teatro)**	*play*
empezar (ie)	*to start, begin*	**pasar (tiempo)**	*to spend (time)*
la entrada	*ticket*	**terminar**	*to finish, end*
el lugar	*place*		

[1]**Invitar** requires the preposition **a** when followed by the infinitive: **Me invitó *a* cenar.**

I/O **7-3** **¿Qué pueden hacer?**

En parejas, el Estudiante A explica sus problemas al Estudiante B, que ofrece sugerencias, y viceversa. Toma nota de las sugerencias de tu compañero/a. Cada estudiante debe también inventar un problema nuevo.

Estudiante A
Problemas
1. Tenemos hambre, pero no queremos salir de casa para ir a un restaurante.
2. Mi amigo quiere leer un periódico o una revista, pero no encuentra un quiosco.
3. Jesús va a la joyería para comprarle un regalo a su novia Ana, pero dejó su dinero en casa.
4. Mis amigos y yo queremos ir a una obra de teatro en el centro de la ciudad, pero hay mucho tráfico.
5. ¿ ?
Sugerencias para tu compañero/a
• ¿Por qué no vas al centro comercial? 2
• Te recomiendo el restaurante El Mesón, que tiene excelente comida argentina. 3
• Pueden tomar una excursión con guía (*guided tour*). 4
• Hay un buzón en la avenida Sur. 1
• ¿ ?

Estudiante B
Problemas
1. Necesito enviar esta carta, pero no hay ninguna oficina de correos cerca.
2. Quiero ir de compras y ver muchas tiendas, pero hace frío para pasear en la calle.
3. Mis padres quieren ir al mejor restaurante de la ciudad para celebrar su aniversario.
4. Queremos ver el edificio más bonito, el mejor museo y la iglesia más vieja de la ciudad.
5. ¿ ?
Sugerencias para tu compañero/a
• Puede ir a la librería. 2
• ¿Por qué no toman el metro? 4
• Pueden pedir comida en un restaurante con entrega a domicilio (*home delivery*). 1
• Hay un banco muy cerca de allí. 3
• ¿ ?

I/O **7-4** **Nuestras actividades comunes.**

Paso 1. ¿Con qué frecuencia haces estas actividades? Indícalo en las columnas bajo *Yo*.

	Yo			Mi compañero/a		
	Mucho	A veces	Nunca	Mucho	A veces	Nunca
1. leer el periódico						
2. ver una obra de teatro						
3. ir a una iglesia, una mezquita (*mosque*) o un templo						
4. tomar el autobús						
5. ver una exposición en un museo						
6. ir al cine						
7. invitar a un/a amigo/a a cenar en un restaurante						
8. pasar todo el día con amigos						

Paso 2. Ahora pregunta a un/a compañero/a con qué frecuencia hace estas actividades e indícalo en las columnas bajo *Mi compañero/a*.

Modelo: Estudiante A: **¿Con qué frecuencia vas al cine?**
                Estudiante B: **Voy al cine mucho. / No voy al cine nunca.**

7-4. Extensión: Pida a los estudiantes que escriban un párrafo comparando sus respuestas con las de su compañero/a, en clase o como tarea. Puede ofrecer la siguiente oración para comenzar el párrafo: (*John*) *y yo somos muy* (*similares/ diferentes*). *Por ejemplo,…*

Así se forma

Use *PowerPoint Slides* para presentar y practicar esta gramática.

Sugerencia: Señale que los ejemplos de preposiciones de lugar describen la ilustración de las páginas 218 y 219.

PLUS Go to *WileyPLUS* and review the Animated Grammar Tutorial for this grammar point.

Sugerencias: Para presentar las preposiciones de lugar traiga a la clase una caja y un objeto interesante (por ejemplo, una araña de plástico) que quepa en la caja. Coloque el objeto en posiciones diferentes respecto a la caja y pregunte a los estudiantes dónde está. Para trabajar en la comprensión, conviene dar opciones como *¿Dónde está la araña, sobre la caja o detrás de la caja?*, antes de pasar a preguntas como *¿Dónde está la araña?*

Otro día, para reciclar este vocabulario, asigne preposiciones a los estudiantes y pídales que se sitúen en algún lugar que ilustre su preposición. Después, la clase intentará identificar la preposición: *Juan está debajo de la mesa; María está entre Patricia y José*, etc.

1. Indicating relationships: Prepositions

Prepositions of location and other useful prepositions

Prepositions are words that express a relationship between nouns (or pronouns) and other words in a sentence. You have already learned some prepositions such as: **a** (*to, at*), **en** (*in, on, at*), **de** (*from, of, about*), **con** (*with*), and **sin** (*without*). Below are some additional prepositions to describe location and movement through a place.

> ¿Sabes dónde está el apartamento de Carmen?

> Sí. Está en la avenida Sur, cerca del museo y frente al parque.

Preposiciones de lugar

cerca de	*near*	El almacén Torres está **cerca de** la Plaza Colón.
lejos de	*far from*	Los rascacielos están **lejos de** la Plaza Colón.
dentro de	*inside*	Hay muchas oficinas **dentro del** Banco Central.
fuera de	*outside*	Hay un buzón **fuera de** la oficina de correos.
debajo de	*beneath, under*	La estación de metro está **debajo de** la plaza.
encima de	*on top of, above*	Hay apartamentos **encima de** la pastelería.
detrás de	*behind*	El niño corre **detrás de** su perro.
delante de	*in front of*	El perro corre **delante del** niño.
enfrente de, frente a	*in front of, opposite*	El banco está **frente al** quiosco.
al lado de	*beside, next to*	El Museo de Arte Colonial está **al lado del** cine.
sobre, en	*on*	Hay periódicos **sobre el** suelo, al lado del quiosco.
entre	*between, among*	La joyería está **entre** la zapatería y el mesón.
por	*by, through, alongside, around*	La niña pasea en bicicleta **por** la plaza. El autobús pasa **por** la avenida Colón.

Otras preposiciones útiles

antes de	*before*	Quiero leer el menú **antes de** pedir la comida.
después de	*after*	Podemos tomar un café **después de** comer.
en vez de	*instead of*	Yo quiero té **en vez de** café.
para + infinitive	*in order to (do something)*	Necesito dinero **para tomar** un taxi.
al + *infinitive*	*upon (doing something)*	Tienes que levantar la mano **al pedir** un taxi.

¡Importante! In Spanish a verb following a preposition is always in the infinitive (–**ar**, –**er**, –**ir**) form. In contrast, English uses the –*ing* form.

Antes de ir al teatro, vamos a cenar.
~~Antes de yendo al teatro...~~

Before going *to the theater, we're going to have dinner.*

I/O **7-5** **¿Cierto o falso?** Tu amigo/a dice que conoce esta ciudad (en las páginas 218–219) perfectamente, pero en realidad está un poco confundido/a. Lee sus comentarios, decide si son ciertos o falsos y, si son falsos, corrígelos (*correct them*).

Modelo: La pizzería está al lado de la joyería.
No, la pizzería está al lado de la pastelería.

1. El buzón está detrás de la oficina de correos, ¿verdad?
2. Y el cine Colón está entre el restaurante El Mesón y el Museo de Arte Colonial.
3. El autobús pasa por la avenida Sur, junto a la Plaza Colón, ¿no?
4. Creo que el Museo de Arte Colonial está cerca del Almacén Torres.
5. El Banco Central está delante de la zapatería y de la joyería.
6. En la Plaza Colón, hay un banco enfrente del quiosco, ¿verdad?
7. Todas las mesas de El Mesón están dentro del restaurante, ¿verdad?
8. No hay ningún rascacielos cerca de la Plaza Colón, ¿verdad?
9. Y hay un parque enfrente de la iglesia, ¿no?
10. En la Plaza Colón hay una estatua de Hernán Cortés muy bonita delante del cine, ¿verdad?

O **7-6** **¿Qué o quién es?**

Paso 1. Escoge cuatro objetos o personas que ves en la clase y escribe oraciones describiendo dónde están.

Modelo: **Esta persona/cosa está entre la puerta y Sara.**
Está detrás de Tom y al lado de...

Paso 2. En parejas, lee tus oraciones a tu compañero/a. Él/Ella va a intentar (*try*) identificar a la persona o cosa a la que te refieres.

O **7-7** **Nuestros lugares interesantes.** Un estudiante de Chile acaba de llegar a estudiar en tu universidad. ¿Qué lugares interesantes del campus o de la ciudad puedes recomendarle?

Paso 1. Escribe una lista de cinco lugares y explica dónde están con el mayor detalle posible (*with as much detail as possible*). Usa las preposiciones de lugar.

Paso 2. En grupos pequeños, comparen sus listas y escojan los diez lugares más interesantes.

7-5. Use *PowerPoint Slides* para que no tengan que ir de una página a otra y puedan hacer la actividad más rápidamente.

7-5. Respuestas: 1. Falso, está delante de la oficina. 2. Cierto. 3. Falso, pasa por la avenida Colón. 4. Falso, está lejos del Almacén Torres. 5. Falso, está detrás de la zapatería. 6. Cierto. 7. Falso, hay una mesa fuera del restaurante. 8. Cierto. 9. Falso, hay un parque al lado de la iglesia. 10. Falso, hay una estatua de Cristóbal Colón.

7-6. Esta actividad recicla vocabulario de la clase y *estar + ubicación.*

Sugerencia: Use *PowerPoint Slides* de la ilustración de las páginas 218–219 y escriba en un papel el nombre de un objeto y dónde lo ha escondido en la ciudad. (*Mi mochila está detrás del buzón.*) Explique a la clase que su mochila está en un lugar secreto y tienen que encontrarla haciendo preguntas sobre su ubicación. Usted responderá **"frío"** o **"caliente"**, dependiendo de si están lejos o cerca, hasta que adivinen. Después, pueden hacer lo mismo en grupos pequeños.

7-7. Extensión: Pida a cada grupo que cree una pequeña guía turística para estudiantes que visitan la universidad. Este trabajo puede comenzar en clase, continuar como tarea buscando material adicional (detalles sobre los lugares escogidos, fotografías, etc.) y terminar en un segundo periodo de clase.

I/O

7-8 Tus hábitos.

7-8. Esta actividad recicla expresiones de frecuencia y vocabulario de actividades diarias.

Extensión: Complete la actividad preguntando a la clase qué hábitos tienen los miembros de su familia.

Paso 1. Completa estas oraciones pensando en tus hábitos y preferencias.

Modelo: Casi nunca llevo **ropa formal** para **ir a clase.**

1. Casi siempre voy _____ para _____.
2. Siempre necesito _____ para _____.
3. No me gusta _____ sin _____.
4. Me gusta _____ antes de _____.
5. A veces _____ en vez de _____.
6. Nunca, nunca _____ después de _____.

Paso 2. Ahora, en grupos pequeños, comparte esta información con tus compañeros/as y pregunta si ellos/as también lo hacen.

Modelo: Estudiante A: **Casi nunca llevo ropa formal para ir a clase, ¿y ustedes?**
Estudiante B: **Yo llevo ropa formal a veces, por ejemplo, cuando hago una presentación.**
Estudiante C: **No, yo tampoco llevo ropa formal casi nunca.**

Pronouns with prepositions

Use *PowerPoint Slides* para presentar y practicar esta gramática.

WILEY PLUS Go to *WileyPLUS* and review the Animated Grammar Tutorial for this grammar point.

Sugerencia: Enfatice las semejanzas entre los pronombres de sujeto y los preposicionales y señale las diferencias en la primera y segunda persona singular.

The pronouns that follow prepositions (**pronombres preposicionales**) are the same as subject pronouns except for **yo** and **tú**, which become **mí** and **ti.**

—¿Es este cuadro para **mí?**   *Is this painting for **me?***
—Sí, es para **ti.**   *Yes, it's for **you.***

Pronombres preposicionales (*a, de, para, por, sin, etc.*)

para **mí**	para **nosotros/as**
para **ti**	para **vosotros/as**
para **usted**	para **ustedes**
para **él/ella**	para **ellos/ellas**

The combination of **con + mí** or **ti** becomes **conmigo** (*with me*) or **contigo** (*with you*), respectively.

—¿Quieres ir **conmigo?**   *Do you want to go **with me?***
—¡Sí! Voy **contigo.**   *Yes! I'll go **with you.***

NOTA DE LENGUA

Note the accent on **mí** (*me*) to differentiate from **mi** (*my*) and avoid ambiguity.

Mi hijo hizo un dibujo (*drawing*) para **mí.**

7-9 ¿Te gusta o no te gusta?

Paso 1. Si tu pareja (novio/a, esposo/a) te dice estas cosas, ¿te gusta o no te gusta?

WILEY **PLUS** Go to *WileyPLUS* and review the Animated Grammar Tutorial for this grammar point.

		Sí, a mí me gusta.	No, a mí no me gusta.
1.	Quiero ir de compras **contigo.**	☐	☐
2.	Quiero estar siempre **cerca de ti.**	☐	☐
3.	Estas flores son **para ti.**	☐	☐
4.	No puedo vivir **sin ti.**	☐	☐
5.	¿Quieres viajar a Hawái **conmigo?**	☐	☐
6.	Nunca hablo de ti con mis **amigos/as.**	☐	☐
7.	No puedo estudiar **contigo.**	☐	☐
8.	Nunca tienes tiempo **para mí.**	☐	☐
9.	Tengo un regalo **para ti.**	☐	☐

> **HINT**
>
> Remember that with verbs like **gustar, a** + *prepositional pronoun* is sometimes used for emphasis or clarification.
>
> **A él** no **le** gustó la película.
> *He didn't like the movie.*
> **A mí** tampoco **me** gustó.
> *I didn't like it either.*

Paso 2. En grupos, comparen y expliquen sus respuestas usando **gustar** y otras expresiones como **sorprender, parecer bien/mal/normal,** etc..

Modelo: A mí me sorprende mucho cuando mi novio dice: "Quiero ir de compras contigo", porque a mi novio no le gusta nada ir de compras.

7-10 **Linda y Manuel.** En parejas, lean y dramaticen la conversación, completándola con los pronombres apropiados.

Linda está sentada en un sofá en la sala de su casa. Habla por teléfono con su novio, Manuel.

MANUEL: Linda, ¿quieres salir con**migo** esta noche? Me muero (*I'm dying*) por verte.

LINDA: Sí, mi amor. Voy con**tigo** a donde quieras.

MANUEL: Pues, te voy a llevar a un lugar muy especial y… ¡tengo una sorpresa maravillosa para ___ti___!

LINDA: ¿Para ___mí___? ¡Eres un ángel, Manuel! A ___mí___ me encantan las sorpresas. Yo también tengo una sorpresa para ___ti___.

MANUEL: ¿Ah, sí? ¿Cuál es?

LINDA: Pues, no vamos a estar solos esta noche porque mi hermanito menor tiene que venir con ___nosotros___.

MANUEL: ¿Con ___nosotros___? ¿No pueden quedarse (*stay*) tus padres con ___él___?

LINDA: Manuelito, sé (*be*) flexible. ¿No quieres hacerlo por ___mí___?

MANUEL: Bueno, está bien.

LINDA: ¡Gracias, mi amor! Por cierto, ¿qué sorpresa tienes para ___mí___?

7-10. Sugerencia: Después de que los estudiantes completen la conversación, revise sus respuestas.

Extensión: Puede pedir que añadan la respuesta de Manuel a la última pregunta de Linda. Pida a algunas de las parejas que lean y dramaticen la conversación para la clase.

Sugerencia: Puede asignar a parejas que escriban diálogos cortos (de siete a ocho líneas) con una sola regla: usar las preposiciones y los pronombres que usted indique, por ejemplo: **para mí, contigo** y **sin ti.** Anímelos a que sean creativos y escriban diálogos originales y cómicos.

> **NOTA CULTURAL**
>
> **Benito Quinquela Martín**
>
> Benito Quinquela Martín (1890–1977) was an Argentine painter famous for depicting the port of Buenos Aires and the nearby area known as La Boca. La Boca is known for its numerous brightly painted houses.

Cultura: Argentina y Chile

Antes de leer

1. ¿Cuál es la capital de Argentina? ¿Con qué países tiene frontera (*border*) Argentina? Localiza Las Pampas y la Patagonia en el mapa. Buenos Aires; Chile, Uruguay, Paraguay, Bolivia, Brasil

2. ¿Cuál es la capital de Chile y cómo se llama el desierto que está en el norte de Chile? Santiago; Atacama

3. ¿Cómo se llama la cordillera (*mountain range*) que pasa por Chile y Argentina? Los Andes

Use *PowerPoint Slides* (mapa) para revisar las respuestas.

PLUS **Map quizzes:** As you read about places highlighted in red, find them on the map. Learn more about and test yourself on the geography of the Spanish-speaking world in *WileyPLUS*.

DOS COLOSOS DEL CONO SUR

Chile y Argentina son dos países con fuerte influencia europea. Esta influencia es aparente en su cultura y en su población.

Nacionalidades:
argentino/a
chileno/a

ARGENTINA

Argentina es el país hispano más grande del mundo. El 86% de los argentinos se identifican con ascendencia europea. Se estima que hasta un 60% de la población del país tiene ascendencia italiana.

Argentina tiene varias regiones diferentes. Al noreste encontramos las planicies (*flatlands*) del río Paraná, donde está la jungla; al sur está **la Patagonia**, una llanura (*plain*) rica en petróleo. A pesar de la gran extensión del territorio de Argentina, la vida se centra en su capital, **Buenos Aires**, llamada el "París de las Américas". Más del 30% de la población de Argentina vive en el área de Buenos Aires y se les llama "porteños" (del puerto).

La Avenida 9 de Julio, una de las más anchas (*wide*) del mundo, y el Obelisco, que conmemora la fundación de la ciudad, son símbolos famosos de Buenos Aires. ¿Cuántos carriles (*lanes*) tiene esta avenida?

¡EVITA, EVITA!

¿Conoces la obra musical *Evita* y la canción "No llores por mí, Argentina"? Pues este musical es sobre la vida de Eva Perón, esposa del dictador Juan Perón (1895–1974), quien fue presidente hasta 1955, cuando los militares lo obligaron a abandonar el poder. Después de una serie de dictaduras militares, en 1983, Argentina volvió a un sistema democrático. En 2007, Cristina Fernández fue elegida presidenta, siendo la primera mujer elegida democráticamente para ocupar dicho cargo.

UN ESCRITOR EXCEPCIONAL

Jorge Luis Borges (1899–1986), gigante de la literatura latinoamericana, es el escritor más célebre y más estudiado de la literatura argentina. Como quedó ciego (*blind*) a los 55 años, tuvo que dictar sus últimas (*last*) creaciones literarias a una secretaria.

INVESTIG@ EN INTERNET

Manu Ginóbili es un jugador de básquetbol argentino. Busca información en Internet sobre él y otros jugadores argentinos que juegan en Estados Unidos. Imprime o anota los datos interesantes para compartirlos con tus compañeros/as de clase.

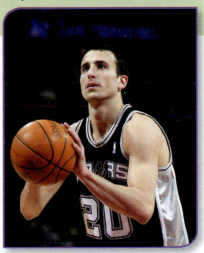

El espectacular Teatro Colón de la capital presenta conciertos, óperas, recitales y espectáculos de variedades. Atrae a músicos y artistas del mundo entero. ¿Cuántas gradas (*tiers*) hay en el teatro? ▼

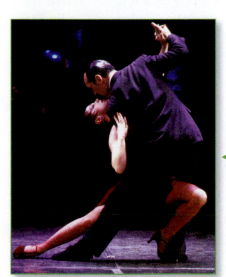

En esta fascinante ciudad de tiendas elegantes, restaurantes y una intensa vida nocturna, las artes son muy importantes. En Buenos Aires nació el tango, el apasionado baile que todo el mundo asocia con Argentina. ¿Sabes bailar tango?

Busque en *YouTube.com* "Tete y Silvia tango vals" para ver un auténtico ejemplo del tango.

Las pampas, una extensa llanura dedicada en gran parte a la ganadería (*cattle ranching*), ocupan la zona central del país. La pampa es la tierra del gaucho argentino —el prototipo del jinete (*rider*) solitario e independiente que recorre la pampa en su caballo (*horse*). ¿Cuál es el equivalente al gaucho en la historia estadounidense?

Los Andes están al oeste del país y es aquí donde está el pico más alto de América del Sur: el Aconcagua, de aproximadamente 22,835 pies de altura (*feet high*). ¿Te gustaría escalar (*to climb*) esta montaña?

CHILE

Chile tiene una configuración geográfica única: es una larga franja (*strip*) de tierra que va desde Bolivia hasta la punta sur del continente y desde los Andes en el este hasta el océano Pacífico en el oeste. El país tiene 2,690 millas de largo y solamente 291 millas de ancho. Es el país más largo (*long*) del mundo. En Chile, es posible practicar esquí acuático en el mar por la mañana y esquiar en la nieve de las montañas por la tarde. Por estar en el "Anillo de Fuego," desafortunadamente Chile ha sufrido varios terremotos. Uno reciente, en marzo de 2010, midió un 8.8 en la escala Richter. Perdieron la vida unas 520 víctimas, y los sismólogos estiman que fue tan poderoso (*powerful*) que movió el eje (*axis*) de la Tierra 8 centímetros.

Se ha estimado que la población chilena es de un 53% de ascendencia europea y de un 44% mestiza (mezcla de indígena y europeo). Hay una comunidad alemana numerosa y unos 200,000 chilenos que hablan el alemán hoy en día. En 1970 los chilenos eligieron (*elected*) al primer presidente socialista del continente, Salvador Allende; pero en 1973 Augusto Pinochet dio un golpe (*coup*) de estado y estableció una dictadura militar. En 1989 Chile tuvo elecciones libres y hoy en día continúa siendo un país democrático. En 2006, Michelle Bachelet se convirtió en la primera mujer en ser electa presidente de Chile.

¿TE GUSTA ESQUIAR?

La superficie esquiable más grande del hemisferio sur está al este de **Santiago,** la capital. La región conocida como "los Tres Valles de los Andes" tiene un total de 10,700 hectáreas y montañas que sobrepasan los 5,000 metros (16,404 pies) de altura.

Al norte de Chile está el desierto de Atacama, ¡el lugar más seco del mundo! En esta región hay muchas minas de cobre (*copper*), un metal que Chile exporta a muchas partes del mundo. ¿Te gustaría pasar unos días explorando este desierto?

▲ El centro de Chile es una zona fértil de clima moderado donde vive la mayoría de la población y en la que se cultivan muchas frutas y verduras. En esta zona está la capital, Santiago, una ciudad cosmopolita, moderna y de aspecto europeo.

Los 1,100 km de la Carretera Austral cruzan los lugares más atractivos del sur de Chile, con sus montañas, parques nacionales, fiordos, termas (*hot springs*), ríos y lagos, ideales para la pesca (*fishing*) deportiva. El Parque Nacional Torres del Paine es uno de los más espectaculares del país. ¿Te gustaría visitar esta región? ¿Hay glaciares en alguna región de tu país? ¿Dónde? ►

¡PRIMER PREMIO NOBEL EN LA LITERATURA LATINOAMERICANA!

◄ En 1945, la poeta chilena Gabriela Mistral (1889–1957) fue la primera persona latinoamericana en ganar el Premio Nobel de Literatura.

¿Sabías que muchas de las uvas ► que compramos son importadas de Chile? Los vinos chilenos también son muy conocidos.

INVESTIG@ EN INTERNET

Imagina que vas a pasar unas cortas vacaciones en Santiago de Chile y quieres organizarlo todo antes de (*before*) llegar. Busca un hotel cerca del (*near*) centro y planifica actividades para cinco días, incluyendo detalles sobre el transporte, los lugares que quieres visitar, algunos restaurantes donde te gustaría comer, etc. Calcula aproximadamente cuánto dinero vas a necesitar.

Después de leer

1. Un estudio fonético reveló que el ritmo y la entonación del español de Buenos Aires tiene más en común con la lengua napolitana de Italia que con cualquier otra lengua. ¿Por qué crees que puede ser?

2. ¿Has probado un vino chileno o argentino? ¿Te gustó?

3. ¿Qué región de los Estados Unidos también produce vino y sufre de terremotos? ¿Qué otros rasgos (*features*) tiene en común esa región con Chile? California. Ambos son muy extensos y tienen una geografía y climas muy diversos.

Así se forma

¿Quién es ese muchacho que está con Inés?

¿Ese? Es su amigo de Madrid.

2. Demonstrative adjectives and pronouns

Demonstrative adjectives

Demonstrative adjectives point out the location of nouns (such as objects and people) with respect to the speaker. Like all adjectives, demonstratives agree in gender and number with the noun they refer to. The demonstrative adjective to use depends upon how close the speaker is to the item being pointed out.

Sugerencias: Presente los demostrativos señalando a algunos estudiantes en la clase y diciendo: *este hombre, ese hombre, aquel hombre, esta mujer,* etc.

Para ayudarles a memorizar los demostrativos, puede decirles la rima: *"This and these have the t's"* (es*t*e, es*t*a, es*t*os, es*t*as).

Señale que la diferencia entre *ese y aquel* es subjetiva, ya que depende de la percepción de la persona que habla. Mencione que esos demostrativos también se pueden usar para cuantificar distancia en el tiempo: *¿Te gustó aquella película de Antonio Banderas?*

Puede mencionar a los estudiantes que la gramática tradicional ordenaba el uso del acento ortográfico en los pronombres demostrativos para diferenciarlos de los adjetivos (ej.: *Esta camisa es más cara que ésta.*), por lo que es posible que encuentren ejemplos en algunos textos, aunque en la actualidad ya no es común.

Los adjetivos demostrativos neutros se presentan solamente como vocabulario pasivo para que los estudiantes los reconozcan y no para que los usen. Si usted quiere trabajar con ellos de forma activa, puede escribir varias oraciones exclamativas en la pizarra, como: *¡Eso es ridículo!; ¡Eso es horrible!; ¡Eso es magnífico!* Después, diga oraciones a las que los estudiantes puedan responder con una de las oraciones escritas en la pizarra, por ejemplo: *Estos jeans cuestan $150; La matrícula para esa universidad cuesta $20,000; No hay exámenes finales en esta universidad,* etc.

Adjetivos demostrativos					
close to speaker		**at a short distance**		**at a great distance**	
este bar	**esta** calle	**ese** bar	**esa** calle	**aquel** bar	**aquella** calle
estos bares	**estas** calles	**esos** bares	**esas** calles	**aquellos** bares	**aquellas** calles

Me gusta **este** parque. / I like **this** park.
Vamos a visitar **esos** museos. / We are going to visit **those** museums.
Aquella tienda tiene cuadernos. / **That** store (*over there*) has notebooks.

Demonstrative pronouns

Demonstrative pronouns are pronounced and spelled like demonstrative adjectives, but while adjectives usually precede the noun, pronouns replace it to avoid repetition. Observe in the following examples the use of both demonstrative adjectives and pronouns.

Compramos en **esta** tienda y en **aquella**. / We shop in **this** store and **that one**.
(adjective) (pronoun)

— ¿Te gustan **estos** zapatos? / Do you like **these** shoes?
(adjective)

— No. Prefiero **esos**. / No. I prefer **those**.
(pronoun)

NOTA DE LENGUA

The demonstratives **esto** (*this*) and **eso** (*that*) are neutral in gender (neither masculine nor feminine) because they refer to an idea, situation or statement, or to an object that has not yet been identified.

— ¿Qué es **esto**? / What is this?
— ¡No sé! / I don't know!

— No quiere pagar la cuenta. / He doesn't want to pay the bill.
— ¡**Eso** es ridículo! / That's ridiculous!

7-11. Audio:
1. ¿Conoces esa iglesia?
2. Mis tíos viven en esta calle.
3. La oficina de mi padre está en aquel rascacielos.
4. Esa zapatería siempre tiene zapatos bonitos.
5. Aquella avenida es la más larga de la ciudad.

7-11 **¿Dónde está?** Estás paseando por la ciudad con una amiga. Escucha las oraciones que dice y decide si los lugares que menciona están cerca, un poco lejos o muy lejos. ¡Presta atención al adjetivo demostrativo que menciona tu amiga!

Modelo: Me gusta este parque. ☑ Está cerca.
Vamos a comer en aquella pizzería. ☑ Está muy lejos.

1. ☐ Está cerca. ☑ Está un poco lejos. ☐ Está muy lejos.
2. ☑ Está cerca. ☐ Está un poco lejos. ☐ Está muy lejos.
3. ☐ Está cerca. ☐ Está un poco lejos. ☑ Está muy lejos.
4. ☐ Está cerca. ☑ Está un poco lejos. ☐ Está muy lejos.
5. ☐ Está cerca. ☐ Está un poco lejos. ☑ Está muy lejos.

7-12 **Soy un guía turístico.** Imagina que trabajas para una agencia de turismo en Buenos Aires y le muestras (*show*) la ciudad a un grupo de visitantes. Usa adjetivos demostrativos para simplificar las oraciones.

Modelo: La iglesia que (*that*) está un poco lejos es del período colonial.
Esa iglesia es del período colonial.

1. El rascacielos que está muy lejos es el más moderno de la ciudad. Aquel rascacielos…
2. La estatua que está un poco lejos es del presidente. Esa estatua…
3. La estación del metro que está cerca fue la primera (*the first*) de la ciudad. Esta estación…
4. El parque que está un poco lejos es muy famoso. Ese parque…
5. Las ceremonias importantes se celebran en la iglesia que está muy lejos. …en aquella iglesia.
6. Los almacenes que están cerca venden de todo. Estos almacenes…
7. El restaurante que está un poco lejos sirve parrilladas (*barbecue*) y otros platos argentinos. Ese restaurante…

DICHOS

De aquellos polvos vienen estos lodos.

¿Qué significa este dicho? ¿Estás de acuerdo?

NOTA CULTURAL

El mate

Mate is a tea-like beverage consumed mainly in Argentina, Chile, Uruguay, Paraguay, and southern Brazil. The name *mate* derives from the word for the gourd that is traditionally used to drink the infusion. Mate is sipped using a metal or wood decorative straw and filter called **bombilla.** Sharing a cup of mate among close friends and family, using the same *bombilla*, is a sign of acceptance and friendship. More than a drink, mate has become a cultural phenomenon. In Buenos Aires, some people carry their mate with them throughout the day.

7-13. Use *PowerPoint Slides* para revisar esta actividad.

Esta actividad <u>recicla</u> el vocabulario de comida y los números.

Señale que, en la pastelería, el estante de abajo está más cerca de los clientes y el de arriba está más cerca de la dependienta. Deben tener esto en cuenta para escoger adjetivos y pronombres demostrativos apropiados.

PALABRAS ÚTILES

empanada — *turnover*
medialuna — *croissant*

7-13 ¡Tengo hambre! ¿Cuánto cuestan? Después del paseo por Buenos Aires, tienes hambre y vas a la Pastelería Río de la Plata. Trabaja con un compañero/a, que va a ser el/la dependiente/a. Pregunta los precios de los productos, el/la dependiente/a contesta consultando los precios de la lista.

Modelo: Cliente/a: **¿Cuánto cuesta este pastel de limón?**
  Dependiente/a: **Ese cuesta dos pesos, cincuenta y cinco centavos.**

Al final, decide qué vas a comprar y completen la transacción.

  Cliente/a: **Voy a comprar ese/esa… y …**
  Dependiente/a: **Muy bien, son... pesos.**

Río de la Plata

galletas de chocolate	– $4.75 la docena
de azúcar	– $4.00 la docena
pastel de manzana	– $2.50 (el pedazo)
de limón	– $2.75 (el pedazo)
torta de chocolate	– $12.95
de fresa	– $13.25
pan de queso	– $2.25
de aceitunas	– $2.60
empanada de carne	– $1.60 cada una
vegetariana	– $1.15 cada una
medialuna de jamón y queso	– $1.90 cada una
de chocolate	– $1.80 cada una

Cultura: La plaza en el mundo hispano

Antes de leer

¿Cuál es el lugar público más importante de tu ciudad o pueblo? ¿Qué pasa (*happens*) allí?

Use *PowerPoint Slides* para presentar esta sección de cultura.

La plaza es el corazón (*heart*) de las ciudades y los pueblos hispanos. Generalmente, se encuentra en la parte más vieja de la ciudad o del pueblo y es el centro político, religioso, social y comercial de una ciudad. En la plaza hay mercados al aire libre y se celebran festivales y ceremonias importantes.

Una plaza típica está rodeada de (*surrounded by*) una iglesia, edificios públicos, cafés, tiendas y bares. Generalmente, en el centro hay una estatua o un monumento y, en muchas ocasiones, también hay fuentes (*fountains*) y jardines. Las plazas aún (*still*) tienen mucha importancia para los habitantes de una comunidad. Durante el día la gente camina, conversa, lee o juega a las cartas o al dominó. Por la noche, los jóvenes se reúnen para verse y charlar (*chat*).

La Plaza de Mayo en Buenos Aires es un lugar donde los argentinos celebran actividades sociales y políticas. Está rodeada por la catedral, el cabildo (*city/town hall*) y la Casa Rosada, el equivalente de la Casa Blanca en Washington, D.C. Otras plazas famosas son la Plaza Mayor en Madrid, la Plaza del Zócalo en la Ciudad de México y la Plaza de Armas en Chile.

▲ Plaza de Mayo, Buenos Aires, Argentina

Después de leer

1. Nombra tres cosas que generalmente se encuentran en las plazas hispanas. Fuentes, estatuas o jardines.

2. ¿Es la función social de las plazas latinoamericanas comparable a la de los centros comerciales en Estados Unidos? Menciona similitudes y diferencias.

Plaza de Armas, Santiago, Chile

Así se forma

WILEY PLUS Go to *WileyPLUS* and review the Animated Grammar Tutorial and Verb Conjugator for this grammar point.

Use *PowerPoint Slides* para presentar y practicar esta sección de gramática. Convendría repasar el presente de *hacer* antes de empezar esta sección.

3. Talking about actions in the past: The preterit of *hacer* and stem-changing verbs

Hacer

The verb **hacer** is irregular in the preterit. Note that the stem (**hic–**) is constant and that **c → z** before **o**. Also observe the special preterit endings **–e** and **–o**.

hice	**hic**imos
hiciste	**hic**isteis
hizo	**hic**ieron

—¿Qué **hiciste** anoche? *What **did** you **do** last night?*
—Fui al gimnasio e **hice ejercicio**. *I went to the gym and **worked out**.*

Remember that you do not always use **hacer** to answer **hacer** questions.

—¿Qué **hicieron** ustedes ayer? *What **did** you **do** yesterday?*
—**Fuimos** al centro y **vimos** una película. *We **went** downtown and **saw** a movie.*

7-14. Audio:
1. Mis amigos hacen planes para salir.
2. Hizo muy mal tiempo.
3. No hice nada interesante por la mañana.
4. Hago compras por la tarde.
5. Mi hermano y yo hacemos una visita a los abuelos.
6. Pedro y Ana hicieron una cena en su casa.

7-14 **Los sábados de Javier.** Escucha las siguientes oraciones e indica si Javier se refiere a los sábados en general (verbo en presente) o al sábado pasado (verbo en pasado).

Modelo:	Juan hizo una fiesta.	Los sábados	El sábado pasado
		☐	☑

	Los sábados	El sábado pasado
1.	☑	☐
2.	☐	☑
3.	☐	☑
4.	☑	☐
5.	☑	☐
6.	☐	☑

7-15 **El sábado pasado.**

Paso 1. Lee la descripción que hace Javier de sus sábados en la página 235. Basándote en esto, ¿qué hizo Javier el sábado pasado? Cambia los verbos en **negrita** (*boldface*) al pretérito.

¿Qué **hago** los sábados? Pues, **me levanto** un poco tarde y **desayuno** en casa. A las diez de la mañana **juego** al tenis con mi hermanito Samuel y luego **hacemos** una visita a los abuelos. Me gusta mucho visitarlos y mi abuela siempre **hace** chocolate caliente para merendar. Por la tarde, **hago** algunas compras en el centro con mi amiga Nidia. Más tarde, **salimos** con nuestros amigos, **cenamos** en algún restaurante y **vamos** al cine. **Volvemos** a casa bastante tarde. Claro, después **llego** a casa tan cansado... que los domingos ¡no hago nada!

Modelo: ¿Qué **hice** el sábado pasado? Pues...

Paso 2. Ahora escribe un párrafo comparando tu sábado pasado con el de Javier.

Modelo: **Javier se levantó tarde, pero yo me levanté a las 6:00 de la mañana...**

HINT

Before doing Exercise 7-15, review the preterit of regular verbs and of **ser** and **ir** (pp. 202–203).

7-15. Esta actividad recicla el pretérito de verbos regulares y de **ser** e **ir**.

Extensión: Cuando terminen el ejercicio, pida a los estudiantes que hablen en grupos de lo que hicieron el sábado pasado: *¿Y qué hicieron ustedes el sábado pasado?*

Stem-changing verbs

- Note that **–ir** verbs with a stem change in the present tense (**o → ue, e → ie, e → i**) also change in the preterit[1].

- The stem change in the preterit is the same that takes place in the present participle (**–ando/–iendo** form), but it only occurs in the third-person singular (**usted/él/ella**) and the third-person plural (**ustedes/ellos/ellas**) forms.

¿Quién pidió los espaguetis?

dormir (ue, **u**[2]) d**u**rmiendo → d**u**rmió/d**u**rmieron
pedir (i, **i**) p**i**diendo → p**i**dió/p**i**dieron

dormir (o → u)	
dormí	dormimos
dormiste	dormisteis
d**u**rmió	d**u**rmieron

pedir (e → i)	
pedí	pedimos
pediste	pedisteis
p**i**dió	p**i**dieron

HINT

First, review the present tense stem-changing verbs on page 117. Then practice the preterit tense of the verbs presented in this section.

Note the pattern of change in the following model verbs.

o → ue; u	**morir** (ue, u)	*to die*	Pablo Neruda **murió** en 1973.
e → ie; i	**preferir** (ie, i)	*to prefer*	Las chicas **prefirieron** no hablar del incidente.
	divertirse (ie, i)	*to have a good time*	**¿Se divirtieron** en el restaurante anoche?
e → i; i	**pedir** (i, i)	*to ask for, request*	Tina **pidió** una paella de mariscos.
	servir (i, i)	*to serve*	¿Qué más **sirvieron**?
	repetir (i, i)	*to repeat*	El mesero **repitió** la lista de postres.
	vestirse (i, i)	*to get dressed*	Más tarde **se vistieron** y fueron a un baile.

[1]Remember that **–ar** and **–er** stem-changing verbs never have a stem change in the preterit or present participle (see p. 202.) For example: pensar (ie)   pienso   pensando   pensó
[2]Remember that stem changes are indicated in parenthesis, the first (and sometimes only) change shows present simple changes and the second one shows present participle/preterit changes.

7-16 Las actividades de Alicia. ¿Qué hizo Alicia ayer? Relaciona las actividades de la columna A con las actividades correspondientes de la columna B.

A

___e___ **1.** Por la tarde hizo su tarea de francés y escuchó el audio del Capítulo 7.

___d___ **2.** Luego, para descansar un poco, buscó un periódico.

___b___ **3.** A las siete de la tarde, ella y dos de sus amigas cenaron en un restaurante.

___a___ **4.** El mesero les sirvió tres postres diferentes.

___c___ **5.** Después de cenar, estudió casi toda la noche en la biblioteca.

B

a. Las chicas prefirieron la torta de chocolate.

b. Todas pidieron pasta con camarones y ensalada.

c. No durmió mucho.

d. Leyó que tres personas murieron en un accidente. ¡Qué triste!

e. Repitió las palabras del vocabulario.

7-17. Las respuestas pueden variar. Como práctica escrita adicional puede pedir a los estudiantes que, usando el día de Jaime como modelo, describan lo que ocurrió en un día típico suyo: *Me desperté…*

7-17 El día de Jaime. Primero, imagina el orden cronológico de las actividades de Jaime. Luego, escribe lo que hizo usando el pretérito.

Modelo: **Se levantó a las siete de la mañana. Luego,…**

___4___ irse al trabajo

___2___ bañarse

___5___ desayunar en un café

___9___ salir con sus amigos

___1___ levantarse a las siete

___3___ vestirse

___6___ pedir café con leche y pan

___11___ acostarse a medianoche

___12___ dormirse

___8___ cenar en casa

___10___ divertirse mucho

___7___ regresar a casa después del trabajo

7-18. Esta actividad recicla los pretéritos regulares.

Pregunte a la clase si sus actividades fueron similares y pida ejemplos. Pregunte también quién tiene un/a compañero/a que hizo algo especialmente interesante, aburrido, original, peligroso…

7-18 Y tú, ¿qué hiciste?

Paso 1. Piensa en lo que hiciste ayer y completa la columna *Yo* con tus actividades.

	Yo	Mi compañero/a _____
por la mañana temprano		
a media mañana (*midmorning*)		
al mediodía (*noon*)		
por la tarde		
por la noche		

Paso 2. Ahora entrevista a un/a compañero/a. Haz preguntas sobre los detalles: ¿Dónde? ¿Con quién? ¿Qué? (¿Qué película viste? ¿Qué comiste?). Anota sus respuestas. Túrnense. ¿Quién tuvo el día más interesante?

Modelo: Estudiante A: **¿Qué hiciste ayer por la mañana temprano?**

Estudiante B: **Bueno, me levanté a las ocho de la mañana, me duché y tomé el desayuno.**

Estudiante A: **¿Sí? ¿Qué tomaste? (¿Dónde? ¿Fuiste con alguien? …)**

EXPRESIONES ÚTILES

¿Sí?/¿De verdad?
These expressions look for confirmation (similar to *Really?*).

No me digas.
This expresses disbelief/surprise and encouragement to continue (as in *No way!*).

Yo también/tampoco.
This expresses agreement (equivalent to *Me too/ neither.*).

Extensión: Puede pedir como tarea que cada estudiante escriba un párrafo acerca del día de su compañero/a describiendo si les parece típico, interesante, divertido, etc. y justificando sus respuestas.

7-19 ¿Qué hizo el/la profesor/a?

Paso 1. En grupos pequeños, imaginen qué hizo su profesor/a de español ayer, incluyendo algunos detalles. ¡Sean creativos!

Modelo: El profesor Redondo se levantó a las siete de la mañana, se duchó, se afeitó y preparó el desayuno para la familia...

	El/La profesor/a...
por la mañana temprano	
a media mañana	
al mediodía	
por la tarde	
por la noche	

Paso 2. Hagan preguntas a su profesor/a para confirmar sus ideas.

Modelo: ¿Se levantó a las siete de la mañana?

7-19. Opción: Puede pedir a los grupos que lean lo que escribieron y después puede dar premios a la historia más cercana a la realidad, la historia más creativa, etc.

7-20 El fin de semana.

Paso 1. Escribe oraciones sobre tus actividades del fin de semana pasado en la columna *Yo*. Añade otras dos actividades que hiciste.

Modelo: leer

Leí una novela muy interesante en mi cuarto.

	Yo	Mis compañeros/as
1. leer (¿Qué? ¿Dónde?)	Leí...	
2. hacer ejercicio/jugar un deporte (¿Dónde? ¿Con quién?)	Hice...Jugué...	
3. estudiar (¿Qué? ¿Dónde?)	Estudié...	
4. comer (¿Qué? ¿Dónde?)	Comí...	
5. ir de compras (¿Dónde? ¿Con quién? ¿Qué?)	Fui...	
6. ver la tele/una película (¿Cuál? ¿Dónde?)	Vi...	
7. comprar (¿Qué? ¿Dónde?)	Compré...	
8. ir a...	Fui...	
9. ¿...?		
10. ¿...?		

7-20. Extensión: Haga una tabla en la pizarra o en una transparencia, incluyendo las categorías de la tabla del *Paso 1*. Haga preguntas específicas para cada categoría: *¿Cuántas personas leyeron novelas? ¿Cuántos leyeron revistas?*... Pida a un estudiante que anote en la pizarra el número de estudiantes que hicieron cada cosa.

En clase, o como tarea, pueden escribir un párrafo describiendo lo que hizo la clase: actividades que muchos hicieron, la actividad más interesante o divertida que alguien hizo, etc.

Paso 2. En grupos, hablen de las cosas que hicieron y tomen apuntes en la columna *Mis compañeros/as*.

Modelo: Estudiante A: **Yo leí un libro de poesía de Borges y ustedes, ¿leyeron algo?**
Estudiante B: **Sí, yo leí unos artículos de *Newsweek* en la biblioteca.**
Estudiante C: **Pues yo leí mis libros de texto y una revista.**

Paso 3. Ahora comenten las cosas que averiguaron (*you found out*).

Modelo: **Todos leímos algo, pero leímos cosas diferentes...**

Use the expression **acabar de** + *infinitive* to talk about things you or someone else has just done.

acabar de + *infinitive*   *to have just… (completed an action)*
Acabo de vestirme.   *I have just gotten dressed.*

7-21 **Muy responsable.** Hoy le pediste algunas cosas a tu compañero/a de clase. Ahora lo/la llamas para preguntar si hizo lo que pediste. Escucha también sus preguntas y responde afirmativamente, como en el modelo.

Modelo: Estudiante A: **¿Llevaste el libro a la biblioteca?**
    Estudiante B: **Sí , lo acabo de llevar a la biblioteca.**

Estudiante A:
1. pedir a Laura su número de teléfono.
2. anotar las horas de oficina del profesor.
3. hacer tu parte del proyecto para clase.

Estudiante B:
1. leer mi mensaje electrónico.
2. ir a la librería.
3. comprar unos bolígrafos para mí.

Los mapuches de Chile

The Mapuche, or "people of the earth", are the most numerous indigenous group in Chile and the only one to have successfully resisted attacks from both the Incas and the Spaniards. After Chile gained its independence from Spain in 1818, a long armed conflict between the government and the Mapuche led to a significant reduction in the Mapuche territory. As a result, many Mapuches moved to urban areas. However, in central and southern Chile, the Mapuches still maintain a strong cultural identity. Their ancestral beliefs are traditionally passed on by women in Mapundungun, the Mapuche language.

VideoEscenas: Y ¿luego fueron al cine?

▲ Álvaro le cuenta a María lo que hizo ayer.

Paso 1. Responde a estas preguntas antes de ver el video.

1. ¿Con quién sales los fines de semana?
2. ¿Adónde van tú y tus amigos cuando salen?

Paso 2. Mira el video prestando atención (*paying attention*) a la idea principal. Después, resume (*summarize*) lo que hizo Álvaro completando estas oraciones.

Álvaro _____ salió _____ con sus amigos para _____ ir al cine _____.

Ellos _____ hicieron _____ muchas cosas, pero no _____ fueron al cine _____.

Paso 3. Lee las siguientes preguntas. Si sabes algunas respuestas (*answers*), puedes escribirlas ahora. Después, mira el video otra vez para comprobar (*check*) y completar tus respuestas.

1. ¿Cómo se divirtieron Álvaro y sus amigos?
   Se divirtieron sin hacer nada.
2. ¿Adónde fueron los chicos primero y para qué?
   Fueron a la oficina de correos para mandar un paquete a la abuela de Álvaro.
3. ¿Adónde fueron después y para qué?
   Fueron a un café de Internet y Manolo miró su correo electrónico.
4. ¿Adónde fueron más tarde y para qué?
   Fueron al banco porque Alberto tenía que sacar dinero.
5. ¿Adónde fueron los chicos finalmente y por qué?
   Se fueron a casa porque era demasiado tarde.

Sugerencia: Si hace esta actividad en clase, puede pedir que completen esta sección en parejas.

Paso 3. Puede mostrar el video más de una vez. Si decide hacerlo, anúncielo a la clase antes de empezar este paso. Eso reducirá la ansiedad. También puede mostrarlo haciendo pausas, si le parece que las exigencias cognitivas de ver el video y tomar notas son demasiado grandes.

 # Así se dice

 Use *PowerPoint Slides* para presentar y practicar este vocabulario.

En correos y en el banco

En la oficina de correos

Quiero **mandar/ enviar** esta tarjeta postal a mi amigo.

Recibí una **carta** de mi amiga.

Quiero **contestar** inmediatamente. Escribo la **dirección** en el **sobre**.

Necesito comprar una **estampilla/**un **sello**.

¿Para quién es este **paquete?**

enviar	*to send*
recibir	*to receive*
contestar	*to answer*

 **7-22.** Esta actividad recicla el pretérito.

Sugerencias: Escriba las siguientes situaciones en tarjetas. En parejas (cliente/a y empleado/a de la oficina de correos), los estudiantes hablan para completar las siguientes transacciones:

• comprar estampillas para mandar una tarjeta postal a…

• comprar estampillas para mandar una carta a…

• recoger (*to pick up*) un paquete que acaba de llegar a la oficina de correos

• mandarle un paquete a tu familia en…

 7-22 **La historia de una carta**

I/0

Paso 1. En parejas, determinen el orden cronológico de estas actividades. ¿Qué pasó primero? ¿Y después?

_5_ buscar el buzón

_9_ mi amigo / contestarme inmediatamente

_6_ enviar la carta

_2_ escribir la dirección en el sobre

_3_ ir a la oficina de correos

_8_ mi amigo / abrirla y leerla

_4_ comprar un sello de 80 centavos

_7_ mi amigo / recibir la carta

_1_ escribir la carta

Paso 2. Ahora narren la historia cronológicamente, cambiando los verbos al pretérito.

Modelo: Primero, escribí la carta.

7-23 ¿Correo tradicional o correo electrónico?

7-23. Extensión: Pida a los grupos que respondan a estas preguntas: *¿Cuáles son las ventajas* (advantages) *y desventajas de cada tipo de correo? ¿En qué ocasiones es mejor usar el correo electrónico? ¿Cuándo es mejor el correo tradicional?*

 Paso 1. Trabajen con un/a compañero/a. Ustedes son defensores del correo electrónico o del correo tradicional (su instructor/a les asignará uno). Escriban una lista de razones para justificar su preferencia.

 Paso 2. Ahora, busquen una pareja que prefiere el otro tipo de correo y debatan el tema.

Modelo: PAREJA A: **El correo electrónico es más rápido.**

          PAREJA B: **Sí, pero con el correo tradicional no necesitas tener una computadora.**

El dinero y los bancos

Nicolás **cuenta** su dinero.

Cuando tiene suficiente dinero, lo **gasta** en una tienda.

Nicolás también **gana** dinero trabajando por las tardes.

Por fin decide **abrir una cuenta** en un banco para **ahorrar** su dinero.

¿Qué más podemos hacer con el dinero?

cambiar	*to change, exchange*	**invertir (ie, i)**	*to invest*
contar (ue)	*to count*	**perder (ie)**	*to lose*
depositar	*to deposit*	**pagar (la cuenta)**	*to pay (for) (the bill, check)*
encontrar	*to find*	**retirar**	*to withdraw*

Use *PowerPoint Slides* para presentar y practicar este vocabulario.

¿Cómo pagamos? ¿Cómo recibimos dinero?

el cajero automático	*ATM machine*
el cambio	*change, small change, exchange*
el cheque	*check*
el cheque de viajero	*traveler's check*
cobrar	*to cash; to charge*
el efectivo	*cash*
firmar (un cheque)	*to sign (a check)*
la moneda	*currency, money, coin*
la tarjeta de crédito/débito	*credit/debit card*

NOTA DE LENGUA

Note the difference between the use of **gastar** (dinero/energía) vs. **pasar** (tiempo)

Gastamos mucho **dinero** en libros.   *We spend a lot of money on books.*
Jorge **pasa** bastante **tiempo** estudiando.   *Jorge spends a lot of time studying.*

7-24 **Organizar el dinero.** En parejas, imaginen que están de vacaciones en Santiago de Chile. Decidan qué tienen que hacer en las siguientes situaciones.

Modelo: Ya no tienen efectivo, pero necesitan más.
Tenemos que buscar un cajero automático.

1. No pueden encontrar los cheques de viajero que quieren usar.

2. Quieren comprar algo en una tienda, pero no aceptan tarjetas de crédito.

3. No saben cuánto cobra el banco por cambiar sus dólares.

4. Tienen muchas monedas, pero ya no las quieren llevar en los bolsillos.

5. No encuentran un cajero automático.

7-25 **Tus finanzas.**

Paso 1. Marca tus respuestas a esta encuesta (*survey*) sobre tus hábitos financieros.

Usted y el dinero	
¿Va usted a hacerse rico o tendrá problemas económicos?	
1. Casi siempre pago...	☐ con efectivo ☐ con tarjeta de débito ☐ con tarjeta de crédito
2. Intento ahorrar...	☐ un 10% de mi salario ☐ un 25% de mi salario ☐ No ahorro nada.
3. Cuando tengo monedas...	☐ las uso ☐ no las quiero ☐ las ahorro y luego las llevo al banco
4. Reviso mis gastos...	☐ cada semana ☐ cada mes ☐ nunca
5. Cuando viajo...	☐ uso cheques de viajero ☐ uso la tarjeta de crédito
6. Mis tarjetas de crédito...	☐ tienen un saldo (*balance*) pequeño ☐ tienen un saldo grande ☐ ¿Qué tarjetas de crédito?
7. Invierto...	☐ en la bolsa (*stock market*) ☐ No invierto en nada. ☐ en productos seguros (*safe*)
8. Pago mis cuentas a tiempo...	☐ siempre ☐ a veces ☐ casi nunca

Paso 2. Ahora, compara tus respuestas con las de un/a compañero/a y respondan las siguientes preguntas:

- ¿Tienen hábitos similares o diferentes?
- ¿Piensan que sus hábitos son típicos entre estudiantes?
- ¿Qué hábitos les gustaría cambiar?

 Paso 3. En grupos, escriban una pequeña *Guía de consejos financieros para estudiantes.*

7-26 **Una visita al banco.** En grupos pequeños, tienen cinco minutos para describir la escena ilustrada en el dibujo. Mencionen lo que está pasando, lo que pasó y lo que va a pasar. Un/a estudiante sirve de secretario/a y apunta las ideas. ¡Usen su imaginación! ¿Qué grupo puede escribir la descripción más completa?

7-25. El *Paso 2* pide a los estudiantes que compartan la información con un/a compañero/a de clase. Esto puede resultar un poco incómodo para ciertos estudiantes. Antes de comenzar la actividad, deles la opción de no contestar la verdad si no quieren.

El *Paso 3* recicla el uso de las formas de mandato. Puede especificar para sus estudiantes si prefiere que usen formas de tú o usted en su guía.

PALABRAS ÚTILES

se escapa	*escapes*
recoger	*to pick up*
suelo	*floor*

7-26. Cuando los estudiantes hayan completado la actividad, muestre *PowerPoint Slides* y pida al/a la secretario/a de cada grupo que presente su descripción a la clase. La clase puede elegir la más interesante, la más completa o la más imaginativa.

Esta actividad recicla el presente progresivo, el pretérito y la construcción *ir + a + infinitivo*, mientras se refuerza el vocabulario sobre el banco y el dinero.

SITUACIONES

Estás en el aeropuerto y decides tomar un taxi con una persona que no conoces, y compartir el precio del viaje para llegar al centro. Cuando llegas a tu destino, ¡descubres que no tienes tu billetera (*wallet*)! ¿Qué dices? ¿Cómo reacciona el otro pasajero? Intenten llegar a una solución. Las expresiones útiles a continuación les pueden ayudar.

Estudiante A: No tienes dinero para pagar el taxi. Debes pedir disculpas y proponer alternativas al otro pasajero hasta encontrar una solución.

Estudiante B: Tu compañero/a de taxi dice que no tiene dinero. Estás enojado y, por supuesto (*of course*), no quieres pagarlo todo tú. Defiende tu postura hasta llegar a una solución justa.

EXPRESIONES ÚTILES

¡Ay, Dios mío!	*Oh, my God!*
¡Lo siento muchísimo!	*I am very sorry!*
¿Qué le parece si...?	*What do you think about . . . ?*
(No) Me parece bien/mal...	*I (do not) think it's okay/not okay . . .*

Así se forma

Speech bubbles: "Ya es tarde para tomar el metro." / "¿Te llamo ese taxi?"

4. Indicating to whom or for whom something is done: Indirect object pronouns

An indirect object identifies the person *to whom* or *for whom* something is done. Thus, this person receives the action of the verb *indirectly*.

| To whom? | *I gave the package **to her**. / I gave **her** the package.* |
| For whom? | *I bought some tea **for him**. / I bought **him** some tea.* |

In contrast, remember that the direct object indicates who or what directly receives the action of the verb.

| Who(m)? | *I saw **her** yesterday.* |
| What? | *Did you buy **the newspaper**?* |

Indirect object nouns are generally introduced by **a**.

Dimos una sorpresa **a Juan.**
(OD)   (OI)

Pronombres de objeto indirecto

You already know the indirect object pronouns: they are the forms used with the verb **gustar** to indicate *to whom* something is pleasing.

A Carlos **le** gustó mucho la plaza.   *Carlos liked the plaza very much.*
(OI)   (S)

me	me (to/for me)	José **me** dio una foto de los mapuches.
te	you	¿**Te** dio una carta?
le	you (formal) him her	Él quiere dar**le** un libro a usted. Yo quiero dar**le** un libro a él. Quiero dar**le** un libro a ella también.
nos	us	Nuestros amigos **nos** compraron chocolates.
os	you	¿**Os** pidieron algo?
les	you/them	¿Ellos **les** mandaron tarjetas postales **a ustedes**?

Position of indirect object pronouns

The indirect object pronoun, like the direct object pronoun and reflexive pronoun, is placed immediately before a conjugated verb, but may be attached to an infinitive or a present participle.

Me dijeron que esa película es muy buena.	*They told me that that movie is really good.*
¿Vas a comprar**me** esa revista? ¿**Me** vas a comprar esa revista?	*Are you going to buy me that magazine?*
Estoy dándo**le** mi tarjeta de crédito. **Le** estoy dando mi tarjeta de crédito.	*I'm giving her/him my credit card.*

- **Redundancy.** Even though it may sound redundant, third-person indirect object pronouns (**le/les**) are generally used in conjunction with the indirect object noun.

Les escribí **a mis primos.**	*I wrote **to my cousins.***
También **le** escribí **a Mónica.**	*I wrote **to Mónica** too.*

- **Le** and **les** are often clarified with the preposition **a** + *pronoun.*

Le escribí **a ella** anoche.	*I wrote **to her** last night.*

It is also common to use the forms **a mí, a ti, a usted, a él, a ella, a nosotros/as, a vosotros/as, a ustedes, a ellos, a ellas** with the indirect object pronoun for emphasis.

Sancho **me** mandó el paquete **a mí.**	*Sancho sent the package **to me.** (not to someone else)*

Dar and other verbs that frequently require indirect object pronouns

The verb **dar** (*to give*) is almost always used with indirect objects. Review its present tense conjugation and study the preterit.

dar			
Presente		**Pretérito**	
doy	damos	di¹	dimos
das	dais	diste	disteis
da	dan	dio	dieron

¹Note that in the preterit **dar** uses **−er/−ir** endings, but with no written accent.

- Some verbs that frequently have indirect objects are **contestar, decir, enviar, escribir, mandar,** and **pedir** as one generally tells, sends, or asks for something (OD) to someone (OI).

Here are some new verbs that frequently have indirect objects:

contar (ue)	*to tell, narrate (a story or incident)*	**preguntar**	*to ask*
devolver (ue)	*to return (something)*	**prestar**	*to lend*
explicar	*to explain*	**regalar**	*to give (as a gift)*
mostrar (ue)	*to show*		

Sugerencias: Puede señalar la expresión *to ask something of someone* en inglés y asociar la idea de *pedir* con *to make a request of/to somebody.* Cuando se usa *to ask* en el sentido de *pedir,* la preposición que señala el objeto indirecto es *of.*

Escriba frases cortas en la pizarra (o en una transparencia) para presentar estos verbos en contexto, por ejemplo: *dar un libro, mandar un paquete,* etc. Añada el nombre de una persona a quien afectan las acciones, por ejemplo a Mónica. Pida a los estudiantes que formen oraciones con estos verbos en primera persona del pretérito e incluyendo el pronombre de objeto indirecto *le: Le di un libro a Mónica,* etc.

Señale la diferencia entre el verbo *devolver,* que presentamos aquí, y *volver.*

7-27. Puede completar la actividad preguntando a los estudiantes si hicieron o van a hacer algo similar, por ejemplo: *¿Quién le escribe cartas a sus abuelos?; ¿Quién le envió un regalo a su mamá para su cumpleaños? ...*

Si le parece apropiado para su clase, puede usar esta actividad para un repaso gramatical. Pida a los estudiantes que identifiquen los objetos indirectos en la columna de la derecha y sus referentes (los nombres a los que se refieren) en la columna de la izquierda.

7-27 **¿Qué hice o qué voy a hacer?** Relaciona las declaraciones de la columna A con las actividades correspondientes de la columna B. Lee las oraciones relacionadas.

A	B
_f_ **1.** Mis abuelos siempre quieren saber lo que estoy haciendo en la universidad.	**a.** Voy a prestarle mi carro.
_g_ **2.** Es el cumpleaños de mi madre.	**b.** Le di una de mis calculadoras.
_e_ **3.** Fui al banco ayer y abrí una cuenta para mi sobrino.	**c.** Voy a pedirte la dirección.
_a_ **4.** Mi amiga Natalia no tiene medio de transporte y necesita ir al centro.	**d.** Le conté toda la historia (*story*).
_c_ **5.** Quiero ir al restaurante argentino esta noche. Tú sabes dónde está, ¿verdad?	**e.** Le deposité $100 para empezar a ahorrar.
_d_ **6.** Mi hermana quería saber lo que pasó. anoche	**f.** Voy a escribirles una carta.
_i_ **7.** ¿No entendiste los pronombres?	**g.** Le mandé un regalo.
_b_ **8.** Camila tiene problemas con las matemáticas.	**h.** Voy a ir para darles apoyo (*support*).
_h_ **9.** Rubén y Oscar van a tocar en un concierto este fin de semana.	**i.** Te voy a explicar las ideas más importantes.

7-28. Sugerencia: Enfatice la diferencia entre *¿A quién le pides consejo?* y *¿Quién te pide consejo?* Señale la diferencia en cuanto a sujetos (formas verbales) y objetos indirectos (pronombres y presencia de *a* en *¿A quién?*).

Este ejercicio es una buena oportunidad para comparar diferencias personales y también culturales (por ejemplo, con quién se comparte cierto tipo de información, como las notas.)

I/O **7-28** **Sondeo: Cuestiones personales.** Casi todos tenemos buenas relaciones con nuestros padres, hermanos, mejores amigos, etc., pero ¿hasta qué punto?

Paso 1. Indica tus respuestas a las siguientes preguntas.

	padre	madre	hermanos/as	mejor amigo/a	pareja	otros
¿A quién...						
...le pides consejo?						
...le cuentas todo?						
...le dices tus notas?						
...le prestas tus apuntes de clase?						
...le prestas libros, discos, etc.?						
¿Quién...						
...te pide consejo?						
...te cuenta todo?						
...te dice sus notas?						
...te presta sus apuntes de clase?						
...te presta libros, discos, etc.?						

Paso 2. Ahora, en grupos, hablen sobre sus respuestas y discutan las posibles diferencias personales.

Modelo: Yo les pido consejo a mi madre y a mi padre porque... pero no les pido consejo a mis hermanos porque...

7-29 **La tarjeta perdida (*lost*).** Completa las oraciones. Usa los pronombres **lo/la** (directos) o **le** (indirecto) según la situación.

Ayer Manuel __le__ pidió un favor a su novia Linda. __Le__ dio su tarjeta del cajero automático y __le__ dijo: "¿Puedes ir al cajero esta tarde y sacar__me__ $100?" Cuando Linda llegó al cajero y buscó la tarjeta ¡no __la__ pudo encontrar! __La__ buscó en su mochila y en los bolsillos (*pockets*). ¿Quizá __la__ dejó en su cuarto? Llamó a su compañera y __le__ preguntó: "¿Hay una tarjeta en mi escritorio?" Su compañera __le__ respondió que no. Pero unos segundos después, dijo "¡ __La__ encontré! Está al lado de la puerta!" Cuando por fin Linda __le__ llevó el dinero a Manuel, no __le__ contó nada de la tarjeta perdida

7-30 **Un paseo por la ciudad.**

Paso 1. Tienes unos amigos que viven en Santiago, Chile. Fuiste a visitarlos y te divertiste mucho. Ahora dile a un/a compañero/a lo que hicieron tus amigos para ti durante tu visita a Santiago. Aquí tienes algunas ideas.

organizar una fiesta	llevar por toda la ciudad	comprar cosas en un
llevar a una plaza	invitar al teatro	centro commercial
cocinar algo especial	presentar (*introduce*) a sus amigos	sacar fotos en el museo

Modelo: Mis amigos me...

Paso 2. ¿Cuál fue tu mejor (*best*) visita a unos amigos? ¿Y la peor (*worst*)? Cuéntaselo a tu compañero/a y explica por qué una visita te gustó y la otra no.

7-29. Esta actividad recicla el pronombre de objeto directo *lo/la* y lo contrasta con el pronombre de objeto indirecto *le*.

Si les resulta difícil a los estudiantes, ayúdelos a analizar cada oración: pídales que piensen en el verbo y el objeto directo. Si hace falta un OD en la oración, deben identificar qué debería ser el objeto del verbo y escribir el pronombre correspondiente. Si el OD está presente, deben pensar en a quién afecta la acción y escribir el pronombre de OI. Si se trata del verbo *gustar*, recuerde a los estudiantes que *gustar* y otros verbos similares sólo tienen OI.

7-30. Esta actividad recicla el pretérito.

Este ejercicio puede hacerse por escrito en clase o como tarea. Después algunos voluntarios pueden compartir sus respuestas. Si lo usa como ejercicio escrito, puede pedir a los estudiantes que indiquen si cada uso de *me* funciona como objeto directo o indirecto (ej.: *Me llevaron por toda la ciudad* = directo. *Me cocinaron algo especial* = indirecto.)

NOTA CULTURAL

Pablo Neruda

Pablo Neruda (1904-1973) was Chilean, but spent a good part of his adult life in various countries in Asia and Europe. Neruda is among the most distinguished Latin American poets of the twentieth century. His prolific writing, considered exceptional, lead him to winning the Nobel Prize for Literature in 1971. He died with eight books still unpublished.

▲ Pablo Neruda acepta el Premio Nobel del rey de Suecia.

Dicho y hecho

PARA LEER: El Tortoni: Café con historia

ANTES DE LEER

1. ¿Conoces un restaurante o café al que va mucha gente famosa? ¿Cuál es y dónde está? Si no, ¿hay algún café o restaurante donde vives que tiene mucha historia?

2. Intenta emparejar las personas siguientes con su descripción.

_c_	Jorge Luis Borges	a. cantante de tango argentino
_a_	Carlos Gardel	b. actor italiano
_b_	Vittorio Gassman	c. escritor argentino
_f_	Alfonsina Storni	d. director de cine estadounidense
_e_	Federico García Lorca	e. escritor español
_d_	Francis Ford Coppola	f. poeta argentina
_g_	Arthur Rubinstein	g. pianista estadounidense

ESTRATEGIA DE LECTURA

Writing down unfamiliar words As you read through a text for the first time, write down unfamiliar words that seem important in understanding the overall meaning. Note: This does not mean that you should write down every word you don't understand. As you read each paragraph, focus on new words that seem key in understanding its message. Often you will find that as you read further, context will help you understand some of these key words and, as your comprehension of the text's overall message develops from one paragraph to another, you may decide some of the words you've written down aren't so important after all.

As you read the article about el *Café Tortoni* through for the first time, write down two or three unfamiliar words in each paragraph. Then, as you read each paragraph more closely a second time, decide which of the words you've written down still seem key to unlocking its meaning and go ahead and look those up.

A LEER

Pocos son los turistas que visitan Buenos Aires y no se acercan a conocer el célebre Café Tortoni. A lo largo de sus 150 años de vida, ha formado una parte importante en la historia de la ciudad, y su nombre está asociado al tango y la literatura, al jazz y la pintura, la política y las artes plásticas[1]. Sus mesas de mármol[2] fueron frecuentadas por figuras tan relevantes como Jorge Luis Borges, Carlos Gardel, Vittorio Gassman, Juan Manuel Fangio, Federico García Lorca o Francis Ford Coppola, otorgándole[3] un aura de leyenda y fama internacional.

Origen

Fundado en 1858 por el francés Jean Touan, el primer emplazamiento[4] del Café fue en la esquina de las calles Rivadavia y Esmeralda, llamándose "Tortoni" en referencia a un local de París, en el Boulevard des Italiens, donde se reunía la élite de la cultura parisina en el siglo XIX. Es en 1880 cuando el Tortoni se traslada[5] a su lugar actual, teniendo su entrada por la calle Rivadavia hasta 1898. A partir de entonces, la entrada principal se ubicó[6] en la Avenida de Mayo. También por esta época, el local cambió de dueño, pasando a ser propiedad de otro francés, Celestino Curtuchet, que habitaba en los altos[7] del Café.

Pasado y presente

En 1926, un grupo de clientes habituales autodenominado[8] "Agrupación Gente de Artes y Letras" pero popularmente conocidos como La Peña[9], piden permiso al dueño del establecimiento para reunirse en la bodega[10]. Son un grupo de pintores, escritores, periodistas y músicos que se dedica a la difusión de la cultura mediante conciertos, recitales, conferencias, etc.

---

[1]visual arts, fine arts [2]marble [3]bestowing upon it [4]location, site [5]moves [6]was located [7]above [8]self-proclaimed [9]club [10]wine cellar, store room

Entre los asistentes figuraban celebridades de todas las disciplinas, desde Ortega y Gasset hasta Albert Einstein, pasando por Alfonsina Storni y Arthur Rubinstein. La Peña funcionaría hasta 1943, cuando se cierra la bodega donde se reunían y el grupo se disolvió. Ahora la "Asociación Amigos del Café Tortoni" continúa con la labor de La Peña.

En la actualidad, el propietario es el Touring Club Argentino y la bodega es escenario habitual para artistas de distinto género. El tango, por ejemplo, siempre tuvo un sitio preferente en el Café Tortoni, y en la primera planta del mismo edificio, tiene su sede la Academia Nacional del Tango. Otras actividades incluyen presentaciones de libros, concursos de poesía y exposiciones de pintura.

Texto: Carlos Paredes / Punto y coma
Fotografía: Beatrice Murch

DESPUÉS DE LEER

Sugerencia: Pregunte a los estudiantes si conocen algún café dónde se reúnan artistas, escritores, etc. en su comunidad.

1. Indica si estas afirmaciones son **ciertas** o **falsas** según lo que leíste.

	Cierto	Falso
a. El Café Tortoni está en el lugar donde se fundó en 1858.	☐	☑
b. El grupo de intelectuales La Peña organizó muchos eventos culturales en el Café Tortoni.	☑	☐
c. Actualmente hay espectáculos de tango en el café.	☑	☐

2. De todos los personajes famosos mencionados en la lectura, ¿a quién te gustaría conocer? ¿Por qué?

3. ¿Crees que un grupo artístico como "La Peña" o la "Asociación Amigos del Café Tortoni" podría formarse en un café de cadena (*chain*) como Starbucks? ¿Por qué sí o no?

4. En tu ciudad, ¿hay grupos de artistas que se reúnen regularmente? ¿Dónde?

Dicho y hecho

PARA CONVERSAR: ¿Qué compramos?

En parejas, imaginen que son hermanos de visita en Buenos Aires, pero pronto vuelven a casa. Tienen $250 pesos argentinos (ARS), que es aproximadamente el equivalente a $60 dólares estadounidenses, y quieren gastarlos antes de irse. Cada uno (*Each one*) de ustedes quiere comprar un recuerdo (*souvenir*), pero también quieren llevar regalos a sus padres.

PALABRAS ÚTILES

A mí me gusta más....
Yo prefiero....
(No) Me parece buena idea...

caro/a	*expensive*
barato/a	*inexpensive, cheap*
un buen precio	*a good price*

ESTRATEGIA DE COMUNICACIÓN

Expressing emphatic reaction You and your classmate may not agree on how to spend all of your money. Look at the list of items available to get a sense of what things you think are well priced and what things you think are too expensive. Think about what things are useful, practical, etc. and which might be frivolous (to you). As you discuss what to buy with your classmate, react emphatically to her/his suggestions when you don't agree. Here are some useful expressions.

¡(Pero) hombre/mujer...!	(roughly equivalent to *Come on now!*)
¿Cómo?	*What!?*
¡Ay no!	*No way!*
¡Ni pensarlo!	*Don't even think about it!; Not a chance!*

Dos libras (*pounds*) de mate y una bombilla	$ 97	ARS
Una cartera de cuero (*leather*)	$116	ARS
Una botella de vino de Mendoza	$ 77	ARS
Un CD de tango	$ 77	ARS
Una camiseta del grupo de rock Los Piojos	$ 96	ARS
Un libro de recetas de comida argentina	$ 58	ARS

PARA ESCRIBIR: Tres días en Santiago o en Buenos Aires

Vas a preparar una propuesta (*proposal*) para un itinerario de tres días en una capital de América del Sur: Santiago, Chile, o Buenos Aires, Argentina. Tú propuesta está dirigida a una agencia de viajes que va a regalar un viaje al autor del mejor itinerario.

ANTES DE ESCRIBIR

Elige la ciudad que "visitaste" y cuándo (elige un mes):

☐ Santiago, Chile en _____ (mes)

☐ Buenos Aires, Argentina en _____

Haz un mapa de ideas con la información que aprendiste sobre la ciudad en este capítulo. También busca detalles adicionales en Internet. Nota: Es muy importante que consideres cómo es el tiempo en América del Sur en el mes de tu itinerario. Por ejemplo, recuerda que el verano allá es de noviembre a enero.

Alternativa: Si prefiere, puede ofrecer la siguiente opción.

Guía turística de la universidad Tu universidad quiere crear una guía turística para visitantes. Vas a preparar una propuesta para un itinerario de tres días en la ciudad donde está tu universidad. El Departamento de Admisiones otorga un premio al mejor itinerario.

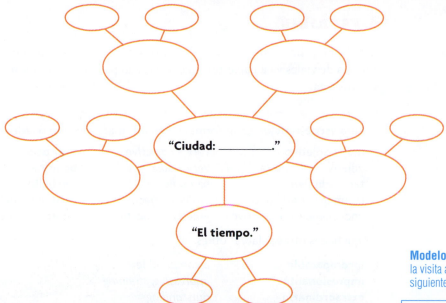

"Ciudad: _____."

"El tiempo."

Modelos: Si usted elige la opción de la visita al campus, puede ofrecer los siguientes modelos:

Modelo 1 (organizado por tipos de actividades)
Párrafo 1: La universidad _____ es un lugar ideal para estudiar y vivir porque _____. Si visitan nuestro campus, les recomendamos no perderse los siguientes lugares.
Párrafo 2: Eventos culturales (días 1 y 3): Qué museos visitar, cuánto cuestan las entradas, etc.
Párrafo 3: Eventos deportivos (día 2)
Párrafo 4: De compras (días 2 y 3): Lo que voy a comprar, dónde, etc.
Conclusión: Su visita va a ser (interesante/fantástica/inolvidable/etc.) porque…

Modelo 2 (organizado por localización)
Párrafo 1: La universidad _____ es un lugar ideal para estudiar y vivir porque _____. Si visitan nuestro campus, les recomendamos no perderse los siguientes lugares.
Párrafo 2: Día 1: Visita al campus.
Párrafo 3: Día 2: Visita a la ciudad.
Párrafo 4: Día 3: Otros lugares interesantes.
Conclusión: Su visita va a ser (interesante/fantástica/inolvidable/etc.) porque…

ESTRATEGIA DE REDACCIÓN

Outlines In *Capítulo 3* you learned how to use idea maps to generate concepts. Once you have a number of good ideas, it's necessary to organize them in a clear and logical way. An outline helps you determine the best order in which to present and develop your ideas. What order is best depends on the type of writing you are doing—a narrative, for example, often uses chronological order to sequence the events of its plot.

It is important to remember that outlines are tools to help you get started, but that they shouldn't limit or restrict you! As part of the writing process, we often change our ideas, and can simply go back and change the outline. Don't be afraid to change your outline as your ideas develop!

Choose one of the models below, or your own thoughts about organization, to outline the ideas you will develop to describe your imagined trip.

Modelo 1	Modelo 2
Párrafo 1: La ciudad que elegí es _____ porque _____. Ahora voy a describir mi propuesta para un itinerario de tres días en esta ciudad.	**Párrafo 1:** La ciudad que elegí es _____ porque _____. Ahora voy a describir mi propuesta para un itinerario de tres días en esta ciudad.
Párrafo 2: Eventos culturales (días 1 y 3): Qué museos visitar, cuánto cuestan las entradas, etc.	**Párrafo 2:** Día 1: Todo lo que quiero hacer.
Párrafo 3: Eventos deportivos (día 2)	**Párrafo 3:** Día 2: Todo lo que quiero hacer.
Párrafo 4: De compras (días 2 y 3): Lo que voy a comprar, dónde, etc.	**Párrafo 4:** Día 3: Todo lo que quiero hacer.
Conclusión: Mi itinerario es fantástico porque…	**Conclusión:** Mi itinerario es muy original porque…

Dicho y hecho

A ESCRIBIR

Escribe un primer borrador que describa tu itinerario con muchos detalles. ¡La agencia de viajes va a pagar un viaje de verdad para la descripción más detallada y entusiasta!

> **Para escribir mejor:** Estas formas de enfatizar adjetivos te pueden ayudar.
>
> | | | |
> |---|---|---|
> | muy + adjetivo | *very + adjective* | muy bello |
> | adjetivo + -ísimo/a | *very + adjective* | bellísimo |
> | tan + adjetivo | *so + adjective* | tan bello |
> | realmente + adjetivo | *really + adjective* | realmente bello |
> | enormemente + adjetivo | *greatly + adjective* | enormemente bello |
>
> Aquí tienes otras palabras útiles.
>
> | | |
> |---|---|
> | **incomparable** | *incomparable* |
> | **impresionante** | *impressive, stunning* |
> | **extraordinario** | *outstanding* |

DESPUÉS DE ESCRIBIR

Revisar y editar: El vocabulario. Al escribir es importante escoger palabras y expresiones apropiadas y que expresen nuestras ideas de forma precisa. Presta especial atención al uso de falsos cognados y, si usas un diccionario, comprueba que escoges palabras correctas. También debes evitar la repetición e intentar usar el vocabulario que estás aprendiendo. Hazte (*ask yourself*) estas preguntas:

- [ ] ¿Uso vocabulario preciso y apropiado?

- [ ] ¿Uso vocabulario variado? ¿Demuestra el texto el vocabulario que sé en español?

- [ ] ¿Estoy seguro/a (*sure*) de que no hay falsos cognados o expresiones traducidas (*translated*) literalmente del inglés?

La organización y el contenido. Después de escribir el primer borrador de tu composición, no lo leas (*do not read it*) al menos por un día. Cuando vuelvas (*you return*) a leerlo, corrígelo en términos de contenido, organización y gramática. Después, revisa también el uso de vocabulario con las preguntas de arriba. Además, hazte estas preguntas:

- [ ] ¿Está clara la organización?

- [ ] ¿Hay suficientes detalles?

- [ ] ¿Comunica entusiasmo la composición? ¿Es apropiada para competir por un premio?

- [ ] ¿Es correcta la gramática? ¿Usé correctamente los verbos en pretérito?

PARA VER Y ESCUCHAR: La plaza: Corazón de la ciudad

ANTES DE VER EL VIDEO

En parejas o grupos pequeños, respondan a estas preguntas.

1. ¿Qué lugares o áreas son importantes en esta ciudad? ¿Por qué?
2. ¿Hay alguna plaza en esta ciudad? ¿Qué hace la gente allí?

ESTRATEGIA DE COMPRENSIÓN

Repeated viewing and pausing When you view and/or listen to recorded materials, you can play the video/audio several times. Focus on the main ideas first, and listen for details later. When listening for specific information, you can also use the pause function to take notes of each idea you heard so that you can concentrate on the next segment. Although you might not have a pause or replay option in a conversation in Spanish, you can also ask your interlocutor to repeat (**¿Perdón?** or **¿Puede repetir, por favor?**) or pause (**Un momento, por favor.**)

A VER EL VIDEO

Paso 1. Mira el video y responde a estas preguntas.

1. ¿Cuál era la función original de las plazas? Se utilizaban para unir diferentes poderes.
2. ¿Qué función tienen ahora las plazas? Se utilizan con diferentes fines sociales y culturales.

Paso 2. Observa la siguiente tabla y presta atención a la información que debes obtener. Vas a escuchar el video dos veces (*twice*). La primera vez, usa la pausa después de cada sección para tomar notas. La segunda vez, intenta completar tus notas sin usar la pausa.

Plazas que vemos en el video	Eventos en las plazas actuales	Actividades y entretenimiento
Plaza Mayor, Madrid Plaza de España, Sevilla Zócalo, México D.F. Plaza de Armas, Lima	Conciertos/Mariachis Mercados de artesanías Feria de libros Bodas	Pasear Visitar tiendas y tianguis Jugar billar Jugar ajedrez Ir al cine Estar tranquilo

DESPUÉS DE VER EL VIDEO

En grupos pequeños, respondan a estas preguntas.

1. ¿En qué son similares y diferentes las plazas hispanas y las de tu comunidad?
2. ¿Hay otros lugares en tu comunidad que tienen una función similar a la plaza hispana?

Sugerencia: Si hace esta actividad en la clase, pause el video después de cada intervención de la narradora y las diferentes personas que forman parte del video. Después, muestre el video completo una o dos veces.

No es de esperar que los estudiantes tomen nota de todos los eventos y actividades a los que hace referencia el video. Puede dibujar el cuadro en la pizarra y pedir a la clase que compartan sus respuestas y puede añadir después las que falten.

Explique el nuevo vocabulario: *billar, ajedrez, tianguis* (mercadillo ambulante, en México).

Extensión: Puede pedir a sus estudiantes que escriban un pequeño párrafo describiendo las semejanzas y diferencias entre las plazas hispanas y las estadounidenses.

Repaso de vocabulario activo

Adjetivo

el mejor   *the best*

Preposiciones

al lado de   *beside, next to*
antes de   *before*
cerca de   *near, close to*
debajo de   *beneath, under*
delante de   *in front of*
dentro de   *inside*
después de   *after*
detrás de   *behind*
en   *in, on*
encima de   *on top of, above*
enfrente de   *opposite, facing*
entre   *between, among*
en vez de   *instead of*
frente a   *opposite, facing*
fuera de   *outside*
lejos de   *far from*
para + infinitivo   *in order to + do something*
por   *by, through, alongside, around*
sobre   *on*

Sustantivos
En el banco   *In the bank*

el cajero automático   *ATM machine*
el cambio   *change, small change, exchange*
el cheque   *check*
el cheque de viajero   *traveler's check*
la cuenta   *account*
el efectivo   *cash*
la moneda   *currency, money, coin*
la tarjeta de crédito/débito   *credit/debit card*

En la ciudad   *In the city*

el almacén/la tienda por departamentos   *department store*
el autobús   *bus*
la avenida   *avenue*
el banco   *bank; bench*
el bar   *bar*
el café   *café, coffee shop*
la calle   *street*

el centro comercial   *shopping center, mall*
el cine   *movie theater, cinema*
el edificio   *building*
la entrada   *entrance; ticket*
la estatua   *statue*
la gente   *people*
la iglesia   *church*
la joyería   *jewelry store*
la librería   *bookstore*
el lugar   *place*
el metro   *metro, subway*
el museo   *museum*
las noticias   *news*
la obra de teatro   *play (theater)*
la parada de autobús   *bus stop*
el parque   *park*
la pastelería   *pastry shop, bakery*
la película   *film, movie*
el periódico   *newspaper*
la pizzería   *pizzeria*
la plaza   *plaza, town square*
el quiosco   *kiosk, newsstand*
el rascacielos   *skyscraper*
el restaurante   *restaurant*
la revista   *magazine*
el taxi   *taxi*
el teatro   *theater*
la zapatería   *shoe store*

En la oficina de correos
In the post office

el buzón   *mailbox*
la carta   *letter*
la dirección   *address*
la estampilla/el sello   *stamp*
el paquete   *package*
el sobre   *envelope*
la tarjeta postal   *postcard*

Verbos y expresiones verbales

abrir   *to open*
ahorrar   *to save*
cambiar   *to change, exchange*
cerrar (ie)   *to close*
cobrar   *to cash; to charge*
contar (ue)   *to count*

contestar   *to answer, reply*
depositar   *to deposit*
empezar (ie)   *to start*
encontrar (ue)   *to find*
entrar (en/a)   *to enter, go in*
enviar   *to send*
esperar   *to wait (for)*
firmar   *to sign*
gastar   *to spend (money)*
hacer cola/fila   *to be in line*
invertir (ie, i)   *to invest*
invitar   *to invite*
morir (ue, u)   *to die*
pagar   *to pay (for)*
pasar   *to pass, go by; to spend (time)*
perder (ie)   *to lose*
recibir   *to receive*
repetir (i, i)   *to repeat*
retirar   *to withdraw (money)*
terminar   *to finish*

Autoprueba y repaso

I. Prepositions of location. Todas las oraciones siguientes son falsas. Para corregirlas, cambia las preposiciones.

Modelo: El buzón está detrás de la oficina de correos.
El buzón está *delante* de la oficina de correos.

1. La gente está fuera del cine.
2. La iglesia está enfrente del banco.
3. La estatua está lejos del centro de la ciudad.
4. En el quiosco, las revistas están debajo de los periódicos.

II. Pronouns with prepositions. Termina las oraciones con los pronombres preposicionales correctos.

1. ¿Quieres ir con (*me*)?
2. Lo siento; no puedo ir con (*you, fam., s.*).
3. El pastel es para (*them*).
4. Y, ¿qué tienes para (*us*)?

III. Demonstrative adjectives and pronouns.

A. Indica qué lugares vas a visitar. Usa adjetivos demostrativos según las indicaciones.

Modelo: Voy a visitar el museo. (cerca)
Voy a visitar este museo.

1. Voy a visitar la iglesia. (un poco lejos)
2. Voy a visitar el museo. (cerca)
3. Quiero ver las obras de arte. (cerca)
4. Queremos ver los rascacielos. (muy lejos)

B. Contesta con un pronombre demostrativo.

Modelo: ¿Te gusta este almacén?
No, prefiero ése.

1. ¿Te gustan estas tiendas?
2. ¿Te gustan estos zapatos?
3. ¿Te gusta este restaurante?
4. ¿Te gusta esta pizzería?

IV. The preterit of *hacer* and stem-changing verbs. Hoy tú eres el/la profesor/a. Usando el pretérito, hazles preguntas a las personas indicadas. Imagina que ellos responden. Escribe las preguntas y las respuestas.

Modelo: repetir los ejercicios / Ana
Profesor/a: **Ana, ¿repetiste los ejercicios?**
Ana: **Sí, los repetí.**

1. pedir ayuda a un tutor / Carlos y Felipe

2. dormir bien después de volver del centro / Alberto
3. hacer algo interesante en el centro / Linda y Celia
4. divertirse / Linda y Celia
5. preferir la ópera o el ballet / el director de la escuela (Sr. Sancho)

V. Indirect objects and indirect object pronouns. El tío Pedro acaba de regresar de Argentina. ¿Qué les trajo (*brought*) a ti y tu familia?

Modelo: a mí / comprar / una mochila de cuero.
Me compró una mochila de cuero.

1. a mí / dar / unos CD de rock argentino.
2. a mi hermana / regalar / un DVD para aprender a bailar tango.
3. a mis hermanos / comprar / camisetas de la selección argentina de fútbol.
4. a nosotros / mandar / muchas tarjetas postales desde lugares diferentes.
5. a ti / prestar / su cámara

VI. *Repaso general.* Contesta con oraciones completas.

1. ¿A qué hora abren los bancos en tu ciudad? ¿Y los almacenes?
2. ¿Gastaste mucho dinero en restaurantes el mes pasado? ¿Qué pediste?
3. Ayer fuiste a un café con tus amigos/as. ¿Qué pidieron ustedes?
4. ¿Fueron tú y tus amigos/as al centro el sábado por la noche? ¿Para qué?
5. ¿Cuántas horas dormiste anoche?
6. ¿Qué hiciste anoche?
7. ¿Qué hicieron tú y tus amigos/as el fin de semana pasado?
8. ¿Le diste la tarea para hoy a la profesora/al profesor?

VII. *Cultura.*

1. ¿Cuáles son los dos países más grandes del Cono Sur?
2. ¿Cuáles fueron los grupos europeos más numerosos que inmigraron a Buenos Aires?
3. Explica quiénes son tres de las siguientes personas o grupos: Salvador Allende, Augusto Pinochet, Juan Perón, los mapuches, Benito Quinquela Martín, los gauchos, Jorge Luis Borges, Gabriela Mistral.

Las respuestas de *Autoprueba y repaso* se pueden encontrar en el **Apéndice 2.**

De compras

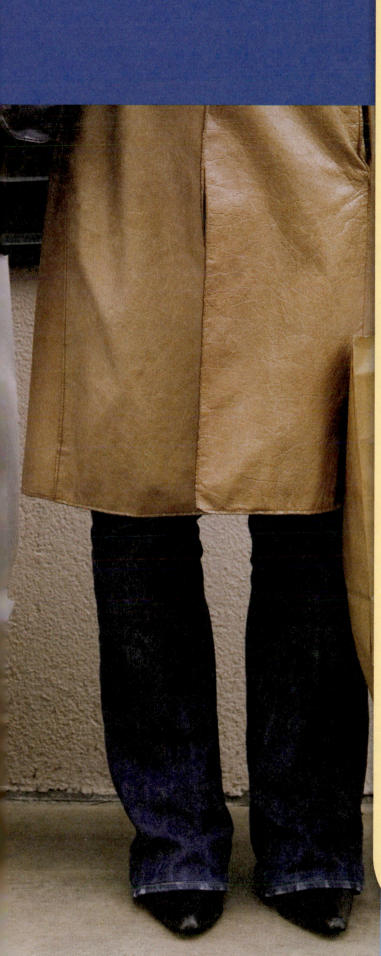

Así se dice

De compras
 La transformación de Carmen

Así se forma

1. Possessive adjectives and pronouns
2. The preterit of irregular verbs
3. Direct and indirect object pronouns combined
4. Indefinite words and expressions

Cultura

- Perú, Ecuador y Bolivia
- La ropa tradicional

Dicho y hecho

Para leer:
Peseta: La democratización de lo exclusivo

Para conversar:
El equipaje perdido

Para escribir:
La ropa aquí y allá

Para ver y escuchar:
El arte del tejido: Una tradición viva

By the end of this chapter you will be able to:

- Talk about and purchase clothing
- Indicate and emphasize possession
- Talk about actions in the past
- Express negation

ENTRANDO AL TEMA

1. ¿Sabes cuál es la moneda oficial de Ecuador?
   ☐ el peso   ☐ el sucre   ☑ el dólar

2. ¿En qué tipo de compras se puede regatear (*bargain*) el precio en Estados Unidos? ¿Con qué cosas o en qué lugares no se puede regatear?

La Única ROPA PARA DAMAS

las joyas

el collar

la cadena

el suéter (de lana)

la pulsera

los aretes/ los pendientes

la blusa (de algodón)

el anillo/la sortija

el vestido

el sombrero

la ropa interior

la falda

las medias

los zapatos

las sandalias

el regalo

las botas

el traje de baño

la bolsa/ el bolso

el paraguas/la sombrilla

el impermeable

Y CABALLEROS

WILEY PLUS **Pronunciación:**
Practice pronunciation of the
chapter vocabulary and particular
sounds of Spanish in *WileyPLUS*.

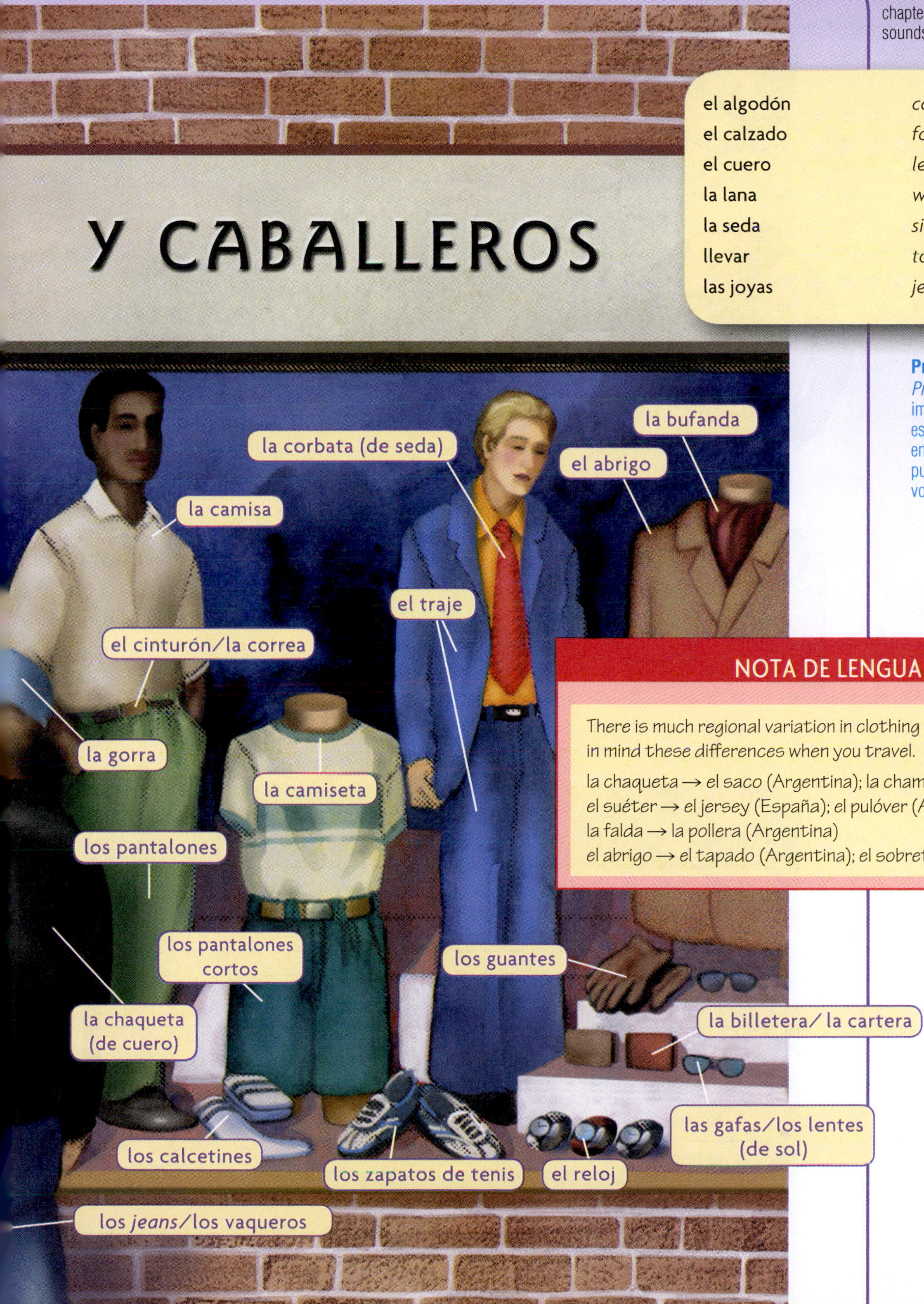

el algodón	cotton
el calzado	footwear
el cuero	leather
la lana	wool
la seda	silk
llevar	to wear
las joyas	jewelry

Preguntas. Refiérase a las
Preguntas de comprensión
impresas en azul al final de
este libro de profesor/a para
encontrar preguntas que
puede usar para presentar este
vocabulario.

la corbata (de seda)

la bufanda

el abrigo

la camisa

el traje

el cinturón/la correa

la gorra

la camiseta

los pantalones

NOTA DE LENGUA

There is much regional variation in clothing vocabulary. Keep
in mind these differences when you travel.

la chaqueta → el saco (Argentina); la chamarra (México)
el suéter → el jersey (España); el pulóver (Argentina)
la falda → la pollera (Argentina)
el abrigo → el tapado (Argentina); el sobretodo (Colombia)

los pantalones
cortos

los guantes

la chaqueta
(de cuero)

la billetera/ la cartera

los calcetines

las gafas/los lentes
(de sol)

los zapatos de tenis

el reloj

los *jeans*/los vaqueros

8-1 **¿Dónde los encontramos?** Primero, empareja cada artículo con su nombre. Después, indica en qué departamento(s) de la tienda podemos encontrar cada uno.

a.

b.

c.

d.

e.

f.

g.

h.

Sugerencia: Señale que, en algunos casos, puede haber más de una opción correcta.

		Departamentos		
	Accesorios	Zapatos	Damas	Caballeros
<u>b</u> las corbatas	☑	☐	☐	☑
<u>h</u> la falda	☐	☐	☑	☐
<u>f</u> el bolso	☐	☐	☑	☐
<u>d</u> la chaqueta	☐	☐	☑	☑
<u>g</u> las camisas	☐	☐	☐	☑
<u>c</u> los guantes	☑	☐	☑	☑
<u>e</u> los tenis[1]	☐	☑	☑	☑
<u>a</u> el reloj	☑	☐	☑	☑

---

[1]**Los tenis** is a common way of referring to **los zapatos de tenis.**

8-2 Audio:
1. los pantalones cortos
2. las medias
3. los zapatos
4. los vaqueros o *jeans*
5. los lentes de sol
6. la corbata
7. los guantes
8. la falda
9. la pulsera
10. los calcetines

8-2. Extensión: Pida a los estudiantes que, en parejas, continúen la actividad con otras prendas de ropa y accesorios.

8-2 **¿Para damas o caballeros?** Escucha la mención de varios artículos de ropa y decide si cada uno normalmente se asocia con las damas, los caballeros o los dos.

	Las damas	Los caballeros	Los dos
1.	☐	☐	☑
2.	☑	☐	☐
3.	☐	☐	☑
4.	☐	☐	☑
5.	☐	☐	☑
6.	☐	☑	☐
7.	☐	☐	☑
8.	☑	☐	☐
9.	☑	☐	☐
10.	☐	☐	☑

I/O **8-3** **¿De quién es?** Tus amigos olvidaron (*forgot*) algunas cosas en tu cuarto.

Paso 1. Lee las siguientes oraciones y completa el cuadro para deducir quién olvidó cada prenda de vestir (*article of clothing*).

1. La bolsa es negra.
2. Sandra no tiene prendas o accesorios de cuero.
3. La gorra es de algodón.
4. Una prenda es de seda, otra es blanca y roja.
5. Raquel no olvidó una gorra.
6. La corbata es azul con lunares blancos.
7. Óscar olvidó una prenda de algodón.
8. Una chica olvidó su bolsa de cuero.
9. La bufanda es de rayas verdes y blancas.
10. La prenda de Sandra es de lana.

PALABRAS ÚTILES

de/a rayas	*striped*
lunares	*dots*

8-3. Señale que algunas oraciones no serán útiles de inmediato. Tienen que llenar el cuadro con la información que pueden utilizar y volver después a otros detalles.

Respuestas:
Óscar olvidó una gorra blanca y roja de algodón.
Sandra olvidó una bufanda de lana de rayas verdes y blancas.
Raquel olvidó una bolsa negra de cuero.
Alberto olvidó una corbata azul de seda con lunares blancos.

Amigo/a	Prenda	Material	Color
		algodón	
			rayas verdes y blancas
	una bolsa		
Alberto			

Paso 2. Ahora, usa tu imaginación y escribe cuatro oraciones para describir las prendas que tus amigos/as olvidaron.

Modelo: **Andrea olvidó una blusa de algodón amarilla.**

| **8-4** | **¿Qué combina mejor?** |

Paso 1. Empareja los artículos de ropa de la columna A y la columna B, especificando un color para la ropa de la columna B.

A

____ **1.** Una chaqueta gris

____ **2.** Unos vaqueros

____ **3.** Un vestido blanco

____ **4.** Un traje azul

____ **5.** Un abrigo marrón

____ **6.** Un impermeable rosa

____ **7.** Una blusa/camisa blanca

B

a. con una camiseta _____

b. con unos zapatos _____

c. con una corbata _____

d. con una falda/unos pantalones cortos _____

e. con unas botas _____

f. con unas sandalias _____

g. con unos pantalones _____

Paso 2. Compara tus respuestas con las de un/a compañero/a y después, con la clase.

| **8-5** | **¿Qué ropa es apropiada?** |

I/O Paso 1. Escucha las siguientes descripciones e indica en qué ocasión es apropiado llevar esta ropa. (Algunas opciones pueden ser apropiadas para más de una ocasión.)

__5__ para ir a la playa

__4__ para ir a una entrevista de trabajo (*job interview*)

__1__ para correr en el parque

__2__ para ir a clase

__6__ para ir a una cena formal

__3__ para ir a la discoteca

Paso 2. En tu cuaderno, describe un atuendo (*outfit*) para un hombre y para una mujer para cada ocasión del Paso 1. Puedes repetir prendas y accesorios.

Paso 3. En grupos pequeños, cada estudiante lee una de sus descripciones. El resto del grupo debe identificar la ocasión y si el atuendo es para un hombre o para una mujer.

I/O | **8-6** | **El color perfecto para cada ocasión.**

Paso 1. Antes de leer.

¿Cuál es tu color favorito? ¿Qué características asocias con ese color?

Paso 2. Lee el texto de la página 263 y contesta las preguntas que siguen.

El color perfecto para cada ocasión

• ROJO. Ideal para buscar trabajo. Se relaciona con el éxito; refleja energía, excitación y pasión. • NARANJA. Para comunicar mensajes. Te dota de vibras positivas, vitalidad y buen humor. • AMARILLO. Para un evento alegre (una boda). Es el color del sol y sugiere calidez y optimismo. • VERDE. Es el color del dinero, llévalo cuando estés en una campaña para reunir fondos. • AZUL. Ideal para viajar en auto con los niños porque transmite serenidad y calma. • MORADO. Para fiestas: sugiere que eres misteriosa y creativa.

1. ¿Qué color simboliza energía? ¿Y calma? ¿Y misterio? Rojo. Azul. Morado.

2. ¿Qué colores se llevan[1] con frecuencia cuando hace mucho calor? ¿Y cuando hace frío? Claros (blanco). Oscuros (negro).

3. ¿Qué colores asocias con una persona que suele estar (*usually is*) contenta? ¿Y con una persona que está triste? Intensos y vivos, como el rojo. Oscuros, como el negro.

4. Según (*According to*) el texto, ¿qué es lo que se asocia con tu color favorito? ¿Crees que estas características describen tu personalidad correctamente? Si el artículo no menciona tu color favorito, ¿qué color es? ¿Y qué crees tú que puede sugerir?

Paso 3. Basándote en el texto *El color perfecto para cada ocasión,* ayuda a estas personas a escoger ropa apropiada para las siguientes ocasiones.

Modelo: Rosa quiere pedir un aumento (*raise*) en el trabajo.
Puede llevar un traje negro porque es elegante y profesional, y una blusa verde para atraer (*attract*) el dinero.

1. El Sr. Donoso va a comer con un cliente importante.
2. Pedro va a trabajar cuidando a niños esta noche.
3. Bernardo tiene una cita (*a date*) esta noche.
4. Andrea va a hacer una presentación en la clase de historia mañana.
5. Leo va a visitar a su abuela en el hospital.

---

[1] The word **se** placed before the verb slightly alters the meaning of the verb. Here, **se llevan** = *are worn;* **llevan** = *they, you (pl.) wear.*

La transformación de Carmen

Antes

Carmen nos habla de su pequeña transformación.

"Para empezar, fui a visitar al oftalmólogo y como resultado de la visita cambié mis gafas por **lentes de contacto,** algo que cambió mi vida radicalmente porque ahora me siento (*I feel*) más joven, más **a la moda.** Luego, organicé mi **ropero:** eliminé varias **cosas,** lavé toda la ropa **sucia** y ahora todo está **limpio** y ordenado. Por supuesto, mi amiga Irene y yo vamos a tener que ir de compras. Quiero comprar una falda **corta** para salir, una falda **larga** para el trabajo, unos pantalones negros, una blusa **de manga corta** y otra de **manga larga**. También voy a comprar unos aretes, un collar y tal vez unos anillos de fantasía (*costume*) porque las joyas de **oro** o **plata** son muy **caras** y yo no tengo mucho dinero. ¡El **precio** siempre es importante para una madre soltera! La verdad es que no sé cuánto va a **costar** todo esto, pero Irene me dice que en el **centro comercial** hay unas tiendas donde venden ropa de moda **barata** porque ahora tienen **rebajas**. Además, primero vamos a **mirar** en varias tiendas y a comparar precios. ¡Ah! Y en cuanto a (*as for*) la **talla,** voy a arreglar (*fix*) ese problemita porque me voy a poner a dieta y todo me va a quedar (*fit*) perfecto".

Después

corto/a	short	el oro	gold
la cosa	thing	la plata	silver
costar (ue)	cost	las rebajas	sales
largo/a	long	el ropero	closet
limpio/a	clean	sucio/a	dirty
de manga (corta)	(short-)sleeved	la talla	size
la moda[1]	fashion, style		

[1]While **ir/estar a la moda** is used to refer to people (to dress with style), **estar de moda** is used to talk about a particular article of clothing, color, etc. that is in fashion: **El negro está de moda.**

8-7 ¿Qué puedes ponerte?

Paso 1. Indica las prendas y los accesorios que son apropiados para estos lugares y situaciones.

	Las clases	Una cena formal	La oficina	El cine	El centro comercial	Una fiesta
joyas de oro						
una camiseta vieja						
una bolsa elegante						
una corbata						
una gorra						
sandalias						
jeans						
pantalones cortos						
zapatos de tenis						
una falda corta						
un vestido largo						

 Paso 2. En grupos pequeños, comparen sus respuestas. ¿Tienen opiniones similares?

 Paso 3. En sus grupos, escriban una lista de ropa o accesorios que consideren inapropiados para cada ocasión.

 ## 8-8 Un gran contraste.
En parejas, tomen turnos para describir el aspecto y la ropa de Esteban y Octavio. Un/a estudiante dice una oración y el otro/la otra adivina (*guesses*) si se refiere a Esteban o a Octavio.

Modelo: Estudiante A: **Lleva una camiseta limpia.**

Estudiante B: **Es Octavio.**

¿Qué impresiones tienen sobre los tipos de cosas y actividades que Esteban y Octavio prefieren hacer según su modo de vestir?

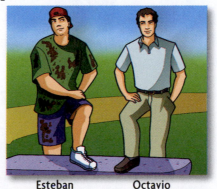

Esteban   Octavio

NOTA DE LENGUA

While shopping, one usually looks for, looks at, and sees various items. Observe the differences between the verbs **buscar** (*to look for*), **mirar** (*to look at*), and **ver** (*to see*). Natalia y Camila…

buscan un regalo,
are looking for a gift,
miran varias gafas de sol
look at various sunglasses,
y **ven** las que quieren comprar.
and see the ones they want to buy.

8-10. Esta actividad recicla los números dentro del contexto de la ropa.

EXPRESIONES ÚTILES

¿Tú crees?
Do you think so?
¿Estás seguro/a?
Are you sure?
¿Qué te parece?
What do you think?
Me parece (caro/barato)
It seems (expensive/cheap)

I/O **8-9** ¿Qué prefieres?

Paso 1. Indica tus preferencias respecto a la ropa y las compras y responde a las preguntas de abajo.

1. los suéteres   ☐ de lana   ☐ de algodón   ☐ de seda
2. las camisas   ☐ de manga larga   ☐ de manga corta
3. los pantalones   ☐ cortos   ☐ largos   ☐ los *jeans*
4. el calzado   ☐ los zapatos   ☐ las sandalias   ☐ las botas
5. para los ojos   ☐ gafas   ☐ lentes de contacto
6. la ropa   ☐ elegante   ☐ de calidad   ☐ de moda
    ☐ cómoda (*comfortable*)
7. comprar en   ☐ el almacén   ☐ el centro comercial   ☐ Internet
8. ¿Vas de compras frecuentemente? ¿Vas solamente cuando buscas algo específico o para mirar?
9. ¿Cuáles son tus marcas favoritas? ¿Qué tiendas o almacenes prefieres para comprar ropa?

 Paso 2. En grupos, comparen sus preferencias: ¿son similares o diferentes?

8-10 **El precio correcto.** Trabajan en el Almacén Galerías de la Moda y deben poner las etiquetas de precios en estos artículos. Pero, ¿dónde está la lista de precios? En parejas, decidan qué precio corresponde a cada artículo.

Modelo: Estudiante A: **Yo creo que el reloj cuesta 370 dólares.**
Estudiante B: **¿Tú crees? Me parece un precio barato.**
Estudiante A: **Pero no es de oro, ¿verdad?...**

$3,450
$2,500
$25
$6
$10
$175
$125
$36
$65

8-11. Esta actividad recicla demostrativos, pronombres de objeto directo y números.

Anime a los estudiantes a ser creativos al asignar regalos a sus parientes y explicar sus razones.

8-11 **Regalos para todos.** El Almacén Galerías de la Moda tiene rebajas y ustedes compran muchos regalos para su familia y sus amigos. Habla con tu compañero/a y dile qué compraste, para quién es cada regalo y cuánto dinero gastaste. Haz preguntas y comentarios sobre sus compras. Túrnense.

Modelo:
Estudiante A: **Estos guantes son para mi hermana. Los compré por cuatro dólares.**

Estudiante B: **¡Qué baratos! Pero ahora no hace mucho frío.**

Estudiante A: **No, pero mi hermana siempre tiene frío.**

8-12. **Sugerencia:** Divida a los/as estudiantes en grupos y pídales que preparen un gran desfile de modas para la próxima clase. Puede asignar un tema diferente a cada grupo (moda urbana, rural, alternativa, clásica, etc.) o pedir a los grupos que piensen en un tema para su colección. En la próxima clase, un/a estudiante de cada grupo presenta el desfile, mientras los/as otros/as desfilan para el resto de la clase.

8-12 **¿Qué necesitamos?**

Paso 1. El próximo año vas a estudiar en Ecuador y estás pensando en lo que necesitas para el viaje. ¿Qué ropa y accesorios vas a necesitar para ir a los siguientes lugares? En la sección de cultura sobre Ecuador, en las páginas 270–271, vas a encontrar información interesante sobre su clima.

Las playas de Guayaquil (agosto)	Volcán Chimborazo (noviembre)	Selva amazónica (septiembre)	Cena en la Embajada de EE.UU. en Quito (octubre)

Paso 2. ¡Qué casualidad! Tu compañero/a también va a ir a Ecuador. Comparen sus listas y expliquen por qué van a llevar estas cosas. ¿Quieres eliminar, añadir (*add*) o cambiar algo en tu lista?

8-12. Esta actividad recicla expresiones del tiempo (clima).

Así se forma

WILEY **PLUS** Go to *WileyPLUS* and review the Animated Grammar Tutorial for this grammar point.

Use *PowerPoint Slides* para presentar y practicar esta gramática.

¡Esta pelota es mía!

¡No es tuya! ¡Es mía!

¡Niñas!

1. Emphasizing possession: Possessive adjectives and pronouns

You have already learned one form of possessive adjectives (**mi, tu, su, nuestro, vuestro, su**). These have a corresponding form that is used for emphasis.

Es **mi** bolsa.	It's **my** purse.
Esa bolsa es **mía**.	That purse is **mine**.

These emphatic possessive forms are also adjectives and therefore agree in gender (masculine/feminine) and number (singular/plural) with the thing possessed.

Sugerencia: Para ilustrar las variaciones de género y número de los adjetivos posesivos, señale un objeto singular que le pertenezca a usted y diga, por ejemplo: *Esta camisa es mía.* Diríjase después a un/a estudiante que lleve una camisa y señálela, diciendo: *Esta camisa es tuya, ¿verdad?* Señale después a un/a tercer/a estudiante y diga: *Esa camisa es suya, ¿verdad?* Haga lo mismo con un referente plural, por ejemplo: *Estos zapatos son míos, etc.*

Los posesivos enfáticos

mío/a, míos/as	*mine*	Esa chaqueta es **mía**.
tuyo/a, tuyos/as	*yours*	¿Los guantes azules son **tuyos**?
suyo/a, suyos/as[1]	*his*	Pepe dice que esa gorra es **suya**.
	hers	Ana dice que esas botas son **suyas**.
	yours (usted)	¿El bolso de cuero es **suyo**?
nuestro/a, nuestros/as	*ours*	Esa casa es **nuestra**.
		Esos dos gatos son **nuestros**.
vuestro/a, vuestros/as	*yours*	¿Es **vuestro** ese carro?
		¿Son **vuestras** las bicicletas?
suyo/a, suyos/as	*theirs*	Ana y Tere dicen que esas cosas son **suyas**.
	yours (ustedes)	Señoras, ¿son **suyos** estos paraguas?

They follow either a form of the verb **ser** to indicate *mine, yours,* etc., or a noun to indicate *of mine, of yours,* etc.

Esas botas son **mías**.	*Those boots are **mine**.*
Pero un amigo **mío** dice que son **suyas**.	*But a friend of **mine** says that they are **his**.*

---

[1] As with **su/sus**, if the context does not clearly indicate who **suyo/a/os/as** refers to, you may use an alternate form for clarity.

Es **su** ropa.	Or,	Es la ropa **de él/ella/usted**.
Esa ropa es **suya**.	Or,	Esa ropa es **de ellos/ellas/ustedes**.

Possessive pronouns are used when the possessed object has been mentioned before, to avoid repetition. Their form is similar to that of emphatic possessive adjectives but they require the use of definite articles (**el, la, los, las**).

—Tengo mi suéter. ¿Tienes el **tuyo**?   *I have my sweater. Do you have **yours**?*
—Sí, tengo el **mío**.   *Yes, I have **mine**.*

I/O **8-13** **En la lavandería (*laundromat*).** Alfonso y Rubén están en la lavandería y usan la misma (*same*) secadora. Ahora cada uno busca su ropa.

Paso 1. Presta atención a lo que dicen e indica a qué prendas se refieren.

Alfonso   Rubén

Rubén dice:

1. Esta es mía.   (**a.**)la chaqueta   **b.** los pantalones   **c.** el suéter
2. Este es mío.   **a.** los calcetines   (**b.**)el suéter   **c.** la camiseta

Alfonso dice:

3. Estos son míos.   **a.** la chaqueta   **b.** la camisa   (**c.**)los pantalones cortos
4. Estas son mías.   (**a.**)las camisas   **b.** los jeans   **c.** el impermeable

Paso 2. Ahora, completa estas oraciones indicando de quién es cada prenda.

1. Rubén dice que **la chaqueta es…** suya
2. Alfonso dice que… las camisas son suyas
3. Rubén dice que… el suéter es suyo
4. Alfonso dice que… los pantalones cortos son suyos

O **8-14** **¡Un ladrón o una ladrona (*robber, thief*) en la clase!** ¡Cierren los ojos! (El/La profesor/a va a caminar por la clase "robando" algunos de los artículos de los/as estudiantes para ponerlos sobre su escritorio.) Luego, abran los ojos y contesten las preguntas del/de la profesor/a.

Modelo:
    Profesor/a: Señor/Señorita, ¿es suyo este reloj?
    Estudiante: No, no es **mío**.
    Profesor/a a la clase: Pues, ¿de quién es?
    Un/a estudiante indica: Es **suyo.** O, Es **de Lisa.**

WILEY PLUS Go to *WileyPLUS* and review the Animated Grammar Tutorial for this grammar point.

8-13. El objetivo de la primera parte de esta actividad es reconocer los referentes de los posesivos, a través de la concordancia entre género y número, mientras se reciclan los demostrativos (p. 230). La segunda parte requiere el uso activo, aunque controlado, de los posesivos.

8-14. Mientras los estudiantes tienen los ojos cerrados, "robe" varias prendas y objetos (que sean de género y número variados): una chaqueta, unos zapatos, una gorra (puede "despertar" a algunos estudiantes y pedirles algunas cosas que lleven puestas). Pida a los estudiantes que abran los ojos. Puede empezar explicando que, durante su "siesta", un ladrón intentó robarles sus pertenencias, pero usted lo alcanzó y recuperó las cosas robadas.

DICHOS

Se cree el ladrón que todos son de su condición.

¿Qué significa el dicho? ¿Estás de acuerdo?

Cultura: Perú, Ecuador y Bolivia

Use *PowerPoint Slides* para presentar esta cultura.

WILEY PLUS Map quizzes: As you read about places highlighted in red, find them on the map. Learn more about and test yourself on the geography of the Spanish-speaking world in *WileyPLUS*.

Antes de leer

Lima, Quito, Sucre/La Paz; Bolivia

1. ¿Cuáles son las capitales de estos tres países? ¿Qué país tiene dos capitales?

2. ¿Qué tienen Ecuador y Perú que no tiene Bolivia?
   ☑ costa (*coast*)   ☐ frontera con otro país   ☐ montañas

3. ¿Sabes por qué es famoso Machu Picchu? Porque muestra el alto desarrollo de la civilización inca.

4. ¿Cómo se llama el lago que está en la frontera entre Perú y Bolivia? Titicaca

EL GRAN IMPERIO INCA

Ecuador, Perú y Bolivia están situados en el corazón (*heart*) de los Andes y formaban parte del antiguo Imperio inca llamado Tahuantinsuyo. Con una extensión de 3,000 millas de norte a sur, la zona está caracterizada por espectaculares picos nevados, impresionantes volcanes y el inmenso **lago Titicaca.** Los emperadores incas gobernaron durante casi 400 años. Bajo su gobierno a nadie le faltó (*no one lacked*) comida ni ropa y después de conquistar a otras tribus, los incas incorporaban a los líderes conquistados en su gobierno. El último emperador inca fue Atahualpa y fue capturado en 1532 por Francisco Pizarro cuando los españoles conquistaron la región. Durante este periodo la ciudad peruana de **Lima** se convirtió en el centro colonial más importante de América del Sur.

Los incas perfeccionaron el cultivo de la papa y el cuidado del ganado (*livestock*) de los Andes, como las llamas y las alpacas. Muchos indígenas todavía llevan la ropa tradicional andina: sarapes, ponchos y sombreros hechos de lana de alpaca. Después del español, el quechua es la lengua más hablada entre los indígenas de la zona andina. Las siguientes palabras proceden del quechua: *cóndor*, *puma* y *papa*. Aunque es una lengua minoritaria, el quechua es uno de los idiomas oficiales de Ecuador.

ECUADOR

La línea ecuatorial que pasa por el norte de **Quito** le dio su nombre al país. Ecuador es un país pequeño, pero de grandes contrastes geográficos. En sus costas cálidas y secas hay playas excelentes. En la región oriental está la zona amazónica, donde el clima es caliente y húmedo y existe una gran variedad de flora y fauna. El área andina, con impresionantes volcanes, tiene un clima frío y seco.

Quito, la capital de Ecuador, tiene una zona antigua de gran belleza con numerosos ejemplos de arte y arquitectura coloniales. Por eso, muchas personas la llaman "la cara de Dios (*the face of God*)". En la foto se ve la Plaza de la Independencia. El 10 de agosto de 1809 el primer grito (*cry*) de independencia de América Latina se dio en Quito. En 1822, Ecuador se independizó de España y se incorporó a la Gran Colombia. En 1830 se convirtió en una república independiente. En el año 2000, Ecuador adoptó el dólar de Estados Unidos como moneda nacional.

▲ Plaza de la Independencia, Quito, Ecuador

Hoy en día, muchas de las flores y plantas que se venden en las floristerías de Estados Unidos y Europa provienen de Ecuador.

Las islas Galápagos, donde Darwin desarrolló muchas de sus teorías, son un verdadero tesoro ecológico. Estas islas, cuyo nombre oficial es "Archipiélago de Colón", quedan a unas 600 millas de la costa ecuatoriana. En ellas coexisten especies de reptiles, aves (*birds*) y plantas únicas en el mundo. Las tortugas (*turtles*) de las Galápagos pueden vivir sin comer un año, llegar a pesar 500 libras y vivir hasta 100 años.

Tortuga Galápago ▶

PERÚ

Perú es el tercer país más grande de América del Sur. La costa árida del Pacífico (donde están Lima y el puerto principal, **El Callao**) es la región más dinámica del país, pero el área andina, con montañas muy elevadas, domina su geografía. La influencia indígena en Perú es muy marcada. En la foto, la calle de Cuzco muestra la fusión de las culturas indígena y española. Los incas construyeron el muro de piedra (*stone wall*) y los españoles construyeron la parte superior del edificio. Los idiomas oficiales de Perú son el español y un gran número de lenguas indígenas, entre las que destacan el quechua y el aimara.

▲ Cuzco, Peru

◀ Ciudad de Machu Picchu, Perú

Cerca de Cuzco, Perú, a más de 8,000 pies de altura, los incas construyeron la ciudad de **Machu Picchu.** Esta ciudad refleja el alto nivel de tecnología del Imperio inca. Los españoles no sabían de la existencia de Machu Picchu y, después de la conquista, el sitio se perdió durante siglos. Sus ruinas fueron redescubiertas en 1911 por el arqueólogo estadounidense Hiram Bingham.

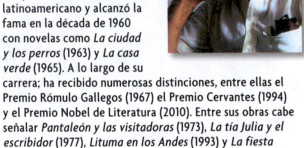

Mario Vargas Llosa es un famoso escritor peruano. Fue parte del *boom* literario latinoamericano y alcanzó la fama en la década de 1960 con novelas como *La ciudad y los perros* (1963) y *La casa verde* (1965). A lo largo de su carrera; ha recibido numerosas distinciones, entre ellas el Premio Rómulo Gallegos (1967) el Premio Cervantes (1994) y el Premio Nobel de Literatura (2010). Entre sus obras cabe señalar *Pantaleón y las visitadoras* (1973), *La tía Julia y el escribidor* (1977), *Lituma en los Andes* (1993) y *La fiesta del Chivo* (2000). En 1990, Vargas Llosa se presentó a la presidencia de Perú, pero perdió frente a Alberto Fujimori.

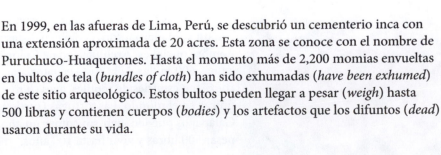

En 1999, en las afueras de Lima, Perú, se descubrió un cementerio inca con una extensión aproximada de 20 acres. Esta zona se conoce con el nombre de Puruchuco-Huaquerones. Hasta el momento más de 2,200 momias envueltas en bultos de tela (*bundles of cloth*) han sido exhumadas (*have been exhumed*) de este sitio arqueológico. Estos bultos pueden llegar a pesar (*weigh*) hasta 500 libras y contienen cuerpos (*bodies*) y los artefactos que los difuntos (*dead*) usaron durante su vida.

En la frontera entre Bolivia y Perú, a unos 12,500 pies de altura, está el lago Titicaca, que es el segundo más grande de América del Sur (mide más de 3,000 millas cuadradas) y el lago navegable más alto del mundo. En esta foto, se cruza el lago en una canoa de totora (*cattail plant*). El lago más grande de América del Sur es el lago Maracaibo en Venezuela.

Lago Titicaca, Perú ▶

BOLIVIA

E l nombre de este país rinde homenaje a Simón Bolívar, el héroe de las guerras de independencia de Hispanoamérica. Bolivia fue parte de Perú durante casi toda la época colonial. Las minas de plata de **Potosí** fueron la atracción principal para los españoles y en tiempos coloniales Potosí llegó a ser la ciudad más poblada de las Américas. Bolivia se independizó en 1825.

Sucre es la capital constitucional de Bolivia. **La Paz,** la capital administrativa, es la sede del gobierno. Con sus casi 13,000 pies de altura, es famosa por ser una de las ciudades más altas del mundo. De hecho, debido a la altura y a la poca cantidad de oxígeno, en La Paz es muy difícil encender (*light*) y mantener un fuego. Por eso hay muy pocos incendios (*fires*).

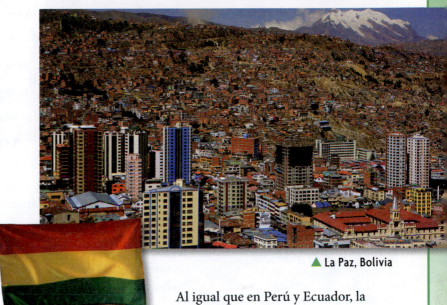

▲ La Paz, Bolivia

Al igual que en Perú y Ecuador, la presencia indígena es muy visible en Bolivia. Sólo la mitad de los bolivianos hablan español como primera lengua. Además del español, Bolivia tiene más de treinta lenguas oficiales, entre ellas el quechua, el aimara y el guaraní.

Después de leer

1. ¿Dónde se encuentra el lago Titicaca y por qué es famoso? ¿Conoces alguna atracción turística natural situada en la frontera entre Estados Unidos y otro país?

2. ¿Qué hacían los incas después de conquistar otra tribu?

3. ¿A qué país o países se refieren las siguientes oraciones?

	Ecuador	Perú	Bolivia
Las islas Galápagos pertenecen a (*belong to*) este país.	☑	☐	☐
Tiene playas, selva tropical, volcanes y zonas frías.	☑	☐	☐
El quechua es una lengua oficial de este país.	☑	☑	☑
Su capital es una de las ciudades más altas del mundo.	☐	☐	☑
Exporta muchas rosas.	☑	☐	☐

4. El presidente de Ecuador, Rafael Correa, sabe hablar quechua. ¿Algún presidente de Estados Unidos hablaba una lengua indígena?

Respuestas: 1. Está en la frontera entre Perú y Bolivia. Es el segundo lago más grande de América del Sur y el lago navegable más alto del mundo. Las cataratas del Niágara están en la frontera entre Canadá y Estados Unidos. 2. Incorporaban a los líderes conquistados en su gobierno. 4. Thomas Jefferson hablaba varios idiomas, entre ellos algunas lenguas indígenas.

Así se forma

WILEY PLUS Go to *WileyPLUS* and review the Animated Grammar Tutorial and Verb Conjugator for this grammar point. Consult the verb charts in *Apéndice 1* at the end of your book for additional verbs with irregular preterit forms.

2. The preterit of irregular verbs: Expressing actions in the past

In *Capítulo 7*, you learned the irregular preterit forms of the verb **hacer**. The following verbs also have one consistent preterit stem and the same endings as **hacer**.

estar **estuv-**	tener **tuv-**	poder **pud-**	poner **pus-**	saber **sup-**	venir **vin-**	querer **quis-**	traer **traj-**	decir **dij-**
estuve	tuve	pude	puse	supe	vine	quise	traje	dije
estuviste	tuviste	pudiste	pusiste	supiste	viniste	quisiste	trajiste	dijiste
estuvo	tuvo	pudo	puso	supo	vino	quiso	trajo	dijo
estuvimos	tuvimos	pudimos	pusimos	supimos	vinimos	quisimos	trajimos	dijimos
estuvisteis	tuvisteis	pudisteis	pusisteis	supisteis	vinisteis	quisisteis	trajisteis	dijisteis
estuvieron	tuvieron	pudieron	pusieron	supieron	vinieron	quisieron	trajeron	dijeron

Use *PowerPoint Slides* para presentar y practicar esta gramática.

Sugerencia: Introduzca las formas irregulares del pretérito con ejemplos personalizados y pida a los estudiantes que identifiquen el infinitivo que corresponde a cada una de las formas verbales mencionadas.

Repase con los estudiantes el significado básico de cada verbo (*saber = to know*, etc.) y compárelo con el significado de los pretéritos correspondientes. Revise las páginas 117 y 152 si es necesario.

No **tuve** que trabajar anoche.
Algunos amigos **vinieron** a visitarme.
Rubén **trajo** su guitarra.

*I **didn't have** to work last night.*
*Some friends **came** to visit me.*
*Rubén **brought** his guitar.*

- Notice the difference in the **ellos, ellas,** and **ustedes** endings (**-ieron** and **-eron**) between the two groups of verbs above. Verbs whose stems end in **j** add **-eron** instead of **-ieron**.

- The verbs **saber, querer,** and **poder** convey a slightly different meaning in the preterit than in the present.

saber	**Supe** hacerlo.	*I **found out/figured** out how to do it.*
querer	**Quise** hablar con ella.	*I **tried** to speak with her.*
no querer	Ella **no quiso** hablar conmigo.	*She **refused** to speak with me.*
poder	**Pude** terminar el proyecto.	*I **managed** to finish the project.*
no poder	**No pude** encontrar al profesor.	*I **didn't manage** to find the professor.*

(8-15) ¿Qué hicieron el fin de semana pasado (*last weekend*)?

Paso 1. Indica qué oraciones de la columna *El fin de semana pasado yo…* en la página 275 son ciertas para ti. Añade una oración original al final.

 Paso 2. Ahora, comparte (*share*) tus respuestas con un/a compañero/a añadiendo (*adding*) más detalles. Anota sus respuestas en la columna *El fin de semana pasado mi compañero/a….*

Modelo: Estudiante A: **El sábado hice ejercicio. Fui al gimnasio y monté en bicicleta. ¿Y tú?**

Estudiante B: **No, este fin de semana no hice ejercicio.**

El fin de semana pasado yo...	El fin de semana pasado mi compañero/a...
☐ hice ejercicio o practiqué un deporte.	☐ hizo ejercicio o practicó un deporte.
☐ tuve que estudiar mucho.	☐ tuvo que estudiar mucho.
☐ estuve en el centro comercial.	☐ estuvo en el centro comercial.
☐ traje comida a mi cuarto/apartamento.	☐ trajo comida a su cuarto/apartamento.
☐ fui a la biblioteca.	☐ fue a la biblioteca.
☐ me divertí mucho.	☐ se divirtió mucho.
☐ me puse algo especial para salir.	☐ se puso algo especial para salir.
☐ pude dormir mucho.	☐ pudo dormir mucho.
☐ dije chistes (*jokes*).	☐ dijo chistes.
☐ _____	☐ _____

8-16. Use *PowerPoint Slides* para trabajar esta actividad de forma alternativa.

Paso 3. Responde a las siguientes preguntas. Después, compara tus repuestas con las de tu compañero/a.

- ¿Quién tuvo el fin de semana más relajado?
- ¿Quién tuvo el fin de semana más divertido?

8-16. Audio:
1. Inés y Camila hicieron un pastel de chocolate.
2. Inés y Camila compraron unos regalos para Carmen.
3. En la fiesta, Carmen abrió los regalos y todos le dijeron "¡Feliz cumpleaños!"
4. A medianoche, Camila e Inés tuvieron que irse a casa.
5. Inés y Camila pusieron los regalos y el pastel en el carro.
6. Manuel trajo los refrescos.

8-16. Nota: El Paso 2 se encuentra en la página 276.

I/O **8-16** **La fiesta de cumpleaños.** Este fin de semana fue el cumpleaños de Carmen y todos fueron a su fiesta.

Paso 1. Escucha las siguientes descripciones y escribe el número correspondiente debajo del dibujo que describe la actividad.

1 _____

4 _____

5 _____

3 _____

2 _____

6 _____

Paso 2. Ahora, en parejas, organicen las actividades de la página 275 en orden cronológico y escriban una descripción de cada actividad. Pueden inventar más detalles. Si no recuerdan (*remember*) las palabras exactas que oyeron, usen su creatividad. Aquí tienen unos verbos útiles.

| comprar | traer | hacer | abrir | irse | poner |

8-17. Pida a los estudiantes que cubran con la mano o un papel las excusas de su compañero/a.

EXPRESIONES ÚTILES

¿De verdad?
¡Ah!, ¿sí? ⎤ *Oh, really?*
¡No me digas! ⎦

8-17 **Excusas.** Tu compañero/a y tú iban a (*were going to*) cenar juntos/as ayer, pero ¡los/as dos lo olvidaron (*forgot*)! Siguiendo el modelo, inventen excusas para explicar su ausencia y pregúntenle a su compañero/a sobre las suyas. Túrnense.

Modelo: Estudiante A: **Lo siento, Pete, pero ayer tuve un laboratorio de química.**

Estudiante B: **¿De verdad? ¿A qué hora fue? ¿Dónde?...**

Estudiante A:

1. no poder salir del cuarto/apartamento

2. tener que ayudar a un/a amigo/a

3. sustituir a un/a compañero/a en el trabajo

4. ...

Estudiante B:

1. no saber llegar al restaurante

2. querer llamar por teléfono y no poder

3. estar enfermo/a

4. ...

8-18. Puede asignar el Paso 1 como tarea y después hacer el Paso 2 en clase.

Extensión: Pregunte a la clase qué aventura de un/a compañero/a les pareció más impresionante o increíble.

8-18 **Mi aventura.**

Paso 1. Escribe un párrafo (cinco o seis oraciones) describiendo una aventura (real o imaginaria). ¿Adónde fuiste? ¿Cuánto tiempo estuviste allí? ¿Tuviste alguna experiencia interesante? ¿Qué hiciste? ¿Hay algo que quisiste hacer pero no pudiste?

Paso 2. En grupos de cuatro, cada estudiante lee su aventura a los/as demás y éstos/as hacen preguntas sobre los detalles. Si tu aventura es imaginaria, ¡invéntalos! El resto del grupo intenta adivinar si las aventuras de sus compañeros/as son reales o imaginarias.

Cultura: La ropa tradicional

Antes de leer

¿Se lleva ropa tradicional actualmente en algunas regiones de tu país? ¿Dónde? ¿Puedes describir un ejemplo?

Use *PowerPoint Slides* para presentar esta sección de cultura.

La ropa tradicional de España y de Hispanoamérica es muy variada. En las ciudades sólo se usa la ropa tradicional en los días de fiesta nacional. En los desfiles (*parades*) cívicos, los niños, jóvenes y adultos se visten con la ropa típica de las diferentes regiones de su país y bailan música tradicional. Las compañías nacionales de danza también usan ropa típica. Gracias al flamenco, los trajes típicos del sur de España se conocen en todo el mundo.

Sin embargo, los indígenas de las zonas rurales de muchos países, como Bolivia, Ecuador, Guatemala y México, usan ropa típica todos los días. En la península mexicana de Yucatán las mujeres usan el huipil, un vestido (o una blusa) de origen maya con un bordado (*embroidery*) de flores de colores vivos (*bright*). Por el tipo de diseño del huipil que viste la mujer se distingue la región en la que vive.

▲ Bailarines vestidos con ropa tradicional mexicana

Las polleras de las panameñas son verdaderos tesoros: estas prendas están decoradas con finos encajes (*lace*) y bordadas con hilos (*threads*) de oro. En las regiones costeras, sobre todo en el Caribe, es común ver a hombres con guayaberas: camisas de telas livianas (*light fabrics*), bordadas en colores claros, que son perfectas para el clima caliente de la zona.

En el pueblo de Otavalo, en la región andina de Ecuador, las mujeres llevan una falda negra con bordados de colores, una blusa blanca bordada de encajes, muchos collares y pulseras de cuentas (*beads*) rojas y doradas (*golden*) y un turbante en la cabeza. Por lo general, los hombres de esta región llevan un poncho de lana sobre una camisa, pantalones blancos con alpargatas (*rope-soled sandals*) blancas y un sombrero negro.

▲ Una guayabera

▲ La pollera panameña

▲ Familia indígena ecuatoriana

Después de leer

Empareja estos artículos de ropa con los lugares en los que se usan:

a. los huipiles   <u>b</u> Panamá

b. la pollera   <u>d</u> el Caribe

c. el poncho de lana   <u>c</u> Ecuador

d. la guayabera   <u>a</u> Yucatán

¿Cuál te gusta más?

Así se forma

Go to *WileyPLUS* and review the Animated Grammar Tutorial for this grammar point.

Use *PowerPoint Slides* para presentar y practicar esta gramática.

Sugerencia: Haga una demostración visual de la sustitución de objetos directos e indirectos indicando los pronombres y su posición en diferentes casos. Prepare hojas de papel con las siguientes palabras: *quiero, mandar, mandé, un regalo, a mi hermano, lo, le, se.* Entregue cada hoja a un estudiante diferente y pida a la clase que le ayude a ponerlas en el orden correcto para formar las siguientes oraciones en español:

I sent a gift to my brother; I sent him a gift; I sent it to him.

I want to send a gift to my brother; I want to send him a gift; I want to send it to him.

Pida las alternativas posibles (*Se lo quiero mandar/Quiero mandárselo*) y pregunte si es necesario añadir un acento.

3. Direct and indirect object pronouns combined

When both the indirect and direct object are replaced with pronouns, the indirect object pronoun is always placed first: OI + OD.

La profesora **me lo** prestó.   *The professor lent **it to me**.*
    (OI)(OD)

Placement rules stay the same: before conjugated verbs and attached to infinitives and the **–ndo** form. In a negative statement, **no** precedes both objects.

¿Pedro no **te lo** explicó?   *Didn't Pedro explain **it to you**?*
No, Carlos va a explicár**melo**/   *No, Carlos is going to explain **it to me**.*
Carlos **me lo** va a explicar.

When both the indirect and direct object pronouns refer to the third person and they are used together, the indirect object pronoun **le** or **les** changes to **se**.

			lo		se lo
le or **les**	+		los	=	se los
			la		se la
			las		se las

Se lo expliqué a ellas.   *I explained **it to them**.*

Estoy explicándo**selo**./   *I am explaining **it to her/him/you**.*
Se lo estoy explicando.

—¿**Le** diste **la foto** a Linda?   —*Did you give the photo to Linda?*
—Sí, **se la** di.   —*Yes, I gave **it to her**.*

Note that when two pronouns are added to the infinitive or present participle, a written accent is added to preserve the original stress pattern:

Va a **mostrármelo**.
Está **mostrándoselo**.

SITUACIONES

Vas de compras al almacén *La Única* (págs. 258-259) con un/a compañero/a de clase porque los/las dos tienen que comprarles regalos a varios amigos o familiares. Cuando llegan al almacén, se separan y hacen sus compras por separado. Después, se reúnen en la cafetería del almacén para tomar un café. Háganse preguntas sobre qué le compraron a quién.

¿Quién te mandó las flores?

Me las mandó Manuel. Y a ti, ¿quién te las mandó?

I/O **8-19** **¡Nos encantan los regalos!** Octavio fue a Ecuador y les trajo varios regalos a sus amigas. Observa los dibujos para ver qué regalos trajo y para quién.

 **8.19** Use *PowerPoint Slides* para revisar este ejercicio con los estudiantes en clase.

En la primera parte del ejercicio se trabaja la comprensión y en la segunda se pasa a la producción controlada de la estructura de doble pronombre.

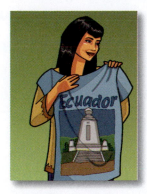

Natalia / la camiseta

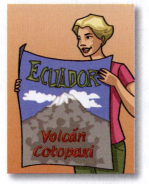

Pepita / el póster

Carmen e Inés / las toallas de playa

Camila y Linda / los collares y los pendientes

Paso 1. Estas son las reacciones de las chicas. Identifica el dibujo correspondiente y responde a estas preguntas.

	¿Quién lo dice?	¿De qué regalo habla/n?
a. ¡Impresionante! Octavio me lo regaló.	Pepita	el póster
b. ¡Nos encantan! Octavio nos las regaló.	Carmen e Inés	las toallas
c. ¡Qué bonitos son! Octavio nos los regaló.	Camila y Linda	los collares y los pendientes
d. ¡Me encanta! Octavio me la regaló.	Natalia	la camiseta

 Paso 2. En parejas, una persona explica qué regalo le dio Octavio a una de sus amigas. El/La compañero/a tiene que confirmar o negar la información sustituyendo los objetos por pronombres.

Modelo: ESTUDIANTE A: **Octavio le dio la camiseta a Natalia.**

ESTUDIANTE B: **Sí, *se la* dio a Natalia.**   O,   **No, *se la* dio a...**

 8-20 **Las compras.** Tú y tu compañero/a fueron hoy de compras: uno/a fue al supermercado y el/la otro/a fue a la librería. Tú le pediste a tu compañero/a algunas cosas. Pregúntale si te las compró. Responde también a sus preguntas.

Modelo: ESTUDIANTE A: **¿Me compraste los bolígrafos?**

ESTUDIANTE B: **Sí, te los compré.**

Estudiante A:

Pediste a tu compañero/a:
bolígrafos
un cuaderno
una regla (*ruler*)

Compraste para tu compañero/a:
leche
tortillas

Estudiante B:

Pediste a tu compañero/a:
pan
tortilla
leche

Compraste para tu compañero/a:
bolígrafos
una regla

8-21. Esta actividad familiariza a los/as estudiantes con las combinaciones de pronombres *me lo/la/los/las* usando objetos reales. Antes de empezar, pida a dos voluntarios/as que le den algún objeto a un/a compañero/a y le pregunten: *¿Quién le dio a usted ese/esa/esos/esas…?* Cuando vea que los/as estudiantes se sienten cómodos/as con esta construcción, continúe con la segunda parte del ejercicio.

8-22. Es posible que los estudiantes necesiten vocabulario nuevo. Camine por la clase y ofrezca ayuda. Los estudiantes que usen palabras nuevas deben escribir la traducción entre paréntesis para que su compañero/a entienda lo que dice.

Anime a los estudiantes a ser creativos con sus regalos y con las razones por las que los hacen.

Sugerencia: Como práctica adicional o para reciclar otro día, prepare una serie de tarjetas pequeñas con fotos o dibujos de objetos, ropa, etc. y otra con nombres de personas (tu mejor amigo/a, tu profesor/a de español, tu abuelito/a). Haga una copia para cada cinco o seis estudiantes. Ponga los dos grupos boca abajo y pida a los estudiantes que se turnen para tomar una tarjeta de cada pila y expliquen por qué van a hacer este regalo a esa persona:

Tengo un cinturón para mi abuelita. Se lo voy a regalar porque…

8-21 **¿Quién te lo dio?** Cada estudiante le da a un/a compañero/a de clase un artículo (reloj, tarjeta de crédito, gorra, bolígrafo, etc.). Los/as estudiantes caminan por la clase, haciéndoles preguntas a cinco o seis compañeros/as diferentes.

Modelo:

ESTUDIANTE A:	**Melvin, ¿quién te dio ese reloj?**
ESTUDIANTE B:	**Carla me lo dio. Y ¿quién te dio esos bolígrafos?**
ESTUDIANTE A:	**Cliff me los dio.**

¡No olvides devolverle el artículo a tu compañero/a de clase!

8-22 **El amigo invisible.** Van a jugar al amigo invisible (*Secret Santa*) en su clase. Lean las instrucciones con atención.

Paso 1.

a. Escribe tu nombre en un pedazo de papel y dáselo al/a la profesor/a.

b. Ahora, toma un papel y mira el nombre.

c. Piensa en un regalo perfecto para esta persona y escríbelo en la parte de atrás (*back*) del papel. Dale el papel al/a la profesor/a otra vez.

d. El/La profesor/a va a leer los nombres y distribuir los "regalos".

Paso 2. Cada estudiante cuenta a la clase lo que le regalaron, si el regalo le gusta o no y por qué. Después, pregunta quién le hizo este regalo. El/La estudiante responsable responde y explica sus razones.

Modelo:

ESTUDIANTE A:	**Me regalaron un/a…, (no) me gusta porque…**
PROFESOR/A (A LA CLASE):	**¿Quién se lo regaló?**
ESTUDIANTE B:	**Yo se lo regalé porque…**

NOTA CULTURAL

Los mercados y el regateo (*bargaining*)

It is common to see various types of merchants in Spanish-speaking countries, including street vendors, merchants in open-air markets, modern indoor shopping malls, specialty stores, etc. Normally a degree of bargaining is expected with street vendors and in markets, particularly for arts and crafts, clothing, and jewelry. When bargaining, never insult the quality of the item or the vendor. Simply suggest a lower price than the one that is offered, and be prepared to meet somewhere in the middle. Bargain only for items that you intend to purchase. Shopping malls and department stores almost always have fixed prices, so bargaining is inappropriate there.

VideoEscenas: ¿Qué le compro?

▲ Álvaro y María van de compras.

Paso 1. ¿Cuáles de estos te parecen buenos regalos para un/a amigo/a? Añade otro más.

	Un amigo	Una amiga
1. un libro	☐	☐
2. un CD	☐	☐
3. una pulsera	☐	☐
4. unas flores	☐	☐
5. unos zapatos	☐	☐
_____	☐	☐

Paso 2. Mira el video e indica si estas afirmaciones son ciertas o falsas. Corrige las oraciones falsas.

	Cierto	Falso
1. Álvaro olvidó el cumpleaños de Marisol.	☑	☐
2. María le compró unos zapatos a Marisol.	☐	☑
3. A María no le gusta llevar pulseras.	☐	☑
4. María sugiere comprar flores.	☑	☐

Paso 3. Lee las siguientes preguntas. Después, mira el video otra vez y responde.

1. ¿Por qué no fue Álvaro a la fiesta de Marisol? Porque se le olvidó.

2. ¿Qué le regaló María a Marisol? Una blusa.

3. ¿Por qué no es buena idea comprarle una pulsera? Porque Marisol no usa pulseras.

4. ¿Por qué no le compran los aretes? Porque probablemente son muy caros.

5. ¿Por qué piensa María que las rosas son un buen regalo? Porque les gustan a todas las mujeres.

 Paso 4. En grupos de tres o cuatro, respondan a estas preguntas:

¿Cuál fue el mejor regalo que te hicieron? ¿Cuál fue el peor? Explica por qué y escucha las experiencias de tus compañeros. ¿Quién recibió el mejor regalo del grupo? ¿Y el peor?

Así se forma

4. Indefinite words and expressions

You have previously used some indefinite and negative Spanish words, such as **siempre**, **a veces**, and **nunca**. Here are some additional indefinite and negative words.

Cierto, no hay nadie como ella.

Es para alguien muy especial.

Palabras indefinidas y negativas

todo/a	everything, every			
algo	something, anything (interrogative)	→	**nada**	nothing, (not) anything
alguien	someone, anyone (interrogative)	→	**nadie**	no one, nobody
alguno/a/os/as	any, some, someone	→	**ninguno/a**	no, none, no one
también	also	→	**tampoco**	neither, not either
o	or	→	**ni**	nor, not even
o . . . o	either . . . or	→	**ni . . . ni**	neither . . . nor

- Note that, in Spanish, negation must be expressed before the verb. We may use the negative expressions above preceding the verb.

> negative word + verb

—**Nunca** llevo corbata.	I **never** wear a tie.
—Yo **tampoco** (llevo corbata).	I don't (wear a tie) **either**.

- If we use the negative expression after the verb, no must precede the verb in a double negative construction.

> **no** + verb + negative word

Hoy **no** compré **nada**.	I **didn't** buy **anything** today.
¿**No** hay **nadie** en ese taxi?	Isn´t there **anyone** in that taxi?
Nunca quiere llevar corbata.	
No quiere llevar corbata **nunca**.	He **never** wants to wear a tie.

- The forms **alguno** and **ninguno** become **algún** and **ningún** before a masculine singular noun.

¿Tienen **algún** reloj de oro?	Do you have **any** gold watches?

- Notice that the words **ninguno/a** mean *not a single* and consequently do not have a plural form.

Tengo **algunos** vestidos negros, pero no tengo **ningún** vestido azul.

*I have **some** black dresses, but I don't have **any** blue dresses.*

Ninguno de mis vestidos es azul tampoco.

***None** of my dresses is blue either.*

- When **alguien** and **nadie** are direct objects, they are preceded by the **personal a** (review in *Capítulo 3*).

—¿Viste **a alguien** de la clase en el centro comercial?
—No, no vi **a nadie.**

8-23 **El centro comercial.** Tu amiga y tú van visitar Lima y quieres ir de compras al centro comercial Plaza. Lee la descripción de este centro. Después, escucha las preguntas de tu amiga y escoge la respuesta correcta.

8-23. Audio:
1. ¿Hay alguna librería?
2. ¿Hay algún restaurante?
3. ¿Hay algún gimnasio?
4. ¿Hay alguna joyería?
5. ¿Cuesta algo el servicio de Wi-Fi?
6. ¿Hay alguien para dar información a los clientes?

El centro PLAZA es una propuesta moderna donde puede realizar sus compras, comer, entretenerse, relajarse, cuidar su imagen o simplemente pasear. Le ofrecemos 180 locales comerciales que incluyen tiendas de moda y accesorios, zapaterías, joyerías, salones de belleza, un *spa* y muchísimo más. Después de un largo día de compras, puede disfrutar de deliciosos momentos en alguno de los restaurantes o cafés en nuestro patio de comidas y, por qué no, de una película en una de nuestras 14 salas de cine.

Otros servicios a su disposición son: servicio de información y atención al cliente, centro financiero con oficinas bancarias y cajeros automáticos, café Internet con Wi-Fi gratuito, sillas de ruedas (*wheelchairs*) y coches de niños (*strollers*), servicio de taxis.

Nuestro horario es de 10:00 a.m. a 10:00 p.m. todos los días.

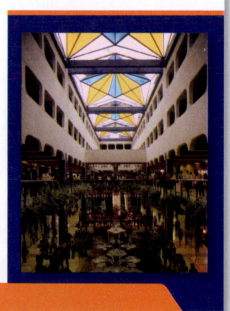

1. ☐ Sí, hay alguna. ☐ Sí, hay alguno. ☑ No, no hay ninguna. ☐ No, no hay ninguno.
2. ☐ Sí, hay algunas. ☑ Sí, hay algunos. ☐ No, no hay ninguna. ☐ No, no hay ninguno.
3. ☐ Sí, hay algunas. ☐ Sí, hay algunos. ☐ No, no hay ninguna. ☑ No, no hay ninguno.
4. ☑ Sí, hay algunas. ☐ Sí, hay algunos. ☐ No, no hay ninguna. ☐ No, no hay ninguno.
5. ☐ Sí, cuesta algo. ☑ No, no cuesta nada.
6. ☑ Sí, hay alguien. ☐ No, no hay nadie.

8-24. Extensión: Revise esta actividad pidiendo a dos estudiantes que lean haciendo los papeles de la amiga y el/la telefonista.

0 **8-24** **¿Qué hay en el centro comercial?** Antes de ir al centro comercial Plaza, tu amiga llama al servicio de atención al cliente. Completa su conversación con las palabras indefinidas y negativas del siguiente cuadro.

| siempre | nunca | algún/a/os/as | ningún/a | alguien | ni … ni |

TU AMIGA: Perdón, señor. ¿Hay __alguna__ estación de metro cercana?

TELEFONISTA: Lo siento mucho, señora, no hay __ninguna__. Pero sí hay __algunos__ autobuses que vienen desde el centro de la ciudad.

TU AMIGA: Bueno… ¿Y tienen __algún__ restaurante de comida tradicional peruana?

TELEFONISTA: Claro, hay __algunos__ en el patio de comidas.

TU AMIGA: ¡Qué bien! Y, ¿hay __alguien__ en la oficina de atención al cliente a todas horas? Es por si tengo __alguna__ pregunta más…

TELEFONISTA: Sí, señora, __siempre__ hay __alguien__.

TU AMIGA: Y, para estar segura, no cierran temprano __ni__ los sábados __ni__ los domingos, ¿verdad?

TELEFONISTA: No, __nunca__ cerramos antes de las 10 de la noche.

8-25. Sugerencia: Cronometre el tiempo e insista en que cubran las ilustraciones para el Paso 2.

Pregunte acerca de otros detalles a los estudiantes. Para completar la actividad pídales que abran los libros y comprueben sus respuestas.

0 **8-25** **¿Eres un buen testigo (witness)?**

Paso 1. Mira los dibujos de abajo durante un minuto y después cúbrelos (cover them) con la mano o una hoja de papel.

 Paso 2. Ayer fuiste testigo de un robo a un banco (bank robbery) y ahora la policía te hace preguntas sobre el ladrón y lo que sucedió. Lee las instrucciones y preguntas de la policía y anota tus respuestas en una hoja. Luego, compara tus respuestas con las de un/a compañero/a.

INVESTIG@ EN INTERNET

Investiga sobre dónde realizar compras en tu ciudad. ¿Hay algún centro comercial? ¿Cuántos? ¿Conoces algún mercado callejero (flea market)? ¿Qué tipo de productos venden? Pregunta a tus amigos o familiares cuántos centros comerciales había cuando ellos eran jóvenes y dónde realizaban sus compras.

Informe policial

Imagine usted que está viendo todo en este momento y conteste:

1. Cuando llega el ladrón, ¿hay alguien en el banco? ¿Cuántos empleados y clientes hay? ¿Dónde están?

2. ¿El ladrón entra solo o con alguien?

3. Describa al ladrón: ¿cómo es? ¿Qué ropa lleva? ¿Lleva algo en la cabeza o la cara?

4. ¿Lleva algo en las manos cuando entra?

5. ¿Habla con alguien? ¿Dice algo?

6. ¿Qué hacen los empleados? ¿Qué hacen los demás (*the rest*)?

7. Cuando el ladrón sale, ¿hay algo en su bolsa (*bag*)? ¿Qué?

8. ¿Llama alguien a la policía?

9. ¿Recuerda algún otro detalle?

PALABRAS ÚTILES

la pistola	*gun*
apuntar	*to point*
el mostrador	*counter*
el cristal	*glass*

8-26 **Sospechoso (*suspect*).** ¡Tu compañero/a de clase sospecha que tú eres el ladrón! Y la verdad es que tú también tienes sospechas (*suspicions*) sobre él/ella. Haz y responde a las siguientes preguntas y piensa en otras preguntas para hacerle a tu compañero/a. Contesta con oraciones completas.

1. ¿Estudiaste con alguien ayer por la tarde? (¿Con quién? ¿Desde qué hora? ¿Hasta qué hora?)

2. ¿Hablaste con alguien por teléfono? (¿Con quién? ¿Cuánto tiempo?)

3. ¿Fuiste a clases después de almorzar? (¿Qué clases? ¿Quién es el/la profesor/a?)

4. ¿Fuiste a la biblioteca o al laboratorio? (¿A qué hora? ¿Solo/a o con alguien?)

5. ¿A qué hora fuiste a tu cuarto? ¿Viste a tu compañero/a de cuarto?

6. ¿...?

8-26. Después de dejar que los estudiantes se hagan las preguntas, pregúnteles si creen que su compañero/a tiene una buena coartada. Pídales que expliquen por qué o, como alternativa, que escriban un informe para la policía. Por ejemplo: *Creo que Andrés no es sospechoso porque estaba con otras personas anoche…*

I/O **8-27** **¿Cierto o falso?** Observa el aula de español o el lugar donde estás. ¿Son las siguientes declaraciones ciertas o falsas? Responde y da ejemplos. Si son falsas, corrígelas usando palabras indefinidas y negativas.

Modelo: Nadie tiene mochila.

Cierto, nadie tiene mochila. O, **Falso. Alguien tiene mochila. Algunas personas tienen mochila. Por ejemplo, Ben.**

1. Alguien está escribiendo.

2. Hay algo en la mesa.

3. No hay nadie aburrido.

4. No hay tizas. Tampoco hay papelera.

5. No hay nada en la pared (*wall*).

6. Algunos estudiantes están hablando.

7. No hay ningún libro cerrado.

8. Hay alguien descansando.

8-27. Esta actividad ofrece la oportunidad de trabajar primero con la comprensión de palabras afirmativas/negativas, para pasar después a la aplicación al corregir las oraciones falsas.

Dicho y hecho

PARA LEER: Peseta: La democratización de lo exclusivo

Sugerencia: Si hacen la lectura en clase, puede preguntar a los estudiantes qué significan las siguientes palabras y pedir que expliquen cómo llegaron a su interpretación: *delicia, encanto, limitada, creadora, marca, necesidad, gusto, inconfundible.*

ANTES DE LEER

1. ¿Qué tipo de accesorios o complementos usas habitualmente?
2. ¿Qué es más importante para ti en tu ropa y accesorios: calidad, moda o función?

ESTRATEGIA DE LECTURA

Guessing meaning from context When reading in Spanish you will encounter many unfamiliar words. While some can be ignored, others are important to understanding the message of the text. You can often approximate the meaning of a new word by (1) paying attention to the overall meaning of the sentence (as we often do in our first language), (2) thinking of any similar words that you may know, and (3) recognizing whether a word is a noun, adjective, verb, etc. For instance, if a word is preceded by an article, you can be sure it is a noun; if you can recognize a verb ending, then it must be a verb, etc. Take these steps in trying to interpret unfamiliar words as you read the selection that follows.

Sugerencia: Aclare para los estudiantes que *Peseta* es el nombre de la diseñadora. La autora del artículo usa también su nombre (*un Peseta*) para referirse a un accesorio diseñado por ella.

A LEER

Si te encantan los estampados[1], si te mueres por los complementos[2] y si quieres ir a la moda, está claro: tú necesitas un Peseta. Bolsos, llaveros, bolsitas, mochilas o carteras son sólo algunas de las delicias que Peseta nos ofrece cada temporada[3]. Cada pieza tiene su nombre particular y su correspondiente tarjeta, que anuncia el origen de los materiales, la fecha y el lugar de creación. El encanto de Peseta es que para cada complemento intenta "buscarle como la gracia". Busca desarrollar nuevos formatos, cambiar telas[4] y formas sin estar limitada a estrictas colecciones temporales e inspirándose en todo lo que le rodea. Como ya le decía un buen amigo: "Peseta, es que tú eres transversal[5] a la moda".

Los complementos de esta marca se rigen por dos principios básicos: la necesidad y la multifuncionalidad. Son necesarios porque lo básico se convierte en esencial y multifuncionales porque nunca sabes lo que te espera dentro: bolsos-mochilas que se transforman a tu gusto, llaveros o bolsitas que puedes ajustar de tantas formas como la imaginación te permita. "Me mola[6] la versatilidad", comenta la diseñadora. En cada pieza también se mezclan[7] flores, estrellas, patos, galletas, rayas o cuadros sin la más mínima estridencia. "Lo que más me gusta es jugar con las telas y crear nuevas cosas, nuevos productos". A Peseta le gusta lo que hace, quizá por eso ha conseguido encontrarle el lado emocional a este negocio de la moda. "Se trata de hacer cosas que la gente tenga y que lo disfrute[8] y sienta el amor que yo le pongo al hacerlo".

La nueva colección de Peseta llega llena de sorpresas, como la bolsaukelele, de la que hizo una edición limitada para Marc Jacobs. Y eso no es todo, ya que también hay espacio para sus inconfundibles clásicos básicos. Las telas son de nuevo[9] ingrediente fundamental. "¡Tengo unas telas esta vez, que es que yo estoy como sufriendo porque lo quiero todo!". Así que no te lo pienses[10], ¡corre y consigue un Peseta ya!

Texto: Elena Giménez / *Punto y coma*
Fotografía: Peseta

▲ Una selección de Pesetas

---

[1]patterned prints, [2]accessories, [3]season, [4]fabrics, [5]oblique, perpendicular, [6]I like (slang), [7]mix, [8]enjoy, [9]again, [10]don't think twice about it

DESPUÉS DE LEER

Sugerencia: Si asigna este ejercicio como tarea, pida a los estudiantes que traigan una foto y descripción del objeto que escogieron. Si no les gusta nada, pueden buscar una alternativa en otra tienda en línea y explicar por qué prefieren ese producto.

Después de completar la lectura, pida a los estudiantes que den sus interpretaciones del título.

1. Ahora, responde a las siguientes preguntas sobre el texto.

   a. ¿Cómo son diferentes los productos de Peseta?
   Cada pieza tiene su nombre particular y su tarjeta con la información sobre el producto.
   b. ¿Qué dos principios guían el diseño de estos complementos?
   La necesidad y la multifuncionalidad.
   c. ¿Qué rcacción busca la diseñadora en sus clientes?
   Que la gente disfrute del complemento y perciba el lado emocional de la diseñadora.

2. Escoge los adjetivos de la lista que pueden aplicarse para describir los objetos de Peseta. Después compara tu lista con la de un/a compañero/a y justifica tu selección basándote en el texto. Las respuestas de los estudiantes pueden variar. Anímeles a justificar sus respuestas. Algunas respuestas posibles pueden ser: Artesanal, creativo, divertido, práctico.

3. ¿Te gustaría tener alguno de los accesorios de Peseta? ¿Cuál? ¿Por qué sí o no? Puedes visitar su tienda en Internet en http://www. peseta.org para ver los últimos diseños.

artesanal	creativo	convencional	divertido (fun)	lujoso (luxurious)	práctico

PARA CONVERSAR: El equipaje perdido

Sugerencia: Recuerde a sus estudiantes que el dólar es la moneda de Fcuador.

Opción: El Paso 1 puede ser asignado como tarea el día anterior.

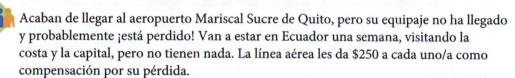

Acaban de llegar al aeropuerto Mariscal Sucre de Quito, pero su equipaje no ha llegado y probablemente ¡está perdido! Van a estar en Ecuador una semana, visitando la costa y la capital, pero no tienen nada. La línea aérea les da $250 a cada uno/a como compensación por su pérdida.

Paso 1. Algunos estudiantes son turistas, otros son dependientes en tiendas o mercados callejeros. Individualmente, los turistas hacen una lista de los productos y ropa que necesitan, mientras los dependientes hacen inventario de sus productos y sus precios.

ESTRATEGIA DE COMUNICACIÓN

Being specific If you are a tourist, you know that you will be going to both to the mountains and to beach. When coming up with your shopping list, think about what you will need for a week (which items of personal hygiene and clothing, how many, what fabric or material, etc.) Salespeople have to come up with a list of items they sell (with details such as size, material, and number of each item in stock) and their prices, consistent with the store or market stall they have.

Sugerencia: Pida a los "turistas" que creen un personaje (personalidad, preferencias) y a los vendedores que definan su puesto y tienda donde trabajan (dependiente de droguería, dueño de zapatería familiar, venta de accesorios en un mercado callejero). También puede preparar tarjetas asignando papeles. Por ejemplo:

Turista: Eres una mujer joven, te gusta la ropa informal y cómoda, pero eres friolera. Usas talla pequeña.

Vendedor: Eres el dueño de la Zapatería Cotopaxi. Vendes zapatos y sandalias de gran calidad. A veces haces un descuento a clientes simpáticos.

Sugerencia: Al final, pida que los turistas compartan una lista de sus compras con la clase y que los vendedores digan cuánto dinero ganaron. ¿Quién tuvo más éxito (*success*) en sus compras? ¿Y en sus ventas?

Paso 2. Los turistas visitan varias tiendas e intentan comprar todo lo que necesitan. Tanto los compradores como los vendedores deben intentar ser específicos (inventen los detalles que no habían anticipado). Hagan listas con sus compras y ventas, incluyendo los precios pagados.

Dicho y hecho

PARA ESCRIBIR: La ropa aquí y allá

Vas a describir brevemente el valor y la función de la ropa en Estados Unidos. El público estará compuesto por (*will be comprised of*) los miembros de un grupo indígena de América Latina, que usan ropa tradicional para indicar la región en la que viven y, a veces, la tribu a la que pertenecen. Seguramente, estos grupos tradicionales van a pensar que nuestra forma de vestir (*way of dressing*) es muy diferente a la suya (*theirs*).

ANTES DE ESCRIBIR

Opción: Si prefiere que los estudiantes miren a personas ajenas a que se miren entre sí, o si tiene una clase relativamente homogénea en cuanto a la moda, puede traer fotos sacadas de revistas o sitios de Internet destinadas a lectores de diferentes sectores sociales y así ofrecer una gran variedad de ropa y estilo.

Paso 1. Piensa en la ropa y contesta estas preguntas:

1. Mira la ropa que tienes puesta en este momento. ¿Sabes de qué material está hecha? ¿Sabes dónde se fabricó? Si no, mira las etiquetas (*labels*). ¿Es importante para ti conocer el material y el origen de la ropa?
2. Mira a varias personas y analiza la ropa que llevan puesta. ¿Qué nos puede indicar la ropa que lleva una persona sobre la vida de esa persona?
3. ¿Hay alguna ocasión en que llevas ropa especial? Descríbela.

Paso 2. Ahora, debes hacer las mismas tres preguntas a dos personas diferentes que conoces. Si no hablan español, les puedes preguntar en inglés. Trata de escribir todo lo que dicen en sus respuestas.

ESTRATEGIA DE REDACCIÓN

Incorporating survey data In this composition, you are going to answer three questions about clothing. You are also going to conduct a survey of two people you know, asking each the same three questions. There are various ways of incorporating and presenting the data you gather in your composition. For example, you might organize the data by person:

Persona 1 (yo): Mis respuestas a las tres preguntas.
Persona 2: Sus respuestas a las tres preguntas.
Persona 3: Sus respuestas a las tres pregunras.

Or, you might organize your data by question:

Pregunta 1: Las respuestas de la Persona 1 (yo); las de la Persona 2; las de la Persona 3.
Pregunta 1: Las respuestas de la Persona 1 (yo); las de la Persona 2; las de la Persona 3.
Pregunta 1: Las respuestas de la Persona 1 (yo); las de la Persona 2; las de la Persona 3.

Choose whichever option you think is best suited to the ideas you want to express along with the basic data of your survey. Both offer a clear and organized way of presenting the data.

A ESCRIBIR

Escribe un primer borrador que resuma (*summarizes*) las respuestas de tu encuesta. Debes usar la opción 1 o la opción 2 de la sección *Estrategia de redacción* para organizar tu composición.

> **Para escribir mejor**
>
> Estas frases para expresar opiniones pueden ayudarte.
>
> | | |
> |---|---|
> | **opinar que** | *to be of the opinion that* |
> | **sentir que** | *to feel that* |
> | **alegar que** | *to claim that* |
>
> En tu conclusión, puedes usar frases como éstas:
> En general, entre mis amigos, es importante/no es importante _____.
> Algunos de mis amigos opinan _____, pero otros dicen que _____.

DESPUÉS DE ESCRIBIR

Revisar y editar: La organización. Después de escribir el primer borrador de tu composición, déjalo a un lado por un mínimo de un día sin leerlo. Cuando vuelvas a leerlo, corrígelo en términos de (*in terms of*) organización y contenido, además de gramática y vocabulario. Hazte estas preguntas:

- ☐ ¿Seguí bien la opción 1 o la opción 2 en términos de organización?
- ☐ ¿Está clara la conclusión?
- ☐ ¿Tuve en cuenta que el público de esta composición son grupos indígenas con ropa tradicional?

 # PARA VER Y ESCUCHAR: El arte del tejido: Una tradición viva

ANTES DE VER EL VIDEO

1. ¿Qué animales nos dan lana (*yarn*) para fabricar la tela (*fabric*) que usamos en la ropa?
2. ¿Tienen alguna idea de cómo se fabrica la tela en las fábricas (*factories*) modernas?

A VER EL VIDEO

Mira el video e intenta completar la tabla.

Colaboradores		
_9_ comunidades	_300_ adultos	_250_ niños y jóvenes

Tres animales cuyas (*whose*) fibras se usan
oveja, alpaca, llama

Fuentes (*sources*) de los tintes (*dyes*)
flores, plantas, raíces

Ropa tradicional que se usa

Mujeres		Hombres	
un sombrero	una o más faldas	un sombrero de lana	un chaleco
una chaqueta	sandalias o zapatos	un poncho	un pantalón
una blusa		una camisa	

DESPUÉS DE VER EL VIDEO

 En grupos pequeños, respondan a estas preguntas.

1. Según el video, los tejedores sienten mucho orgullo por la ropa que crean. ¿Conoces a alguna otra persona que siente orgullo por la ropa que crea?
2. ¿En qué son similares y diferentes los métodos modernos y tradicionales de fabricación de telas?

Extensión: Puede pedir a sus estudiantes que escriban un pequeño párrafo describiendo las semejanzas y diferencias entre los métodos tradicionales y modernos de fabricar las telas.

Repaso de vocabulario activo

Adjetivos

barato/a   *cheap, inexpensive*
caro/a   *expensive*
corto/a   *short*
largo/a   *long*
limpio/a   *clean*
sucio/a   *dirty*

Palabras indefinidas y negativas

algo   *something, anything (interrogative)*
alguien   *someone, anyone (interrogative)*
alguno/a/os/as   *any, some, someone*
nada   *nothing*
nadie   *no one, nobody*
ni   *nor, not even*
ni...ni   *neither...nor*
ninguno/a   *no, none, no one*
o   *or*
o...o   *either...or*
también   *also*
tampoco   *neither, not either*
todo/a   *everything, every*

Sustantivos

La ropa   *Clothes/Clothing*

el abrigo   *coat*
el algodón   *cotton*
la blusa   *blouse*
   de manga corta/larga   *short/long sleeved*
las botas   *boots*
la bufanda   *scarf*
los calcetines   *socks*
la camisa   *shirt*
la camiseta   *T-shirt*
la chaqueta   *jacket*
el cinturón/la correa   *belt*
la corbata   *tie*
el cuero   *leather*
la falda   *skirt*
la gorra   *cap*
los guantes   *gloves*
el impermeable   *raincoat*
los *jeans*/los vaqueros   *jeans*
la lana   *wool*
las medias   *stockings, hose*
los pantalones   *pants*
los pantalones cortos   *shorts*

la ropa interior   *underwear*
las sandalias   *sandals*
la seda   *silk*
el sombrero   *hat*
el suéter   *sweater*
los (zapatos de) tenis   *tennis shoes, sneakers*
el traje   *suit*
el traje de baño   *bathing suit*
el vestido   *dress*
los zapatos   *shoes*

Las joyas   *Jewelry*

el anillo/la sortija   *ring*
los aretes/los pendientes   *earrings*
la cadena   *chain*
el collar   *necklace*
de oro/plata   *gold/silver*
la pulsera   *bracelet*
el reloj   *watch*

Otras palabras útiles

la billetera/la cartera   *wallet*
el bolso/la bolsa   *purse, bag*
el centro comercial   *shopping mall*
la cosa   *thing*
las gafas/los lentes (de sol)   *glasses/sunglasses*
los/las lentes de contacto   *contact lenses*
la moda   *fashion*
el paraguas/la sombrilla   *umbrella*
el precio   *price*
las rebajas   *sales*
el regalo   *gift*
el ropero/el clóset   *closet*
la talla   *size*

Verbos

contar (ue)   *tell*
devolver (ue)   *return (something)*
explicar   *explain*
llevar   *wear, carry, take*
mirar   *look at*
mostrar (ue)   *show*
preguntar   *ask*
prestar   *lend*
regalar   *give (a gift)*

Autoprueba y repaso

I. Possessive adjectives and pronouns.

A. Tú y tus amigos tienen su ropa en la residencia estudiantil. Indica de quién es la ropa.

> **Modelo:** yo: calcetines, impermeable, chaqueta
> **Los calcetines son míos. El impermeable es mío. La chaqueta es mía.**

1. yo: abrigo, botas, guantes, gorra
2. nosotros: ropa interior, *jeans*, corbatas
3. tú: blusa, vestido, camiseta, medias
4. Ana y Elena: ropa de verano, faldas, trajes de baño

B. Indica con quiénes van las personas a la fiesta. Sigue el modelo.

> **Modelo:** yo / un amigo
> **Voy con un amigo mío.**

1. mi primo / unos amigos
2. Viviana / un amigo
3. mi hermana y yo / un amigo
4. yo / unos amigos

II. The preterit of irregular verbs. Di quién hizo las siguientes cosas.

> **Modelo:** hacer la torta para la fiesta (yo)
> **Hice la torta para la fiesta.**

1. traer las decoraciones (Natalia y Linda)
2. poner las flores en la mesa (nosotros)
3. querer venir pero no poder (Javier)
4. venir (casi todos los estudiantes)
5. estar en la fiesta por cuatro horas (tú)
6. tener que salir temprano (yo)

III. Direct and indirect object pronouns combined. Forma oraciones en el pasado usando el verbo *regalar* y pronombres de objeto directo e indirecto.

> **Modelo:** yo / unas gafas de sol / a Luisa
> **Se las regalé.**

1. nosotros / un televisor pequeño / a los abuelos
2. mi hermano / una mochila nueva / a su prima
3. mis hermanas / joyas / a mamá
4. yo / una chaqueta de cuero / a mi hermano
5. mi madre / un perrito / a nosotras

IV. Indefinite and negative words. Contesta con oraciones negativas.

> **Modelo:** ¿Compraste algo en el centro comercial recientemente?
> **No, no compré nada.**

1. ¿Le prestas ropa a alguien?
2. Yo no me visto muy formal para ir a clase. ¿Y tú?
3. ¿Hay alguien elegante en la clase de español?
4. ¿Te pones algo especial cuando sales los fines de semana?

V. *Repaso general.* Contesta con oraciones completas.

1. ¿Qué ropa llevan las mujeres a un restaurante elegante? ¿Y los hombres?
2. ¿Qué ropa debes llevar a Alaska? ¿Y a Florida?
3. ¿Fuiste de compras el fin de semana pasado? (¿Adónde?) (¿Qué compraste?)
4. ¿Dónde estuviste anoche? ¿Y qué hiciste? (Menciona varias cosas.)
5. ¿Qué trajiste a clase hoy/ayer/anteayer?

VI. *Cultura.*

1. Nombra tres cosas que tienen en común Ecuador, Perú y Bolivia.
2. Nombra y describe tres artículos de ropa tradicional que se usan en estos países.

Las respuestas de *Autoprueba y repaso* se pueden encontrar en el **Apéndice 2.**

CAPÍTULO 9

WILEY
PLUS

La salud

Así se dice

La salud
   El cuerpo humano
Una visita al consultorio

Así se forma

1. *Usted/Ustedes* commands
   ¿Qué nos dice la médica?
2. The imperfect
3. The imperfect vs. the preterit

Cultura

- Colombia y Venezuela
- Remedios caseros del mundo hispano

Dicho y hecho

Para leer:
Ayurveda: La ciencia de la vida
Para conversar:
En la sala de urgencias
Para escribir:
Lo que me pasó
Para ver y escuchar:
La medicina moderna y tradicional

By the end of this chapter you will be able to:

- Talk about health and related ailments
- Identify parts of the body
- Use commands in formal situations
- Talk about and describe persons, places, and actions in the past

ENTRANDO AL TEMA

1. ¿Conoces alguna expresión en inglés que incluya una parte del cuerpo? Por ejemplo: *Putting your foot in your mouth* o *Gut feeling*.

2. ¿Usas algún remedio casero (*home remedy*)? ¿Cuál?

Así se dice

La salud

Use *PowerPoint Slides* para presentar y practicar este vocabulario.

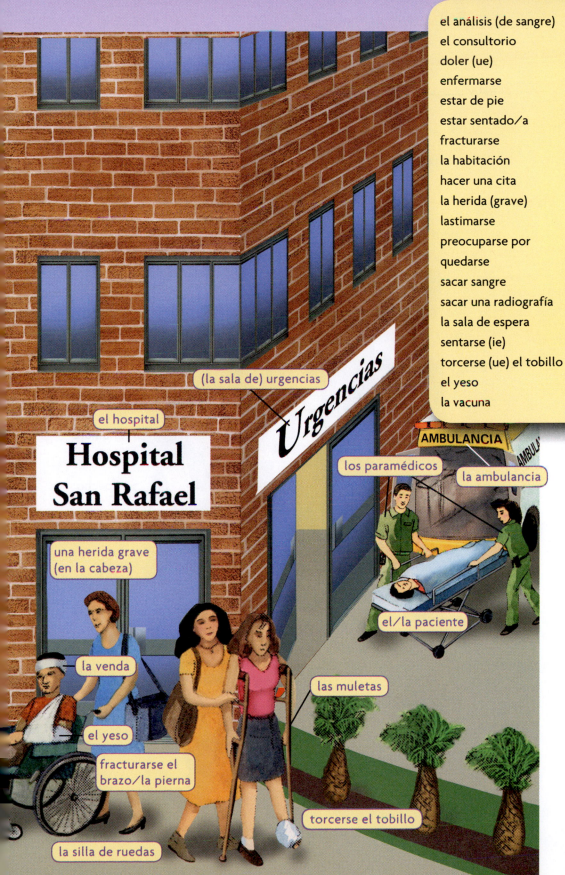

el análisis (de sangre)	*a (blood) test*
el consultorio	*doctor's office*
doler (ue)	*to be hurting, to hurt*
enfermarse	*to get/become sick*
estar de pie	*to stand*
estar sentado/a	*to be seated*
fracturarse	*to break (a bone)*
la habitación	*room*
hacer una cita	*to make an appointment*
la herida (grave)	*(serious) wound*
lastimarse	*to hurt oneself*
preocuparse por	*to worry about*
quedarse	*to stay*
sacar sangre	*to draw blood*
sacar una radiografía	*to take an X-ray*
la sala de espera	*waiting room*
sentarse (ie)	*to sit down*
torcerse (ue) el tobillo	*to sprain one's ankle*
el yeso	*cast*
la vacuna	*vaccine*

Preguntas. Refiérase a las *Preguntas de comprensión* impresas en azul al final de este libro de profesor/a para encontrar preguntas que puede usar para presentar este vocabulario.

(la sala de) urgencias

el hospital

Urgencias

Hospital San Rafael

AMBULANCIA

los paramédicos

la ambulancia

una herida grave (en la cabeza)

el/la paciente

la venda

el yeso

las muletas

fracturarse el brazo/la pierna

torcerse el tobillo

la silla de ruedas

El cuerpo humano

la cabeza

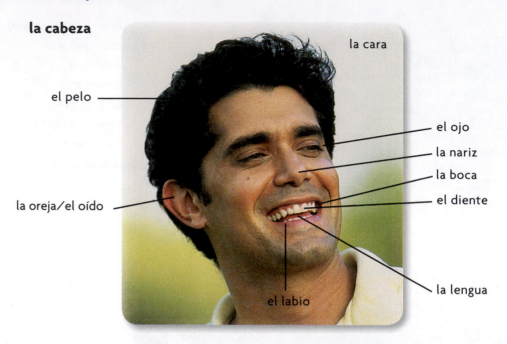

la cara

el pelo

el ojo

la nariz

la boca

el diente

la oreja/el oído

la lengua

el labio

el cuerpo

el cuello

el hombro

la mano

el dedo

la uña

el pecho

el brazo

la espalda

la pierna

el pie

9-1 Pobre Octavio.

9-1. Respuestas: El orden que se ofrece como respuesta es flexible; puede haber otras respuestas válidas.

Primero, conjuga los verbos entre paréntesis en el pretérito. Después, determina el orden cronológico de lo que le pasó a Octavio y lee la narración completa.

_5_ La médica le __puso__ (poner) un yeso.

_7_ Octavio __salió__ (salir) del hospital en una silla de ruedas.

_2_ Octavio __fue__ (ir) a la sala de urgencias.

_1_ Octavio __se fracturó__ (fracturarse) la pierna esquiando.

_9_ Octavio __empezó__ (empezar) a caminar con muletas.

_3_ La médica le __examinó__ (examinar) la pierna.

_8_ Varias semanas más tarde, la médica le __quitó__ (quitar) el yeso.

_4_ La médica le __sacó__ (sacar) una radiografía.

_10_ Octavio __empezó__ (empezar) un programa de terapia física.

_6_ La médica le __dio__ (dar) medicamentos para el dolor (*pain*).

9-2 ¿Qué partes del cuerpo usamos?

Miren las actividades a continuación. En parejas, un/a estudiante elige una actividad sin nombrarla y describe para su compañero/a las partes del cuerpo que se usan para esa actividad. El/la compañero/a trata de adivinar qué actividad es.

9-2. Extensión: En parejas, un estudiante menciona una serie de actividades para las que se usa una parte del cuerpo, que el/la compañero/a debe identificar. Por ejemplo: *La usamos para pensar, para peinarnos…* (la cabeza).

manejar	escuchar música
leer	nadar
comer	tocar el piano
besar	cocinar

Modelo: Estudiante A: **Usamos los brazos, los hombros y las piernas.**
Estudiante B: **Esquiar**

DICHOS

Sugerencia: Otras frases que puede mencionar: *tener la cara dura/ser un caradura; decir algo con la boca pequeña; tener que morderse la lengua.*

El español, como muchas lenguas, tiene frases que incluyen partes del cuerpo. Trata de emparejar (*match*) estas frases con sus traducciones.

_c_ **tener buen diente**   a. *to be cheap*
_b_ **no tener pelos en la lengua** b. *to not mince words*
_a_ **ser codo (elbow)**   c. *to have a good appetite*

9–3. Antes de comenzar esta actividad, puede hacer una actividad similar con toda la clase: *Ustedes ven a un extraterrestre caminando por el campus; vamos a intentar hacer un retrato. Explíquenme cómo es y yo lo voy a dibujar. Por ejemplo: ¿cómo son sus pies?...*

 9-3 **¡Los extraterrestres (*aliens*)!** Un grupo de extraterrestres está visitando la ciudad, ¡y tú viste a uno ayer!

Paso 1. Inventa cómo es el extraterrestre que viste y dibújalo. Luego, descríbeselo a un/a compañero/a, que lo va a dibujar ¡sin mirar tu dibujo! Después, tú vas a dibujar al extraterrestre que tu compañero/a te describa.

Paso 2. En parejas, comparen los dibujos. ¿Son similares el dibujo original y el dibujo del/de la compañero/a?

NOTA CULTURAL

La palabra *hispano*

The word *hispanic* is often used in the U.S. to refer to ethnicity and is usually identified with such traits as having dark hair and eyes and an olive complexion. However, Hispanics have many different faces and ethnic makeups: European, African, Asian, Native American, as well as other origins. The ethnicity of most people from Latin America combines different traits from various origins. Such is the case of people considered **mestizos** (of European and Native American origins) and **mulatos** (of European and African origins). Ethnic makeup differs from region to region. There are many unmixed Europeans in Argentina, Chile, and Uruguay. There are also unmixed Native Americans in the Andes and parts of Mexico and Central America, and a great range of mixed populations in the Caribbean region. Here are, as an example, some statistics about Colombia and Venezuela.

Colombia: 58% mestizo, 20% European, 14% mulatto, 4% African, 3% African and Native American, 1% Native American
Venezuela: 67% mestizo and mulatto, 21 % European, 10 % African, 2% Native American

Así se forma

1. Giving direct orders and instructions to others: *Usted/Ustedes* commands

WILEY PLUS Go to *WileyPLUS* and review the Animated Grammar Tutorial and Verb Conjugator for this grammar point.

Use *PowerPoint Slides* para presentar y practicar esta gramática.

Spanish has different command forms, depending on who is being addressed. In this chapter, you will learn to form command forms to use with a person that you would address formally (**usted**). You will also learn to form the command used to address more than one person (**ustedes**). You have already seen **ustedes** commands when instructions were given to more than one student (**cierren el libro, lean la oración**).

Regular forms

All **usted/ustedes** regular –**ar** verb commands end in –**e/–en**; all regular –**er/–ir** verb commands end in –**a/–an**. The appropriate ending is attached to the verb stem.

Por favor, no se levante hoy. Descanse todo el día.

	esperar	**beb**er	**escrib**ir
usted	(no) esper**e**	(no) beb**a**	(no) escrib**a**
ustedes	(no) esper**en**	(no) beb**an**	(no) escrib**an**

Object and reflexive pronouns *are attached* to the end of all *affirmative* commands. Note that a written accent is often added[1].

| Béba**lo**. | *Drink it.* |
| Siénte**se**, por favor. | *Please, sit down.* |

But they *precede* the verb in all *negative* commands.

| **No lo** beba. | *Don't drink it.* |
| **No se** siente todavía, por favor. | *Do not sit down yet, please.* |

Stem-changing and *yo*-irregular forms

Stem-changing and **yo**-irregular verbs delete the final -**o** from the **yo** form of the present tense and add the indicated endings. The verb **ir** has an irregular command form (not based on the present tense **yo**).

Infinitivo	Presente (yo)	Mandato
decir	dig**o**	diga/digan
hacer	hag**o**	haga/hagan
repetir	repit**o**	repita/repitan
encontrar	encuentr**o**	encuentre/encuentren
dormir	duerm**o**	duerma/duerman
ir	voy	vaya/vayan

[1]The emphasis in command forms with more than one syllable is on the second-to-last syllable (**tome, beba**), so these do not need an accent mark. When adding an extra syllable, the stressed syllable becomes third-to-last, and therefore it needs an accent mark.

Nota: En las actividades que siguen se practican tanto las formas de mandato de **usted** y **ustedes** como el vocabulario y expresiones de la sección *¿Qué nos dice la médica?*

¿Qué nos dice la médica?

Nos da instrucciones para hacer un examen físico.

Saque la lengua.[1]

Diga "¡Aaah!"

Abra la boca.

Respire profundamente.

Después de examinarnos, nos da consejos.

Descanse.

Vaya a la farmacia con esta receta.

Tome líquidos.

Tome aspirinas (pastillas/cápsulas).

[1] Verbs ending in **–car**, are not really irregular in their command forms but they do have a spelling change:
sacar → saque, saques, saque, ...

9-4 **¿Usted o ustedes?** Escucha estas instrucciones. Decide si esta persona le habla a *usted* o a *ustedes*.

9–4 Audio:
1. Levántense.
2. Abra la boca.
3. No se preocupen.
4. Vayan a la farmacia.
5. No camine sin las muletas.

	Usted	Ustedes
1.	☐	☑
2.	☑	☐
3.	☐	☑
4.	☐	☑
5.	☑	☐

NOTA DE LENGUA

La forma *usted* en Colombia

In Colombia, the form **usted** is often used when the **tú** form is used in many other countries. It is common to hear friends, sisters and brothers, and wives and husbands use **usted** with each other. A similar phenomenon happened in English over 500 years ago, when the informal *thou* was eventually replaced by the formal *you*.

9-5 **¿Qué dice un/a doctor/a responsable?**

Paso 1. Decide si un/a doctor/a dice estas frases a sus pacientes.

		Sí	No
1.	Coma muchas frutas y verduras.	☑	☐
2.	No haga ejercicio nunca.	☐	☑
3.	Duerma ocho horas cada noche.	☑	☐
4.	Tome vitaminas.	☑	☐
5.	No fume.	☑	☐
6.	Si tiene náuseas, corra cinco millas.	☐	☑

Paso 2. En parejas, inventen dos oraciones para cada verbo: una la dice un/a doctor/a responsable y otra la dice un/a doctor/a irresponsable. Lean sus oraciones a otro grupo para ver si pueden adivinar quién las dice.

comer	ir	beber	tomar

NOTA CULTURAL

El pabellón criollo

Venezuela's national dish, **pabellón criollo**, consists of shredded beef, rice, black beans, cheese, and fried plantain. **Pabellón** means *flag*, and **pabellón criollo** is a creole dish in which the ingredients are arranged in a way to resemble the tricolor flag of Venezuela. Others say the colors of the dish are meant to represent the different ethnic groups present in Venezuela. Many restaurants serve this dish for 4,000 **bolívares** (around $2.00 U.S. dollars).

0 **9-6** **¿Puedo pedirlo?** Una persona con colesterol alto está en un restaurante cubano de Miami, pero no sabe qué puede comer y llama a su doctor.

Paso 1. Empareja las preguntas del paciente y las respuestas del doctor. Presta atención al uso de pronombres de objeto directo.

Paciente

1. ¿Puedo pedir sopa de pollo? _d_
2. ¿Y los chicharrones de pollo? _c_
3. ¿Puedo pedir masas de puerco? _e_
4. ¿Y sorbete de guanábana? _b_
5. ¿Y el flan de leche? _a_

Doctor/a

a. No, no lo pida. Tiene mucho huevo.
b. Sí, pídalo. Es de fruta y no tiene grasa.
c. No, no los pida. Son fritos.
d. Sí, pídala. Tiene verduras y poca grasa.
e. No, no las pida. Son fritas.

 Paso 2. En parejas, uno de ustedes es el/la doctor/a y el/ otro es el/la paciente. Teniendo en cuenta los problemas de salud del/de la paciente, el/la doctor/a responde sus preguntas sobre lo que puede comer. Usen las preguntas y respuestas del Paso 1 como modelo. Después, intercambien los papeles (*reverse roles*).

Larios

SOPAS
SOUPS

SOPA DEL DÍA SOUP OF THE DAY	$3.75
SOPA DE POLLO CHICKEN SOUP	$3.50
SOPA DE FRIJOLES NEGROS BLACK BEAN SOUP	$3.50

TORTILLAS
OMELETTES

TORTILLA ESPAÑOLA *CON ARROZ Y PLÁTANOS* SPANISH OMELETTE, RICE & PLANTAINS	$6.75
TORTILLA DE PLÁTANO *CON ARROZ Y FRIJOLES NEGROS* PLANTAIN OMELETTE WITH RICE & BEANS	$5.95

ENSALADAS
SALADS

ENSALADA MIXTA HOUSE SALAD	$4.75
ENSALADA DE SARDINAS SARDINE SALAD	$6.95
ENSALADA DE TOMATE TOMATO SALAD	$3.50
SERRUCHO EN ESCABECHE PICKLED KINGFISH	$8.25
PLATO DE FRUTAS FRUIT PLATTER	$4.95

POLLO
CHICKEN

PECHUGA DE POLLO A LA PLANCHA BONELESS GRILLED CHICKEN BREAST	$8.25
POLLO ASADO ROASTED CHICKEN	$7.95
CHICHARRONES DE POLLO DEEP FRIED CHICKEN CHUNKS	$7.95
ARROZ CON POLLO CHICKEN AND YELLOW RICE	$6.95
PECHUGA DE POLLO RELLENA *CON CAMARONES* CHICKEN BREAST STUFFED WITH SHRIMP	$8.95

PESCADOS
FISH

PESCADO EMPANIZADO BREADED FISH	$9.95
PESCADO A LA PLANCHA GRILLED FISH	$9.75
BROCHETA DE CAMARONES SHRIMP KABOB	$11.75
CAMARONES EMPANIZADOS BREADED SHRIMP	$12.25
CAMARONES AL AJILLO SHRIMP IN GARLIC	$12.25
LANGOSTA ENCHILADA LOBSTER CREOLE	$20.50

Para regular el colesterol
EVITE alimentos fritos o con mucha grasa.
TOME alimentos lácteos desnatados (*skim*) o bajos en grasa.
CONSUMA alimentos altos en colesterol (huevos, camarones, etc.) con moderación.
COMA más frutas y verduras.
COMA más pan integral, cereales, frijoles y arroz.

(**9-7**) **¿El/La doctor/a o los padres?** Lee los siguientes mandatos y decide si estas instrucciones son de un/a doctor/a a sus pacientes o de unos padres a sus hijos.

9–7. Esta actividad recicla los verbos reflexivos y las formas de mandato de *ustedes*.

		Doctor	Padres
1.	Saquen la lengua.	☑	☐
2.	Péinense.	☐	☑
3.	Respiren profundamente.	☑	☐
4.	Digan "¡Aaah!"	☑	☐
5.	Lávense las manos.	(☑)	☑
6.	Hagan gárgaras (*gargle*) con sal.	☑	☐
7.	Quítense los zapatos en la casa.	☐	☑
8.	Tomen una pastilla cada dos horas.	☑	☐

0 (**9-8**) **¿Quién manda?**

Paso 1. El/La profesor/a manda. Forma oraciones con mandatos que dice el/la profesor/a a sus estudiantes.

Modelo: hacer
              Hagan la tarea.

1. no hablar
2. llegar
3. traer
4. no usar
5. leer

Paso 2. Ustedes mandan. Imaginen que, sólo por un día, pueden dar instrucciones u órdenes a sus padres y a sus profesores. En parejas, escriban mandatos afirmativos y negativos en los cuadros.

Sugerencia: Pida a la clase que formen otros mandatos que dan los profesores frecuentemente.

	Mandatos afirmativos	**Mandatos negativos**
A los profesores	1. 2. 3.	1. 2. 3.
A los padres	1. 2. 3.	1. 2. 3.

Paso 3. Compartan sus ideas con otro grupo y escojan el mandato más razonable (*sensible*), el más atrevido (*daring*) y el más divertido de todos.

DICHOS

Ajo, cebolla y limón, y déjese de inyección.

¿Qué significa el dicho? ¿Es verdad?

Cultura: Colombia y Venezuela

Use *PowerPoint Slides* para presentar esta sección de cultura.

Antes de leer

1. ¿En qué país es posible visitar las playas del Pacífico y también las del mar Caribe? Colombia, Panamá, Costa Rica, Nicaragua, Honduras, Guatemala, México

2. ¿Con qué países tiene frontera Colombia? Panamá, Venezuela, Ecuador, Perú, Brasil

3. ¿Cuál es la capital de Colombia? Indica dos ciudades importantes en la costa. Bogotá; Barranquilla, Cartagena

4. ¿Cuál es el río principal que pasa por Venezuela y Colombia? Orinoco

5. ¿Cuál es la capital de Venezuela? Caracas

COLOMBIA

Los españoles escucharon la leyenda de El Dorado (*the Golden One*) sobre un rey cubierto en oro que vivía en una ciudad llena de oro (*gold*). Lo buscaron durante 200 años. Por fin, descubrieron un grupo de indígenas en **Colombia** que celebraban una ceremonia en la que cubrían a su líder con polvo (*powder*) de oro, pero no había ninguna ciudad de oro.

Nacionalidades:
colombiano/a
venezolano/a

Map quizzes: As you read about places highlighted in red, find them on the map. Learn more about and test yourself on the geography of the Spanish-speaking world in *WileyPLUS*.

▲ Esmeraldas

Durante la época colonial, Colombia era parte de la Nueva Granada, que incluía los territorios que hoy son Panamá, Ecuador y Venezuela. Pero la Nueva Granada se independizó de España en 1810 y el líder Simón Bolívar creó la Federación de la Gran Colombia. Después, Ecuador, Venezuela y Panamá se separaron de esta Federación.

Hoy en día, Colombia es el principal productor de esmeraldas del mundo y el primer productor de oro de América del Sur. **Bogotá,** la capital de Colombia, está en un valle central. Tiene más de siete millones de habitantes y es una ciudad moderna, llena de rascacielos, tiendas de moda y grandes avenidas. Pero en esta ciudad también existen barrios (*neighborhoods*) muy pobres que contrastan con el lujo (*luxury*) de otras áreas.

▲ El espíritu del pueblo colombiano se ve en su música, sus bailes y sus diversiones populares. La cumbia y el vallenato son ritmos musicales de origen colombiano muy famosos en todo el mundo. Busca en Internet "vallenato colombiano" para escuchar un ejemplo.

Breve diccionario **cafetómano** latinoamericano

- **AMERICANO (México, Miami):** café aguado, en taza grande.
- **CAFÉ (todos los países):** cualquier cosa, pida más información.
- **CAFÉ-CAFÉ (Chile):** café de grano, normalmente en taza chica.
- **CAFÉ COMÚN (Argentina):** café aguado, en taza grande.
- **CAFÉ CON LECHE (todos los países):** autoexplicativo, pero la proporción leche/café es variable.
- **CAFÉ DOBLE (Argentina):** café cargado, en taza grande.
- **CAPUCHINO (todos los países):** un tercio de café, une tercio de leche, un tercio de espuma de leche. En Chile lleva además crema batida.
- **CAPUCCINO (Argentina, Colombia):** capuchino.
- **CARIOCA (Brasil):** café aguado, en taza chica.
- **CORTADO (Chile, Argentina):** café cargado con un toque de leche.
- **CORTADITO (Miami):** ídem.
- **CUBANO (Miami):** café muy cargado, muy dulce y muy "tacaño": menos de la mitad de una taza chica.
- **CURTO (Brasil):** café cargado en taza chica.
- **EXPRESO (varios países):** café concentrado especial en taza chica.
- **EXPRESSO (Miami):** expreso.
- **EXPRESS (Chile):** expreso.
- **GRANIZADO (Colombia):** café helado, con hielo picado, en vaso.
- **GUAYOYO (Venezuela):** café negro suave, hecho en colador de tela.
- **MARRÓN (Venezuela):** café cargado con toque de leche.
- **NEGRITO (Venezuela):** café sin leche en taza chica.
- **NEGRO (varios países):** café sin leche ni azúcar.
- **PERICO (Colombia):** café cargado con un toque de leche.
- **PINGADO (Brasil):** café con leche en taza grande.
- **TETERO (Venezuela):** leche caliente con un poco de café.
- **TINTO (Colombia):** café relativamente suave, en taza chica.

INVESTIG@ EN INTERNET

¿Sabes quién es Shakira? Es de Barranquilla, Colombia. En 2007, colaboró en la banda sonora de una película que hemos mencionado hace poco. ¿Sabes cuál es? ¿Para qué evento compuso la canción oficial en 2010? Busca información sobre Shakira en Internet y compártela con tus compañeros de clase.

◄ Colombia es el segundo productor de café del mundo, después de Brasil. Según el *Breve diccionario cafetómano latinoamericano*, ¿qué tipos de café son populares en Colombia? ¿Cuál es tu café favorito?

VENEZUELA

En Venezuela, los españoles encontraron fabulosas riquezas de oro, plata (*silver*) y perlas. El nombre del país significa "pequeña Venecia (*Venice*)". ¿Por qué? Porque a principios del siglo XVI, los españoles se encontraron con unos habitantes indígenas, los guajiros, que vivían en chozas (*huts*) suspendidas sobre unas islas muy pequeñas en el **lago Maracaibo,** que les recordaban (*reminded them*) los edificios de la famosa ciudad italiana de Venecia.

Caracas, la capital, está cerca de la costa y es una de las ciudades más cosmopolitas del continente. Los caraqueños son amantes del arte y tienen un admirable Museo de Bellas Artes y una magnífica Orquesta Sinfónica. Caracas también cuenta con (*has*) uno de los servicios de metro más sofisticados del mundo.

Caracas

▲ El "oro negro", o petróleo, es la mayor riqueza del país. La explotación de los grandes depósitos petrolíferos en el lago Maracaibo comenzó a principios del siglo XX. La industria petrolera generó mucha prosperidad en el país y su población se cuadruplicó.

◄ En Venezuela está el Salto Ángel, ¡la cascada más alta del mundo (3,281 pies/979 metros)!

Después de leer

1. ¿A qué país se refiere cada oración?

		Colombia	Venezuela
a.	Es el primer productor de esmeraldas del mundo.	☑	☐
b.	Los indios guajiros vivían en chozas suspendidas en un lago.	☐	☑
c.	La cumbia y el vallenato son dos ritmos típicos.	☑	☐
d.	La capital cuenta con un sofisticado sistema de transporte metropolitano.	☐	☑

2. ¿Con qué ciudades de Estados Unidos crees que se pueden comparar Bogotá y Caracas? ¿Por qué? Considera los siguientes detalles:

	Está/Tiene...	Una ciudad similar en Estados Unidos es...
Bogotá	• en un valle rodeado de montañas. • 7,300,000 habitantes. • muchos sitios para tomar café.	
Caracas	• en la costa. • 2,000,000 habitantes. • un sistema de metro muy sofisticado.	

Bogotá

Embajada

Museo Nacional

Parque Nacional Olaya Herrera

Museo de Arte Moderno

Villa de Simón Bolívar

Museo del Oro

La Catedral

3. Mira el siguiente mapa de Bogotá. Elige tres lugares que te gustaría visitar y di por qué.

Así se dice

Una visita al consultorio

Use *PowerPoint Slides* para presentar este vocabulario.

Estás muy enfermo/a. Antes de ver al médico necesitas completar el siguiente cuestionario para pacientes.

Cuestionario sobre la salud

	Sí	No
1. ¿Le **duele la cabeza** con frecuencia?	☐	☐
2. ¿Tiene **dolor de estómago**?	☐	☐
3. ¿Tiene mucha **tos/Tose** mucho?	☐	☐
4. ¿Tiene **fiebre**?	☐	☐
5. ¿Tiene **diarrea**?	☐	☐
6. ¿Tiene **resfriados** o **gripe** con frecuencia?	☐	☐
7. ¿Tiene **alergias**?	☐	☐
8. ¿Tiene **congestión nasal**? ¿**Estornuda** mucho?	☐	☐
9. ¿Le **duele la garganta** con frecuencia?	☐	☐
10. ¿Tiene **vómitos/Vomita**?	☐	☐
11. ¿Tiene **náuseas**?	☐	☐
12. ¿Tiene **escalofríos**?	☐	☐
13. ¿**Se cansa** con frecuencia?	☐	☐
14. ¿**Duerme** bien?	☐	☐
15. ¿**Se siente deprimido/a**?	☐	☐

Otros síntomas _____

---

cansarse	*to get tired*	**la gripe**	*flu*
el resfriado	*cold*	**la salud**	*health*
el escalofrío	*chill*	**sentirse (ie, i)**	*to feel*
estornudar	*to sneeze*	**la tos**	*cough*
la garganta	*throat*	**toser**	*to cough*

NOTA DE LENGUA

To express aches, pains, and how you feel, use the following verbs and expressions:

doler (like **gustar**): *indirect object* + **doler (ue)** + **el/la/los/las** + *body part*

Me **duelen** las piernas.	My legs hurt.
¿Te **duele** el estómago?	Do you have a stomachache?

tener dolor de + *body part*

Tengo dolor de espalda.	I have a backache.

sentirse (ie, i) + *adjective*

Se sintió/ Se siente bien, mal, enfermo/a, triste, cansado/a, etc.	She/He felt/feels . . .

Extensión: Haga estas preguntas a los estudiantes, haciendo el papel de doctor/a (*¿Le duele la cabeza?*, *¿Tose mucho?*, etc.), usando gestos (tosiendo, etc.), para que los estudiantes puedan rellenar el cuestionario.

9–9. Audio:
Alberto: Tengo fiebre, me duelen mucho los oídos y no puedo oír bien.
Jorge: Tengo fiebre y escalofríos. También tengo dolor de cabeza... Bueno, en realidad me duele todo el cuerpo.
Pedro: Yo no tengo fiebre ni dolor, pero tengo mucha congestión nasal, estornudo mucho y tengo los ojos muy irritados. Además no tengo energía.
Daniel: Me duele el estómago, vomito con frecuencia y tengo diarrea. Me siento muy cansado y débil, y creo que también tengo un poco de fiebre.

9-9 **¿De quién es el diagnóstico y el tratamiento?**

Paso 1. Mientras estudias en Venezuela, tus amigos Jorge, Pedro, Alberto y Daniel se enferman y van al médico. Escúchalos describir sus síntomas e indica a quién le pertenece cada diagnóstico y tratamiento.

DIAGNÓSTICO:	Otitis (infección de oído)
TRATAMIENTO:	<u>Tomar</u> antibióticos cada (*every*) 6 horas. <u>Aplicar</u> calor seco (*dry*) para aliviar el dolor.

1. Es de ☐ Jorge ☐ Pedro ☑ Alberto ☐ Daniel

DIAGNÓSTICO:	Alergia al polen
TRATAMIENTO:	<u>Cerrar</u> las ventanas. <u>Tomar</u> *Allegra* antes de salir a la calle.

2. Es de ☐ Jorge ☑ Pedro ☐ Alberto ☐ Daniel

DIAGNÓSTICO:	Gastroenteritis
TRATAMIENTO:	<u>Tomar</u> líquidos para evitar (*avoid*) la deshidratación y <u>descansar</u> mucho. No necesita medicina.

3. Es de ☐ Jorge ☐ Pedro ☐ Alberto ☑ Daniel

DIAGNÓSTICO:	Gripe
TRATAMIENTO:	<u>Tomar</u> aspirinas, líquidos y <u>descansar</u>.

4. Es de ☑ Jorge ☐ Pedro ☐ Alberto ☐ Daniel

9-9. Paso 2:
1. Tome... Aplique...
2. Cierre... Tome...
3. Tome... descanse...
4. Tome... descanse...

Paso 2. Ahora, convierte las recomendaciones del médico (los verbos subrayados) en mandatos con la forma *usted*.

Modelo: **Tome antibióticos cada 6 horas.**

NOTA CULTURAL

Ayuda médica

There are different resources for medicine and healing in Latin America. Public health systems are the main providers of health care, with many well-equipped hospitals and highly trained doctors. For minor health issues, many people rely on their pharmacist, with whom a personal relationship is often developed. The pharmacist offers advice and provides over-the-counter medication. **Herbolarios**, where plants and homeopathic remedies are sold, are also common. Spiritual healers such as **curanderos** (*folk healer*) and **chamanes** heal through the use of medicinal plants and religious rituals.

DICHOS

El amor y la tos no pueden ocultarse (*hide*).

¿Por qué no pueden ocultarse ni el amor ni la tos?

0 **9-10** **¿Qué me pasa, doctor?** Ahora tú te sientes enfermo/a también y vas al consultorio.

9–10. Pida a varias parejas que presenten sus conversaciones a la clase.

Extensión: Pregunte quién tenía (en la actividad) una enfermedad seria, una enfermedad común, una enfermedad rara, etc., y qué recomendaciones les dieron sus "doctores".

Paso 1. Piensa en algunos síntomas y escríbelos en una hoja con el mayor detalle posible.

 Paso 2. En parejas, túrnense en los papeles de paciente y doctor/a.

Paciente: Describe tus síntomas al doctor/a la doctora y responde sus preguntas (puedes improvisar). Después de escuchar su diagnóstico y recomendaciones, haz una o dos preguntas sobre qué cosas puedes o no puedes hacer.

Doctor/a: Escucha al/a la paciente y hazle algunas preguntas más sobre sus síntomas. Después, haz un diagnóstico y recomienda un tratamiento según el cuadro (*chart*). Responde a las preguntas del/ de la paciente.

Modelo:

PACIENTE:	**Buenas tardes, doctor/a… Tengo muchos problemas. Estoy… / Me siento…**
MÉDICO/A:	**A ver, ¿le duele(n)… ? ¿Tiene usted… ? Tengo varias recomendaciones: Primero... / Tome…**
PACIENTE:	**¿Puedo… ? / ¿Tengo que… ?**

DIAGNÓSTICO	TRATAMIENTO
gripe	tomar aspirinas, líquidos, descansar
mononucleosis	tomar ibruprofeno, líquidos, descansar mucho
acidez de estómago	tomar un líquido contra la acidez
infección de...	tomar antibióticos
resfriado	tomar muchos líquidos, descansar
bronquitis	tomar jarabe para la tos y un expectorante
depresión	ir a ver a un psicólogo o psiquiatra

NOTA CULTURAL

Juanes

The musician Juan Esteban (nicknamed Juanes) Aristizábal Vásquez was born in 1972 in Antioquía, Colombia. He has sold more than fifteen million albums and has won seventeen Latin Grammys, more than any other artist, and one Grammy Award. Juanes is also known for his humanitarian work, especially with the aid he has provided Colombian mine victims. See if you can determine the meaning of these lyrics from his 2007 album *La vida es un ratico* (a short while).

La vida es un ratico, un ratico nada más
no dejemos que se nos acabe
que vienen tiempos buenos y los malos
ya se van, se van, se van.

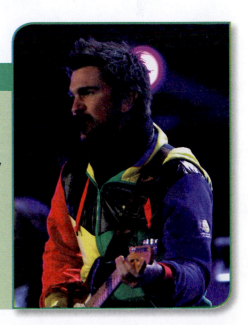

Así se forma

WILEY **PLUS** Go to *WileyPLUS* and review the Animated Grammar Tutorial and Verb Conjugator for this grammar point.

Use *PowerPoint Slides* para presentar y practicar esta gramática.

Sugerencia: Introduzca el imperfecto describiendo un póster o una fotografía (de una revista, por ejemplo). Describa el lugar, la situación, las personas y las acciones en progreso en ese momento, mientras escribe en la pizarra las formas verbales que use en el imperfecto. Incluso puede inventar una historia en el pasado sobre cosas que ocurrían habitualmente en este lugar. Puede aprovechar estas formas para pedir a los estudiantes que las clasifiquen: descripción, acciones en progreso y acciones habituales o repetidas.

Si surgen preguntas relacionadas con el contraste entre los usos del imperfecto y el pretérito, señale que estos contrastes se estudiarán en una sección posterior de este capítulo.

2. The imperfect: Descriptions in the past

> Era medianoche y hacía mucho viento. Los niños caminaban por la calle desierta...

Spanish has two simple past tenses: the preterit and the imperfect. You have already learned to use the preterit to talk about past actions perceived as complete and past actions within a specific time frame (yesterday, last night, etc.).

Use of the imperfect

Like the preterit, the imperfect tense also expresses actions or events that took place in the past, but the imperfect does not focus on the completion of the action. It does not express beginning and/or end; it just views an action as something that was in place or in progress. It is used primarily:

- to describe in the past (background, weather, ongoing conditions, persons, places, things, etc.).

Hacía sol.	*It **was** sunny.*
La playa **era** hermosa.	*The beach **was** beautiful.*
El mar **estaba** muy tranquilo.	*The sea **was** very tranquil.*
Los niños **llevaban** trajes de baño y camisetas.	*The children **were wearing** bathing suits and T-shirts.*
Estaban muy contentos.	*They **were** very happy.*

- to indicate that past actions were in progress, ongoing, or habitual.

Un niño **jugaba** en el agua.	*One child **was playing** in the water.*
Otro **construía** un castillo.	*Another **was building** a castle.*
A otros siempre **les gustaba** jugar con una pelota.	*Others always **liked** to play with a ball.*

- Like **hay, había** denotes existence, but in the past.

Había tres pacientes en la sala de espera.	*__There were__ three patients in the waiting room.*

Note that, although most of these actions and conditions surely started and finished at some point, we do not "perceive" a beginning or end in the examples above.

The imperfect tense can be translated with the English forms below, depending on the actual meaning expressed:

Mientras **esperaba** al médico, leyó un artículo en una revista.	*While she **was waiting/waited** for the doctor, she read an article in a magazine.*
El doctor la **examinaba** una vez al año.	*The doctor **used to/would examine** her once a year.*

Forms of the imperfect

To form the imperfect in regular verbs, delete the **-ar, -er,** or **-ir** from the infinitive and add the endings indicated below. Note that the imperfect **-er/-ir** endings are identical.

	examinar	toser	salir
(yo)	examin**aba**	tos**ía**	sal**ía**
(tú)	examin**abas**	tos**ías**	sal**ías**
(Ud., él/ella)	examin**aba**	tos**ía**	sal**ía**
(nosotros/as)	examin**ábamos**	tos**íamos**	sal**íamos**
(vosotros/as)	examin**abais**	tos**íais**	sal**íais**
(Uds., ellos/ellas)	examin**aban**	tos**ían**	sal**ían**

Irregular verbs

Only three verbs are irregular in the imperfect:

ser		ir		ver	
era	éramos	iba	íbamos	veía	veíamos
eras	erais	ibas	ibais	veías	veíais
era	eran	iba	iban	veía	veían

I/O **9-11** **En la época de nuestros bisabuelos.**

Paso 1. El mundo era diferente en asuntos de salud cuando nuestros bisabuelos eran jóvenes. Indica si estas afirmaciones son ciertas o falsas y escribe otra afirmación cierta para el número 10.

Cuando mis bisabuelos eran jóvenes...	Cierto	Falso
1. Los doctores recetaban muchos antibióticos.	☐	☑
2. Muchas personas consumían comida rápida.	☐	☑
3. Casi todos consumían comida muy saludable (*healthy*).	☑	☐
4. El SIDA (*AIDS*) era una enfermedad peligrosa.	☐	☑
5. Todos conocían los efectos negativos de fumar.	☐	☑
6. Las personas no tenían mucho estrés.	☑	☐
7. Los jóvenes no eran activos; pasaban muchas horas sentados.	☐	☑
8. Había muchos problemas con las drogas.	☐	☑
9. Muchas personas usaban remedios caseros.	☑	☐
10. …	☑	☐

Paso 2. En parejas, contrasten el pasado (usando **antes**) y el presente (usando **ahora**). Incluyan sus afirmaciones originales.

Modelo: Los doctores recetaban muchos antibióticos.
Antes los doctores no recetaban muchos antibióticos, pero ahora sí lo hacen.

9-11. Aunque el Paso 2 requiere la producción de formas del imperfecto, se trata simplemente de usar las mismas formas que tienen en el Paso 1, no de producir nuevas formas.

Anime a los estudiantes a que desarrollen sus respuestas y reflexionen sobre los cambios en el mundo de la salud.

Las respuestas pueden variar en este ejercicio. Anime a los estudiantes a justificar sus opiniones.

9–12 Audio:
1. Tomaba mucha cerveza los fines de semana.
2. Como pocas ensaladas y fruta.
3. Veía la televisión tres horas por la noche.
4. No tomo desayuno.
5. Duermo seis horas aproximadamente.
6. Fumaba de diez a quince cigarrillos diariamente.
7. Tomo tres o cuatro tazas de café todos los días.
8. Era poco activo.
9. Iba al gimnasio una vez por semana.

I/O **9-12** ¿Mejora la salud?

Paso 1. Una persona está tratando de mejorar su salud y te pide tu opinión. Primero quieres saber más sobre sus hábitos pasados y actuales (*current*). Escucha sus descripciones e indica si habla de los pasados (**Antes**) o los actuales (**Ahora**).

		Antes	Ahora
1.	tomar mucha cerveza los fines de semana	☑	☐
2.	comer pocas ensaladas y fruta	☐	☑
3.	ver la televisión dos o tres horas por la noche	☑	☐
4.	no tomar desayuno	☐	☑
5.	dormir menos de seis horas	☐	☑
6.	fumar bastante	☑	☐
7.	tomar mucho café todos los días	☐	☑
8.	ser poco activo	☑	☐
9.	ir al gimnasio una vez por semana	☑	☐

Paso 2. Tu amigo/a todavía tiene algunos hábitos poco saludables. Tú también hacías cosas similares antes, pero ahora tienes costumbres más sanas y ¡te sientes mucho mejor! Explícaselo en una breve carta.

Modelo: Hola Andrés:
Ya veo que tienes algunos buenos hábitos, pero todavía puedes mejorar otras cosas. ¡Vale la pena! (*It's worth it!*) Antes yo tampoco tomaba desayuno, pero ahora como cereal todas las mañanas y tengo mucha energía…

9–13. Haga un sondeo sobre alguna de las categorías. Por ejemplo, compare gustos musicales, programas de televisión, lo que querían hacer/tener… Esto suele dar lugar a recordar experiencias divertidas.

Sugerencia: Traiga una foto de usted cuando tenía aproximadamente esa edad y pida a los estudiantes que escriban oraciones sobre cómo era usted, qué música escuchaba, etc. Después, pida que lean sus oraciones y confirme o rectifique sus impresiones.

I/O **9-13** Cuando teníamos diez años.

Paso 1. Escribe oraciones describiendo cómo eras y qué hacías cuando tenías diez años.

1. ser (tímido/a; perezoso/a; trabajador/a…)
2. estudiar (¿Cuánto? ¿Dónde? ¿Con quién?)
3. hacer (deporte/actividades extraescolares…)
4. ver la tele (¿Cuánto? ¿Qué programas?)
5. leer (¿Qué revistas/libros/cómics?)
6. escuchar música (¿Qué tipo de música/cantante/grupo?)
7. hablar mucho por teléfono (¿Con quién?)
8. salir con mis amigos/as (¿Adónde? ¿Con qué frecuencia?)
9. trabajar (¿Dónde? ¿Con quién?)
10. querer tener o hacer… (¿Qué?)

Paso 2. Ahora, en parejas, haz preguntas a tu compañero/a sobre diferentes aspectos de su infancia (*childhood*). ¿Eran ustedes similares o diferentes cuando tenían diez años?

Modelo: ¿Cuánto estudiabas? ¿Dónde preferías estudiar?
 ¿Qué materia te gustaba estudiar?

0 〔9-14〕 Los hábitos diarios.

Paso 1. Escribe párrafos breves comparando tus hábitos relacionados con las siguientes actividades cuando tenías quince años y ahora.

Modelo: dormir

Me acostaba a las diez de la noche y me levantaba a las siete de la mañana entre semana (*on weekdays*). Los fines de semana me acostaba tarde, pero no me levantaba hasta las once... ¡Dormía mucho! Ahora me acuesto...

1. dormir
2. comer
3. beber
4. ejercicio/deporte
5. tiempo libre

Paso 2. En grupos pequeños, compartan y comparen sus ideas. ¿Eran sus hábitos más saludables antes o lo son ahora?

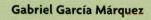

SITUACIONES

Estudiante A: Eres estudiante de primer año. Estás cansado/a y te enfermas con frecuencia. Además engordaste (*gained*) 5 libras y estás estresado/a porque los exámenes son la próxima semana... pero te encanta tu nueva "libertad" (*freedom*) y quieres disfrutarla (*enjoy it*).

Estudiante B: Tu amigo/a está cometiendo muchos errores: no come bien, no hace ejercicio, sale con los amigos/as durante la semana y duerme poco. Tú ya tienes más experiencia; habla con él/ella y ofrécele algunos consejos (*advice*).

NOTA CULTURAL

Gabriel García Márquez

Gabriel García Márquez was born in 1927. He is a Colombian writer and journalist. He won international acclaim in 1967 with his masterpiece, *One Hundred Years of Solitude*, a defining classic of 20th century literature. He was awarded the Nobel Prize for Literature in 1982. His journalistic work includes 1996's *News of a Kidnapping*, which details the events that followed some notorious kidnappings committed by the Colombian drug cartels. Film adaptations of his novels *Love in the Time of Cholera* and *Of Love and Other Demons* were released in 2007 and 2010 respectively.

9–14. Sugerencia: El Paso 1 puede ser asignado en clase o como tarea. Esta actividad puede ser un buen punto de partida para una conversación sobre la salud en la universidad y los hábitos de los estudiantes universitarios.

Sugerencia: Como práctica adicional, haga una competencia de memoria. Pida a la clase que observen la ilustración de las páginas 294–295 durante un minuto (también puede usar la *PowerPoint Slides*). Después, pida que cierren los libros y describan lo que recuerdan usando el imperfecto, o que respondan a sus preguntas. Por ejemplo: *¿Qué había al lado de la entrada de la sala de urgencias? ¿Cuántas personas salían del Hospital San Rafael?*

EXPRESIONES ÚTILES

Debes + infinitivo...
   You ought to/ should/must...
Tienes que + infinitivo...
   You have to/must...
Puedes + infinitivo...
   You can...
¿Por qué no + presente...?
   Why don't you...?

Cultura: Remedios caseros del mundo hispano

 Use *PowerPoint Slides* para presentar esta sección de cultura.

Antes de leer

1. ¿Usan remedios caseros en tu familia? ¿Cuáles? ¿Son efectivos?

2. ¿Prefieres usar remedios caseros o farmacéuticos?

Desde que (*since*) el ser humano se dio cuenta de (*realized*) que podía aliviar sus dolencias (*aches and pains*) con la ayuda de hierbas y plantas medicinales, toda una tradición de remedios se transmitió de generación en generación. Cada cultura, cada país, cada región tiene sus propias curas. A continuación vas a encontrar algunas de las tradiciones médicas populares del mundo hispano. Recuerda que no debes tomar remedios caseros ni farmacéuticos sin consultar con tu médico/a.

▲ Un té de tilo es bueno para calmar el estrés.

▲ La flor del naranjo, los azahares.

HIPO (*HICCUPS*)

Una vez más, los consejos son múltiples. Se recomienda poner jugo de limón en la lengua o tomar sorbos (*sips*) de agua. Otros creen que se debe asustar (*scare*) al paciente. En México, las abuelitas les ponen un hilo (*string*) rojo en la frente (*forehead*) a los bebés para detener el hipo.

RESFRIADO/GRIPE/CATARRO

Todos los remedios comienzan con una limonada caliente. Lo que cambia de receta a receta son los ingredientes que se agregan (*are added*). Algunos ponen miel (*honey*) en la limonada, mientras que otros ponen ron o whisky.

ORZUELOS (*STYES*)

Se recomienda hervir (*boiling*) unos clavos de olor (*cloves*) en agua y, cuando está tibia (*lukewarm*), aplicarla al orzuelo. Según los costarricenses, es un remedio seguro. Otros afirman que lo mejor es aplicar miel. Algunos orzuelos son infecciones y, si no desaparecen por su cuenta, deben ser tratadas con antibióticos.

DOLOR DE OÍDO

Se recomienda dorar (*browning*) un ajo al fuego, ponerlo en un algodón y colocarlo en la entrada del oído.

NERVIOSISMO/ESTRÉS

Las flores del naranjo, los azahares, hervidas en agua, tienen propiedades sedantes. Un té de tilo, otra hierba medicinal, también ayuda a calmar la ansiedad.

DOLOR DE PIES

Para relajar los pies y aliviar el cansancio se deben poner en agua de sal tibia. Un masaje con una crema hidratante también hace maravillas.

La próxima vez que le preguntes a un hispanoparlante sobre remedios caseros, prepárate: quizás recibas muchos consejos (*advice*) y respuestas.

Después de leer

Empareja los siguientes remedios con los problemas que curan.

__b__ limonada caliente   **a.** el estrés

__a__ los azahares   **b.** el resfriado

__c__ el ajo   **c.** el dolor de oído

VideoEscenas: Un deporte peligroso

▲ Jaime le cuenta a Ana su accidente deportivo.

 Paso 1. Indica si los siguientes deportes son peligrosos o no. Después, compara tu lista con la de un/a compañero/a. ¿Están de acuerdo (*do you agree*) en todo?

	¿Es peligroso?	
	Sí.	**No.**
1. el fútbol	☐	☐
2. el tenis	☐	☐
3. el fútbol americano	☐	☐
4. el esquí	☐	☐
5. el esquí acuático	☐	☐
6. el boxeo	☐	☐

Paso 2. Mira el video prestando atención a las ideas principales. Después, indica si las siguientes afirmaciones son ciertas o falsas.

	Cierto	Falso
1. Jaime jugó al futbol con sus amigos el sábado.	☑	☐
2. Después del partido, los amigos de Jaime se enfermaron.	☐	☑
3. Jaime tuvo un accidente jugando al fútbol.	☑	☐
4. Jaime no va a clase porque está enfermo.	☐	☑

Paso 3. Todos los amigos de Jaime tuvieron problemas de salud la semana pasada. Mira el video otra vez e indica qué le pasaba a cada uno.

Miguel:	Le dolía la garganta.
José Mari:	Tenía tos.
Juan:	Se cansó.
Germán:	No fue. Estuvo enfermo toda la semana.

Así se forma

Los niños caminaban por la calle desierta cuando de repente, ¡vieron un fantasma!

HINT

Review the preterit tense of regular, stem-changing, and irregular verbs in *Capítulos 6, 7,* and *8*.

3. Talking about and describing persons, things, and actions in the past: The imperfect vs. the preterit

Although both the preterit and the imperfect tenses refer to the past, they convey different meanings. The difference is not one of time (when the event took place) but of aspect (how the event is perceived or what parts of it the focus is on). The main contrast is that, while the preterit presents the event as a complete one from beginning to end, or expresses its beginning or end points, the imperfect presents an action or event in the past with no reference to its beginning and/or end. Because it is sometimes difficult to make concrete decisions based on this general concept, here are more specific guidelines to help you decide which tense to use.

The imperfect . . .	The preterit . . .
1. Describes the *middle* of a past action, state, or condition; indicates that it was *in progress*, with no emphasis on the beginning or end. Juan **estaba** enfermo. No **quería** comer. Sólo **dormía** y veía la tele.	1. Focuses on a past action or condition with an evident *beginning, end,* or *time frame*. Anita **se enfermó** el sábado. **Estuvo** enferma toda la semana. **Salió** del hospital ayer. **Pasó** tres días allí. **Se recuperó** completamente.
2. Describes a past action that was *repeated* or *habitual* over an indefinite period of time. La enfermera **visitaba** a sus pacientes todas las noches. A veces les **llevaba** jugo de naranja.	2. Indicates a *single past action*, generally quickly completed, or a *series of actions* in the past. El paciente **entró** en el consultorio. El enfermero le **tomó** la temperatura, le **explicó** el problema y le **puso** una inyección.

In addition, when narrating an incident or telling a story we use . . .	
The imperfect . . .	**The preterit . . .**
1. To set the stage, give background information: • The date, the season **Era** el 12 de diciembre. **Era** invierno. • What time it was **Era** la medianoche. • The weather **Hacía** frío y **nevaba**. • A description of the setting La casa **era** muy vieja y **tenía** un árbol muy grande enfrente. • A description of the people involved, both their physical and personality traits, and also their age La abuela **era** bonita y muy amable. **Tenía** ochenta años. 2. To indicate people's emotional/physical state or condition. **Estaba** contenta, pero **tenía** hambre. 3. To describe ongoing actions. Ella **leía** un libro.	1. To express an event that interrupts an ongoing (imperfect) action. Mientras ella **leía** el libro, **sonó** el teléfono. 2. To narrate sequential events; moves the story forward, telling what happened **Se levantó, contestó** el teléfono y **salió** de la casa inmediatamente. **Nota:** Recuerde a sus estudiantes que *conocer, saber, querer, no querer, poder* y *no poder* tienen significados diferentes cuando se usan en el pretérito pero retienen su significado original en el imperfecto. **Sugerencias:** Conviene hacer un repaso rápido de las formas del pretérito y del imperfecto. Enfatice la importancia de repasar cuidadosamente los ejemplos de esta sección.

Some time expressions convey the idea of a state or repetition and are commonly used with the imperfect. Similarly, time expressions that refer to a particular point in the past or a delimited past time are often associated with the preterit.

Sugerencia: Recuerde a los estudiantes que ya conocen muchas de las expresiones del cuadro; revíselas con ellos si es necesario.

Sugerencia: Puede introducir a los estudiantes otra expresión muy común para el pretérito: la estructura "hacer" para expresiones de tiempo. Por ejemplo: Hace diez años (*ten years ago*).

IMPERFECTO		PRETÉRITO	
muchas veces	*many times, often*	**una vez**	*once, one time*
todos los días	*every day*	**ayer**	*yesterday*
mientras	*while*	**el verano pasado**	*last summer*
con frecuencia	*frequently*	**de repente**	*suddenly*
siempre/generalmente	*always/generally*	**anoche**	*last night*

<u>Todos los veranos</u> **íbamos** a la playa, pero <u>el verano pasado</u> **fuimos** a las montañas.

Note, however, that these are just tendencies and these expressions do not require the use of one tense or the other. The main criteria to choose a past tense should always be the speaker´s perspective, what she/he wants to convey.

Cuando estaba en el hospital, mi tío **vino** a verme **todos los días**.	*When I was in the hospital, my uncle came to see me every day.*
El verano pasado íbamos mucho a la playa.	*Last summer we used to go to the beach a lot.*

9-15 Nuestro gato Rodolfo.

Paso 1. Lean esta historia sobre lo que le pasó al gato.

Ayer, nuestro gato Rodolfo **se enfermó**. No **quería** comer y **tenía** diarrea. ¡Pobrecito! Por supuesto, todos **estábamos** muy preocupados. Elena y yo lo **llevamos** al veterinario y **nos sentamos** en la sala de espera, donde **había** muchos animales. Rodolfo **estaba** en una caja de cartón (*cardboard box*) y, por supuesto, no **estaba** nada contento. ¡**Tuvimos** que esperar por una hora! Por fin, el veterinario lo **examinó, descubrió** que el pobre Rodolfo **tenía** una infección intestinal y le **recetó** un antibiótico. **Volvimos** a casa e inmediatamente le **dimos** su medicamento. En poco tiempo, **se recuperó**. ¡Qué suerte! (*What luck!*)

Paso 2. Para cada verbo, indica si expresa una acción (A), o una descripción/un estado (*state*) (D/E).

1. **se enfermó**	A	
2. no **quería** comer	D/E	
3. **tenía** diarrea	D/E	
4. **estábamos** preocupados	D/E	
5. lo **llevamos** al veterinario	A	
6. **nos sentamos** en la sala de espera	A	
7. **había** muchos animales	D/E	
8. Rodolfo **estaba** en una caja	D/E	
9. no **estaba** nada contento	D/E
10. el veterinario lo **examinó**	A
11. **descubrió**	A
12. Rodolfo **tenía** una infección	D/E
13. le **recetó** un antibiótico	A
14. **volvimos** a casa	A
15. le **dimos** su medicamento	A
16. **se recuperó**	A

9–15. Pida a los estudiantes que observen la distribución de pretéritos e imperfectos y pregúnteles si ven alguna tendencia. Por ejemplo, que los imperfectos tienen tendencia a aparecer juntos para describir la situación y que, generalmente, los pretéritos aparecen después, cuando empieza la acción. Es posible que también observen que los verbos de estado y similares (*estar, querer, tener, haber...*) se usen más frecuentemente en el imperfecto, mientras los verbos de acción (*llevar, sentarse, descubrir...*) aparecen más en el pretérito.

9-16 **¡Pobre Rodolfo!** La familia llevó a Rodolfo al veterinario porque notaron varios cambios en el pobre gato. En parejas, escriban oraciones sobre lo que Rodolfo hacía *casi todos los días* y lo que hizo *ayer*. ¡Usen la imaginación!

Modelo: pasear por el jardín por las noches
Siempre paseaba por el jardín por las noches, pero ayer no salió de la casa.

Casi todos los días... **pero ayer...**

1. comer toda la comida de su tazón ...
2. descansar junto a la chimenea ...
3. pelear con Teo, el perro ...
4. jugar con Elena y Juanito ...
5. dormir una siesta por la tarde ...
6. ¿...? ...

9-17 **Más sobre nuestro gato Rodolfo.** Describan al gato Rodolfo y algunas de sus aventuras juveniles. Usen el pretérito o el imperfecto según el caso.

Es verdad que Rodolfo es un gato único. Cuando ____tenía____ (tener) dos años y ____llegó____ (llegar) a nuestra casa, ____era____ (ser) gordo y bonito. ____Podía____ (Poder) correr muy rápido y aún subir a los árboles, donde le ____encantaba____ (encantar) observar los pájaros (*birds*). Año tras (*after*) año nos ____daba____ (dar) sorpresas. Por ejemplo, normalmente ____tomaba____ (tomar) agua de su tazón, pero un día ¡la ____tomó____ (tomar) del inodoro (*toilet*)! Casi siempre ____dormía____ (dormir) en el sótano, en el sofá, pero una noche ____durmió____ (dormir) afuera, en el jardín. Allí ____conoció____ (conocer) a Gitana (*Gypsy*), su gata favorita. Unos días más tarde, nos ____dio____ (dar) otra sorpresa: ¡____Se comió____ (Comerse) el jamón de mi sándwich! Cuando yo ____entré____ (entrar) en la cocina y lo ____descubrí____ (descubrir), ¡el "delincuente" ____salió____ (salir) corriendo de la casa! Allí ____vio____ (ver) a Gitana y los dos ____se escaparon____ (escaparse). ____Regresaron____ (Regresar) a casa ¡tres días más tarde! Ahora tenemos una pareja de gatos durmiendo junto a la chimenea y probablemente una familia por venir.

9-18. Mediante el uso del imperfecto y el pretérito, esta actividad enfatiza el contraste entre acciones en progreso en el pasado y acciones que se interrumpen.

Recuerde a los estudiantes que el día martes 13 (y no el viernes 13) se considera de mala suerte en muchos países hispanohablantes.

9-18 **Martes trece.** No eres supersticioso/a, pero ayer fue martes, día 13, y ¡todo salió mal (*went wrong*)!

Paso 1. Mira la tabla de la página 319. Decide qué acciones de la primera columna hacías cuando sucedieron los eventos de la segunda columna. Escribe el número de la primera frase al lado de la segunda frase.

Paso 2. Usando las ideas del Paso 1, explica lo que hacías y lo que pasó. Luego continúa la historia contando dos cosas que pasaron por la noche.

Modelo: **Por la mañana, mientras me duchaba, se terminó el agua caliente...**

Mientras...

1.	ducharse	_4_	encontrar un pelo en la sopa
2.	desayunar	_6_	empezar a llover
3.	hacer un examen	_5_	congelarse (*freeze*) la computadora
4.	comer en la cafetería	_1_	acabarse (*run out*) el agua caliente
5.	escribir un trabajo	_3_	sonar mi teléfono celular
6.	volver a mi cuarto	_2_	derramar (*spill*) café en mi camisa

0 **9-19 El accidente de Martín un martes trece.** Narra la historia en pasado. Cambia los verbos al pretérito o al imperfecto según el caso. Debes estar preparado para explicar las razones de tus decisiones a la clase.

Martín **maneja** muy contento. No **ve** el alto (*stop sign*) y **choca** (*crashes*) con otro coche que **viene** en la dirección opuesta. Al otro conductor no le **pasa** nada, pero el pobre Martín **se lastima**. **Llega** la policía y una ambulancia que lo **lleva** al hospital. La pierna le **duele** mucho. El médico lo **examina** y lo **manda** a radiología. **Es** un mal día para Martín. **Se fractura** la pierna y **sale** del hospital en muletas. **Es** un martes trece y como dice el dicho: "Martes trece, ni te cases ni te embarques, ni de tu casa te apartes".

0 **9-20 Un evento memorable en mi vida.** En grupos, cada estudiante piensa en un evento verdadero o ficticio de su pasado. Luego van a narrarlo al grupo con muchos detalles. El resto del grupo puede hacer seis preguntas sobre los detalles. Después, el grupo decide si el evento es verdadero o no.

0 **9-21 ¡Una noche increíble!** En grupos, inventen la historia de una noche increíble. Pueden usar una de las ideas de abajo o una diferente. Un/a secretario/a escribe la historia para leérsela a la clase más tarde. Presten atención al uso del pretérito y del imperfecto.

Temas posibles:
1. una noche en la Ciudad de Nueva York
2. una noche en la sala de urgencias de un hospital
3. un sábado por la noche en una fiesta de la universidad
4. una noche viajando en autobús en Colombia o Venezuela
5. una noche en casa de los Simpson

Incluyan:
- referencia a la fecha, el día, la hora y el lugar donde estaban
- descripción del tiempo, del lugar y de las personas
- descripción de lo que pasaba en ese lugar (acciones en progreso, etc.)
- lo que pasó
- final de la historia

9–19. Respuestas: manejaba; vio/ chocó/ venía; pasó/ se lastimó; Llegó/ llevó; dolía; examinó/ mandó; Fue; Se fracturó/ salió; Era

Explique que *Fue* (*un mal día*) es pretérito porque se percibe como el día completo, mientras *Era* (*un martes trece*) es imperfecto porque simplemente indica la fecha (es una de las categorías mencionadas en la pág. 316).

9–20. Sugerencia: Pida a los estudiantes que escriban las historias de esos eventos en casa como tarea y que completen el resto de la actividad en la siguiente clase.

9–21. Puede pedir a los grupos que escriban sus historias en una transparencia para que toda la clase las pueda ver y luego hacer una actividad en la que que toda la clase colabore en la corrección de los textos.

SITUACIONES

Estudiante A: Anoche fuiste a una fiesta fantástica, pero tu amigo/a no fue. Llámalo/a para preguntarle por qué no fue y hazle preguntas sobre su situación. También cuéntale sobre la fiesta: dónde era, qué música había, qué comida o bebidas tenían, quiénes estaban y qué hicieron tú y tus amigos. Al final, cuenta a tu amigo/a algo sorprendente que ocurrió.

Estudiante B: Anoche querías ir a una fiesta con tus amigos, pero te enfermaste y te sentías muy mal. Explícale a tu amigo/a por qué no fuiste, describiendo tus síntomas. Hazle también preguntas sobre la fiesta.

Dicho y hecho

PARA LEER: Ayurveda: La ciencia de la vida

ANTES DE LEER

1. El término *ayurveda* viene del idioma sánscrito: *ayus* = vida, *veda* = ciencia.
   Probablemente se refiere a:

   ☐ Películas de ciencia ficción hechas en la India.

   ☑ Un sistema de medicina tradicional.

2. Lee las tres descripciones a continuación y decide cuál te describe mejor.

   ☐ Individuo nervioso, de carácter activo; esbelto (*svelte*), pelo y piel (*skin*) secos.

   ☐ Individuo visceral, de carácter decidido; figura proporcionada; buen apetito.

   ☐ Individuo emocional, de carácter pacífico; figura grande, con tendencia a ganar peso.

ESTRATEGIA DE LECTURA

Scanning for details In *Capítulo 2* you practiced skimming a text to get the main idea(s). Sometimes getting the general idea of a text fulfills your purpose in reading it. Other times, you may be reading a text with a more focused purpose. Scanning consists in reading quickly over a text with the purpose of finding the specific information you are interested in or need to find. When scanning for specific details, run your eye over the text looking for key words that will lead you to the information you need. Look at the first paragraph of the article that follows, for example. If your purpose is to find specific information about where this particular form of medicine originated, you would scan until seeing **origen**, read more closely, and determine that its origins are in southern India. If your purpose were to determine the role the patient plays, you would scan until seeing **paciente** and **activo**. Read the following article first for the purpose of general understanding. You will practice scanning for specific information in *Después de leer*.

A LEER

El *ayurveda* no es solamente una medicina, es algo que te ayuda a conocerte mejor a ti mismo. El paciente tiene un papel[1] activo dentro de la terapia; es decir, cada uno debe aprender a ser su propio médico. Es la medicina tradicional más antigua de la historia, y sus conocimientos aparecen en textos de más de 5,000 años. Tiene su origen en el sur de la India y se basa en un sistema medicinal global e integral[2].

El estilo de vida de moda

El ayurveda se identifica con un estilo de vida que intenta ser beneficioso para la salud y para la belleza, mejorando la calidad de la piel y el cabello y ayudando a prevenir el envejecimiento[3]. En Occidente[4] es su perspectiva estética la que se ha puesto de moda y se ha introducido en *spas* y salones de belleza por sus buenos resultados. Incluso personajes como Madonna utilizan prácticas ayurvédicas para mantenerse sanos y jóvenes.

Sin embargo, esta ciencia ancestral no está limitada a lo estético. Abarca[5] los principales campos médicos como medicina interna completa, cirugía[6] general y específica, pediatría, ginecología, gerontología, toxicología y psiquiatría. Además, está reconocida por la Organización Mundial de la Salud.

Basándose en el estudio de los *doshas*, se trata al paciente como un individuo único, creando remedios y terapias específicos para cada persona.

---

[1] plays a role, [2] holistic, [3] aging, [4] the Western World, [5] covers, [6] surgery

Doshas o tipologías de las personas

Los *doshas* son los responsables de los cambios psico-biológicos y psico-patológicos de nuestro organismo. Existen tres *doshas*: *vata* (controla el sistema nervioso), *pitta* (responsable de las funciones digestivas y del hígado[7]) y *khapa* (controla las emociones).

Analizando las características fisiológicas, la constitución y el metabolismo, podemos reconocer cuáles son los *doshas* dominantes en cada persona:

Vata: Individuos nerviosos, de carácter activo; esbeltos, con tendencia a tener el pelo y la piel secos.

Pitta: Individuos viscerales, de carácter decidido; figura media y proporcionada y con tendencia a tener buen apetito.

Kapha: Individuos emocionales, de carácter pacífico; figura grande, con tendencia a ganar peso.

La clave para estar sanos es lograr el equilibrio entre los *doshas*, pues según el ayurveda, los desequilibrios son la causa de toda enfermedad. Observando los desequilibrios y el estado de los *doshas* se pueden determinar las causas de distintas enfermedades, curarlas y prevenirlas. También se tienen en cuenta[8] los siete tejidos del cuerpo (plasma, sangre, músculo, grasa, hueso, nervio y tejido reproductivo) y los tres desechos[9] principales que son las heces[10], la orina y el sudor[11]; en ellos se pueden encontrar signos de disfunciones o irregularidades del organismo. Además, se presta especial atención a la influencia del *agni*, que es la energía implicada en los procesos del metabolismo.

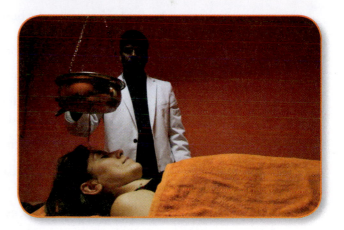

La enfermedad es una consecuencia de la falta de armonía en cualquiera de estos factores. "El ayurveda tiene tres pilares muy importantes: el primero es la dieta; el segundo, el estilo de vida; y el tercero es, si hay una enfermedad, tratarla", explica Deva Paksha, investigadora ayurvédica y terapeuta, además de fundadora de la asociación Shankha Ayurveda.

Los tratamientos

Los tratamientos ayurvédicos incluyen masajes terapéuticos, uso de aceites, ungüentos[12] e infusiones y un control de la dieta. Lo que caracteriza a los productos que se utilizan en el ayurveda es que todos parten de una base natural de plantas medicinales. Los tratamientos más conocidos del ayurveda se ocupan de la desintoxicación del organismo para limpiar el sistema nervioso y circulatorio y equilibrar el cuerpo.

El ayurveda es una alternativa para tratar diversos problemas de salud y mejorar nuestra calidad de vida y aspecto físico. Si logramos estar en equilibrio y armonía con nuestro organismo, estaremos sanos y, por consecuencia, más guapos y jóvenes.

Texto y fotografía: Rebeca Arnal / *Punto y coma*

---

[7] liver, [8] are taken into account, [9] waste, [10] feces, [11] sweat, [12] ointment

Dicho y hecho

DESPUÉS DE LEER

1. Indica si las siguientes afirmaciones son ciertas o falsas según el texto.

Cierto   Falso

☐   ☑   **a.** El ayurveda es una de las medicinas más modernas de la historia.

☑   ☐   **b.** Es una ciencia ancestral reconocida por prestigiosos organismos internacionales.

☑   ☐   **c.** Con esta ciencia se pueden mejorar el pelo, la piel y retrasar el envejecimiento.

☑   ☐   **d.** La salud se alcanza logrando el equilibrio y la armonía en nuestro organismo.

☐   ☑   **e.** Esta medicina se basa en controlar lo que comemos y cómo vivimos, pero no hay tratamientos o curas directas de las enfermedades.

2. Practica la estrategia de "*scanning*" para emparejar cada uno de estos términos con su significado.

_b_ dosha   **a.** La energía metabólica.

_a_ agni   **b.** La combinación del sistema nervioso, digestivo y emocional.

_d_ ayurveda   **c.** *Dosha* responsable de la digestión e hígado.

_c_ pitta   **d.** Un sistema de salud global que tiene más de 5,000 años.

3. Escanea el texto para buscar la información necesaria para contestar estas preguntas:

a. ¿Qué campos de la medicina tradicional incluye el ayurveda?
Medicina general completa, cirugía general y específica, pediatría, ginecología, gerontología, toxicología y psiquiatría.

b. ¿Cuál es la causa de todas las enfermedades, según el ayurveda?
El desequilibrio de los *doshas*.

c. Además de estudiar los *doshas* de cada persona, ¿qué otras partes del cuerpo se consideran en un diagnóstico del ayurveda?
Los siete tejidos del cuerpo y los tres desechos.

d. ¿De qué se componen los productos ayurvédicos?
De plantas medicinales.

4. ¿Has probado el ayurveda o estarías dispuesto/a (*willing*) a probarlo? Explica tu respuesta.

PARA CONVERSAR: En la sala de urgencias

 Imaginen que tres de ustedes están en la sala de urgencias de la clínica de la universidad. Cada uno/a le explica al/a la recepcionista por qué necesita ver al/a la doctor/a. El/La recepcionista les hace preguntas para determinar quién va primero.

Posibilidades:

- Estabas corriendo, te caíste (*fell*) y ahora…
- Comiste unos mariscos y ahora…

- Piensas que tienes la gripe.
- Tienes bronquitis.

ESTRATEGIA DE COMUNICACIÓN

Taking Risks Many adults can feel apprehensive about speaking a second language because they do not feel they are as convincing or authoritative as they are in their first language. But sometimes it is important to just jump in and take risks when speaking a second language without worrying too much about how you sound to the listeners. A very important part of a successful communication is a positive attitude and persistence. When carrying out this activity, try your best to communicate your needs so that you will be attended to in the emergency room.

PARA ESCRIBIR: Lo qué me pasó

Esta vez vas a contar una historia sobre una enfermedad o una visita médica. Puede ser cierta o ficticia, realista o imaginativa, sobre ti o sobre otros. ¿Qué historia vas a contar? Puedes contar una historia sobre una vez que estuviste enfermo/a o tuviste un accidente, una estadía en el hospital o una visita médica. Recuerda que la historia puede ser real o ficticia, seria o cómica, etc.

ANTES DE ESCRIBIR

- Escribe un bosquejo de los eventos en orden cronológico. ¿Qué pasó? ¿Cuándo?

- Escribe una lista de los lugares donde ocurrió la historia, y algunos detalles para describirlos. Piensa en estas preguntas: ¿En qué lugar estuve? ¿Cómo eran esos lugares? ¿Qué había? ¿Cómo era el ambiente (*atmosphere*)?

- Escribe una lista de personajes relevantes, incluyendo características importantes para la historia. Puedes pensar en preguntas como: ¿Qué personas fueron relevantes para la historia? ¿Cómo eran? ¿Qué hicieron? ¿Por qué?

ESTRATEGIA DE REDACCIÓN

Narrating There are many ways to tell a story. While you're learning Spanish, here are a few ideas that may help you.

- In terms of content, think of the events and the people that are important to the story. To add details, think of questions like *What? When? Where? Who? How? Why?* and choose details (answers to those questions) that are important or will make your story more interesting.
- Tell the story in chronological order and use connecting words that will help the reader follow the sequence of actions.
- Pay attention to your use of verb tenses. Remember to use the preterit to talk about completed actions and the imperfect to describe the scene and situation, the people, the atmosphere, etc.

A ESCRIBIR

Narra la historia incorporando información sobre la situación y los personajes cuando sea apropiado. Si quieres, puedes añadir otros detalles al escribir para dar interés y emoción (*excitement*) a tu historia. Puedes seguir esta estructura general:

Primer párrafo: Comienza con una oración introductoria seguida de oraciones atractivas o misteriosas para interesar al lector. Después describe la situación y el ambiente.

Modelo: **Era la noche del jueves y estaba en mi cuarto, haciendo la tarea de español, como todos los jueves…**

Párrafos centrales: Narra la acción y los eventos de la historia, introduciendo descripciones de personajes y lugares, o añadiendo otros detalles sobre la situación cuando sea apropiado.

Modelo: **…cuando llegué al hospital, la recepcionista me miró alarmada…**

Último párrafo: Como conclusión, ofrece un desenlace (*closure*) y una reflexión final.

Modelo: **… al día siguiente no recordaba nada. Aprendí algo importante esa noche…**

Dicho y hecho

> **Para escribir mejor:** Estos conectores ayudan a marcar la secuencia cronológica de una narración.
>
> | | |
> |---|---|
> | **al final** | *at the end* |
> | **al principio** | *at the beginning* |
> | **al cabo de (un mes/dos días)** | *(a month/two days) later* |
> | **de repente** | *suddenly* |
> | **después de (una hora)** | *after (an hour)* |
> | **después, luego, más tarde** | *later* |
> | **en ese momento/instante** | *at that time/moment* |
> | **entonces** | *then* |
> | **mientras (+ imperfecto)** | *while (+ imperfect)* |
> | **mientras tanto** | *in the meantime* |

DESPUÉS DE ESCRIBIR

Revisar y editar: El contenido, la organización, la gramática y el vocabulario.

Después de escribir el primer borrador de tu composición, déjalo a un lado por un mínimo de un día. Cuando vuelvas (*you return*) a leerlo, corrige el contenido, la organización, la gramática y el vocabulario. Además, hazte (*ask yourself*) estas preguntas:

☐ ¿Está clara la historia? ¿Es interesante? ¿Hay suficientes detalles sobre los personajes, lugares y situaciones?

☐ ¿Está clara la secuencia de eventos? ¿Usé la estructura sugerida en el Paso 3? ¿Usé conectores apropiados para indicar el orden cronológico y para mejorar la fluidez (*improve the flow*)?

☐ ¿Usé el pretérito y el imperfecto correctamente para describir y narrar en el pasado?

PARA VER Y ESCUCHAR: La medicina moderna y tradicional

ANTES DE VER EL VIDEO

Empareja los tratamientos de enfermedades o dolencias (*ailments*) con las descripciones que les correspondan.

1. __c__ acupuntura
2. __b__ quiropráctica
3. __d__ homeopatía
4. __a__ remedios naturales/caseros

a. Uso de hierbas y productos comunes.

b. Tratamiento de manipulación manual del sistema músculo-esqueletal.

c. Inserción y manipulación de agujas (*needles*) en el cuerpo.

d. Uso de sustancias que provocan una reacción similar a la enfermedad, diluídas (*diluted*) al extremo.

A VER EL VIDEO

INVESTIG@ EN INTERNET

¿Estás familiarizado con los remedios naturales? ¿Conoces los beneficios de alguna planta medicinal? Investiga en la Internet cuáles son los beneficios de la menta y coméntalo con el resto de la clase. Pregunta a tus familiares si alguna vez han usado alguna hierba medicinal como remedio casero y busca sus propiedades.

Paso 1. Mira el video una vez concentrándote en la idea principal. Resúmelo en una o dos oraciones.

ESTRATEGIA DE COMPRENSIÓN

Listening for a purpose, focusing on specific information If there is a particular goal for your listening (e.g. finding out what gate your plane leaves from in an airport) or you know ahead of time what specific information you need to gather from a spoken text, focusing your attention on that purpose will help you focus on the relevant information.

Paso 2. En este video, un herbolario mexicano nos explica los beneficios del uso de hierbas medicinales tradicionales. Antes de ver otra vez el video, lee las preguntas a las que vas a responder.

1. Según el video, ¿chocan (*clash*) en América Latina la medicina moderna y la tradicional, que usa hierbas medicinales? No

2. ¿Por qué cree el herbolario que las hierbas medicinales son más seguras? Porque el cuerpo las absorbe más suavemente y no tiene mal secundario.

3. El herbolario menciona tres productos de su tienda. Anota <u>dos</u> problemas o enfermedades que trata cada uno.
   La menta: problemas estomacales, mal sabor de boca
   La caña de jabalí: problemas de riñones, problemas circulatorios
   El compuesto de hierbas: tos, asma

4. ¿En qué casos puede ser peligroso (*dangerous*) el uso de hierbas medicinales?

DESPUÉS DE VER EL VIDEO

Contesten estas preguntas en grupos:

1. ¿Conocen a alguien que haya usado alguna de las terapias mencionadas en el video? ¿Sabes cómo fue su experiencia?

2. ¿Están dispuestos/as (*willing*) a usar alguna de esas terapias u otras diferentes? ¿Cuáles? ¿Por qué?

Repaso de vocabulario activo

Adjetivos

deprimido/a   *depressed*
embarazada   *pregnant*

Adverbios

cada   *each*
de repente   *all of a sudden, suddenly*
mientras   *meanwhile/while*
por fin   *finally*
una vez/muchas veces   *once/many times*

Expresiones sobre la salud

hacer un análisis de sangre/ sacar sangre   *to do a blood test/to draw blood*
hacer una cita   *to make an appointment*
poner una inyección/una vacuna   *to give a shot/vaccination*
sacar una radiografía   *to take an X-ray*
tener dolor de (cabeza/estómago)   *to have a (head/stomachache)*
tener náuseas/ escalofríos/ vómitos   *to have nausea/chills/to be vomiting*
tomar la temperatura/la presión arterial/el pulso   *to take one's temperature/blood pressure/pulse*

Órdenes que nos da un/a doctor/a   *Things the doctor tells us to do*

Abra la boca.   *Open your mouth.*
Descanse.   *Rest.*
Diga "¡Aaah!"   *Say "¡Aaah!"*
Lleve la receta a la farmacia.   *Take the prescription to the pharmacy.*
Respire profundamente.   *Take a deep breath.*
Saque la lengua.   *Stick out your tongue.*
Tome aspirinas/las pastillas/las cápsulas.   *Take aspirin/the pills/ the capsules.*
Tome líquidos.   *Take liquids.*
Vaya a la farmacia.   *Go to the pharmacy.*

Sustantivos

Algunos problemas de salud

la alergia   *allergy*
la congestión nasal   *nasal congestion*
la diarrea   *diarrhea*
la fiebre   *fever*
la gripe   *flu*
la herida (grave)   *(serious) wound*
la infección   *infection*
el resfriado   *cold (illness)*
la tos   *cough*

El cuerpo humano

la boca   *mouth*
el brazo   *arm*
la cabeza   *head*
la cara   *face*
el corazón   *heart*
el cuello   *neck*
el dedo   *finger*
el diente   *tooth*
la espalda   *back*
el estómago   *stomach*
la garganta   *throat*
el hombro   *shoulder*
el hueso   *bone*
el labio   *lip*
la lengua   *tongue*
la mano   *hand*
la nariz   *nose*
el oído   *ear (inner)*
el ojo   *eye*
la oreja   *ear (outer)*
el pecho   *chest*
el pelo   *hair*
el pie   *foot*
la pierna   *leg*
el pulmón   *lung*
el tobillo   *ankle*
la uña   *nail*

En el hospital

la ambulancia   *ambulance*
la camilla   *gurney*

el consultorio del médico/de la médica   *doctor's office*
la habitación   *room*
el hospital   *hospital*
la inyección   *shot, injection*
las muletas   *crutches*
el/la paciente   *patient*
el/la paramédico   *paramedic*
la recepción   *reception desk*
el/la recepcionista   *receptionist*
la receta   *prescription*
la sala de espera   *waiting room*
la sala de urgencias   *emergency room*
la silla de ruedas   *wheelchair*
el termómetro   *thermometer*
la vacuna   *vaccine*
la venda   *bandage*
el yeso   *cast*

Verbos

cansarse   *to get tired*
doler (ue)   *to hurt/be hurting*
enfermarse   *to get sick*
estornudar   *to sneeze*
examinar   *to examine*
fracturar(se)   *to break (one's arm)*
lastimarse   *to hurt oneself*
preocuparse   *to worry*
quedarse   *to stay*
sentarse (ie)/estar sentado/de pie   *to seat/to be seated/to be standing*
sentirse (ie, i)   *to feel*
torcer(se) (ue)   *to sprain (one's ankle)*
toser   *to cough*
vomitar   *to vomit*

Autoprueba y repaso

I. Usted/Ustedes commands.
Da mandatos afirmativos y negativos para *usted* y *ustedes*.

Modelo: traerlo

Tráigalo. / No lo traiga.

Tráiganlo. / No lo traigan.

1. traérmelos
2. examinarla
3. descansar más
4. estudiar las palabras
5. leer el libro

II. The imperfect.
Di cómo eran estas personas y lo que hacían cuando eran niños/as.

Modelo: yo / ser muy obediente

Era muy obediente.

1. mis hermanos y yo / ser niños muy buenos
2. nosotros / ir a una escuela pequeña
3. yo / escuchar a mis maestras
4. José / jugar al voleibol durante el recreo
5. Ana y Tere / ver la tele por la tarde
6. tú / comer galletas todos los días

III. The imperfect and the preterit.
Lee la historia y luego decide si los verbos entre paréntesis deben estar en el imperfecto o el pretérito.

Modelo: Roberto no **se sentía** (sentirse) nada bien.

1. Por eso _____ (llamar) al consultorio de su doctor y _____ (hablar) con la recepcionista.
2. Roberto le _____ (explicar) que _____ (estar) enfermo.
3. La recepcionista le _____ (preguntar) qué _____ (tener).
4. Él le _____ (explicar) que le _____ (doler) todo el cuerpo y que _____ (tener) fiebre, dolor de cabeza y escalofríos.
5. Ella también _____ (querer) saber si _____ (estar) muy congestionado.
6. Roberto _____ (contestar) afirmativamente.
7. La recepcionista le _____ (decir) que le _____ (poder) dar una cita para las dos de la tarde.
8. Roberto la _____ (aceptar) y le_____ (dar) las gracias.
9. Como era temprano y _____ (sentirse) mal, _____ (dormirse) otra vez.

IV. Repaso general.
Contesta con oraciones completas.

1. ¿Qué síntomas tenías la última vez que fuiste al médico?
2. ¿Quién y cómo era tu maestro/a preferido/a en la escuela primaria?
3. ¿Recuerdas tu primera clase en la universidad? ¿Qué clase era, quién la enseñaba? ¿Qué otros detalles recuerdas?
4. ¿Qué hiciste durante tu primer día en la universidad? ¿Cómo te sentiste?

V. Cultura.
Contesta con oraciones completas.

1. Nombra por lo menos un país que tiene frontera con Colombia y otro que tiene frontera con Venezuela.
2. ¿De dónde proviene el nombre de Venezuela?
3. Describe por lo menos un remedio casero que sea común en América Latina.
4. ¿Quién es Gabriel García Márquez?

Las respuestas de *Autoprueba y repaso* se pueden encontrar en el **Apéndice 2**.

Así es mi casa

Así se dice

Así es mi casa
   Una mesa elegante
   En nuestra casa
   Los quehaceres domésticos

Así se forma

1. *Tú* commands
2. Perfect tenses
3. Comparisons and superlatives

Cultura

• Paraguay y Uruguay
• El patio de las casas hispanas: Un parque privado

Dicho y hecho

Para leer:
Gaudí y Barcelona

Para conversar:
Bienes raíces

Para escribir:
Dos casas

Para ver y escuchar:
Los patios de Andalucía

By the end of this chapter you will be able to:

• Describe a house or an apartment and its contents
• Talk about household chores
• Use commands in informal situations
• Talk about what has or had happened
• Make comparisons

ENTRANDO AL TEMA

1. ¿Cuántas horas por semana pasas haciendo los quehaceres (*chores*) en tu casa?

2. Piensa en las características de tu casa ideal. Al final del capítulo vas a describir la casa de tus sueños.

Así se dice

Use *PowerPoint Slides* para presentar y practicar este vocabulario.

Así es mi casa

el techo

el dormitorio/la recámara /la habitación

las cortinas

la pared

el baño

el espejo

la lámpara

el lavabo/ el lavamanos

el primer piso

la cómoda

la mesita de noche

la sala

la chimenea

el comedor

el sillón

la escalera

el estéreo

la alfombra

el suelo/el piso

la planta baja

el sofá

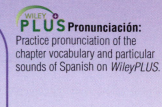

Pronunciación:
Practice pronunciation of the chapter vocabulary and particular sounds of Spanish on *WileyPLUS*.

la ducha

el póster/ el afiche

el estante

la bañera

el inodoro

ordenar (el cuarto)

ordenar	*to straighten, clean up*
la planta baja	*ground floor*
el primer piso	*first (second) floor*

Preguntas. Refiérase a las *Preguntas de comprensión* impresas en azul al final de este libro de profesor/a para encontrar preguntas que puede usar para presentar este vocabulario.

el refrigerador

el lavaplatos

la cocina/ la estufa

el garaje

el fregadero

el microondas

la cocina

el horno

el bote de basura

NOTA CULTURAL

La numeración de los pisos
In Spain, and Latin America, the term **planta baja** or **piso bajo** (literally "low floor") is used to refer to a floor that is at street level, which in the United States is usually called the "first floor." The "second floor" in the U.S., therefore, corresponds to the "first floor" in Spain and Latin America.

I/O **10-1** **¿Dónde están?**

Paso 1. Decide si las siguientes descripciones son ciertas o falsas, según el dibujo de las páginas 330–331.

		Cierto	Falso
1.	La lámpara está encima de la mesita de noche.	☑	☐
2.	El estéreo está frente al sofá.	☑	☐
3.	El bote de basura está lejos del fregadero.	☐	☑
4.	El garaje está al lado de la casa.	☑	☐
5.	El lavabo está cerca del horno.	☐	☑
6.	El dormitorio está debajo del techo.	☑	☐
7.	El baño está al lado del dormitorio de la niña, Elena.	☑	☐

Paso 2. Ahora, escribe tres descripciones sobre otras habitaciones y cosas de la casa, como las oraciones del Paso 1. Después, en grupos pequeños, túrnense para leer sus descripciones e identificar las habitaciones y cosas que sus compañeros describen.

Modelo: Estudiante A: **Está entre la sala y la cocina.**
Estudiante B: **Es la escalera.**

WILEY PLUS **Una mesa elegante**

Use *PowerPoint Slides* para presentar y practicar este vocabulario.

la copa
el vaso
la taza
la cucharita
el plato
el cuchillo
la servilleta
la cuchara
el tenedor

10-2 ¿Para qué sirve?

10-2. Pida a varios estudiantes que lean una de sus definiciones para que la clase identifique el objeto/cuarto.

Paso 1. Escoge tres objetos de la mesa y otras dos cosas de la casa (por ejemplo: la cómoda, el estante, el espejo, etc.) y escribe breves definiciones indicando para qué sirve cada objeto o lugar.

Modelo: (el vaso) **Sirve para beber agua.**

Paso 2. En parejas, lee tus definiciones a tu compañero/a. Luego, él/ella identifica la palabra. Túrnense.

En nuestra casa

Elena nos habla de la vida en su casa.

Nota: Enfatice la diferencia entre *mover* (cambiar de posición) y *mudarse* (cambiar el lugar de residencia).

Vivo en una casa grande de dos pisos que **alquilamos.** Mis padres quieren comprar una casa, pero a mí me encanta esta y no quiero **mudarme** a otra. Paso mucho tiempo en la **sala de estar,** especialmente durante el invierno, cuando hace frío y encendemos un fuego (*fire*) en la chimenea. Además, los **muebles** son muy cómodos. A veces me siento en el sofá y no quiero **moverme** de allí. Pero, otras veces, prefiero **subir** a mi **dormitorio**[1], allí **guardo** mis cosas favoritas y puedo hacer lo que quiero: **prender** o **apagar** la **luz,** escuchar la radio o ver mis programas favoritos en la tele. En verano, también pasamos mucho tiempo en el **jardín** y hacemos muchas barbacoas con los **vecinos** que viven en la casa de al lado. Lo único que no me gusta en la casa es **bajar** al **sótano** para poner la **lavadora** y la **secadora;** siempre está oscuro y oigo **ruidos** extraños. Por eso no me gusta lavar la ropa, prefiero **ayudar**[2] a poner la mesa o a lavar los platos.

alquilar	*to rent*	**mudarse**	*to move (to a new house, city, etc.)*
		el mueble	*piece of furniture*
apagar	*to turn off*		
ayudar	*to help*	**prender**	*to turn on*
bajar	*to go down*	**el ruido**	*noise*
		la sala de estar	*living room/ family room*
guardar	*to keep, to put away*	**la secadora**	*dryer*
el jardín	*yard, garden*	**el sótano**	*basement*
la lavadora	*washer*	**subir**	*to go up*
la luz	*light*	**el/la vecino/a**	*neighbor*
mover	*to move (something)*		
moverse	*to move (oneself)*		

---

[1] Remember **dormitorio** means *bedroom*. *Dorm* is **residencia estudiantil**.

[2] **Ayudar** requires the preposition **a** when followed by an infinitive.
When we mention the person or people that are helped, they are also preceded by **a** (**a** personal).

Ayer ayudé **a** mis amigos **a** mudarse.

10-3. Puede apelar al espíritu competitivo de sus estudiantes, dando un tiempo límite para completar la actividad (cinco minutos, por ejemplo) y señalando que, al final, se va a contar el número de palabras de cada pareja.

10-3 **Asociaciones.** En parejas, un/a estudiante lee una palabra de su lista a su compañero/a. El/La compañero/a dice dos o tres palabras asociadas con esta palabra. El/La primer/a estudiante las escribe. Túrnense.

Modelo: Estudiante A: **prender**

   Estudiante B: **la luz, el televisor, la lavadora**

   Estudiante A: (el Estudiante A escribe estas palabras junto a **prender**)

Estudiante A:
bajar _____
sótano _____
secadora _____
vecino _____

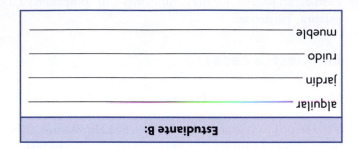

Estudiante B:
alquilar _____
jardín _____
ruido _____
mueble _____

10-4 Nota: Algunos estudiantes pueden sentirse incómodos describiendo sus casas familiares. Puede anunciar antes de comenzar la actividad que pueden describir su casa verdadera o inventar una casa de ficción.

10-4 Sugerencia: Pida a los estudiantes que piensen en preguntas para hacerles a sus compañeros sobre sus casas y anótelas en la pizarra. Para empezar, puede anotar estas: *La casa: ¿Dónde está? ¿Cuántas personas viven allí? Descripción: ¿Cuántas habitaciones hay? ¿Tiene jardín? El lugar: ¿Campo o ciudad?*

10-5. Pregunte a los estudiantes si sus cuartos o apartamentos son similares o diferentes de los de sus compañeros. Si tiene tiempo, puede iniciar también una conversación (con la clase o en grupos) sobre las cosas que les gustan de sus cuartos o apartamentos y las que les gustaría cambiar para hacerlo mejor.

10-4 **La casa de la familia.** En grupos pequeños, hablen de la casa de su familia.

Modelo: Estudiante A: **¿Dónde vive tu familia?**

   Estudiante B: **En Denver, Colorado.**

   Estudiante C: **¿Cuántos dormitorios hay en tu casa?**

10-5 **Tu apartamento o cuarto actual (*current*).**

Paso 1. En una hoja de papel, dibuja (*draw*) un plano de tu apartamento o cuarto actual (*current*). Incluye elementos arquitectónicos (puertas, ventanas) así como muebles y accesorios (televisor, estéreo, pósters...).

Paso 2. En parejas, describe tu plano a tu compañero/a, quien lo va a dibujar. Luego, revisa el dibujo de tu compañero/a e indica qué diferencias hay entre el dibujo y tu apartamento o cuarto. Túrnense.

10-6 **¿Cómo viven los estudiantes?**

Paso 1. Hagan las preguntas de la página 335 a tres compañeros de clase. Escriban sus nombres en las columnas y anoten sus respuestas.

Paso 2. Compartan lo que aprendieron con la clase. ¿Tienen ustedes preferencias similares?

Modelo: **Yo prefiero vivir sola porque no me gusta limpiar, pero Jennifer prefiere vivir con compañeros porque no le gusta estar sola.**

	Estudiante 1:	Estudiante 2:	Estudiante 3:
1. ¿Es mejor vivir en una residencia universitaria o en un apartamento/ una casa? ¿Por qué?	☐ Residencia ☐ Apartamento/casa Porque...	☐ Residencia ☐ Apartamento/casa Porque...	☐ Residencia ☐ Apartamento/casa Porque...
2. ¿Es mejor vivir solo/a o con compañeros de cuarto? ¿Por qué?	☐ Solo/a ☐ Con compañeros Porque...	☐ Solo/a ☐ Con compañeros Porque...	☐ Solo/a ☐ Con compañeros Porque...
3. ¿Qué te gusta/no te gusta del lugar donde vives ahora? ¿Por qué?	☐ Me gusta/n... ☐ No me gusta/n... Porque...	☐ Me gusta/n... ☐ No me gusta/n... Porque...	☐ Me gusta/n... ☐ No me gusta/n... Porque...

Los quehaceres domésticos (*Housekeeping chores*)

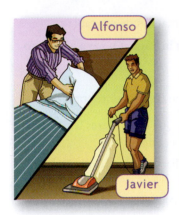

El verano pasado, los estudiantes alquilaron una casa en el campo (*countryside*) para pasar unas semanas. Todos colaboraron en los quehaceres domésticos. Cuando llegaron, Alfonso y Javier limpiaron y ordenaron los cuartos en el segundo piso. Alfonso es alérgico al polvo (*dust*), por eso prefirió **hacer las camas** y limpiar el baño mientras Javier **pasaba la aspiradora.** Durante el resto de la semana, Carmen **ponía la mesa** antes de comer y, cuando terminaban de comer, Natalia **recogía la mesa** y llevaba los platos a la cocina. Allí, Linda y Manuel estaban muy bien organizados para terminar pronto: Linda **lavaba los platos** y Manuel los **secaba.** También había un poco de trabajo que hacer fuera de la casa. Como siempre, Esteban no tenía muchas ganas de trabajar duro y solamente **sacaba la basura** por las mañanas. Por suerte, Pepita no es perezosa y **cortaba el césped** todas las semanas.

NOTA CULTURAL

Los quehaceres y las empleadas domésticas (*maids*)

Domestic help is more common in Latin America, than in the U.S., and many middle class families can afford to hire maids who take care of most of the household chores. In other families, it is often (but not always) the case that the women are expected to take care of cooking and cleaning tasks.

10-7. Esta actividad recicla el imperfecto y los pronombres de objeto directo.

PALABRAS ÚTILES

regar	*to water* (*plants*)
barrer	*to sweep*
sacudir	*to dust*

Paso 1. Completa la tabla escribiendo quién hacía estos quehaceres en la casa de tu familia y si tú los haces ahora. Añade dos quehaceres más.

	En la casa de tu familia, ¿quién lo hacía?	Ahora, ¿lo haces?
1. hacer mi cama	Modelo: **Mi mamá la hacía.**	**Sí, la hago. / No, no la hago.**
2. poner la mesa		
3. lavar los platos		
4. sacar la basura		
5. pasar la aspiradora		
6. cortar el césped		
7. ¿...?		
8. ¿...?		

 Paso 2. Ahora, en grupos pequeños, compartan la información de sus tablas.

Modelo: **De niño, yo hacía mi cama y ahora también la hago. O, pero ahora no la hago.**

 Paso 3. Basándose en sus respuestas anteriores, contesten las siguientes preguntas.

1. ¿Ayudaban mucho en su casa cuando eran niños? ¿Qué quehaceres les gustaban más/menos? ¿Recibían alguna compensación por su ayuda?

2. ¿Cómo era la división de los quehaceres en su familia entre los adultos y los niños? ¿Y entre los hombres y las mujeres?

3. ¿Qué quehaceres hacen ahora? ¿Con qué frecuencia? Si viven con otras personas, ¿cómo comparten los quehaceres?

NOTA CULTURAL

El guaraní

Guaraní is one of the official languages of Paraguay, along with Spanish. It is spoken by 94% of the population, and is the only indigenous language of the Americas whose overwhelming majority of speakers are nonindigenous people. People learn Guaraní both informally from social interaction, and formally in public schools. Guaraní became part of the required curriculum in public schools following the fall of ex-President and dictator Alfredo Stroessner in 1989.

Example of Guaraní:
Mayma yvypóra ou ko yvy ári iñapytl'yre ha eteîcha dignidad ha derecho jeguerekópe; ha ikatu rupi oikuaa añetéva ha añete'yva, iporâva ha ivaíva, tekotevê pehenguéicha oiko oñondivekuéra.

Translation
All human beings are born free and equal in dignity and rights. They are endowed with reason and conscience and should act towards one another in a spirit of brotherhood.

(Article 1 of the Universal Declaration of Human Rights)

Así se forma

Ven, mi amor. No te desanimes. Camina hacia tu abuelita.

1. Giving orders and advice to family and friends: *Tú* commands

Informal **tú** commands are used to give orders or advice to persons whom you address informally as **tú** (friends, children, etc.). Note that affirmative and negative **tú** command forms differ from each other.

Affirmative *tú* commands

Regular affirmative **tú** command forms have the same form as the third person singular of the present tense.

¡**Mira!**	*Look!*
¡**Espera!**	*Wait!*
¡**Vuelve!**	*Come back!*

Some affirmative **tú** command forms are irregular:

decir	**di**	**Di**me la verdad.
hacer	**haz**	**Haz** la cama, por favor.
ir	**ve**	**Ve** al garaje para buscar los refrescos.
poner	**pon**	**Pon** la ropa en el ropero.
salir	**sal**	**Sal** de mi cuarto, por favor.
ser	**sé**	**Sé** bueno, por favor.
tener	**ten**	**Ten** paciencia. Vamos a cenar muy pronto.
venir	**ven**	**Ven** a la cocina para ayudarme.

Note that, like affirmative **usted** commands, object and reflexive pronouns follow and are attached to affirmative **tú** commands. A written accent is added in combinations of more than two syllables[1].

Muéstramelo.	*Show it to me.*
Hazlo.	*Do it.*
Póntelo.	*Put it on.*

Extensión: Puede presentar los mandatos afirmativos de tú con algunos ejemplos en la pizarra que ilustren formas regulares e irregulares: *Cierra el libro. Levántate. Siéntate. Pon el libro en mi escritorio,* etc. Lea y señale los mandatos mientras se dirige a los estudiantes y les indica que hagan lo que usted les pide.

Mencione que los mandatos pueden sonar severos o poco corteses, por lo que conviene el uso de expresiones de cortesía como *por favor.* Una alternativa a los mandatos es el uso de preguntas, por ejemplo, se puede decir: *¿Me puedes ayudar?* en vez de *¡Ayúdame!*

---

[1]The oral stress in affirmative **tú** command forms is on the second-to-last syllable: **mi**ra, **com**pra (unless, of course, the verb form only has one syllable: **haz**). The oral stress does not change, but adding pronouns means adding syllables: **mí**rame, **cóm**pralo, **haz**lo.

10-8. Audio:
1. Ordena tu cuarto.
2. Dale comida al gato.
3. Barre el patio.
4. Sacude los muebles.
5. Pasa la aspiradora.
6. Corta el césped.
7. Saca la basura.
8. Pon la mesa.
9. Saca a pasear al perro.
10. Riega las plantas.
11. Haz la cama.
12. Lava y seca los platos.

10-8 **Los quehaceres domésticos.** Escribe cada mandato que escuches debajo del dibujo correcto.

a. <u>Saca la basura.</u>

b. <u>Sacude los muebles.</u>

c. <u>Pasa la aspiradora.</u>

d. <u>Ordena tu cuarto.</u>

e. <u>Haz la cama.</u>

f. <u>Lava y seca los platos.</u>

g. <u>Pon la mesa.</u>

h. <u>Dale comida al gato.</u>

i. <u>Saca a pasear al perro.</u>

j. <u>Riega las plantas.</u>

k. <u>Corta el césped.</u>

l. <u>Barre el patio.</u>

10-9. Extensión: Pida a sus estudiantes que comenten si creen que los roles de los hombres y las mujeres han cambiado respecto a algunos quehaceres domésticos. Puede pedir que comparen el pasado y el presente para invitar el uso del imperfecto, ej. *Antes los hombres no cocinaban, pero ahora muchos hombres sí lo hacen.*

10-9. Esta actividad recicla los mandatos con la forma de *usted.*

10-9 **¿Quién lo debe hacer?** Hoy quieres preparar una cena especial para tu mejor amigo y su madre, quienes te visitan. Ellos te están ayudando. Lee los siguientes mandatos e indica si son apropiados para tu amigo (formas de *tú*) o para su madre (formas de *usted*).

		Tu amigo	Su madre
1.	Dígame si prefiere carne o pescado.	☐	☑
2.	Saca el pan de la bolsa, por favor.	☑	☐
3.	Tome el pan y llévelo a la mesa.	☐	☑
4.	Abre la puerta del horno.	☑	☐
5.	Ve a la tienda a comprar limones.	☑	☐
6.	Abra esta lata (*can*) de tomates, por favor.	☐	☑
7.	Ayúdame a poner la mesa.	☑	☐
8.	Vaya a la sala de estar y descanse.	☐	☑

(10-10) **¡Hazlo, por favor!** En parejas, imaginen que ustedes son compañeros/as de cuarto. Hay muchas cosas que les molestan de los hábitos de su compañero/a y hoy, por fin, deciden resolver sus diferencias.

Paso 1. Escribe peticiones para tu compañero/a completando las ideas de tu lista. Añade otra idea para el número 5. Usa formas de mandato.

Modelo: salir de la casa…
   Por favor, sal de la casa para fumar.

Estudiante A
1. ser amable con…
2. poner la ropa sucia…
3. ayudarme a…
4. ir a comprar…
5. ¿…?

Estudiante B
1. hacer menos ruido…
2. quitarte los zapatos…
3. darme dinero para…
4. limpiar el baño…
5. ¿…?

Paso 2. En turnos, pidan a su compañero/a lo que quieren y respondan a las peticiones de su compañero/a con una excusa o justificación.

Modelo: Estudiante A: **Por favor, sal de la casa para fumar.**
   Estudiante B: **Pero afuera hace mucho frío.**

Negative *tú* commands

To make a negative **tú** command, simply add **–s** to the **usted** command form.

Usted command	**Negative *tú* command**	
Espere en la sala.	No **esperes** en la sala.	*Don't wait in the living room.*
Ponga los libros allí.	No **pongas** los libros allí.	*Don't put the books there.*
Cierre la ventana.	No **cierres** la ventana.	*Don't close the window.*

Object and reflexive pronouns are placed before the verb in all negative commands. Observe the placement of the pronouns in the following negative commands and compare them with the corresponding affirmative commands.

Negative	**Affirmative**
¡No **lo** comas!	¡Cóme**lo**!
¡No **los** compres!	¡Cómpra**los**!
¡No **lo** hagas!	¡Haz**lo**!
¡No **te** vayas!	¡Ve**te**!

WILEY PLUS Go to *WileyPLUS* and review the Animated Grammar Tutorial and Verb Conjugator for this grammar point.

Use *PowerPoint Slides* para presentar y practicar esta gramática.

DICHOS

No digas en secreto lo que no quieres oír en público.
¿Qué puede pasar si le dices algo en secreto a otra persona?

No dejes para mañana lo que puedes hacer hoy.
¿Estás de acuerdo? ¿Hay un dicho equivalente en inglés?

¡Hazlo!

¡No lo hagas!

Sugerencia: Pida a los estudiantes que presenten algunos de sus mandatos; el resto de la clase tiene que adivinar si lo dice el diablito o el ángel.

I/O **10-11** **El diablito y el ángel.** Hay un conflicto en tu conciencia entre lo que dice el diablito y lo que dice el ángel. Decide si estos mandatos vienen del diablito o del ángel. Inventa dos mandatos adicionales.

		El diablito	El ángel
1.	Bebe mucha agua, pero no bebas demasiada (*too much*) cerveza.	☐	☑
2.	Ve a todas tus clases.	☐	☑
3.	Gasta todo tu dinero en ropa y fiestas.	☑	☐
4.	No salgas todas las noches.	☐	☑
5.	No llames a tus padres.	☑	☐
6.	Duerme al menos siete horas diarias.	☐	☑
7.	Mira ese pastel, cómetelo y no te comas las verduras.	☑	☐
8.	¡No vayas al gimnasio! El sofá es más cómodo.	☑	☐
9.	¿...?	☐	☐
10.	¿...?	☐	☐

10-12 **¡No, no, no!** Tu compañero/a de cuarto todavía hace algunas cosas que te molestan. ¿Qué le dices? Justifica o explica intentando ser creativo/a. Responde también a las peticiones de tu compañero/a y ofrece una solución.

Modelo: prender el televisor

Estudiante A: **No prendas el televisor ahora, por favor; necesito silencio para hacer yoga.**

Estudiante B: **¡Pero empieza mi programa favorito! Si quieres, puedo bajar el volumen.**

Estudiante A
1. tocar mis objetos personales
2. usar mi computadora
3. traer a tus amigos/as al cuarto a las...
4. ponerte mi ropa
5. ¿...?

Estudiante B
1. comer mi comida
2. hablar por teléfono todo el tiempo
3. hacer ruido
4. poner tu ropa en el suelo
5. ¿...?

10-13 **Nuestro amigo Esteban.**

 10-13. Cuando los estudiantes completen la actividad, use *PowerPoint Slides* para indicar la situación o el problema que motivó cada mandato.

Esteban es un poco desordenado. En grupos pequeños, estudien el dibujo y díganle lo que debe o no debe hacer. Usen tres mandatos de *tú* afirmativos y tres mandatos de *tú* negativos. Un/a secretario/a escribe los mandatos y luego se los presenta a la clase.

Nacionalidades:
**paraguayo/a
uruguayo/a**

WILEY PLUS Map quizzes: As you read about places highlighted in red, find them on the map. Learn more about and test yourself on the geography of the Spanish-speaking world in *WileyPLUS*.

Use *PowerPoint Slides* para presentar esta sección de cultura.

Uruguay y **Paraguay,** junto con Brasil y Argentina, crearon en 1991 el Mercosur, una zona económica que corresponde a un área cuatro veces más grande que la de la Unión Europea. Durante el periodo colonial, estos dos países tuvieron una historia muy similar. Sin embargo, su situación geográfica y su destino político generaron diferencias regionales que resultaron en dos naciones con identidades muy distintas.

Antes de leer

1. ¿Cómo se llama el río que conecta a Paraguay con Uruguay? Río Uruguay
2. ¿Cuál es la capital de Paraguay? Asunción
3. ¿Dónde está situada la capital de Uruguay? A orillas del Río de la Plata y el océano Atlántico
4. Paraguay tiene el mismo tamaño que (*same size as*), ¿qué estado de Estados Unidos?

☐ Illinois   ☐ Rhode Island   ☑ California

Sugerencia: Señale que el Río de la Plata comienza en la confluencia del río Uruguay y el río Paraná, y consiste, fundamentalmente, en un delta que desemboca en el océano Atlántico.

PARAGUAY

Paraguay es del tamaño del estado de California. Al igual que Bolivia, Paraguay está en el corazón de América del Sur y no tiene costa. El **río Paraguay** cruza el país de norte a sur y lo divide en dos partes. Casi el 95% de la población vive al este del río.

Existen en Paraguay dos lenguas oficiales, el español y el guaraní. El 94% de los paraguayos hablan y escriben en ambas (*both*) lenguas. La constitución federal y los libros de texto son escritos tanto en (*both*) español como en guaraní. Las palabras *jaguar* y *piraña* vienen del guaraní, y también el nombre del país:

pará = océano; gua = a o de; y = agua; es decir, agua que va al océano.

La dictadura militar de Alfredo Stroessner duró treinta y cinco años, hasta el año 1989, y ahora Paraguay es un país democrático.

La gente de Paraguay es muy diversa. La población incluye inmigrantes europeos y aproximadamente veinticinco grupos indígenas. El 95% de la población es de origen mestizo y la mayoría vive de la agricultura.

La capital, **Asunción,** está a orillas (*on the banks*) del río Paraguay. Es la ciudad más moderna del país y es el puerto más importante. Pero la ciudad también conserva muchos ejemplos de arquitectura colonial. Los tranvías (*trolleys*) amarillos de Asunción son una antigüedad. ¿Qué otras ciudades famosas tienen tranvías?

A partir de 1609, los jesuitas establecieron comunidades autosuficientes que agrupaban a cientos de indígenas guaraníes y los protegían de los traficantes de esclavos (*slaves*) portugueses y españoles. Mira la foto de las ruinas de las misiones en Trinidad, Paraguay. La película *The Mission* (1986) con Jeremy Irons y Robert DeNiro es un relato ficticio basado en la historia de una misión jesuita en Paraguay. Intenta ver el corto (*trailer*) de esta película, o la película entera, si puedes.

▲ Las espectaculares cataratas del **Iguazú** están en la frontera entre Argentina, Brasil y Paraguay.

URUGUAY

Uruguay es la república sudamericana más pequeña. La geografía uruguaya es uniforme: al norte están las llanuras (*flatlands*) y al sur está la Banda Oriental, una región muy plana donde está situada la capital, **Montevideo.**

La exportación de productos agrícolas y ganaderos (*livestock/beef products*) son la base de la economía del país, que es una de las más sólidas de Latinoamérica. La industria pesquera y la manufactura de productos derivados del ganado (lana, cuero, carne) son otra parte importante del sector comercial. El turismo también genera muchos beneficios y representa casi el 30% de la actividad económica.

En Uruguay la población no es muy diversa —casi un 90% de los uruguayos descienden de inmigrantes europeos, sobre todo de España e Italia. El nivel de alfabetismo (*literacy*) es de un 97%, el más alto de Latinoamérica, y la vida cultural en Uruguay es muy intensa. La legislación social de Uruguay es una de las más innovadoras de Hispanoamérica. Todas las personas que han trabajado treinta años tienen derecho a jubilarse (*retire*) con pensión.

Montevideo, la bella capital, está situada a orillas del Río de la Plata y el océano Atlántico; posee el mejor puerto natural de América del Sur. En esta ciudad vive la mitad (*half*) de la población del país.

Después de leer

1. Existen varios contrastes importantes entre Paraguay y Uruguay. ¿A qué país hace referencia cada oración?

	Paraguay	Uruguay
a. No tiene costas.	☑	☐
b. Su capital tiene costas en el océano Atlántico.	☐	☑
c. El español es la única lengua oficial.	☐	☑
d. El nivel de alfabetización es muy alto.	☐	☑
e. Su población es diversa; existe una gran variedad de grupos indígenas.	☑	☐
f. Su población es uniforme; casi todos descienden de inmigrantes.	☐	☑
g. Su nombre quiere decir *agua que va al océano* en guaraní	☑	☐

2. El gran número de grupos indígenas en Paraguay es evidente. ¿Esto se parece a qué país estudiado en un capítulo anterior?

   ☐ Venezuela ☐ Chile ☑ Bolivia

3. Observa la foto de las ruinas de las misiones en Trinidad, Paraguay en la página 342. ¿Conoces otras misiones como éstas en Estados Unidos o en otro país? ¿Dónde?

▲ **Punta del Este**, centro vacacional de fama mundial, es sinónimo de playas. Ofrece kilómetros de variada costa, desde las tranquilas aguas de sus bahías, hasta el mar abierto y las olas (*waves*) fuertes del lado del Atlántico.

▲ **Cristina Peri Rossi** (12 noviembre 1941) nació en Montevideo, donde completó sus estudios universitarios. Es considerada una de las novelistas latinoamericanas más importantes. Ha escrito más de treinta y siete obras, incluyendo novelas, poemas y cuentos cortos. Vive en España desde 1975.

Los uruguayos son grandes fanáticos del fútbol. Han conquistado dos títulos olímpicos (1924 y 1928), dos Copas mundiales (1930 y 1950), catorce campeonatos americanos y la Copa de Oro en 1980. El estadio Centenario en Montevideo es un monumento histórico del fútbol mundial y la sede del primer mundial de fútbol en 1930. La capacidad de este estadio es de 80,000 personas. ▼

Así se forma

¡Mira! ¡Por fin he aprendido a esquiar!

WILEY PLUS Go to *WileyPLUS* and review the Animated Grammar Tutorial and Verb Conjugator for this grammar point.

Use *PowerPoint Slides* para presentar y practicar esta gramática.

2. Saying what has/had happened: Perfect tenses

Perfect tenses in Spanish correspond closely to the English ones, both in their use and in how they are formed.

The perfect tenses are formed by combining a conjugated form of **haber** (*to have*) and the past participle of a verb. To form the past participle of most Spanish verbs, add **–ado** to the stem of **–ar** verbs and **–ido** to the stem of **–er** and **–ir** verbs. When used with **haber,** the past participle does not change; it always ends in **–o.**

llamar	llam	+	**–ado**	=	**llamado**
comer	com	+	**–ido**	=	**comido**
vivir	viv	+	**–ido**	=	**vivido**

NOTA DE LENGUA

The past participle may also be used as an adjective with **estar** and with nouns to show a condition. As an adjective, it agrees in gender and number with the noun it describes. You have used this construction in previous chapters.

La puerta está **cerrada.**	The door is **closed.**
Duermo con las ventanas **abiertas.**	I sleep with the windows **open.**
Mis amigos/as están **sentados/as** en el sofá.	My friends are **seated** on the sofa.

Sugerencia: Enfatice las formas irregulares del participio, recordando a los estudiantes que ya conocen dos formas que pueden encontrar en el título del libro. Pídales que las traduzcan al inglés y señale que *Dicho y hecho* es una expresión que tiene un equivalente en inglés. Anímeles a adivinar cuál es (*no sooner said than done*).

The following **–er** and **–ir** verbs have irregular past participles.

abrir	**abierto**	opened, open
decir	**dicho**	said, told
escribir	**escrito**	written
hacer	**hecho**	done, made
morir	**muerto**	died, dead
romper (*to break*)	**roto**	broken
poner	**puesto**	put, placed
ver	**visto**	seen
volver	**vuelto**	returned
devolver	**devuelto**	returned
resolver (*to resolve*)	**resuelto**	resolved

The present perfect: Saying what *has* happened

The present perfect uses the present tense of **haber** with the past participle of the verb.

presente de *haber* + participio pasado		
(yo)	**he llamado**	(*I have called*)
(tú)	**has llamado**	(*you have called*)
(Ud., él/ella)	**ha llamado**	(*you have called, he/she has called*)
(nosotros/as)	**hemos llamado**	(*we have called*)
(vosotros/as)	**habéis llamado**	(*you have called*)
(Uds., ellos/ellas)	**han llamado**	(*you/they have called*)

—¿Me **has llamado** tú esta tarde? *Have you called me this afternoon?*
—No, yo no **he llamado** a nadie hoy. *No, I haven´t called anyone today.*

The conjugated form of **haber** and the past participle must remain together, so object and reflexive pronouns immediately precede the **haber** form.

Todavía no **lo** he terminado. *I haven't finished it yet.*
Le he escrito varias veces. *I have written (**to**) him several times.*

- Similarly to English, the present perfect describes actions that began in the past but are still connected to the present in that the event still continues or its consequences are still felt in the present.

He vivido aquí tres meses. *I **have lived** here for three months.*
Juan **ha viajado** mucho y siempre *Juan **has travelled** a lot and he always tells*
cuenta historias interesantes. *interesting stories.*

He perdido mi libro de español y *I **have lost** mi Spanish book and now I*
ahora tengo que comprar otro. *need to buy another one.*

- Note that the time period that frames the action is not over yet. When the action is completed in a period of time that is over, *the preterit,* not the present perfect, is used. Compare:

He estudiado mucho hoy, por eso *I **have studied** a lot today so now I am*
ahora voy a jugar al tenis. *going to play tennis.*

El semestre pasado **estudié** mucho. *Last semester **I studied** very hard.*

DICHOS

Sobre gustos no hay nada escrito.
Del dicho al hecho hay largo trecho (*distance*).
Dicho y hecho.

¿Cuál de estos refranes es el título de tu libro de español? ¿Cuál se refiere a las preferencias individuales? ¿Cuál se refiere a las personas que hablan mucho pero no hacen nada?

10-14 Audio:
1. Hemos hecho las camas.
2. He ordenado la sala.
3. Ha lavado los platos.
4. Me he duchado.
5. Nos hemos vestido.
6. Hemos ido al supermercado.
7. Ha puesto la mesa.
8. Hemos preparado la comida.

Sugerencia: Indique que habla Max. Si usted lee la primera persona singular que se refiere a sí mismo, los estudiantes deben marcar la columna *Max (yo)*, si habla de una tercera persona, deben marcar *Nicolás (él)*, y si habla en la primera persona plural, se refiere a *Los dos (nosotros)*.

10-14 Una visita especial. Tus amigos Max y Nicolás acaban de mudarse a su nuevo apartamento y hacen una fiesta para celebrarlo. Estás muy impresionado/a ¡porque todo está perfecto! Escucha a Max, anota todo lo que han hecho e indica la persona que hizo cada cosa.

Modelo: Oyes: He pasado la aspiradora.

Marcas: **Max (Yo)**
☑

	Max (yo)	Nicolás (él)	Los dos (nosotros)
1.	☐	☐	☑
2.	☑	☐	☐
3.	☐	☑	☐
4.	☑	☐	☐
5.	☐	☐	☑
6.	☐	☐	☑
7.	☐	☑	☐
8.	☐	☐	☑

10-15. Use *PowerPoint Slides* para completar esta actividad.

10-15. Respuestas:
Esteban ha sacado…
Rubén se ha cortado…
El profesor Marín-Vivar se ha afeitado…
Javier ha ganado…
Linda ha aprendido…
Camila ha pintado…

10-15 ¿Qué hay de nuevo? Este fin de semana han ocurrido muchas cosas. Usando verbos del cuadro, escribe oraciones para describir estos cambios.

fracturarse	aprender a	sacar
afeitarse	pintar	ganar
cortarse		

Modelo: **Octavio se ha fracturado una pierna.**

Octavio

Esteban

Rubén

El profesor Marín-Vivar

Javier

Linda

Camila

10-16 Experiencias.

Paso 1. Completa la columna *Yo* con información verdadera sobre tus experiencias especificando dónde has ido, qué has ganado, etc. Añade otra experiencia interesante en la última línea.

10-16. Paso 3: Pida a varios estudiantes que compartan algunas de sus experiencias más interesantes con la clase.

Modelo: 1. He viajado a Paraguay.

	Yo	Un/a compañero/a
1. viajar a otro país		
2. conocer a alguien famoso		
3. ganar una competencia		
4. visitar un lugar fascinante		
5. practicar deportes de aventura		
6. hacer* algo peligroso		
7. comer algo exótico		
8. ver* un concierto/una obra de teatro muy especial		
9. participar en un evento especial/importante		
10. ¿...?		

Paso 2. Mientras caminas por el aula, haz preguntas a tus compañeros para averiguar si alguien ha hecho algo similar. Si un/a estudiante responde afirmativamente, anota su nombre en la columna *Un/a compañero/a* en la tabla de arriba. Todos los nombres deben ser de personas diferentes. Responde también a las preguntas de tus compañeros/as, hablando de tus experiencias.

Modelo: —¿Has viajado a Paraguay?
—Sí, he viajado a Paraguay. / No, no he viajado a otros países. / No, pero he viajado a Uruguay.

Paso 3. ¿Quién tiene el mayor número de compañeros/as en la lista? ¿Qué experiencias compartes con otros/as estudiantes de la clase?

Modelo: Abel y yo hemos viajado a Paraguay.

SITUACIONES

Son compañeros de apartamento y comparten (*share*) los quehaceres. Este fin de semana era el turno de limpiar de Estudiante B, pero cuando Estudiante A llega a casa el domingo por la tarde, todo está desordenado y sucio.

Estudiante A: Pregunta a tu compañero/a por qué no ha hecho cada uno de los quehaceres, escucha sus respuestas y dile lo que debe hacer.

Estudiante B: Inventa excusas para explicar por qué no has limpiado.

10-17 ¡Qué mentiroso (*What a liar*)!

Paso 1. Escribe en un papel tres oraciones describiendo cosas que has hecho (o no has hecho). Piensa en actividades poco frecuentes o atípicas. Dos deben ser ciertas y una falsa.

Modelo: He montado en elefante.
     He jugado al tenis con Rafael Nadal.
     Nunca he visto el océano.

Paso 2. En grupos de cuatro personas, tomen turnos: una persona lee sus oraciones; después de cada afirmación, los compañeros le hacen preguntas. La persona que contesta tiene que inventar los detalles de la experiencia falsa para hacerla creíble. Después, el grupo vota para decidir qué experiencia es falsa y la persona que hizo la afirmación explica si lo era o no.

...pero, Juanito, me dijiste que ya habías ordenado tu cuarto.

The past perfect: Saying what *had* happened

The past perfect uses the imperfect tense of **haber** and the past participle of the verb. It corresponds to the English *had eaten, had spoken*, etc.

imperfecto de *haber* + participio pasado		
(yo)	**había llamado**	(*I had called*)
(tú)	**habías llamado**	(*you had called*)
(Ud., él/ella)	**había llamado**	(*you/he/she had called*)
(nosotros/as)	**habíamos llamado**	(*we had called*)
(vosotros/as)	**habíais llamado**	(*you had called*)
(Uds., ellos/ellas)	**habían llamado**	(*you/they had called*)

- As in English, the past perfect is used to describe an action that had already occurred prior to another event or given time in the past that is either explicit or part of the context.

Cuando llegaron los abuelos, ya **habíamos limpiado** la casa.

*When our grandparents arrived, we **had** already **cleaned** the house.*

A las diez de la noche aún no **habían cenado**.

*At 10 pm they **had** not **eaten** dinner yet.*

La universidad me cambió mucho. Nunca **había sido** tan responsable.

*College changed me very much. I **had** never **been** so responsible.*

10-18 ¿Qué ocurrió primero?

Decide para cada oración qué acción ocurrió primero (márcala con un "1") y cuál sucedió después (márcala con un "2"). Luego decide si cada oración es lógica o ilógica.

Modelo: Esteban <u>llegó</u> a su casa cansado porque ya <u>había estudiado</u> más de tres horas.
                      2   **1**

Lógico. ☑   **Ilógico.** ☐

		Lógico	Ilógico
1.	Alfonso ya <u>había hecho</u> la cama cuando <u>se despertó</u>. **1** **2**	☐	☑
2.	Pepita <u>sacó</u> la basura. Ya <u>había cortado</u> el césped. **2** **1**	☑	☐
3.	Natalia <u>lavó</u> los platos. Ya <u>había recogido</u> la mesa. **2** **1**	☑	☐
4.	Esteban <u>había secado</u> los platos y los <u>lavó</u>. **1** **2**	☐	☑
5.	Manuel <u>ordenó</u> su cuarto cuando ya <u>había barrido</u> el patio. **2** **1**	☑	☐

10-19 ¡Qué hijos tan irresponsables!

Los padres salieron de la casa. ¿Qué descubrieron al regresar? ¿Qué habían y qué no habían hecho los hijos?

Modelo: ordenar la sala

Probablemente no habían ordenado la sala.

1. pasar la aspiradora	**5.** sacar la basura
2. hacer las camas	**6.** lavar los platos
3. invitar a amigos/as a la casa	**7.** ver muchas películas
4. comer toda la comida	**8.** romper una ventana

10-20 Las experiencias de la vida.

Paso 1. Escribe tres oraciones describiendo algunas cosas interesantes que ya habías hecho antes de los dieciocho años y tres cosas que todavía no habías hecho.

Modelo: Ya **había jugado** muchos torneos de tenis.

Todavía **no había aprendido** a nadar.

Cosas que ya había hecho antes de los dieciocho años.	Cosas que todavía no había hecho antes de los dieciocho años.
1.	1.
2.	2.
3.	3.

 Paso 2. En grupos, compartan sus experiencias y pidan más detalles sobre las experiencias de sus compañeros/as.

Sugerencia: Escriba un modelo en la pizarra y recuerde a los estudiantes que ya conocen las formas del imperfecto.

10-20. Extensión: Pida a los estudiantes que hagan una lista de las cosas que ya habían hecho todos antes de venir a la universidad. Por ejemplo: *Antes de venir a esta universidad, yo ya había aprendido a usar la computadora/había estudiado español en la escuela secundaria...*

Pueden hacer el *Paso 3* en clase o puede asignarlo como tarea para el día siguiente. En este caso, los estudiantes pueden preparar las oraciones de forma individual para después, en clase, leerlas y adivinar en grupos.

Use *PowerPoint Slides* para presentar esta nota sobre la cultura hispana.

Antes de leer

¿Tiene tu casa un patio o una terraza (*deck*)? ¿Qué haces allí?

◀ Un patio tradicional hispano, en Colombia. ¿Qué actividades pueden realizarse en esta parte de la casa?

Uno de los elementos más representativos de muchas viviendas hispanas es el patio. Muchas casas —incluso las más pequeñas— tienen algún tipo de patio. El diseño tradicional del patio hispano, rodeado de (*surrounded by*) paredes altas, es una mezcla (*mix*) de influencias romanas y árabes. En estas dos culturas la privacidad era muy importante y las casas estaban separadas de la calle por paredes y muros (*walls*). La luz y el aire entraban en los cuartos por las ventanas, las puertas y los balcones que rodeaban el patio central.

Las casas hispanas de estilo colonial tienen este tipo de patio central, con una fuente (*fountain*) y plantas; pero, en las casas más modernas, el patio generalmente está detrás de la casa. A diferencia de las terrazas, tan populares en Estados Unidos, los patios de las casas de los hispanos no tienen pisos de madera (*wood*). El suelo frecuentemente está cubierto de losas de cerámica o piedra (*stone*).

El patio, un lugar privado al aire libre (*open air*), es un espacio fundamental de las viviendas hispanas porque tiene varias funciones importantes. Es un sitio cómodo (*comfortable*) para tomar un poco de sol o respirar aire fresco y recibir visitas o celebrar una pequeña fiesta.

Después de leer

Nombra dos similitudes entre los patios o terrazas de las casas en Estados Unidos y el patio de las casas hispanoamericanas.

VideoEscenas: ¡Hazlo tú!

▲ Ernesto y Javier, compañeros de piso/
apartamento, discuten sobre los quehaceres
domésticos.

 Paso 1. Escribe una lista de los quehaceres que haces en tu residencia o apartamento.
Si vives con otras personas, escribe otra lista indicando lo que hacen ellos/ellas.
Cuando termines, compara tu lista con la de un/a compañero/a.

Paso 2. Mira el video y presta atención a las ideas principales. Después imagina que
eres amigo de Ernesto y Javier. Has escuchado su conversación y la resumes para otro
amigo común en un mensaje electrónico.

Modelo: **¿Sabes qué pasó ayer? Ernesto y Javier discutieron sobre los quehaceres
domésticos…**

Paso 3. Mira el video otra vez y responde las siguientes preguntas.

- ¿Por qué está Javier enojado con Ernesto?
  Porque no le ayuda con los quehaceres.
- ¿Qué quehaceres debe hacer Ernesto? Escribe al menos cuatro.
  Sacar la basura, limpiar la cocina, lavar y secar los platos, barrer los pisos, ordenar la sala, regar las plantas y pasar la aspiradora.
- ¿Cuál es el último quehacer que le pide Javier a Ernesto? ¿Cómo reacciona
  Ernesto? Darle comida al gato. / Ernesto se soprende porque no tienen gato.

 Paso 4. En grupos de cuatro personas, dos estudiantes van a escribir consejos para
Javier y los otros dos para Ernesto. Después compartan sus ideas. ¿Qué sugerencias
pueden funcionar mejor?

Así se forma

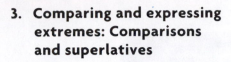

Es tan guapo como Gael García Bernal, ¿no?

3. Comparing and expressing extremes: Comparisons and superlatives

We can compare adjectives (**guapo/a, inteligente**), adverbs (**bien, mal, tarde**), nouns (**dinero, amigos, problemas**) and verbs (**estudiar, comer**).

Comparisons of equality

	= (Equality)
Adjective (guapo)	Ana es **tan** guapa **como** Elena.
Adverb (tarde)	Llegué **tan** tarde **como** tú.
Noun (dinero...)	No tengo **tanto** dinero **como** mis padres.
	Rita no hace **tanta** tarea **como** nosotros.
	Nadie tiene **tantos** tíos **como** yo.
	Tienes **tantas** clases **como** Roberto.
Verb (leer)	Leo **tanto como** tú.

Extensión: Presente a los estudiantes las comparaciones de igualdad escribiendo fórmulas en la pizarra o en una transparencia:

tan + adjetivo + como
tan + adverbio + como …

Ilustre las comparaciones con ejemplos basados en sus estudiantes: **Juana es tan alta como Patricia. Pablo tiene tantos libros como María. José estudia tanto como Miguel.**

- Note that the adjective in a comparison (**guapa**) agrees with the noun it refers to (**Ana**).

- Note also the word order *verb + comparison expression* (**tanto como**) when comparing actions.

Como los estudiantes todavía no han aprendido a hacer comparaciones con más/menos, lo único que se debe responder en esta actividad es *cierto* o *falso*.

I/O **10-21** **¿Son parecidos (*Are they alike*)?** Mira los dibujos y decide si las oraciones son ciertas o falsas.

10-21. Respuestas:
1. Cierto.
2. Cierto.
3. Falso.
4. Cierto.
5. Falso.
6. Falso.
7. Falso.
8. Falso.

1. Octavio es tan inteligente como Javier.

2. Javier es tan atlético como Manuel.

3. Camila es tan alta como su hermana.

4. El ogro está tan gordo como su amigo.

5. Alfonso tiene tanto dinero como su profesor.

6. Linda tiene tantas flores como Inés.

7. Natalia estudia tanto como Rubén.

8. Pepita come tanto como Esteban.

10-22. Puede practicar otra vez las comparaciones en la siguiente sección.

0 **10-22** **Otras personas y yo.** Escribe comparaciones de igualdad entre algunos/as compañeros/as de clase, o entre algún/alguna compañero/a de clase y tú. Tienes cinco minutos. Algunos/as estudiantes van a leer sus comparaciones a la clase. Incluye:

1. características personales **Soy tan… como…**
2. cosas que tienen **… tiene tanto/a/os/as… como…**
3. actividades en las que participan **… estudia tanto como…**

Teo, ¡corres más rápido que yo! ¡No te escapes!

Extensión: Presente estas comparaciones y escriba fórmulas en la pizarra o en una transparencia. Incluya también las formas irregulares.

más/menos + adjetivo + que
más/menos + adverbio + que
peor/mejor que

Comparisons of inequality

	+	–	=
Adjective (guapo)	Ana es **más** guapa **que** yo.	…**menos** guapa **que**…	…**tan** guapa **como**…
Adverb (tarde)	Luis llegó **más** tarde **que** tú.	…**menos** tarde **que**…	…**tan** tarde **como**…
Noun (dinero…)	Tienes **más** dinero **que** él.	…**menos** dinero **que**…	…**tanto** dinero **como**…
			…**tanta** tarea **como**…
			…**tantos** tíos **como**…
			…**tantas** tías **como**…
Verb (leer)…	Leo **más que** tú…	**menos que**…	**tanto como**…

- Otros ejemplos:

Este apartamento es **más/menos** caro **que** el otro.
*This apartment is **more/less** expensive **than** the other one.*

Ella limpia su apartamento **más/menos** frecuentemente **que** yo.
*She cleans her apartment **more/less** frequently **than** I.*

Esta casa tiene **más/menos** ventanas **que** la otra.
*This house has **more/fewer** windows **than** the other one.*

Ella paga **más/menos que** tú.
*She pays **more/less than** you.*

- Use **de** instead of **que** before a number.

El sillón costó **más/menos** de $625.
*The armchair cost **more/less** than $625.*

Sugerencia: Dé ejemplos que se basen en sus estudiantes: *Mónica es más alta que la profesora. Jared es menos alto que Juan.*

Para reforzar el uso del *de* antes de los números, pida a un estudiante que mire discretamente cuánto dinero tiene. Después pregunte si tiene más de dos dólares, menos de cinco dólares, etc., hasta determinar la cantidad correcta. Puede agrupar a los estudiantes en parejas para que hagan lo mismo.

Preste atención especial a las formas irregulares (*mejor, peor, mayor, menor*) y recuerde a los estudiantes que no usen más/menos con estas formas.

Some Spanish adjectives and adverbs have irregular comparative forms. These forms do not use **más** or **menos**.

Adjetivo		Adverbio		Comparativo	
bueno/a	*good*	bien	*well*	**mejor**	*better*
malo/a	*bad*	mal	*badly*	**peor**	*worse*
joven	*young*			**menor**	*younger*
viejo/a	*old*			**mayor**	*older (referring to age of a person)*

Esta película es **buena.**   *This movie is **good**.*
Esa es **mejor que** esta.   *That one is **better than** this one.*
Ese restaurante es **malo.**   *That restaurant is **bad**.*
Aquel es aún **peor.**   *That one is even **worse**.*

10-23. Sugerencia: Intente formar grupos mixtos para que haya opiniones de mujeres y hombres.

Suplemente esta actividad con otras comparaciones divertidas o controvertidas para que la clase reaccione a ellas. Si hay tiempo, puede pedir a los estudiantes que escriban otras comparaciones para compartir con la clase después o como tarea para la próxima clase.

(10-23) **¿De acuerdo (*Do you agree*)?** En grupos de tres personas, digan si ustedes están de acuerdo o no con las siguientes generalizaciones. Si no están de acuerdo, indiquen su opinión. Túrnense.

Modelo: El español es más difícil que el inglés.
     Sí, el español es… O, **No, el español no es… Es más fácil.**
     O, **El español es tan difícil/fácil como el inglés.**

1. La clase de español es más divertida que la clase de matemáticas.
2. Las mujeres de esta clase son más inteligentes que los hombres.
3. Los hombres de esta clase estudian más que las mujeres.
4. Las mujeres, en general, gastan menos dinero que los hombres.
5. Los hombres hispanos bailan mejor que los hombres estadounidenses.
6. Los coches estadounidenses son mejores que los japoneses.
7. El dinero es más importante que el amor.
8. Vivir en la ciudad es mejor que vivir en el campo.
9. El alcohol es peor que los cigarrillos.

(10-24) **Entre nosotros.**

Paso 1. Formen grupos de tres personas. Primero, escriban los nombres de las personas en cada columna de la tabla de la página 355. Luego, háganse preguntas para completar el cuadro y apunten la cantidad (*quantity*). Después, hagan comparaciones usando la información del cuadro.

Modelo: horas de estudio por día
     ¿Cuántas horas estudias por día?
     Tengo más/menos clases que Juan. O, **Tengo tantas clases como Juan.**

1. Número de clases este semestre			
2. Horas para hacer los quehaceres domésticos por semana			
3. Horas de trabajo por semana			
4. Tiempo para deportes/ actividades extracurriculares cada semana			
5. Horas de descanso (televisión, amigos/as) por día			
6. Horas para leer o escribir correos electrónicos/ o navegar en Internet por día			
7. Horas que duermes cada noche			

Paso 2. Ahora, basándose en la información anterior, comparen sus estilos de vida. Aquí tienen algunas preguntas que pueden servirles para empezar la conversación:

- ¿Quién está más ocupado? ¿Quién tiene más tiempo para descansar?
- ¿Quién es más activo? ¿Quién es más tranquilo?
- ¿Quién tiene una vida más equilibrada? ¿Quién está estresado?
- ¿Quién está más concentrado en sus estudios? ¿Quién tiene más variedad en sus actividades?

0 **10-25** **Quiero alquilar un apartamento.** Decides alquilar un apartamento en Asunción, Paraguay. Lee los tres anuncios y escribe cuatro oraciones comparando los tres apartamentos. ¿Cuál prefieres y por qué? Usa comparaciones para explicar tu preferencia.

10-25. Esta actividad recicla el vocabulario para hablar de la casa.

1.

ENCANTADOR PENTHOUSE
en Manorá, G 5,200,000, 3 habs., 2 baños con terraza, jacuzzi, bar. BUENA VISTA 565-2132

2.

ESTUDIO AMUEBLADO.
C/Igatimí. G 4,000,000. Bello. 1 hab., baño, sala, comedor, cocina. Totalmente equipado. Muebles nuevos. Inversor. NUEVOS HORIZONTES 592-2100

3.

PENTHOUSE AMUEBLADO.
Avda. Carlos Antonio López. 4 habs., 5 baños, 3 balcones, 2 terrazas techadas, amplias áreas de servicio. Vista panorámica, 2 parqueos techados, ascensor. G 10,250,000. Lucía. 541-1987

0 **10-26** **Las fotos de mi amiga.**

Paso 1. Comparen las siguientes fotos. Hagan varias comparaciones, en cada caso, basadas en las fotografías.

Modelo: **La casa en Mérida es más grande que la choza en el campo.**

Grupo 1: Familia

1.

Una familia indígena en México

2.

La familia de Gustavo y Elvira, en San Juan, Puerto Rico

3.

Un padre con sus hijos en Paraguay

Grupo 2: Casas

4.

Casa en la ciudad, Mérida, Yucatán, México

5.

Casa (choza) en el campo, Yucatán, México

6.

Apartamento en San Juan, Puerto Rico

Grupo 3: Comidas

7.

Preparación de un plato maya

8.

Desayuno en México D.F.

9.

Desayuno en Madrid, España

10-26. El *Paso 2* puede ser preparado como tarea para hacer en la casa. Al día siguiente, los grupos trabajan juntos de nuevo para presentar sus opiniones.

Paso 2. Imaginen que cada uno de ustedes es miembro de una de las familias de las fotos anteriores (1–3). En sus grupos, expliquen a los otros los aspectos más positivos de sus vidas, comparándolas con las de las otras fotos. Usen su imaginación.

The superlative

The superlative form of the adjective is used when persons or things are singled out as being *the most . . . , least . . . , best . . . , worst . . . , tallest . . .* , etc. To form the superlative use:

> **el/la/los/las + (noun) + más/menos + (adjective) + de...**

La cocina **es el lugar más popular de** nuestra casa.
The kitchen is the most popular place in our house.

Note the use of the preposition **de** in Spanish superlatives, not **en**, which is often incorrectly used by English speakers.

Liliana es **la más alta de la** clase.
~~Liliana es **la más alta en la** clase.~~

To form the superlative of **bueno/a, malo/a,** we use the same irregular forms as in the comparative.

> **el/la/los/las + mejor(es)/peor(es) + (noun) + de...**

Los mejores restaurantes **de** la ciudad están en el centro.
The best restaurants in the city are downtown.

Use *PowerPoint Slides* para presentar y practicar esta gramática.

WILEY PLUS Go to *WileyPLUS* and review the Animated Grammar Tutorial for this grammar point.

 10-27 **Premios Superlativo (*Superlative Awards*).** Cada año se conceden en tu universidad los premios Superlativo. Este año tu clase de español forma parte del jurado *(jury)*.

Paso 1. En grupos pequeños, piensen en cuatro nominados/as para la(s) categoría(s) que va a asignar su instructor/a. Escriban los nombres en la columna *Nominado*. Añadan una categoría más en la última línea y las nominaciones correspondientes.

10-27. Divida la clase en grupos de tres o cuatro personas y distribuya las categorías de la tabla entre los grupos.

Dibuje un cuadro en la pizarra para que un representante de cada grupo escriba sus nominaciones y su nueva categoría.

	Nominado	Votos	Nominado	Votos	Nominado	Votos	Nominado	Votos
1. la clase más fácil								
2. la clase más aburrida								
3. el mejor lugar para estudiar								
4. la peor comida de la cafetería								
5. el edificio más feo								
6. el lugar más romántico								
7. el evento (o fiesta) más popular								
8. la mejor residencia								
9. ¿...?								

Paso 2. Compartan sus nominaciones y su nueva categoría con la clase. Un/a representante de cada grupo las escribe en la pizarra. Después voten para decidir los ganadores de estos premios.

O **10-28** **¿Cuál es el mejor?**

Paso 1. Primero, escoge (*choose*) tres de las siguientes categorías. Luego, para cada categoría, usa superlativos para escribir tu opinión sobre tres aspectos.

Modelo: actores:

Para mí, Sean Penn es el mejor de todos.
Jack Black es el menos guapo de todos.
En mi opinión, Will Farrell es el más divertido.

1. películas recientes
2. programas de televisión
3. revistas
4. actores/actrices

5. cantantes/grupos musicales
6. restaurantes en la ciudad
7. equipos deportivos
8. ciudades de Estados Unidos

 Paso 2. En grupos, lean sus opiniones a sus compañeros y escuchen las de ellos. ¿Están de acuerdo?

Mendoza, Argentina. Según la tienda, ¿cuáles son los mejores productos de Argentina? ¿Puedes identificar tres? ▶

10-29. Puede asignar esta actividad como tarea para hacer en la casa. Si lo hace así, anime a los estudiantes a que traigan los productos o fotos y lo necesario para representar el anuncio en clase. Recuérdeles que el anuncio no debe durar más de treinta segundos.

10-29 **Un anuncio comercial.** En grupos, escriban un anuncio comercial de treinta segundos para la televisión. Comparen tres productos similares (hamburguesas de tres restaurantes populares, por ejemplo) usando comparativos y superlativos. Después van a presentar sus anuncios a la clase.

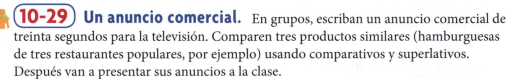

INVESTIG@ EN INTERNET

¿Cuál es el río más caudaloso (*largest*) del mundo? el Amazonas
¿Cuál es la ciudad más poblada del continente americano? la Ciudad de México
¿Cuál es la catarata más alta del mundo? Salto del Ángel, Venezuela
¿Cuál es la ciudad más austral (*southernmost*) del mundo? Ushuaia, Argentina

Dicho y hecho

PARA LEER: Gaudí y Barcelona

ANTES DE LEER

¿Cuál es tu edificio u obra arquitectónica favorita? ¿Lo has visitado personalmente? Explica por qué te gusta.

Sugerencia: Active algunas de las estrategias de anticipación de contenido estudiadas en capítulos anteriores. Pida a sus estudiantes que observen el título de la lectura y las fotos, e imaginen qué son estos edificios, qué función tienen y los describan con sus palabras.

ESTRATEGIA DE LECTURA

Using a bilingual dictionary When you encounter an unknown word that seems key to understanding the text, try first to guess its meaning based on context or association with related words you know (word families). If you still cannot make out what it means, a bilingual dictionary can be helpful. It is important, however, that you limit use of a dictionary and avoid looking up every word you might not know, since this habit often leads to missing the point of the text.

When you look up a word, you will need to search for its basic form: the infinitive of a verb, the singular form of a noun, etc. Once you find the correct entry, be sure to go over the different English equivalents or definitions given to determine which is the most logical in the context of what you're reading.

Look at these words from the article that follows and decide for each 1) what part of speech it is (verb, noun, etc.), and 2) what form of the word you would look for in a Spanish-English dictionary.

tirar verb, *tirar* **nenúfares** noun, *nenúfar*
roto adjective, *roto* **destacan** verb, *destacar*

As you read the article, circle these and other new words that seem key in understanding the general message and try some of the strategies you have practiced in earlier chapters to interpret their meanings (for example cognates, context, word families, etc.). Once you have exhausted other strategies, go ahead and look up any words you're still struggling with in a Spanish-English dictionary.

Opción: Puede repetir este ejercicio con otras palabras que los estudiantes no conozcan, pero es buena idea intentar guiarles primero con estrategias de identificar cognados, palabras relacionadas o adivinar a través del contexto. En este caso, por ejemplo, es probable que algunos estudiantes interpreten correctamente *tirar* (*toss/throw out, scrap, raze*), o *roto* (*broken, shattered*) dado el contexto y su relación con palabras conocidas. En cambio, raro será el estudiante que pueda determinar el significado de *nenúfar* (*water lily*) sin recurrir al diccionario.

A LEER

Barcelona, conocida familiarmente como "Barna", es una de las capitales mundiales de la arquitectura. Te proponemos disfrutar de[1] dos obras[2] creadas por Antoni Gaudí (Reus, 1852 – Barcelona, 1926) y declaradas Patrimonio de la Humanidad por la UNESCO.

CASA BATLLÓ, "UNA SONRISA ARQUITECTÓNICA"

La casa del nº 43 del Paseo de Gracia fue construida en 1875. En el año 1900 Gaudí fue contratado por su propietario, don José Batlló Casanovas, para tirar la casa y levantar una nueva, pero finalmente se decidió hacer una reforma. El resultado, finalizado en 1906, es una de las obras más poéticas e inspiradas del arquitecto. La fachada está revestida[3] de cerámica vidriada y fragmentos de cristales rotos de colores cuya colocación exacta[4] dirigió personalmente Gaudí desde la calle. Sus columnas tienen forma ósea[5] y presentan motivos vegetales. Esta espectacular fachada es comparada con la serie *Los nenúfares* de Claude Monet. El piso principal también fue reformado y decorado por Gaudí, que incluso diseñó sus muebles. www.casabatllo.es

---

[1] enjoy, [2] works, [3] covered, [4] whose exact placement, [5] are shaped like bones

Dicho y hecho

CASA MILÁ O "LA PEDRERA"

Este edificio fue un encargo[6] del matrimonio Pere Milá y Roser Segimon, y se levantó entre 1906 y 1910, en el nº 92 del Paseo de Gracia. Su fachada nos lleva a los paisajes[7] naturales visitados por Gaudí: la masa de piedra ondulante rematada[8] con azulejos[9] blancos en la parte superior, recuerda a una montaña nevada. También destacan los balcones de hierro en forma de plantas y la azotea[10], cuyas chimeneas semejan cabezas de guerreros. Solamente se puede visitar la azotea, el ático y la planta baja, que recrea el hogar de una familia burguesa barcelonesa de principios del siglo XX. El resto del edificio continúa habitado. www.lapedreraeducacio.org

Como apunta Joan Bassegoda, experto en la obra de Gaudí: "Gaudí observó que muchas de las estructuras naturales están compuestas de materiales fibrosos como la madera[11], los huesos, los músculos o los tendones, […] y las trasladó a la arquitectura […]. Las Casas Batlló y Milá fueron el punto culminante de su arquitectura naturalista. La primera, revestida de pedazos de cristales de colores y rematada con formas orgánicas de cerámica vidriada, y la segunda, con su aspecto de acantilado[12], parecen símbolos del mar y de la tierra"

Texto: *Punto y coma*
Fotografía: Clara de la Flor

---

[6] commission, [7] landscapes, [8] topped, [9] tiles, [10] terrace roof, [11] wood, [12] cliff

DESPUÉS DE LEER

1. Responde a estas preguntas sobre el texto:

   a. ¿Cuál de los edificios es obra completa de Gaudí? Casa Milá.

   b. ¿Qué características comparten (*share*) ambos edificios? Tienen símbolos del mar y de la tierra.

   c. La casa Batlló es también conocida popularmente como Casa de los Bostezos (*yawns*) y Casa de los Huesos. ¿Puedes explicar por qué?

2. En la Casa Milá y otros edificios de Gaudí aún viven familias. ¿Te gustaría vivir en una de estas casas? ¿En cuál? ¿Por qué?

PARA CONVERSAR: Bienes raíces (*Real estate*)

Trabajen en grupos de tres personas. Uno/a de ustedes es agente de bienes raíces con propiedades en Latinoamérica. Dos de ustedes quieren comprar una propiedad en Costa Rica, Ecuador o Uruguay. Comparen las opciones que se presentan en la página 361.

- ubicación (*location*)
- precio
- tipo de vivienda
- ventajas (*advantages*) y desventajas de cada una
- su decisión

80% vendido Primera Etapa ¡LLAME YA!

CONDOMINIO **BALCONES DE SANTA ANA**

Una nueva forma de vivir...

Envueltos por la verde naturaleza

Entrega Inmediata

BALCONES DE SANTA ANA está compuesto por 16 condominios independientes de 248 a 293 mts² cada uno.

Situado en Santa Ana, la zona de más plusvalía en San José, cuenta con piscina, casa club, zona de juegos, generosos jardines y hermosas vistas sobre los cerros de Escazú. Localizado a sólo 5 minutos de Multiplaza, 700 mts. de Santa Ana y fácil acceso a la pista San José - Caldera.

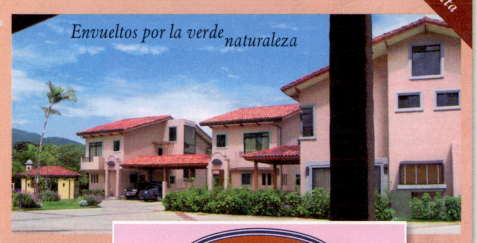

En la bella playa de Atacames, Ecuador.

Suites Playa Atacames

Usted merece un espacio propio para disfrutar de sus vacaciones.

- Frente al mar
- Departamentos de dos dormitorios, sala, cocina, comedor y balcón
- Pisos de cerámica
- Áreas comunales
- Tres piscinas
- Micromercado
- Áreas de estacionamiento

TODO ESTO POR: $36.000US

En la más exclusiva ciudad vacacional de Latinoamérica, Punta del Este, Uruguay.

Condominios Península

Propiedades en venta. Amplios y luminosos ambientes, frente al mar y próximo a todo.

- Living-Comedor
- Terraza
- Dos dormitorios, dos baños
- Cocina
- Lavadero
- Dormitorio y baño de servicio
- Garage
- Muebles

$98.000US

Dicho y hecho

PARA ESCRIBIR: Dos casas

En esta composición, vas a describir dos casas diferentes. Algunas opciones son:

- Tu casa y la casa de otra persona
- Las casas de dos personas diferentes
- Tu casa ahora y tu casa ideal
- ¿...?

ANTES DE ESCRIBIR

Elige las dos casas que vas a comparar y escribe cuáles son en el cuadro a continuación. Después, piensa en algunas características de cada una y escríbelas en el cuadro.

	Casa 1	Casa 2
Tamaño		
Lugar (*place/location*)		
Muebles		
¿?		
¿?		

A ESCRIBIR

Escribe la primera versión de tu composición. Aquí hay un bosquejo (*outline*) que te puede ayudar.

Párrafo 1: "En esta composición, voy a describir dos casas (muy diferentes / muy parecidas, que son diferentes en algunos aspectos pero parecidas en otros aspectos). La primera es _____ y la segunda es _____."

Párrafo 2: Tres aspectos de la Casa 1. O un aspecto de las dos casas.

Párrafo 3: Tres aspectos de la Casa 2. U otro aspecto de las dos casas.

Párrafo 4: Otro aspecto de las dos casas.

Párrafo 5: Conclusión.

Para escribir mejor

Estas palabras te pueden ayudar a escribir tu composición.

pies cuadrados	*square feet*
sótano	*basement*
despensa	*pantry*
chimenea	*fireplace*
elevador/ascensor	*elevator*
escalera de incendios	*fire escape*
camino de entrada	*driveway*

ESTRATEGIA DE REDACCIÓN

Organizing a comparison There are many ways to organize a comparison. Here are two common organizational schemes.

<u>Scheme 1: House by house</u>
First, describe all the characteristics of one house, then describe all the characteristics of the other house, and finally, draw comparisons between the two.

<u>Scheme 2: Characteristic by characteristic</u>
Choose one characteristic (for example, size, location, etc.) and describe that characteristic of each house. Then, in a separate paragraph, choose another characteristic, and describe that characteristic of each house, and so on.

Can you think of another way to organize your comparison?

DESPUÉS DE ESCRIBIR

Revisar y editar: El contenido, la organización, la gramática y el vocabulario. Después de escribir el primer borrador de tu composición, déjalo a un lado por un mínimo de un día sin leerlo. Cuando vuelvas a leerlo, corrige el contenido, la organización, la gramática y el vocabulario. Hazte estas preguntas:

☐ ¿Describí claramente tres características de cada casa?

☐ ¿Está clara la organización?

☐ ¿Es lógica la conclusión – si las casas son muy parecidas o diferentes?

Los comparativos. Subraya todos los usos comparativos que usaste, como **tan…como, tanto/a/ os/as como, más…que, menos…que.** Revísalos bien para corregir posibles errores.

 ## PARA VER Y ESCUCHAR: Los patios de Andalucía

Paso 1. Andalucía es una región al sur de España. En este video, vas a aprender sobre algunos de los usos y las características de los patios de esta región. Trabajando con un/a compañero/a, piensen en lo que han aprendido sobre los patios de las casas hispanas (p. 350) y escriban tres o cuatro frases para describir sus características.

ESTRATEGIA DE COMPRENSIÓN

Predicting content One way of enhancing comprehension is to make predictions about what you are about to hear. Look at the title of this segment, Los patios de Andalucía, and, thinking about what you read about patios in Cultura (p. 350), determine which of these words you think you're likely to hear. Are there other words you're likely to hear?

☐ árabe ☐ aire ☐ cerámica
☐ luz ☐ fuentes ☐ plantas

A VER EL VIDEO

Ahora mira y escucha el video y contesta las preguntas a continuación. Puedes ver y escucharlo una segunda vez.

Paso 1. Los cuatro elementos básicos de los patios son:

1. _las columnas_ **2.** _las fuentes_ **3.** _la vegetación_ **4.** _la luz_

Paso 2. Elige qué frase del video va con qué oración. Nota que cada oración usa el presente perfecto.

_b_ **1.** El patio ____ un lugar muy importante en las casas. **a.** hemos vivido

_a_ **2.** En esta casa ____ desde 1987. **b.** ha sido

_c_ **3.** La casa ____. **c.** se ha reconstruido

DESPUÉS DE VER EL VIDEO

 Ahora, diseña (*design*) un patio tradicional. Es decir, en una hoja de papel, dibuja un patio que te gustaría tener en tu casa. No olvides los cuatro elementos básicos de los patios que se mencionaron en el video. Después, comparte tu dibujo con otros estudiantes.

Repaso de vocabulario activo

Adverbio

peor   *worse*

Sustantivos

En el baño   *In the bathroom*

la bañera   *bathtub*

la ducha   *shower*

el espejo   *mirror*

el inodoro   *toilet*

el lavabo/el lavamanos   *bathroom sink*

En la cocina   *In the kitchen*

la cocina/la estufa   *stove*

el fregadero   *kitchen sink*

el horno   *oven*

el lavaplatos   *dishwasher*

el microondas   *microwave*

el refrigerador   *refrigerator*

En la mesa   *On the table*

la copa   *goblet*

la cuchara   *spoon*

la cucharita   *teaspoon*

el cuchillo   *knife*

el plato   *plate*

la servilleta   *napkin*

la taza   *cup*

el tenedor   *fork*

el vaso   *glass*

Las partes de la casa

el baño   *bathroom*

la chimenea   *fireplace*

la cocina   *kitchen*

el comedor   *dining room*

el dormitorio/la recámara/la habitación   *bedroom*

la escalera   *stairs*

el garaje   *garage*

el jardín   *garden/backyard*

la pared   *wall*

la planta baja   *ground floor*

el primer piso   *first (second) floor*

la sala/el cuarto de estar   *living room/family room*

el sótano   *basement*

el suelo/el piso   *floor*

el techo   *roof/ceiling*

Las cosas en la casa/el apartamento

la alfombra   *carpet*

la cómoda   *bureau, dresser*

las cortinas   *curtains*

el cubo de la basura/el bote de basura   *garbage can*

el estante   *shelf*

el estéreo   *stereo*

la lámpara   *lamp*

la lavadora   *washing machine*

la luz   *light*

la mesita (de noche)   *nightstand*

los muebles   *furniture*

el póster/el afiche   *poster*

la secadora   *clothes dryer*

el sillón   *armchair*

el sofá   *sofa*

Otras palabras útiles

el ruido   *noise*

el vecino/la vecina   *neighbor*

Verbos y expresiones verbales

alquilar   *to rent*

apagar   *to turn off*

ayudar   *to help*

bajar   *to go down*

cortar el césped   *to mow the lawn*

guardar   *to put away*

hacer la cama   *to make the bed*

lavar/secar los platos   *to wash/dry dishes*

mover(se) (ue)   *to move (oneself)*

mudarse   *to move (from one residence to another)*

ordenar el cuarto   *to tidy up the room*

pasar la aspiradora   *to vacuum*

poner/quitar la mesa   *to set/clear the table*

prender   *to turn on*

resolver (ue)   *to solve*

romper   *to break*

sacar la basura   *to take out the trash*

subir   *to go up*

Autoprueba y repaso

I. Affirmative *tú* commands. ¿Qué le dice la mamá a los diferentes miembros de la familia?

> **Modelo:** Irma / ir al mercado
> **Irma, ¡ve al mercado!**

1. Beatriz / hacer la cama
2. María / pasar la aspiradora
3. Luis / devolver los libros
4. Laila / poner la mesa
5. Juanito / sacar la basura

II. Negative *tú* commands. ¿Qué le dice el hermano mayor al menor?

> **Modelo:** no ponerte mi ropa
> **No te pongas mi ropa, por favor.**

1. no prender el estéreo
2. no usar mi computadora
3. no tocar mis cosas
4. no decirme mentiras (*lies*)
5. no preocuparte

III. The present perfect. ¿Qué han hecho las siguientes personas esta semana?

> **Modelo:** yo / dormir mucho
> **He dormido mucho.**

1. la abuela / trabajar en el jardín
2. todos nosotros / lavar y secar la ropa
3. papá / limpiar el garaje
4. mi hermana / salir dos veces a bailar

IV. The past perfect. Una noche hubo una tormenta y un apagón (*blackout*). ¿Qué habíamos hecho antes del incidente?

> **Modelo:** nosotros / terminar nuestro proyecto
> **Habíamos terminado nuestro proyecto.**

1. yo / apagar la computadora
2. tú / imprimir tu trabajo escrito
3. nosotros / hacer la tarea para la clase de español
4. Linda y Teresa / leer la novela para la clase de inglés

V. Equal comparisons. Haz comparaciones de igualdad.

> **Modelo:** Teresa tiene dos clases por la tarde. Yo tengo dos clases también.
> **Tengo tantas clases por la tarde como Teresa.** O, **Teresa tiene tantas clases por la tarde como yo.**

1. Los estudiantes son simpáticos. Los profesores también son simpáticos.
2. Ana tiene mucha paciencia. Susana también tiene mucha paciencia.
3. Alberto compró dos libros. Su hermano también compró dos.

VI. Unequal comparisons and the superlative.

A. Di qué elemento de la serie es más grande, mejor, etc., que el otro.

> **Modelo:** grande: Nueva York, Toronto
> **Nueva York es más grande que Toronto.**

1. caro: el reloj Rolex, el reloj Timex
2. mejor: ir de vacaciones a la playa, ir de vacaciones a las montañas
3. divertido: limpiar la casa, ver la tele

B. Di qué elemento de la serie es el mejor, el más interesante, etc., de los tres.

> **Modelo:** vieja: Roma, Boston, Calgary
> **Roma es la más vieja de las tres.**

1. rico: Bill Gates, su profesor/a, Barack Obama
2. mejor: el Ford, el Subaru, el Honda
3. interesante: las revistas *National Geographic*, *Newsweek*, *Movie Line*

VII. *Repaso general.*

1. ¿Cómo es tu casa o apartamento?
2. ¿Tienes tantas clases como tu mejor amigo/a? ¿Quién estudia más?
3. ¿Cuál es la mejor película que has visto últimamente (*lately*)? ¿Y la más cómica?

VIII. *Cultura.*

1. ¿Cuál es la diferencia principal, en términos de la composición étnica, entre Paraguay y Uruguay?
2. ¿Quién es Cristina Peri Rossi?
3. ¿Por qué es tan importante el patio en las casas hispanas?

Las respuestas de *Autoprueba y repaso* se pueden encontrar en el **Apéndice 2.**

CAPÍTULO 11

WILEY
PLUS

Amigos y algo más

Así se dice

Amigos y algo más
  Las etapas de la vida
  Hablando del amor...

Para estar en contacto:
Las llamadas telefónicas

Así se forma

1. Introduction to the subjunctive mood: Will, influence, desire, and request

2. The subjunctive with expressions of emotion

3. The future tense and the conditional

Cultura

- Panamá
- Los cibercafés: Otro modo de consolidar amistades

Dicho y hecho

Para leer:
Los amantes de Teruel

Para conversar:
Problemas en una relación amorosa

Para escribir:
La reseña de una película

Para ver y escuchar:
La tecnología une a las familias

By the end of this chapter you will be able to:

- Talk about human relationships and the stages of life
- Express wishes and requests related to other people's actions
- Express emotional reactions and feelings about other people's actions
- Talk about what will and would happen

ENTRANDO AL TEMA

1. ¿Conoces algo acerca del Canal de Panamá?

2. ¿Tienes amigos o familiares que han conocido a su novio/a por Internet?

Así se dice

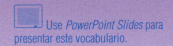 Use *PowerPoint Slides* para presentar este vocabulario.

Amigos y algo más

Pepita y Natalia tienen una gran **amistad**. Son amigas porque **se llevan** muy **bien**: se divierten juntas y tienen intereses similares.

la amistad

juntos/as

el amor

Linda y Manuel **se enamoraron** a primera vista hace dos años y todavía **están** tan **enamorados** como el primer día.

Esteban y sus amigos **se reúnen** frecuentemente para charlar y tomar algo.

reunirse (con)

encontrarse (ue) con

A veces Carmen **se encuentra con** Alfonso cuando va a clase.

la cita

Inés **sale con** Octavio hace ya unos meses. Esta noche tienen **una cita** para una cena romántica.

Camila **rompió con** su novio recientemente pero todavía **piensa en** él. A veces **llora** porque lo **extraña**.

Las etapas de la vida

la infancia

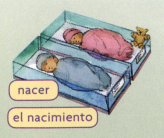

nacer

el nacimiento

la niñez

los niños

la juventud/la adolescencia

los jóvenes/los adolescentes

la madurez

los adultos

una cita	a date	Inés y Octavio tienen una cita esta noche. Van a ir al cine y a un restaurante romántico.
	an appointment	El jueves tengo cita para el dentista.
	a quote	Busquen citas famosas sobre el amor en Internet.

El Día de San Valentín, Manuel y Linda **se comprometieron**. Ahora que **están comprometidos**, viven **juntos**.

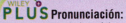**Pronunciación:**
Practice pronunciation of the chapter vocabulary and particular sounds of Spanish in *WileyPLUS*.

la boda

La profesora Falcón y su esposo, Juan, **se casaron** hace diez años y todavía están **casados**. Fue **una boda** pequeña pero muy elegante.

encontrarse (ue) con	to run into
extrañar	to miss
llevarse bien/mal	to get along/not get along
la luna de miel	honeymoon
juntos/as	together
reunirse (con)	to get together (with)
romper con	to break up with
salir (irreg.) (con)	to go out (with)

Preguntas. Refiérase a las *Preguntas de comprensión* impresas en azul al final de este libro de profesor/a para encontrar preguntas que puede usar para presentar este vocabulario.

los recién casados

dar a luz

Después de **la boda, los recién casados se fueron de luna de miel.**

Nancy, la esposa del profesor Marín-Vivar, **está embarazada**. Van al hospital porque Nancy va a **dar a luz** muy pronto.

la vejez

los ancianos

la muerte

11-1 El ciclo de la vida.

Paso 1. Aunque la vida de cada persona es única, ¿cuál te parece el orden cronológico más común o frecuente para los siguientes sucesos? Escríbelos en un orden lógico en tu cuaderno.

criar (*raise*) a los hijos	irse de luna de miel	nacer
estar embarazada	morir	salir con un chico/chica
enamorarse	comprometerse	dar a luz
casarse	divertirse con amigos	

Paso 2. En grupos pequeños, comparen lo que escribieron en el Paso 1. ¿Qué diferencias encuentran? ¿Qué otras posibilidades hay?

11-2. Extensión: Para activar la imaginación de los estudiantes y animarlos a buscar palabras más allá de las aprendidas en este capítulo, trabaje en un concepto diferente con la clase, dando ejemplos originales, ej. *la niñez:* **la escuela, jugar, los amigos, la bicicleta, la plastilina** (*play dough*)…

11-2 Amistad o algo más.

I/O

En parejas, hagan listas de palabras que asocian a los siguientes conceptos. Deben poder justificar la relación entre las palabras de su lista y el concepto. Tienen cinco minutos y no pueden repetir palabras. Compartan sus listas con la clase. ¿Quién tiene más palabras?

La amistad	La juventud	El amor	El matrimonio

I/O 11-3 Las etapas de la vida.

Paso 1. Escoge tres etapas de la vida y escribe una breve descripción de cada una sin mencionar la etapa explícitamente.

Modelo: **En esta etapa, la gente no trabaja; van a pasear, ven la televisión o hacen**

viajes. Pero a veces están enfermos y pasan mucho tiempo en casa.

Paso 2. Lee una de tus descripciones a tu compañero/a, que va a intentar identificarla. Túrnense hasta leer todas las descripciones.

NOTA CULTURAL

La cohabitación

Although marriages are fairly universal in the majority of Spanish-speaking countries, unmarried couples that live together are common and widely accepted in many countries.

Spain was the first Spanish-speaking country (and the first European nation) to allow homosexual couples to marry legally and adopt children. Other Latin American countries, namely Mexico and Argentina, have recently adopted laws that allow same sex marriages. Other countries, like Colombia, Ecuador and Uruguay, allow same sex civil unions.

11-4 **Preguntas personales.**

 Paso 1. En parejas, entrevista a tu compañero/a y anota sus respuestas.

> **Estudiante A:** Vas a entrevistar a tu compañero/a sobre la amistad.
>
> 1. ¿Con quién te reúnes[1] en tu tiempo libre? ¿Tienes buenos amigos en la universidad?
>
> 2. ¿Tienes muchos amigos fuera de la ciudad? ¿Los extrañas? ¿Cómo te mantienes en contacto con ellos?
>
> 3. ¿Quién es tu mejor amigo/a? ¿Por qué piensas en esta persona como tu mejor amigo/a?
>
> 4. En tu opinión, ¿qué características debe tener un/a amigo/a?

> **Estudiante B:** Vas a entrevistar a tu compañero/a sobre las relaciones amorosas.
>
> 1. ¿Has tenido o tienes una relación romántica seria? (Si la respuesta es no: ¿Has estado enamorado/a?) ¿Qué características son importantes en tu pareja (*significant other*)?
>
> 2. ¿Tienes amigos que están comprometidos? ¿Estás comprometido/a? ¿Es importante para ti regalar o recibir un anillo?
>
> 3. Respecto al matrimonio, ¿quieres casarte, o estás casado/a? (¿Qué tipo de boda quieres? / Si ya estás casado/a, ¿cómo fue tu boda?)
>
> 4. ¿Quieres tener hijos, o ya los tienes? ¿Cuántos quieres tener? ¿Prefieres tener una familia grande o pequeña?

 Paso 2. Formen grupos con personas que entrevistaron sobre el mismo tema y compartan las respuestas que obtuvieron. ¿Pueden llegar a algunas conclusiones?

11-4. Extensión: Puede pedir a los estudiantes que escriban, en clase o como tarea, un breve párrafo titulado "La amistad y los jóvenes" o "El amor y los jóvenes".

11-5 **Pensamientos sobre la amistad.**

Paso 1. En grupos de tres, lean los siguientes pensamientos y luego indiquen la idea central de cada uno. Apunten sus ideas para luego compartirlas con la clase.

Modelo: "La amistad supone sacrificios y sólo el que está dispuesto a hacerlos sin molestia comprende la amistad". (Noel Clarasó, escritor español)
Es necesario hacer sacrificios por los amigos.

1. "Al amigo no lo busques perfecto. Búscalo amigo". (José Narosky, escritor argentino)

2. "Un buen amigo es un hombre para el cual (*for whom*) no tenemos secretos y que, a pesar de (*in spite of*) todo, nos aprecia". (León Daudí, escritor español)

3. "Cada uno (*Each one*) muestra lo que es en los amigos que tiene". (Baltasar Gracián, jesuita y escritor español)

4. "A los amigos, como a los dientes, los vamos perdiendo con los años, no siempre sin dolor". (Santiago Ramón y Cajal, médico español)

Paso 2. Ahora hablen de sus mejores amigos/as: quiénes son y por qué son buenos/as amigos/as.

> ### PALABRAS ÚTILES
>
> **Pienso en...**
> *I think about (something or someone)*
> **¿Qué piensas de...?**
> *What do you think about...? (opinion)*
> **Pienso/Creo que...**
> *I think/believe that...*

11-5. Extensión: Para concluir la actividad, pida a los estudiantes que escriban su propio pensamiento sobre la amistad.

---

[1]The present tense conjugation of **reunirse** is: **me reúno, te reúnes, se reúne, nos reunimos, os reunís, se reúnen.** Note the accents.

Hablando del amor

Es difícil definir el amor, esa química misteriosa que nos transforma. Sin embargo, todos lo sentimos tarde o temprano, y cuando llega ese "alguien especial", hay una magnífica explosión interna y la vida cambia de color. Lee los siguientes anuncios personales y aprende las nuevas expresiones para poder hablar del amor y de las relaciones.

Amigos y algo más

♥

Liliana Matamoros. Viuda, 50 años, **sincera, cariñosa;** con mucha personalidad e independencia. Soy arquitecta, me encanta leer buenos libros y viajar. Mi media naranja (*my soulmate, other half*) puede ser **soltero,** viudo o **divorciado.** Mi único requisito es que sepa **comunicarse** bien. Busco solamente un compañero. ¡No me quiero casar! Si usted **está listo** para una relación como la que deseo, escríbame al Apartado Postal 555, San Jacinto, Honduras.

♥

Arturo Flores. Estoy divorciado, tengo 45 años y soy administrador de negocios y estudiante de artes plásticas. Creo que **me he olvidado** un poco del amor. No **recuerdo** cuándo fue la última vez que salí a divertirme. Nací en Perú, pero ahora soy ciudadano de EE.UU. Mi signo es Leo, soy romántico y deportista. Serio, responsable, católico. No bebo ni fumo. Busco amistades. Enviar foto. Dirección: 375 Forest Ave., Des Plaines, Illinois, EE.UU.

♥

Irma Murillo. Soltera, 28 años, abogada. Busco un príncipe de buen carácter, divertido y **comprensivo. Creo** en el amor a primera vista (*love at first sight*); no creo en el **divorcio** ni en la separación. Soy optimista y romántica de pies a cabeza. Nos vamos a cuidar y estar juntos para toda la vida. Dirección: Apartamentos Los Pinos, Apto. C, 125 metros oeste Catedral. Moravia, Costa Rica.

♥

Roberto R. Mendoza. Soltero, 27 años, artista comercial. Apasionado y romántico. Busco a la compañera de mi vida. Mi única condición es: "Usted no debe ser **celosa**". Mi experiencia es que los celos **matan** el amor. Dirección: Barrio Sta. Marta, Calle Atlántica No. 1180, San Salvador, El Salvador.

♥

Genoveva Vásquez. Maestra, soltera, 35 años. Mi signo es Sagitario. Soy amistosa, expresiva, atractiva e inteligente. Busco una persona generosa y tranquila. Dirección: 18 Av. A, 119, Zona 1, Ciudad de Guatemala, Guatemala.

♥

Gregorio José Ramírez. Soltero, 32 años, profesor universitario. Me gustaría recibir correos electrónicos de chicas de 25 a 32 años con fines matrimoniales. Soy responsable, sin vicios, delgado y simpático. Siempre **me acuerdo de** los cumpleaños y otras fechas especiales. Nunca **tengo celos,** no **me quejo de** nada y solamente **me enojo** cuando alguien **miente.** Busco a alguien que pueda **reírse de** los problemas de la vida, alguien optimista y **fiel.** Dirección: Cerrado del Cóndor, 175 Bis. Acayucán, México, D.F.

acordarse (ue) de…	*to remember…*
recordar (ue)	*to remember*
cariñoso/a	*affectionate*
celoso/a	*jealous*
tener celos	*to be jealous*
fiel	*faithful*
soltero/a	*single*
viudo/a	*widower/widow*
reírse² (de…) (irreg.)	*to laugh (at…)*

olvidarse de…	*to forget…*
olvidar	*to forget*
creer (irreg.)	*to believe*
enojarse	*to get/become angry*
estar listo/a	*to be ready*
matar	*to kill*
mentir¹ (ie, i)	*to lie*
quejarse de…	*to complain about…*

NOTA DE LENGUA

Remember that past participles used as adjectives agree with the noun they describe. This form is used throughout this chapter.

Linda y Manuel están **enamorados**.
Mi hermana está **casada**.

11-6 **¿Qué dicen?** Busca la declaración que mejor corresponda a cada circunstancia.

Circunstancias

- _f_ **1.** Es muy cariñoso.
- _d_ **2.** Es celoso.
- _b_ **3.** Extraña a su novia.
- _e_ **4.** Rompió con su novio.
- _c_ **5.** Se encuentra con su amigo.
- _a_ **6.** Está enamorado.
- _i_ **7.** ¡Dio a luz ayer!
- _h_ **8.** Se olvidó del cumpleaños.
- _j_ **9.** Es muy comprensiva.
- _g_ **10.** No miente.

Declaraciones

- **a.** "Te amo con todo mi corazón".
- **b.** "Quiero verte. Hace mucho tiempo que no te veo".
- **c.** "¡Hola, Paco! ¿Qué hay de nuevo?"
- **d.** "¡Estoy furioso! ¡Mi novia bailó con otro chico en la fiesta!"
- **e.** "Lo siento, pero ya no te amo y no puedo salir más contigo".
- **f.** "Me gustan los abrazos (*hugs*)".
- **g.** "La verdad (*truth*) es muy importante para mí".
- **h.** "¡Ay! Lo siento. Estaba tan ocupado que ni pensé en la fecha".
- **i.** "Mira al bebé. ¡Qué precioso es!"
- **j.** "Entiendo exactamente cómo te sientes".

11-7 **Anuncios personales.** En grupos, contesten las siguientes preguntas.

1. ¿Qué anuncio de la sección *Hablando del amor* (p. 372) es el más interesante? ¿Por qué?
2. Según los anuncios, ¿quién va a tener menos dificultad en encontrar pareja? ¿Por qué?
3. ¿Quién va a tener más dificultad en encontrar pareja? ¿Por qué?

11-6. Alternativa: Asigne cada declaración (a–j) a un/a estudiante, para que la lea en voz alta y de forma dramática para el resto de la clase. La clase entonces selecciona la circunstancia (1–10) correspondiente.

Extensión: Dé otras circunstancias a parejas de estudiantes para que inventen declaraciones que las ilustren.

11-7. Sugerencia: Pida a los estudiantes que escriban una respuesta a una de las personas de los anuncios personales indicando su interés por él/ella, describiéndose a sí mismo/a y explicando lo que buscan en una relación. Puede hacerse en clase o ser asignado como tarea. Después, pida a algún voluntario que lea su respuesta.

---

¹The present tense of **mentir** is: **miento, mientes, miente, mentimos, mentís, mienten.**
²The present tense of **reírse** is: **me río, te ríes, se ríe, nos reímos, os reís, se ríen.**

11-8 **Una invitación a una boda hispana.** Trabaja con un/a compañero/a. Examinen la siguiente invitación a una boda en América Latina e indiquen los siguientes datos:

los nombres de los novios:

los nombres de los padres de los novios:

la fecha de la boda:

la ciudad en que se celebra:

Mónica y Eduardo

Luis Felipe

María Teresa

Víctor José

Gabriela Consuelo

31 de agosto

Ciudad de Panamá

Luis Felipe Cabezas Burgos
María Teresa Hernández de Cabezas

Víctor José Luna Castillo
Gabriela Consuelo Valladares de Luna

Los invitan a presenciar el próximo enlace de sus hijos

Mónica y Eduardo

*y tienen el gusto de invitarle(s) a la ceremonia religiosa
que se celebrará el viernes 31 de agosto, a las 7 de la tarde,
en la Iglesia del Carmen, Avda. España con Avda. Federico Boyd,
y a la cena que se servirá a continuación
en el Salón Las Tinajas,
Hotel Paitilla, Avenida Balboa, Ciudad de Panamá*

Se ruega confirmación
31 de julio, 2011

C/13 Condado del Rey, 2824
Apartado Postal: 87-3547
Tel. (507) 239-7100

C/50 Torrijos Carter
Apartado Postal: 87-1751
Tel. (507) 269-0205

NOTA CULTURAL

Los padrinos

In many places in Latin America, there is a tradition of selecting **padrinos**, or godparents, to assist with a wedding. The bride's family asks close relatives and friends to contribute a specific item to the event. This custom of sponsorship, in addition to deflecting some of the financial burden from the bride's family, establishes a strong social bond that serves to honor people on both sides of the relationship. Here are three examples of roles of wedding **padrinos**:

Padrinos de velación (*vigil, watching over*): A stable couple that serves as an example for the newlyweds, the **padrinos de velación** pay for the costs of the religious ceremony. There are also the **padrinos de anillos** (*rings*) and the **padrinos de pastel** (*wedding cake*).

11-9. Para que la actividad no se extienda demasiado, puede dar un límite de tiempo (tres minutos, por ejemplo) para cada entrevista.

11-9 **Cita a ciegas (*Blind date*).**

Paso 1. Piensa en un/a amigo/a (hermano/a, etc.) que no tenga pareja, pero que quiera encontrar a su media naranja (*soulmate, other half*). Escribe su nombre aquí:

_____

Paso 2. Quizás (*Maybe*) puedes encontrar una media naranja para tu amigo/a en la clase de español o, al menos, organizar una cita a ciegas. Escribe una descripción interesante y atractiva de tu amigo/a; describe algunas de sus características físicas, cualidades personales y también lo que él/ella busca en una pareja y en una relación.

 Paso 3. Camina por la clase y entrevista a varias personas para encontrar tres candidatos/as para tu amigo/a. Haz preguntas sobre estos/as candidatos/as y toma notas. Describe también a tu amigo/a.

Modelo: Estudiante A: **Mi amigo se llama... ¿Tú tienes un amigo o una amiga?**
Estudiante B: **Tengo una amiga; se llama...**
Estudiante A: **Mi amigo es... y busca una chica...**
Estudiante B: **Mi amiga es... Dime, ¿qué tipo de música le gusta a tu amigo?...**
(Los dos estudiantes toman notas).

Paso 4. Ahora, comparte con la clase los resultados de tu búsqueda (*search*). ¿Encontraste a un candidato/a interesante para tu amigo/a? ¿Por qué te parecen compatibles?

(11-10) Citas sobre el amor.

Paso 1. En parejas, lean las siguientes citas sobre el amor. Discutan si están de acuerdo o no y decidan cuáles son sus favoritas.

1. "El amor es el único tesoro (*treasure*) que se multiplica al dividirlo (*multiplies when divided*)". (Anónimo)

2. "La raíz (*root*) de todas las pasiones es el amor. De él nace la tristeza, el gozo (*joy*), la alegría y la desesperación". (Lope de Vega, escritor español [1562-1635])

3. "Ama como puedas, ama a quien puedas, ama todo lo que puedas, pero ama siempre". (Amado Nervo, escritor mexicano [1870-1919])

4. "No hacemos el amor. El amor nos hace". (Mario Benedetti, escritor uruguayo [1920-2009])

5. "Hombre invisible busca mujer transparente para hacer lo nunca visto". (Pintado en un metro (*subway*) de Madrid, España)

Paso 2. Ahora, escriban su propia (*own*) cita y compártanla con sus compañeros de clase.

(11-11) Nuestras relaciones. En grupos de tres o cuatro, respondan a las

siguientes preguntas. Un/a secretario/a apunta información interesante para luego compartirla con la clase.

- ¿Es posible el amor a primera vista?
- ¿Existe sólo una media naranja para cada persona o existen varias?
- ¿Cuáles son las ventajas (*advantages*) o desventajas de ser soltero/a?
- ¿Cuáles son las ventajas o desventajas de casarse joven?
- ¿Creen que es mejor vivir juntos antes de casarse? ¿Por qué?

11-9. Sugerencia: Escriba nombres de personajes de ficción famosos en tarjetas y sepárelas por género, hombres y mujeres. Divida la clase en pequeños grupos; cada uno debe escoger al azar una tarjeta con un personaje masculino y otra con uno femenino. Explique que, para sorpresa de todos, sus dos personajes han anunciado su próxima boda. Pida a los grupos que escriban una lista de las razones por las que se han enamorado y van a ser un matrimonio feliz o la historia de cómo se conocieron y se enamoraron.

11-11. Es posible que los estudiantes necesiten vocabulario nuevo. Camine por la clase y ofrezca ayuda. Los estudiantes que usen palabras nuevas deben escribir la traducción entre paréntesis para que su compañero/a entienda lo que dice.

Sugerencia: Después de que los secretarios de cada grupo comenten sus resultados, puede recopilar los datos de todos los grupos y anotarlos en la pizarra, para después elaborar las estadísticas de la clase en esta materia. Por ejemplo: *Un 33% de los estudiantes (o 10 de cada 30) piensa que el amor a primera vista existe.* Después anime a los estudiantes a debatir los resultados.

Cultura: Panamá

Use *PowerPoint Slides* para presentar esta sección de cultura.

▲ Una niña kuna de las islas de San Blas

Mar Caribe

Golfo de San Blas

COSTA RICA

Bocas del Toro

Coco Solo

Colón

Ciudad de Panamá

Golfo los Mosquitos

Archipiélago de San Blas

Canal de Panamá

Balboa
Vacamonte

David

PANAMÁ

La Palma

Santiago

Yaviza

Golfo de Chiriquí

Chitré

Golfo de Panamá

COLOMBIA

Nacionalidad: panameño/a

Antes de leer

1. ¿Qué océanos se conectan por el Canal de Panamá?
   El Pacífico y el Atlántico.
2. ¿Cuál es la capital de Panamá?
   La Ciudad de Panamá.

WILEY PLUS **Map quizzes:** As you read about places highlighted in red, find them on the map. Learn more about and test yourself on the geography of the Spanish-speaking world in *WileyPLUS*.

La pollera es el vestido tradicional de las mujeres panameñas. Se teje con hilo fino en colores fuertes y pueden tardar hasta un año en hacerse. ▼

Cristóbal Colón llegó a Panamá en 1502. En el siglo XVI, llegaron otros españoles para explorar sus tierras y establecer rutas comerciales entre Europa y las Américas. Todas las expediciones españolas a América del Sur pasaron por Panamá y esta función de conexión entre el norte y el sur ha atraído al istmo a grupos de personas de diferentes partes del mundo. Durante la construcción del Canal de Panamá, llegaron inmigrantes del Medio Oriente, del este y del sur de Asia, europeos, norteamericanos y africanos antillanos para aprovechar las oportunidades de trabajo y de comercio.

Casi el 70% de los panameños son mestizos, y otro 20% se divide entre personas de ascendencia africana y española. Un 10% de la población pertenece a grupos indígenas, siendo los kuna, de **las islas de San Blas,** los más conocidos. Los festivales del país reflejan la influencia de los diferentes grupos étnicos. En la zona de **Colón** se observan tradiciones africanas, como las congas y el festival del Cristo Negro. En la zona de **Bocas del Toro** se baila el Palo de Mayo (*Maypole dance*), de origen europeo.

INVESTIG@ EN INTERNET

Investiga sobre alguno de los grupos indígenas de Panamá y después comparte la información con tus compañeros de clase. Busca información sobre dónde viven, cómo es su cultura, qué lengua hablan, etc. Si encuentras fotografías, imprímelas y tráelas a clase.

▲ La Ciudad de Panamá

▲ La selva tropical

Por su clima tropical, en Panamá es posible practicar deportes acuáticos todo el año —las costas del país cuentan con casi 1,500 islas. Panamá también tiene algunas de las selvas tropicales más espectaculares del mundo. Al igual que en su vecina Costa Rica, en Panamá se han establecido varios parques nacionales para proteger la diversidad

ecológica. La capital del país, **la Ciudad de Panamá,** está en la parte del Canal que desemboca en el océano Pacífico. En su zona colonial, conocida como el Casco Antiguo, se conservan edificios de arquitectura francesa, italiana y española, que contrastan con los rascacielos, centros comerciales, hoteles y bancos de la zona moderna.

EL CANAL DE PANAMÁ

En 1902, Estados Unidos comenzó la construcción del Canal de Panamá, que sería el mayor canal navegable del continente, con 82.6 kilómetros (50 millas) de largo. Es una de las mayores maravillas de la ingeniería moderna. Cuenta con tres esclusas (*locks*) que levantan los barcos 15.24 metros (85 pies) sobre el nivel del mar. A cada lado del canal, hay selvas densas y montañas verdes. Cerca de la entrada del Canal al océano Pacífico, hay una vista impresionante: el arco de metal del Puente de las Américas, que atraviesa el canal y pertenece a la Carretera

(*Highway*) Panamericana que se extiende desde Alaska hasta la punta de América del Sur en la ciudad de Ushuaia, capital de la Tierra del Fuego, Argentina.

El 31 de diciembre de 1999, Estados Unidos entregó (*handed over*) el Canal a los panameños. En 2007 comenzaron las obras para la ampliación del canal, que está previsto que acaben en 2014, fecha del centenario de la inauguración del canal. Gracias al tránsito de barcos por el Canal (unos 15,000 al año), Panamá es muy importante para el comercio mundial. La Zona del Canal, que es libre de impuestos (*taxes*), es otro atractivo del país. El dólar estadounidense y el balboa panameño son las monedas oficiales del país.

¿CRUZAR EL CANAL A NADO?

En 1913, dos nadadores profesionales de Nueva York, un hombre y una mujer, obtuvieron permiso para cruzar el Canal de Panamá nadando. En 1914, los primeros en atravesar el canal entero, de océano a océano, fueron dos empleados del canal. Luego, en 1928, el autor y aventurero Richard Halliburton cruzó el canal a nado en 10 días (la travesía típica de un barco de carga es de unas nueve horas). Se requiere la misma cantidad de trabajo para hacer pasar por el canal a una persona a nado que para hacer pasar un barco enorme de muchas toneladas, y se cobra el pasaje según el peso en toneladas. El precio más alto pagado para cruzar el Canal de Panamá fue de $317,142 por el carguero MSC Fabienne en 2008. El más bajo lo pagó el señor Halliburton, quien sólo pagó 36 centavos. El precio promedio es de $54,000.

▲ Richard Halliburton

Después de leer

1. ¿Por qué es la Zona del Canal muy atractiva para hacer compras? Es libre de impuestos.

2. ¿Cuál es la función de una esclusa? Levantar los barcos.

3. ¿Por qué hay una mezcla tan interesante de grupos étnicos en Panamá? Llegaron muchos inmigrantes durante la construcción del canal.

Así se forma

Quiero que aprendan el subjuntivo.
¡¿El qué?!

PLUS Go to *WileyPLUS* and review the Animated Grammar Tutorial and Verb Conjugator for this grammar point.

Use *PowerPoint Slides* para presentar y practicar esta gramática.

Sugerencia: Si quiere quitarle "misterio" al subjuntivo y presentarlo como algo más familiar, puede mencionar que también existe en inglés y tiene usos similares a los del español, aunque su uso se está perdiendo y es difícil identificarlo porque sus formas son similares a otras formas verbales. Algunos ejemplos son:

If I *were* you, I'd study more.

We wish it *were* summer.

If only that *were* true!

The judge required that the witness *be* there in the morning.

The doctor recommended he *remain* in the hospital another day.

It is essential that Mrs. Roberts *contribute* to our cause.

En estos ejemplos se puede ver que no se trata de formas de indicativo, puesto que cumplen la concordancia entre sujeto y verbo (por ejemplo, si *were* fuera una forma del pasado indicativo, sería incorrecto usarla con *I*, *it* o *that* como sujetos.)

HINT

To form the present subjunctive, always think "opposite endings": **–ar** verbs have endings with **–e; –er** and **–ir** verbs have endings with **–a.**

1. Introduction to the subjunctive mood: Expressions of will, influence, desire, and request

Introduction

Most verb tenses that you have studied (present, preterit, imperfect, etc.) are part of the indicative mood. The indicative is used for stating facts, communicating specific knowledge, and asking questions that express events or facts considered to be true, part of reality.

Vamos a visitar a Jaime.	*We are going to visit Jaime.*
Hoy **está** en casa.	*He is at home today.*

The subjunctive mood is another set of verb tenses. It often expresses events or ideas that are subjective or not part of reality. It conveys a speaker's wishes, attitudes, hopes, fears, doubts, uncertainties, and other personal reactions to events and to the actions of others[1]. Compare the following examples with the ones above.

Quiero que **visitemos** a Jaime.	*I want us to visit Jaime.*
Espero que **esté** en casa.	*I hope that he is at home.*

You have already used forms of the subjunctive in **usted/ustedes** and **tú** commands. In this and subsequent chapters you will be introduced to some tenses and uses of the subjunctive.

Present subjunctive forms

To form the present subjunctive of regular verbs, delete the final **–o** from the **yo** form of the present indicative and add the endings indicated below.

	bailar → bail~~o~~	**comer** → com~~o~~	**vivir** → viv~~o~~
(yo)	baile	coma	viva
(tú)	bail**es**	com**as**	viv**as**
(Ud., él, ella)	baile	coma	viva
(nosotros/as)	bail**emos**	com**amos**	viv**amos**
(vosotros/as)	bail**éis**	com**áis**	viv**áis**
(Uds., ellos, ellas)	bail**en**	com**an**	viv**an**

[1] English has a subjunctive mood too, although it is not used as frequently as in Spanish. Note that the subjunctive forms are often mistaken for other forms of the indicative. Here are some examples:

It is imperative that Mr. Brown *appear* before the judge.

If I *were* you...

The director insists that the report *be* sent through express mail.

- Stem-changing **–ar** and **–er** verbs follow the pattern of the present indicative — stem changes occur in all forms except **nosotros** and **vosotros**. Stem-changing **–ir** verbs also follow the pattern of the present indicative, but they have <u>an additional stem change</u> in the **nosotros** and **vosotros** forms (e → i and o → u).

Sugerencia: Enfatice las diferencias en los cambios que tienen lugar en los verbos con cambios vocálicos de las conjugaciones *–ar* y *–er* y los de *–ir*. Practiquen otros verbos no incluidos en estas listas, incluyendo reflexivos como *acostarse, divertirse, vestirse,* etc.

pensar (e → ie)	volver (o → ue)	preferir (e → ie, i)	pedir (e → i, i)	dormir (o → ue, u)
piense	vuelva	prefiera	pida	duerma
pienses	vuelvas	prefieras	pidas	duermas
piense	vuelva	prefiera	pida	duerma
pensemos	volvamos	prefiramos	pidamos	durmamos
penséis	volváis	prefiráis	pidáis	durmáis
piensen	vuelvan	prefieran	pidan	duerman

- Verbs ending in -**gar**, -**car**, and -**zar** have spelling changes in all persons in the present subjunctive. They are the same spelling changes that occur in the **yo** form of the preterit.

–gar (g → gu)	llegar	→	lle**gue**, lle**gues**, ...
–car (c → qu)	tocar	→	to**que**, to**ques**, ...
–zar (z → c)	almorzar	→	almuer**ce**, almuer**ces**, ...

- Verbs with irregular **yo** forms in the present indicative follow the same pattern in the present subjunctive, but show the irregularity in all the persons, not only the **yo** form.

conocer	(conozco)	**conozca, conozcas, ...**	salir	(salgo)	**salga, salgas, ...**
decir	(digo)	**diga, digas, ...**	tener	(tengo)	**tenga, tengas, ...**
hacer	(hago)	**haga, hagas, ...**	traer	(traigo)	**traiga, traigas, ...**
poner	(pongo)	**ponga, pongas, ...**	venir	(vengo)	**venga, vengas, ...**

- The following verbs are the only ones with irregular forms in the present subjunctive.

Sugerencia: Usando una oración como *La profesora quiere que (yo, Marta, nosotros...)*, haga que los estudiantes practiquen la conjugación de verbos regulares e irregulares, **como estudiar, aprender, salir, volver, divertirse, dormir, ir,** etc. En la próxima sección de *Así se forma* se practica el uso del subjuntivo; en esta sección se practican sobre todo las formas.

dar	dé, des, dé, demos, deis, den
estar	esté, estés, esté, estemos, estéis, estén
ir	vaya, vayas, vaya, vayamos, vayáis, vayan
haber	haya, hayas, haya, hayamos, hayáis, hayan
saber	sepa, sepas, sepa, sepamos, sepáis, sepan
ser	sea, seas, sea, seamos, seáis, sean

- **Haya** is the subjunctive form of **hay** (*there is, there are*).

  Espero que **haya** otras soluciones.   I hope that **there are** other solutions.

Sugerencia: En este momento conviene concentrar la atención en las formas de subjuntivo, no en la estructura que lo requiere. Si sus estudiantes preguntan por qué se usa el subjuntivo aquí, puede señalar que las expresiones ***Es importante/bueno que*** lo requieren, pero enfatice que esto lo van a estudiar más adelante.

Recomendaciones románticas. Tu amigo/a quiere mejorar su relación con su novio/a.

Paso 1. Indica si, en tu opinión, estas acciones son importantes o no.

Es importante que…	Es bueno que…	No es importante que…	
			…lo/la llames todos los días.
			…llegues a tiempo a las citas.
			…lo/la lleves a ver películas románticas.
			…lo/la invites cuando sales con tus amigos.
			…le regales flores y chocolates el día de San Valentín.
			…recuerdes su aniversario.

Paso 2. Ahora, indica si estas acciones son (o no son) importantes, o buenas. Usa esta construcción y la forma del presente del subjuntivo del verbo indicado: *(No) Es (muy) importante/bueno que + subjuntivo.*

Modelo: contarle tus secretos

No es importante/bueno que le cuentes tus secretos.

1. llevarla a restaurantes caros
2. hablarle de tus ex-novias
3. ir con ella de compras
4. decirle "te quiero" todos los días
5. ser simpático con sus amigos
6. darle siempre prioridad respecto a otros amigos

I/O **11-13** **La agencia *E-Namórate.***

Paso 1. En este momento no tienes novio/a y quieres probar (*try*) un servicio de Internet para encontrar a la persona de tus sueños. Completa el formulario de la página 381.

 Paso 2. En grupos pequeños, compartan y comparen sus preferencias sobre las cualidades que buscan en una pareja. ¿Qué es importante para todos? ¿Qué hábitos o características no quieren?

Ficha personal *E-Namórate*

Nombre: _____

Edad: _____

¿Fumas?   ☐ Sí.   ☐ No.

Describe brevemente tu personalidad: _____

_____

Indica tus intereses y pasatiempos: _____

_____

¿Qué buscas en una pareja?

Es indispensable que...	Es importante que...	No es importante que ...	
			...sea fiel.
			...sea comprensivo/a.
			...sea sincero/a.
			...me dé regalos.
			...sepa cocinar.
			...tenga sentido del humor.
			...esté conmigo mucho tiempo.
			...se acuerde de mi cumpleaños.
			...sea religioso/a.

Ahora describe otros hábitos o características que buscas. Puedes escribir varias cualidades en cada oración:

Es indispensable que... _____.

Es importante que... _____.

No es importante que... _____.

Es necesario que <u>no</u>... _____.

Juanito, quiero que ordenes tu cuarto ahora mismo.

The subjunctive with expressions of will, influence, desire and request

Complex sentences express more than one idea, and therefore have more than one clause (each of which has its own verb). When a clause is dependent on another to have any meaning, it is a *subordinate clause.*

Main clause	Subordinate clause
<u>Mi novia quiere</u>	[que le diga la verdad.]
My girlfriend wants	[*that I tell her the truth.*]
<u>Espero</u>	[que te diviertas en tu cita.]
I hope	[*that you have fun in your date.*]

It will help you to know that *the subjunctive is only used in some subordinate clauses,* never in main clauses or simple sentences.

You have learned how to express what someone wants or prefers to do by using verbs such as **querer/preferir/desear** + *infinitive.*

Quiero ir a la fiesta.	*I want to go to the party.*
Desean cantar una canción.	*They want to sing a song.*

Note that in the sentences above, the subject is the same in both the main clause and its subordinate clause. To express someone's wish, desire, preference, recommendation, request, or suggestion that *someone else do something* or that *something happen,* use *a verb of wish/request/preference* + **que** + *subjunctive form.*

Quiero que **vayas** a la fiesta.	*I want you **to go** (that you go) to the party.*
Desean que Eva **cante** una canción.	*They want Eva **to sing** (that Eva sings) a song.*
Piden que **traigas** el coche.	*They ask you **to bring** (that you bring) the car.*

Note that in these sentences two subjects are involved: one in the main clause, expressing a wish or request (verb in the indicative), and one in the subordinate clause, responsible for the action desired or requested (verb in the subjunctive.)
To summarize:

expression of wish/request (*indicative*)	+ **que** +	action desired/requested (*subjunctive*)
(Yo) **Quiero**	**que**	(tú) **vayas** a la fiesta.

Here are some verbs that express wishes, suggestions and requests and require use of the subjunctive in the subordinate clause when the subjects of the main and subordinate clauses are different:

aconsejar	*to advise*	**preferir (ie, i)**	*to prefer*
desear	*to wish*	**querer (ie)**	*to want*
insistir (en)	*to insist (on)*	**recomendar (ie)**	*to recommend*
pedir (i, i)	*to request*	**sugerir (ie, i)**	*to suggest*

Insisten en que **lleguemos** a tiempo.	*They insist that we arrive on time.*
Te **sugiero** que lo **invites** a la fiesta.	*I suggest that you invite him to the party.*

Impersonal generalizations, where there is no specific subject in the main clause, also trigger the use of the subjunctive when they express a wish, recommendation or request.

> Es + (bueno/mejor/necesario/importante/urgente...) + que + subjuntivo

Es importante que **escuches** a tus amigos.

It´s important that you listen to your friends.

Es bueno que **usemos** Internet para conectar con los amigos, pero **es mejor** que **pasemos** tiempo con ellos.

It´s good that we use Internet to connect with friends, but it is better that we spend time with them.

NOTA DE LENGUA

The verbs **recomendar, sugerir,** and **pedir** are often used with indirect object pronouns (**me, te, le, nos, os, les**), as one recommends, suggests, etc. something to someone else.

Te sugiero que vayas.   *I suggest that you go.*

DICHOS

Consejo no pedido, consejo mal oído.

¿Cómo puedes explicar este dicho?

I/O **11-14** **Las mamás y los niños**

Paso 1. ¿Quién pide estas cosas: Juanito a su mamá o la mamá a Juanito?

	Juanito a la mamá.	La mamá a Juanito.
1. No es bueno que veas tanta televisión.	☐	☑
2. Te recomiendo que hagas la cama inmediatamente.	☐	☑
3. Es mejor que hagas la tarea ahora.	☐	☑
4. Prefiero que me des chocolate.	☑	☐
5. No quiero que me pongas el abrigo.	☑	☐
6. Es importante que me compres ese videojuego.	☑	☐
7. Te aconsejo que no seas desobediente.	☐	☑

Sugerencia: Para ilustrar el concepto de peticiones indirectas, traiga a clase una oración escrita en un pedazo de papel, un billete de dólar, un peine y un sombrero (o caja). Pida a un/a estudiante que se siente frente a la clase y dé los objetos a otros estudiantes. Uno a uno, cada estudiante entrega su objeto al/a la estudiante sentado/a y le indica qué hacer (*Bill, quiero que leas la oración*). Conviene que empiece usted con un modelo. Escriba todas las oraciones en la pizarra y pida después a la clase que explique lo que cada persona ha pedido al/a la estudiante (*El profesor quiere que Bill lea la oración*).

11-14. Extensión: Pida a los estudiantes que, en grupos pequeños, hablen sobre las cosas que sus padres quieren que ellos hagan cuando están en la casa familiar. Puede dar un ejemplo personal: **Mi madre siempre me pide que saque la basura.**

Use *PowerPoint Slides* para el *Paso 2* de la actividad 11-14.

Paso 2. ¿Qué otras cosas quiere la madre que hagan Juanito y el perro? En algunos casos hay más de una posible respuesta.

Modelo: **Quiere que Juanito se quite el pijama / se vista / se ponga calcetines y zapatos.**

1. Quiere que… **2.** Le sugiere que… **3.** La madre insiste en que…

4. Le dice al perro que… **5.** Le pide que… **6.** Quiere que…

11-15. Extensión: Puede ampliar la actividad pidiendo que un/a secretario/a de cada grupo lea sus deseos o los anote en una tabla. Después, entre todos, pueden organizar las listas en orden de importancia.

0 **11-15** **¿Qué prefieres en un/a compañero/a de apartamento?**

Paso 1. Quieres encontrar a una persona para compartir tu apartamento. Escribe qué quieres (o no quieres) de un/a compañero/a de apartamento.

Modelo: hacer la cama todos los días
Quiero/Es importante/No es necesario que haga la cama todos los días.

1. fumar

2. hablar por teléfono celular día y noche

3. escucharme cuando yo hablo

4. tener intereses similares a los míos

5. beber mucha cerveza

6. prender la tele a las dos de la mañana

7. pagar las cuentas a tiempo

8. comerse toda la comida que yo compro

9. ayudarme a limpiar el apartamento

10. ¿? _____

 Paso 2 Ahora, compartan sus preferencias en grupos pequeños. ¿Serían (*would be*) ustedes buenos compañeros de apartamento?

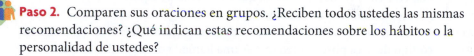

0 11-16 Todos piden algo.

Paso 1. Indica los deseos, las recomendaciones y las sugerencias que las siguientes personas tienen para ti. Completa cada oración con varias actividades.

1. El/La profesor/a de español me recomienda que…

2. Mi mamá me pide que…

3. Mis amigos me dicen que…

4. Mi compañero/a de cuarto insiste en que yo…

5. Mis hermanos quieren que…

Paso 2. Comparen sus oraciones en grupos. ¿Reciben todos ustedes las mismas recomendaciones? ¿Qué indican estas recomendaciones sobre los hábitos o la personalidad de ustedes?

11-17 Consejos para todos.
Ustedes colaboran en una organización estudiantil que ofrece apoyo (*support*) a otros estudiantes. Muchos estudiantes les escriben correos electrónicos pidiendo consejo. En grupos, respondan a estos estudiantes con sus consejos y recomendaciones.

Modelo: "Mi novio ha roto conmigo y lo extraño mucho. Estoy deprimida y no puedo concentrarme en los estudios".

Recomendamos que salgas con tus amigos y también sugerimos que conozcas a otras personas. Además (*besides*), es importante que…

1. Estoy muy estresado y no duermo bien. ¡Ayúdenme, por favor!

2. Mi compañero/a de cuarto es muy desordenado/a y nuestro cuarto es un desastre. Además, nunca encuentra sus bolígrafos y "toma prestados" los míos y los pierde también. ¿Qué puedo hacer?

3. ¿Tienen algunas ideas sobre cómo puedo vivir bien y divertirme con poco dinero?

11-17. Sugerencia: Esta actividad da a los estudiantes la oportunidad de ser creativos. Dependiendo del tiempo disponible, puede asignar un problema a cada grupo. Después, un/a representante de cada grupo comparte con la clase los consejos que ofrecieron y la clase puede añadir otros.

NOTA CULTURAL

Panama hats

What are called Panama hats, or just Panamas, are actually made in Ecuador. The hat became known as the Panama hat when workers involved in the construction of the Panama Canal used them as protection against the sun. It gained popularity in the United States when, in 1906, president Theodore Roosevelt was photographed wearing one during an inspection of the construction of the Canal. Panama hats are woven by hand with straw made from the leaves of the toquilla palm. Coarser hats may take a few hours to weave, while the finer hats may take up to five months. Constantly dipping their fingers in water, the weavers split the fiber into thin pieces and braid ring after ring of palm leaves into a fabric so soft and dense that it feels like silk. The hats are then pummeled, trimmed, and scrubbed. The finest Panamas have a smooth texture in which the weave is barely perceptible, but if held up to the light, a spiral of rings is visible. These rings indicate where new strands were started in the weaving. It is the number of rings that determines the quality of the Panama hat. The cheaper hats may have up to ten rings, whereas the finer quality hats contain as many as forty rings. Prices range accordingly, from $20 up to several hundred dollars.

Así se dice

Use *PowerPoint Slides* para presentar y practicar este vocabulario.

Para estar en contacto: Las llamadas telefónicas

Pepita y Natalia visitan la Ciudad de Panamá y desean comunicarse con amigos y familiares. Lean la conversación y aprendan las nuevas expresiones.

NATALIA: Vamos a buscar un teléfono público para llamar a mi amigo Carlos. Creo que vive en la ciudad de Colón, que está cerca de aquí.

PEPITA: ¿Tienes su número de teléfono?

NATALIA: No. A ver si (*Let's see if*) lo encuentro en esta **guía telefónica**. Necesito su **código de área** porque creo que es una llamada **de larga distancia**.

PEPITA: ¿No puedes usar tu **teléfono celular**?

NATALIA: No, pero tengo una **tarjeta telefónica**. (*Natalia encuentra el número y llama a su amigo*).

NATALIA: Hay un **contestador automático**... Pero no quiero **dejar un mensaje**.

PEPITA: A propósito (*By the way*), necesito hacer una llamada a mi familia para decirles que estamos aquí y que todo está bien. (*Pepita marca* (dials) *el número*). ¡Ay! **¡La línea está ocupada!**

NATALIA: Podemos llamar otra vez más tarde. Ahora tengo hambre. ¿Quieres almorzar en ese restaurante?

dejar	*to leave*	**el mensaje**	*message*
la llamada telefónica	*telephone call*	**ocupado/a**	*busy*
largo/a	*long*	**tarjeta**	*card*

Sugerencia: Señale que estas expresiones varían de un país a otro. Por ejemplo, *Hola* se usa en Argentina, *Dígame* en España, *Bueno* en México, etc. Señale también que a veces se cambia la acentuación al usar estas expresiones para contestar el teléfono: *Holá, Buenó*.

NOTA DE LENGUA

Ways of answering the phone vary from country to country. Here are some common examples:

Aló	Bueno	Diga
Hola	Dígame	Sí

To ask whether or not someone is in:

¿(Puedo hablar) Con Carlos, por favor?
¿Está Carlos?

To ask who's calling:

¿De parte de quién?

11-18. Audio:
1. Si quieres llamar desde un teléfono público sin dinero, puedes usarla.
2. A veces recibes una llamada importante cuando no estás en casa; por eso tienes esta máquina.
3. Con esto puedes recibir llamadas y llamar en cualquier lugar.
4. Este libro tiene todos los números de teléfono de la ciudad.
5. Para llamar a una región o ciudad específica tienes que marcar este número.
6. Lo dejas en el contestador de tu amigo cuando tienes noticias importantes para él pero no responde al teléfono.

11-18 Las llamadas telefónicas. Escucha las siguientes descripciones e identifica el término al que se refieren.

1. _e_   4. _f_   **a.** el código de área   **d.** el teléfono celular
2. _b_   5. _a_   **b.** el contestador automático   **e.** la tarjeta
3. _d_   6. _c_   **c.** el mensaje   **f.** la guía telefónica

11-19 **Hábitos telefónicos.** Primero, contesta las siguientes preguntas en la columna *Yo*. Después, en parejas, háganse las preguntas y completen la columna *Mi compañero/a* con la información obtenida. ¿Tienen hábitos parecidos o diferentes?

	Yo	Mi compañero/a
¿A quién llamas con mucha frecuencia?		
¿Quién te llama mucho?		
¿Haces muchas llamadas de larga distancia? ¿A quién?		
¿Cómo prefieres comunicarte con tus amigos, por teléfono o por correo electrónico? ¿Por qué?		
¿Tienes un teléfono en casa o usas solamente un teléfono celular?		
¿Qué aspectos negativos tienen los teléfonos celulares?		

11-19. Cuando los estudiantes terminen, invítelos a que compartan sus opiniones acerca de algunas de estas preguntas; en particular, pueden ser interesantes la tercera y la sexta preguntas.

Puede enseñarles los términos más frecuentes para *voice mail: buzón de voz, mensaje de voz y servicio contestador*

NOTA CULTURAL

Rubén Blades

Rubén Blades is a singer and songwriter from Panama City. His Cuban mother and Colombian father were both musicians. He is famous for salsa music with socially conscious lyrics that address urban problems and seek unification among all Latin Americans. Having earned a law degree from Harvard University, he ran for the presidency of Panama in 1994 as the head of a movement with a platform of social equity between cultural and social groups across all economic classes. In September 2004, he was appointed minister of tourism for a five-year term.

One of his most famous songs is *Pedro Navaja* (1978), a narrative about a mugging with a surprise ending. It topped all records for salsa songs, selling more than a million copies and earning gold and platinum records in Spanish-speaking countries as well as in the United States. Try to listen to the song and locate the lyrics online.

DICHOS

Quien tiene un amigo, tiene un tesoro.

¿Qué significa este dicho? ¿Estás de acuerdo?

Amigos y algo más

Cultura: Los cibercafés: Otro modo de consolidar amistades

Use *PowerPoint Slides* para presentar esta cultura.

Antes de leer

¿Has hecho amigos a través de Internet? ¿Cuáles son las ventajas y desventajas de este método de conocer a nuevas personas?

Hacer amigos es un ejercicio crucial para todos nosotros. Los métodos para lograrlo pueden ser múltiples: desde entablar (*start up*) una conversación en la universidad o en el trabajo, hasta conocer a gente en fiestas o discotecas. Sin embargo, como ya sabes, también puedes hacer nuevos amigos sin salir de casa, gracias a Internet.

El número de usuarios (*users*) de Internet se ha duplicado desde 2005. Sin embargo, todavía hay millones de personas que no tienen computadoras en casa. Si (*If*) quieren conectar con amigos, hacer investigación para sus trabajos de universidad, o incluso leer su propio correo electrónico, necesitan ir a un cibercafé. Alrededor del 60% de las personas que visitan uno de estos locales, lo hacen para "chatear" con amigos o familiares.

Estos locales fueron muy populares en los años 90. En 1994, España fue el primer país del mundo hispano en tener cibercafés. Estos aún existen en pueblos pequeños y grandes ciudades; por ejemplo, según estadísticas del Ministerio de Comercio e Industrias de Panamá, desde 1997 al verano de 2010 se aprobaron 1,850 licencias de este tipo de negocios en Panamá.

Actualmente, los cibercafés ofrecen además de bebidas, comida y una computadora en estaciones cómodas y semi privadas, toda una red de servicios adicionales. Los servicios incluyen la venta de celulares, artículos de oficina y copiadoras, así como llamadas nacionales e internacionales, juegos de video y hasta cursos de computadoras y de inglés. Con estos servicios, los dueños garantizan la supervivencia del negocio.

Es sorprendente que el éxito actual de estos cibercafés no se deba a las computadoras, sino a los servicios adicionales y a algo tan simple como la extensión del horario de atención al público.

La próxima vez que vayas de viaje a América Latina o a España y necesites ponerte en contacto con alguien, visita esta website www.cybercafes.com o pregunta directamente por el cibercafé más cercano.

▲ Un cibercafé en México

Después de leer

1. Indica si las siguientes afirmaciones son ciertas o falsas, y corrige las que sean falsas:

	Cierto	Falso
a. La única manera de hacer amistades es en fiestas y discotecas. También en cines, universidad, trabajo e Internet.	☐	☑
b. La mayoría de personas que visitan un cibercafé es para hacer investigaciones. El 60% de los visitantes van para "chatear" con amigos.	☐	☑
c. El futuro de los cibercafés está basado en servicios como el teléfono.	☑	☐

2. Elige una ciudad en un país de habla hispana. Visita el enlace www.cybercafes.com y busca los cibercafés que haya en esa ciudad.

VideoEscenas: ¿Con quién estabas hablando?

▲ Cristina se enoja con su marido, Enrique.

Paso 1. Responde a estas preguntas antes de ver el video.

1. ¿Por qué razones discuten (*argue*) frecuentemente las parejas?
2. ¿Te consideras (*Do you consider yourself*) una persona celosa?
3. ¿Te molesta que tu novio/a tenga amigos cercanos del sexo opuesto? ¿Te molestaría (*would it bother you*) que hablen mucho por teléfono o que vayan solos al cine o a un restaurante?

Sugerencia: Si hace esta actividad en clase, puede pedir que completen esta sección en parejas.

Paso 2. Mira el video e indica si estas afirmaciones son ciertas o falsas. Si son falsas, corrígelas.

	Cierto	Falso	
1. Enrique tiene una cita con otra mujer.	☐	☑	Enrique está hablando con su madre sobre la fiesta de Cristina.
2. Cristina le pide a Enrique que explique la situación.	☑	☐	
3. Cristina ha pedido el divorcio.	☐	☑	Cristina va a pedir el divorcio.
4. La madre de Enrique está en la fiesta de cumpleaños de Cristina.	☐	☑	La madre de Enrique va a ir a la fiesta más tarde.

Paso 3. Lee las siguientes preguntas. Si sabes algunas respuestas (*answers*), puedes escribirlas ahora. Después mira el video otra vez para comprobar (*check*) y completar tus respuestas.

1. ¿Por qué cree Cristina que Enrique tiene una amante (*lover*)? Porque Enrique está hablando por teléfono con una mujer y le dice que está deseando verla.
2. ¿Qué le pide Enrique a Cristina? ¿Cómo responde ella? Enrique pide a Cristina que lo escuche. Ella le hace preguntas pero no le deja contestar.
3. ¿Qué le sugiere Cristina a Enrique? Le sugiere que busque un buen abogado.
4. ¿Con quién hablaba Enrique por teléfono? ¿Qué le dijo esa persona? Hablaba con su madre. Ella llamó para decir que iba a llegar tarde a la fiesta.

Así se forma

Espero que llame...

WILEY PLUS Go to *WileyPLUS* and review the Animated Grammar Tutorial and Verb Conjugator for this grammar point.

Use *PowerPoint Slides* para presentar y practicar gramática.

2. The subjunctive with expressions of emotion

The subjunctive is also used when a speaker expresses emotional reactions and feelings (joy, hope, sorrow, anger, etc.) about the actions or condition of another subject.

<u>Me alegro de</u> que mi amigo me **visite**.	*I'm glad that my friend is visiting me.*
<u>Es increíble que</u> **llegue** mañana.	*It's incredible that he is arriving tomorrow.*
<u>Esperamos</u> que **pueda** quedarse unos días.	*We hope that he can stay a few days.*

Note that the main clauses in the previous examples, expressing the speaker's emotions/feelings, are in the indicative, while the subordinate clauses, which express the actions or condition of another person or thing, are in the subjunctive.

---

expression of emotion *(indicative)*	+	**que**	+	action/condition of another person/thing *(subjunctive)*
Me alegro de		**que**		mi amigo me **visite**.

Here are some verbs and expressions of emotion that require use of the subjunctive in the subordinate clause when the subject is different:

alegrarse (de)	*to be glad (about)*	**temer**	*to fear, be afraid*
esperar	*to hope, expect*	**¡Ojalá que**[1]**…!**	*I hope, wish*
sentir (ie, i)	*to be sorry, regret*		

Me alegro de que **estén comprometidos**.	*I am glad that they are engaged.*
¡Ojalá que me **inviten** a la boda!	*I hope that they invite me to the wedding.*

Gustar, **encantar** and similar verbs can also be used to express emotional reactions and preferences. Here are a few more:

fascinar	*to be fascinating, fascinate*
molestar	*to be annoying, bother*
sorprender	*to be surprising, surprise*

Me gusta que Celia **venga**, pero **me molesta** que siempre **llegue** tarde.	*I like that Celia is coming, but it bothers me that she is always late.*

Remember that if there is no change of subject in the subordinate clause, the infinitive is used, not **que** + *subjunctive*.

One subject	Change of subject
Siento no **poder** ir a la reunión.	**Siento** que ellos no **puedan** ir a la reunión.
I regret not being able to go to the meeting.	*I regret that they can't go to the meeting.*

---

[1] This expression comes from Arabic and it means literally "I hope to Allah", or "God willing." In modern Spanish it is synonymous with "I hope". It is always followed by a verb in the subjunctive.

There are also some impersonal expressions of emotion.

> **Es + fantástico/terrible/increíble...** + [**que** + subjuntivo]

es una lástima	it´s a shame	es ridículo	it´s ridiculous
es extraño	it´s strange	es horrible	it´s horrible
es fantástico	it´s wonderful	no es justo	it´s not fair

Es una lástima que no **puedas** venir.   *It´s a shame that you cannot come.*

11-20 ¿Es lógico? Escucha lo que dice Natalia y decide si es lógico o no. Si no es lógico, corrígelo.

	Lógico	Ilógico			Lógico	Ilógico
1.	☑	☐		**5.**	☐	☑
2.	☐	☑		**6.**	☐	☑
3.	☑	☐		**7.**	☑	☐
4.	☐	☑				

11-20. Audio:
1. Es fantástico que Manuel y Linda se casen.
2. Siento que mi hermano tenga un buen trabajo.
3. ¡Ojalá que mi compañera de cuarto no haga mucho ruido!
4. Espero que mi cita vaya mal.
5. Temo que el examen de mañana sea fácil.
6. Me molesta que mis amigos sean tan generosos.
7. Me alegra tener vacaciones este verano.

11-21 Reacciones y emociones. Describe las reacciones o emociones de las personas según las situaciones.

Modelo: Juanito, Elena y el perro **sienten que llueva.**

1. Juanito, Elena y el perro se alegran de que...

2. Nancy y su marido temen que...

3. Esteban se alegra de que...

4. Linda y Manuel esperan que...

5. Pepita siente que Natalia...

6. Camila espera que su ex-novio..., pero teme que...

11-22 Mis deseos.
11-22 **Mis deseos.** Continúa cada oración expresando tus deseos al respecto. Usa las frases entre paréntesis y presta atención a si hay un cambio de sujeto o no.

Modelo: Jaime no estudió mucho. (pasar el examen)

Espero que pase el examen.

No estudié mucho. (pasar el examen)

Espero pasar el examen.

1. Mi hermana se queja de que no tiene novio. (por fin encontrar a alguien especial)
2. Bea y su compañera de cuarto siempre discuten (*argue*). (llevarse mal)
3. No me acordé del cumpleaños de mi amiga. (no enojarse conmigo)
4. Mañana cumplo veintiún años. (nadie olvidarse de mi cumpleaños)
5. Quiero ir a Costa Rica. (poder ir este verano)
6. Pedro rompió con su novia y no sale de casa. (estar deprimido)

11-23 Reacciones.
11-23 **Reacciones.** En parejas, uno de ustedes hace una declaración. El otro responde, expresando sus deseos. Inventen una situación más al final. Túrnense.

Modelo: Estudiante A lee: Mi abuelo está en el hospital.

Estudiante B ve: estar enfermo, salir pronto

Estudiante B dice: **Es una lástima que esté enfermo. ¡Ojalá que salga pronto!**

11-23. Extensión: Pida a los estudiantes que pidan tres deseos para su familia, sus amigos o el mundo, usando **Ojalá que....** También puede hacer este ejercicio para reciclar el uso del subjuntivo con expresiones de emoción otro día.

Estudiante A:
Situaciones
El mes pasado me comprometí.
Mi hermana va a dar a luz hoy.
¿...?
Reacciones
no poder ir al teatro, haber entradas mañana
haber perdido, encontrar pronto
¿...?

Estudiante B:
Situaciones
Ya no hay entradas para el teatro hoy.
¡No encuentro mi celular!
¿...?
Reacciones
estar enamorado/a, ser muy feliz
tener un sobrinito, todo ir bien
¿...?

Sugerencia: Para simular una conversación telefónica de forma realista, pida a los estudiantes que se sienten de espaldas, de manera que tengan que comunicarse sin poder verse. Deben imaginar que tienen un teléfono en la mano o fingir que hablan por sus celulares.

Dé unos minutos a los estudiantes para que cada uno piense en sus motivos para estar deprimido/a o enojado/a.

Puede poner una transparencia con algunas expresiones de deseo y emoción para que los estudiantes puedan consultarla mientras conversan.

SITUACIONES

Los dos están pasando por unos días difíciles. Hablen por teléfono para contarse sus problemas. Expliquen cómo se sienten, qué quieren o esperan. Escuchen también la situación de su amigo/a. Reaccionen con empatía, ofrezcan sugerencias y expresen sus deseos para él/ella.

Estudiante A: Estás deprimido/a porque tu pareja rompió contigo.
Estudiante B: Estás enojado/a por algo que hizo tu amigo/a.

PALABRAS ÚTILES

¿Cómo se contesta el teléfono?

¡Hola!	Argentina	¡Bueno!/¡Mande!	México
¡Sí!/¡Diga!/¡Dígame!	España	¡Aló!	otros países

11-24 **Nuestros sentimientos (*feelings*).**

Paso 1. Escoge una persona (por ejemplo, un/a hermano/a o amigo/a) y un lugar (por ejemplo esta universidad o esta ciudad) y escribe un breve párrafo describiendo qué te gusta, sorprende o molesta de cada uno. Al final, explica qué quieres o esperas de ellos.

Paso 2. Comparte tus ideas con un/a compañero/a y comenta sus ideas.

Modelo: Estudiante A: **Me encanta que mi amigo Leo sea tan divertido. También me gusta mucho que siempre sea honesto conmigo.**

Estudiante B: **Sí, a mí también me gusta que mis amigos sean divertidos y me molesta que no siempre sean honestos.**

11-25 **El valor de la amistad.**

Paso 1. Lee el título del texto a continuación y observa la fotografía. En parejas, respondan a las siguientes preguntas: ¿qué relación une a las personas de la foto? ¿Qué valor o cualidades tiene la amistad para ustedes?

el valor de la

POR DORIS TORRES

La amistad es una de las relaciones más importantes y hermosas de la vida. Somos afortunados cuando contamos con amigos verdaderos. Este vínculo nos brinda confianza, solidaridad y apoyo, tanto en los momentos buenos como en los malos, y nos hace sentir entendidos y aceptados incondicionalmente. Todos queremos tener y ser amigos excepcionales.

AMISTAD

Sugerencia: Para revisar las expresiones que pueden usar en este capítulo, puede hacer una tabla en la pizarra con tres categorías y pedir a los estudiantes que las completen con las expresiones aprendidas en el capítulo: deseos (***esperar que; ojalá que***), sentimientos positivos/optimistas (***alegrarse (de) que; es bueno/fantástico/… que; gustar/encantar/fascinar que***), sentimientos negativos/pesimistas (***sentir que; temer que; es una lástima/terrible/… que; no gustar/molestar que…***).

Paso 2. Lean el párrafo acerca de la amistad y, en parejas, contesten estas preguntas.

1. ¿Qué dice el artículo acerca de la amistad? ¿Estás de acuerdo?
2. ¿Qué nos dan nuestros amigos?
3. ¿Qué queremos todos?
4. Y tú, ¿tienes buenos amigos? ¿Eres un/a buen/a amigo/a?

Paso 3. Ahora compartan con su compañero/a lo que ustedes aprecian (*appreciate*) de sus amigos, explicando sus razones y/o dando ejemplos. Usen expresiones de emoción de este capítulo.

Así se forma

WILEY PLUS Go to *WileyPLUS* and review the Animated Grammar Tutorial and Verb Conjugator for this grammar point.

Use *PowerPoint Slides* para presentar esta gramática.

> **HINT**
>
> Remember: Add the future endings to the entire infinitive, not the stem.

Sugerencia: Llame la atención al hecho de que las acciones futuras pueden expresarse en español de tres maneras distintas. 1. Uso del tiempo presente. Por ejemplo: *Ella llega esta noche.* 2. Uso de *ir + a + infinitivo*. Por ejemplo: *Ella va a llegar esta noche.* 3. Uso del tiempo futuro que estudian en esta sección. Por ejemplo: *Ella llegará esta noche.*

Señale también que el presente progresivo no se usa para expresar una acción futura en español.

> Viajarás por todo el mundo, te casarás con una persona fenomenal, encontrarás el trabajo de tus sueños...

3. Talking about what *will* and *would* happen: The future and the conditional

Talking about what *will* happen: the future tense

The future tense of all regular –**ar**, –**er**, or –**ir** verbs is formed by adding the same set of endings to the infinitive.

	llamar	volver	ir
(yo)	llamar**é**	volver**é**	ir**é**
(tú)	llamar**ás**	volver**ás**	ir**ás**
(Ud., él, ella)	llamar**á**	volver**á**	ir**á**
(nosotros/as)	llamar**emos**	volver**emos**	ir**emos**
(vosotros/as)	llamar**éis**	volver**éis**	ir**éis**
(Uds., ellos, ellas)	llamar**án**	volver**án**	ir**án**

—¿**Irás** a la fiesta con Jorge?   *Will you go to the party with George?*
—**Iré** si me invita.   *I'll go if he invites me.*

The following verbs add regular future endings to the irregular stems shown (not to the infinitive).

Infinitivo	Raíz	Formas del futuro
hacer	har–	haré, harás, hará, haremos, haréis, harán
decir	dir–	diré, dirás, ...
poder	podr–	podré, podrás, ...
querer	querr–	querré, querrás, ...
saber	sabr–	sabré, sabrás, ...
poner	pondr–	pondré, pondrás, ...
salir	saldr–	saldré, saldrás, ...
tener	tendr–	tendré, tendrás, ...
venir	vendr–	vendré, vendrás, ...

Los novios **harán** un viaje a la Ciudad de Panamá.   *The bride and groom **will take** a trip to Panama City.*

The future of **hay** (there is, there are) is **habrá** (there will be).

Habrá varios cibercafés en la Ciudad de Panamá.   *There will be various Internet cafes in Panama City.*

11-26 En el año 2050.

Paso 1. En grupos de cuatro, indiquen si están de acuerdo o no con los siguientes pronósticos.

Modelo: Los jovenes se conocerán bien antes de casarse.
Sí, muchos jóvenes querrán conocerse mejor antes de casarse. *O,* **No, la mayoría de los jóvenes se casará pronto.**

1. Los amigos se verán menos que ahora.
2. Habrá más sitios de redes sociales (*social networking sites*).
3. Habrá más niños en el mundo.
4. El uso de la tecnología y de las computadoras aumentará.
5. Las "citas rápidas" (*speed dating*) se harán con hologramas.
6. Encontraremos una cura para el SIDA y el cáncer.
7. Se harán bodas "virtuales".
8. También, dentro de cuarenta años…

Paso 2. En sus grupos, escojan uno de los siguientes temas y escriban 5 predicciones para 2050: Las relaciones amorosas / La medicina / La educación / El medio ambiente / La tecnología.

Modelo: **En las ciudades, mucha gente irá en bicicleta para ahorrar dinero.**

11-27 Quiromancia (*Palmistry*). La quiromancia es el arte de pronosticar el futuro leyendo las líneas de la palma de la mano.

Paso 1. Observa la ilustración de la página 396 mientras examinas la palma de la mano de tu compañero/a y dile cómo será su futuro. Túrnense.

graduarte en…	ser… (profesión)	vivir en…	hacer un viaje a…
casarte con…	tener… (hijos/nietos)	ganar la lotería…	

Modelo: **Esta línea de tu mano me dice que… tendrás cinco hijas.**

Paso 2. ¿Qué te parecen las predicciones de tu compañero/a? Escribe 4 ó 5 oraciones describiendo algunas de sus predicciones y explica si estás de acuerdo o no.

Modelo: **Andrew dice que tendré muchos hijos y creo que tiene razón: ¡tendré muchos hijos porque me encantan los niños!**

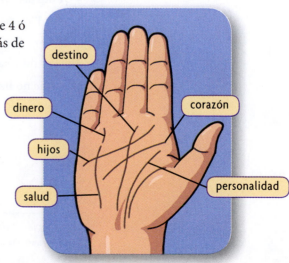

Yo me casaría con una cantante.

Yo me casaría con una doctora.

Talking about what *would* happen: the conditional

The conditional tells what *would* potentially happen in certain circumstances. Example: I *would*[1] go to the San Blas Islands (*if I had the money*).

—¿**Visitarías** el canal de Panamá?   *Would* you **visit** the Panama Canal?

—Sí, e **iría** a San Blas.   *Yes, I **would** also **go** to San Blas.*

The conditional of all regular -**ar**, -**er**, and -**ir** verbs is formed by adding the following endings to the *entire infinitive*. Note that the conditional endings are identical to the imperfect tense endings of -**er** and -**ir** verbs.

	llamar	**volver**	**ir**
(yo)	llama**ría**	volve**ría**	i**ría**
(tú)	llama**rías**	volve**rías**	i**rías**
(Ud., él, ella)	llama**ría**	volve**ría**	i**ría**
(nosotros/as)	llama**ríamos**	volve**ríamos**	i**ríamos**
(vosotros/as)	llama**ríais**	volve**ríais**	i**ríais**
(Uds., ellos, ellas)	llama**rían**	volve**rían**	i**rían**

Verbs that have an irregular stem in the future tense also form the conditional with that same irregular stem and regular conditional endings.

Infinitivo	Futuro	Formas del condicional
hacer	ha**ré**	ha**ría**, ha**rías**, ha**ría**, ha**ríamos**, ha**ríais**, ha**rían**
poder	pod**ré**	pod**ría**, pod**rías**, ...
poner	pond**ré**	pond**ría**, pond**rías**, ...
querer	quer**ré**	quer**ría**, quer**rías**, ...
saber	sab**ré**	sab**ría**, sab**rías**, ...
tener	tend**ré**	tend**ría**, tend**rías**, ...
decir	di**ré**	di**ría**, di**rías**, ...
salir	sald**ré**	sald**ría**, sald**rías**, ...
venir	vend**ré**	vend**ría**, vend**rías**, ...

—¿**Podrías** ayudarnos?   *Would* you **be able** to help us?

—Ella dijo que lo **haría**.   *She said that she **would do** it.*

The conditional of **hay** (*there is, there are*) is **habría** (*there would be*).

Dijo que no **habría** ningún problema.   *He said that **there would be** no problem.*

---

[1] When *would* implies *used to* (*habitual past action*), the imperfect is used:

Cada verano, iba a Centroamérica.   *Every summer, I would go to Central America.*

I/O **11-28** ¿Lo harías?

Paso 1. En grupos de 3 personas, escriban sus nombres en la primera línea de la siguiente tabla. Después, háganse las preguntas y anoten las respuestas en las columnas.

1. ¿Romperías con tu pareja por correo electrónico o con un mensaje de texto?			
2. ¿Invitarías a una pareja nueva a casa de tus padres?			
3. ¿Apoyarías la prohibición de "demostraciones públicas de afecto" en todos los espacios públicos?			
4. ¿Cambiarías la edad legal para casarse? ¿Qué edad te parece apropiada?			
5. ¿Eliminarías el uso de diamantes en los anillos de compromiso y otras joyas?			
6. ¿Adoptarías un/a bebé de otro país?			
7. ¿Te enamorarías de alguien de otro país?			
8. ¿Donarías dinero para la prevención del embarazo de adolescentes (*teenage pregnancy*)?			
9. ¿Mantendrías una relación amistosa con una ex-pareja?			

Paso 2. Compartan sus datos con la clase y calculen los porcentajes (*percentages*) de estudiantes a favor y en contra para cada pregunta.

11-29 **Soluciones.** ¿Qué harían ustedes para empezar a resolver los siguientes problemas? En grupos de 3 ó 4 personas, propongan 1 ó 2 soluciones para cada categoría usando el condicional. Un/a secretario/a escribe las ideas.

Categorías

1. el embarazo en adolescentes
2. la violencia doméstica
3. el divorcio
4. el acecho (*stalking*)
5. el SIDA
6. el acoso (*harrassment*) sexual

Dicho y hecho

PARA LEER: Los amantes de Teruel

ANTES DE LEER

1. ¿Conoces alguna historia famosa sobre dos personas que se amaban pero a quienes les ocurrió una tragedia?

2. Localiza la ciudad de Teruel en un mapa de España. Busca al este de Madrid.

Detalle de *El amor nuevo*, de Jorge Gay ▼

ESTRATEGIA DE LECTURA

Establishing the chronological order of events When reading a text that narrates events that happened in the past, it can be helpful to plot out the order in which the various events took place. For example, as you read the article that follows, jot down what happened in the following years:

1217: _____

1222: _____

1555: _____

Using your completed timeline, write a brief and basic synopsis of the story of these famous lovers.

A LEER

En 1555, durante las obras de reforma de la Iglesia de San Pedro de Teruel (España), se descubrieron dos momias enterradas[1] juntas, y con ellas, un antiguo documento donde se narraba su triste historia. Fue el inicio de una de las leyendas más románticas de la tradición española: *Los amantes de Teruel,* la tragedia de un amor sólo unido en la muerte.

LA LEYENDA DE LOS AMANTES

Nuestra historia tuvo lugar en el año 1217, en Teruel, reconocido por la UNESCO como Patrimonio de la Humanidad. Los protagonistas fueron dos jóvenes que, poco a poco, descubrieron que la amistad que les había unido desde pequeños se convertía en un sentimiento mucho más fuerte: amor.

Pero como en las grandes tragedias de la literatura clásica, su pasión se interrumpiría por diferencias económicas. Ella, Isabel de Segura, pertenecía a una de las familias más ricas de la ciudad. Pero él, Juan Diego Martínez de Marcilla, sólo era el segundo hijo de nobles empobrecidos. Cuando el joven Diego ganó suficientes fuerzas para pedir a Don Pedro Segura la mano de su hija, éste le dijo que no, porque no tenía las riquezas que su hija se merecía[2]. Sólo la insistencia de Isabel hizo cambiar de opinión a

Don Pedro y concedió[3] a Juan un plazo[4] de cinco años —o sea, hasta el año 1222— para juntar el dinero necesario. El joven se fue a la guerra[5] mientras su amada se quedaba contando los días que pasaban hasta su regreso. Durante todo ese tiempo, Don Pedro trataba de[6] casar a su hija con alguien digno y, cuando faltaban unos días para que concluyera el plazo, la convenció para que aceptara en matrimonio con Don Pedro Fernández de Azagra.

El mismo día de la boda, regresó un triunfante Marcilla, que, al entrar en la ciudad, escuchó las campanas de boda. Al saber que era su querida Isabel, por quien tan valerosamente[7] había peleado batalla tras batalla, se fue corriendo hacia el lugar donde se celebraba el enlace. Cuando ambos se encontraron, Juan le pidió un beso de despedida que ella, mujer casada, se negó[8] a darle para no atentar contra[9] su honor. En ese momento, Juan, con el corazón roto, cayó muerto a sus pies.

---

[1] buried, [2] deserved, [3] granted, [4] period of time, [5] war, **[6] trataba de** tried to, [7] bravely, [8] refused to, **[9] atentar contra** to challenge

Al día siguiente, en la iglesia de San Pedro, tuvo lugar el funeral de Juan. Durante la ceremonia, una dama cubierta[10] se acercó al joven y, tras descubrir su cara, se reclinó[11] para darle un beso. Ya no volvió a separarse de él.

REPRESENTACIONES ARTÍSTICAS DE LOS AMANTES DE TERUEL

Versos, óperas, esculturas y cuadros han intentado captar la esencia de una gran historia de amor que ha conquistado los corazones de la gente desde que se dio a conocer a mediados del siglo XVI. Entre ellos se encuentra la gran obra del pintor Antonio Muñoz Degrain (1840-1924), maestro de Pablo Ruiz Picasso, que se puede contemplar en el Museo del Prado de Madrid. Representa a Isabel, ya fallecida[14], abrazando el cuerpo sin vida de su amado.

En un tono más cubista y colorido, el pintor de Zaragoza Jorge Gay (1950) también se inspiró en los amantes en su cuadro "El amor nuevo", que puede verse en el Mausoleo de los Amantes, situado en el pueblo de Teruel. Pero sin duda, la pieza estrella de este edificio creado para honrar la memoria de los enamorados es la escultura de Juan de Ávalos (1911-2006). En ella se representan las figuras de

Era la bella Isabel, que no pudo soportar el daño[12] causado a su amado y abandonó la vida rozando[13] sus labios. La ciudad decidió enterrarlos juntos para que, por fin, pudieran descansar eternamente unidos.

Isabel y Diego con las cabezas inclinadas una hacia la otra y con la mano izquierda de ella extendida hacia la de él, sin apenas rozarla, como símbolo de su amor imposible.

Además, la ciudad que los vio nacer celebra cada año las "Bodas de Isabel Segura". En estas fiestas, la gente se transporta al siglo XIII llevando trajes medievales y participando en representaciones teatrales del drama.

La música también se ha acordado de ellos. El compositor Tomás Bretón (1850-1923) les dedicó una ópera en 4 actos. Por último, la literatura ha querido honrar su memoria con varias obras de teatro que narran la historia de los enamorados. Entre las más famosas se encuentra *Los amantes de Teruel*, de Juan Eugenio Hartzenbusch (1806-1880), que cerró su obra con la despedida de Isabel que resume todo lo que fue su historia: "El cielo que en la vida nos aparta nos unirá en la tumba".

Texto: Noemí Monge / *Punto y coma*
Foto: Fundación Amantes de Teruel

---

[10] veiled, [11] leaned over, [12] hurt, pain, [13] brushing, [14] dead

DESPUÉS DE LEER

1. ¿Cierto o falso?

	Cierto	Falso
a. La familia de Juan era rica y no quería que él se casara con una muchacha pobre.	☐	☑
b. Juan se fue a la guerra durante cinco años para juntar el dinero necesario y poderse casar con Isabel.	☑	☐
c. En el día de su boda con Don Pedro, Isabel le dio un último beso a Juan.	☐	☑
d. Isabel murió al darle un beso al cadáver de Juan.	☑	☐

2. ¿Qué semejanzas y diferencias encuentras entre la historia de los "amantes de Teruel" y la de Romeo y Julieta de Shakespeare?

3. De todas las obras mencionadas basadas en esta historia, ¿cuál te gustaría conocer más y por qué?
   - ☐ El cuadro del pintor Antonio Muñoz Degrain, en el Museo del Prado de Madrid, que representa a Isabel, ya fallecida, abrazando el cuerpo sin vida de su amado.
   - ☐ El cuadro cubista del pintor Jorge Gay, en el Mausoleo de los Amantes en el pueblo de Teruel.
   - ☐ La escultura de Juan de Ávalos, que representa las figuras de Isabel y Diego con las cabezas inclinadas una hacia la otra y con la mano izquierda de ella extendida hacia la de él, sin apenas rozarla, como símbolo de su amor imposible.
   - ☐ La ópera de Tomás Bretón.
   - ☐ La obra de teatro de Juan Eugenio Hartzenbusch, *Los amantes de Teruel,* en la que Isabel dice: "El cielo que en la vida nos aparta nos unirá en la tumba".

Dicho y hecho

PARA CONVERSAR: **Problemas en una relación amorosa**

La famosa doctora Isabel tiene un programa muy popular en Radio Cadena Univisión. Ofrece consejos a las personas que llaman con problemas de todo tipo.

 Dos de ustedes van a crear un diálogo entre una persona que llama y la doctora Isabel. Antes de interpretar el diálogo, anoten aquí sus ideas sobre el problema y los consejos.

El problema amoroso
• ¿Entre quiénes es el problema?
• ¿Cuál es el problema?
• ¿Cuánto tiempo ha durado?
• Otros detalles

Los consejos que da la doctora Isabel
• ¿Qué debe hacer la persona que llama?
• ¿Qué se recomienda para la pareja de la persona que llama?
• Otros detalles

Después, interpreten el diálogo como si fueran una persona que llama y la doctora Isabel.

ESTRATEGIA DE COMUNICACIÓN

Checking for understanding When talking on the phone, you don't have the benefit of seeing your listener's facial expressions or body language, and therefore aren't always aware of how they are receiving your message or of when they might have something to interject. It's a good idea to make sure the person you're talking to is "still with you" by providing the information you want to communicate in small chunks followed either by brief pauses (to allow your listener to interject a question, ask for clarification, etc.) or by simple questions to make sure she/he is following you. Here are some questions you can use.

¿Entiende?/¿Entiendes?
¿Ve?/¿Ves?

Act out your dialog standing or sitting back to back so that you can't see each other's faces and apply these strategies in your conversation.

PARA ESCRIBIR: La reseña (*review*) de una película

En esta composición vas a escribir una reseña de una película con una historia de amor. Es para un periódico de la comunidad del lugar donde vives —quieren publicar reseñas de películas recientes y también de algunas más viejas.

ANTES DE ESCRIBIR

Paso 1. ¿Qué película voy a reseñar?

Piensa en una película que tenga una historia de amor. No tiene que ser una película romántica, pero sí debe tener una historia de amor en algún momento. Algunas películas de amor o con un tema romántico son:

Gone with the Wind	*Casablanca*
A Love Story	*When Harry Met Sally*
Pretty Woman	*Ghost*
The Princess Bride	*Shrek*
Slumdog Millionaire	*Sex and the City*
Twilight	*Avatar*

El título de la película que voy a reseñar: _____

Año: _____

Director: _____

Actores principales: _____

Un resumen de la trama (*plot*)[1]: _____

_____

_____

Paso 2. Las cualidades positivas y negativas de la película. Probablemente ya tienes una opinión general sobre la película que vas a reseñar: lo que te gusta o no te gusta de la película, si es buena o mala, etc. En una reseña normalmente se incluyen comentarios positivos y negativos. Escribe algunos aquí.

Cualidades positivas	Cualidades negativas
1.	1.
2.	2.
3.	3.

---

[1]Las reseñas generalmente cuentan partes de la trama en presente, por ejemplo: **El hombre quiere que la chica lo espere, pero ella le pide que la olvide...**

Dicho y hecho

A ESCRIBIR

Escribe una primera versión de tu reseña.

Primer párrafo: Presenta la película que vas a reseñar, incluyendo los datos más relevantes y un breve resumen de la trama sin revelar el final.

Párrafos centrales: Elabora tu opinión sobre las cualidades y/o partes débiles de la película. También considera las estrategias de redacción que leíste antes: puedes citar a otros, usar anécdotas de tu experiencia o encuestar a varias personas sobre su opinión acerca de la película.

Párrafo final: Indica si recomiendas al público que vea esta película y por qué.

Para escribir mejor

Estas palabras te pueden ayudar a escribir tu reseña:

la actuación = *performance*
la adaptación (de una novela, un cuento o una obra de teatro) = *adaptation*
la banda sonora = *soundtrack*
los efectos especiales = *special effects*
el guión = *script*
la estrella = *the star*
protagonizar = *to star* (*in a movie*)
el personaje (principal) = (*main*) *character*
la trama = *plot*

DESPUÉS DE ESCRIBIR

Revisar y editar: el contenido, la organización, la gramática y el vocabulario.
Después de escribir el primer borrador de tu reseña, déjalo a un lado por un mínimo de un día sin leerlo. Cuando vuelvas a leer la reseña, corrige el contenido, la organización, la gramática y el vocabulario. Hazte estas preguntas:

☐ ¿Describí con claridad mi opinión sobre la película, incluyendo las cualidades negativas y positivas?

☐ ¿Tiene cada párrafo una oración temática?

☐ ¿Tienen todas las ideas de cada párrafo relación con la oración temática?

☐ ¿Describí los eventos de la película con suficientes detalles?

☐ Además de otros aspectos generales de gramática, ¿usé el subjuntivo correctamente en las oraciones que expresan deseos, peticiones o emociones?

PARA VER Y ESCUCHAR: La tecnología une a las familias

ANTES DE VER EL VIDEO

En parejas o grupos pequeños, respondan a estas preguntas.

1. ¿Cómo se comunican con su familia y sus amigos? ¿Usan los mismos medios de comunicación o no?

2. ¿Qué medio de comunicación prefieren? ¿Por qué?

3. Muchas personas usan programas de redes sociales como Facebook o Twitter para manterse en contacto con sus amigos. ¿Cuáles son algunos aspectos positivos y negativos de estos medios de comunicación?

Sugerencia: Puede mostrar el contenido del video sin sonido primero, como han hecho en anteriores capítulos, y pedir a los estudiantes que intenten describir las actividades y lugares que han observado. De esta forma practicarán el vocabulario aprendido y optimizarán la comprensión del video.

ESTRATEGIA DE COMPRENSIÓN

Interpret and guess meaning through context As mentioned in *Capítulo 2,* it is very likely that you will not know or understand every word when you listen to a text in a foreign language. Although you can still ignore unknown words and focus on what you do understand, now that you know more Spanish, you can also use the general context (topic) and the textual context (the sentence where the word appears) to guess what certain words might mean.

A VER EL VIDEO

Paso 1. Mira el video prestando atención a las ideas principales y responde a estas preguntas.

1. ¿Qué sistema de comunicación usa la familia del video? ¿Por qué?
   La familia usa Skype porque es un programa gratuito que te permite comunicarte con otras personas en cualquier parte del mundo.
2. ¿Qué ventajas ofrece este sistema de comunicación en comparación con otros como el teléfono?
   Skype ofrece texto, audio e imagen. Es un sistema de comunicación muy completo y gratuito.

Sugerencia: Si hacen esta actividad en la clase, haga una pausa después de cada oración pertinente y repítala si le parece necesario.

Paso 2. Abajo hay algunas palabras del video que probablemente no conoces. Mira el video prestando atención a las oraciones donde aparecen estas palabras (el principio de cada oración aparece entre paréntesis) y adivina (*guess*) su significado.

(Para ellos es importante…)   a pesar de   _____

(Skype es un programa…)   gratuitamente   _____

(y te permite comunicarte…)   cualquier   _____

(Skype es muy…)   útil   _____

DESPUÉS DE VER EL VIDEO

En grupos pequeños, respondan a estas preguntas.

¿Creen que el uso de Internet nos ayuda a comunicarnos o nos aísla (*isolate*) más? ¿Qué peligros existen?

Extensión: Puede pedir a sus estudiantes que escriban un párrafo o que elaboren un cuadro con las ventajas y desventajas de Internet en las relaciones sociales con la familia y amigos.

Repaso de vocabulario activo

Adjetivos

cariñoso/a *affectionate*
celoso/a *jealous*
comprensivo/a *understanding*
divorciado/a *divorced*
fiel *faithful*
juntos/as *together*
sincero/a *sincere, honest*
soltero/a *single*
viudo/a *widower/widow*

Expresiones útiles

el amor a primera vista *love at first sight*
felicidades *congratulations*
Ojalá que... *I hope . . .*

Sustantivos

Las llamadas telefónicas
Telephone calls

el código de área *area code*
el contestador automático *answering machine*
la guía telefónica *phone book*
la línea está ocupada *the line is busy*
la llamada *the phone call*
de larga distancia *long distance*
la tarjeta telefónica *phone card*
el teléfono celular *cell phone*

Las relaciones y más *Relationships and more*

el/la adulto/a *adult*
la amistad *friendship*
el amor *love*
los ancianos *the elderly*
la anciana *old lady*
el anciano *old man*
la boda *wedding*
la cita *date; appointment; quote*
el divorcio *divorce*
las etapas de la vida *stages of life*
la infancia *infancy*

los jóvenes/los adolescentes *young people/adolescents*
la juventud/la adolescencia *youth/adolescence*
la luna de miel *honeymoon*
la madurez *maturity*
el marido *husband*
la muerte *death*
el nacimiento *birth*
la niñez *childhood*
los niños *children*
los recién casados *newlyweds*
la vejez *old age*
la vida *life*

Verbos reflexivos

acordarse de (ue) *to remember*
alegrarse (de) *to be glad (about)*
casarse (con) *to get married (to)*
comprometerse (con) *to get engaged (to)*
comunicarse *to communicate*
divorciarse *to get divorced*
enamorarse (de) *to fall in love (with)*
encontrarse (ue) (con) *to meet up (with) (by chance)*
enojarse *to get angry*
irse *to leave, go away*
olvidarse (de) *to forget (about)*
quejarse (de) *to complain (about)*
reírse (de) *to laugh (at)*
reunirse (con) *to meet, get together (with)*
separarse (de) *to separate (from)*

Otros verbos y expresiones verbales

aconsejar *to advise*
creer (irreg.) *to believe*
dar a luz *to give birth*
dejar un mensaje *to leave a message*
encantar *to delight*

esperar *to hope, expect*
estar casado/a (con) *to be married (to)*
estar embarazada *to be pregnant*
estar enamorado/a (de) *to be in love (with)*
estar juntos/as *to be together*
estar listo/a *to be ready*
estar prometido/a *to be engaged*
extrañar *to miss*
fascinar *to fascinate*
insistir (en) *to insist (on)*
llevarse bien/mal *to get along well/poorly*

llorar *to cry*
matar *to kill*
mentir (ie, i) *to lie*
molestar *to bother*
nacer *to be born*
olvidar *to forget*
pensar (ie) (en) *to think (about)*
recomendar (ie) *to recommend*
recordar (ue) *to remember*
resolver (ue) *to resolve*
romper (con) *to break up (with)*
salir (irreg.) (con) *to go out (with)*
sentir (ie, i) *to feel*
sugerir (ie, i) *to suggest*
temer *to fear*
tener celos *to be jealous*

Autoprueba y repaso

I. **Present subjunctive.** Indica lo que quiere el/la profesor/a. Completa las oraciones con la forma correcta del verbo. Usa el presente del subjuntivo.

> **Modelo:** traer la tarea a clase (yo, nosotros)
> **Quiere que traiga la tarea a clase.**
> **Quiere que traigamos la tarea a clase.**

1. estudiar más (nosotros, Ana y Linda)
2. hacer la tarea (Esteban, nosotros)
3. volver pronto (Juan, nosotros)
4. divertirse en clase (yo, nosotros)
5. ser puntual/es (los estudiantes, tú)
6. ir a la biblioteca (yo, todos los estudiantes)

II. **The subjunctive with expressions of will, influence, desire, and request.** Tus amigos van de vacaciones a Puerto Rico. Indica lo que deseas o recomiendas que hagan.

> **Modelo:** desear / no haber problemas durante el viaje.
> **Deseo que no haya problemas durante el viaje.**

1. Es mejor / que ir durante el invierno
2. recomendarles / que explorar las playas remotas
3. desear / que divertirse mucho durante su visita a San Juan
4. sugerirles / que visitar el bosque pluvial (*rain forest*)
5. Es importante / que hablar en español todo el tiempo
6. pedirles a todos / que comprarme un regalo

III. **The subjunctive with expressions of emotion.** Es tu primera cita con una persona muy especial. Expresa tus sentimientos.

> **Modelo:** esperar / que (él/ella) ser muy sincero/a conmigo
> **Espero que sea muy sincero/a conmigo**

1. alegrarse de / que (nosotros) tener una cita esta noche
2. Me gusta / que (él/ella) llevarme a un buen restaurante
3. temer / que (él/ella) llegar un poco tarde
4. Es increíble / que (él/ella) querer salir conmigo
5. esperar / que (él/ella) no olvidarse de la cita
6. Ojalá / que (nosotros) poder comunicarnos bien

IV. **The future tense and the conditional.**

A. **El futuro.** Indica lo que harán estas personas el próximo año.

1. Lidia / romper con su novio
2. Yo / salir con más frecuencia
3. Nosotros / visitar algunos países hispanos
4. Tú / tener nuevos amigos
5. Jorge y Tomás / viajar a Panamá

B. **El condicional.** Indica lo que harían estas personas en el papel (*role*) de presidente del gobierno estudiantil.

1. Yo / eliminar las clases los viernes
2. Pedro / abrir el centro estudiantil las 24 horas
3. Tú / poner un límite de tres clases por estudiante por semestre
4. Linda y Martina / hablar con el decano (*dean*) todas las semanas
5. Nosotros / hacer cambios en la biblioteca y en la cafetería

V. Repaso general. Contesta con oraciones completas.

1. ¿Qué etapa de la vida te parece la más interesante? ¿Y la menos interesante? ¿Por qué? ¿Qué hace normalmente la gente durante estas etapas?
2. ¿Con quién/es te llevas muy bien? ¿Qué te gusta de estas personas?
3. ¿Haces muchas llamadas de larga distancia? ¿Qué tipo de teléfono usas? ¿A quién llamas? ¿De qué hablan?
4. Es viernes por la noche. ¿Qué quieres que hagan o no hagan tus amigos?
6. ¿Qué prefieres que haga o no haga la persona con quien vives (o un pariente)?
7. ¿Qué te gusta o te molesta que hagan tu profesores? ¿Qué quieres o esperas que hagan de forma diferente?

VI. *Cultura*

1. ¿Cuáles son las dos monedas oficiales de Panamá?
2. Describe algo sobre el Canal de Panamá: su historia, su estructura, su impacto, etc.
3. ¿Dónde se fabrican los sombreros de Panamá?

Las respuestas de *Autoprueba y repaso* se pueden encontrar en el **Apéndice 2.**

Así se dice

Vive la naturaleza
   Aventuras al aire libre
La naturaleza y el medio ambiente

Así se forma

1. *Para* and *por* (A summary)
2. The subjunctive with expressions of doubt or negation
3. *Se* + verb constructions

Cultura

- Costa Rica
- Los parques nacionales en el mundo hispano
- Guatemala y El Salvador
- Honduras y Nicaragua

Dicho y hecho

Para leer:
Cinco horas de pura adrenalina

Para conversar:
Una excursión

Para escribir:
Una carta

Para ver y escuchar:
Ollantaytambo: parque nacional en peligro

By the end of this chapter you will be able to:

- Talk about the environment and outdoor adventures
- Express destination, purpose, and motive
- Express doubt and disbelief
- Talk about activities with an unspecified or unknown subject

ENTRANDO AL TEMA

1. ¿Piensas en los problemas del medio ambiente (*environment*)? ¿Cuáles son los más serios?

2. ¿Qué países de habla hispana, además de Panamá, forman parte de Centroamérica?

Así se dice

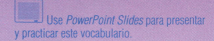
Use *PowerPoint Slides* para presentar y practicar este vocabulario.

Vive la naturaleza

la cascada/la catarata

el bosque

¡Me fascinan las nuevas **aventuras**!

la naturaleza

peligroso

practicar el balsismo/ el *rafting*

El *rafting* no es **peligroso**, ¡es **emocionante**!

remar

el río

el kayak

la balsa

¡En una semana **nos vamos de vacaciones**!

practicar el *parasail*

hacer un viaje en crucero/en barco

el océano

la ola

la isla

hacer *surf*

pescar

el mar

la arena

el bote/la lancha

hacer esnórquel

bucear

el pez (los peces)

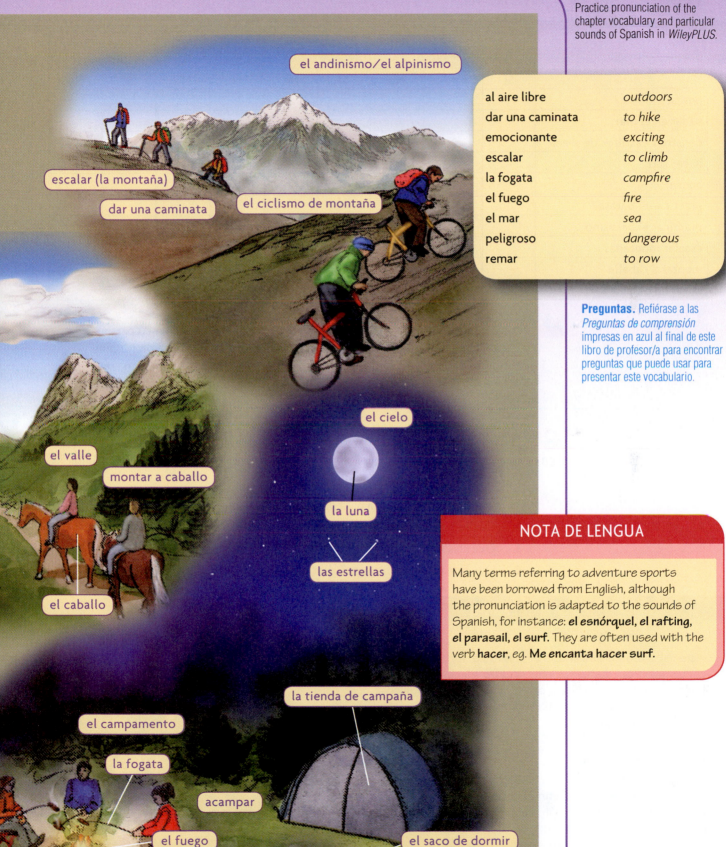

el andinismo/el alpinismo

escalar (la montaña)

dar una caminata

el ciclismo de montaña

el valle

montar a caballo

el caballo

el cielo

la luna

las estrellas

el campamento

la fogata

el fuego

acampar

la tienda de campaña

el saco de dormir

Vive la naturaleza

al aire libre	*outdoors*
dar una caminata	*to hike*
emocionante	*exciting*
escalar	*to climb*
la fogata	*campfire*
el fuego	*fire*
el mar	*sea*
peligroso	*dangerous*
remar	*to row*

Preguntas. Refiérase a las *Preguntas de comprensión* impresas en azul al final de este libro de profesor/a para encontrar preguntas que puede usar para presentar este vocabulario.

NOTA DE LENGUA

Many terms referring to adventure sports have been borrowed from English, although the pronunciation is adapted to the sounds of Spanish, for instance: **el esnórquel, el rafting, el parasail, el surf**. They are often used with the verb **hacer**, eg. **Me encanta hacer surf.**

12-1 ¿Es peligroso? ¿Emocionante?

Paso 1. Indica si, en tu opinión, las siguientes actividades son peligrosas o emocionantes. Indica también cuáles has hecho y si te gustaría hacerlas por primera vez/otra vez.

	¿Peligroso?			¿Emocionante?		¿Lo has hecho?		¿Quieres hacerlo (otra vez)?	
	Sí	Un poco	No	Sí	No	Sí	No	Sí	No
pescar									
nadar en el mar									
construir castillos de arena									
hacer surf									
bucear									
practicar el parasail									
practicar el balsismo									
escalar montañas									
montar a caballo									
saltar en paracaídas									

Paso 2. Ahora, compartan sus respuestas en grupos de cuatro o cinco personas y respondan a las siguientes preguntas: ¿Qué miembros del grupo son los más aventureros? ¿Qué actividades del cuadro quieren hacer? ¿Cuáles no son tan interesantes para el grupo?

12-2 El balsismo.

I/O Tú y dos amigos/as quieren vivir una aventura y deciden descender un río juntos. Lean la información sobre *Rafting y algo más* en la página 411 y luego, contesten las siguientes preguntas:

1. ¿Qué equipo se necesita para practicar el balsismo?
2. ¿Cuáles son las cosas más importantes que debe ofrecer la compañía de rafting?
3. ¿Qué clasificación de ríos prefieren? ¿Por qué?
4. ¿Qué ríos prefieren navegar? ¿Por qué?

NOTA CULTURAL

La cocina guatemalteca

Guatemalan food is similar to that of Mexico. Tortillas and tacos are very common. But it also has influences from Spain, India, and France. Staples include rice and beans, coffee, and meats. One regional specialty is the **pepián,** consisting of meat (chicken or beef) and vegetables with a spicy salsa.

◀ Pepián de pollo

La pupusa salvadoreña

The **pupusa** is the national dish of El Salvador. It is made with two corn tortillas filled with meat, beans, sometimes cheese, and normally has tomato salsa, **curtido** (pickled cabbage relish, similar to coleslaw or sauerkraut), and a bit of spicy chile.

Rafting y algo más

El *rafting* en Latinoamérica permite explorar y conocer santuarios remotos y fascinantes de la naturaleza. Algunos ejemplos:

El río Savegre, en Costa Rica: un paraíso con aguas ▶ cristalinas, fauna abundante y bella selva[1] tropical.

▲ **El río Usumacinta, en México:** revela remotos templos y pirámides mayas, selva densa y cascadas impresionantes.

▲ **El río Futaleufú, en Chile:** pasa por bosques de la Patagonia y por espectaculares paisajes[2].

◀ **El río Colco, en Perú:** pasa por dramáticos cañones con cataratas altas y vistas de volcanes activos.

Clasificación de ríos

Clase 1: Corriente moderada, sin rápidos.

Clase 2: Rápidos suaves y algo de oleaje, apto para toda la familia.

Clase 3: Rápidos más fuertes, olas grandes y algunas pendientes escalonadas. Es apto para todas las edades, pero se debe tener más precaución.

Clase 4: Rápidos fuertes, olas grandes, rocas en el camino y, en algunas partes, pendientes muy pronunciadas. Sólo para mayores de dieciséis años.

Clase 5: Rápidos muy fuertes, sólo para personas experimentadas.

Clase 6: Río peligroso y no explorado. Cuando alguien logra navegar un río de clase 6, éste se transforma en clase 5.

Equipo

los remos

el casco

el chaleco salvavidas

LA COMPAÑÍA DE RAFTING DEBE TENER:

- Equipo en buen estado
- Guías experimentados
- Guías capacitados en cursos de rescate[3] y primeros auxilios[4]
- Seguro[5] contra accidentes.

[1]*jungle* [2]*landscapes* [3]*rescue* [4]**primeros...** *first aid* [5]*insurance*

12-3. Audio:
1. la catarata
2. el valle
3. el océano
4. el bosque
5. el cielo
6. el fuego
7. el saco de dormir
8. el rafting/el balsismo

I/O **12-3** ¿Recuerdas las palabras?

Paso 1. Escucha las siguientes palabras y, para cada una, escribe otra palabra relacionada con ella.

Modelo: Oyes: pescar
Escribes: el bote/la lancha *O* el pez *O* el mar

1. _____
2. _____
3. _____
4. _____
5. _____
6. _____
7. _____
8. _____

 Paso 2. Ahora, trabajen en parejas. Cada uno/a de ustedes lee unas definiciones mientras el/la otro/a escucha e identifica la palabra.

Modelo: Estudiante A (lee): Es una porción de tierra rodeada por agua, como Cuba.
Estudiante B (escucha e identifica): **una isla**

Estudiante A:

1. Es agua que cae desde lo alto de un río, como la del Niágara. catarata/cascada
2. Es un terreno plano (*flat*) entre montañas, como San Fernando, en California. valle
3. Es una gran extensión de mar, como el Pacífico. océano
4. Es un terreno con muchos árboles y plantas. bosque
5. Es donde están el sol, la luna y las estrellas. cielo
6. Hacemos esto en los campamentos para poder cocinar o para calentarnos. fogata
7. Cuando acampamos, lo usamos para dormir. tienda de campaña

Estudiante B:

1. Este deporte se practica en los ríos con una balsa. balsismo
2. Es la práctica de capturar peces. pescar
3. Se hace cuando se viaja en un barco grande como un hotel. hacer un viaje en crucero
4. Sólo se puede practicar cuando hay olas. hacer surf
5. También se conoce como escalar montañas. alpinismo, andinismo
6. Es la práctica de caminar por el campo, un bosque, etc. dar una caminata
7. Se practica bajo el agua y con equipo especial para admirar la vida marina. bucear

 Use *PowerPoint Slides* para presentar y practicar este vocabulario.

Aventuras al aire libre

Es primavera y los estudiantes **están de vacaciones**. Van con sus amigos a lugares muy diferentes.

Linda e Inés dan un ► paseo por **el campo**, donde viven los abuelos de Linda.

la granja
la vaca
la gallina
el cerdo
la hierba
la tierra

la araña

el pájaro

la mariposa

el animal

los insectos

la mosca

el mosquito

◄ Esteban está explorando **la selva** costarricense. Tiene miedo porque hay muchos animales e insectos.

Nota. Puede indicar que el nombre del *animal* de la ilustración es *el mapache* (raccoon). Y que sí, ¡hay mapaches en Costa Rica!

la colina	hill
la hierba	grass
la tierra	earth, land
tener miedo	to be afraid

la tormenta

el relámpago

la colina

la cámara

sacar/tomar fotos

la serpiente

▲ Natalia y Pepita dan una caminata por **el desierto** de Arizona. La familia de Natalia vive cerca de allí.

DICHOS

Más vale pájaro en mano que cien volando (*flying*).
En boca cerrada no entran moscas.

¿Conoces el equivalente en inglés de estos dos dichos?

12-4 La palabra diferente.

Paso 1. Lee las siguientes listas de palabras y subraya (*underline*) la palabra que es diferente.

1. **a.** el mosquito **b.** el pájaro **c.** el cerdo **d.** la mosca **e.** la mariposa
2. **a.** el valle **b.** la colina **c.** la tierra **d.** la granja **e.** el río
3. **a.** la serpiente **b.** el cerdo **c.** la vaca **d.** la gallina **e.** el caballo
4. **a.** tener miedo **b.** acampar **c.** escalar **d.** bucear **e.** hacer ciclismo
5. **a.** el relámpago **b.** la luna **c.** las estrellas **d.** el sol **e.** el cielo

Paso 2. Con un/a compañero/a, comparen las palabras que subrayó cada uno. ¿Son las mismas? Si son diferentes, expliquen sus criterios.

12-5 Aventureros.

Paso 1. Caminando por la clase, haz preguntas a tus compañeros y anota sus nombres y sus respuestas en la tabla. **Atención:** No puedes poner el nombre del/de la mismo/a estudiante en más de un espacio.

Modelo: bucear

Estudiante A: **¿Has buceado alguna vez?**
Estudiante B: **Sí, he buceado.**
Estudiante A: **¿Dónde? ¿Cuándo?**
Estudiante B: **En Cancún. El verano pasado./Hace dos años.**
Estudiante A: **¿Con quién fuiste?/¿Viste peces?...**

	Nombre	¿Cuándo?	¿Dónde?	Algo más...
hacer* esnórquel				
practicar el parasail				
viajar por un desierto				
dar una caminata por una selva				
vivir en/visitar una granja con muchos animales				
descender un río en balsa/kayak/canoa				
ver* una catarata grande				
ver una serpiente (fuera de un zoológico)				
hacer un viaje en crucero				
hacer surf				
escalar una montaña				
acampar				

Paso 2. Ahora, compartan con la clase las aventuras que han llevado a cabo. Si dos o más estudiantes han hecho la misma actividad, comparen sus experiencias.

Así se forma

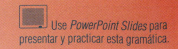Use *PowerPoint Slides* para presentar y practicar esta gramática.

1. *Para* and *por* (A summary): Stating purpose, destination, and motive

You have been using **para** and **por** since *Capítulo 2*. Both prepositions often translate as *for* in English, but convey very different meanings in Spanish. The following charts review some of their more frequent uses and meanings.

WILEY PLUS Go to *WileyPLUS* and review the Animated Grammar Tutorial for this grammar point.

Sugerencia: Para presentar los términos *para* y *por*, escriba las palabras en la pizarra, en una transparencia o en hojas de papel y presente, oralmente, varias oraciones personalizadas. *¡Qué emocionante! Vamos a pasar por estos rápidos para llegar al campamento.*

Para *indicates*:

1. Purpose/Goal	*in order to + infinitive*	Sonia fue a Costa Rica para ver los bosques tropicales.
	for; used for + noun	Llevó un impermeable para la lluvia.
2. Recipient	*for*	Sacó unas fotos del bosque para su madre.
3. Destination	*toward*	Sonia sale para Nicaragua el viernes.
4. Deadline	*by, for*	Tiene que estar allí para el lunes.
5. Employment	*for (in the employ of)*	Ella trabaja para una compañía hotelera.

Por *indicates*:

1. Cause, reason, motive	*because of*	Esteban no terminó su trabajo por la visita de sus amigos.
	on behalf of	Su amiga habló con el profesor por él.
	for (the sake of)	Es tímida, pero lo hizo por su amigo.
2. Duration of time	*for, during*	Después habló con Esteban por media hora.
	in, at	Esteban trabajó en el proyecto por la tarde.
3. Exchange, price	*for (money)*	Compró un diccionario por diez dólares.
	for	Él le dio las gracias por[1] el diccionario.
	in exchange for	Cambió el café por un té.
4. General physical movement in and around a given place	*down, by, along, through*	Ahora camina por el campus con sus libros y su diccionario.

[1]To thank someone for something, always use **gracias por...**

12-6 ¿Para o por? Identifica cuál de los dos significados indicados expresa cada preposición y escoge la opción que le corresponde.

Time	
Deadline (**para**) or duration (**por**)?	1. Hemos trabajado en este proyecto para/**por** dos semanas. duration
	2. El proyecto de la clase de historia es **para**/por el próximo lunes. deadline
Place	
Destination (**para**) or movement around, along, through (**por**)?	3. Salgo **para**/por el campus en cinco minutos, ¿vienes conmigo? destination
	4. Esta tarde vamos a pasear para/**por** el centro. movement around
People	
Recipient (**para**) or reason: because of, for the sake of, on behalf of (**por**)?	5. Carmen estudia y trabaja para/**por** sus hijas. Quiere darles una buena educación y ser un buen modelo. because of
	6. Sé hablar francés para/**por** mi madre. Es de Montreal. because of
	7. Tengo que comprar fresas **para**/por Rosa. No puede ir al mercado y me ha pedido que vaya para/**por** ella. recipient; on behalf of
Purpose	
Objective (**para**) or cause (**por**)?	8. Te puedo prestar mis notas **para**/por el examen, pero tienes que ir a la clase **para**/por entender el material. objective; objective
	9. Hoy no puedo visitarte para/**por** un problema del coche. cause

12-7 ¡**A la montaña!** Tú y unos amigos van a una montaña para escalar y acampar en el monte Chirripó en Talamanca, Costa Rica. Tú y otro/a amigo/a conversan sobre el viaje. Completen la conversación con *por* o *para*.

TÚ: Salimos ___para___ el Chirripó el sábado a las seis de la mañana.

AMIGO/A: ¿___Por___ cuántos días van?

TÚ: ___Por___ tres o cuatro días. Vamos ___para___ acampar y escalar el pico más alto de la región.

AMIGO/A: ¡Qué emocionante! ¿Van a tomar la ruta que va ___por___ el río?

TÚ: Sí, y luego vamos a dar una caminata ___por___ el bosque hasta encontrar un buen lugar ___para___ acampar.

AMIGO/A: ¿Saben tus amigos armar la tienda de campaña?

TÚ: Creo que no. Pero yo puedo hacerlo mientras ellos buscan leña (*wood*) ___para___ la fogata.

AMIGO/A: ¿Están ellos en buenas condiciones físicas ___para___ subir el monte?

TÚ: Pues, espero que sí. Vamos a salir muy temprano ___por___ la mañana y llegar a la cumbre (*summit*) ___para___ el mediodía, antes de que empiece a llover.

AMIGO/A: Es un buen plan. A propósito (*by the way*), tu saco de dormir se ve muy nuevo. ¿Dónde lo compraste?

TÚ: Lo compré en una tienda de descuento ___por___ $38.00.

AMIGO/A: Buen precio… y antes de que se me olvide, tengo algo ___para___ ustedes: un mapa topográfico de la región ___para___ que no se pierdan.

TÚ: Muchas gracias ___por___ el mapa. ¡Nos va a ser muy útil!

AMIGO/A: Pues, ¡buen viaje!

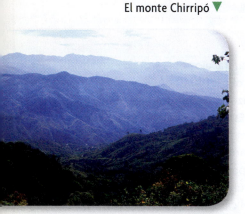

El monte Chirripó ▼

12-8. Puede dividir esta actividad en dos días de clase. El primer día los grupos pueden hacer planes generales, decidir qué detalles quieren investigar en Internet y distribuir el trabajo de investigación. En la próxima clase, pueden completar los detalles de su plan y presentárselo al resto de la clase.

12-8 **Nuestra aventura.** En grupos pequeños, imaginen que tienen una semana libre (*free, off*) y deciden organizar una aventura para sus próximas vacaciones. Usen las siguientes preguntas para formular su plan. Un/a secretario/a puede escribir el plan.

1. ¿Adónde van? ¿Cuándo van a salir para ese lugar?
2. ¿Por cuánto tiempo van a estar allí?
3. ¿Para qué van?
4. ¿Cómo van a viajar? ¿Cuánto piensan pagar por el viaje?
5. ¿Dónde van a alojarse? ¿En un hotel? ¿Van a acampar?
6. ¿Qué cosas necesitan llevar? ¿Para qué?
7. ¿Qué piensan hacer por la mañana/tarde/noche?
8. ¿Para qué fecha tienen que volver?

Así se dice

Use *PowerPoint Slides* para presentar y practicar este vocabulario.

La naturaleza y el medio ambiente

A causa de los **problemas** ambientales que existen en el **mundo,** una gran cantidad de científicos cree que nuestro **planeta** está en peligro. A muchas personas, especialmente a los jóvenes, **les importa** el medio ambiente y **les interesan** las posibles soluciones al problema de la contaminación.

¿Qué se puede hacer para **conservar** el planeta Tierra?

Podemos: controlar la **contaminación** producida por las fábricas...

... y por los vehículos;

reducir la contaminación que **destruye**[1] **la capa de ozono** y **contribuye**[1] al **calentamiento global;**

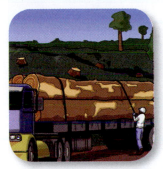
controlar la **deforestación** y plantar más árboles;

prevenir los **incendios forestales;**

evitar el uso excesivo de **pesticidas;**

proteger[2] los animales que están en peligro de extinción;

prevenir la contaminación de ríos y mares;

no **desperdiciar los recursos naturales;**

reducir el consumo de **gasolina;**

y **recoger**[2] y **reciclar** la basura.

a causa de	*because of*	**destruir (irreg.)**	*to destroy*	**el medio ambiente**	*environment*
la capa	*layer*	**evitar**	*to avoid*	**el mundo**	*world*
contribuir (irreg.)	*to contribute*	**importar**	*to matter*	**recoger**	*to pick up, gather*
desperdiciar	*to waste*	**el incendio forestal**	*forest fire*	**el recurso**	*resource*

1 **Contribuir** and **destruir** change the **i** to **y** in all forms of the present tense except with the **nosotros** and **vosotros** forms: **destruyo, destruyes, destruye, destruimos, destruís, destruyen.**

2 **Proteger** and **recoger** change the **g** to **j** in the **yo** form of the present tense: **protejo, proteges ; recojo, recoges...**

NOTA DE LENGUA

In Chapters 4 and 11 you learned to use **gustar, encantar, fascinar** and **molestar** to express likes and dislikes. The verbs **interesar** and **importar** also have a similar structure, that is, they are used with indirect object pronouns (**me, te, le, nos, os, les**) and the verb is in the third-person singular or plural in agreement with the subject (what is interesting or important.)

importar	*to be important to, to matter*	**Nos importan** los problemas de contaminación.
interesar	*to be interesting to, to interest*	**Me interesa** el uso de energías renovables.

PALABRAS ÚTILES

afectar	*to affect*
derretirse (i, i)	*to melt*
la escasez	*scarcity, shortage*
el petróleo	*crude oil*
respirar	*to breathe*
la sequía	*drought*

I/O **12-9** **Serios problemas ecológicos.**

Paso 1. ¿Cuánto te importan los siguientes problemas ecológicos: mucho, bastante (*quite a bit*) o poco?

	Mucho	Bastante	Poco
la contaminación del agua			
la lluvia ácida			
el uso de pesticidas tóxicos			
la deforestación			
la destrucción de la capa de ozono			
los incendios forestales			
el calentamiento global			
la extinción de especies animales			
la escasez del agua			
la cantidad de basura generada			
los derrames de petróleo (*oil spills*)			

 Paso 2. En grupos, comparen y expliquen sus razones.

Modelo: A mí me importa mucho la contaminación del agua porque destruye la vida marina y también afecta a los humanos. Por ejemplo, las mujeres embarazadas no pueden comer algunos tipos de pescado porque tienen mucho mercurio…

NOTA CULTURAL

El gallo pinto

Gallo pinto is the national dish of both Costa Rica and Nicaragua. Nicaraguan *gallo pinto* uses red beans, while the Costa Rican version uses black beans. The rivalry between these two countries for cooking the biggest *gallo pinto* started in 2003 when Costa Rica set a record in the Guinness Book of World Records. Nicaragua topped it a few days later. Costa Rica recaptured the title in 2005. However, in 2008, Nicaragua broke the record again with 22,000 dishes of rice and beans. In 2009, Costa Rica cooked a *gallo pinto* that was twice as big (50,000 dishes), winning the title once again.

12-10 El medio ambiente.

Consideren los siguientes problemas. En parejas, piensen en al menos (*at least*) una actividad —pequeña o grande— que puede contribuir a resolver ese problema. Luego, compartan sus ideas con el resto de la clase.

Problema	Para resolverlo
Se usan pesticidas tóxicos. (Es posible que exista una relación entre el uso de estos pesticidas y el cáncer).	Podemos comprar frutas y verduras orgánicas.
Los incendios forestales y la tala de árboles (*cutting down of trees*) causan la deforestación.	
Se desperdicia el agua. Muchas regiones sufren sequías.	
La producción de energía eléctrica es una de las causas más importantes de la contaminación medioambiental.	
Estados Unidos constituye el 5% de la población del mundo, pero genera el 30% de la basura mundial.	
La combustión de gasolina y de gasóleo (*diesel*) produce mucha contaminación ambiental.	
El crecimiento de la población y la contaminación causan la extinción de muchas especies animales.	

12-11 ¡Protege tu mundo!

En grupos de cuatro, imaginen que forman parte de un comité universitario para la protección del medio ambiente. Su objetivo es crear un folleto (*brochure*) con consejos sobre cómo proteger el medio ambiente en su vida diaria. Piensen en acciones apropiadas para los siguientes aspectos:

- el transporte
- el consumo de energía
- la reducción de la basura
- el consumo de agua
- ¿otros?

Modelo: **Ve a la universidad a pie o en bicicleta.**

INVESTIG@ EN INTERNET

Averigua (*find out*):

1. ¿Cuál es la montaña más alta de América del Sur y cuántos pies mide?
2. ¿Cuál es la cascada más alta del mundo y dónde está?
3. ¿Cuál es la selva tropical más extensa del mundo y en qué países se encuentra?
4. ¿Cuál es el río navegable más largo del mundo?
5. ¿Cuál es el lago navegable más alto del mundo y dónde está?

Ésta es la cascada más alta del mundo. Mide ▶ 3,211 pies (979 metros).

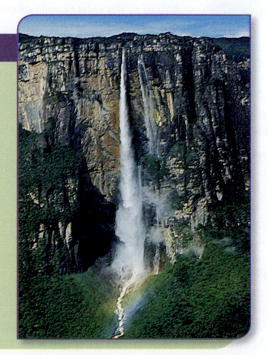

12-10. Extensión: Como tarea, puede asignar un problema relacionado con el medio ambiente a cada estudiante y pedirles que investiguen en Internet las cosas que todos podemos hacer para combatir ese problema. Al día siguiente, cada estudiante puede presentar sus sugerencias a la clase.

12-11. Esta actividad recicla los mandatos de la forma *tú*.

Respuestas:
1. El Aconcagua, en Argentina. Mide 22,834 pies de alto (6,960 metros).
2. El Salto del Ángel, en Venezuela.
3. La selva amazónica. Se extiende por los siguientes países: Brasil, Perú, Colombia, Venezuela, Ecuador, Bolivia, Guyana, Surinam y Guayana Francesa.
4. El río Amazonas mide 4,225 millas (6,800 km) y es navegable por 2,000 millas (3, 218 km). El Nilo mide 4,180 millas (6,727 km), pero no todo es navegable.
5. El lago Titicaca. Se encuentra entre Perú y Bolivia.

PLUS Cultura: Costa Rica

Use *PowerPoint Slides* para presentar esta sección de cultura.

Antes de leer

1. ¿Qué quiere decir Costa Rica en inglés?
   Rich coast.
2. ¿Qué es el ecoturismo?
   Actividad turística que respeta el medio ambiente.

WILEY PLUS Map quizzes: As you read about places highlighted in red, find them on the map. Learn more about and test yourself on the geography of the Spanish-speaking world in *WileyPLUS*.

América Central

Nacionalidad: **costarricense**

◀ Un misterio arqueológico de Costa Rica son las más de 300 esferas que se han encontrado en ese país. Sus medidas varían desde algunos centímetros hasta los 2 metros de diámetro. Hoy en día se usan como decoraciones en edificios de gobierno, hospitales y escuelas, y también como símbolo de estatus en las casas de algunas personas ricas y poderosas.

El primer explorador europeo que llegó a **Costa Rica** fue Cristóbal Colón, el 18 de septiembre de 1502. Colón hacía su cuarto y último viaje a las Américas y, cuando se acercaba a la costa, un grupo de indígenas caribes salió en canoas a su encuentro. Los caribes llevaban aros de oro en la nariz y las orejas. Por eso, los españoles le dieron a la región el nombre de Costa Rica.

En Costa Rica existían varias civilizaciones miles de años antes de la llegada de Colón. Entre los misterios relacionados con los habitantes precolombinos se encuentra la existencia de miles de esferas perfectas, hechas de granito, que se encontraron en la costa oeste de este país centroamericano. Algunos hallazgos (*findings*) arqueológicos muestran evidencia de una influencia de los olmecas y los náhuatl —dos grupos indígenas originarios de México. Cuando los españoles comenzaron a colonizar estas tierras, había ocho grupos indígenas principales en Costa Rica, pero, hoy en día, sólo un 1.5% de la población costarricense pertenece a estos grupos. Los españoles trajeron esclavos africanos y unos 70,000 de sus descendientes viven en el país al día de hoy. El otro 94% de la población del país está compuesto por blancos y mestizos.

Cuando México se rebeló contra España en 1821, Costa Rica y el resto de Centroamérica se unieron para formar la República Federal de América Central. En 1856, el mercenario estadounidense William Walker intentó invadir Costa Rica desde Nicaragua. Bajo el liderazgo del presidente Juan Rafael Mora Porras, las tropas costarricenses derrotaron a Walker con la ayuda de un ejército formado por cinco países centroamericanos. Aunque el 29 de octubre de 1821 es la fecha oficial de la independencia de Costa Rica, fue en 1856 cuando se consolidó la soberanía nacional de Costa Rica como estado independiente.

▲ Los turistas pueden observar monos y distintos tipos de pájaros en Costa Rica.

▲ El volcán Irazú

Hoy en día, Costa Rica tiene la reputación de ser uno de los países más estables y prósperos de América Latina. De hecho, en 1948 Costa Rica se convirtió en la primera república en el mundo en no tener fuerzas armadas. Su sólida reputación democrática, sin embargo, se vio en peligro a principios del siglo XXI. Tres ex-presidentes fueron acusados de abuso de poder y corrupción. En el año 2010 Laura Chinchilla Miranda se convirtió en la primera mujer en ser elegida presidente del país.

La capital de Costa Rica, **San José,** es una ciudad diversa, con hermosos parques y lugares históricos. Sin embargo, la verdadera atracción del país está en su topografía, su fauna y su flora. Costa Rica se distingue por sus playas, ríos, cascadas, volcanes y

montañas, así como por su abundante vegetación. Los volcanes son una de las características más destacadas del país. A unos treinta kilómetros de San José y de Cartago (la capital original), hay cuatro volcanes. Dos de ellos, el Poás y el **Irazú,** a veces están activos. Desde el Irazú (que mide 3,432 metros de altura) se pueden ver las costas del mar Caribe y del océano Pacífico al mismo tiempo.

Costa Rica es uno de los países latinoamericanos con mayor conciencia ecológica, ya que protege más del 25% de su territorio. Existen más de quince reservas y parques nacionales con una biodiversidad sorprendente: 14,000 especies de plantas y árboles; 1,000 especies de mariposas y 850 especies de pájaros. Costa Rica goza hoy de una imagen turística única basada en su riqueza

ecológica y en el ecoturismo, que ofrece viajes a áreas naturales para apreciarlas y aprender sobre ellas. El ecoturismo también incorpora programas de reciclaje, eficiencia enérgetica, conservación del agua y creación de oportunidades económicas para las comunidades locales.

Después de leer

1. ¿Te parece una buena idea el ecoturismo? ¿Lo has hecho alguna vez?

2. ¿Dónde se puede hacer ecoturismo en Estados Unidos?

3. ¿Te gustaría vivir en un país sin fuerzas armadas? ¿Por qué?

Monteverde, un bosque nubloso ▼

NOTA CULTURAL

Los ticos

In Spanish, we can say that something is small or that we have an affection towards it by using **–ito** or **–ico** at the end of the word:

abuela   →   abuel**ita**
momento   →   moment**ito**, moment**ico** (¡Espérame un moment**ico**!)

People from Costa Rica are called **ticos** (*masculine*) and **ticas** (*feminine*). It is said that this is because they are famous for using diminutive endings very frequently.

Así se forma

WILEY PLUS Go to *WileyPLUS* and review the Animated Grammar Tutorial and Verb Conjugator for this grammar point.

Use *PowerPoint Slides* para presentar y practicar esta gramática.

Sugerencia: Para presentar estas estructuras en clase, escriba en la pizarra *Dudar que + subjuntivo y Creer que + indicativo*. Escriba después algunas afirmaciones sobre usted mismo/a, unas que sean ciertas y otras que sean obviamente falsas (*Hablo español. Tengo 30 años,* etc.) y, para cada afirmación, pida a los estudiantes que decidan si creen en la afirmación o si dudan que sea verdadera. Haga preguntas que ilustren la diferencia mientras señala la construcción que está usando:

¿Creen que hablo español?

¿Dudan que hable español?

2. The subjunctive with expressions of doubt or negation

In *Capítulo 11* you learned that when the main clause in a complex sentence expresses desire, a request or an emotion, the verb in the subordinate clause is in the subjunctive. Similarly, when the main clause expresses doubt, uncertainty, or disbelief, the subjunctive is used in the subordinate clause.

Creo que podemos escalar este pico.

Sí, pero dudo que podamos escalarlo hoy.

Dudo que la gente **use** más el autobús. *I doubt that people will use the bus more.*

No creo que todos **reciclemos** el papel. *I don't think that we all recycle paper.*

expression of doubt/uncertainty/ disbelief (indicative)	+ **que** +	action that is doubted/ uncertain (subjunctive)
(Yo) **No estoy seguro de**	que	Ernesto **tenga** un coche híbrido.

Some verbs and expressions of doubt, uncertainty, or disbelief are:

dudar	*to doubt*	**Dudo** que **haya** un programa de reciclaje aquí.
no estar seguro/a (de)	*not to be sure*	**No estamos seguros de** que **haya** paneles solares.
no creer	*not to believe*	**¿No crees** que **podamos** ahorrar agua?
no pensar	*not to think*	**No pienso** que **exista** una solución rápida.

- When **creer, pensar** and **estar seguro/a** express certainty, they are followed by the indicative.

El presidente **está seguro de/cree/piensa** que **debemos** proteger nuestros recursos naturales.

The president is sure/believes/thinks that we must protect our natural resources.

- Certainty can also be expressed with the verb **saber** and the expression **seguro que.**

Sé que **podemos** reciclar muchos tipos de plástico.

I know that we can recycle many types of plastic.

Seguro que la universidad **prefiere** usar menos energía.

Surely the university prefers to use less energy.

Impersonal generalizations expressing doubt or uncertainty also trigger the use of the subjunctive in the subordinate clause.

Es + (**posible/imposible/probable/improbable...**) + [**que** + *subjuntivo*]

Es probable que el gobierno **apruebe** leyes para proteger el medio ambiente.

It´s likely that the government will pass laws to protect the environment.

Notice that some impersonal generalizations, however, can express certainty or unequivocal affirmations. In this case, the verb in the subordinate clause is in the indicative.

$$\boxed{\text{Es} + (\textbf{cierto/verdad/obvio...}) + [\textbf{que} + indicativo]}$$

Es obvio que debemos cambiar nuestros hábitos.

It´s obvious that we must change our habits.

I/O **12-12** **¿Qué opinas tú?**

Paso 1. Completa las siguientes opiniones subrayando la opción correcta. Después, añade dos opiniones más.

1. Creo que mucha gente (ignora/ignore) la destrucción de la capa de ozono.
2. Dudo que mucha gente (intenta/<u>intente</u>) reducir su consumo de gasolina.
3. Es probable que no (reciclamos/<u>reciclemos</u>) lo suficiente.
4. Es verdad que (<u>debemos</u>/debamos) proteger las especies animales en peligro de extinción.
5. Dudo que (es/<u>sea</u>) fácil dejar de consumir productos derivados del petróleo.
6. Es imposible que a la gente no le (importa/<u>importe</u>) vivir en un mundo contaminado.
7. Creo que...
8. No creo que...

Paso 2. En grupos pequeños, hablen sobre las opiniones anteriores. ¿Están de acuerdo con las oraciones 1 a 6? Compartan también sus opiniones personales (7 y 8). ¿Qué opinan sobre las afirmaciones de sus compañeros?

Modelo: Estudiante A: **Estoy de acuerdo con la número 1; creo que mucha gente todavía ignora la destrucción de la capa de ozono.**

Estudiante B: **Yo no estoy de acuerdo; no creo que mucha gente ignore la destrucción de la capa de ozono, pero creo que los gobiernos sí la ignoran y ese es el problema...**

O **12-13** **¿Energías renovables?** Completa las siguientes oraciones sobre las ventajas y desventajas de las energías renovables.

1. Es posible que productos como el biodiésel no ____sean____ (ser) muy estables.
2. Sabemos que el hidrógeno ____produce____ (producir) mucha energía y no ____contamina____ (contaminar).
3. Es probable que las energías renovables ____sean____ (ser) más caras ahora, pero muchas compañías piensan que ____pueden____ (poder) encontrar formas de producirlas con menos costo.
4. Algunos expertos dudan que el etanol ____ayude____ (ayudar) al medio ambiente: el aumento de la producción de maíz puede perjudicar (*damage*) la tierra.
5. Es obvio que no ____existen____ (existir) soluciones perfectas, pero también es verdad que (nosotros) ____debemos____ (deber) encontrar alternativas.

Sugerencia: Puede utilizar estas actividades como plataforma para debatir problemas medioambientales y noticias de actualidad relacionadas con el medio ambiente. Anime a los estudiantes a dar su opinión y a emplear el vocabulario aprendido.

▲ Vista aérea del derrame de petróleo de 2010 en el Golfo de México.

12-14 **Deportes de aventura.** Expresen sus opiniones sobre los deportes de aventura.

Paso 1. Escribe oraciones expresando tu opinión sobre estos deportes de aventura.

Modelo: El ciclismo de montaña requiere mucha experiencia.

No estoy de acuerdo. Dudo que *requiera* mucha experiencia.

1. Escalar rocas (*rock climbing*) requiere entrenamiento (*training*) especial.
2. Ir en kayak en un lago o en el mar no es peligroso.
3. El buceo en aguas profundas requiere instrucción.
4. Hacer *snowboard* es más peligroso que esquiar.
5. Es difícil viajar de mochila en las montañas por tres días.
6. Hacer esnórquel y montar a caballo son deportes de aventura.
7. Acampar durante una semana es muy fácil, cualquiera (*anyone*) puede hacerlo.

 Paso 2. Ahora, comparen sus opiniones en parejas o grupos pequeños.

SITUACIONES

Estás en Honduras con tu amigo/a y deciden practicar el rafting. Creen que van a descender un río de clase 3 pero, al llegar al punto de partida, descubren que en realidad ¡es un río de clase 5! Como no sabes nadar, tienes miedo. Tu amigo/a es muy aventurero/a e insiste en descender el río. Ustedes hablan de la situación.

Tú: **¡Ay! ¿Un río de clase 5? ¡Ni pensarlo! ¡No sé nadar! Dudo que pueda hacerlo.**

Tu amigo/a: **¡No pasa nada! No creo que nos falte el equipo necesario.**

Expresiones útiles

No creo que…

¿Estás seguro de que…?

Dudo que…

No pienso que…

No estoy seguro de que…

Espero que…

Para negarse (*to refuse*)	**Para animar** (*to encourage*)
¡Ni pensarlo!	¡Vamos hombre/mujer!
¡Ni hablar!	¡No pasa nada!
¡De ninguna manera!	¡Qué sí, hombre/mujer!
¡Ni loco/a!	¡Anímate!

12-15 **Las Cabañas Bataburo.** Ustedes piensan hacer un viaje por la selva de Ecuador. Están considerando ir a las Cabañas Bataburo. Para llegar, van a navegar por el río Tinguino en canoas con motor. Lean la siguiente información en la página 425.

Cabañas Bataburo

¿Desean más información? Busquen las "cabañas Bataburo" en Internet.

En el corazón místico y salvaje de la selva primaria del territorio huaorani, se han construido las Cabañas Bataburo. El diseño de las cabañas sigue las técnicas y los estilos de la construcción huaorani y está en total armonía con la selva. Al mismo tiempo, y sin perder el sentimiento de aventura de este paraíso lleno de misterio, les ofrecemos muchas comodidades. Tenemos alojamiento en habitaciones dobles o matrimoniales con baños compartidos, mosquiteros, electricidad y una torre de observación de unos 132 pies de altura. El comedor sirve excelente comida típica local como mandioca, frutas recogidas en granjas selváticas cercanas y pescado del río. También servimos carne de res, pollo y comida vegetariana.

Algunas actividades:

- Excursión en bote por el río, desde donde se ven monos, tucanes, anacondas y otros animales de la selva; pesca de pirañas.

- Caminatas de 5 a 6 horas con guías nativos, para observar la flora y la fauna en su hábitat.

- Recorrido nocturno con guía para la observación de insectos (tierra) y caimanes (río).

- Excursión con indígenas huaorani, durante la cual nos muestran los árboles y las plantas que usan para construir (*build*) sus casas, fabricar sus armas (*weapons*) y crear sus medicinas.

- Visita a Bameno, un pueblo huaorani, donde aprendemos sobre la cultura y forma de vida de este grupo.

Ahora comenten y compartan sus reacciones respecto a los siguientes asuntos, incluyendo los aspectos positivos y negativos de cada uno. Aquí tienen algunas preguntas que pueden usar como guía, pero intenten pensar en otras.

1. La localización de las cabañas: ¿Qué tipo de servicios piensas que hay en esta zona? ¿Crees que será fácil llegar? ¿Crees que habrá acceso a un teléfono o a Internet?

2. El alojamiento (*lodging*): ¿Crees que te va a gustar alojarte en estas cabañas? ¿Qué servicios necesitas? ¿Crees que ofrecen esos servicios?

3. La comida: ¿Qué crees que vas a comer? ¿Es posible que pruebes (*try*) algo nuevo? ¿Crees que te va a gustar la comida?

4. Las actividades: ¿Qué actividades es probable que hagas? ¿Qué otras actividades es posible que ofrezcan?
   ¿Van a ir a las Cabañas Bataburo o prefieren buscar una alternativa?

POSIBLES REACCIONES

¡Qué bueno que...!
Dudo que...
Me fascina/encanta que...
(No) Me gusta que...
Estamos seguros/as de que...
Es posible/probable/... que..

Cultura: Los parques nacionales en el mundo hispano

Use *PowerPoint Slides* para presentar esta sección de cultura y completar la actividad 1 de esta página.

Antes de leer

1. ¿Cuáles son algunos parques nacionales famosos en Estados Unidos? ¿Has visitado alguno?

2. Cuando viajas, ¿prefieres visitar un parque nacional, o prefieres conocer una ciudad?

▲ El quetzal

▲ Un ñandú en Chile

La protección del medio ambiente no es una idea nueva en el mundo hispano. La creación de parques nacionales y reservas en estos países ocurrió en la primera mitad (*half*) del siglo XX. Hay muchos parques de notable belleza en España y América Latina, pero algunos de los parques y reservas más conocidos están en Costa Rica: los "bosques nubosos", en la reserva de Monteverde, protegen a los quetzales, pájaros sagrados (*sacred*) para los mayas, y cada verano miles de tortugas (*turtles*) ponen sus huevos en las playas del parque nacional Tortuguero.

Otros países también tienen parques espectaculares. México combina las reservas naturales con monumentos arqueológicos: un ejemplo es Xcaret, en Yucatán. Allí es posible admirar ruinas mayas entre la flora y la fauna de la región. En las selvas del interior de Venezuela están los tepuyes, altas mesetas (*plateaus*) rodeadas de nubes y de vegetación tropical. En las Islas Galápagos, de Ecuador, podemos ver de cerca las aves (*birds*) y los reptiles que inspiraron la teoría de la evolución de Charles Darwin. Torres del Paine, en el sur de Chile, es famoso por sus montañas de granito, costas impresionantes y glaciares gigantescos. Este parque de 450,000 acres protege a los guanacos (animales parecidos a las llamas) y a los ñandúes.

Hoy en día, los países hispanos continúan creando parques y reservas para reflejar el aumento de la conciencia ecológica y el interés de sus habitantes por el ecoturismo.

Después de leer

1. Empareja los parques y las reservas que se mencionaron en la lectura con sus descripciones.

___e___ Hay enormes glaciares y se protege a los guanacos y a los ñandúes.

___d___ Se puede ver las aves y los reptiles que inspiraron a Darwin.

___b___ Las tortugas ponen sus huevos en las playas.

___c___ Tiene ruinas mayas y mucha flora y fauna.

___a___ Protege a los quetzales.

___f___ Se puede visitar mesetas tropicales entre las nubes.

a. Costa Rica: la reserva de Monteverde

b. Costa Rica: el parque nacional Tortuguero

c. México: Xcaret

d. Ecuador: las Islas Galápagos

e. Chile: las Torres del Paine

f. Venezuela: los tepuyes

2. De todos los parques y las reservas que se mencionaron en la lectura, ¿cuáles te gustaría visitar más y por qué?

3. ¿Qué efectos negativos tiene el turismo sobre los parques nacionales? ¿Existen soluciones para este tipo de problemas?

VideoEscenas: ¡Vamos a Cuzco!

▲ Isabela y J.J. están de vacaciones en Perú.

 Paso 1. Cuando ustedes van de vacaciones, ¿prefieren ir a un hotel o prefieren acampar? En parejas, hagan una lista de las ventajas y desventajas de quedarse en un hotel y de acampar.

Paso 2. Mira el video y responde a las siguientes preguntas.

1. ¿Qué van a hacer Isabela y J.J. ahora? Van a Cuzco.

2. ¿Dónde quiere quedarse J.J. esta noche? En un hotel.

3. ¿Qué piensa Isabela de esa idea? No cree que puedan pagarlo.

4. ¿Por qué no pueden ir a acampar? Porque no habrá suficiente luz cuando lleguen.

Paso 3. Mira el video e indica si estas afirmaciones son ciertas o falsas. Corrige las oraciones falsas.

	Cierto	Falso	
1. J.J. e Isabela van a viajar a Lima.	☐	☑	Van a viajar a Cuzco.
2. Su plan era quedarse en un hotel.	☐	☑	Su plan era acampar.
3. Isabela cree que un hotel es muy caro.	☑	☐	
4. Isabela duda que tengan un buen plan.	☑	☐	

DICHOS

Conozco al viajero por las maletas.

¿Qué crees que significa este dicho?

Así se forma

WILEY **PLUS** Go to *WileyPLUS* and review the Animated Grammar Tutorial and Verb Conjugator for this grammar point.

Use *PowerPoint Slides* para presentar y practicar esta gramática.

Extensión: Hay dos construcciones con *se: se impersonal*, en la que se entiende que hay un sujeto no específico/general; y *se pasivo* (o pasiva perifrástica), en la que existe un sujeto, pero no se menciona por desconocerse o porque no interesa mencionarlo. Sus estructuras también son diferentes: las construcciones de *se impersonal* siempre tienen la forma verbal en 3ª persona singular; y las de *se pasivo* en 3ª persona singular o plural, en concordancia con el sujeto pasivo (como el resto de las oraciones pasivas). Sin embargo, muchos hablantes nativos extienden la estructura pasiva a casos de *se impersonal* (es común y ampliamente aceptado decir, por ejemplo, *No se dicen* mentiras en vez de *No se dice mentiras*) y, por tanto, nos parece innecesario diferenciar entre ambas construcciones en este nivel.

3. Activities with a general or unknown subject: *Se* + verb constructions

To talk about activities for which the subject is general, not specific or unknown, Spanish commonly uses a **se** + *verb* construction. English uses such words as *one, people, you* for general or unspecified subjects and the passive voice[1] when the subject is not mentioned.

Se prohíbe hacer fogatas.	*Making bonfires **is prohibited**.*
Se aprobó la ley sobre el uso de pesticidas.	*The law about the use of pesticies **was passed**.*
En la selva **se escuchan** muchos animales.	*In the jungle **one can hear** many animals.*

In these constructions, **se** is always used with a verb in the third-person singular, except when it refers to a plural noun, then the verb is also plural.

Aquí **se vende** lechuga orgánica.	*Organic lettuce **is sold** here.*
No **se recicla** bastante.	***People don't recycle** enough.*
Se venden mapas. (*sign on store window*)	*Maps **are sold** here.*
En mi residencia **se usan** bombillas de bajo consumo.	*In my dorm **they use** energy saving light bulbs.*

Can you guess what the following signs say?

---

[1] The English passive voice is formed with the verb *to be* + *the past participle*: The house *was built* in 1821.

12-16 **¿Dónde se ven estos anuncios?** Escucha los anuncios y letreros (*signs*) que dan instrucciones o información al público. Escribe el número del anuncio al lado del lugar donde puede encontrarse. Para algunos casos, puede haber más de una opción.

12-16. Audio:
1. Se prohíbe fumar.
2. No se aceptan cheques.
3. Se necesita recepcionista para tomar reservaciones.
4. Se vende computadora como nueva.
5. Se cambian cheques.
6. Se abre de las nueve a las seis.

_1,3_ en un hotel
_4_ en un periódico
_1,2_ en un restaurante
_1_ en un aeropuerto
_1,6,5_ en un banco
_1_ en un hospital

12-17 **¿Dónde estoy?**

Paso 1. Completa las siguientes oraciones con **se** y la forma apropiada del verbo entre paréntesis. ¿Sabes qué lugar se describe aquí?

En este lugar _se estudia_ (estudiar) mucho y, algunas veces, también _se hacen_ (hacer) juegos. Algunas veces _se escriben_ (escribir) oraciones o párrafos y también _se habla_ (hablar) mucho, pero generalmente no _se puede_ (poder) hablar inglés.

Paso 2. En parejas, escojan uno de estos lugares y describan qué se hace, se puede hacer o no se puede hacer en estos lugares. ¿Qué pareja puede hacer la descripción más completa?

1. en el centro comercial
2. en la montaña
3. en la playa/el mar

Paso 3. Ahora vamos a adivinar. De forma individual, piensa en un lugar que es familiar para todos (la biblioteca, el cine, la cafetería de la universidad, un restaurante… o un lugar popular del campus o la ciudad) y escríbelo.

Paso 4. En grupos, una persona del grupo contesta las preguntas de sus compañeros sobre las cosas que *se hacen, se pueden hacer* o *no se pueden hacer* en el lugar que pensó. ¿Quién puede adivinar el lugar?

Modelo: **En este lugar, ¿se trabaja? / ¿Se venden bebidas? / ¿Se puede dormir? / ¿Se necesita dinero?...**

Paso 3: Alternativa: Puede pedir a los estudiantes que escriban una descripción de lo que se hace normalmente y lo que no se puede hacer en ese lugar. Después, en clase, pida a varios estudiantes que lean su descripción para que el resto de la clase identifique el lugar.

Paso 4: Sugerencia: Puede hacer una demostración primero frente a la clase. Piense en un lugar y escríbalo con letras grandes en una hoja de papel. Pida a los estudiantes que hagan preguntas como las del modelo y que intenten adivinar de qué lugar se trata. Anote las preguntas en la pizarra, ya que pueden servir como ejemplos durante el trabajo en grupo.

Paso 4: Alternativa: Si desea tener cierto control sobre el vocabulario que se recicla con esta actividad, puede escoger y escribir los nombres de algunos lugares en tarjetas y distribuirlas en cada grupo. Algunas ideas: en la biblioteca; en el cine; en el hospital; en la universidad; en el banco; en el centro de la ciudad; en la oficina de correos; en el supermercado; en casa.

NOTA CULTURAL

El peregrinaje (*pilgrimage*) a la Basílica de los Ángeles

Every August, thousands of **ticos** make a pilgrimage to the city of Cartago to honor the patron saint of Costa Rica, the **Virgen de los Ángeles.** She is called **"La Negrita"** for the color of her skin. The event is extraordinarily large and some believers walk for days or even weeks to get to Cartago.

"La Negrita", santa patrona ▶ de Costa Rica

Cultura: Guatemala y El Salvador

PLUS Map quizzes: As you read about places highlighted in red, find them on the map. Learn more about and test yourself on the geography of the Spanish-speaking world in *WileyPLUS*.

Use *PowerPoint Slides* para presentar esta sección de cultura.

Antes de leer

Estudia el mapa para contestar las preguntas. Indica si la frase se refiere a Guatemala, El Salvador o los dos.

	Guatemala	El Salvador	Los dos
1. Tiene cuatro países vecinos.	☑	☐	☐
2. Su capital tiene un nombre igual o muy similar al nombre del país.	☐	☐	☑
3. Es el país más pequeño de Centroamérica.	☐	☑	☐
4. Tiene costa en el océano Pacífico solamente.	☐	☑	☐
5. Las famosas ruinas de Tikal se encuentran aquí.	☑	☐	☐

MÉXICO

▲ Tikal

BELICE

Mar Caribe

Nacionalidades: guatemalteco/a salvadoreño/a

GUATEMALA

Antigua ● Guatemala

HONDURA

Océano Pacífico

San Salvador

EL SALVADOR

América Central

Guatemala y **El Salvador** forman parte de Centroamérica y tienen un clima y una geografía similares. Sus tierras son muy fértiles y fáciles de cultivar y ambos países tienen volcanes.

El clima de la región es agradable, pero los huracanes y las tormentas son comunes. En 1998, el huracán Mitch causó grandes daños (*damages*) en toda el área.

Rigoberta Menchú ▶

Las ruinas de Tikal

GUATEMALA

La mitad de la población guatemalteca es de origen maya. Por eso, Guatemala tiene la cultura indígena más dinámica de todos los países centroamericanos. Las ruinas mayas más impresionantes están en Tikal, en la selva guatemalteca.

Originalmente, la capital del país era la ciudad de **Antigua.** Después de varios terremotos (*earthquakes*) catastróficos, la capital fue trasladada (*moved*) a la **Ciudad de Guatemala.** Hoy en día, Antigua es un importante destino turístico por la belleza de su paisaje (*landscape*) y su arquitectura colonial.

En la década de 1960, la lucha entre grupos revolucionarios y el ejército nacional desató (*initiated*) una guerra civil que duró más de 30 años. Rigoberta Menchú, una mujer maya cuyos familiares murieron durante la guerra, ganó el Premio Nobel de la Paz por contribuir a poner fin a los treinta y seis años de guerra civil en Guatemala. En 1996 se puso en marcha un plan para alcanzar la reconciliación y, finalmente, la paz. Hoy en día, el país goza de un gobierno y elecciones democráticas.

La moneda oficial de Guatemala es el quetzal, nombre del pájaro que también aparece en la bandera del país.

Antigua, Guatemala

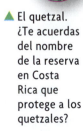

▲ El quetzal. ¿Te acuerdas del nombre de la reserva en Costa Rica que protege a los quetzales?

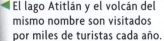
◀ El lago Atitlán y el volcán del mismo nombre son visitados por miles de turistas cada año.

430 cuatrocientos treinta

EL SALVADOR

El Salvador es el país más pequeño de Centroamérica y también el más poblado. Allí viven más de 6 millones de personas en 8,124 millas cuadradas (21,040 kilómetros cuadrados). También tiene impresionantes volcanes. El volcán Izalco permaneció activo entre 1770 y 1966.

De 1980 a 1992 el país vivió una terrible guerra civil que se cobró unas 75,000 vidas. Durante ese tiempo, muchos salvadoreños salieron del país para mudarse a Estados Unidos. Hoy en día, El Salvador tiene un gobierno democrático.

▲ El volcán Izalco

El lago Coatepeque, al pie del volcán Santa Ana, se formó debido al hundimiento (*sinking*) de un grupo de volcanes hace miles de años. Actualmente el hermoso lago es excelente para practicar la pesca y otros deportes acuáticos.

El Salvador se encuentra en el Anillo de Fuego del Pacífico y está sujeto a frecuentes terremotos y actividad volcánica. El terremoto de 1986 dejó 1,500 muertos, 10,000 heridos y 60,000 viviendas destruidas. El 13 de enero de 2001, un terremoto de 7.6 en la escala de Richter resultó en la muerte de más de 900 personas y un mes después, en un nuevo terremoto, murieron otras 300 personas y 20% de las viviendas (*housing*) del país fueron destruidas. En 2005, la erupción del volcán Santa Ana causó la muerte de 2 personas.

Hoy en día, el país está más tranquilo. Muchos salvadoreños han emigrado a otros países y en 2006, el dinero que enviaron a El Salvador representó el 16% del producto interno bruto (*GDP*). En 2001, El Salvador sustituyó su moneda nacional, el colón salvadoreño, por el dólar estadounidense.

El lago Coatepeque

Después de leer

1. Decide a qué país le corresponde cada oración: El Salvador, Guatemala o los dos.

	El Salvador	Guatemala	Los dos
a. El 50% del país es de origen maya.	☐	☑	☐
b. Hoy en día tiene un gobierno democrático.	☐	☐	☑
c. La moneda oficial es el dólar estadounidense.	☑	☐	☐
d. Una mujer de este país ganó el Premio Nobel.	☐	☑	☐
e. La bandera es azul y blanca.	☐	☐	☑
f. Tiene volcanes y lagos famosos.	☐	☐	☑

2. ¿Conoces otro lugar que se encuentra en el Anillo de Fuego del Pacífico? ¿También ha sufrido terremotos como El Salvador?

Use *PowerPoint Slides* para presentar esta sección de cultura.

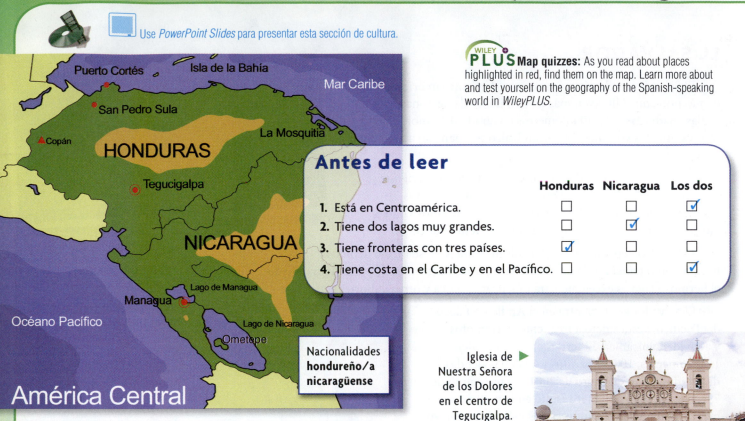

WILEY PLUS Map quizzes: As you read about places highlighted in red, find them on the map. Learn more about and test yourself on the geography of the Spanish-speaking world in *WileyPLUS*.

Puerto Cortés · Isla de la Bahía · Mar Caribe · San Pedro Sula · Copán · **HONDURAS** · La Mosquitia · Tegucigalpa · **NICARAGUA** · Lago de Managua · Managua · Océano Pacífico · Lago de Nicaragua · Ometepe · **América Central**

Nacionalidades
hondureño/a
nicaragüense

Antes de leer

	Honduras	Nicaragua	Los dos
1. Está en Centroamérica.	☐	☐	☑
2. Tiene dos lagos muy grandes.	☐	☑	☐
3. Tiene fronteras con tres países.	☑	☐	☐
4. Tiene costa en el Caribe y en el Pacífico.	☐	☐	☑

Iglesia de Nuestra Señora de los Dolores en el centro de Tegucigalpa.

HONDURAS

Las dos ciudades más importantes de Honduras son **Tegucigalpa**, la capital, y **San Pedro Sula**, el centro industrial del país. Tegucigalpa está situada en la montañosa zona central.

En Honduras viven varios grupos étnicos. Sus habitantes originales eran los mayas y los lencas. Para el año 800 d. C., los mayas habían abandonado inexplicablemente sus ciudades. Cuando llegaron los españoles, a principios del siglo XVI, sólo encontraron las ruinas de **Copán**, una gran ciudad de palacios y pirámides.

La región más aislada y remota del país se llama **La Mosquitia.** Allí viven 50,000 indígenas misquitos. En la costa caribeña también viven los garífunas o *garinagu*, quienes llegaron a Honduras en el siglo XVIII huyendo de (*fleeing*) la esclavitud (*slavery*) en las colonias inglesas del Caribe. Los garífunas tienen relación cultural con otros descendientes africanos del Caribe, como los de Jamaica.

Los hondureños también se llaman "catrachos" o "catrachas". Esta palabra proviene (*derives*) del apellido del general hondureño Florencio Xatruch, quien en 1857 dirigió a las fuerzas hondureñas contra la invasión del filibustero estadounidense William Walker.

El voseo

En Honduras y Nicaragua se usa la forma *vos* en vez de *tú*. El *vos* se usa de diferentes maneras en varios países (incluyendo Argentina, Chile y Uruguay). Estas son algunas conjugaciones principales:

	Tú	Vos
hablar	hablas	hablás
comer	comes	comés
vivir	vives	vivís
ser	eres	sos

Te lo doy **a ti.** = Te lo doy **a vos.**
Voy **contigo.** = Voy **con vos.**

NICARAGUA

Nicaragua, el país más grande de Centroamérica, se caracteriza por sus hermosos lagos y volcanes. Tiene 6 millones de habitantes de distintos grupos étnicos: mestizos (69%), indígenas (5%), descendientes europeos (17%) y africanos (9%, el más grande de Centroamérica), entre otros. **Managua,** la capital desde 1852, está junto al lago que lleva el mismo nombre. Un 25% de la población del país vive en Managua.

Nicaragua se independizó de España en 1821. Aunque la dictadura de la familia Somoza gobernó el país entre 1937 y 1979, Nicaragua fue uno de los primeros países en firmar la Carta (*Charter*) de las Naciones Unidas en 1945. Un episodio dramático en la historia de Nicaragua fue el terremoto de 1972, que destruyó el 90% de Managua. Los revolucionarios sandinistas, opuestos a la dictadura de los Somoza, tomaron el poder entre 1979 y 1990. En las elecciones de 1990 los nicaragüenses eligieron a la primera mujer presidente de las Américas, Violeta Barrios Torres de Chamorro.

A Nicaragua se la conoce como la tierra de lagos y volcanes, y la tierra de poetas.

La Tierra de Lagos y Volcanes. Su diversidad biológica, clima tropical, volcanes activos y precios económicos la hacen un destino popular para los turistas, surfistas y biólogos. El gran **lago de Nicaragua** o lago Cocibolca tiene más de 8,000 km² y es el más grande de Centroamérica. En éste se encuentra la isla de **Ometepe,** la más grande del mundo situada en un lago. Según la leyenda, unos indígenas precolombinos, los nicaraos, vinieron desde el norte cuando cayó la gran ciudad de Teotihuacán. (¿Recuerdas dónde estaba Teotihuacán? Mira el mapa en el *Capítulo 4*). Sus líderes religiosos les dijeron que viajaran hacia el sur hasta encontrar un lago con dos volcanes y así se establecieron en Ometepe.

▲ Rubén Darío (1867–1916), el "padre del modernismo hispanoamericano"

La Tierra de Poetas. Los famosos poetas Rubén Darío, Ernesto Cardenal y Gioconda Belli son todos de Nicaragua. Investiga un poco sobre ellos en Internet.

Después de leer

1. Decide si las siguientes oraciones describen a Honduras, a Nicaragua o a los dos países.

	Honduras	Nicaragua	Los dos
a. Tiene la isla más grande del mundo situada en un lago.	☐	☑	☐
b. Hay una comunidad garífuna muy grande.	☑	☐	☐
c. La bandera es azul y blanca.	☐	☐	☑
d. A su gente se les llama catrachos.	☑	☐	☐
e. La población es muy diversa.	☐	☐	☑
f. Se usa la forma *vos* en vez de *tú*.	☐	☐	☑

2. Managua tiene una población de ___1,500,000___ (repasa el primer párrafo del texto: 25% de 6 millones), más o menos parecida a la de:

☑ Filadelfia   ☐ Detroit   ☐ Memphis

3. ¿Cómo se diría la siguiente oración en Honduras o Nicaragua usando la forma *vos*?

☐ Vives en Managua y eres nicaragüense.

☑ Vivís en Managua y sos nicaragüense.

Dicho y hecho

ANTES DE LEER

Lee los títulos y observa las fotografías. Intenta anticipar el tema del texto.

Sugerencia: Si hacen *Antes de leer* en clase, puede ser más productivo el trabajo en parejas o grupos pequeños.

ESTRATEGIA DE LECTURA

Using questions to predict and summarize content (What? Who? Where? When? How? Why?) You have learned that trying to predict the content of a text can help you interpret it more accurately. One way to set about predicting what you might find in a text and after looking at its title and headings, and observing any visuals, is to brainstorm by asking yourself questions about it: what could this text talk about, who might be mentioned, etc. Jot down your answers to these questions, in Spanish, based on your initial observation and skimming of the article:

¿Qué acciones o eventos puede mencionar el texto? ¿Qué personas pueden ser parte de la historia? ¿Dónde sucede (*takes place*) la historia? ¿Cuándo sucede esto? ¿Cómo sucede? (imagina partes del proceso o acciones específicas) ¿Por qué lo hacen?

After you read the selection carefully, you can ask those questions again. The answers will help you summarize the main ideas.

A LEER

Si usted es un ciclista amante de la aventura y los desafíos[1], el Camino de la Muerte puede ser una buena opción durante su estadía en Bolivia. La antigua ruta a Yungas, al Noreste de la ciudad de La Paz, se ha convertido en un atractivo muy popular para quienes buscan experiencias llenas de adrenalina. Según cuentan aquellos que lo han vivido, el *tour* "vale cada centavo, es un poco intimidante pero increíble".

¿Qué hace tan popular al Camino de la Muerte? No importa cuántas veces lo preguntemos, parece imposible encontrar una respuesta precisa. Esta ruta era famosa mucho antes de que las empresas de turismo ofrecieran excursiones en bicicleta. En este camino[2] de tierra que bordea[3] precipicios[4] de 300 metros de profundidad, eran frecuentes los derrumbes[5] y los autobuses desbarrancados[6], sobre todo durante la estación lluviosa. En 1995, Yungas fue denominado como el camino más peligroso del mundo por el Banco Interamericano de Desarrollo. Pero, no es sólo el peligro lo que atrae a los visitantes. Las características geográficas de la zona forman un impresionante paisaje de precipicios, ríos y cascadas que se combinan con una exuberante vegetación.

---

[1] challenges, [2] road, path, [3] skirts, goes along, [4] cliffs, [5] landslides, [6] run off the road

LA AVENTURA

Para hacer el camino en bicicleta es necesario contratar a una agencia que ofrezca este servicio. Ésta transporta a los pasajeros hasta la cumbre[7] (lugar donde comienza el descenso) y les provee de todo el equipamiento necesario. Un guía acompaña al grupo y un vehículo de apoyo[8] los sigue durante todo el itinerario. Éstas son las condiciones mínimas de seguridad que garantizan un descenso sin contratiempos.

Antes de llegar al Camino de la Muerte hay unos 21 kilómetros de asfalto; pero, a una altura[9] aproximada de 4,000 metros, el viento y la lluvia ocasionales pueden ser el primer desafío a enfrentar. Así empieza el trayecto, que toma aproximadamente cinco horas y se transforma en el escenario perfecto para disfrutar de[10] la velocidad, la adrenalina y la naturaleza. "No puedo describir lo que he sentido, es emocionante, definitivamente hay que vivirlo, se lo recomiendo a todos", dice Thomas, un turista inglés, minutos después de terminar los 64 kilómetros del recorrido. Luego sonríe y celebra junto a sus compañeros, levantando los brazos y gritando victoria.

Texto y fotografía: María Teresa Ardaya / *Punto y coma*

[7]summit, [8]support, [9]elevation, [10]enjoy

DESPUÉS DE LEER

1. Resume las ideas principales del texto usando las preguntas de la estrategia de lectura (pág. 434). Es posible que no haya respuestas a todas las preguntas en el texto. ¿Anticipaste algunas ideas correctamente?

2. Ahora, responde a estas preguntas sobre el texto:
   - ¿Por qué es peligrosa la ruta por el Camino de la Muerte?
   - Además del sentido de aventura, ¿qué otros atractivos ofrece esta excursión en bicicleta?
   - Esta ruta sólo se puede hacer con una agencia especializada. ¿Qué ofrecen estas agencias?

3. ¿Te gustaría hacer esta ruta en el Camino de la Muerte? ¿Por qué? ¿Hay otra actividad de aventura que te gustaría hacer? Si no, ¿qué tipo de actividades prefieres durante tus vacaciones?

PARA CONVERSAR: Una excursión

Piensas hacer una excursión con unos compañeros de clase durante las vacaciones de verano. Una persona quiere hacer rafting en alguno de los ríos mencionados en la página 411, otra persona sugiere una visita a las *Cabañas Bataburo* en la selva de Ecuador (página 425) y otra desea hacer el tour en bicicleta por el *Camino de la muerte*. Trata de convencer a tus compañeros de que la excursión que tú sugieres es la mejor.

EXPRESIONES ÚTILES

Creo que les va a gustar _____ porque...
Consideren las ventajas de _____.
Me parece que a todos nos va a gustar _____ porque...

ESTRATEGIA DE COMUNICACIÓN

Convincing others When you're trying to arrive at a group decision, part of your success lies in your ability to convince others to consider your input and ideas. Think of three things about the excursion you're suggesting that you think will appeal to your classmates and/or make it seem the logical choice, and think of one or two things about your classmates' suggested excursions that might present problems, challenges, or impracticalities.

Dicho y hecho

Carta #1

Hola, me llamo Francisco y quiero ir a un país con muchos bosques y quizás rocas para escalar. Me interesa un viaje ecológico que no deje una fuerte huella de carbono (*carbon footprint*) porque me molesta hacerle daño a la naturaleza. Quiero conocer un país de Centroamérica. ¿Qué me recomiendan ustedes?

Carta #2

Mi nombre es Elena y me encanta la naturaleza. Me gusta mucho hacer rafting y estoy muy orgullosa de haber descendido ríos de clase 4. También me gusta acampar, pero no quiero escalar ni dar caminatas muy largas. No tengo pasaporte, así que no puedo salir del país. Gracias por su ayuda.

Carta #3

Soy Tim y a mi esposa y a mí nos gusta pescar, bucear y montar a caballo. No nos gusta montar en bicicleta ni hacer surf. Los padres de mi esposa, Shari, eran de Jamaica y nos da mucha pena que nunca haya visitado su país, así que queremos viajar a algún lugar del Caribe para después ir a Jamaica.

Sugerencia: Recuerde a los estudiantes que deben usar *usted* al escribir la respuesta a sus clientes.

PARA ESCRIBIR: Una carta

Eres agente de viajes y recibiste estas tres cartas de personas a quienes les gustan mucho las aventuras al aire libre. Vas a elegir <u>una</u> carta y escribir una respuesta en la que recomiendas un viaje adecuado para ese/a cliente/a.

ANTES DE ESCRIBIR

Piensa en <u>los lugares</u> y <u>las actividades</u> que vas a recomendar y los que no vas a recomendar para tu cliente y anota tus razones en tu cuaderno o en una hoja de papel.

ESTRATEGIA DE REDACCIÓN

Getting your reader's attention When writing something like a letter that offers your opinions or suggestions, the idea is to persuade the reader to agree with you and follow your advice. Getting your reader's attention right from the start can help you achieve this goal. One way to get the reader's attention is to begin your letter in an unexpected way. Here are some examples:

- Begin with an interesting detail: *Muchos de los remedios y medicamentos que usted tiene en la casa en este momento tienen su origen en la selva amazónica.*
- Begin with a short annecdote: *En un viaje reciente a Costa Rica, a mi tía la siguió el mismo monito* (little monkey) *durante tres días.*
- Begin with a question: *¿Alguna vez pensó que su visita a un lugar puede dañar* (harm) *el medio ambiente?*
- Begin with figurative language: *Una excursión a un parque ecológico le recarga las baterías.*

Use one of these, or your own unique way of getting your reader's attention.

A ESCRIBIR

Escribe una primera versión de tu carta. Usa Internet para buscar detalles sobre el lugar o los lugares que vas a recomendar. Trata de llamar la atención al comienzo del texto, siguiendo las ideas de la sección *Estrategia de redacción*.

Para escribir mejor

Recuerda que las estructuras para hacer recomendaciones y dar opiniones con el subjuntivo pueden ayudarte mucho con la carta, y que también debes escribir tu carta con la forma *usted* porque no conoces a la persona a quien te diriges.

(No) Le recomiendo/aconsejo... que... (vaya, considere...)

(No) Creo/Pienso/Es posible... que... (tenga, usted pueda...)

DESPUÉS DE ESCRIBIR

Revisar y editar: La organización. Después de escribir el primer borrador de tu carta, déjalo a un lado por un mínimo de un día sin leerlo. Cuando vuelvas a leerlo, corrige el contenido, la organización, la gramática y el vocabulario. Hazte estas preguntas:

☐ ¿Empiezo la carta llamando la atención?

☐ ¿Describo las actividades que recomiendo de forma clara y con muchos detalles?

☐ ¿Tiene cada párrafo una oración principal y tienen todas las ideas de cada párrafo relación con la oración principal?

☐ ¿Revisé la gramática, especialmente el uso del subjuntivo y de las preposiciones *para* y *por*?

PARA VER Y ESCUCHAR: Ollantaytambo: parque nacional en peligro

ANTES DE VER EL VIDEO

1. El Parque Arqueológico de Ollantaytambo está en la ruta entre Cuzco y Machu Picchu.
   Esto quiere decir que está en: ☐ Bolivia   ☑ Perú   ☐ Costa Rica
   y que tiene influencia cultural de: ☐ los mayas   ☐ los aztecas   ☑ los incas

2. El título de este video es *Ollantaytambo: parque nacional en peligro*. Dado el enfoque de este capítulo, ¿cuál crees que va a ser el peligro que enfrenta (*faces*) este lugar?

A VER EL VIDEO

> ### ESTRATEGIA DE COMPRENSIÓN
>
> **Monitoring your comprehension** As you listen to and watch the video, you will notice that there are three main themes. A good strategy is to watch the entire segment, then during the second viewing, pause to jot down a brief summary or list of ideas and words within each theme. Monitoring your comprehension as you go helps ensure that you will have understood the main ideas of the entire video.

DESPUÉS DE VER EL VIDEO

1. ¿Cierto o falso? Ollantaytambo es un pueblo y también un parque nacional.

2. Indica todo lo que hace mucha gente hoy, igual que hace 500 años, en Ollantaytambo.   ☑ la ropa   ☑ la agricultura   ☑ las casas

3. Elige uno de los siguientes peligros y describe el problema específico que enfrenta Ollantaytambo:
   - la contaminación (trenes y autobuses)
   - el calentamiento global (los nevados, el agua)
   - la deforestación (construcción de hoteles, etc.)

Repaso de vocabulario activo

Adjetivos

emocionante   *exciting*
peligroso/a   *dangerous*

Palabras y expresiones útiles

a causa de   *because of*
para   *for, in order to, toward, by*
por   *for, because of, during, through, on behalf of, along*

Sustantivos

La naturaleza   *Nature*

el agua   *water*
la arena   *sand*
el bosque   *forest*
el castillo de arena   *sand castle*
la catarata/la cascada   *waterfall*
el cielo   *sky*
la colina   *hill*
el desierto   *desert*
la estrella   *star*
la fogata   *campfire*
el fuego   *fire*
la granja   *farm*
la hierba   *grass*
la isla   *island*
la luna   *moon*
el mar   *sea*
el océano   *ocean*
la ola   *wave*
el relámpago   *lightning*
el río   *river*
la selva   *jungle, rain forest*
el sol   *sun*
la tierra   *earth, land*
la tormenta   *storm*
el valle   *valley*

Los animales y los insectos

la araña   *spider*
el caballo   *horse*
el cerdo   *pig*
la gallina   *hen, chicken*
la mariposa   *butterfly*
la mosca   *fly*
el mosquito   *mosquito*
el pájaro   *bird*
el pez (los peces)   *fish*
la serpiente   *snake*
la vaca   *cow*

Aventuras y otras palabras

al aire libre   *outdoors*
el alpinismo/el andinismo   *mountain climbing*
la aventura   *adventure*
la balsa   *raft*
el barco   *ship*
el bote   *boat*
la cámara   *camera*
el campamento   *camp*
el ciclismo de montaña   *mountain biking*
el crucero   *cruise*
el kayak   *kayak*
el saco de dormir   *sleeping bag*
la tienda de campaña   *tent*

El medio ambiente   *The environment*

la basura   *garbage*
el calentamiento global   *global warming*
la capa de ozono   *ozone layer*
la contaminación   *pollution*
la deforestación   *deforestation*
la destrucción   *destruction*
la escasez   *scarcity, shortage*
la especie animal   *animal species*
la extinción   *extinction*
la gasolina   *gas*
el incendio forestal   *forest fire*
la lluvia ácida   *acid rain*
el mundo   *world*
el pesticida tóxico   *poisonous pesticide*
el planeta   *planet*
el problema   *problem*
el recurso natural   *natural resource*
la sequía   *drought*

Verbos y expresiones verbales

acampar   *to go camping*
bucear   *to scuba dive*
conservar   *to save, conserve*
contribuir (irreg.)   *to contribute*
dar una caminata   *to hike*
desperdiciar   *to waste*
destruir (irreg.)   *to destroy*
dudar   *to doubt*
encantar   *to be very pleasing, delight, love, enchant*

escalar una montaña   *to climb a mountain*
estar de vacaciones   *to be on vacation*
estar seguro/a (de)   *to be sure of*
evitar   *to avoid*
fascinar   *to be fascinating, fascinate*
hacer esnórquel   *to snorkel*
hacer surf   *to surf*
hacer un viaje en barco/crucero   *to go on a boat/cruise*
importar   *to be important, matter*
interesar   *to be interesting, interest*
ir(se) de vacaciones   *to go on vacation*
molestar   *to be annoying, bother*
montar a caballo   *to ride a horse*
nadar   *to swim*
pescar   *to fish*
practicar el balsismo/el rafting   *to go rafting*
practicar el parasail   *to parasail*
prevenir   *to prevent*
proteger   *to protect*
reciclar   *to recycle*
recoger   *to pick up, gather*
reducir   *to reduce*
remar   *to row*
sacar/tomar fotos   *to take photos*
saltar en paracaídas   *to go parachute jumping*
tener miedo   *to be afraid*

Autoprueba y repaso

I. *Para* and *por*. Indica lo que hiciste el verano pasado. Completa las oraciones con la forma **yo** del verbo en el pretérito y *por* o *para*. Sigue el modelo.

Modelo: trabajar / el Banco Nacional

Trabajé para el Banco Nacional.

1. trabajar / poder ir a Costa Rica
2. salir / Costa Rica el 6 de agosto
3. estar allí / un mes
4. viajar / todo el país
5. comprar un libro sobre los bosques nubosos / mi madre
6. comprarlo / tres mil colones

II. The subjunctive with expressions of doubt or negation.

A. Escribe tus reacciones.

Modelo: dudar / que la balsa / pasar por ese cañón

Dudo que la balsa pase por ese cañón.

1. no creer / que ustedes / encontrar el remo
2. es posible / que el guía / no saber hablar español
3. dudar / que los kayaks / llegar a tiempo
4. no estar seguro/a de /que (nosotros) / estar remando bien
5. no creer /que (tú) / poder ir con nosotros

B. Contesta las preguntas.

Modelo: ¿Tiene Roberto la tienda de campaña? (creer)

Creo que la tiene.
¿Tiene el mapa? (no creer)
No creo que lo tenga.

1. ¿Cuesta el viaje más de doscientos dólares? (pensar)
2. ¿Hay un problema serio? (no creer)
3. ¿Es muy larga la caminata al río? (dudar)
4. ¿Son los guías buenos? (es probable)
5. ¿Vienen con nosotros nuestros amigos? (estoy seguro/a de)

III. *Se* + verb constructions. Completa las siguientes oraciones.

Modelo: En España _____ castellano, catalán, vasco y gallego. (hablar)

En España se hablan castellano, catalán, vasco y gallego.

1. En Centroamérica _____ gallo pinto. (comer)
2. En Argentina _____ tango. (bailar)
3. En México se _____ muchas lenguas indígenas. (hablar)
4. En Puerto Rico _____ bomba. (bailar)
5. En Cuba _____ muchas frutas tropicales. (producir)
6. En Centroamérica _____ café de gran calidad. (cultivar)

IV. *Repaso general*. Contesta con oraciones completas.

1. ¿Qué actividades o deportes al aire libre te interesan más?
2. ¿Dónde no crees que puedas pasar unas buenas vacaciones: en la selva, en las montañas o en una granja? ¿Por qué?
3. ¿Has viajado mucho? ¿A dónde has viajado? ¿A qué lugares fuiste? ¿Para qué? ¿A dónde más quieres ir? ¿A dónde es probable que vayas en el futuro?
4. ¿Piensas que estamos haciendo suficiente para proteger el medio ambiente? En tu opinión, ¿qué es importante que hagamos?
5. ¿Cómo crees que será la situación del medio ambiente en 10 años? ¿Qué te parece probable, posible o imposible para entonces?

V. *Cultura*.

1. ¿Por qué se llaman *ticos* las personas de Costa Rica?
2. ¿Qué tipo de turismo se practica mucho en Costa Rica? ¿Cómo se describe?
3. Nombra tres similitudes y tres diferencias entre El Salvador y Guatemala.
4. Describe la pupusa salvadoreña o el pepián guatemalteco.
5. ¿Quiénes son los garífunas y dónde viven?
6. ¿Qué es la forma *vos* y dónde se usa?

Las respuestas de *Autoprueba y repaso* se pueden encontrar en el **Apéndice 2.**

Regular Verbs: *Simple Tenses*

Infinitive / Present Participle / Past Participle	Indicative Present	Imperfect	Preterit	Future	Conditional	Subjunctive Present	Imperfect	Imperative (commands)
hablar *to speak*	hablo	hablaba	hablé	hablaré	hablaría	hable	hablara	
hablando	hablas	hablabas	hablaste	hablarás	hablarías	hables	hablaras	habla/ no hables
hablado	habla	hablaba	habló	hablará	hablaría	hable	hablara	hable
	hablamos	hablábamos	hablamos	hablaremos	hablaríamos	hablemos	habláramos	hablemos
	habláis	hablabais	hablasteis	hablaréis	hablaríais	habléis	hablarais	hablad/ no habléis
	hablan	hablaban	hablaron	hablarán	hablarían	hablen	hablaran	hablen
comer *to eat*	como	comía	comí	comeré	comería	coma	comiera	
comiendo	comes	comías	comiste	comerás	comerías	comas	comieras	come/ no comas
comido	come	comía	comió	comerá	comería	coma	comiera	coma
	comemos	comíamos	comimos	comeremos	comeríamos	comamos	comiéramos	comamos
	coméis	comíais	comisteis	comeréis	comeríais	comáis	comierais	comed/ no comáis
	comen	comían	comieron	comerán	comerían	coman	comieran	coman
vivir *to live*	vivo	vivía	viví	viviré	viviría	viva	viviera	
viviendo	vives	vivías	viviste	vivirás	vivirías	vivas	vivieras	vive/ no vivas
vivido	vive	vivía	vivió	vivirá	viviría	viva	viviera	viva
	vivimos	vivíamos	vivimos	viviremos	viviríamos	vivamos	viviéramos	vivamos
	vivís	vivíais	vivisteis	viviréis	viviríais	viváis	vivierais	vivid/ no viváis
	viven	vivían	vivieron	vivirán	vivirían	vivan	vivieran	vivan

Regular Verbs: *Perfect Tenses*

Indicative Present Perfect		Past Perfect		Future Perfect		Conditional Perfect		Subjunctive Present Perfect		Past Perfect	
he	hablado	había	hablado	habré	hablado	habría	hablado	haya	hablado	hubiera	hablado
has	comido	habías	comido	habrás	comido	habrías	comido	hayas	comido	hubieras	comido
ha	vivido	había	vivido	habrá	vivido	habría	vivido	haya	vivido	hubiera	vivido
hemos		habíamos		habremos		habríamos		hayamos		hubiéramos	
habéis		habíais		habréis		habríais		hayáis		hubierais	
han		habían		habrán		habrían		hayan		hubieran	

Stem-changing -ar and -er Verbs: e → ie; o → ue

Infinitive / Present Participle / Past Participle	Indicative					Subjunctive		Imperative (commands)
	Present	Imperfect	Preterit	Future	Conditional	Present	Imperfect	
pensar (ie) to think pensando pensado	pienso piensas piensa pensamos pensáis piensan	pensaba pensabas pensaba pensábamos pensabais pensaban	pensé pensaste pensó pensamos pensasteis pensaron	pensaré pensarás pensará pensaremos pensaréis pensarán	pensaría pensarías pensaría pensaríamos pensaríais pensarían	piense pienses piense pensemos penséis piensen	pensara pensaras pensara pensáramos pensarais pensaran	piensa/ no pienses piense pensemos pensad/ no penséis piensen
volver (ue) to return volviendo vuelto (irreg.)	vuelvo vuelves vuelve volvemos volvéis vuelven	volvía volvías volvía volvíamos volvíais volvían	volví volviste volvió volvimos volvisteis volvieron	volveré volverás volverá volveremos volveréis volverán	volvería volverías volvería volveríamos volveríais volverían	vuelva vuelvas vuelva volvamos volváis vuelvan	volviera volvieras volviera volviéramos volvierais volvieran	vuelve/ no vuelvas vuelva volvamos volved/ no volváis vuelvan

Other verbs of this type are:

e → ie: cerrar, despertarse, empezar, entender, nevar, pensar, perder, preferir, querer, recomendar, regar, sentarse

o → ue: acordarse de, acostarse, almorzar, costar, encontrar, jugar, mostrar, poder, recordar, resolver, sonar, volar, volver

Stem-changing -ir Verbs: e → ie, i; e → i, i; o → ue, u

Infinitive / Present Participle / Past Participle	Indicative					Subjunctive		Imperative (commands)
	Present	Imperfect	Preterit	Future	Conditional	Present	Imperfect	
sentir (ie, i) to feel, to regret sintiendo sentido	siento sientes siente sentimos sentís sienten	sentía sentías sentía sentíamos sentíais sentían	sentí sentiste sintió sentimos sentisteis sintieron	sentiré sentirás sentirá sentiremos sentiréis sentirán	sentiría sentirías sentiría sentiríamos sentiríais sentirían	sienta sientas sienta sintamos sintáis sientan	sintiera sintieras sintiera sintiéramos sintierais sintieran	siente/ no sientas sienta sintamos sentid/ no sintáis sientan
pedir (i, i) to ask (for) pidiendo pedido	pido pides pide pedimos pedís piden	pedía pedías pedía pedíamos pedíais pedían	pedí pediste pidió pedimos pedisteis pidieron	pediré pedirás pedirá pediremos pediréis pedirán	pediría pedirías pediría pediríamos pediríais pedirían	pida pidas pida pidamos pidáis pidan	pidiera pidieras pidiera pidiéramos pidierais pidieran	pide/ no pidas pida pidamos pedid/ no pidáis pidan

Stem-changing -ir Verbs: e → ie, i; e → i, i; o → ue, u (continued)

Infinitive / Present Participle / Past Participle	Indicative Present	Imperfect	Preterit	Future	Conditional	Subjunctive Present	Imperfect	Imperative (commands)
dormir (ue, u) to sleep / durmiendo / dormido	duermo	dormía	dormí	dormiré	dormiría	duerma	durmiera	
	duermes	dormías	dormiste	dormirás	dormirías	duermas	durmieras	duerme/ no duermas
	duerme	dormía	durmió	dormirá	dormiría	duerma	durmiera	duerma
	dormimos	dormíamos	dormimos	dormiremos	dormiríamos	durmamos	durmiéramos	durmamos
	dormís	dormíais	dormisteis	dormiréis	dormiríais	durmáis	durmierais	dormid/ no durmáis
	duermen	dormían	durmieron	dormirán	dormirían	duerman	durmieran	duerman

Other verbs of this type are:

e → ie, i: divertirse, invertir, preferir, sentirse, sugerir
e → i, i: conseguir, despedirse de, reírse, repetir, seguir, servir, vestirse
o → ue, u: morir(se)

Verbs with Spelling Changes

1. c → qu: tocar (model); buscar, explicar, pescar, sacar

Infinitive / Present Participle / Past Participle	Indicative Present	Imperfect	Preterit	Future	Conditional	Subjunctive Present	Imperfect	Imperative (commands)
tocar to play (musical instr.), to touch / tocando / tocado	toco	tocaba	toqué	tocaré	tocaría	toque	tocara	toca/ no toques
	tocas	tocabas	tocaste	tocarás	tocarías	toques	tocaras	toque
	toca	tocaba	tocó	tocará	tocaría	toque	tocara	toquemos
	tocamos	tocábamos	tocamos	tocaremos	tocaríamos	toquemos	tocáramos	tocad/ no toquéis
	tocáis	tocabais	tocasteis	tocaréis	tocaríais	toquéis	tocarais	toquen
	tocan	tocaban	tocaron	tocarán	tocarían	toquen	tocaran	

2. z → c: abrazar; Also almorzar (ue), cruzar, empezar (ie)

Infinitive / Present Participle / Past Participle	Indicative Present	Imperfect	Preterit	Future	Conditional	Subjunctive Present	Imperfect	Imperative (commands)
abrazar to hug / abrazando / abrazado	abrazo	abrazaba	abracé	abrazaré	abrazaría	abrace	abrazara	abraza/ no abraces
	abrazas	abrazabas	abrazaste	abrazarás	abrazarías	abraces	abrazaras	abrace
	abraza	abrazaba	abrazó	abrazará	abrazaría	abrace	abrazara	abracemos
	abrazamos	abrazábamos	abrazamos	abrazaremos	abrazaríamos	abracemos	abrazáramos	abrazad/ no abracéis
	abrazáis	abrazabais	abrazasteis	abrazaréis	abrazaríais	abracéis	abrazarais	abracen
	abrazan	abrazaban	abrazaron	abrazarán	abrazarían	abracen	abrazaran	

3. g → gu: pagar; Also apagar, jugar (ue), llegar

Infinitive	Present	Imperfect	Preterite	Future	Conditional	Present Subjunctive	Imperfect Subjunctive	Commands
pagar *to pay (for)*	pago	pagaba	**pagué**	pagaré	pagaría	**pague**	pagara	
pagando	pagas	pagabas	pagaste	pagarás	pagarías	**pagues**	pagaras	paga/ no **pagues**
pagado	paga	pagaba	pagó	pagará	pagaría	**pague**	pagara	**pague**
	pagamos	pagábamos	pagamos	pagaremos	pagaríamos	**paguemos**	pagáramos	**paguemos**
	pagáis	pagabais	pagasteis	pagaréis	pagaríais	**paguéis**	pagarais	pagad/ no **paguéis**
	pagan	pagaban	pagaron	pagarán	pagarían	**paguen**	pagaran	**paguen**

4. gu → g: seguir (i, i); Also conseguir

Infinitive	Present	Imperfect	Preterite	Future	Conditional	Present Subjunctive	Imperfect Subjunctive	Commands
seguir (i, i) *to follow*	**sigo**	seguía	seguí	seguiré	seguiría	**siga**	siguiera	
siguiendo	sigues	seguías	seguiste	seguirás	seguirías	**sigas**	siguieras	sigue/ no **sigas**
seguido	sigue	seguía	**siguió**	seguirá	seguiría	**siga**	siguiera	**siga**
	seguimos	seguíamos	seguimos	seguiremos	seguiríamos	**sigamos**	siguiéramos	**sigamos**
	seguís	seguíais	seguisteis	seguiréis	seguiríais	**sigáis**	siguierais	seguid/ no **sigáis**
	siguen	seguían	**siguieron**	seguirán	seguirían	sigan	siguieran	**sigan**

5. g → j: recoger; Also escoger, proteger

Infinitive	Present	Imperfect	Preterite	Future	Conditional	Present Subjunctive	Imperfect Subjunctive	Commands
recoger *to pick up*	**recojo**	recogía	recogí	recogeré	recogería	**recoja**	recogiera	
recogiendo	recoges	recogías	recogiste	recogerás	recogerías	**recojas**	recogieras	recoge/ no **recojas**
recogido	recoge	recogía	recogió	recogerá	recogería	**recoja**	recogiera	**recoja**
	recogemos	recogíamos	recogimos	recogeremos	recogeríamos	**recojamos**	recogiéramos	**recojamos**
	recogéis	recogíais	recogisteis	recogeréis	recogeríais	**recojáis**	recogierais	recoged/ no **recojáis**
	recogen	recogían	recogieron	recogerán	recogerían	**recojan**	recogieran	**recojan**

6. i → y: leer; Also caer, oír. Verbs with additional i → y changes (see below): construir; Also destruir

Infinitive	Present	Imperfect	Preterite	Future	Conditional	Present Subjunctive	Imperfect Subjunctive	Commands
leer *to read*	leo	leía	leí	leeré	leería	lea	**leyera**	
leyendo	lees	leías	leíste	leerás	leerías	leas	**leyeras**	lee/ no leas
leído	lee	leía	**leyó**	leerá	leería	lea	**leyera**	lea
	leemos	leíamos	leímos	leeremos	leeríamos	leamos	**leyéramos**	leamos
	leéis	leíais	leísteis	leeréis	leeríais	leáis	**leyerais**	leed/ no leáis
	leen	leían	**leyeron**	leerán	leerían	lean	**leyeran**	lean
construir *to construct, to build*	**construyo**	construía	construí	construiré	construiría	**construya**	**construyera**	
construyendo	**construyes**	construías	construiste	construirás	construirías	**construyas**	**construyeras**	**construye**/ no **construyas**
construido	**construye**	construía	**construyó**	construirá	construiría	**construya**	**construyera**	**construyas**
	construimos	construíamos	construimos	construiremos	construiríamos	**construyamos**	**construyéramos**	**construyamos**
	construís	construíais	construisteis	construiréis	construiríais	**construyáis**	**construyerais**	construid/ no **construyáis**
	construyen	construían	**construyeron**	construirán	construirían	**construyan**	**construyeran**	**construya**

Irregular Verbs

Infinitive / Present Participle / Past Participle	Indicative Present	Imperfect	Preterit	Future	Conditional	Subjunctive Present	Imperfect	Imperative (commands)
caer *to fall* **cayendo** caído	**caigo** caes cae caemos caéis caen	caía caías caía caíamos caíais caían	caí caíste **cayó** caímos caísteis **cayeron**	caeré caerás caerá caeremos caeréis caerán	caería caerías caería caeríamos caeríais caerían	caiga caigas caiga caigamos caigáis caigan	cayera cayeras cayera cayéramos cayerais cayeran	cae/ no caigas caiga caigamos caed/ no caigáis caigan
conocer *to know, to be acquainted with* conociendo conocido	**conozco** conoces conoce conocemos conocéis conocen	conocía conocías conocía conocíamos conocíais conocían	conocí conociste conoció conocimos conocisteis conocieron	conoceré conocerás conocerá conoceremos conoceréis conocerán	conocería conocerías conocería conoceríamos conoceríais conocerían	conozca conozcas conozca conozcamos conozcáis conozcan	conociera conocieras conociera conociéramos conocierais conocieran	conoce/no conozcas conozca conozcamos conoced/no conozcáis conozcan
conducir *to drive* conduciendo conducido	**conduzco** conduces conduce conducimos conducís conducen	conducía conducías conducía conducíamos conducíais conducían	**conduje** **condujiste** **condujo** **condujimos** **condujisteis** **condujeron**	conduciré conducirás conducirá conduciremos conduciréis conducirán	conduciría conducirías conduciría conduciríamos conduciríais conducirían	conduzca conduzcas conduzca conduzcamos conduzcáis conduzcan	**condujera** **condujeras** **condujera** **condujéramos** **condujerais** **condujeran**	conduce/no conduzcas conduzca conduzcamos conducid/no conduzcáis conduzcan
dar *to give* dando dado	**doy** das da damos dais dan	daba dabas daba dábamos dabais daban	**di** **diste** **dio** **dimos** **disteis** **dieron**	daré darás dará daremos daréis darán	daría darías daría daríamos daríais darían	**dé** **des** **dé** **demos** **deis** **den**	diera dieras diera diéramos dierais dieran	da/no des **dé** demos dad/no déis den
decir *to say, to tell* **diciendo** **dicho**	**digo** **dices** **dice** decimos decís **dicen**	decía decías decía decíamos decíais decían	**dije** **dijiste** **dijo** **dijimos** **dijisteis** **dijeron**	**diré** **dirás** **dirá** **diremos** **diréis** **dirán**	**diría** **dirías** **diría** **diríamos** **diríais** **dirían**	diga digas diga digamos digáis digan	dijera dijeras dijera dijéramos dijerais dijeran	di/no digas diga digamos decid/no digáis digan

Infinitive / Present Participle / Past Participle	Present Indicative	Imperfect	Preterite	Future	Conditional	Present Subjunctive	Past Subjunctive	Commands
estar *to be* estando estado	estoy estás está estamos estáis están	estaba estabas estaba estábamos estabais estaban	estuve estuviste estuvo estuvimos estuvisteis estuvieron	estaré estarás estará estaremos estaréis estarán	estaría estarías estaría estaríamos estaríais estarían	esté estés esté estemos estéis estén	estuviera estuvieras estuviera estuviéramos estuvierais estuvieran	estés/ no estés esté estemos estad/ no estéis estén
haber *to have* habiendo habido	he has ha hemos habéis han	había habías había habíamos habíais habían	hube hubiste hubo hubimos hubisteis hubieron	habré habrás habrá habremos habréis habrán	habría habrías habría habríamos habríais habrían	haya hayas haya hayamos hayáis hayan	hubiera hubieras hubiera hubiéramos hubierais hubieran	
hacer *to do, to make* haciendo **hecho**	hago haces hace hacemos hacéis hacen	hacía hacías hacía hacíamos hacíais hacían	hice hiciste hizo hicimos hicisteis hicieron	haré harás hará haremos haréis harán	haría harías haría haríamos haríais harían	haga hagas haga hagamos hagáis hagan	hiciera hicieras hiciera hiciéramos hicierais hicieran	**haz**/ no hagas haga hagamos haced/ no hagáis hagan
ir *to go* **yendo** ido	voy vas va vamos vais van	iba ibas iba íbamos ibais iban	fui fuiste fue fuimos fuisteis fueron	iré irás irá iremos iréis irán	iría irías iría iríamos iríais irían	vaya vayas vaya vayamos vayáis vayan	fuera fueras fuera fuéramos fuerais fueran	**ve**/ no vayas vaya vayamos id/ no vayáis vayan
oír *to hear* **oyendo** **oído**	oigo oyes oye oímos oís oyen	oía oías oía oíamos oíais oían	oí oíste oyó oímos oísteis oyeron	oiré oirás oirá oiremos oiréis oirán	oiría oirías oiría oiríamos oiríais oirían	oiga oigas oiga oigamos oigáis oigan	oyera oyeras oyera oyéramos oyerais oyeran	oye/ no oigas oiga oigamos oíd/ no oigáis oigan

Infinitive Present Participle Past Participle	Indicative Present	Imperfect	Preterit	Future	Conditional	Subjunctive Present	Imperfect	Imperative (commands)
poder (ue) *to be able, can* podiendo podido	**puedo** **puedes** **puede** podemos podéis **pueden**	podía podías podía podíamos podíais podían	**pude** **pudiste** **pudo** **pudimos** **pudisteis** **pudieron**	**podré** **podrás** **podrá** **podremos** **podréis** **podrán**	**podría** **podrías** **podría** **podríamos** **podríais** **podrían**	pueda puedas pueda podamos podáis puedan	pudiera pudieras pudiera pudiéramos pudierais pudieran	
poner *to put, to place* poniendo **puesto**	**pongo** pones pone ponemos ponéis ponen	ponía ponías ponía poníamos poníais ponían	**puse** **pusiste** **puso** **pusimos** **pusisteis** **pusieron**	**pondré** **pondrás** **pondrá** **pondremos** **pondréis** **pondrán**	**pondría** **pondrías** **pondría** **pondríamos** **pondríais** **pondrían**	ponga pongas ponga pongamos pongáis pongan	pusiera pusieras pusiera pusiéramos pusierais pusieran	**pon**/ no pongas ponga pongamos poned/ no pongáis pongan
querer (ie) *to wish, to want, to love* queriendo querido	**quiero** **quieres** **quiere** queremos queréis **quieren**	quería querías quería queríamos queríais querían	**quise** **quisiste** **quiso** **quisimos** **quisisteis** **quisieron**	**querré** **querrás** **querrá** **querremos** **querréis** **querrán**	**querría** **querrías** **querría** **querríamos** **querríais** **querrían**	quiera quieras quiera queramos queráis quieran	quisiera quisieras quisiera quisiéramos quisierais quisieran	quiere/ no quieras quiera queramos quered/ no queráis quieran
saber *to know* sabiendo sabido	**sé** sabes sabe sabemos sabéis saben	sabía sabías sabía sabíamos sabíais sabían	**supe** **supiste** **supo** **supimos** **supisteis** **supieron**	**sabré** **sabrás** **sabrá** **sabremos** **sabréis** **sabrán**	**sabría** **sabrías** **sabría** **sabríamos** **sabríais** **sabrían**	**sepa** **sepas** **sepa** **sepamos** **sepáis** **sepan**	supiera supieras supiera supiéramos supierais supieran	sabe/ no sepas sepa sepamos sabed/ no sepáis sepan
salir *to leave, to go out* saliendo salido	**salgo** sales sale salimos salís salen	salía salías salía salíamos salíais salían	salí saliste salió salimos salisteis salieron	**saldré** **saldrás** **saldrá** **saldremos** **saldréis** **saldrán**	**saldría** **saldrías** **saldría** **saldríamos** **saldríais** **saldrían**	salga salgas salga salgamos salgáis salgan	saliera salieras saliera saliéramos salierais salieran	sal/ no salgas salga salgamos salid/ no salgáis salgan

Infinitive	Present	Imperfect	Preterite	Future	Conditional	Present Subjunctive	Imperfect Subjunctive	Commands
ser to be **siendo** **sido**	soy eres es somos sois son	era eras era éramos erais eran	fui fuiste fue fuimos fuisteis fueron	seré serás será seremos seréis serán	sería serías sería seríamos seríais serían	sea seas sea seamos seáis sean	fuera fueras fuera fuéramos fuerais fueran	**sé**/ no seas sea seamos sed/ no seáis sean
tener to have **teniendo** tenido	**tengo** **tienes** **tiene** tenemos tenéis **tienen**	tenía tenías tenía teníamos teníais tenían	**tuve** **tuviste** **tuvo** **tuvimos** **tuvisteis** **tuvieron**	**tendré** **tendrás** **tendrá** **tendremos** **tendréis** **tendrán**	**tendría** **tendrías** **tendría** **tendríamos** **tendríais** **tendrían**	tenga tengas tenga tengamos tengáis tengan	tuviera tuvieras tuviera tuviéramos tuvierais tuvieran	**ten**/ no tengas tenga tengamos tened/ no tengáis tengan
traer to bring **trayendo** traído	**traigo** traes trae traemos traéis traen	traía traías traía traíamos traíais traían	**traje** **trajiste** **trajo** **trajimos** **trajisteis** **trajeron**	traeré traerás traerá traeremos traeréis traerán	traería traerías traería traeríamos traeríais traerían	traiga traigas traiga traigamos traigáis traigan	trajera trajeras trajera trajéramos trajerais trajeran	trae/ no traigas traiga traigamos traed/ no traigáis traigan
venir to come **viniendo** venido (also **prevenir**)	**vengo** **vienes** **viene** venimos venís **vienen**	venía venías venía veníamos veníais venían	**vine** **viniste** **vino** **vinimos** **vinisteis** **vinieron**	**vendré** **vendrás** **vendrá** **vendremos** **vendréis** **vendrán**	**vendría** **vendrías** **vendría** **vendríamos** **vendríais** **vendrían**	venga vengas venga vengamos vengáis vengan	viniera vinieras viniera viniéramos vinierais vinieran	**ven**/ no vengas venga vengamos venid/ no vengáis vengan
ver to see **viendo** **visto**	**veo** ves ve vemos veis ven	**veía** **veías** **veía** **veíamos** **veíais** **veían**	**vi** viste **vio** vimos visteis vieron	veré verás verá veremos veréis verán	veía verías vería veríamos veríais verían	vea veas vea veamos veáis vean	viera vieras viera viéramos vierais vieran	ve/ no veas vea veamos ved/ no veáis vean

Apéndice 2: *Respuestas para las autopruebas*

Capítulo 1

I.
1. PEPITA: (Muy) Bien, gracias.
   PROFESORA: (Muy) Bien, gracias.
2. PROFESORA: ¿Cómo te llamas?
3. CARMEN: ¿Cómo estás? (¿Qué tal?)
   CARMEN: Muy bien, gracias. (Regular.)
4. PROFESORA: Mucho gusto. (Encantada.)
   CARMEN: El gusto es mío. (Igualmente.)
5. MANUEL: Me llamo Manuel.
   PEPITA: Me llamo Pepita.
   PEPITA: Igualmente.
6. CARMEN: ¿Qué hora es?
   PEPITA: Hasta luego. (Hasta pronto. Chao. Adiós.)

II.
1. Ellos son de Chile pero nosotras somos de México.
2. Tú eres de Colombia pero ustedes son de España.
3. Luis es de El Salvador pero Juan y Elena son de Honduras.

III.
1. (Los jeans cuestan) treinta y cinco dólares.
2. (El suéter cuesta) cincuenta y siete dólares.
3. (La chaqueta cuesta) setenta y dos dólares.
4. (El sombrero cuesta) veintiséis dólares.
5. (El video cuesta) quince dólares.
6. (El CD cuesta) nueve dólares.

IV.
1. Es el catorce de febrero.
2. Es el primero de abril.
3. Es el cuatro de julio.
4. Es el veintitrés de noviembre.
5. Es el veinticinco de diciembre.

V.
1. Es la una y cuarto (la una y quince) de la tarde.
2. Son las nueve y media (las nueve y treinta) de la noche.
3. Son las seis menos diez (las cinco y cincuenta) de la mañana.
4. Son las doce menos veinte (las once y cuarenta) de la noche.
5. Es (el) mediodía.

VI.
1. Me llamo...
2. Muy bien, gracias. (Regular.)
3. Sí, (No, no) soy inflexible y arrogante. Sí, (No, no) soy responsable y generoso/a.
4. Soy de...
5. Es el... de...
6. Es lunes, etc.
7. Son las... (Es la...)
8. Es a las...

VII.
1. With a light kiss on the right cheek in Argentina. With one kiss on each cheek in Spain.
2. It is the celebration of the Epiphany, on January 6th.
3. It is the day when the saint with your name is honored.

Capítulo 2

I. A.
1. el, los ejercicios
2. la, las lecciones
3. la, las páginas
4. el, los Capítulos

B. un, una, un, una, unas, una, unos

II.
1. Voy a la cafetería (al centro estudiantil).
2. Vamos al laboratorio (a la residencia estudiantil/al cuarto).
3. Vamos al gimnasio.
4. Van a la oficina del profesor.
5. Vas a la librería.
6. Va al cuarto (a la residencia estudiantil/a casa/al apartamento).

III.
1. Compro...
2. Llegan...
3. ¿Estudias...?
4. ¿Trabaja...?

5. Usamos...
6. Escucha...

IV.
1. Asistimos... aprendemos...
2. Vivo... estudio...
3. Comen... toman...
4. Leemos... escribimos...
5. Imprimes... usas...
6. Hago... salgo...

V.
1. Sí, (No, no voy) a clases todos los días.
2. Mi primera clase es a la (las)...
3. Hay... estudiantes en la clase de español.
4. Sí, (No, no) hay (mucha) tarea todas las noches.
5. Sí, (No, no) escribimos en el *Cuaderno de ejercicios* todas las noches.
6. Voy a la librería. Voy al laboratorio (al centro de computadoras).
7. Voy a...
8. Ceno a las...
9. Como en casa (en la cafetería/en mi apartamento/en un restaurante).

VI.
1. Most universities in Spanish-speaking countries are public and financed by the government so students only have to pay for their books and supplies. Programs of study are very rigid and specialized.
2. It is a small tree frog found in Puerto Rico and a symbol of the country.

Capítulo 3

I.
1. tengo
2. tiene
3. tienen
4. tenemos
5. tienes

II.
1. Tengo mis fotos.
2. ¿Tienes tus libros?
3. Tiene su diccionario.
4. Tenemos nuestro televisor.
5. ¿Tienen (ustedes) sus calculadoras?

III.
1. Es la foto de Marta.
2. Son los cuadernos de José.
3. Son los exámenes de los estudiantes.

IV.
1. soy, son perezosos
2. son, es bajo
3. somos, somos... simpáticos
4. es, son difíciles

V.
1. Están en la librería.
2. Estamos en el gimnasio.
3. Estoy en la cafetería (en el centro estudiantil).
4. Está en la oficina de la profesora Falcón.

VI.
1. Estoy nervioso/a (preocupado/a).
2. Están (muy) ocupados.
3. Está (muy) enfermo.
4. Estamos contentos/as.

VII.
1. Tengo... años.
2. Mi madre es simpática, etc. o Mi padre es alto, etc.
3. Mis amigos/as son simpáticos/as, etc.
4. Mis amigos/as están bien (contentos/as), etc.
5. Sí, estamos preocupados/as por nuestras notas en la clase de... o No, no estamos preocupados/as por nuestras notas.
6. Tenemos clases los lunes, etc.
7. Nuestras clases son difíciles, etc.

VIII.
1. Traditional families have more children and the family includes grandparents (often they live with their children and grandchildren) uncles, cousins, etc.
2. Approximately 15% of the population in the USA is Hispanic. Most of them live in California, Texas, New York, and Florida.

Capítulo 4

I.
1. ¿A tus padres les gusta tomar café? Sí, (No, no) les gusta tomar café.
2. ¿A ustedes les gusta la comida italiana? Sí, (No, no) nos gusta la comida italiana.
3. ¿A ustedes les gusta desayunar temprano? Sí, (No, no) nos gusta desayunar temprano.
4. ¿A tu abuela le gustan los postres? Sí, (No, no) le gustan los postres.
5. ¿A ti te gustan los frijoles negros? Sí, (No, no) me gustan los frijoles negros.

II.
1. ¿Pueden cocinar? Sí, (No, no) podemos cocinar.
2. ¿Quieren ir al supermercado? Sí, (No, no) queremos ir al supermercado.
3. ¿Almuerzan a las doce todos los días? Sí, (No, no) almorzamos a las doce todos los días.
4. ¿Prefieren cenar en un restaurante o en la cafetería? Preferimos cenar en un restaurante (en la cafetería).
5. ¿Normalmente piden postres en los restaurantes? Sí, normalmente pedimos postres en los restaurantes. o No, normalmente no pedimos...

III. A.
1. Dos cuestan doscientos cincuenta dólares.
2. Dos cuestan trescientos cuarenta dólares.
3. Dos cuestan novecientos dólares.
4. Dos cuestan dos mil ochocientos dólares.
5. Dos cuestan mil quinientos dólares.
6. Dos cuestan cincuenta mil dólares.

B.
1. mil cuatrocientos noventa y dos
2. mil quinientos ochenta y ocho
3. mil setecientos setenta y seis
4. mil novecientos ochenta y nueve
5. dos mil uno

IV.
1. ¿Qué bebe? o ¿Por qué no bebe vino?
2. ¿Cuál es su fruta favorita?
3. ¿Cuándo trabaja? o ¿Qué hace por la mañana?
4. ¿De dónde es?
5. ¿Cuántos años tiene?
6. ¿Dónde vive?
7. ¿Adónde va? o ¿Cuándo va?
8. ¿Cómo está?

V.
1. Como huevos, etc.
2. Mi postre favorito es el helado, etc.
3. Me gustan más las manzanas, etc.
4. Quiero cenar en...
5. Generalmente duermo... horas.
6. Sí, (No, no) podemos estudiar toda la noche sin dormir.

VI.
1. (*Answers may vary.*)
2. A Mexican tortilla is a thin corn or flour bread, while Spanish tortilla is an omelet typically made with potato, onion and eggs.
3. Oil, tourism, and money sent back by emigrants. There is also developing industry and trade in the areas near the U.S. border.

Capítulo 5

I.
MARTA: Sabes
PABLO: sé, conozco
MARTA: Sabes
PABLO: sé, conozco

II.
1. Tú vienes a clase todos los días. Yo vengo...
2. Nosotros decimos "hola" a los estudiantes al entrar en la clase. Yo digo "hola"...
3. Ellas traen la tarea a clase. Yo traigo...
4. Ana pone la tarea en el escritorio del profesor. Yo pongo...
5. Nosotros sabemos todo el vocabulario. Yo sé...
6. Ustedes hacen preguntas en clase. Yo hago...
7. Ella no sale de clase temprano. Yo no salgo...

III.
1. Marta va a jugar al tenis.
2. Luisa y Alberto van a montar en bicicleta.
3. Voy a ver un partido de fútbol.
4. Vas a preparar la paella.
5. Vamos a ir a la playa.

IV.
1. Está nevando.
2. El niño está durmiendo.
3. Estoy leyendo una novela.
4. Estamos viendo la tele.
5. Mis hermanos están preparando la cena.

V. es, Es, está, Es, es, está

VI. (*Answers may vary.*)
1. Estoy escribiendo los ejercicios de la *Autoprueba*.
2. Voy a estudiar, etc.
3. Hago tarea para la clase de..., salgo con mis amigos, etc.
4. Tengo que estudiar, etc.
5. Tengo ganas de dormir, etc.
6. Conozco muy bien a...
7. Traigo mis libros, etc.
8. Mi estación favorita es la primavera (el verano, etc.) porque...
9. Hace calor (buen tiempo/frío/viento/etc.).

VII.
1. In Caribbean countries baseball is more popular than soccer.
2. The story of a family during Rafael Trujillo's dictatorship in the Dominican Republic.
3. The islands' African heritage is present in the racial makeup of their inhabitants. There is also African influence in the music and dance of Dominicans and Cubans.

Capítulo 6

I.
1. Mi compañero/a de cuarto se despierta.
2. Me levanto.
3. Te bañas.
4. Pepita se cepilla los dientes.
5. Nos ponemos suéteres porque hace frío.
6. Octavio y Manual se visten.

II.
1. Mis padres se gustaron inmediatamente.
2. Mis padres se dieron los números de teléfono ese mismo día.
3. Mis padres se ven todos los días.
4. Mis padres, aún hoy, después de 25 años, se quieren mucho.

III. A.
1. Me duché.
2. Pepita se peinó.
3. Te lavaste la cara.
4. Nos afeitamos.
5. Ellos se cepillaron los dientes.

B.
1. Llegué al trabajo a las nueve.
2. Dos colegas leyeron las noticias del día.
3. Mi colega y yo mandamos un mensaje...
4. Escribiste un memo muy importante.
5. Fuimos a un restaurante chino para almorzar.
6. En la tarde, mi colega llamó a varios de nuestros clientes.
7. Ella resolvió un problema serio.
8. Salimos del trabajo a las cinco de la tarde.

IV. A. 1. Pues, Camila va a invitarme. *o* Camila me va a invitar.
2. Pues, Camila va a invitarnos. *o* Camila nos va a invitar.
3. Pues, Camila va a invitarlos/las. *o* Camila los/las va a invitar.
4. Pues, Camila va a invitarlas. *o* Camila las va a invitar.
5. Pues, Camila va a invitarlos. *o* Camila los va a invitar.
6. Pues, Camila va a invitarla. *o* Camila la va a invitar.
7. Pues, Camila va a invitarte. *o* Camila te va a invitar.

B. 1. Sí, (No, no) quiero verlos/las. *o* Sí, (No, no) los/las quiero ver.
2. Sí, (No, no) voy a llamarlos. *o* Sí, (No, no) los voy a llamar.
3. Sí, (No, no) estoy haciéndola ahora. *o* Sí, (No, no) la estoy haciendo ahora.
4. Sí, (No, no) los completé.
5. Sí, (No, no) voy a estudiarlo. *o* Sí, (No, no) lo voy a estudiar.

V. 1. Por la mañana después de levantarme, me ducho, etc.
2. Antes de acostarme, me cepillo los dientes, etc.
3. Ayer fui a... También...
4. El fin de semana pasado...
5. Sí, lo/ la llamé. Hablamos de... *o* No, no lo/ la llamé.

VI. 1. Posibles respuestas: Los árabes vivieron en España durante casi 800 años y dejaron huella en muchos aspectos de la cultura española. Hubo una dictadura durante 40 años. Tiene un rey, Juan Carlos I.
2. Posibles respuestas: España pertenece a la Unión Europea. La divisa española es el euro. Los Juegos Olímpicos de 1992 fueron en Barcelona. España se compone de diferentes regiones con su propia identidad cultural. Hay cuatro lenguas oficiales en España.
3. Los azulejos son baldosas de cerámica, traídas originalmente por los árabes cuando se asentaron en la península.

Capítulo 7

I. 1. La gente está dentro del cine (en el cine).
2. La iglesia está detrás del banco.
3. La estatua está cerca del centro de la ciudad.
4. En el quiosco, las revistas están encima de los periódicos.

II. 1. conmigo
2. contigo
3. ellos/ ellas
4. nosotros

III. A. 1. Voy a visitar esa iglesia.
2. Voy a visitar este museo.
3. Quiero ver estas obras de arte.
4. Queremos ver aquellos rascacielos.

B. 1. No, prefiero ésas (aquéllas).
2. No, prefiero ésos (aquéllos).
3. No, prefiero ése (aquél).
4. No, prefiero ésa (aquélla).

IV. 1. Carlos y Felipe, ¿pidieron ustedes ayuda a un tutor? Sí, (No, no) la pedimos.
2. Alberto, ¿durmió usted bien después de volver del centro? Sí, (No, no) dormí bien después de volver del centro.
3. Linda y Celia, ¿hicieron ustedes algo interesante en el centro? Sí, hicimos algo interesante. *o* No, no hicimos nada interesante.
4. Linda y Celia, ¿se divirtieron ustedes? Sí, (No, no) nos divertimos.
5. Sr. Sancho, ¿prefirió el director de la escuela la ópera o el ballet? El director de la escuela prefirió la ópera (el ballet).

V. 1. A mí me dio unos CD de rock argentino.
2. A mi hermana le regaló un DVD para aprender a bailar tango.
3. A mis hermanos les compró camisetas de la selección argentina de fútbol.
4. A nosotros nos mandó muchas tarjetas postales desde lugares diferentes.
5. A ti te prestó su cámara.

VI. 1. Los bancos abren a las... de la mañana. Los almacenes abren a las...
2. Sí, gasté mucho dinero en restaurantes el mes pasado. Pedí... *o* No, no gasté...
3. Pedimos...
4. Sí, fuimos al centro para... *o* No, no fuimos al centro...
5. Dormí... horas.
6. Anoche estudié, etc. *o* No hice nada anoche.
7. El fin de semana pasado fuimos..., etc. *o* No hicimos nada.
8. Sí, le di la tarea al profesor. *o* No, no le di la tarea al profesor.

VII. 1. Argentina, Chile
2. Los grupos europeos más numerosos que emigraron a Buenos Aires fueron grupos españoles, italianos, alemanes y armenios.
3. Salvador Allende (primer presidente socialista de Chile), Pinochet (dictador chileno), Juan Perón (dictador argentino), los mapuches (grupo indígena de Chile), Benito Quinquela Martín (pintor argentino), los gauchos (rancheros argentinos), Jorge Luis Borges (escritor argentino), Gabriela Mistral (Premio Nóbel de Literatura)

Capítulo 8

I. A. 1. El abrigo es mío. Las botas son mías. Los guantes son míos. La gorra es mía.
2. La ropa interior es nuestra. Los jeans son nuestros. Las corbatas son nuestras.
3. La blusa es tuya. El vestido es tuyo. La camiseta es tuya. Las medias son tuyas.
4. La ropa de verano es suya. Las faldas son suyas. Los trajes de baño son suyos.

B. 1. Mi primo va con unos amigos suyos.
2. Viviana va con un amigo suyo.
3. Mi hermana y yo vamos con un amigo nuestro.
4. Voy con unos amigos míos.

II. 1. Natalia y Linda trajeron las decoraciones.
2. Pusimos las flores en la mesa.
3. Javier quiso venir pero no pudo.
4. Casi todos los estudiantes vinieron.
5. Estuviste en la fiesta por cuatro horas.
6. Tuve que salir temprano.

III. 1. Se lo regalamos.
2. Se la regaló.
3. Se las regalaron.
4. Se la regalé.
5. Nos lo regaló.

IV. 1. No, no le presto la ropa a nadie.
2. No, yo tampoco me visto muy formal para ir a clase.
3. No, no hay nadie elegante en la clase de español.
4. No, no me pongo nada especial cuando salgo los fines de semana.

V. 1. Las mujeres llevan vestido, etc. Los hombres llevan chaqueta y corbata, etc.
2. Debo llevar mi abrigo, mis suéteres, etc. a Alaska. Debo llevar mi traje de baño, mis pantalones cortos, etc. a la Florida.
3. Sí, fui de compras el fin de semana pasado a Sears. Compré zapatos de tenis, etc. *o* No, no fui de compras...
4. Estuve en casa (en una fiesta, etc.). Estudié, etc.
5. Traje mis libros, etc.

VI. 1. Los tres están situados en el corazón de los Andes. Forman parte del antiguo imperio inca llamado Tahuantinsuyo. La zona está caracterizada por espectaculares picos nevados e impresionantes volcanes.
2. Muchos indígenas todavía llevan la ropa tradicional andina: sarapes, ponchos y sombreros hechos de lana de alpaca.

Capítulo 9

I.
1. Tráiganmelos./No me los traigan.
2. Examínela./No la examine.
3. Descanse más./No descanse más.
4. Estudie las palabras./No estudie las palabras.
5. Lea el libro./No lea el libro.

II.
1. Mis hermanos y yo éramos niños muy buenos.
2. Íbamos a una escuela pequeña.
3. (Yo) Escuchaba a mis maestras.
4. José jugaba al voleibol durante el recreo.
5. Ana y Tere veían la tele por la tarde.
6. Comías galletas todos los días.

III.
1. llamó, habló
2. explicó, estaba
3. preguntó, tenía
4. explicó, dolía, tenía
5. quería, estaba
6. contestó
7. dijo, podía
8. aceptó, dio
9. se sentía, se durmió

IV.
1. La última vez que fui al medico tenía fiebre (*dolor de cabeza, ect.*).
2. En la escuela primaria mi maestro/a preferido/a era (*nombre*). Era muy simpático/a, inteligente,...
3. Mi primera clase en la universidad fue difícil (*divertida, interesante, ect.*). Fue de biología (*matemáticas, literatura, ect.*). El profesor se llamaba (*nombre*).
4. Mi primer día en la universidad fue importante (*complicado, aburrido, ect.*). Fui a clase y conocí a mis compañeros. Fui a la oficina del profesor. Me sentí feliz (*triste, preocupado, ect.*).

V.
1. Frontera con Colombia: Ecuador, Brasil, Panamá, Perú, Venezuela; Frontera con Venezuela: Colombia, Brasil, Guyana.
2. Venezuela significa "pequeña Venecia" porque en el año 1500 los españoles encontraron allí a los indios guajiros, que vivían en chozas suspendidas sobre unas islas muy pequeñas en el Lago Maracaibo.
3. Posibles respuestas de remedios caseros: limonada caliente con ron, whisky o miel para los resfriados o la gripe; hervir clavos de olor en agua para los orzuelos; dorar un ajo al fuego y aplicar al oído con un algodón para el dolor de oídos; asustar, poner jugo de limón en la lengua, poner un hilo rojo en la frente para el hipo; té de flores de naranjo, té de tilo para el nerviosismo; poner los pies en agua de sal tibia para el dolor de pies.
4. Gabriel García Márquez es un autor y periodista colombiano que ganó el Premio Nóbel de Literatura en 1982.

Capítulo 10

I.
1. Beatriz, ¡haz la cama!
2. María, ¡pasa la aspiradora!
3. Luis, ¡devuelve los libros!
4. Laila, ¡pon la mesa!
5. Juanito, ¡saca la basura!

II.
1. No prendas el estéreo, por favor.
2. No uses mi computadora, por favor.
3. No toques mis cosas, por favor.
4. No me digas mentiras, por favor.
5. No te preocupes, por favor.

III.
1. La abuela ha trabajado en el jardín.
2. Todos hemos lavado y secado la ropa.
3. Papá ha limpiado el garaje.
4. Mi hermana ha salido dos veces a bailar.

IV.
1. Había apagado la computadora.
2. Habías imprimido tu trabajo escrito.
3. Habíamos hecho la tarea para la clase de español.
4. Linda y Teresa habían leído la novela para la clase de inglés.

V.
1. Los profesores son tan simpáticos como los estudiantes. *o* Los estudiantes son tan simpáticos como los profesores.
2. Susana tiene tanta paciencia como Ana. *o* Ana tiene tanta paciencia como Susana.
3. Su hermano compró tantos libros como Alberto. *o* Alberto compró tantos libros como su hermano.

VI. A.
1. El reloj Rolex es más caro que el reloj Timex. *o* El reloj Timex es menos caro que el reloj Rolex.
2. Ir de vacaciones a la playa es mejor que ir de vacaciones a las montañas. *o* Ir de vacaciones a las montañas es mejor que ir de vacaciones a la playa.
3. Limpiar la casa es menos divertido que ver la tele. *o* Ver la tele es más divertido que limpiar la casa.

B.
1. Bill Gates es el hombre más rico de los tres.
2. El Honda (el Ford/el Subaru) es el mejor coche de los tres.
3. La revista *National Geographic* (*Newsweek/Movie Line*) es la más interesante de las tres. *o* *National Geographic* (*Newsweek/Movie Line*) es la revista más interesante de las tres.

VII.
1. Mi casa/apartamento es grande, luminoso y bonito (*pequeño, barato, ect.*).
2. Tengo tantas clases como mi mejor amigo/a. *o* Tengo más/menos clases que mi mejor amigo/a. Yo estudio más/menos que él/ella. *o* Yo estudio tanto como él/ella.
3. La mejor película que he visto últimamente se llama (*nombre*). La película más cómica que he visto últimamente se llama (*nombre*).

VIII.
1. La población de Paraguay es diversa (inmigrantes europeos y 25 tribus indígenas; el 95% de la población es de origen mestizo), mientras que la población de Uruguay es uniforme (casi un 90% desciende de inmigrantes europeos).
2. Cristina Peri Rossi es una escritora uruguaya.
3. El patio es un elemento representativo de muchas casas hispanas y tiene varias funciones importantes, como recibir visitas o dar una pequeña fiesta.

Capítulo 11

I.
1. Quiere que estudiemos más. Quiere que Ana y Linda estudien más.
2. Quiere que Esteban haga la tarea. Quiere que hagamos la tarea.
3. Quiere que Juan vuelva pronto. Quiere que volvamos pronto.
4. Quiere que me divierta en clase. Quiere que nos divirtamos en clase.
5. Quiere que los estudiantes sean puntuales. Quiere que seas puntual.
6. Quiere que (yo) vaya a la biblioteca. Quiere que todos los estudiantes vayan a la biblioteca.

II.
1. Es mejor que vayan durante el invierno.
2. Les recomiendo que exploren las playas remotas.
3. Deseo que se diviertan mucho durante su visita a San Juan.
4. Les sugiero que visiten el bosque pluvial.
5. Es importante que hablen en español todo el tiempo.
6. Les pido a todos que me compren un regalo.

III.
1. Me alegro de que tengamos una cita esta noche.
2. Me gusta que me lleve a un buen restaurante.
3. Temo que llegue un poco tarde.
4. Es increíble que quiera salir conmigo.
5. Espero que no se olvide de la cita.
6. Ojalá que podamos comunicarnos bien.

IV.

A.
1. Lidia romperá con su novio.
2. Yo saldré con más frecuencia.
3. Nosotros visitaremos algunos países hispanos.
4. Tú tendrás nuevos amigos.
5. Jorge y Tomás viajarán a Panamá.

B.
1. Yo eliminaría las clases los viernes.
2. Pedro abriría el centro estudiantil las 24 horas.
3. Tú pondrías un límite de tres clases por estudiante por semestre.
4. Linda y Martina hablarían con el decano todas las semanas.
5. Nosotros haríamos cambios en la biblioteca y en la cafetería.

V.
1. La etapa que me parece más interesante es la infancia (la adolescencia, la vejez, ect.) porque...La etapa que me parece menos interesante es.... porque... Normalmente, la gente en esas etapas...
2. Me llevo muy bien con mi mejor amigo (hermano/a, primo/a, novio/a, ect.). De estas personas, me gusta...
3. Sí, hago muchas llamadas de larga distancia. o No, no hago muchas llamadas de larga distancia. Uso un teléfono celular (público, de casa, ect.). Llamo a mi familia (a mi novio/a, a mi amigo/a, ect.). Hablo de...
4. Quiero que mis amigos.... No quiero que mis amigos...
5. Prefiero que la persona con quien vivo (mi compañero/a de piso, mi familia, ect.)... Prefiero que la persona con quien vivo no...
6. Me molesta que mis profesores.... Me gusta que mis profesores... Espero que... Quiero que...

VI.
1. Las dos monedas oficiales de Panamá son el dólar estadounidense y el balboa panameño.
2. El Canal de Panamá es el mayor canal navegable del continente con 82.6 kilómetros (50 millas) de largo. Su construcción comenzó en 1902. En 1999 los EE.UU. le entregaron el canal a los panameños.
3. Los "sombreros de Panamá" se fabrican en Ecuador.

Capítulo 12

I.
1. Trabajé para poder ir a Costa Rica.
2. Salí para Costa Rica el 6 de agosto.
3. Estuve allí por un mes.
4. Viajé por todo el país.
5. Compré un libro sobre los bosques nubosos para mi madre.
6. Lo compré por tres mil colones.

II. A. 1. No creo que ustedes encuentren el remo.

2. Es posible que el guía no sepa hablar español.
3. Dudo que los kayaks lleguen a tiempo.
4. No estoy seguro/a de que estemos remando bien.
5. No creo que puedas ir con nosotros.

B.
1. Pienso que cuesta más de doscientos dólares.
2. No creo que haya un problema serio.
3. Dudo que sea muy larga.
4. Es probable que sean buenos.
5. Estoy seguro/a de que vienen con nosotros.

III.
1. En Centroamérica se come gallopinto.
2. En Argentina se baila tango.
3. En México se hablan muchas lenguas indígenas.
4. En Puerto Rico se baila bomba.
5. En Cuba se producen muchas frutas tropicales.
6. En Centroamérica se cultiva café de gran calidad.

IV.
1. Me interesan más...
2. No creo que pueda pasar unas buenas vacaciones en... porque...
3. Sí, he viajado mucho. o No, no he viajado mucho. He viajado a... Fui a... para... Quiero ir a... Es posible que en el futuro vaya a...
4. Sí, creo que estamos haciendo suficiente para proteger el medio ambiente. o No, no creo que estemos haciendo suficiente para proteger el medio ambiente. Es importante que...
5. Creo que en 10 años la situación del medio ambiente será... Es probable que... Es posible que... Es imposible que...

V.
1. Los ticos son personas costarricenses de ascendencia española. También se usa "ticos" para describir a los costarricenses. Se dice que esta palabra viene del diminutivo y que se usa porque las personas en Costa Rica suelen usar mucho el diminutivo.
2. El "ecoturismo" se practica mucho en Costa Rica. Es el turismo a áreas naturales en las que se conserva el medio ambiente a la vez que se apoya a los residentes locales.
3. • Las esferas de piedra constituyen un misterio arqueológico de Costa Rica. Se han encontrado más de 300 en el país. Sus medidas varían desde algunos centímetros hasta los 2 metros de diámetro. Hoy en día se usan como decoraciones en edificios de gobierno, hospitales y escuelas, y también como símbolo de estatus en las casas de algunas personas ricas y poderosas.
   • Irazú es uno de los cuatro volcanes que rodean a San José. En ocasiones está activo. Mide 3,432 metros de altura y desde él se pueden ver las costas del océano Pacífico y el mar Caribe al mismo tiempo.
   • "La negrita" es el apodo con el que se conoce a la santa patrona de Costa Rica, la Virgen de Los Ángeles, debido al color de su piel.
4. La pupusa es el plato nacional de El Salvador. Son dos tortillas de maíz rellenas de carne, frijoles y, a veces, queso.
5. Es un grupo étnico que llegó a Honduras en el siglo XVIII huyendo de la esclavitud en las colonias inglesas del Caribe. Viven en la costa caribeña de Honduras.
6. Es una forma distinta de conjugar los verbos, empleando la forma *vos* en vez de *tú*. El vos se usa de diferentes maneras en varios países, y está presente en Honduras, Nicaragua, Argentina, Chile y Uruguay.

Países

Afganistán (el) – afgano/a
Albania – albanés, albanesa

Alemania – alemán, alemana
Andorra – andorrano/a
Angola – angoleño/a
Antigua y Barbuda – antiguano/a
Arabia Saudí o Arabia Saudita – saudí
Argelia – argelino/a
Argentina (la) – argentino/a
Armenia – armenio/a
Australia – australiano/a
Austria – austriaco/a
Azerbaiyán – azerbaiyano/a

Bahamas (las) – bahameño/a
Bahréin – bahreiní
Bangladesh – bengalí
Barbados – barbadense
Bélgica – belga
Belice – beliceño/a
Benín – beninés, beninesa
Bielorrusia – bielorruso/a
Bolivia – boliviano/a
Bosnia-Herzegovina – bosnio/a
Botsuana – bostuano/a
Brasil (el) – brasileño/a
Brunéi Darussalam – bruneano/a
Bulgaria – búlgaro/a
Burkina Faso – burkinés, burkinesa
Burundi – burundés, burundesa
Bután – butanés, butanesa

Cabo Verde – caboverdiano/a
Camboya – camboyano/a
Camerún (el) – camerunés, camerunesa
Canadá (el) – canadiense
Chad – (el) – chadiano/a
Chile – chileno/a
China – chino/a
Chipre – chipriota
Ciudad del Vaticano – vaticano/a
Colombia – colombiano/a
Comoras – comorense/a
Congo (el) – congoleño/a
Corea del Norte – norcoreano/a
Corea del Sur – surcoreano/a
Costa Rica – costarricense
Costa de Marfil – marfileño/a
Croacia – croata
Cuba – cubano/a

Dinamarca – danés, danesa
Dominica – dominiqués/dominiquesa

Ecuador (el) – ecuatoriano/a
Egipto – egipcio/a
Emiratos Árabes Unidos (los) – emiratense
Eritrea – eritreo/a

Eslovaquia – eslovaco/a
Eslovenia – esloveno/a
España – español/a
Estados Unidos de América (los) – estadounidense
Estonia – estonio/a
Etiopía – etíope

Filipinas – filipino/a
Finlandia – finlandés, finlandesa
Francia – francés, francesa
Fiyi – fiyiano/a

Gabón (el) – gabonés, gabonesa
Gambia – gambiano/a
Georgia – georgiano/a
Ghana – ghanés, ghanesa
Granada – granadino/a
Grecia – griego/a
Guatemala – guatemalteco/a
Guinea – guineano/a
Guinea-Bissáu – guineano/a
Guinea Ecuatorial (la) – guineano, ecuatoguineano/a
Guyana – guyanés, guyanesa

Haití – haitiano/a
Honduras – hondureño/a
Hungría – húngaro/a

India (la) – indio/a
Indonesia – indonesio/a
Irán – iraní
Iraq – iraquí
Irlanda – irlandés, irlandesa
Islandia – islandés, islandesa
Islas Cook (las) – cookiano/a
Islas Marshall (las) – marshalés, marshalesa
Islas Salomón (las) – salomonense
Israel – israelí
Italia – italiano/a

Jamaica – jamaicano/a
Japón (el) – japonés, japonesa
Jordania – jordano/a

Kazajstán – kazako/a
Kenia – keniata
Kirguistán – kirguís
Kiribati – kiribatiano/a
Kuwait – kuwaití

Laos – laosiano/a
Lesotho – lesothense
Letonia – letón, letona
Líbano (el) – libanés, libanesa
Liberia – liberiano/a
Libia – libio/a
Liechtenstein – liechtensteiniano/a
Lituania – lituano/a
Luxemburgo – luxemburgués, luxemburguesa

Macedonia – macedonio/a
Madagascar – malgache
Malasia – malayo/a

Malawi – malawiano/a
Maldivas – maldivo/a
Malí – malí
Malta – maltés, maltesa
Marruecos – marroquí
Mauricio – mauriciano/a
Mauritania – mauritano
México – mexicano/a
Micronesia – micronesio/a
Moldavia – moldavo/a
Mónaco – monegasco/a
Mongolia – mongol/a
Montenegro – montenegrino/a
Mozambique – mozambiqueño/a
Myanmar – birmano/a

Namibia – namibio/a
Nauru – nauruano/a
Nepal – nepalés, nepalesa
Nicaragua – nicaragüense
Níger – nigerino/a
Nigeria – nigeriano/a
Noruega – noruego/a
Nueva Zelanda o Nueva Zelandia – neozelandés, neozelandesa

Omán – omaní

Países Bajos (los) – neerlandés, neerlandesa
Pakistán (el) – pakistaní
Paláu – palauano/a
Panamá – panameño/a
Papúa Nueva Guinea – papú
Paraguay (el) – paraguayo/a
Perú (el) – peruano/a
Polonia – polaco/a
Portugal – portugués, portuguesa
Puerto Rico – puertorriqueño/a

Qatar – catarí

Reino Unido – británico/a
República Centroafricana (la) – centroafricano/a
República Checa (la) – checo/a
República Democrática del Congo (la) – congoleño/a
República Dominicana (la) – dominicano/a
Ruanda – ruandés, ruandesa
Rumania o Rumanía – rumano/a
Rusia – ruso/a

Salvador (el) – salvadoreño/a
Samoa – samoano/a
San Cristóbal y Nieves – sancristobaleño/a
San Marino – sanmarinense
Santa Lucía – santalucense
Santo Tomé y Príncipe – santotomense/a
San Vicente y las Granadinas – sanvicentino/a
Senegal (el) – senegalés, senegalesa
Serbia – serbio/a
Seychelles – seychellense
Sierra Leona – sierraleonés, sierraleonesa
Singapur – singapurense
Siria – sirio/a

Somalia – somalí
Sri Lanka cingalés, cingalesa
Suazilandia – suazi
Sudáfrica – sudafricano/a
Sudán (el) – sudanés, sudanesa
Suecia – sueco/a
Suiza – suizo/a
Surinam – surimanés, surimanesa

Tailandia – tailandés, tailandesa
Tanzania – tanzaniano/a
Tayikistán – tayiko/a
Togo (el) – togolés, togolesa
Tonga – tongano/a
Trinidad y Tobago – trinitense
Túnez – tunecino/a
Turkmenistán – turcomano/a
Turquía – turco/a
Tuvalu – tuvaluano/a

Ucrania – ucraniano/a
Uganda – ugandés, ugandesa
Uruguay (el) – uruguayo/a
Uzbekistán – uzbeko/a

Vanuatu – vanuatuense
Vaticano – vaticano/a
Venezuela – venezolano/a
Vietnam – vietnamita

Yemen (el) – yemení
Yibuti – yibutano/a

Zambia – zambiano/a
Zimbabue – zimbabuense

Más profesiones

actor   *actor m*
actress   *actriz f*
administrator   *administrador/a*
ambassador   *embajador/a*
anchorperson   *presentador/a (de radio y televisión)*
artist   *artista m/f*
astrologer   *astrólogo/a*
astronaut   *astronauta m/f*
astronomer   *astrónomo/a*
baker   *panadero/a*
barber   *barbero m*
bodyguard   *guardaespaldas m/f*
bricklayer   *albañil m*
butler   *mayordomo m*
captain   *capitán/a*
carpenter   *carpintero/a*
cartographer   *cartógrafo/a*
chauffeur   *chofer*
consultant, advisor   *consejero/a (en asuntos técnicos)*
cook   *cocinero/a*
counselor   *consejero/a (en asuntos personales)*
dancer   *bailarín m/ f*
dentist   *dentista m/f*

designer   diseñador/a
diplomat   diplomático/a
dishwasher   lavaplatos
electrician   electricista m/f
engineer   ingeniero/a
farmer   agricultor/a
firefighter   bombero/a
fisherman, fisherwoman   pescador/a
flight attendant   azafata f, sobrecargo m/f
florist   florista m/f
flower grower   floricultor/a
foreman, forewoman   capataz/a
forest ranger   guardabosque m/f
gardener   jardinero/a
geographer   geógrafo/a
geologist   geólogo/a
governor   gobernador/a
hairdresser   peluquero/a
historian   historiador/a
janitor   conserje m/f
jeweler   joyero/a
journalist   periodista m/f
judge   juez m/f
laborer, worker   obrero/a
librarian   bibliotecario/a
maid   sirvienta f
make-up artist   maquillador/a
male nurse, nurse   enfermero/a
manager   gerente m/f
manufacturer   fabricante m
masseur, masseuse   masajista m/f
mathematician   matemático/a
mayor, mayoress   alcalde/sa
mechanic   mecánico/a
miner   minero/a
minister   ministro/a
musician   músico/a
notary (public)   notario/a
novelist   novelista m/f
office worker   oficinista m/f
painter   pintor/a
parking attendant   guardacoches m/f
pastry cook   pastelero/a
philosopher   filósofo/a
photographer   fotográfo/a
pianist   pianista m/f
pilot   piloto m/f
playwright, dramatist   dramaturgo/a
plumber   plomero, fontanero m
poet, female poet   poeta/isa
police superintendent   comisario/a
policeman, policewoman   policía m/f
politician   político/a
priest   sacerdote m
psychiatrist   psiquiatra m/f
psychologist   psicólogo/a
radio announcer   locutor/a
real estate agent   agente de bienes raíces
   m/f

sailor   marinero/a
sculptor, sculptress   escultor/a
shopkeeper   tendero/a
singer   cantante m/f
soldier   soldado/mujer soldado
tailor   sastre/a
technician   técnico/a
teller   cajero/a (en banco)
tour guide   guía m/f turístico
tradesman, tradeswoman   comerciante m/f
translator   traductor/a
truck driver   camionero/a
veterinarian   veterinario/a
warder, jailer   carcelero/a
wrestler   luchador/a
writer   escritor/a

Otras materias académicas

anatomy   anatomía
anthropology   antropología
architecture   arquitectura
Arabic (language)   árabe
astronomy   astronomía
biochemistry   bioquímica
botany   botánica
business administration   administración
   de empresas
Chinese (language)   chino
civil engineering   ingeniería civil
computer science   computación
creative writing   escritura creativa
dramatic arts   teatro, artes dramáticas
drawing   dibujo
electrical engineering   ingeniería
   eléctrica
film   cine
finance   finanzas
genetics   genética
geography   geografía
geology   geología
geometry   geometría
gymnastics   gimástica
Hebrew (language)   hebreo
industrial engineering   ingeniería
   industrial
Italian (language)   italiano
Japanese (language)   japonés
journalism   periodismo
jurisprudence   derecho
Latin (language)   latin
law   derecho
linguistics   lingüística
mechanical engineering   ingeniería
   mecánica
microbiology   microbiología
nursing   enfermería
nutrition   nutrición

obstetrics   obstetricia
painting   pintura
pharmacology   farmacología
philology   filología
physical education   educación física
physiology   fisiología
Russian (language)   ruso
sculpture   escultura
social work   trabajo social
statistics   estadística
swimming   natación
theology   teología
zoology   zoología

Vocabulario: *Spanish–English*

A

a at, to 2
a veces sometimes 2
abierto/a open 3
abogado/a *m/f* lawyer 6
abra la boca open your mouth 9
abrazar to hug 3
abrigo *m* coat 8
abril April 1
abrir to open 7
abuela *f* grandmother 3
abuelo *m* grandfather 3
abuelos *m, pl.* grandparents 3
aburrido/a bored 3; boring 3
acampar to camp 12
aceite *m* oil 4
aceituna *f* olive 4
aconsejar to advise 11
acordarse (ue) de to remember 11
acostarse (ue) to go to bed 6
adiós good-bye 1
adolescencia adolescence 10
adolescentes *m, pl.* adolescents 10
¿adónde? (to) where? 2
adultos *m, pl.* adults 11
afeitarse to shave 6
afiche *m,* poster 10
agosto August 1
agua *f (but el agua)* water 4
ahora now 2
ahorrar to save (money) 7
aire libre *m* outdoors 12
ajo *m* garlic 4
al + infinitivo upon (doing something) 7
al lado de beside 7
alegrarse (de) to be glad (about) 11
alemán *m* German (language) 2
alergia *f* allergy 9
alfombra *f* rug, carpet 10
álgebra *f (but el álgebra)* algebra 2
algo anything, something 8
algodón *m* cotton 8
alguien anyone, someone, somebody 8
algún (alguno/a/os/as) any, some, someone 8
allí there 3
almacén *m* department store 7
almorzar (ue) to have lunch 4
almuerzo *m* lunch 4
alpinismo/el andinismo *m* mountain climbing 12
alquilar to rent 10
alto/a tall 3
alumno/a *m/f* student 2
amo/a *m/f* **de casa** homemaker 6
amable friendly, kind 3
amar to love 3
amarillo/a yellow 5
ambulancia *f* ambulance 9
amigo/a *m/f* friend 3

amistad *f* friendship 11
amor *m* love 11; **amor a primera vista** love at first sight 11
anaranjado/a orange (color) 5
ancianos *m/***la anciana** *f /***el anciano** *m* pl. elderly 11
andinismo *m,* **alpinismo** *m* mountain climbing 11
anillo *m* ring 8
animal *m* animal 11
año *m* year 4; **tener… años** to be … years old 3
anoche last night 6
anteayer day before yesterday 6
antes de (clase) *prep.* before (class) 2
antipático/a disagreeable, unpleasant (persons) 3
apagar to turn off 10
apartamento *m* apartment 2
aprender to learn 2
apuntes *m, pl.* notes 2
aquel/aquella *adj.* that 6; **aquél/aquélla** *pron* that one 6
aquellos/as *adj.* those 6; **aquéllos/as** *pron* those 6
aquí here 3
araña *f* spider 12
árbol *m* tree 5
arena *f* sand 12
aretes *m, pl.* earrings 8
argentino/a *m/f, n., adj* Argentinian 1
arroz *m* rice 4
arte *m (but las artes)* art 2
asistir (a) to attend 2
audífonos *m, pl.* headphones 2
aula *f (but el aula)* classroom 1
auto *m* car 3
autobús *m* bus 7; **parada** *f* **de autobús** bus stop 7
avenida *f* avenue 7
aventura *f* adventure 12
averiguar to find out, inquire 6
ayer yesterday 6
ayudar (a) to help 10
azúcar *m* sugar 4
azul blue 5

B

bailar to dance 5
bajar to go down 10
bajo/a short 3
baloncesto *m* basketball 5
balsa *f* raft 12
balsismo *m* rafting 12
banana *f* banana 4
bañarse to take a bath, bathe 6
banco *m* bank 7; bench 7
bañera *f* bathtub 10
baño *m* bathroom 10
bar *m* bar 7

barato/a inexpensive 8
barco *m* boat 12
básquetbol *m* basketball 5
basura *f* garbage 12
bebé *m/f* baby 3
beber to drink 2
bebida *f* drink, beverage 4
beige beige 5
béisbol *m* baseball 5
besar to kiss 3
biblioteca *f* library 2
bicicleta *f* bicycle 5
bien fine 1; well 3
billetera/la cartera *f* wallet 8
biología *f* biology 2
bisabuela *f* great-grandmother 3
bisabuelo *m* great-grandfather 3
bistec *m* steak 4
blanco/a white 5
blusa *f* blouse 8
boca *f* mouth 9
bocadillo *m* sandwich 4
boda *f* wedding 11
bolígrafo *m* pen 2
boliviano/a *m/f, n., adj* Bolivian 1
bolso/a *m* purse, bag 8
bonito/a good-looking, pretty 3
borrador *m* eraser 2
bosque *m* forest 12
botas *f, pl.* boots 8
bote *m* boat (small) 12; **bote de basura** *m* garbage can 10
brazo *m* arm 9
brócoli *m* broccoli 4
bucear to scuba dive, skin dive 12
bueno/a good 3
bufanda *f* scarf 8
buscar to look for 2
buzón *m* mailbox 7

C

caballo *m* horse 12
cabeza *f* head 9; **dolor** *m* **de cabeza** headache 9
cada each, every 9
cadena *f* chain 8
café *m* coffee 4; coffee place 7
cafetería *f* cafeteria 2
cajero *m* **automático** ATM machine 7
cajero/a *m/f* cashier 6
calcetines *m, pl.* socks 8
calculadora *f* calculator 2
cálculo *m* calculus 2
calentamento global *m* global warming 12
caliente hot (temperature, not spiciness) 5
calle *f* street 7
cama *f* bed; **cama doble/sencilla** double/single bed 6, 13

cámara *f* camera 12
camarón *m* shrimp 4
cambiar to change, exchange 7
cambio *m* change, small change, exchange 7
camilla *f* gurney 9
caminar to walk 5
camisa *f* shirt 8
camiseta *f* T-shirt, undershirt 8
campamento *m* camp 12
campo *m* country 3
cansado/a tired 3
cansarse to get tired 9
cantar to sing 5
capa *f* **de ozono** ozone layer 12
capítulo *m* chapter 2
cara *f* face 9
cariñoso/a affectionate 11
carne *f* meat, beef 4; **carne de cerdo/ puerco** pork 4; **carne de res** beef 4
caro/a expensive 8
carro *m* car 3
carta *f* letter 7
cartera *f* wallet 8
casa *f* home, house 2; **amo/a** *m/f* **de casa** homemaker 6; **en casa** at home 3
casado/a married 11; **recién casados** *m, pl.* newlyweds 11
casarse (con) to get married (to) 11
cascada *f* waterfall 12
casi almost; **casi nunca** rarely; **casi siempre** almost always 2
castillo de arena *m* sand castle 12
catarata *f* waterfall 12
causa (a causa de) because of 12
CD *m* CD, compact disk 2
cebolla *f* onion 4
celoso/a jealous 11
cena *f* supper, dinner 3
cenar to have dinner 2
centro comercial mall, shopping center 7; **centro estudiantil** student center 2
cepillarse el pelo to brush one's hair 6; **cepillarse los dientes** to brush one's teeth 6
cepillo *m* brush 6; **cepillo de dientes** toothbrush 6
cerca de near 7
cerdo *m* pig 12; **chuleta** *f* **de cerdo** pork chop 4; **carne** *f* **de cerdo** pork 4
cereal *m* cereal 4
cereza *f* cherry 4
cerrado/a closed 3
cerrar (ie) to close 7
cerveza *f* beer 4
champú *m* shampoo 6
chao bye, so-long 1
chaqueta *f* jacket 8
cheque *m* check 7; **cheque de viajero**

traveler's check 7
chica *f* girl 3
chico *m* boy 3
chileno/a *m/f, n., adj* Chilean 1
chimenea *f* fireplace, chimney 10
chuleta *f* **de cerdo/puerco** pork chop 4
ciclismo *m* **de montaña** mountain biking 12
cielo *m* sky 12
ciencias *f, pl.* **políticas** political science 2
cine *m* movie theater, cinema 7
cinturón *m* belt 8
cita *f* date, appointment 11
ciudad *f* city 3
clase *f* class 2
clima *m* weather 5
clóset *m* closet 8
cobrar to cash, to charge 7
coche *m* car 3
cocina *f* kitchen 10
cocinar to cook 4
código *m* **de área** area code 11
cola *f* line (of people or things) 7
colegio *m* high school 3
colina *f* hill 12
collar *m* necklace 8
colombiano/a *m/f, n., adj* Colombian 1
comedor *m* dining room 10
comer to eat 2
comida *f* food, main meal 3
¿cómo? how? 4; **¿Cómo está usted?** How are you? (*formal*) 1; **¿Cómo estás?** How are you? (*informal*) 1; **¿Cómo se llama usted?** What's your name (*formal*)? 1; **¿Cómo te llamas?** What's your name? (*informal*) 1
cómoda *f* bureau 10
compañero/a *m/f* **de cuarto** roommate 6
compañía *f* company 6
comprar to buy 2
comprender to understand 2
comprensivo/a understanding 11
comprometerse (con) to get engaged (to) 11
computación *f* computer science 2
computadora *f* computer 2
comunicarse to communicate 11
con with 4; **con permiso** pardon me, excuse me 1
congestión *f* **nasal** nasal congestion 9
conocer to meet, know, be acquainted with 5
conservar to save, conserve 12
constantemente constantly 6
consultorio *m* **del médico/de la médica** doctor's office 9
contabilidad *f* accounting 2
contador/a *m/f* accountant 6

contaminación *f* pollution 12
contar (ue) to count, tell, narrate (a story or incident) 7, 8
contento/a happy 3
contestar to answer 7
contestador automático *m* answering machine 11
contribuir (y) to contribute 12
copa *f* goblet 10
corazón *m* heart 9
corbata *f* tie 8
correo electrónico *m* e-mail 2
correr to run 5
cortar: . . . el césped to cut the lawn 10; **cortarse** to cut oneself 5; **cortarse el pelo/ las uñas/ el dedo** to cut one's hair/nails/a finger 6
cortina *f* curtain 10
corto/a short 8; **de manga corta** short-sleeved 8
cosa *f* thing 8
costar (ue) to cost 4
costarricense *m/f, n., adj.* Costa Rican 1
creer to believe 11
crema *f* cream 4; **crema de afeitar** shaving cream 6
crucero *m* cruise ship 12
cuaderno *m* notebook 2
cuadro *m* picture, painting 4
¿cuál? which (one)? 4
¿cuáles? which (ones)? 4
cuando when 4; **¿cúando?** when? 2
¿cuánto/a? how much? 4
¿cuántos/as? how many? 3
cuarto a quarter 1
cuarto *m* room 2, **cuarto de estar** *m* living room/family room
cuarto/a fourth 12
cubano/a *m/f, n., adj.* Cuban 1
cubo *m* **de la basura** trash can 10
cuchara *f* spoon 10
cucharita *f* teaspoon 10
cuchillo *m* knife 10
cuello *m* neck 9
cuenta *f* bill, check 7; account 7
cuero *m* leather 8
cuerpo *m* body 9
cuidar to take care of 2
cumpleaños *m* birthday 2
cuñada *f* sister-in-law 3
cuñado *m* brother-in-law 3

D

dar to give 5; **dar a luz** to give birth 11
dar de comer to feed 15
dar un paseo to take a walk/stroll 5; **dar una caminata** to take a hike 12
de *prep* of, from 1; **de repente** suddenly 9
debajo de beneath, under 7
deber + *infinitive* ought to, should

(do something) 5

débil weak 3

decir (i) to say, tell 5

dedo *m* finger 9

desforestación *f* deforestation 12

dejar un mensaje to leave a message 11

delante de in front of 7

delgado/a thin 3

dentro de inside 7

dependiente/a *m/f* store clerk 6

deporte *m* sport 5

depositar to deposit 7

deprimido/a depressed 9

desafortunadamente unfortunately 6

desayunar to have breakfast 2

desayuno *m* breakfast 3

descansar to rest 5; **descanse** rest 9

desear want, wish 4

desierto *m* desert 12

desodorante *m* deodorant 6

desperdiciar to waste 12

despertador *m* alarm clock 6

despertarse (ie) to wake up 6

después de (clase) after (class) 2; afterwards, later 7; **después de** *prep* after 7

destruir (y) destroy 12

destrucción *f* destruction 12

detrás de behind 7

devolver (ue) to return (something) 8

día *m* day 1; **buenos días** good morning 1

diarrea *f* diarrhea 9

diccionario *m* dictionary 2

diciembre December 1

diente *m* tooth 9

difícil difficult, hard 3

Diga ¡ah! Say ah! 9

dinero *m* money 6

dirección address 7; **dirección** *f* **electrónica** e-mail address 2

disco compacto *m* CD, compact disk 2

Disculpe I am sorry. 1

divertido/a *m/f* amusing, fun 3

divertirse (ie) to have a good time 6

divorciado/a divorced 11

divorciarse to get divorced 11

divorcio divorce 11

doctor/a *m/f* doctor 2

dolor *m* **de cabeza** *f* headache 9; **dolor de estómago** *m* stomachache 9

dolor de garganta *f* sore throat 9

domingo *m* Sunday 1

dominicano/a *m/f n., adj* Dominican 1

¿dónde? where 3; **¿adónde?** (to) where? 2; **¿de dónde...?** from where? 4

dormir (ue) to sleep 4; **dormirse (ue)** to go to sleep, to fall asleep 6

dormitorio *m* bedroom 10

ducha *f* shower 10

ducharse to take a shower 6

dudar to doubt 12

durazno *m* peach 4

E

economía *f* economics 2

ecuatoriano/a *m/f, n., adj* Ecuadorian 1

edificio *m* building 7

efectivo *m* cash 7

ejercicio *m* exercise 2; **hacer ejercicio** to exercise, to do exercises 5

el *m, definite article* the 2

él *m, subj* he 1; *obj. prep. pron.* him 6

ella *f, subj* she 1; *obj. of prep.* her 6

ellas *f, subj* they 1; *obj. of prep.* them 6

ellos *m, subj* they 1; *obj. of prep.* them 6

embarazada pregnant 9

emergencias emergency f, pl. 9

empezar (ie) (a) to begin 7

empleado/a *m/f* employee 6

empresa *f* business 6

en in, at 2; on 7

en vez de instead of 7

enamorarse (de) to fall in love (with) 11

encantado/a delighted (to meet you) 1

encantar to really like, love 5; to delight, to enchant 11

encima de on top of, above 7

encontrar (ue) to find 7; **encontrarse (ue) (con)** to meet up (with) (by chance) 11 **enero** January 1

enfermarse to get/become sick 9

enfermero/a *m/f* nurse 6

enfermo/a sick 3

enfrente de in front of, opposite 7

enojado/a angry 11

enojarse to get angry 11

ensalada *f* salad 4

entender (ie) to understand 4

entonces then 6

entrada *f* (admission) ticket 7

entrar (en/a) to enter, go into 7

entre between, among 7

enviar to send 2

equipaje *m* luggage 13

equipo *m* team 5

escalar (la montaña) to climb (the mountain) 12

escalera *f* stairs 10

escalofrío *m* chill 9

escribir to write 2

escritorio *m* (teacher's) desk 2

escuchar to listen to 2

escuela *f* elementary school 3

ese/a *adj.* that 6; **ése/a** *pron.* that one 6

esos/as *adj.* those 6; **ésos/as** *pron.* those 6

espalda *f* back 9

español *m* Spanish (language) 2

español/a *m/f, n., adj.* Spanish 1

especie animal *f* animal species 12

espejo *m* mirror 10

esperar to wait (for) 7; to hope, expect 11

esposa *f* wife 3

esposo *m* husband 3

esquiar to ski 5

esta this, that 6; **esta mañana** this morning 2; **esta noche** tonight 2; **esta tarde** this afternoon 2

estación *f* season 4

estadounidense *m/f, n., adj* American (from the United States) 1

estampilla *f* stamp 7

estante *m* bookshelf, shelf 10

estar to be 3

estar casado/a (con) to be married (to) 11

estar comprometido/a to be engaged 11

estar de pie to be standing 8

estar de vacaciones *f, pl.* to be on vacation 12

estar embarazada to be pregnant 11

estar enamorado/a de to be in love (with) 11

estar juntos/as to be together 11

estar listo to be ready 12

estar prometido/a to be engaged 11

estar seguro/a (de) to be sure of 12

estar sentado/a to be seated 9

estatua *f* statue 7

este/a *adj.* this 6; **éste/a** *pron.* this one 6

estéreo *m* stereo 10

estómago *m* stomach 9; **dolor** *m* **de estómago** stomachache 9

estornudar to sneeze 9

estos/as *adj.* these 6; **estos/as** *pron.* these 6

estrella *f* star 12

estresado/a stressed 3

estudiante *m/f* student 2

estudiar to study 2

estufa *f* stove 10

etapas *f, pl.* **de la vida** stages of life 11

evitar to avoid 12

examen *m* exam 2

examinar to examine 9

explicar to explain 8

explosión *f* explosion 15

extinción *f* extinction 12

extrañar to miss 11

F

fábrica *f* factory 6

fácil easy 3

fácilmente easily 6

falda *f* skirt 8

familia *f* family 2

farmacia *f* pharmacy 9

fascinar to be fascinating to, to fascinate 11
favor (por favor) please 1
febrero February 1
fecha *f* date 1
felicidades *f* congratulations 11
fenomenal terrific 1
feo/a ugly 3
fiebre *f* fever 9
fiel faithful 11
fiesta *f* party 2
fila *f* line (of people or things) 7
filosofía *f* philosophy 2
fin *m* **de semana** weekend 2; **fin de semana pasado** last weekend 6; **por fin** finally 9
finanzas *f, pl* finances 2
firmar to sign 7
física *f* physics 2
flaco/a skinny 3
flores *f, pl* flowers 5
fogata *f* campfire 12
fracturar(se) (el brazo/ la pierna) to break one's (arm/leg) 9
francés *m* French (language) 2
frecuentemente frequently 6; **con frecuencia** frequently 2
fregadero *m* sink (kitchen) 10
frente a in front of, opposite, facing 7
fresa *f* strawberry 4
frijoles *m, pl* beans 4
frío/a cold 5; **hace (mucho) frío** it's (very) cold 5
frito/a fried 4
fruta *f* fruit 3
fuego *m* fire 12
fuera de outside 7
fuerte strong 3
fumar to smoke 5
fútbol *m* soccer 5; **fútbol americano** football 5

G

gafas *f, pl.* eyeglasses 8; **gafas de sol** sunglasses 8
galleta *f* cookie 4
gallina *f* chicken 12
gamba *f* shrimp 4
ganar to win 5; to earn, make money 6
garaje *m* garage 10
garganta *f* throat 9; **dolor** m **de garganta** sore throat 9
gasolina *f* gas 12
gastar to spend 7
gato *m* cat 3
gel *m* gel 6
generalmente generally 6
gente *f* people 7
gimnasio *m* gym, gymnasium 2
golf *m* golf 5

gordo/a fat 3
gorra *f* cap 8
gracias thank you/thanks 1
grande big, large 3
granja *f* farm 12
gripe *f* flu 9
gris gray 5
guantes *m, pl.* gloves 8
guapo/a good-looking, pretty/ handsome 3
guardar to keep 10
guatemalteco/a *m/f, n., adj.* Guatemalan 1
guía *f* **telefónica** phone book 11
guisante *m* pea 4
guitarra *f* guitar 4
gustar to like 4; **el gusto es mío** the pleasure is mine 1

H

habitación *f* room 10
hablar to speak 2
hace buen/mal tiempo the weather is nice/bad 5
hace (mucho) calor/fresco/frío/sol/ viento it's (very) hot/cool/cold/ sunny/windy 5
hace sol it's sunny 5
hacer to do, make 2
hacer la cama to make the bed 10
hacer cola to get (stand) in line 7
hacer ejercicio to exercise, work out, do exercises 5
hacer *esnórquel* to go snorkeling 12
hacer *fila* to get (stand) in line 6
hacer *surf* to surf 12
hacer un análisis de sangre do a blood test 9
hacer un viaje en crucero/en barco to go on a cruise, take a trip on a ship/ boat/cruise ship 12
hacer una cita to make an appointment 9
hamburguesa *f* hamburger 4
hasta: hasta mañana see you tomorrow. 1; **hasta pronto** see you soon 1
hay there is/are 2
helado *m* ice cream 4
herida *f* **grave** serious wound 9
hermana *f* sister 3
hermanastra *f* stepsister 3
hermanastro *m* stepbrother 3
hermano *m* brother 2
hermoso/a good-looking, pretty/ handsome 3
hielo *m* ice 4
hierba *f* grass 12
hija *f* daughter 3
hijo *m* son 3
historia *f* history 2

hoja *f* **de papel** sheet of paper 2; **hojas** *f, pl.* leaves 5
hola hello/hi 1
hombre *m* man 3; **hombre de negocios** businessman 6
hombro *m* shoulder 9
hondureño/a *m/f, n., adj* Honduran 1
hora *f* time 1
horno *m* oven 10; **al horno** baked 4
hospital *m* hospital 9
hoy today 1
hueso *m* bone 9
huevo *m* egg 4; **huevos fritos** fried eggs 4; **huevos revueltos** scrambled eggs 4

I

iglesia *f* church 7
igualmente nice meeting you too 1
impermeable *m* raincoat 8
importar to be important to, to matter 12
impresora *f* printer 2
imprimir to print 2
incendios *m, pl.* **forestales** forest fires 12
infancia *f* infancy 11
infección *f* infection 9
informática *f* computer science 2
inglés *m* English (language) 2
inmediatamente immediately 6
inodoro *m* toilet 10
insectos *m, pl.* insects 12
insistir (en) to insist (on) 11
inteligente intelligent 3
interesar to be interesting to, to interest 12
invertir (ie, i) to invest 7
invierno *m* winter 5
invitar (a) to invite 7
inyección *f* injection 9
ir to go 2
ir de compras to go shopping 5
ir(se) de vacaciones to go on vacation 12
irse leave, depart, to go away 11
isla *f* island 12
italiano *m* Italian (language) 5

J

jabón *m* soap 6
jamón *m* ham 4
japonés *m* Japanese (language) 5
jardín *m* garden 10
jeans *m, pl.* jeans 8
joven young 3
jóvenes *m, pl.* **/los adolescentes** young people, adolescents 11
joyas *f, pl.* jewelry 8
joyería *f* jewelry shop 7
judía *f* **verde** green bean 4
jueves *m* Thursday 1

jugar (ue) to play 5; **jugar al (deporte)** to play (sport) 5
jugo *m* juice 4
julio July 1
junio June 1
juntos/as: estar ... to be together 11
juventud *f* youth 11

K

kayak *m* kayak 12

L

la *f, definite article* the 2; *dir. obj.* her, you (f), it (f) 5
labio *m* lip 9
laboratorio *m* laboratory 2
lado: al ... de beside 7
lago *m* lake 5
lámpara *f* lamp 10
lana *f* wool 8
langosta *f* lobster 4
lápiz *m* pencil 2
largo/a long 8; **de manga larga** long-sleeved 8
las *dir. obj.* them (f), you (f, pl.) 5
las *f, pl. definite article* the 2
lastimarse to hurt oneself 9
lavabo *m* sink (bathroom) 10
lavadora *f* washer 10
lavamanos *m* bathroom sink 10
lavaplatos *m* dishwasher 10
lavar: ... los platos to wash the dishes 10
lavarse to wash oneself 5; **lavarse las manos/la cara** to wash one's hands/face 6
le *ind. obj.* you, him, her (to/for ...) 8
lección *f* lesson 2
leche *f* milk 4
lechuga *f* lettuce 4
leer to read 2
legumbre *f* vegetable 3
lejos de far from 7
lengua *f* tongue 9
lentamente slowly 6
lentes *m* **de contacto** contact lenses 8
les *ind. obj.* you, them (to/for you, them) 8 **levantar pesas** to lift weights 5
levantarse to get up 6
librería *f* bookstore 2
libro *m* book 2
limón *m* lemon 4
limpiar to clean 5
limpio/a clean 8
línea está ocupada the line is busy 11
listo/a: estar ... to be ready 11
literatura *f* literature 2

llamada *f* **telefónica** telephone call 11; **llamada de larga distancia** long distance call 11
llamar to call 3
llegar to arrive 2
llevar to wear 8
llevarse bien/mal to get along well/badly 11
Lleve la receta a la farmacia. Take the prescription to the pharmacy. 9
llorar to cry 11
llover (ue) to rain 5; **está lloviendo** it's raining 5; **llueve** it's raining, it rains 5
lluvia *f* rain 5; **lluvia ácida** acid rain 12
lo *dir. obj. m* him, you, it 5; **lo que** what, that which 4; **lo siento (mucho)** I'm (so) sorry 1
los *m, dir. obj.* them, you 6; *m, pl., definite article* the 2
luego then 6
lugar *m* place 7
luna *f* moon 12; **luna de miel** honeymoon 11
lunes *m* Monday 1
luz *f* light 10

M

madrastra *f* stepmother 3
madre *f* mother 3
madurez *f* adulthood, maturity 11
maestro/a *m/f* teacher 2
maíz *m* corn 4
mal bad, badly 3
maletín *m* briefcase, carry-on bag 13
malo/a bad 3
mañana tomorrow, morning *f* 1; **de la mañana** A.M. (in the morning) 1; **hasta mañana** see you tomorrow 1; **por/en la mañana** in the morning 2
mandar to send 2
manejar to drive 5
manga *f* sleeve 8; **de manga larga/corta** long-/short-sleeved 8
mano *f* hand 9
mantequilla *f* butter 4
manzana *f* apple 4
mapa *m* map 2
maquillaje *m* makeup 6
maquillarse to put on makeup 6
máquina *m* **de afeitar** electric shaver 6
mar *m* sea 12
marido *m* husband 3
mariposa *f* butterfly 12
marisco *m* seafood 3
marrón brown 5
martes *m* Tuesday 1
marzo March 1
más more 4; **más tarde** later 2
matar to kill 11
matemáticas *f, pl* mathematics 2

mayo May 1
mayor old (elderly) 3; older 3
me *dir. obj.* me 5; *ind. obj.* me (to/for me) 8; *refl. pron.* myself 5; **me llamo ...** my name is ... 1
media *f* half 1; **media hermana** half-sister 3; **mi media naranja** my soul mate, other half 11
medias *f, pl.* stockings, hose, socks 8
medianoche *f* midnight 1
médico/a *m/f* doctor 2
medio hermano *m* half-brother 3
medio *m* **ambiente** environment 12
mediodía *m* noon 1
mejor best 7; **mejor amigo/a** *m/f* best friend 3
melocotón *m* peach 4
menor younger 3
menos less 4
mensaje *m* **electrónico** e-mail message 2
mentir to lie 11
mercado *m* market 3
merienda *f* snack 3
mermelada *f* jam 4
mes *m* month 1
mesa *f* table 2
mesero/a *m/f* waiter/waitress 6
mesita *f* **de noche** nightstand 10
metro *m* metro, subway 7
mexicano/a *m/f, n., ad.j* Mexican 1
mí *obj. prep. pron.* me 6
mi/mis my 2
microondas *m* microwave 10
mientras while 9
miércoles *m* Wednesday 1
mío/a/os/as (of) mine 7; **el gusto es mío** the pleasure is mine 1
mirar to look at 8
mochila *f* backpack 2
moda *f* fashion; **a la moda** in style 8
molestar to be annoying to, to bother 11
moneda *f* currency, money, coin 7
montañas *f, pl.* mountains 3
montar a caballo to ride horseback 12
morado/a purple 5
moreno/a brunette, dark-skinned 3
morir (ue, u) to die 7
mosca *f* fly 12
mosquito *m* mosquito 12
mostrar (ue) to show 8
mover(se) (ue) to move (oneself) 10
muchacha *f* girl 3
muchacho *m* boy 3
mucho *adv.* much, a lot 4; **mucho/a/os/as** *m/f adj* much, a lot 4; **(muchas) gracias** thank you (very much) 1; **muchas veces** *f pl.* many times, often 8; **mucho gusto** pleased to meet you 1

mudarse to move (from house to house) 10
muebles *m, pl.* furniture 10
muerte *f* death 11
mujer *f* woman, wife 3; **mujer de negocios** businesswoman 6
muletas *f, pl.* crutches 9
mundo *m* world 12
museo *m* museum 7
música *f* music 2
muy very 3; **muy bien** very well 1

N

nacer to be born 11
nacimento *m* birth 11
nada nothing 8; **de nada** you're welcome 1
nadar to swim 12
nadie no one, nobody 8
naranja *f* orange (fruit) 4
nariz *f* nose 9
naturaleza *f* nature 12
náuseas *f, pl.* nausea 8
navegar por la red to surf the Web 2
necesitar to need 4
negro/a black 5
nervioso/a nervous 3
nevar (ie) to snow 5; **está nevando** it's snowing 5
ni not, not even 8
ni… ni neither . . . nor 8
nicaragüense *m/f, n., ad.j* Nicaraguan 1
nieta *f* granddaughter 3
nieto *m* grandson 3
nieva it's snowing 5
nieve *f* snow 5
ningún (ninguno/a) no, none, no one 8
niña *f* child 3
niñez childhood 11
niño *m* child 3
niños *m, pl.* children 11
noche *f* night 1; **buenas noches** good evening/night 1; **de la noche** p.m. (in the evening, at night) 1; **por/en la noche** in the evening, at night 2
normalmente normally 6
nos *dir. obj.* us 5; *ind. obj.* us (to/for us) 7; *refl. pron.* ourselves 5
nosotros/as *m/f, subj. pron.* we 1; *obj. prep.* us 6
nota *f* grade, score 2
noticias *f, pl.* news 7
novia *f* girlfriend 3
noviembre November 1
novio *m* boyfriend 3
nube *f* cloud 5
nublado cloudy 5; **está (muy) nublado** it's (very) cloudy 5
nuestro/a/os/as our 2;(of) ours 8
nuevo/a new 3

nunca never 2

O

o or 8; **o . . . o** either . . . or 8
obra *f* **de teatro** play 7
océano *m* ocean 12
octubre October 1
ocupado/a busy 3
oficina *f* office 2; **oficina de correos** post office 8
ojo *m* eye 9
oído *m* ear (inner) 9
oír to hear 5
ojalá que . . . I hope 11
ola *f* wave 12
olvidar to forget 11; **olvidarse de** to forget 11
ordenar (el cuarto) to tidy (the room) 10
oreja *f* ear (outer) 9
oro *m* gold 8
os *dir. ob.j* you (pl.) 5; *ind. obj.* you (to/for you) 7; *refl. pron.* yourselves 5
otoño *m* autumn, fall 5
otro/a another 4
otros/as other 4

P

paciente *m/f* patient 9
padrastro *m* stepfather 3
padre *m* father 2
padres *m, pl.* parents 3
pagar to pay (for) 7
página *f* page 2; **página web** Web page 2
país *m* country 13
pájaro *m* bird 12
pan *m* **(tostado)** bread (toast) 4
pantalla *f* screen 2
pantalones *m, pl* pants 8; **pantalones cortos** shorts 8
papa *f* potato 4; **papas fritas** french fries 4
papel *m* paper 2; **papel higiénico** toilet paper 6
papelera *f* wastebasket 2
paquete *m* package 7
para for, in order to, toward, by 12; **para + infinitivo** in order to (do something) 7
parada *f* **de autobús** bus stop 7
paraguas *m* umbrella 8
paramédicos *m, pl.* paramedics 9
pared *f* wall 10
pareja *f* partner, significant other 3; couple 11
pariente *m* relative 3
parque *m* park 7
parrilla (a la parrilla) grilled 4
partido *m* game, match 5

pasado: el año/ mes/ verano . . . last year/ month/ summer 6
pasar to spend (time), to happen, pass, 7
pasar la aspiradora to vacuum 10
pasta *f* **de dientes** toothpaste 6
pastel *m* pie, pastry 4
pastelería *f* pastry shop, bakery 7
patata *f* potato 4
paz *f* peace 15
pedir (i, i) to ask for, request, order 4
pecho *m* chest, breast 9
peinarse to comb one's hair 6
peine *m* comb 6
película *f* film, movie 7
peligroso/a dangerous 12
pelo *m* hair 9; **secador** *m* **de pelo** hair dryer 6
pelota *f* ball 5
pendientes *m, pl* earrings 8
pensar (ie) to think 4; **pensar (ie) + infinitivo** to intend/plan (to do something) 5; **pensar (ie) en** to think about (someone or something) 11
peor worse 10
pequeño/a small, little 3
pera *f* pear 4
perder (ie) to lose 7
perdón pardon me, excuse me 1
perezoso/a lazy 3
periódico *m* newspaper 7
periodista *m/f* journalist 6
pero but 3
perro *m* dog 3
personalmente personally 6
pescado *m* fish 4
pescar to fish 12
pesticida *f* **tóxico** poisonous pesticide 12
pez *m* **(los peces)** fish 12
pie *m* foot 9; **estar de pie** to be standing 9
pierna *f* leg 9
pimienta *f* pepper 4
piña *f* pineapple 4
pintar to paint 5
piso *m* floor (of a building) 10
pizarra *f* chalkboard, board, blackboard 2
pizzería *f* pizzeria 7
planeta *m* planet 12
planta *f* plant 12
plata *f* silver 8
plátano *m* banana 4
plato *m* dish, course 3; plate 10
playa *f* beach 3
plaza *f* plaza, town square 7
pluma *f* pen 2
pobre poor 3
poco *adv.* little 4; **un poco** *adv* a bit, a little, somewhat 3
poco/a *m/f, adj.* little (quantity) 4; **pocos/ as** *m/f, adj.* few 4
poder (ue) to be able, can 4

pollo *m* chicken 4

poner to put, place 5; **poner la mesa** to set the table 10

poner una inyección/una vacuna to give a shot/vaccination 9

ponerse (los zapatos, la ropa, etc.) to put on (shoes, clothes, etc.) 6

por for, down, by, along, through 7

por favor please 1

por fin finally 9

por la mañana in the morning 2

por la noche in the evening, at night 2

por la tarde in the afternoon 2

¿por qué? why? 4

porque because 4

posiblemente possibly 6

póster *m* poster 10

postre *m* dessert 3

practicar to practice 2

practicar el descenso de ríos to go white-water rafting 12

practicar el *parasail* to go parasailing 12

precio *m* price 8

preferir (ie, i) to prefer 4

pregunta *f* question 2

preguntar to ask 8

prender to turn on 10

preocupado/a worried 3

preocuparse (por) to worry (about) 9

preparar to prepare 2

prestar to lend 8

prevenir to prevent 12

primavera *f* spring 5

primer piso first floor, 10

primero *adv.* first 6

primo/a *m/f* cousin 3

probablemente probably 6

problema *m* problem 12

profesor/a *m/f* professor 2

programador/a *m/f* computer programmer 2

proteger to protect 12

próximo/a next 5; **el próximo mes/año / verano** next month/year/summer 5

prueba *f* quiz 2

psicología *f* psychology 2

puerta *f* door 2

puertorriqueño/a *m/f, n., adj* Puerto Rican 1

pues well 1

pues nada (*informal*) not much 1

pulmón *m* lung 9

pulsera *f* bracelet 8

pupitre *m* (student) desk 2

Q

que that 4; **lo que** what, that which 4; **¿qué?** what?, which? 4; **¿qué hay de nuevo?** what's new? (*informal*) 1; **¿qué**

pasa? what's happening? (*informal*) 1; **¿qué tal?** how are you? (*informal*) 1

quedarse to stay 9

quejarse de to complain about 11

querer (ie) to want, love 4

queso *m* cheese 4

¿quién/quiénes? who? 3; **¿de quién?** whose? 4

química *f* chemistry 2

quiosco *m* newsstand 7

quisiera I would like 4

quitar: . . . la mesa to clear the table 10

quitarse la ropa to take off (clothes, etc.) 6

R

rafting: **practicar el . . .** to go white-water rafting 12

rápidamente rapidly 6

rascacielos *m* skyscraper 7

rasuradora *f* razor 6

ratón *m* mouse 2

rebajas *f* sales 8

recámara *f* bedroom 10

recepción *f* reception, front desk 9

recepcionista *m/f* receptionist 9

receta *f* prescription 9

recibir to receive 7

reciclar to recycle 12

recientemente recently 6

recoger to pick up, gather 12

recomendar (ie) to recommend 11

recordar (ue) to remember 11

recursos *m, pl.* **naturales** natural resources 12

reducir to reduce 12

refresco *m* soft drink 4

refrigerador *m* refrigerator 10

regalar to give (as a gift) 8

regalo *m* gift 8

regresar to return 2

regular OK, so-so 1

reírse (de) to laugh at 11

relámpago *m* lightning 12

religión *f* religion 2

reloj *m* clock 2; watch 8

remar to row 12

repente all of a sudden, suddenly 9

repetir (i, i) to repeat 7

reproductor de DVD *m* DVD player 2

reservación *f* reservation 13

resfriado *m* cold 9

residencia estudiantil *f* student dorm 2

resolver (ue) to solve/resolve 10

Respire profundamente. Take a deep breath. 7

responsable responsible 3

respuesta *f* answer 2

restaurante *m* restaurant 2

retirar take out, to withdraw 7

reunirse (con) to meet, get together 11

revista *f* magazine 7

rico/a rich 3

rojo/a red 5

romper to break 10; **romper (con)** to break up (with) 11

ropa *f* clothes, clothing 8; **ropa** *f* **interior** underwear 8

ropero/clóset *m* closet 8

rosado/a pink 5

rubio/a blonde 3

ruido *m* noise 10

ruso *m* Russian (language) 5

rutina *f* routine 6

S

sábado *m* Saturday 1

saber to know (facts, information) 5; to know how to (skills) 5

sacar fotos *f, pl.* to take photos 11

sacar la basura to take out the garbage 10

sacar una nota to get a grade 2

sacar una radiografía to x-ray 9

sacar sangre to draw blood 9

saco *m* **de dormir** sleeping bag 12

sal *f* salt 4

sala *f* living room 10; **sala de espera** waiting room 9; **sala de urgencias** emergency room 9

salchicha *f* sausage 4

salir to leave, go out 2; **salir (con)** to go out (with), date 11

salud *f* health 8

saltar en paracaídas to go parachute jumping 12

sandalias *f, p.l* sandals 8

sandía *f* watermelon 4

sándwich *m* sandwich 4

Saque la lengua. Stick out your tongue. 9

se *reflex. pron.* yourself, himself, herself, themselves 5

secador *m* **de pelo** hair dryer 6

secadora *f* dryer 10

secar: . . . los platos to dry the dishes 9; **secarse** to dry (oneself) 6

secretario/a *m/f* secretary 6

seda *f* silk 8

segundo piso second floor 10

sello *m* stamp 7

selva *f* jungle 12

semana *f* week 1; **semana** *f* **pasada** last week 6

sentarse (ie, i) to sit down 9

sentir (ie, i) to be sorry, regret 11; **lo siento (mucho)** I'm (so) sorry 1; **sentirse (ie, i)** to feel 9

separarse (de) to separate 11

septiembre September 1

sequía *f* drought 12
ser to be 2
serio/a serious, dependable 3
serpiente *f* snake 12
servilleta *f* napkin 10
servir (i, i) to serve 4
silla *f* chair 2; **silla de ruedas** wheel chair 9
sillón *m* easy chair 10
simpático/a nice, likeable 3
sin without 4
sincero/a honest, sincere 11
sitio web *m* Web site 2
sobre on 7; **sobre** *m* envelope 7
sobrina *f* niece 3
sobrino *m* nephew 3
sociología *f* sociology 2
sofá *m* sofa 10
sol *m* sun 12
soltero/a single 11
sombrero *m* hat 8
sombrilla *f* umbrella 8
sonar (ue) to ring, to sound 6
sopa *f* soup 4
sortija *f* ring 8
sótano *m* basement 10
su/sus his, her, its, your (*formal*), their 2
subir to go up 10; **subirse a** to get on, board 13
sucio/a dirty 8
suegra *f* mother-in-law 3
suegro *m* father-in-law 3
suelo *m* floor 10
suéter *m* sweater 8
sugerir (ie, i) to suggest 11
suyo/a/os/as (of) his, (of) hers, (of) theirs, (of) yours (*formal*) 8

T

talla *f* size (clothing) 8
también also 8
tampoco neither, not either 8
tan: tan . . . como as . . . as 9
tanto: tanto como as much as 10; **tanto/a/os/as . . . como** as much/many . . . as 10
tarde *f* afternoon 1; **buenas tardes** good afternoon 1; **de la tarde** P.M. (in the afternoon) 1; **por/en la tarde** in the afternoon 2
tarea *f* homework, assignment, task 2
tarjeta *f* card; **tarjeta de crédito/débito** credit/debit card 7
tarjeta de embarque boarding pass 13
tarjeta postal post card 7
tarjeta telefónica calling card 11
taxi *m* taxi 7
taza *f* cup 10

te *dir. obj.* you (*informal*) 5; *ind. obj.* you (to/for you) (*informal*) 8; **¿Te duele?** Does it hurt? 9
te presento (*informal*) I want to introduce . . . to you 1; *reflex. pron.* yourself (*informal*) 5
té *m* tea 4
teatro *m* theater 7
techo *m* roof 10
teclado *m* keyboard 2
teléfono *m* **celular** cell phone 11
televisor *m* television set 2
temer to fear, be afraid of 11
temprano early 2
tenedor *m* fork 10
tener calor/frío to be hot/cold 5
tener celos to be jealous 11
tener ganas de + *infinitivo* to feel like (doing something) 5
tener hambre/sed to be hungry/thirsty 4
tener miedo to be afraid 12
tener que + *infinitivo* to have to . . . (do something) 5
tener sueño to be sleepy, tired 6
tenis *m* tennis 5
terminar to finish 7
termómetro *m* thermometer 9
ti *obj. prep* you (*informal*) 6
tía *f* aunt 3
tiempo *m* weather 5; **a tiempo** on time 2
tienda *f* store, shop 6; **tienda de campaña** tent 12
tienda *f* **de ropa** clothing store 5
tienda por departamentos *f* department store 7
tierra *f* earth, land 12
tijeras *f, pl* scissors 6
tío *m* uncle 3
tiza *f* chalk 2
toalla *f* towel 6
tobillo *m* ankle 9
tocar to play (instruments) 5
tocineta *f* bacon 4
tocino *m* bacon 4
todo *adj., m* everything 8
todo/a/os/as *adj.* **toda la mañana** all morning 2; **toda la noche** all night 2; **toda la tarde** all afternoon 2; **todas las mañanas** every morning 2; **todas las noches** every evening, night 2; **todas las tardes** every afternoon 2; **todo el día** all day 2; **todos los días** every day 2
todavía still, yet 4
tomar to take, drink 4; **tomar apuntes** *m, pl.* to take notes 2; **tomar el sol** to sunbathe 5; **tomar fotos** *f, pl.* to take photos 12

tomar la temperatura to take one's temperature 9; **tomar la presión arterial** to take one's blood pressure 9; **tomar el pulso** to take one's pulse 9
tomate *m* tomato 4
Tome aspirinas/las pastillas/las cápsulas. Take aspirin/the pills/the capsules. 9
Tome líquidos. Take liquids. 9
tonto/a dumb, silly 3
torcer(se) (ue) to sprain (one's ankle) 9
tormenta *f* storm 12
torta *f* cake 4
tos *f* cough 9
toser to cough 9
trabajador/a hardworking 3
trabajar to work 2; **trabajar para . . .** to work for 6
trabajo *m* work 6; **trabajo** *m* **a tiempo completo** full-time job 5; **trabajo a tiempo parcial** part-time job 5; **trabajo** *m* **escrito** paper (academic) 2; **trabajo voluntario** *m* volunteerism 15; **en el trabajo** at work 3
traer to bring 5
traje *m* suit 8; **traje de baño** bathing suit 8
tranquilamente calmly 6
triste sad 3
tú *subj. pron.* you (*informal*) 1 **tu/tus** your (*informal*) 2
tuyo/a/os/as (of) yours (*informal*) 7

U

un/uno/una a 2; one 1; **un poco** *adv.* a bit, a little, somewhat 3; **una vez** once, one time 9
unos/unas some 2
universidad *f* college/university 2
uña *f* fingernail 9
uruguayo/a *m/f, n., adj.* Uruguayan 1
usar to use 2
usted *subj. pron.* you (*formal*) 1; *obj. prep.* you (*formal*) 6
ustedes *subj. pron.* you (*pl.*) 1; *obj. prep.* you (*pl.*) 6
uva *f* grape 4

V

vaca *f* cow 12
vacaciones *f, pl.* vacation 12
vacuna *f* vaccination 9
valle *m* valley 12
vaqueros *m, pl.* jeans 8
vaso *m* glass (drinking) 10
Vaya a la farmacia. Go to the pharmacy. 9
VCR *m* VCR, video 2

vecino/a *m/f* neighbor 10
vejez old age 11
venda *f* bandage 9
vender to sell 4
venir (ie) to come 5
ventana *f* window 2
ver to see 5; **ver la tele(visión)** to watch TV 5
verano *m* summer 5
verde green 5
verdura *f* vegetable 3
vestido *m* dress 8
vestirse (i) to get dressed 6
viajar to travel 5
vida *f* life 11
viejo/a old 3

viernes Friday 1
vinagre *m* vinegar 4
vino *m* wine 4
visitar to visit 3
viudo/a *m/f* widower/widow 11
vivir to live 2
voleibol *m* volleyball 5
volver (ue) to return, to go back 4
vomitar to vomit 9
vómito *m* vomit 9
vosotros/as *m/f, subj.* you (*informal, pl., Sp.*) 1; *obj. prep.* you (*informal, pl., Sp.*) 6
vuestro/a/os/as your (*informal*) 2; (of) yours (*informal*) 7

Y

y and 3
ya already 6
yeso *m* cast 9
yo *subj. pron.* 11

Z

zanahoria *f* carrot 4
zapatería *f* shoe store 7
zapatos *m, pl.* shoes 8; **zapatos de tenis** tennis shoes 8
zumo *m,* juice 4

Vocabulario: *English-Spanish*

A

a bit, a little, somewhat un poco 3
a quarter cuarto 1
a trip viaje *m* 14
A.M. (in the morning) de la mañana 1
a; one un/uno/una 1; 2
accountant contador/a *m/f* 6
accounting contabilidad *f* 2
acid rain lluvia ácida 12
address dirección 7
admission ticket entrada *f* 7
adolescence adolescencia 10
adolescents adolescentes *m, pl.* 10
adulthood, maturity madurez *f* 11
adults adultos *m, pl.* 11
adventure aventura *f* 12
affectionate cariñoso/a 11
after (class) después de (clase) 2
afternoon tarde *f* 1
afterwards, later después de *prep.* 7
alarm clock despertador *m* 6
algebra álgebra *f* (*but el* álgebra) 2
all afternoon toda la tarde 2
all day todos los días 2
all morning todo/a/os/as *adj.*: toda la mañana 2
all night toda la noche 2
all of a sudden, suddenly repente 9
allergy alergia *f* 9
(almost) always (casi) siempre 2
already ya 6
also también 8
ambulance ambulancia *f* 9
American (from the United States) estadounidense *m/f, n., adj.* 1
amusing, fun divertido/a *m/f* 3
and y 3
angry enojado/a 11
animal animal *m* 11
animal species especie animal *f* 12
ankle tobillo *m* 9
another otro/a 4
answer respuesta *f* 2
answering machine contestador automático *m* 11
any, some, someone algún (alguno/a/os/as) 8
anyone alguien 8
anything algo, nada 8
apartment apartamento *m* 2
apple manzana *f* 4
April abril 1
area code código *m* de área 11
Argentinian argentino/a *m/f, n., adj.* 1
arm brazo *m* 9
art arte *m* (*but las* artes) 2
as . . . as tan: tan... como 9
as much as tanto: tanto como 10
as much/ many . . . as tanto/a/os/as... como 10

at home en casa 6
at work en el trabajo 3
at, to a 2
ATM machine cajero *m* automático 7
August agosto 1
aunt tía *f* 3
autumn, fall otoño *m* 5
avenue avenida *f* 7

B

baby bebé *m/f* 3
back espalda *f* 9
backpack mochila *f* 2
bacon tocineta *f* 4
bacon tocino *m* 4
bad malo/a 3
bad, badly mal 3
baked al horno 4
ball pelota *f* 5
banana banana *f* 4
banana plátano *m* 4
bandage venda *f* 9
bank; bench banco *m* 7
bar bar *m* 7
baseball béisbol *m* 5
basement sótano *m* 10
basketball baloncesto *m* 5
basketball básquetbol *m* 5
bathing suit traje de baño 8
bathroom baño *m* 10
bathtub bañera *f* 10
beach playa *f* 3
beans frijoles *m, pl.* 4
because porque 4
because of causa (a causa de) 12
bed cama *f* 6
bedroom dormitorio *m* 10
bedroom recámara *f* 10
beer cerveza *f* 4
before (class) antes de (clase) *prep* before 2
behind detrás de 7
beige beige 5
belt cinturón *m* 8
beneath, under debajo de 7
beside al lado de 7
beside lado: al... de 7
best mejor 7
best friend mejor amigo/a *m* 3
between, among entre 7
bicycle bicicleta *f* 5
big, large grande 3
bill, check; account cuenta *f* 7
biology biología *f* 2
bird pájaro *m* 12
birth nacimiento *m* 11
birthday cumpleaños *m* 2
black negro/a 5
blonde rubio/a 3
blouse blusa *f* 8

blue azul 5
boat barco *m* 12
boat (small) bote *m* 12
body cuerpo *m* 9
Bolivian boliviano/a *m/f, n., adj.* 1
bone hueso *m* 9
book libro *m* 2
bookshelf, shelf estante *m* 10
bookstore librería *f* 2
boots botas *f, pl.* 8
bored/boring aburrido/a 3
boy chico *m* 3
boy muchacho *m* 3
boyfriend novio *m* 3
bracelet pulsera *f* 8
bread (toast) pan *m* (tostado) 4
breakfast desayuno *m* 3
bridge puente *m* 14
broccoli brócoli *m* 4
brother hermano *m* 2
brother-in-law cuñado *m* 3
brown marrón 5
brunette, dark-skinned moreno/a 3
brush cepillo *m* 6
building edificio *m* 7
bureau cómoda *f* 10
bus autobús *m* 7
bus stop parada *f* de autobús 7
business empresa *f* 6
businessman hombre de negocios 6
businesswoman mujer de negocios 6
busy ocupado/a 3
but pero 3
butter mantequilla *f* 4
butterfly mariposa *f* 12
bye, so-long chao 1

C

cafeteria cafetería *f* 2
cake torta *f* 4
calculator calculadora *f* 2
calculus cálculo *m* 2
calling card tarjeta telefónica 11
calmly tranquilamente 6
camera cámara *f* 12
camp campamento *m* 12
campfire fogata *f* 12
cap gorra *f* 8
car auto *m* 3
car carro *m* 3
car coche *m* 3
card tarjeta *f* 7
carne de cerdo carne *f* de cerdo 4
carrot zanahoria *f* 4
cash efectivo *m* 7
cashier cajero/a *m/f* 6
cast yeso *m* 9
cat gato *m* 3
CD, compact disk CD *m* 2
CD, compact disk disco compacto *m* 2

cereal cereal *m* 4
chain cadena *f* 8
chair silla *f* 2
chalk tiza *f* 2
chalkboard, board, blackboard pizarra *f* 2
change, small change, exchange cambio *m* 7
chapter capítulo *m* 2
check cheque *m* 7
cheese queso *m* 4
chemistry química *f* 2
cherry cereza *f* 4
chest, breast pecho *m* 9
chicken gallina *f* 12
chicken pollo *m* 4
child niña *f* 3
child niño *m* 3
childhood niñez 11
children niños *m, pl.* 11
Chilean chileno/a *m/f, n., adj.* 1
chill escalofrío *m* 9
church iglesia *f* 7
city ciudad *f* 3
class clase *f* 2
classroom aula *f (but el* aula) 1
clean limpio/a 8
clock; watch reloj *m* 2; 8
closed cerrado/a 3
closet clóset *m* 8
closet ropero/clóset *m* 8
clothes, clothing ropa *f* 8
clothing store tienda *f* de ropa 5
cloud nube *f* 5
cloudy está (muy) nublado 5
coat abrigo *m* 8
coffee; coffee place café *m* 4
cold frío/a 5
cold resfriado *m* 9
college/university universidad *f* 2
Colombian colombiano/a *m/f, n., adj.* 1
comb peine *m* 6
company compañía *f* 6
computer computadora *f* 2
computer programmer programador/a *m/f* 2
computer science computación *f* 2
computer science informática *f* 2
congratulations felicidades *f* 11
constantly constantemente 6
contact lenses lentes *m* de contacto 8
cookie galleta *f* 4
corn maíz *m* 4
Costa Rican costarricense *m/f, n., adj.* 1
cotton algodón *m* 8
cough tos *f* 9
country campo *m* 3
cousin primo/a *m/f* 3
cow vaca *f* 12
cream crema *f* 4

credit/debit card tarjeta de crédito/débito 7
cruise ship crucero *m* 12
crutches muletas *f, pl.* 9
Cuban cubano/a *m/f, n., adj.* 1
cup taza *f* 10
currency, money, coin moneda *f* 7
curtain cortina *f* 10

D

dangerous peligroso/a 12
date fecha *f* 1
date, appointment cita *f* 11
daughter hija *f* 3
day día *m* 1
day before yesterday anteayer 6
death muerte *f* 11
December diciembre 1
deforestation desforestación *f* 12
delighted (to meet you) encantado/a 1
deodorant desodorante *m* 6
department store tienda por departamentos *f* 7
depressed deprimido/a 9
desert desierto *m* 12
dessert postre *m* 3
destroy destruir (y) 12
destruction destrucción *f* 12
diarrhea diarrea *f* 9
dictionary diccionario *m* 2
difficult, hard difícil 3
dining room comedor *m* 10
dirty sucio/a 8
disagreeable, unpleasant (persons) antipático/a 3
dish, course, plate plato *m* 3,10
dishwasher lavaplatos *m* 10
divorce divorcio 11
divorced divorciado/a 11
do a blood test hacer un análisis de sangre 9
doctor doctor/a *m/f* 2
doctor médico/a *m/f* 2
doctor's office consultorio *m* del médico/de la médica 9
Does it hurt? ¿Te duele? 9
dog perro *m* 3
Dominican dominicano/a *m/f n., adj.* 1
door puerta *f* 2
double bed cama doble 6
double room habitación doble 13
dress vestido *m* 8
drink, beverage bebida *f* 4
driver conductor/a 14
drought sequía *f* 12
dryer secadora *f* 10
dumb, silly tonto/a 3
DVD player el (reproductor) de DVD 2

E

each, every cada 9
ear (inner) oído *m* 9
ear (outer) oreja *f* 9
early temprano 2
earrings aretes *m, pl.* 8
earrings pendientes *m, pl.* 8
earth, land tierra *f* 12
easily fácilmente 6
easy fácil 3
easy chair sillón *m* 10
economics economía *f* 2
Ecuadorian ecuatoriano/a *m/f, n., adj.* 1
egg/fried eggs/scrambled eggs huevo *m*/huevos fritos/huevos revueltos 4
either... or o... o 8
elderly ancianos *m pl.*/ la anciana *f* /el anciano *m* 11
electric shaver máquina *m* de afeitar 6
elementary school escuela *f* 3
e-mail correo *m* electrónico 2
e-mail address dirección *f* electrónica 2
e-mail message mensaje *m* electrónico 2
emergency *f, pl.* emergencias 9
emergency room *f, pl.* sala de urgencias 9
employee empleado/a *m/f* 6
English (language) inglés *m* 2
envelope sobre *m* 7
environment medio *m* ambiente 12
eraser borrador *m* 2
every afternoon todas las tardes 2
every day todo el día 2
every evening, night todas las noches 2
every morning todas las mañanas 2
everything todo *adj.* 8
exam examen *m* 2
exercise ejercicio *m* 2
expensive caro/a 8
extinction extinción *f* 12
eye ojo *m* 9
eyeglasses gafas *f, pl.* 8

F

face cara *f* 9
factory fábrica *f* 6
faithful fiel 11
family familia *f* 2
family room la sala/el cuarto de estar *f/m* 10
far from lejos de 7
farm granja *f* 12
fashion moda *f* 8
fat gordo/a 3
father padre *m* 2
father-in-law suegro *m* 3
February febrero 1
fever fiebre *f* 9
few pocos/ as *m/f, adj.* 4

film, movie película *f* 7
finally por fin 9
finances finanzas *f, pl.* 2
fine, well bien 3
finger dedo *m* 9
fingernail uña *f* 9
fire fuego *m* 12
fireplace, chimney chimenea *f* 10
first primero/a 6
first floor primer piso *m* 10
fish pescado *m* 4
fish pez *m* (los peces) 12
floor suelo *m* 10
floor (of a building) piso *m* 10
flowers flores *f, pl.* 5
flu gripe *f* 9
fly mosca *f* 12
food, main meal comida *f* 3
foot pie *m* 9
football fútbol americano *m* 5
for, down, by, along, through por 7
forest bosque *m* 12
forest fires incendios *m, pl.* forestales 12
fork tenedor *m* 10
French (language) francés *m* 2
french fries papas fritas 4
frequently frecuentemente 6
frequently con frecuencia 2
Friday viernes 1
fried frito/a 4
friend amigo/a *m/f* 3
friendly, kind amable 3
friendship amistad *f* 11
from where? ¿de dónde...? 4
fruit fruta *f* 3
full-time job trabajo *m* a tiempo completo 5
furniture muebles *m, pl.* 10

G

game, match partido *m* 5
garage garaje *m* 10
garbage basura *f* 12
garbage can bote de basura *m* 10
garden jardín *m* 10
garlic ajo *m* 4
gas gasolina *f* 12
gel gel *m* 6
generally generalmente 6
German (language) alemán *m* 2
gift regalo *m* 8
girl chica *f* 3
girl muchacha *f* 3
girlfriend novia *f* 3
glass (drinking) vaso *m* 10
global warming calentamento global *m* 12
gloves guantes *m, pl.* 8
go to the pharmacy Vaya a la farmacia 9
goblet copa *f* 10

gold oro *m* 8
golf golf *m* 5
good bueno/a 3
good afternoon buenas tardes 1
good evening/night buenas noches 1
good morning buenos días 1
good-bye adiós 1
good-looking, pretty bonito/a 3
good-looking, pretty/handsome guapo/a 3
good-looking, pretty/handsome hermoso/a 3
grade, score nota *f* 2
granddaughter nieta *f* 3
grandfather abuelo *m* 3
grandmother abuela *f* 3
grandparents abuelos *m, pl.* 3
grandson nieto *m* 3
grape uva *f* 4
grass hierba *f* 12
gray gris 5
great-grandfather bisabuelo *m* 3
great-grandmother bisabuela *f* 3
green verde 5
green bean judía *f* verde 4
grilled a la parrilla 4
Guatemalan guatemalteco/a *m/f, n., adj.* 1
guitar guitarra *f* 4
gurney camilla *f* 9
gym, gymnasium gimnasio *m* 22

H

hair pelo *m* 9
hair dryer secador *m* de pelo 6
hair dryer secador *m* de pelo 6
half media *f* 1
half-brother medio hermano *m* 3
half-sister media hermana 3
ham jamón *m* 4
hamburger hamburguesa *f* 4
hand mano *f* 9
happy contento/a 3
hardworking trabajador/a 3
hat sombrero *m* 8
he; *obj. prep. pron.* him él *m, subj.* 6
head cabeza *f* 9
headache dolor *m* de cabeza 9
headache dolor *m* de cabeza *f* 9
headphones audífonos *m, pl.* 2
health salud *f* 8
heart corazón *m* 9
hello/hi hola 1
here aquí 3
high school colegio *m* 3
him, you, it lo *dir. obj. m* 5
his, her, its, your (*formal*), their su/ sus 2

(of) his, (of) hers, (of) theirs, (of) yours (*formal*) suyo/a/os/as 8
history historia *f* 2
home, house casa 2
homemaker amo/a *m/f* de casa 6
homework, assignment, task tarea *f* 2
Honduran hondureño/a *m/f, n., adj.* 1
honest, sincere sincero/a 11
honeymoon luna de miel 11
horse caballo *m* 12
hospital hospital *m* 9
hot (temperature, not spiciness) caliente 5
house keeper amo/a *m/f* de casa 2
how are you? (*formal*) ¿cómo está usted?
how are you? (*informal*) ¿cómo estás? 1
how are you? (*informal*) ¿qué pasa? 1
how many? ¿cuántos/as? 3
how much? ¿cuánto/a? 4
how? ¿cómo? 1
husband esposo *m* 3
husband marido *m* 3

I

I yo *subj. pron.* 1
I am sorry Disculpe 1
I hope ojalá que... 11
I want to introduce . . . to you (*informal*); *reflex. pron.* yourself (*informal*) te presento 1
I would like quisiera 4
I'm (so) sorry lo siento (mucho) 1
ice hielo *m* 4
ice cream helado *m* 4
immediately inmediatamente 6
in front of delante de 7
in front of, opposite enfrente de 7
in front of, opposite, facing frente a 7
in order to (do something) para que 12
in style a la moda 8
in the afternoon por la tarde 2
in the afternoon; P.M. (in the afternoon) de la tarde; por/en la tarde 2
in the evening, at night por la noche 2
in the evening, at night; P.M. (in the evening, at night) por/en la noche 1
in the morning por/en la mañana 2
in the morning por la mañana 2
in, at; on en 2; 7
inexpensive barato/a 8
infancy infancia *f* 11
infection infección *f* 9
injection inyección *f* 9
insects insectos *m, pl.* 12
inside dentro de 7
instead of en vez de 7
intelligent inteligente 3
island isla *f* 12
it rains llueve 5

it's (very) cloudy nublado 5
it's (very) cold hace (mucho) frío 5
it's (very) hot/cool/cold/sunny/ windy hace (mucho) calor/fresco/ frío/sol/ viento 5
it's raining está lloviendo 5
it's snowing está nevando 5
it's snowing nieva 5
it's sunny hace sol 5
Italian (language) italiano m 5

J

jacket chaqueta f 8
jam mermelada f 4
January enero 1
Japanese (language) japonés m 5
jealous celoso/a 11
jeans jeans m, pl. 8
jeans vaqueros m, pl. 8
jewelry joyas f, pl. 8
jewelry shop joyería f 7
journalist periodista f/m 6
juice jugo m 4
juice zumo m 4
July julio 1
June junio 1
jungle selva f 12

K

kayak kayak m 12
keyboard teclado m 2
kitchen cocina f 10
knife cuchillo m 10

L

laboratory laboratorio m 2
lake lago m 5
lamp lámpara f 10
last night anoche 6
last week semana f pasada 6
last weekend fin de semana pasado 6
last year/month/summer pasado: el año/ mes/ verano 6
later más tarde 2
Lawyer abogado/a m/f 6
lazy perezoso/a 3
leather cuero m 8
leave, depart, to go away irse 11
leaves hojas f, pl. 5
leg pierna f 9
lemon limón m 4
less menos 4
lesson lección f 2
letter carta f 7
lettuce lechuga f 4
library biblioteca f 2
life vida f 11
light luz f 10
lightning relámpago m 12

line (of people or things) cola f 7
line (of people or things) fila f 7
lip labio m 9
literature literatura f 2
little (quantity) poco/a m/f, adj. 4
little poco adv. 4
living room sala f 10
lobster langosta f 4
long largo/a 8
long distance call llamada de larga distancia 11
long-/short-sleeved de manga larga/ corta 8
long-sleeved de manga larga 8
love amor m 11
love at first sight amor a primera vista 11
lunch almuerzo m 4
lung pulmón m 9

M

magazine revista f 7
mailbox buzón m 7
makeup maquillaje m 6
mall, shopping center centro comercial 7
man hombre m 3
map mapa m 2
March marzo 1
market mercado m 3
married casado/a 11
mathematics matemáticas f, pl. 2
May mayo 1
me mí obj. prep. pron. 6
me; ind. obj. me (to/for me); refl. pron. myself me dir. obj. 5
meat, beef carne f 4
metro, subway metro m 7
Mexican mexicano/a m/f, n., adj. 1
microwave microondas m 10
midnight medianoche f 1
milk leche f 4
mirror espejo m 10
Monday lunes m 1
money dinero m 6
month mes m 1
moon luna f 12
more más 4
mosquito mosquito m 12
mother madre f 3
mother-in-law suegra f 3
mountain biking ciclismo m de montaña 12
mountain climbing alpinismo/el andinismo m 12
mountain climbing andinismo m, alpinismo m 11
mountains montañas f, pl. 3
mouse ratón m 2
mouth boca f 9
movie theater, cinema cine m 7

much, a lot; mucho/a/os/as m/f mucho adv. adj.
much, a lot, many times, often muchas veces f 8
museum museo m 7
music música f 2
my mi/mis 2
my name is . . . me llamo... 1
my soul mate, other half mi media naranja 11

N

napkin servilleta f 10
nasal congestion congestión f nasal 9
natural resources recursos m, pl. naturales 12
nature naturaleza f 12
nausea náuseas f, pl. 8
near cerca de 7
neck cuello m 9
necklace collar m 8
neighbor vecino/a m/f 10
neither . . . nor ni... ni 8
neither, not either tampoco 8
nephew sobrino m 3
nervous nervioso/a 3
never nunca 2
new nuevo/a 3
newlyweds recién casados m, pl. 11
news noticias f, pl. 7
newspaper periódico m 7
newsstand quiosco m 7
next próximo/a 5
next month/year/summer el próximo mes/ año / verano 5
Nicaraguan nicaragüense m/f, n., adj. 1
nice meeting you too igualmente 1
nice, likeable simpático/a 3
niece sobrina f 3
night noche f 1
nightstand mesita f de noche 10
no one, nobody nadie 8
no, none, no one ningún (ninguno/a) 8
noise ruido m 10
noon mediodía m 1
normally normalmente 6
nose nariz f 9
nor, not even ni 8
not much (informal) pues nada 1
notebook cuaderno m 2
notes apuntes m, pl. 2
nothing nada 8
November noviembre 1
now ahora 2
nurse enfermero/a m/f 6

O

ocean océano m 12
October octubre 1

of mine mío/a/os/as 7
of yours (*informal*) tuyo/a/os/as 7
of, from de *prep* 1
office oficina *f* 2
oil aceite *m* 4
OK, so-so regular 1
old viejo/a 3
old (elderly); older mayor 3
old age vejez 11
olive aceituna *f* 4
on sobre 7
on time a tiempo 2
on top of, above encima de 7
once, one time una vez 9
onion cebolla *f* 4
open abierto/a 3
open your mouth abra la boca 9
or o 8
or . . . either o... o 8
orange (color) anaranjado/a 5
orange (fruit) naranja *f* 4
other otros/as 4
ought to, should (do something) deber + *infinitive* 5
our; (of) ours nuestro/a/os/as 8
outdoors aire libre *m* 12
outer space exploration exploración *f* del espacio 15
outside fuera de 7
oven horno *m* 10
ozone layer capa *f* de ozono 12

P

package paquete *m* 7
page página *f* 2
pants pantalones *m, pl.* 8
paper papel *m* 2
paramedics paramédicos *m, pl.* 9
pardon me, excuse me con permiso 1
pardon me, excuse me perdón 1
parents padres *m, pl.* 3
park parque *m* 7
partner, significant other, couple pareja *f* 11
part-time job trabajo a tiempo parcial 5
party fiesta *f* 2
pastry shop, bakery pastelería *f* 7
patient paciente *m/f* 9
pea guisante *m* 4
peach durazno *m* 4
peach melocotón *m* 4
pear pera *f* 4
pen bolígrafo *m* 2
pen pluma *f* 2
pencil lápiz *m* 2
people gente *f* 7
pepper pimienta *f* 4
personally personalmente 6
pharmacy farmacia *f* 9

philosophy filosofía *f* 2
phone book guía *f* telefónica 11
physics física *f* 2
picture, painting cuadro *m* 4
pie, pastry pastel *m* 4
pig cerdo *m* 12
pineapple piña *f* 4
pink rosado/a 5
pizzeria pizzería *f* 7
place lugar *m* 7
planet planeta *m* 12
plant planta *f* 12
play obra *f* de teatro 7
plaza, town square plaza *f* 7
please por favor 1
pleased to meet you mucho gusto 1
poisonous pesticide tóxico/pesticida *f* 12
political science ciencias *f, pl.* políticas 2
pollution contaminación *f* 12
poor pobre 3
Poor me! (What am I going to do?) ¡Ay de mí! 14
pork carne de cerdo/puerco *f* 4
pork chop chuleta *f* de cerdo 4
pork chop chuleta *f* de cerdo/puerco 4
possibly posiblemente 6
post card tarjeta postal 7
post office oficina de correos 8
poster póster, afiche *m* 10
potato papa *f* 4
potato patata *f* 4
pregnant embarazada 9
prescription receta *f* 9
price precio *m* 8
printer impresora *f* 2
probably probablemente 6
problem problema *m* 12
professor profesor/a *m/f* 2
psychology psicología *f* 2
Puerto Rican puertorriqueño/a *m/f, n., adj.* 1
purple morado/a 5
purse, bag bolso/a *m* 8

Q

question pregunta *f* 2
quiz prueba *f* 2

R

raft balsa *f* 12
rafting balsismo *m* 12
rain lluvia *f* 5
raincoat impermeable *m* 8
rapidly rápidamente 6
rarely casi nunca 2
razor rasuradora *f* 6
recently recientemente 6
reception, front desk recepción *f* 9

receptionist recepcionista *m/f* 9
red rojo/a 5
refrigerator refrigerador *m* 10
relative pariente *m* 3
religion religión *f* 2
responsible responsable 3
rest descanse 9
restaurant restaurante *m* 2
rice arroz *m* 4
rich rico/a 3
ring anillo *m* 8
ring sortija *f* 8
river río *m* 15
roof techo *m* 10
room cuarto *m* 2
room habitación *f* 10
roommate compañero/a *m/f* de cuarto 6
round trip ticket billete/boleto de ida y vuelta 13
routine rutina *f* 6
rug, carpet alfombra *f* 10
Russian (language) ruso *m* 5

S

sad triste 3
salad ensalada *f* 4
sales rebajas *f* 8
salt sal *f* 4
sand arena *f* 12
sand castle castillo de arena *m* 12
sandals sandalias *f, pl.* 8
sandwich bocadillo *m* 4
sandwich sándwich *m* 4
Saturday sábado *m* 1
sausage chorizo *m* 4
sausage salchicha *f* 4
Say ah! Diga ¡ah! 9
scarf bufanda *f* 8
schedule horario *m* 13
scissors tijeras *f, pl.* 6
screen pantalla *f* 2
sea mar *m* 12
seafood marisco *m* 3
season estación *f* 4
second floor segundo piso 10
secretary secretario/a *m/f* 6
see you soon hasta pronto 1
see you tomorrow hasta mañana 1
September septiembre 1
serious wound herida *f* grave 9
serious, dependable serio/a 3
shampoo champú *m* 6
shaving cream crema de afeitar *f* 6
she *obj. of prep.* **her** ella *f, subj.* 1
sheet of paper hoja *f* de papel 2
shirt camisa *f* 8
shoe store zapatería *f* 7
shoes zapatos *m, pl.* 8
short bajo/a 3

short corto/a 8
short- sleeved de manga corta 8
shorts pantalones cortos 8
shoulder hombro m 9
shower ducha f 10
shrimp camarón m; gamba f 4
sick enfermo/a 3
silk seda f 8
silver plata f 8
single soltero/a 11
single bed cama sencilla 6
sink (bathroom) lavabo, lavamanos m 10
sink (kitchen) fregadero m 10
sister hermana f 3
sister-in-law cuñada f 3
size (clothing) talla f 8
skinny flaco/a 3
skirt falda f 8
sky cielo m 12
skyscraper rascacielos m 7
sleeping bag saco m de dormir 12
sleeve manga f 8
slowly lentamente 6
small, little pequeño/a 3
snack merienda f 3
snake serpiente f 12
snow nieve f 5
so that, in order that para + infinitivo 7
soap jabón m 6
soccer fútbol m 5
sociology sociología f 2
socks calcetines m, pl. 8
sofa sofá m 10
soft drink refresco m 4
some unos/unas 2
someone, somebody alguien 8
something algo 8
sometimes a veces 2
son hijo m 3
sore throat dolor de garganta f 9
sore throat dolor m de garganta 9
soup sopa f 4
Spanish español/española m/f, n., adj. 1
Spanish (language) español m 2
spider araña f 12
spoon cuchara f 10
sport deporte m 5
spring primavera f 5
stages of life etapas f, pl. de la vida 11
stairs escalera f 10
stamp estampilla f 7
stamp sello m 7
star estrella f 12
statue estatua f 7
steak bistec m 4
stepbrother hermanastro m 3
stepfather padrastro m 3
stepmother madrastra f 3
stepsister hermanastra f 3
stereo estéreo m 10

Stick out your tongue. Saque la
  lengua. 9
still, yet todavía 4
stockings, hose, socks medias f, pl. 8
stomach estómago m 9
stomach ache dolor de estómago m 9
stomachache dolor m de estómago 9
store clerk dependiente/a m/f 6
store, shop tienda f 6
storm tormenta f 12
stove estufa f 10
strawberry fresa f 4
street calle f 7
stressed estresado/a 3
strong fuerte 3
student alumno/a m/f 2
student estudiante m/f 2
student center centro estudiantil 2
student desk pupitre m 2
student dorm residencia f estudiantil 2
suddenly de repente 9
sugar azúcar m 4
suit traje m 8
summer verano m 5
sun sol m 12
Sunday domingo m 1
sunglasses gafas de sol 8
supper, dinner cena f 3
sweater suéter m 8

T

table mesa f 2
Take a deep breath. Respire
  profundamente. 7
Take aspirin/the pills/the capsules.
  Tome aspirinas/las pastillas/las
  cápsulas. 9
Take liquids. Tome líquidos. 9
take out, to withdraw retirar 7
Take the prescription to the pharmacy.
  Lleve la receta a la farmacia. 9
tall alto/a 3
taxi taxi m 7
tea té m 4
teacher maestro/a m/f 2
teacher's desk escritorio m 2
team equipo m 5
teaspoon cucharita f 10
telephone call llamada f telefónica 11
television set televisor m 2
tennis tenis m 5
tennis shoes zapatos de tenis 8
tent tienda de campaña 12
terrific fenomenal 1
thank you (very much) (muchas)
  gracias 1
thank you/thanks gracias 1
that aquel/aquella adj. 6
that ese/a adj. 6
that que 4

that on aquél/aquélla pron. 6
that one ése/a pron. 6
the el m, definite article 2
the las f, pl. definite article 2
the line is busy línea está ocupada 11
the pleasure is mine el gusto es mío 1
the weather is nice/bad hace buen/
  mal tiempo 5
the; dir. obj. her, you (f), it (f) la f,
  definite article 5
theater teatro m 7
them (f), you (f, pl.) las dir. obj. 5
them, you; m, pl., definite article the
  los m, dir. obj. 6; 2
then entonces 6
then luego 6
there allí 3
there is/are hay 2
thermometer termómetro m 9
these estos/as adj. 6
these estos/as pron. 6
they obj. of prep. them ellas f, subj 1
they obj. of prep. them ellos m, subj 1
thin delgado/a 3
thing cosa f 8
this este/a adj. 6
this afternoon esta tarde 3
this morning esta mañana 2
this one éste/a pron. 6
this, that esta 6
those aquéllos/as pron.; aquellos/as
  adj. 6
those esos/as adj. 6
those ésos/as pron. 6
throat garganta f 9
Thursday jueves m 1
tie corbata f 8
time hora f 1
tired cansado/a 3
to advise aconsejar 11
to answer contestar 7
to arrive llegar 2
to ask preguntar 8
to ask for, request, order pedir (i, i) 4
to attend asistir (a) 2
to avoid evitar 12
to be estar 3
to be ser 2
to be able, can poder (ue) 4
to be afraid tener miedo 12
to be annoying to, to bother
  molestar 11
to be born nacer 11
to be engaged estar comprometido/a 11
to be engaged estar prometido/a 11
to be fascinating to, to fascinate
  fascinar 11
to be glad (about) alegrarse (de) 11
to be hot/cold tener calor/frío 5

to be hungry/thirsty tener hambre/ sed 4

to be important to, to matter importar 12

to be in love (with) estar enamorado/a de 11

to be interesting to, to interest interesar 12

to be jealous tener celos 11

to be married (to) estar casado/a (con) 11

to be on vacation estar de vacaciones f, pl. 12

to be pregnant estar embarazada 11

to be ready estar listo 12

to be ready listo/a: estar... 11

to be seated estar sentado/a 9

to be sleepy, tired tener sueño 6

to be sorry, regret sentir (ie, i) 11

to be standing estar de pie 9

to be sure of estar seguro/a (de) 12

to be together estar juntos/as 11

to be together juntos/as: estar... 11

to begin empezar (ie) (a) 7

to believe creer 11

to break romper 10

to break one's (arm/leg) fracturar(se) (el brazo/ la pierna) 9

to break up (with) romper (con) 11

to bring traer 5

to brush one's hair cepillarse el pelo 6

to brush one's teeth cepillarse los dientes 6

to buy comprar 4

to call llamar 3

to camp acampar 12

to cash, to charge cobrar 7

to change, exchange cambiar 7

to clean limpiar 5

to clear the table quitar:... la mesa 10

to climb (the mountain) escalar (la montaña) 12

to close cerrar (ie) 7

to comb one's hair peinarse 6

to come venir (ie) 5

to communicate comunicarse 11

to complain about quejarse de 11

to contribute contribuir (y) 12

to cook cocinar 4

to cost costar (ue) 4

to cough toser 9

to count, tell, narrate (a story or incident) contar (ue) 7, 8

to cry llorar 11

to cut one's hair/nails/a finger cortarse el pelo/ las uñas/ el dedo 6

to cut oneself cortarse 5

to cut the lawn cortar:... el césped 10

to dance bailar 5

to delight encantar 11

to deposit depositar 7

to die morir (ue, u) 7

to do, make hacer 2

to doubt dudar 12

to draw blood sacar sangre 9

to drink beber 2

to drive manejar 5

to dry (oneself) secarse 6

to dry the dishes secar:... los pl.atos 9

to eat comer 2

to enchant encantar 11

to enter, go into entrar (en/a) 7

to examine examinar 9

to exercise, to do exercises hacer ejercicio 5

to exercise, work out, do exercises hacer ejercicio 5

to explain explicar 8

to fall in love (with) enamorarse (de) 11

to fear, be afraid of temer 11

to feel sentirse (ie, i) 9

to feel like (doing something) tener ganas de + infinitivo 5

to find encontrar (ue) 7

to find out, inquire averiguar 6

to finish terminar 7

to fish pescar 12

to forget olvidar/ olvidarse de 11

to get (stand) in line hacer cola 7

to get (stand) in line hacer fila 6

to get a grade sacar una nota 2

to get along well/badly llevarse bien/ mal 11

to get angry enojarse 11

to get divorced divorciarse 11

to get dressed vestirse (i) 6

to get engaged (to) comprometerse (con) 11

to get married (to) casarse (con) 11

to get tired cansarse 9

to get up levantarse 6

to get/become sick enfermarse 9

to give dar 5

to give (as a gift) regalar 8

to give a shot/vaccination poner una inyección/ una vacuna 9

to give birth dar a lu 11

to go ir 2

to go down bajar 10

to go on a cruise, take a trip on a ship/ boat/cruise ship hacer un viaje en crucero/ en barco 12

to go on vacation ir(se) de vacaciones 12

to go out (with), date salir (con) 11

to go parachute jumping saltar en paracaídas 12

to go parasailing practicar el parasail 12

to go shopping ir de compras 5

to go snorkeling hacer esnórquel 12

to go to bed acostarse (ue) 6

to go to sleep, to fall asleep dormir (ue) 6

to go up subir 10

to go white-water rafting rafting: practicar el... 12

to go white-water rafting practicar el descenso de ríos 12

to have a good time divertirse (ie) 6

to have breakfast desayunar 2

to have dinner cenar 2

to have lunch almorzar (ue) 4

to have to . . . (do something) tener que + infinitivo 5

to hear oír 5

to help ayudar (a) 10

to hug abrazar 3

to hurt oneself lastimarse 9

to insist (on) insistir (en) 11

to intend/plan (to do something) pensar (ie) + infinitivo 5

to invest invertir (ie, i) 7

to invite invitar (a) 7

to keep guardar 10

to kill matar 11

to kiss besar 3

to know (facts, information); to know how to (skills) saber 5

to laugh at reírse (de) 11

to learn aprender 2

to leave a message dejar un mensaje 11

to leave, go out salir 2

to lend prestar 8

to lie mentir 11

to lift weights levantar pesas 5

to like gustar 4

to listen to escuchar 2

to live vivir 2

to look at mirar 8

to look for buscar 2

to lose perder (ie) 7

to love amar 3

to make an appointment hacer una cita 9

to make the bed hacer la cama 10

to meet up (with) (by chance) encontrarse (ue) (con) 11

to meet, get together reunirse (con) 11

to meet, know, be acquainted with conocer 5

to miss extrañar 11

to move (from house to house) mudarse 10

to move (oneself) mover(se) (ue) 10

to need necesitar 4

to open abrir 7

to paint pintar 5

to pay (for) pagar 7

to pick up, gather recoger 12

to play (instruments) tocar 5

to play/to play (sport) jugar (ue)/ jugar al (deporte) 5
to practice practicar 2
to prefer preferir (ie, i) 4
to prepare preparar 2
to prevent prevenir 12
to print imprimir 2
to protect proteger 12
to put on (shoes, clothes, etc.) ponerse (los zapatos, la ropa, etc.) 6
to put on makeup maquillarse 6
to put, place poner 5
to rain llover (ue) 5
to read leer 2
to really like, love; to delight, to enchant encantar 12
to receive recibir 7
to recommend recomendar (ie) 11
to recycle reciclar 12
to reduce reducir 12
to remember acordarse (ue) de 11
to remember recordar (ue) 11
to rent alquilar 10
to repeat repetir (i, i) 7
to rest descansar 5
to return regresar 2
to return (something) devolver (ue) 8
to return, to go back volver (ue) 4
to ride horseback montar a caballo 12
to ring, to sound sonar (ue) 6
to row remar 12
to run correr 5
to save (money) ahorrar 7
to save, conserve conservar 12
to say, tell decir (i) 5
to scuba dive, skin dive bucear 12
to see ver 5
to sell vender 4
to send enviar 2
to send mandar 2
to separate separarse (de) 11
to serve servir (i, i) 4
to set the table poner la mesa 10
to shave afeitarse 6
to show mostrar (ue) 8
to sign firmar 7
to sing cantar 5
to sit down sentarse (ie, i) 9
to ski esquiar 5
to sleep dormirse (ue) 4
to smoke fumar 5
to sneeze estornudar 9
to snow nevar (ie) 5
to solve/resolve resolver (ue) 10
to speak hablar 2
to spend gastar 7
to spend (time), to happen, pass pasar 7
to sprain (one's ankle) torcer(se) (ue) 9
to stay quedarse 9
to study estudiar 2

to suffer sufrir 15
to suggest sugerir (ie, i) 11
to sunbathe tomar el sol 5
to surf hacer surf 12
to surf the Web navegar por la red 2
to swim nadar 12
to take a bath, bathe bañarse 6
to take a hike dar una caminata 12
to take a shower ducharse 6
to take a walk/stroll dar un paseo 5
to take care of cuidar 2
to take notes tomar apuntes m, pl. 2
to take off (clothes, etc.) quitarse la ropa 6
to take one's blood pressure tomar la presión arterial 9
to take one's pulse tomar el pulso 9
to take one's temperature tomar la temperatura 9
to take out the garbage sacar la basura 10
to take photos sacar fotos f, pl. 11
to take photos tomar fotos f, pl. 12
to take, drink tomar 4
to think pensar (ie) 4
to think about (someone or something) pensar (ie) en 11
to tidy (the room) ordenar (el cuarto) 10
to travel viajar 5
to turn off apagar 10
to turn on prender 10
to understand comprender 2
to understand entender (ie) 4
to use usar 2
to vacuum pasar la aspiradora 10
to visit visitar 3
to vomit vomitar 9
to wait (for); to hope, expect esperar 7; 11
to wake up despertarse (ie) 6
to walk caminar 5
to want, love querer (ie) 4
to wash one's hands/face lavarse las manos/ la cara 6
to wash oneself lavarse 5
to wash the dishes lavar:... los platos 10
to waste desperdiciar 12
to watch TV ver la tele(visión) 5
to wear llevar 8
to win, to earn, make money ganar 5; 6
to work; trabajar para... to work for trabajar 6
to worry (about) preocuparse (por) 9
to write escribir 2
to x-ray sacar una radiografía 9
today hoy 1
toilet inodoro m 10
toilet paper papel higiénico 6
tomato tomate m 4
tomorrow, morning mañana f 1

tongue lengua f 9
tonight esta noche 2
tooth diente m 9
toothbrush cepillo de dientes 6
toothpaste pasta f de dientes 6
towel toalla f 6
trash can cubo m de la basura 10
traveler's check cheque de viajero 7
tree árbol m 5
T-shirt, undershirt camiseta f 8
Tuesday martes m 1

U

ugly feo/a 3
umbrella paraguas m 8
umbrella sombrilla f 8
uncle tío m 3
understanding comprensivo/a 11
underwear ropa f interior 8
unfortunately desafortunadamente 6
upon (doing something) al + infinitivo 7
Uruguayan uruguayo/a m/f, n., adj. 1
us; ind. obj. us (to/for us); refl. pron. ourselves nos dir. obj. 5

V

vacation vacaciones f, pl. 12
vaccination vacuna f 9
valley valle m 12
VCR, video VCR m 2
vegetable legumbre f 3
vegetable verdura f 3
very muy 3
very well muy bien 1
vinegar vinagre m 4
volleyball voleibol m 5
vomit vómito m 9

W

waiter/waitress mesero/a m/f 6
waiting room sala de espera 9
wall pared f 10
wallet billetera/la cartera f 8
wallet cartera f 8
want, wish desear 4
war guerra f 15
washer lavadora f 10
wastebasket papelera f 2
water agua f (but el agua) 4
waterfall cascada f 12
waterfall catarata f 12
watermelon sandía f 4
wave ola f 12
we; obj. prep. us nosotros/as m/f, subj. pron. 1
weak débil 3
weather clima m 5
weather tiempo m 5
Web page página web 2

Web site sitio web *m* 2
wedding boda *f* 11
Wednesday miércoles *m* 1
week semana *f* 1
weekend fin *m* de semana 2
well pues 1
what ¿qué? 4
what, that which lo que 4
what's happening? (informal) ¿qué tal? 1
what's new? (*informal*) ¿qué hay de nuevo? 1
What's your name (*formal*)? ¿Cómo se llama usted? 1
What's your name? (*informal*) ¿Cómo te llamas? 1
wheel chair silla de ruedas 9
when cuando 4
when? ¿cúando? 2
where ¿dónde? 3
(to) where? ¿adónde? 2
which (one)? ¿cuál? 4
which (ones)? ¿cuáles? 4
while mientras 9
white blanco/a 5
who? ¿quién/quiénes? 3

whose? ¿de quién? 4
why? ¿por qué? 4
widower/widow viudo/a *m/f* 11
wife esposa *f* 3
window ventana *f* 2
wine vino *m* 4
winter invierno *m* 5
with con 4;
without sin 4
woman, wife mujer *f* 3
wool lana *f* 8
work trabajo *m* 6
world mundo *m* 12
worried preocupado/a 3
worse Peor 10

Y

year año *m* 4
years old tener... años 3
yellow amarillo/a 5
yesterday ayer 6
you (*formal*); *obj. prep.* you (*formal*) usted *subj. pron.* 1; 6
you (*informal*) ti *obj. prep.* 6

you (*informal*) tú *subj. pron.* 1
you (*informal*) ; *ind. obj.* you (to/for you) (*informal*) te *dir. obj.* 5
you (informal, pl., Sp.); *obj. prep.* you (*informal, pl., Sp.*) vosotros/as *m/f*, *subj* 6
you (*pl.*); *ind. obj.* you (to/for you); *refl. pron.* yourselves os *dir. obj.* 5
you (*pl.*); *obj. prep.* you (*pl.*) ustedes *subj. pron.* 1; 6
you, him, her (to/for . . .) le *ind. obj.* 8
you, them (to/for you, them) les *ind. obj.* 8
you're welcome de nada 1
young joven 3
young people, adolescents jóvenes *m, pl. /*los adolescentes 11
younger menor 3
your (*informal*) tu/tus 2
your (*informal*); (of) yours (*informal*) vuestro/a/os/as 7
yourself, himself, herself, themselves se *reflex. pron.* 5
youth juventud *f* 11

Índice

Credits

Glowimages/Age Fotostock America, Inc. (top left). Page 298: Jose Luis Pelaez/Age Fotostock America, Inc. (top center). Page 298: Glowimages/Age Fotostock America, Inc. (top right). Page 298: Jon Feingersh Photogr/Age Fotostock America, Inc. (bottom left). Page 298: Jose Luis Pelaez, Inc/Age Fotostock America, Inc. (bottom center). Page 298: Photodisc/Age Fotostock America, Inc. (bottom right). Page 301: Gustavo Andrade/StockFood Munich/StockFood America. Page 304: Image Bank/Getty Images, Inc. (bottom left). Page 304: IT Stock/SUPERSTOCK (top left). Page 305: Alexander Rieser/Alamy (top right). Page 305: Jon Spaull/Glow Images (top left). Page 305: Carlos Alvarez/Getty Images, Inc. (bottom right). Page 306: IT Stock/SUPERSTOCK (top left). Page 306: Loris Barbazza/Getty Images, Inc. (top right). Page 306: ©AP/Wide World Photos (bottom left). Page 306: Exactostock/SuperStock (bottom right). Page 308: Lynn Johnson/Aurora Photos. Page 309: Michelly Rall/Getty Images, Inc. Page 313: Stephan Wallgren/AFP/Getty Images, Inc. Page 314: Jim Parkin/iStockphoto (right). Page 314: Felicia Martinez/PhotoEdit (left).

Chapter 10

Page 328: Sven Larrson PC/SuperStock. Page 342: Richard Wareham Fotografie/Alamy (top left). Page 342: Age Fotostock /SuperStock (top right). Page 342: brianlatino/Alamy (bottom). Page 343: Robert Harding Picture Library/Alamy (top left). Page 343: Age Fotostock /SuperStock (top right). Page 343: NewsCom (bottom right). Page 343: Gary M. Prior/Getty Images, Inc. (bottom). Page 350: Timothy Ross/The Image Works. Page 356: Alamy Images (top left). Page 356: Jose L. Palaez/©Corbis (top center). Page 356: WireImageStock/Masterfile (top center). Page 356: Courtesy of Laila Dawson (center left). Page 356: Courtesy of Laila Dawson (center). Page 356: John A. Rizzo/Digital Vision/Punchstock (center right). Page 356: Adalberto Ríos Szalay/Age Fotostock America, Inc. (bottom left). Page 356: Courtesy of Laila Dawson (bottom center). Page 356: Courtesy of Laila Dawson (bottom right). Page 358: Courtesy of Kim Potowski.

Chapter 11

Page 366: Robert Johnson/OJO Images/Getty Images, Inc. Page 376: IT Stock/SUPERSTOCK (top right). Page 376: Danny Lehman/©Corbis (top left). Page 376: Dixon Hamby/Alamy (bottom left). Page 377: Gonzalo Azumendi/Age Fotostock America, Inc. (top left). Page 377: Alfredo Maiquez/Age Fotostock America, Inc. (top right). Page 377: Will & Deni McIntyre/Photo Researchers, Inc. (center left). Page 377: ©AP/Wide World Photos (bottom). Page 385: Gonzalo Azumendi/Age Fotostock America, Inc. Page 387: Juan Barreto/AFP/Getty Images, Inc. Page 388: Clive Sawyer PCL/SuperStock.

Chapter 12

Page 406: Age Fotostock/SuperStock. Page 416: Sue Cunningham/Danita Delimont. Page 418: JOHN KEPSIMELIS/Reuters/Landov LLC (top). Page 418: Peter Christopher/Masterfile (bottom). Page 419: M. Algaze/The Image Works. Page 420: JEFFREY ARGUEDAS/epa/©Corbis (bottom). Page 421: Age Fotostock/SUPERSTOCK (left). Page 421: Wolfgang Kaehler/©Corbis (right). Page 421: Courtesy of Laila Dawson (bottom). Page 425: Steven Miric/iStockphoto (left). Page 425: Axiom Photographic Limited/SuperStock (right). Page 426: Michael Fogden/Animals Animals/Earth Scenes (top). Page 426: Libor Tomáštík/iStockphoto (bottom). Page 428: Somos/Age Fotostock America, Inc. Page 429: ©AP/Wide World Photos (top). Page 430: Robert Harding Picture Library Ltd/Alamy (bottom left). Page 430: Carsten Reisinger /Alamy (center right). Page 430: Michael & Patricia Fogden/Minden Pictures/Getty Images (bottom right). Page 430: Ken Welsh/Age Fotostock America, Inc. (top left). Page 430: Jorge Mujica/NewsCom (top right). Page 430: Man W. Hunn/SUPERSTOCK (bottom center). Page 431: IT Stock Free/SUPERSTOCK (top left). Page 431: SUPERSTOCK (top right). Page 431: Richard Bradley/Alamy (bottom). Page 432: Courtesy of Laila Dawson. Page 433: Bridgeman Art Library/NY.

TEXT CREDITS

The following readings are reprinted by permission of Punto y coma (Habla con eñe Publishers):

CHAPTER 2 *Page 59:* "Salamanca: Un clásico"

CHAPTER 3 *Page 93:* "Enciclopedia del español en los Estados Unidos"

CHAPTER 4 *Page 132:* "Pedro y la fábrica de chocolate"

CHAPTER 5 *Page 171:* "La realidad virtual"

CHAPTER 6 *Page 210:* "Vivir a la española"

CHAPTER 7 *Page 248:* "El Tortoni: Café con historia"

CHAPTER 8 *Page 286:* "Peseta: La democratización de lo exclusivo"

CHAPTER 9 *Page 320:* "Ayurdveda: La ciencia de la vida"

CHAPTER 10 *Page 359:* "Gaudi y Barcelona"

CHAPTER 11 *Page 398:* "Los amantes de Teruel"

CHAPTER 12 *Page 430:* "Cinco horas de pura adrenalina: Tour en bicicleta por la ruta a Yunguas"

REALIA CREDITS

CHAPTER 4 *Page 107:* © Chef Merrito holds all rights to this material. Printed with permission.

CHAPTER 6 *Page 183:* © Copyright Colgate-Palmolive Company. Printed with permission.

CHAPTER 12 *Page 421:* © United Nations Environment Programme, www.unep.org. Promotional material for World Environment Day, 2007. Page 432: © Experiencias Xcaret, all rights reserved. Printed with permission.

The author/editor and publisher gratefully acknowledge the permission granted to reproduce the copyright material in this book. Every effort has been made to trace copyright holders and to obtain their permission for the use of copyright material. The publisher apologizes for any errors or omissions in the above list and would be grateful if notified of any corrections that should be incorporated in future reprints or editions of this book.

Preguntas de comprensión

Esta sección incluye preguntas de comprensión para usar con la presentación ilustrada del vocabulario al principio de cada capítulo en la sección *Así se dice*. Recomendamos que lea las preguntas si los estudiantes han estudiado el vocabulario activo antes de clase. Si no lo han hecho, deje unos minutos para que lo revisen en clase.

Capítulo 2

La vida universitaria

Así se dice, p. 34

En el laboratorio

1. Alfonso está en el laboratorio, ¿qué usa para imprimir el trabajo, la impresora o la papelera?

2. ¿Dónde hay papel? ¿Hay papel en la papelera? (…) ¿Hay papel en la impresora?

3. Carmen practica español en el laboratorio, ¿qué usa, un CD o un diccionario?

4. Natalia usa la computadora, busca información, ¿qué hace, navega por la red o manda un mensaje electrónico? (…) ¿Qué usa, el teclado o el ratón?

5. Javier está en el laboratorio también, ¿qué usa, una computadora o un televisor? (…) ¿Usa el teclado o el ratón?

6. ¿Qué hace Pepita en la computadora, escribe un trabajo o escribe un mensaje electrónico?

En la clase

7. ¿Cuántos profesores hay en el aula? (…) ¿Cuántos estudiantes hay?

8. ¿Qué usa la profesora en la clase? ¿Una una computadora? (…) ¿Usa la pizarra? (…) También usa . . .

9. ¿Qué objetos están asociados? ¿La pizarra y la tiza o la pizarra y el bolígrafo? (…) ¿El lápiz y el papel o el lápiz y la calculadora? (…) ¿El diccionario y los números o la calculadora y el español? (…) ¿la puerta y la ventana o la puerta y el cuaderno? (…) ¿La silla y el borrador o la silla y el escritorio?

10. ¿Hay tarea para mañana?

11. ¿Hay un reloj? (…) ¿Qué hora es?

12. ¿Quién tiene un lápiz, la profesora o Linda? (…) ¿Quién tiene tres lápices? (…) ¿Y quién tiene plumas? (…) ¿Cuántas plumas tiene, dos o tres?

13. ¿La profesora tiene una mochila? (…) ¿Quién tiene una mochila?

14. ¿Cuántos libros tiene Manuel: tres o cuatro?

Capítulo 3

Así es mi familia

Así se dice, p. 68

1. ¿Es cierto o falso?

   a. Noé es abuelo de Ricardo.

   b. Tere es nieta de Lucía.

   c. Julia es prima de Elisa.

   d. Andrés es hijo de José.

   e. Julia es hija de Tina.

   f. Elena es nieta de Tina.

   g. Ricardo es primo de Clara.

   h. Noé es tío de Antonio.

   i. Julia es tía de Tere.

   j. Noé es suegro de Julia.

2. (señale la primera foto) Observa las fotos. En la foto de Andrés y Julia, ¿son esposo y esposa? (…) ¿son novio y novia? (…) ¿Andrés es el novio o la novia? (…) ¿Quién es la novia?

3. (señale la segunda foto) En la foto de Andrés, Julia y sus padres, ¿son Andrés y Julia novios? (…) ¿Qué son? (…) Julia es la esposa, ¿quién es Andrés? (…) ¿Cómo se llaman los suegros de Andrés? (…) ¿y cómo se llaman los suegros de Julia?

4. (señale la tercera foto) En la foto de Elena y Juanito, ¿son Elena y Juanito primos? (…) ¿Son novios? (…) ¿Son hermanos?

5. (señale la cuarta foto) En la foto de Elena, Juanito y Noé, ¿quién es Noé para Elena y Juanito? ¿es su tío o su abuelo? (…) Hay otro abuelo, ¿cómo se llama el otro abuelo? (…)

6. (señale la última foto) En la foto de todos, los abuelos llegan en coche para celebrar el cumpleaños de Juanito. ¿Cómo se llama la abuela? (…) ¿Cómo se llama la mujer con la bebé? (…) ¿Es la tía la bebé? (…) ¿Es su mamá? (…)

   ¿Es Clara la hermana de Juanito? (…) ¿Cómo se llama la otra hermana?

   ¿Están los primos de Juanito en la foto?

   ¿Cuántos años tiene Juanito hoy? (señale las velas encima de pastel)

   ¿Hay una piñata?

   ¿Está el tío Antonio en la foto? (…) ¿Y cómo se llama la esposa de Antonio?

   ¿Hay animales en esta foto? (…) ¿hay dos gatos? (…) ¿Cuántos gatos hay? ¿uno o dos? (…) ¿hay perros? (…) ¿Cuántos perros hay?

   ¿Cuántas personas hay en la fiesta? (…) ¿Cuántos niños hay?

   La arquitectura de la casa, ¿es colonial o contemporánea? (…) ¿Viven todos en la casa?

Capítulo 4

¡A la mesa!

Así se dice, p. 102

1. ¿Dónde están estas personas?

2. En el mercado hay mucha variedad de frutas, verduras, carne, pescado y mariscos. ¿Qué son estas cosas? Por ejemplo, las fresas son frutas.

   las chuletas de puerco son...

   el maíz es...

   el chorizo es...

   las manzanas son...

   las zanahorias son...

   la langosta es...

   las piñas son...

   las judías verdes son...

   el ajo es...

   las uvas son...

   las cebollas son...

   el bistec es...

   las sandías son...

   los frijoles son...

   las naranjas son...

   el jamón es...

3. ¿Qué come Juanito? ¿Una fresa o una cereza?

4. ¿Qué compra esta señora? ¿Uvas o tomates?

5. ¿Cuál es tu fruta favorita: bananas, fresas, cerezas... ?

6. ¿Cuál es tu verdura favorita: patatas, guisantes, bróculi... ?

7. ¿Qué hacen los clientes del mercado? ¿Compran o venden? (...) ¿Y los empleados?

8. ¿Qué va a comprar la señora? ¿Pescado o carne? (...) ¿Qué tipo de carne: res, puerco o pollo?

9. ¿Cuántos pollos ven en el mercado?

10. ¿Y qué va a comprar el señor? ¿Pescado o carne?

11. ¿Tú qué prefieres: pescado, carne o marisco?

Capítulo 5

Recreaciones y pasatiempos

Así se dice, p. 142

1. ¿Qué hace la mujer que está en el lago, nada o esquía? (...) ¿Y el hombre que está en el lago?

2. Rubén ¿escucha música? (...) ¿Toca un instrumento? (...) ¿Qué instrumento? (...) ¿Y qué más hace: canta o fuma?

3. Inés está cerca del lago. ¿Qué hace? ¿Lee o toma el sol?

4. ¿Quién lee? (...) ¿Qué otra cosa hace?

5. ¿Quién monta en bicicleta?

6. ¿Quiénes dan un paseo por el parque?

7. ¿Quién descansa? (...) ¿Qué más hace Héctor? (...) ¿Es bueno o malo para Héctor?

8. ¿Quién o quiénes usan una pelota hoy? (...) ¿Quién juega al baloncesto? (...) ¿Quién juega al vólibol? (...) ¿Quién juega al tenis? (...)

9. ¿Quién hace ejercicio?

10. Pepita no camina por el parque. ¿Qué hace?

11. ¿Quién pinta un cuadro?

12. ¿Quién levanta pesas?

13. ¿Quién corre? (...) ¿Quién corre más rápido, Juanito o su perro?

Capítulo 6

La vida diaria

Así se dice, p. 180

1. Es por la mañana, ¿dónde está Celia, en la bañera o en la cama? (...) ¿Suena el teléfono o suena el despertador? (...) ¿Debe despertarse o debe dormirse? (...) Y Camila, ¿qué hace? (...) ¿Se levanta o se acuesta?

2. Cristina está en la bañera. ¿Qué hace? ¿Se lava o se baña? (...) ¿Y Rosa? (...) ¿Quién usa el secador? (...) ¿El secador es para secarse o para cortarse el pelo? (...) ¿Y las tijeras?

3. Inés se está maquillando. ¿Piensas que va a estudiar o va a salir esta noche? (...) ¿Qué usa Lupe para cepillarse el pelo? (...) ¿Qué usa Pepita para peinarse?

4. En el otro cuarto, los chicos van a salir. ¿Alex se pone o se quita los zapatos?

5. Pedro y Alfonso están en el cuarto de baño. ¿Pedro se ducha o se baña? (...) ¿Qué usa para lavarse el pelo? (...) ¿Qué usa Alfonso? ¿El jabón o el desodorante?

6. ¿Quiénes se están afeitando? (...) ¿Quién usa la máquina de afeitar? (...) ¿Y quién usa la rasuradora? (...) José va a cepillarse los dientes. ¿Qué usa?

7. Es tarde y Luisa tiene sueño y quiere dormir. ¿Se quita el suéter o se pone el suéter? (...) Su compañera de cuarto, Alicia, también tiene sueño. ¿Va a acostarse o va a levantarse?

8. ¡Qué sorpresa! Esta noche Esteban no sale con sus amigos. ¿Para qué clase está estudiando? (...) Su compañero de cuarto, Pepe, ¿estudia, ve la tele o duerme? (...) Leo y Ariel tampoco salen hoy. ¿Qué hacen?

9. ¿Carmen está en casa hoy? (...) ¿Qué está haciendo?

10. Los estudiantes que están en la fiesta, ¿la están pasando mal o se divierten? (...) ¿Y Linda y Manuel?

Capítulo 7

Por la ciudad

Así se dice, p. 218

1. ¿En qué avenida están el Banco Central y el Almacén Torres? (...) ¿Cuántas personas van a entrar en el almacén?

2. ¿Qué puedes comprar en la pastelería? (...) ¿Cuántas personas salen de la pizzería? (...)

3. ¿Dónde hace cola la gente, en el cine o en la iglesia? (...) ¿En qué avenida está la iglesia? (...) ¿Quiénes van a entrar?

4. ¿Cómo se llama la joyería?

5. ¿Qué hace la gente en el restaurante? (...) ¿Quién trae las bebidas? (...) ¿Dónde va la gente para tomar una cerveza?

6. ¿De qué color es el buzón? (...) ¿Dónde llevas un paquete para un pariente o amigo: al buzón o a la oficina de correos?

7. ¿Qué tipo de arte podemos ver en el museo de la ciudad?

8. ¿Hay árboles en el parque? (...) ¿Hay gente? (...) ¿Hay un banco?

9. ¿Dónde espera la mujer el autobús? (...) ¿Cómo se llama la parada del metro?

10. ¿Qué transporte quiere usar el hombre que lleva ropa azul: el autobús, el metro o un taxi?

11. ¿Qué venden normalmente en el quiosco? Responde sí o no: ¿Periódicos? (...) ¿Refrescos? (...) ¿Bolígrafos? (...) ¿Revistas?

12. ¿Dónde está la estatua de Cristóbal Colón: en una avenida o en la plaza?

Capítulo 8

De compras

Así se dice, p. 258

1. Está lloviendo. ¿Qué lleva Linda: una chaqueta o un impermeable? (...) ¿Qué otro accesorio tiene para la lluvia?

2. Y, ¿qué lleva Manuel? (...) ¿Lleva un sombrero o una gorra? (...) ¿Lleva una chaqueta o un abrigo? (...) ¿De qué es: de cuero o de algodón? (...) ¿Qué más lleva?

3. ¿Tienen joyas en esta tienda? (...) ¿Cuántos collares tienen? (...) ¿Cuántas cadenas? (...) ¿Cuántas pulseras? (...) ¿Dónde están los aretes: debajo de las pulseras o debajo de los anillos? (...) ¿Tú llevas anillos? (...) ¿Llevas aretes?

4. ¿Quién lleva una falda: el maniquí femenino con pelo rubio o moreno? (...) ¿Qué más lleva: camisa o suéter? (...) Pero, ¿tienen suéteres en esta tienda? (...) ¿De qué color es el suéter que vemos en la ventana? (...) Y, ¿de qué material es: de algodón o de lana?

5. ¿Qué ropa lleva el maniquí femenino con pelo moreno: un abrigo o un vestido? (...) ¿Lleva joyas? (...) ¿Qué joyas lleva? (...) ¿Lleva botas o zapatos? (...) ¿De qué color son? (...)

6. En la tienda tienen un traje de baño. ¿De qué color es? (...) ¿Dónde llevamos un traje de baño: en la ciudad o en la playa? (...) Si Linda quiere ir a la playa, ¿qué tipo de zapatos debe llevar: botas o sandalias? ¿Le recomiendas llevar medias? (...) ¿Lentes de sol? (...) ¿Un sombrero? (...) ¿Un bolso de cuero o de algodón?

7. ¿Qué lleva el maniquí de pelo negro de la derecha? (...) ¿Lleva una camiseta o una camisa? (...) Y los pantalones, ¿de qué color son?

8. ¿Qué ropa lleva el otro maniquí? (...) ¿De qué color es el traje? (...) ¿Qué lleva debajo del traje? (...) ¿De qué color es? (...) ¿Lleva corbata? (...) ¿De qué color es? (...) ¿Es de lana o de seda?

9. Manuel se va a la Florida para las vacaciones de primavera. ¿Qué debe comprar? (...) ¿Qué no debe comprar?

10. ¿Qué regalo puedes comprar en esta tienda para tu madre? (...) ¿Y para tu padre? (...) ¿Qué quieres comprar para ti?

Capítulo 9

La salud

Así se dice, p. 294

1. ¿Cómo se llama el hospital? (...) ¿Cuántas personas están en la sala de espera?

2. Nancy y el profesor Marín-Vivar están en la recepción. ¿Nancy está de pie o sentada? (...) ¿Piensas que está lastimada? (...) ¿Está embarazada? (...) Y, ¿qué hace la recepcionista: examina a Nancy o hace una cita?

3. En el consultorio nº 1, ¿qué hace la doctora: examina al paciente o le toma la presión arterial? (...) ¿Qué vemos en la habitación: una inyección o una radiografía? (...) Según la radiografía, ¿hay una fractura en el hueso?

4. ¿Qué hace el enfermero en el consultorio nº 2? ¿Toma la presión arterial a la paciente? (...) ¿Le toma la temperatura? (...) ¿Qué usa para tomarle la temperatura? (...) ¿Le pone una inyección? (...) ¿Crees que el enfermero le va a poner una inyección más tarde?

5. En el consultorio nº 2, hay un cuadro anatómico en la pared. ¿Muestra un brazo? (...) ¿Muestra un corazón? (...) ¿De qué color es? (...) ¿Muestra una pierna? (...) ¿Muestra el estómago? (...) ¿Dónde está el estómago: encima o debajo del corazón?

6. En el consultorio nº 3, ¿qué le hace la enfermera a la niña? (...) ¿Le duele?

7. En la habitación nº 4, ¿quién se enfermó: el hombre o la mujer? (…) ¿Está la mujer sentada o está de pie? (…) ¿Y el médico? Según el médico, ¿qué tiene el hombre?

8. Si quieres visitar a un/a paciente en este hospital por la tarde, ¿entre qué horas puedes hacerlo?

9. ¿Quién sale del hospital con muletas: el hombre o la mujer? (…) ¿Quién sale en silla de ruedas? (…) ¿Qué le pasó al hombre que sale del hospital? ¿Tiene una herida en la cabeza o en la pierna? (…) ¿Se fracturó un brazo? (…) ¿Qué necesitas para una fractura: una venda o un yeso?

10. A la mujer que usa muletas, ¿qué le pasó? ¿Se fracturó la pierna o se torció el tobillo?

11. ¿Dónde está la ambulancia? (…) ¿Qué hacen los paramédicos?

Capítulo 10
Así es mi casa
Así se dice, p. 330

Los abuelos, tíos y primos visitan a la familia...

1. ¿Quién está en el dormitorio principal? (…) ¿Quién está en la cocina? (…) ¿Y en el comedor?

   ¿Quién está en el baño? ¿Quién está en la sala?

2. ¿Dónde están los dormitorios, en el primer piso o en el segundo piso? (…) Para subir al segundo piso, ¿qué usamos?

3. ¿En que cuarto están las camas, en los dormitorios o en la sala? (…) ¿Quién tiene estantes en su cuarto: Ana o los padres? (…) ¿Quién tiene una cómoda en su cuarto? (…)¿Qué pones en una cómoda? (…)¿Qué tiene Ana en sus estantes?

4. ¿Cuántos espejos hay en la casa? (…) ¿En qué cuartos están? ¿En la cocina? (…) ¿En el baño? (…) ¿En la sala? (…) ¿En el dormitorio de los padres? (…) ¿En el dormitorio de Ana?

5. ¿Qué hay en el baño: un fregadero o un lavabo? (…) ¿Dónde está el fregadero?

6. ¿En qué cuarto está la alfombra? (…) ¿Está en la pared o en el suelo?

7. ¿Quién está sentado en el sillón? (…) ¿Dónde duermen Rodolfo, Gitana y sus gatitos? (…) ¿Por qué les gusta dormir allí?

8. ¿Dónde hace Julia las empanadas: en el horno o en el microondas? (…) ¿Qué pones en el refrigerador: la basura o la leche?

Capítulo 11
Amigos y algo más
Así se dice, p. 368

1. ¿Qué tipo de relación tienen Pepita y Natalia: una relación de familia o de amistad? Entonces, ¿cómo se llevan Pepita y Natalia? ¿Se llevan bien o mal?

2. Carmen está caminando por el campus de la universidad. ¿Con quién se encuentra?

3. ¿Con qué amigos se reúne Esteban? ¿Qué están haciendo?

4. Esta noche Octavio tiene una cita. ¿Es una cita romántica o no? ¿Con quién sale? ¿Dónde están?

5. ¿En quién piensa Camila? ¿Lo extraña? ¿Por qué? ¿Piensas que Camila rompió con su novio o viceversa? Al mirar la foto de él, ¿cómo reacciona ella?

6. La primera vez que Manuel salió con Linda, se enamoró de ella. Es muy obvio que los dos están…

7. ¿Qué mira Linda? ¿Qué significado tiene? Es decir, acaban de… Ahora, están…

8. En este dibujo vemos a la profesora Falcón y Juan en un día especial para ellos. ¿Por qué? ¿Qué hicieron ese día? Es el día de su…

9. ¿Quiénes son los recién casados en esta ilustración? Están de viaje. ¿Adónde van? ¿Qué les dice el portero del hotel? ¿Por qué?

10. Nancy está embarazada. ¿Para qué va al hospital?

11. Entre el nacimiento y la muerte, ¿cuáles son cinco etapas importantes de la vida? Primero, la infancia, después…

12. Cuando tenemos ocho años, somos… A los quince años somos… y a los treinta,… Cuando llegamos a los ochenta, noventa y más, ya somos…

Capítulo 12

Vive la naturaleza

Así se dice, p. 408

1. ¿Te gusta ir de vacaciones? En tus vacaciones, ¿te gusta ir al mar o prefieres ir a las montañas? ¿Prefieres unas vacaciones tranquilas o hacer deportes de aventura?

2. Di si las siguientes actividades son acuáticas o terrestres.

   montar a caballo
   escalar
   bucear
   acampar
   hacer *surf*
   hacer ciclismo de montaña
   practicar el balsismo

3. Generalmente, ¿dónde se practican estos deportes acuáticos: en el mar, en un río o en los dos?

   hacer *surf*
   practicar el *parasail*
   pescar
   hacer *esnórquel*
   remar
   bucear

4. ¿Has practicado alguna de estas actividades acuáticas? ¿Cuál? ¿Dónde?

5. ¿Has practicado alguna actividad terrestre? ¿Cuál? ¿Dónde?

6. ¿Qué actividades o deportes te parecen emocionantes? ¿Cuáles te parecen peligrosos?

7. ¿Te gusta pasar tus vacaciones en la naturaleza o prefieres ir a una ciudad?

8. ¿Prefieres acampar, quedarte en un hotel o hacer un viaje en crucero?

9. Cuando vas a la montaña, ¿prefieres escalar, montar a caballo o hacer ciclismo?